DAS GROSSE BUCH DER

ALLGEMEINBILDUNG

Matthias Edbauer

unter Mitarbeit von

Dr. Hartmut Dick

Sonderausgabe

2000 Trautwein Lexikon-Edition
Genehmigte Sonderausgabe

Redaktion: Dr. Matthias Feldbaum, Andrea Franz
Redaktionsassistenz: Peter Marwan, Christoph Dedring

Produktionsleitung: Gunther Jaich
Abbildungen: Gruppo Editoriale Fabbri, Mailand; Lidman Production, Stockholm
Titelabbildungen: AKG, Berlin; IFA-Bilderteam, München
Umschlaggestaltung: Inga Koch

Mehr Infos im Internet unter www.compactverlag.de

ISBN: 3-8174-5339-6
5453395

Wie hieß der erste römische Kaiser?

Augustus: Idealisiertes Standbild des ersten römischen Kaisers

Der erste römische Kaiser war Augustus (63 v. Chr. –14 n. Chr.). Gajus Octavius war ein Großneffe von Caesar. Er wurde Kaiser, weil er sich im Bürgerkrieg gegen Antonius und Lepidus durchsetzte, mit denen er vorher die Mörder Caesars (Brutus und Cassius) verfolgt und besiegt hatte. 27 v. Chr. wurde ihm vom Senat für die Wiederherstellung von Ruhe und Ordnung der Titel Augustus (der Erhabene) verliehen.

Was bedeutet Antisemitismus?

Die Abneigung oder auch Feindseligkeit gegenüber jüdischen Mitbürgern. Der Antisemitismus entwickelte sich seit dem Mittelater und erreichte seinen Höhepunkt in den 1930er-Jahren in Deutschland. Die Nationalsozialisten wollten die Juden gänzlich vernichten.

Welcher überstaatlichen Organisation gehört die UNESCO an?

Den Vereinten Nationen (UNO). Die UNESCO (United Nations Educational, Scientific and Cultural Organization) dient der Förderung der Bildung, der Forschung und des Kulturerbes ihrer Mitgliedsländer.

Welche sind die fünf bekanntesten Geheimdienste?

Dabei handelt es sich 1. um den 1947 gegründeten Geheimdienst der USA – CIA (Central Intelligence Agency); 2. um den KGB (Komitet Gossudarstwennoj Besopasnosti) – 1954 gegründeteter sowjetischer Geheimdienst, der 1991 durch den Föderalen Sicherheitsdienst FSB (Federalnaja Slushba Besopasnosty) abgelöst wurde; 3. um den BND (Bundesnachrichtendienst), 1955 gegründeter Auslandsnachrichtendienst der BR Dtl.; 4. um den Secret Service, britischer innen- und außenpolitischer Geheimdienst und 5. um den israelischen Geheimdienst Mossad (Hamossad Lemdi'in Vetafkidim Meyuhadim), gegründet 1951.

Welches neue Bundesland entstand 1947 aus der ehemaligen preußischen Provinz Sachsen und dem Land Anhalt?

Sachsen-Anhalt, das die DDR-Führung in die Bezirke Halle und Magdeburg auflöste. 1990 wurde es kurz vor der Auflösung der DDR neu gebildet.

Welches legislative (gesetzgebende) Organ der EU hat seinen Sitz in Straßburg?

Das Europäische Parlament, dessen Abgeordnete durch Direktwahl in den Mitgliedsländern der EU gewählt werden; es kontrolliert die Europäische Kommission. Manche Gesetzesbeschlüsse bedürfen aber noch der Zustimmung des EU-Ministerrates.

Was sollte mit Deutschland nach 1945 gemäß dem Morgenthau-Plan geschehen?

Nicht nur eine Entmilitarisierung und Verkleinerung, was ohnehin geschah, sondern auch eine Aufteilung Deutschlands, eine Internationalisierung des

Ruhrgebietes und der Wasserstraßen sowie die Demontage von Industrieanlagen. Ziel der nach dem US-Finanzminister Morgenthau benannten Denkschrift war es, Deutschland auf das Niveau eines Agrarlandes zurückzustellen.

Wer ist Jasir Arafat, der als erster Palästinenser – mit einem Revolver am Gürtel – vor einer UN-Vollversammlung sprach?

Jasir Arafat

Jasir Arafat (*1929) ist seit 1967 Vorsitzender der Palästinensischen Befreiungsorganisation PLO (Palestine Liberation Organisation), die die Schaffung eines eigenen palästinensischen Staates in Israel anstrebt. Die PLO ist inzwischen von ihrer radikalen Zielsetzung, den Staat Israel zu zerschlagen, abgekommen; es war auch sein Verdienst, dass man auf dem Verhandlungswege eine Autonomielösung gefunden hat.

Woher kommt der Begriff Blitzkrieg?

Von den siegreichen deutschen Feldzügen in den Jahren 1939 bis 1941, die binnen weniger Wochen entschieden wurden. Der Terminus Blitzkrieg ist mittlerweile zu einem international gebräuchlichen Begriff geworden für den überraschenden Einsatz starker Panzerkräfte mit Luftuntersützung, um die feindlichen Kräfte zu zerstören.

Was ist die NATO?

Das 1949 gegründete westliche Bündnis zur gemeinsamen Verteidigung sowie Sicherung von Frieden und Freiheit. Die NATO (North Atlantic Treaty Oranization: „Organisation des Nordatlantik-Vertrages) verfügt heute über 19 Mitglieder, wobei mittlerweile bereits drei ehemalige Staaten des Warschauer Paktes, des Bündnisses der ehemaligen Ostblock-Staaten, beigetreten sind. Die NATO versteht sich seit dem Kosovo-Krieg 1999 immer mehr auch als Organ zur Krisenbewältigung außerhalb des Bündnisses (Out-of-area-Einsätze).

Was versteht man unter Terrorismus?

Eine politisch bzw. religiös motivierte Anwendung von Gewalt (lat. terror: Schrecken), die von kleinen sozialrevolutionären bzw. nationalistischen Gruppen ausgeübt wird. Durch Attentate und Entführungen auf staatliche Funktionsträger oder auch durch Sprengstoffanschläge auf wichtige Gebäude und Institutionen soll Aufsehen erregt und zugleich die Verletzbarkeit des Staates sowie, wenn möglich, auch seine Erpressbarkeit bewiesen werden.

In welchem der beiden Houses of Parliaments in London ist der Adel vertreten?

Im House of Lords, dem Oberhaus des britischen Zweikammern-Parlaments. Es ist in der konstitutionellen Monarchie Großbritanniens erhalten geblieben, hat jedoch – im Gegensatz zum Unterhaus (House of Commons) – weitgehend nur noch beratende Funktion.

Wer löste den Gordischen Knoten?

Der Gordische Knoten hielt Joch und Deichsel des Streitwagens des sagenhaften Gründers des Phrygierreichs in

Kleinasien (Gordion) zusammen. Nach einem Orakelspruch sollte demjenigen, dem es gelang, den Knoten zu lösen die Herrschaft über ganz Asien zufallen. Alexander der Große löste das Problem 333 v. Chr. auf einfache Weise: Er durchschlug den Knoten mit seinem Schwert. Heute wird der Ausdruck in übertragenem Sinn für die Lösung eines komplexen Problems mit ungewöhnlichen Mitteln gebraucht.

Was ist ein Mudschaheddin?

Übersetzt heißt das arabische Wort „Kämpfer für den Glauben, der den Feldzug gegen die Ungläubigen führt". Der Mudschaheddin führt den „Heiligen Krieg", in dem der Gebrauch von Waffen legitim, aber nicht Voraussetzung ist. Der Kampf gegen die Ungläubigen findet im Koran seinen Ursprung, der als eines seiner Ziele die Durchsetzung des Islam hat.

Was bedeutet bona fide im internationalen Recht?

Bona fide (lat. Ehrlichkeit, Redlichkeit) ist eine Grundregel beim Unterzeichnen von Staatsverträgen, nämlich dass sie „guten Glaubens" erfüllt werden müssen. Der Gegensatz wäre „male fide", d. h. das Handeln im Bewusstsein der Unrechtmäßigkeit.

Was ist eine persona non grata?

Ein Diplomat, der aus seinem Gastland als unerwünschte Person (persona non grata) in sein Heimatland abgeschoben wird. Diplomaten genießen in ihrem Gastland umfangreiche Privilegien, unterliegen aber der Rechtssprechung des Heimatlandes. Begehen sie Straftaten, kann das entsendende Land bzw. das Gastland deren Abschiebung verlangen.

Wie hieß der erste Bundeskanzler der Bundesrepublik Deutschland?

Bundeskanzler: Konrad Adenauer

Konrad Adenauer (1876–1967). Er war 1917 bis 1933 Oberbürgermeister von Köln war, 1948/49 Präsident des Parlamentarischen Rates und darüber hinaus ein begeisterter Rosenzüchter. Er bestimmte bis zu seinem Rücktritt 1963 die deutsche Nachkriegspolitik. U. a. setzte er gegen den Widerstand der Opposition die Wiederbewaffnung der BR Dtl. und den Eintritt in das westliche Verteidigungsbündnis NATO durch. Eines der wichtigsten außenpolitischen Ziele Adenauers war die Überwindung des Nationalismus und die Schaffung eines freien Europas.

Durch welches Ereignis wurde die Märzrevolution in Deutschland ausgelöst?

Durch die französische Februarrevolution. Liberale Ideen und der Wille zu weiterer Parlamentarisierung führte zu Aufständen in den Staaten des Deutschen Bundes. Die bürgerliche Revolution führte zur Bildung des ersten gesamtdeutschen Parlaments in der Paulskirche in Frankfurt am Main. In Preußen, Österreich und Süddeutschland wurde die antimonarchistische Bewegung mit Waffengewalt niedergeschlagen und der vorrevolutionäre Zustand wieder hergestellt.

Welche indianische Hochkultur bestand neben den Mayas im heutigen Mexiko?

Azteken: Menschenopfer

Die Kultur der Azteken, die im 12. Jahrhundert einen hohen Stand im Kunsthandwerk erreicht hatten. Um 1370 gründeten sie ihre Hauptstadt Tenochtitlán. Sie lebten vom Anbau von Mais, Bohnen, Kürbis, Tomaten, Kakao und Baumwolle.

Warum erhitzte der mit der DDR ausgehandelte Grundlagenvertrag von 1972 so sehr die Gemüter in der Bundesrepublik Deutschland?

Zentral war der Passus, dass beide Länder gutnachbarliche Beziehungen „auf der Grundlage der Gleichberechtigung" pflegen wollten. Dies kam einer Anerkennung der DDR gleich, was dem Gebot der Wiedervereinigung widersprach.

Was meint man damit, wenn man sagt, dass ein Abgeordneter des Deutschen Bundestages ein freies Mandat besitzt?

Die Mitglieder des Deutschen Bundestages sind laut Grundgesetz dem ganzen Volk verantwortlich. Ihre Mandate sind nicht imperativ, sondern frei, d. h. der Abgeordnete ist bei Abstimmungen nur seinem Gewissen verantwortlich und nicht an Weisungen gebunden.

Wie nennt man Gesetze, die nach Beschluss durch den Bundestag die Zustimmung des Bundesrates notwendig verlangen?

Zustimmungsgesetze. Solche Gesetzentwürfe kann der Bundesrat mit einfacher Mehrheit ablehnen. Hierbei handelt es sich um Gesetze, die die Länderkompetenzen berühren.

Welche Behörden kontrollieren die Verwaltungsausgaben des Bundes und der Länder?

Die Rechnungshöfe; für den Haushalt des Bundes ist der Bundesrechnungshof und für die Länder sind die Länderrechnungshöfe zuständig.

Was versteht man unter dem Langen Marsch?

Der „Lange Marsch" war die Flucht der chinesischen Roten Armee im Bürgerkrieg vor den nationalistischen Kuomintang-Truppen Tschiang Kai-scheks im Jahr 1934/35. Er dauerte 368 Tage und führte von Kiangsi durch elf Provinzen ins 12.000 km entfernte Schensi. Von den aufgebrochenen 90.000 Mann kamen nur 7000 am Ziel an. Führer des Langen Marsches waren Mao Tse-tung und Chu Te.

Wer sorgte 1588 für den Untergang der spanischen Armada?

Sir Francis Drake (um 1540–96). Die Kriegsflotte, die Spanien 1588 gegen England aussandte, bestand aus 129 Schiffen und 30.000 Mann und galt als unbesiegbar. Der englische Seefahrer und Freibeuter von Königin Elisabeth I., war zwar nur Vizeadmiral, aber er war maßgeblich am Sieg über die spanische Armada beteiligt.

Wo spielten die Babenberger im Mittelalter eine wichtige Rolle?

Die Babenberger der Ostmark waren Markgrafen und dann seit 1156 Herzöge von Österreich. Herzog Leopold aus dieser Linie nahm 1192 wegen eines persönlichen Zwists den englischen König Richard Löwenherz gefangen.

Welcher griechische Stadtstaat der Antike wurde in der Neuzeit die Hauptstadt Griechenlands?

Athen: Rekonstruktion der historischen Stadt

Athen. Mit der Verfassungreform des Solon 594/93 v. Chr. war es ein bedeutender Stadtstaat geworden, der sich unter Kleisthenes (508/07) eine demokratische Verfassung gab. Nach Kämpfen gegen die Perser erlebte die Stadt im 5. Jahrhundert ihre kulturelle Blüte, die in den gesamten Mittelmeerraum ausstrahlte. Im Peloponnesischen Krieg musste es sich jedoch dem Nachbarn Sparta beugen (404 v. Chr.). Die Römer bezwangen 86 v. Chr. die Stadt militärisch, kulturell übte Athen jedoch starken Einfluss auf die Römer aus. Erst 1834 rückte Athen als Hauptstadt des griechischen Königreichs wieder in den Vordergrund.

Mit Achtundsechziger umschreibt man jemanden, der der Protestbewegung des Jahres 1968 ideologisch angehörte. Was steckt aber genauer dahinter?

Gemeint ist jene Studentenbewegung, die überwiegend sozialistisch geprägt war und Ende der 60er-Jahre u. a. gegen den Vietnamkrieg und gegen die Bevormundung der jungen Generation durch das „Establishment“ protestierte. Die traditionellen Werte wie Autorität, Staat, klassisches Bildungserbe, Ehe, Familie u. a. wurden radikal in Frage gestellt. In den Demonstrationen lieferten sie sich bisweilen blutige Straßenschlachten mit der Polizei.

Welche Bedeutung hatte Alexander der Große (356–323) für die Weltgeschichte?

Er galt zu Lebzeiten als Weltherrscher und lange Zeit danach – von der Antike bis ins 20. Jahrhundert – als Vorbild für zahlreiche, ihm nacheifernde Heerführer und Größenwahnsinnige; es gab kein Reich, das sich ihm auf seinem Kriegszug bis an die Grenze Indiens und bis nach Ober-Ägypten nicht unterworfen hätte. Er trat für eine Vermischung der persischen und griechischen Kultur ein, was er mit Massenhochzeiten und Städtegründungen untermauerte.

Welche germanischen Bewohner Skandinaviens, die auf ihren Langbooten an vielen Küsten Europas landeten, wurden im Mittelalter auch Wikinger genannt?

Die Nordmannen oder auch Normannen, die in Nordfrankreich („Normandie“), später in England sowie in Unteritalien und auf Sizilien normannische Staaten gründeten.

Welche Schutzbestimmungen enthält der Antarktisvertrag von 1959?

Das Südpolargebiet soll vor dem Anlegen von Militärstützpunkten, vor Waffenerprobungen und Atomversuchen sowie vor der Ablagerung von Atommüll geschützt werden.

Wie kam Attila zu dem wenig schmeichelhaften Beinamen „die Geißel Gottes"?

Attila oder auch Etzel (†453), wie ihn das Nibelungenlied nennt, war der König der Hunnen, eines Reitervolkes aus Zentralasien, das seine Eroberungszüge raubend und mordend vom Gebiet des heutigen Ungarn ausgehend bis nach Italien und ins Frankenreich ausdehnte.

Attila (Gemälde von E. Delacroix)

Welche umwälzenden Ereignisse stehen an der Wende zwischen Mittelalter und Neuzeit?

1445 erfand der Mainzer Johannes Gutenberg den Buchdruck mit beweglichen Lettern. Das Buch, im Mittelalter oft handschriftlich in Schreibstuben aufwändig hergestellt und nur für den Adel und den Klerus bestimmt, wurde nun bald für jedermann zugänglich. 1492 entdeckte Christoph Kolumbus Amerika; der Horizont öffnete sich buchstäblich „neuen Ufern". 1517 leitete der Mönch Martin Luther aus Wittenberg die Reformation ein. Das zentrale Fundament des Mittelalters – die Einheit der Kirche – wurde damit zum Einsturz gebracht.

Wozu dienen Arbeitsbeschaffungsmaßnahmen?

Es handelt sich um Maßnahmen (Abk.: ABM), die von der Bundesanstalt für Arbeit für die Wiedereingliederung von Arbeitslosen in den Arbeitsprozess finanziert werden. Ein Unternehmen, das einen Arbeitslosen in diesem Rahmen beschäftigt, bekommt bis zu drei Jahren lang Fördermittel bewilligt.

Welches Land regierte General Franco?

Mit Unterstützung von Hitler und Mussolini gelangte Francisco Bahamonde, genannt Franco (1892–1975), 1939 an die Macht, errichtete eine faschistische Militärdiktatur und regierte Spanien bis zu seinem Tod. Um Spanien aus der internationalen Isolation herauszuführen, wurde es 1947 zur „katholischen Monarchie" erklärt. Eine tatsächliche Öffnung und Demokratisierung fand jedoch erst nach dem Ableben Francos statt.

Wer errichtete die Berliner Mauer?

1961 sah sich die damalige SED-Führung der DDR vor das Problem gestellt, dass immer mehr Menschen aus dem „real existierenden Sozialismus", also aus dem sozialistischen Teil Deutschlands, in den freien Westen übersiedelten. Kurzerhand errichtete man an der deutsch-deutschen Grenze eine Mauer mit Todesstreifen. Die Grenzposten erhielten den Befehl, jede „Republikflucht" mit Waffengewalt zu verhindern.

Was ist mit dem Begriff Deportation gemeint?

Die zwangsweise Verschickung, Verschleppung bzw. Verbannung von Verbrechern, politischen Gegnern oder ganzen Volksgruppen. Der kommunistische Diktator Stalin hat beispielsweise politische Gegner nach Sibirien deportieren lassen oder deutschstämmige Bevölkerungsgruppen umgesiedelt. Während der Nazi-Diktatur wurden jüdische Bürger aus ganz Europa in Vernichtungslager nach Polen deportiert.

Was bedeutet die Abkürzung KFOR?

Die Abkürzung steht für Kosovo Force. Die KFOR-Truppe überwacht seit Juni 1999 die Sicherheit im Kosovo, der ehemaligen jugoslawischen Provinz, aus der sich nach einem mehrwöchigen Luftkrieg der NATO gegen Jugoslawien die serbischen Truppen zurückgezogen hatten.

Mit welchem Ereignis verbindet man die Bezeichnung Boatpeople?

Gemeint waren ursprünglich vietnamesische Flüchtlinge, die nach der Eroberung Südvietnams durch das kommunistische Nordvietnam ihr Land verließen und mit einfachen Booten versuchten, das südchinesische Meer zu überqueren. Viele Boote sanken oder wurden von Piraten gekapert.

Wo liegt die Kraijna?

Im Süden Kroatiens, im dalmatinischen Hinterland; Hauptort ist Knin. Sie war 1991–1994 Schauplatz schwerer Kämpfe zwischen Kroaten und Serben, die mit der Unabhängigkeit der Kraijna als „Serbische Republik“ zu Ende gingen. 1995 eroberte sie Kroatien jedoch wieder zurück; die serbische Bevölkerungsmehrheit wurde größtenteils vertrieben. Die ehemals dort lebenden Serben waren von den österreichischen Herrschern an der damals sog. Militärgrenze zwischen Österreich-Ungarn und dem Osmanischen Reich angesiedelt worden. Der Name Kraijna bedeutet Grenze.

Was ist in den Höhlen von Altamira (bei Santander in Spanien) zu bewundern?

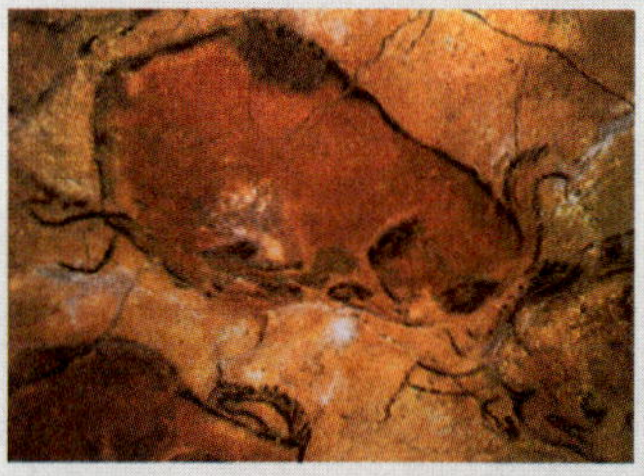

Altamira: Höhlenmalerei

Prähistorische Wand- und Deckenmalereien; dargestellt sind Tiere (Hirsche, Bisons, Pferde, Wildschweine) in meist rötlichen Farben mit schwarzen Umrissen. Das Betreten der Höhle ist nicht mehr gestattet, weil Temperaturschwankungen zur Zerstörung der 13.000 bis 20.000 Jahre alten Höhlenmalereien führen würden. Eine Kopie kann aber im Archäologischen Museum von Madrid besichtigt werden.

An welche Staaten grenzt die Bundesrepublik Deutschland?

Im Osten an Polen und an Tschechien; im Süden an Österreich und an die Schweiz; im Westen und Nordwesten an Frankreich, Luxemburg, Belgien und die Niederlande; im Norden an Dänemark.

Wie ist die Bronzezeit unter die vorgeschichtlichen Kulturstufen der

Jungsteinzeit und der Eisenzeit einzuordnen?

Die Bronzezeit dauerte in Mitteleuropa etwa von 1800–700 v. Chr. Davor verarbeitete man in der Jungsteinzeit (ab 9000 v. Chr.) bereits Kupfer; Bronze hatte aber den Vorteil, dass sie härter und gleichzeitig leichter schmelzbar ist. Davon profitierte die Landwirtschaft, das Kriegswesen und das Handwerk. Anschließend folgte die Eisenzeit bis zur Expansion des Römischen Reiches.

Wo wuchs im Schatten des babylonischen Großreichs die Macht Assyriens heran?

Assyrisches Relief

Das Gebiet von Assur liegt im Zweistromland (Mesopotamien) am mittleren Tigris im Gebiet des heutigen Irak. Im 13. Jahrhundert v. Chr. übernahmen die Assyrer die Macht im gesamten Mittleren Osten. 612 v. Chr. vernichteten die Babylonier und Perser ihr Reich.

Aus welchen Bundesländern setzt sich die Bundesrepublik Deutschland zusammen?

Die BR Dtl. besteht aus 16 Ländern: Baden-Württemberg, Bayern, Berlin, Brandenburg, Bremen, Hamburg, Hessen, Mecklenburg-Vorpommern, Niedersachsen, Nordrhein-Westfalen, Rheinland-Pfalz, Saarland, Sachsen, Sachsen-Anhalt, Schleswig-Holstein, Thüringen.

Welche beiden verfeindeten Staaten schafften im Camp-David-Abkommen von 1978 eine Friedensvereinbarung?

Israel (Menachem Begin) und Ägypten (Anwar as Sadat). Erstmals erreichte Israel mit einem arabischen Land durch den Abschluss eines Friedensvertrages ein normales diplomatisches Verhältnis. Israel zog sich von den im Sechstagekrieg eroberten ägyptischen Gebieten auf der Halbinsel Sinai zurück. Als Vermittler fungierte der amerikansiche Präsident Jimmy Carter. Begin und Sadat erhielten für ihre Bemühungen um ein friedliches Verhältnis der beiden Staaten 1978 den Friedensnobelpreis.

Welcher deutsche Kaiser löste in der sog. Daily-Telegraph-Affäre einen internationalen Sturm der Entrüstung aus?

Kaiser Wilhelm II. (1859–1941); von ihm waren am 28. Oktober 1908 Äußerungen in dem britischen Blatt Daily Telegraph erschienen, die in England als anmaßend und provokativ empfunden wurden und das Verhältnis zu Deutschland trübten. Der Kaiser hatte gesagt, dass er zu einer Minderheit in Deutschland gehöre, die England als Freund ansähen, und dass er England im Burenkrieg außenpolitisch gegen Frankreich und Russland gedeckt habe. Die Affäre löste in den Reichstagsdebatten eine heftige Diskussion über die Person und die Rechte des Kaisers aus. Letztendlich folgte daraus die politische Zurückhaltung des Kaisers und die weitere Parlamentarisierung des politischen Systems im deutschen Kaiserreich.

Warum ist der 14. Juli für die Franzosen ein Nationalfeiertag?

Weil am 14. Juli 1789 die französischen Revolution durch die Erstürmung der Bastille, des Staatsgefängnisses in Paris, begann. Die Revolution und die Erklärung der Menschenrechte bilden noch heute einen wichtigen Teil des Selbstverständnisses der französischen Nation. Der 14. Juli wird traditionellerweise durch eine Militärparade in Paris und Feuerwerke im ganzen Land gefeiert.

Erstürmung der Bastille

Welches Ereignis eröffnete 1939 Deutschlands Angriff auf Polen und den Zweiten Weltkrieg?

Die Beschießung der festungsartig ausgebauten Westerplatte an der westlichen Mündung der Toten Weichsel, gegenüber von Danzig, durch den deutschen Panzerkreuzer „Schleswig-Holstein“. Die knapp 200 Mann starke polnische Besatzung kapitulierte wenige Tage später.

Was wollte die ehemalige DDR-Führung mit dem Schießbefehl verhindern?

Mit dem Bau der Berliner Mauer seit dem 13.8.1961 sollte jeder illegale Grenzübertritt nach West-Berlin oder in die BR Dtl. durch Schusswaffengebrauch verhindert werden. Insgesamt starben dadurch etwa 400 Menschen.

Was geschah am 3. Oktober 1990?

Nach 41-jähriger Teilung kam es am 3. Oktober 1990 zur Wiedervereinigung Deutschlands.

Wie nannte man das Deutsche Reich in der Zeit von 1919 bis 1933?

Weimarer Republik, benannt nach der wegen politischer Unruhen in Weimar tagenden verfassungsgebenden Nationalversammlung. Die Weimarer Republik, ein Präsidialsystem und demokratischer Bundesstaat, übernahm die schweren Lasten, die aus der Niederlage des Deutschen Kaiserreiches im Ersten Weltkrieg hinterlassen wurden. Sie war deshalb propagandistischen wie gewaltätigen Angriffen aus dem linksextremen wie rechtsextremen Lager ausgesetzt. Ihre Tage waren mit der Machtübernahme Adolf Hitlers 1933 gezählt.

Welche Bedeutung hat ein Parlamentarischer Staatssekretär in der Bundesrepublik Deutschland?

Er ist einem Bundesminister beigeordnet, den er unterstützen soll. Der Parlamentarische Staatssekretär kommt im Gegensatz zu den verbeamteten Staatssekretären aus dem Deutschen Bundestag.

Wie heißt das Parlament in Russland?

Duma bzw. Staatsduma, russisch für „Gedanke“. Sie umfasst 450 Abgeordnete und wird alle 4 Jahre neu gewählt.

Warum gefährdete die Kubakrise 1962/63 den Weltfrieden?

Die Sowjetunion verfolgte zusammen mit Kubas Staatschef Fidel Castro den Plan auf Kuba Abschussrampen für sowjetische Mittelstreckenraketen zu errichten, die Ziele in den USA direkt und binnen weniger Sekunden hätten erreichen können. Der amerikanische Präsident Kennedy stellte Moskau ein Ultimatum. Auf dem Höhepunkt des Konflikts lenkte Nikita Chruschtschow schließlich ein.

Warum wird die Theorie über das Eigentum in der katholischen Soziallehre gerne als Primärkommunismus bezeichnet?

Weil seit Thomas von Aquin (ca. 1225–74) die Auffassung vorherrscht, dass Gott die Erde und ihre Güter für alle Menschen gleichermaßen geschaffen hat; aus diesem Gemein-Eigentum sei dann das Privat-Eigentum entstanden, woraus somit eine Sozialpflichtigkeit entspringe, zu der auch die Pflicht zum Einsatz des Privateigentums für den gemeinen Nutzen gehöre.

Welche Aufgabe hat ein Schöffe in der Rechtsprechung?

Er ist bei Schöffen- und Schwurgerichten ehrenamtlich eingesetzter Laienrichter, der zusammen mit dem Berufsrichter die Tat des Angeklagten beurteilt und das Strafmaß festlegt. Dabei hat er sogar das gleiche Stimmrecht wie der Berufsrichter.

Warum galt Alexander der Große (356–323), König der Makedonen, schon in der Antike als großes Vorbild, den auch ein Julius Caesar verehrte?

Alexander war in zahlreichen Schlachten siegreicher Oberfeldherr der Griechen im Feldzug gegen die Perser; er ließ sich in Memphis die Pharaonenkrone aufs Haupt setzen, besiegte den persischen Großkönig Dareios III. und heiratete die baktrische Prinzessin Roxane, mit der er auch einen Sohn hatte. Alexander war eine energische Persönlichkeit, großmütig, aber auch unberechenbar. Seinen Jugendfreund tötete er im Jähzorn. Daneben neigte er zur Trunksucht. Seine schöne Frau und sein Sohn wurden wenige Jahre nach seinem Tod ermordet, damit sich keine Dynastie bilden konnte.

Was bezweckten die Alliierten nach 1945 mit der Entnazifizierung?

Die Entfernung ehemaliger Nationalsozialisten aus wichtigen Stellungen im Staat, was den Aufbau eines demokratischen Deutschlands und seiner Verwaltung ermöglichen sollte. Die Kategorisierung der volljährigen deutschen Staatsbürger in Hauptschuldige, Belastete, Minderbelastete, Mitläufer und Entlastete entschied über Gefängnisstrafe, Vermögensentzug oder Berufsverbot.

Wer waren eigentlich die schlecht beleumundeten Borgia?

Die adelige Familie aus Spanien stellte zwei Päpste, Calixtus III. (1378–1458) und Alexander VI. (1430–1503), die ihre Aufgabe weniger in geistlich-pastoraler Hinsicht sahen, sondern darin, zu ihrem eigenen Vorteil und zum Wohl ihrer Familie Macht und Luxus anzuhäufen. Sie stellen den sittenlosen Typus des Renaissance-Papstes dar.

Welcher europäische Staat ist die Geburtsstätte des Faschismus?

Italien, wo 1922 Benito Mussolini (1883–1945) durch seinen Marsch auf Rom eine Diktatur errichtete, die durch extremen Nationalismus, totalitäre Verwaltung des Staates, Antikommunismus und einem Führer- und Personenkult um den Diktator geprägt war. 1921 gründete Mussolini die „Parito Nazionale Fascista" (PNF). 1936 erschien seine „Lehre des Faschismus".

Inwiefern widerspricht der Fraktionszwang der Unabhängigkeit des Abgeordneten im Deutschen Bundestag?

Der Abgeordnete ist grundsätzlich nur seinem Gewissen verantwortlich (freies Mandat); die Regel ist jedoch, dass er sich bei Abstimmungen parteikonform verhält, d. h. sich dem Willen seiner Fraktion unterwirft; zur Übereinstimmung werden deshalb regelmäßig unter Vorsitz des Fraktionsvorsitzenden Fraktionssitzungen abgehalten.

In welchem weltgeschichtlichen Zusammenhang spricht man von den Alliierten?

Das 20. Jahrhundert hat in zwei Weltkriegen jeweils eine große Streitmacht verbündeter (alliierter) Staaten hervorgebracht: Im Ersten und im Zweiten Weltkrieg waren Frankreich, Großbritannien, Russland/Sowjetunion, Italien und die USA die wichtigsten Alliierten. Ihnen musste sich (ohne Russland) 1918 das Deutsche Kaiserreich und 1945 das „Dritte Reich" und deren Verbündete beugen. Eine ähnliche Koalition (v. a. USA, Frankreich, Ägypten) bildete sich übrigens 1991 im Golfkrieg gegen den Irak.

Was sind die erklärten Ziele der Frauenbewegung seit Mitte des 19. Jahrhunderts?

Die politische, soziale und kulturelle Gleichstellung der Frau.

Welchen Hintergrund hatte das Gemetzel an den Hugenotten in der Bartholomäusnacht?

Die Mutter des französischen Königs, Katharina von Medici (1519–89), wollte ein Übergewicht des protestantischen Glaubens in Frankreich verhindern, das durch die Heirat des Protestanten Heinrich von Navarra mit Margarete von Valois, der Schwester des Königs, drohte.

Bartholomäusnacht (Gemälde von A. Dubois)

Wie heißt der Führer Libyens, der bisweilen auch internationale Terroristen unterstützt?

Moamar al-Gaddhafi (*1942), der seit 1969 das Land regiert und ein erklärter Gegner der USA und Israels ist. 1969 stürzte er König Idris I. in einem unblutigen Militärputsch, verstaatlichte alle ausländischen Erdölunternehmen und Banken. Er unterstützte die PLO, die IRA sowie andere revolutionäre Gruppen mit den Einnahmen aus Libyens reichen Ölvorkommen.

Aus welcher Metropole im Zweistromland stammt das älteste erhaltene Gesetz?

Babylonische Stele

Aus Babylon, das bereits im 2. Jahrtausend v. Chr. eine Hochkultur entwickelte. Der babylonische König Hammurapi (um 1760– um 1686 v. Chr) bildete ein Großreich und schuf das älteste erhaltene Gesetz. Nach der Vorherrschaft der Assyrer erlangte Babylon unter Nebukadnezar II. (605–562 v. Chr.) seine höchste Blüte. Dieser Herrscher führte die Juden in die „Babylonische Gefangenschaft"; König Belsazars Reich wurde schließlich – wie im Buch Daniel durch die Deutung des Menetekel prophezeit – 539 v. Chr. durch die Perser zerstört.

Welche Rolle spielten die ehemaligen Blockparteien in der DDR?

Keine, denn sie waren alle unter der Führung der staatstragenden SED (Sozialistischen Einheitspartei Deutschlands) zusammengeschlossen. Eine echte Parteien-Pluralität, wie in einem demokratischen Staat, gab es in der ehemaligen DDR nicht. So war etwa die Sitzverteilung in der Volkskammer (dem Parlament der DDR) schon vor den Wahlen festgelegt.

Zur Befreiung welchen Landes von serbischer Oberhoheit bildete sich die Befreiungsarmee UCK?

Zur Befreiung des Kosovo. Die UCK nennt sich Kosovo-Befreiungsarmee und operierte im Kosovo-Krieg hauptsächlich von Albanien aus, das sie politisch und miliärisch unterstützte. Sie übernahm nach dem Rückzug der serbischen Truppen aus dem Kosovo oft in Rivalität zu den KFOR-Truppen der UNO die Polizei- und Militärgewalt im Kosovo.

Wo liegt der Gazastreifen?

In der Küstenebene südwestlich von Israel. Von 1967 bis 1994 war er wegen seiner militärstrategischen Bedeutung unter israelischer Verwaltung, seitdem jedoch unter palästinensischer Selbstverwaltung.

Aus welchen Bundesländern setzt sich die Republik Österreich zusammen?

Österreich hat 9 Bundesländer: Burgenland, Kärnten, Niederösterreich, Oberösterreich, Salzburg, Steiermark, Tirol, Vorarlberg und Wien.

Regelt die Genfer Flüchtlingskonvention von 1952 die Anerkennung von Asylbewerbern?

Nein. Sie regelt die Anerkennung von Flüchtlingen und ihr Aufenthaltsrecht im Zufluchtsland. Asylanten werden vom Bundesamt für die Anerkennung ausländischer Flüchtlinge in Nürnberg auf ihre Rechtsstellung hin überprüft.

1918 trat der amerikanische Präsident für einen „Frieden ohne Annexionen" ein. Es kam jedoch anders. Was sind Annexionen?

Das sind gewaltsame und widerrechtliche Aneignungen fremden Staatsgebietes. Annexionen haben in der Vergangenheit wiederholt die Zwietracht zwischen den

Völkern geschürt: Die deutsche Annexion von Elsass-Lothringen 1871 beispielsweise haben französische wie deutsche Nationalisten dazu benützt, eine Erbfeindschaft heraufzubeschwören. Der Friedensvertrag von Versailles 1918 wiederum zwang das Deutsche Reich zu Gebietsabtretungen, was wenige Jahre später Hitler propagandistisches Pulver lieferte.

Wer wurde 1918 in der russischen Gebietshauptstadt Jekaterinburg (Swerdlowsk) am mittleren Ural erschossen?

Zar Nikolaus II. und seine Familie, kurz vor dem Eintreffen der antibolschewistischen Truppen. Damit endete die 300 Jahre währende Herrschaft der Dynastie der Romanows.

Was beinhalten die Nürnberger Rassengesetze von 1935?

Juden wurde das deutsche Staatsbürgerrecht entzogen und die Eheschließung sowie der Geschlechtsverkehr mit „arischen" Deutschen verboten. Verstöße wurden als „Rasseverrat" bzw. „Rassenschande" geahndet.

Aus welchem Grund sonderte man Juden bereits im 16. Jahrhundert von der übrigen Bevölkerung in Ghettos ab?

Die Ursache lag an der kirchlichen Judenpolitik, die in Italien und in Südfrankreich aber auch in einigen deutschen Städten und in Osteuropa zu Ghettos führte. Das erste gesetzlich vorgeschriebene Ghetto wurde 1555 von Papst Paul IV. eingerichtet. Die Entstehung des frühen Ghettos ist sowohl auf die Intoleranz der Christen, als auch auf den Wunsch der Juden zurückzuführen, gemeinsam und abgeschlossen zu leben.

Wie kam Otto von Bismarck (1815–98) zu den Beinamen „Reichsgründer" und „Eiserner Kanzler"?

Otto von Bismarck

Bismarck war als Ministerpräsident wesentlich für eine preußische Vorherrschaft im damaligen Deutschen Bund (1815–66) verantwortlich. Anschließend erreichte er in drei Einigungskriegen gegen Dänemark, Österreich und Frankreich die staatliche Einheit Deutschlands und die Ausrufung Wilhelms I. von Preußen zum deutschen Kaiser (1871). Sein kompliziertes Bündnissystem zur Aufrechterhaltung des Friedens in Mitteleuropa konnten seine Nachfolger nicht bewahren.

Wie heißt das Adelsgeschlecht des monegassischen Fürstenhauses?

Grimaldi; Fürst Rainier III. (*1923) von Monaco und dessen verstorbene Frau Gracia Patricia, die ehemalige Filmschauspielerin Grace Kelly (1929–82) haben drei Kinder: den Thronfolger Prinz Albert sowie die Prinzessinnen Caroline und Stephanie.

Inwiefern spiegelt der Kniefall Willy Brandts (1913–92) 1970 vor dem Mahnmal des Warschauer Ghettos dessen politische Zielsetzung wider?

Der SPD-Politiker, langjähriger regierender Bürgermeister von Berlin,

Außenminister und Bundeskanzler der BR Dtl. erstrebte mit seiner Entspannungspolitik eine Annäherung der beiden deutschen Staaten und in der Folge Reiseerleichterungen von West- nach Ostdeutschland. Mit den Verträgen von Warschau und Moskau versuchte er nach dem „Kalten Krieg" auch ein besseres Verhältnis zum Ostblock allgemein herzustellen.

Welcher politisch engagierte Schriftsteller wurde 1989 tschechoslowakischer Staatspräsident?

Václav Havel (*1936), der bereits 1968 bei der Niederschlagung des „Prager Frühlings" zu den Regimekritikern des kommunistischen Staates gehörte. 1989 war er einer der Wortführer für demokratische Reformen, die nach Massenkundgebungen durchgesetzt wurden.

Wer waren die Blumenkinder?

Die Hippies, wie sie auch genannt wurden, waren eine Jugendbewegung, die das Konsum- und Leistungsstreben ihrer Elterngeneration ablehnten. Sie bildeten eine Art Subkultur, in der Liebe, Musik und Rauschgifte eine große Rolle spielten. Ihren Höhepunkt hatte die Protestbewegung Mitte der sechziger Jahre.

Welche staatliche Einrichtung der BR Dtl. verfolgt verfassungs- und staatsfeindliche Bestrebungen?

Der Verfassungsschutz, der die im Inland fassbaren Betätigungen an die Strafverfolgungsbehörden weiterleitet. Er steht seit 1999 neben dem Bundesnachrichtendienst und dem Militärischen Abschirmdienst unter verstärkter parlamentarischer Kontrolle.

Wie heißen die Präsidenten der BR Dtl. seit 1949?

Theodor Heuss (1949–59), Heinrich Lübke (1959–69), Gustav Heinemann (1969–74), Walter Scheel (1974–79), Karl Carstens (1979–84), Richard von Weizäcker (1984–94), Roman Herzog (1994–99), Johannes Rau (seit 1999).

Wann und wo wurde die erste Atombombe abgeworfen?

Am 6.8.1945 auf die japanische Hafenstadt Hiroshima; den Befehl gab der amerikanische Präsident Harry S. Truman. Damals – am 6. August – starben bis zu 200.000 Menschen; viele kamen danach an den Langzeitschäden qualvoll ums Leben. 80% der bebauten Fläche Hiroshimas wurde völlig zerstört.

Was bedeutete im Nachkriegsdeutschland die Bizone?

Nachdem die Besatzungsmächte Deutschland 1945 in die französische, britische, amerikanische und sowjetische (spätere DDR) Besatzungszone geteilt hatten, erfolgte mit dem Zusammenschluss der amerikanischen und britischen Besatzungszonen, die sog. Bizone, ein erster Schritt zur Entstehung der späteren BR Deutschland.

Wer war Ho Chi Minh?

Ho Chi Minh (vietnames.: der nach Erkenntnis Strebende, 1890–1969) rief am 2. September 1945 die unabhängige „Demokratische Republik Vietnam" aus. Zuvor hatte sich dieser nördliche Teil von Vietnam in einer Revolution, getragen von Ho Chi Minhs Organisation „Vietminh", von den französischen Kolonialherren („Indochina") befreit. In den 60-er Jahren wurde er im Westen zur Symbolfigur des vietnamesischen Kampfes gegen das militärische Engagement der USA im Vietnamkrieg.

In welches historische Gebäude ist der Deutsche Bundestag 1999 umgezogen?

In den Deutschen Reichstag, der von 1894 bis zu seiner Zerstörung 1944 mit Unterbrechungen das Parlamentsgebäude des Deutschen Reiches war. Die abschließenden Umbauarbeiten erfolgten 1995.

Welche Überschrift befindet sich am Gesims des Säulenportikus des Deutschen Reichstages?

„Dem Deutschen Volke".

Welche Geschichte steckt hinter dem Wort Bolschewismus?

Es leitet sich von den Bolschewiki („Mehrheitler") ab, Anhänger des radikalen russischen Flügels der Sozialisten, die unter Führung Lenins in der Oktoberrevolution 1917 das Zarenreich beseitigten. Bolschewismus ist ferner ein abwertender Begriff für die kommunistisch-leninistische Staatsideologie der ehemaligen Sowjetunion.

Welches Staatsoberhaupt der DDR wurde 1989 gestürzt?

Erich Honecker (1912–94), der als KPD-Mitglied nach 1933 im kommunistischen Widerstand tätig war und von 1935 bis 1945 inhaftiert war. 1971 übernahm er die Nachfolge Walter Ulbrichts. Nach seinem Sturz lebte er vorübergehend in Moskau, wurde dann aber an Deutschland ausgeliefert. Als Hauptverantwortlicher des Schießbefehls an der deutsch-deutschen Grenze musste er sich vor Gericht verantworten, durfte jedoch aufgrund seines Gesundheitszustandes nach Chile ausreisen.

Wann trat das Grundgesetz der Bundesrepublik Deutschland in Kraft?

Am 24. Mai 1949.

Welches Land und welche Partei führt Tony Blair?

Tony Blair

Er steht an der Spitze der britischen Labour Party; nach seiner Amtsübernahme fand die Partei außerhalb ihrer üblichen Klientel auch in der bürgerlichen Mitte ihre Wähler. 1997 wurde er Premierminister und seitdem spielt Großbritannien wieder eine größere Rolle im europäischen Einigungsprozess.

Wer waren die Hugenotten?

Die französischen Protestanten, die der calvinistischen Linie angehörten (ab 1540). In Frankreich wurden sie seit 1562 verfolgt, da die französischen Katholiken das Erstarken der calvinistischen Konfession befürchteten. Am Ende der blutigen Hugenottenkriege gewährte ihnen Heinrich IV. im Edikt von Nantes 1598 die freie Religionsausübung. Allerdings ließ sie Ludwig XIV. wieder außer Landes treiben, so dass viele nach Deutschland und in die Niederlande flohen. Die Hugenotten (Eidgenossen) wurden hier gerne aufgenommen, da sie zumeist reiche Kaufleute oder gut ausgebildete Handwerker waren.

Mit welchem Verfahren sah sich 1999 der amerikanische Präsident Bill Clinton konfrontiert?

Einem Amtsenthebungsverfahren, Impeachment; er war wegen Meineids und Behinderung der Justiz im Zusammenhang mit der Lewinsky-Affäre angeklagt worden. Der US-Senat sprach ihn jedoch von den Vorwürfen frei.

Für welche Ziele arbeitet Amnesty International?

Die international aktive Organisation setzt sich weltweit für den Schutz der Menschenrechte ein, indem sie auf Menschenrechtsverletzungen aufmerksam macht. Vielfach können dadurch auch Menschen vor Folter, Gefängnis oder Hinrichtung gerettet werden, deren Fälle sonst unbeachtet von der Öffentlichkeit in Vergessenheit geraten würden.

Wer führte auf Kuba die Planwirtschaft ein?

Fidel Castro

Fidel Castro (*1927). Das kubanische Staatsoberhaupt, aus Guerillakriegen gegen den Diktator Batista hervorgegangen, strukturierte die Landwirtschaft auf Kuba um, nachdem er die amerikanischen Zuckerplantagen enteignet hatte. Anschließend verstaatlichte er allmählich die gesamte Wirtschaft. Das führte Kuba, eine der letzten Bastionen des Kommunismus, letztlich in den wirtschaftlichen Ruin.

Welche Folgen hatte 1979 die Intervention der Sowjetunion in die politischen Auseinandersetzungen in Afghanistan?

In keinen anderen Konflikt der Erde hat die ehemalige Sowjetunion nach dem Zweiten Weltkrieg mit mehr Waffen und Soldaten eingegriffen und zugleich größere Verluste erlitten als im Afghanistankrieg. Sowjetische Truppen befanden sich von 1979 bis 1988/89 in Afghanistan. Die islamischen Rebellentruppen (Mudschaheddin) haben sich schließlich behaupten können.

Welche Parteien bildeten auf Bundesebene die sog. Große Koalition?

CDU/CSU und SPD unter dem Kanzler Kurt Georg Kiesinger (1904–88) und dem Vizekanzler sowie Außenminister Willy Brandt (1913–92), von 1966 bis 1969.

Welche Ziele verfolgt die IRA?

Die Irisch-Republikanische Armee ist eine katholische Untergrundorganisation mit ca. 3000 bis 4000 Aktivisten, die mit terroristischen Mitteln die Loslösung des überwiegend protestantischen Nordirlands von Großbritannien und den Anschluss an Irland erreichen wollen.

Welche radikale politische Gruppierung der Französischen Revolution hatte im alten Kloster St. Jakob von Paris ihren Versammlungsort, nach dem sie auch benannt wurde?

Die Jakobiner, die unter ihrem Führer Maximilien de Robespierre 1793/94 ein

Schreckensregiment führten, dem in ganz Frankreich Zehntausende von Menschen zum Opfer fielen.

Nach welchem Mann waren die blutigen Hussiten-Kriege (1419–36) benannt?

Nach dem tschechischen Reformator Jan Hus (1368–1415), der 1415 auf dem Konzil von Konstanz als Ketzer verbrannt wurde. Seine Lehren kritisierten die Verweltlichung des Klerus und den Ablasshandel. Sein Tod auf dem Scheiterhaufen spaltete das Königreich Böhmen in königstreue Katholiken und Hussiten. Aus dem Neustädter Rathaus von Prag werden zwei katholische Ratsherren aus dem Fenster geworfen (sog. „Erster Prager Fenstersturz"), womit die Hussiten-Kriege ausgelöst wurden.

Aus welchem Krieg in Südost-Asien nach 1945 mussten sich die USA schließlich erfolglos zurückziehen?

Aus dem Vietnamkrieg, in dem die USA Südvietnam gegen das kommunistische Nordvietnam unterstützte, das wiederum Rückhalt aus China und der Sowjetunion bekam. 1964 begann die US-Regierung mit punktueller Bombardierung von Zielen in Nordvietnam; schnell steigerte sich das amerikanische Kontingent auf 543.000 Mann im Jahr 1968. Der Rückzug erfolgte 1973. 1975 kapitulierte Südvietnam.

Was ist eine juristische Person?

Kein menschliches Individuum, sondern ein Unternehmen, ein Verein, eine Stiftung, eine Körperschaft oder eine Anstalt des öffentlichen Rechts; sie gilt als Personenvereinigung und kann deshalb im Rechtsleben wie eine natürliche Person auftreten.

Woher kommt der Begriff Kalter Krieg?

Ursprünglich bezeichnete man damit den drohenden Kriegszustand zwischen den Weltmächten USA und UdSSR während der Jahre 1946/47 bis ca. 1962. Anstatt direkt einen militärischen Konflikt einzuleiten, versuchte man den Gegner durch Spionage, Propaganda, Wettrüsten, Bündnispolitik und auch durch das Eingreifen in regional begrenzte Krisenherde zu schwächen.

Zu welchem Zweck wurde ab dem 5. Jahrhundert v. Chr. die Chinesische Mauer erbaut?

Chinesische Mauer: das längste Bauwerk der Welt

Als Befestigungsanlage zum Schutz vor Eindringlingen, nicht jedoch als eigentlicher Grenzwall, denn sie lag ein gutes Stück zurückgezogen hinter den Grenzen. Die insgesamt rund 2500 km lange Mauer ist so breit, dass man sie auch als Verkehrsweg nutzte.

Welche bundesstaatliche Gliederung hat die Schweizerische Eidgenossenschaft?

Die Schweiz gliedert sich in 26 Kantone: 20 Ganz- und 6 Halbkantone; Ganzkantone sind z. B. der Aargau, Graubünden und Schwyz; Halbkantone sind z. B. Appenzell-Außerrhoden sowie Appenzell-Innerrhoden.

Wie hieß der römisch-deutsche Kaiser, in dessen Reich die Sonne nicht unterging?

Karl V. (1500–58), König von Spanien und seinen Besitzungen in der Neuen Welt, römisch-deutscher König, Herrscher über Burgund und in Italien. Er legte mit der Eroberung von Mexiko (1519–21) und Peru (1523–33) den Grundstein für das spanische Kolonialreich. Der strenge Katholik war ein Gegner Martin Luthers und der Reformation.

Wer war Captain Cook?

James Cook (1728–79) war britischer Seefahrer und Entdecker. Zweimal umsegelte er die Welt, entdeckte als erster Europäer Australien und nahm es für die englische Krone in Besitz. Auf seinen Fahrten kartographierte er große Teile der Küsten; seine Karten blieben bis ins 19. Jahrhundert in Gebrauch.

Captain Cooks Ankunft in Australien

Was heißt bilateral?

Das Eigenschaftswort setzt sich aus den lateinischen Wörtern bi: „zwei“ und latus, lateris: „die Seite“ zusammen und bedeutet somit „zweiseitig“; in der Politik spricht man von bilateralen Verträgen oder Übereinkünften.

Welchem Staat gehört Timor, die größte der kleinen Sundainseln, an?

Indonesien, das 1975 auch den letzten (nordöstlichen) Teil der ehemals portugiesischen Insel Timor besetzte und 1976 annektierte. Seitdem kämpft in Ost-Timor eine Befreiungsarmee für die Unabhängigkeit von der indonesischen Herrschaft. Die Auseinandersetzungen verschärften sich, als Indonesien 1999 erstmals die Unabhängigkeit Ost-Timors in Aussicht gestellt hatte.

Welche antike Großmacht zerstörte Rom in den drei Punischen Kriegen?

Karthago, die im heutigen Tunesien ehemals von Phöniziern gegründete Hafenstadt, die im ganzen Mittelmeerraum Handel trieb und Besitzungen hatte. Es wurde 146 v. Chr. erobert und völlig zerstört. Um 533 wurde Karthago von den Römern neu aufgebaut und 698 von den Arabern endgültig zerstört. Die Ausgrabungsstätte Karthago (nahe Tunis) gibt heute mehr Auskunft über die römische Lebensweise als über die phönizische.

Welche beiden Staaten des indischen Subkontinents stehen sich im Kaschmir-Konflikt unversöhnlich gegenüber?

Indien und Pakistan, die aus der Auflösung Britisch-Indiens 1947 hervorgegangen sind und sich seitdem um Kaschmir kriegerische Auseinandersetzungen (1947/48, 1965 und 1971) lieferten. Kaschmir ist seit 1947 zwischen beiden Staaten geteilt.

Welcher Nationalheld war der Anführer der lateinamerikanischen Unabhängigkeitsbewegung gegen die spanische Fremdherrschaft im 19. Jh.?

Simón Bolivar

Simón Bolívar (1783–1830). Er hatte auf Europareisen die Ideen der Französischen Revolution kennen gelernt; 1810 bildete er zusammen mit anderen in Südamerika eine Junta, die sich gegen die Spanier erhob. Er befreite Venezuela (Präsident), Ecuador und Peru (Präsident); Hochperu, dessen Präsident Bolívar für einige Monate war, nannte sich nach ihm Bolivien.

Welcher amerikanische Präsident rief Ich bin ein Berliner!?

John F. Kennedy (1917–63), der sich nach dem Bau der Mauer auf einem Staatsbesuch in der BR Dtl. 1963 in Berlin aufhielt und mit seinem Ausruf eine symbolische Garantie-Erklärung für die Freiheit West-Berlins gegen den kommunistischen Ostblock abgab. Schon 1962 hatte Kennedy den Führer der UdSSR, Nikita Chruschtschow, in der Kuba-Krise veranlasst, die sowjetischen Raketenbasen auf Kuba zu demontieren, und damit einen Weltkrieg verhindert.

Welches schiitische Oberhaupt errichtete 1979 im Iran einen Islamischen Gottesstaat?

Ayatollah Khomeini (1902–1989), der von seinem Exil in Paris aus den Sturz des Schah-Regimes in Persien leitete. Der Iran wird seitdem von geistlichen Würdeträgern, den sog. Mullahs, mit bisweilen archaischen und die Menschenrechte verletzenden Methoden regiert. Mäßigung in der Innen- und Außenpolitik kehrte erst nach dem Tod Khomeinis ein.

Zu welcher friedlichen Revolution trugen die Studien von Alfred Charles Kinsey (1894–1956) entscheidend bei?

Zur sexuellen Revolution, d. h. zu einer Liberalisierung der Sexualmoral in der westlichen Welt seit den 60er-Jahren. Der amerikanische Sexualforscher veröffentlichte seinen „Kinsey-Report“ zum Sexualverhalten der US-amerikanischen Männer 1948 und 1953.

Welche zwei Kriege am Persischen Golf werden als Golfkriege bezeichnet?

Der erste Golfkrieg war ein sehr verlustreicher Krieg von 1980 bis 1988, nachdem der Irak den Iran wegen Gebietsforderungen angegriffen hatte. Der zweite Konflikt kam ebenfalls durch eine irakische Aggression – diesmal gegen Kuwait – zustande, der diesmal auch aufgrund der globalen Ölinteressen zu einer internationalen Streitmacht unter Leitung der USA führte, die dem irakischen Militär und Staatswesen 1990/91 schwerste Schäden zufügte. Der Irak musste am 6. April für einen ständigen Waffenstillstand die Bedingungen der Vereinten Nationen akzeptieren, d. h. an Kuwait Reparationen zahlen, die Massenvernichtungswaffen zerstören und internationalen Beobachtern Informationen über seine Waffenlager offen legen.

Wer war Hitlers größter Gegner auf den britischen Inseln?

Winston Churchill

Sir Winston Churchill (1874–1965); er stammt aus der Familie der Herzöge von Marlborough und war bereits im Ersten Weltkrieg Erster Lord der Admiralität. 1941 schuf er – inzwischen Premierminister geworden – trotz großer Bedrängnis gegen das „Dritte Reich" die Allianz, bestehend aus Großbritannien, den USA und Russland. 1953 erhielt Churchill für seine „Geschichte des Zweiten Weltkrieges" in sechs Bänden den Literaturnobelpreis.

Wer waren die Salier?

Ein fränkisch-deutsches Herrschergeschlecht, das ihre Besitztümer seit dem 10. Jahrhundert im Raum um Speyer und Worms und in der Rheinpfalz eine Hausmacht hatte. Sie stellten nach den Ottonen von 1024 bis 1125 die deutschen Könige und römisch-deutschen Kaiser. Berühmt wurde Heinrichs IV. Gang nach Canossa.

Was führte 1987 zur Barschelaffäre und zum Rücktritt des damaligen Ministerpräsidenten von Schleswig-Holstein?

Uwe Barschel (1944–87) musste aufgrund des sich festigenden Verdachts, dass er eine verleumderische Kampagne gegen seinen Konkurrenten Björn Engholm (SPD) im schleswig-holsteinischen Landtagswahlkampf in Auftrag gegeben hat, zurücktreten. Trotz Beteuerung seiner Unschuld wurde Barschel kurz darauf unter nie ganz geklärten Umständen in einem Genfer Hotel tot aufgefunden.

Unter welcher Flagge segelte Christoph Kolumbus, als er 1492 Amerika entdeckte?

Unter spanischer, obwohl er selber Genuese war. Sein Plan, einen Seeweg von Westen nach Indien zu suchen, fand nämlich weder in seiner Heimat noch in Portugal Gehör, sondern nach langem Bemühen erst am spanischen Königshaus. Er fand den Seeweg nach Indien allerdings nicht, sondern entdeckte die „Neue Welt"; die Indianer (Indien) erhielten deshalb fälschlicherweise diesen Namen.

Wie hießen die Teilnehmer an den römischen Kampfspielen, die auf Leben und Tod geführt wurden?

Gladiatoren. Es waren meist Sklaven, Kriegsgefangene oder verurteilte Verbrecher, die in Gladiatorenschulen ausgebildet wurden und bei Volksfesten zur Unterhaltung des Volkes dienten. Gladiatorenkämpfe sind seit 264 v. Chr. bezeugt und wurden bis etwa 500 n. Chr. veranstaltet.

Worauf beruht der Grundgedanke des Kommunismus?

In der kommunistischen Gesellschaft – nach der Theorie von Karl Marx ein Gesellschaftszustand, der sich nach dem zwangsläufigen Untergang des Kapitalismus einstellen wird – gibt es kein Privateigentum an den Produktionsmitteln mehr; diese gehen vielmehr in Gemeineigentum über; darauf bezieht sich auch die lateinische Herkunft des Wortes: communis: allen gemeinsam.

Welche drei Staatschefs trafen sich kurz vor Kriegsende 1945 auf der Konferenz von Jalta?

Der amerikanische Präsident Roosevelt, der britische Premierminister Churchill und der sowjetische Staatschef Stalin; in Jalta wurde vom 4. bis zum 11. Februar die alliierte Nachkriegspolitik festgelegt. Die unterschiedlichen Interessen der Siegermächte wurden deutlich. Die Alliierten legten dabei das Prozedere der Aufteilung Deutschlands in die Besatzungszonen und andere Grenzveränderungen fest.

Was war die Folge der Bildung der Konföderierten Staaten von Amerika?

Der Amerikanische Bürgerkrieg. Der Gegensatz zwischen den amerikanischen Südstaaten, deren Wirtschaftskraft im Wesentlichen auf der von Sklaven betriebenen Plantagenwirtschaft beruhte, und dem industriell orientierten Osten der USA wurde durch die Sezession (Abspaltung) der 11 Südstaaten forciert und mündete 1861 in den Amerikanischen Bürgerkrieg.

Was versteht man unter Ideologie?

Heutzutage versteht man darunter die Gesamtheit von geistigen Grundeinstellungen und Wertungen, die von einer bestimmten Gruppe innerhalb der Gesellschaft oder von einer Kulturgemeinschaft vertreten wird. Oft knüpft man daran negative Akzente wie starr, einseitig und begrenzt.

Was folgte auf die Schlacht von Königgrätz 1866?

Das über Österreich und die süddeutschen Staaten des Deutschen Bundes siegreiche Preußen gründete 1867 unter seiner Führung den Norddeutschen Bund; damit war das Ringen um die Vorherrschaft in Deutschland zugunsten der kleindeutsch-preußischen Lösung entschieden. Österreich sonderte sich ab und gründete die Doppelmonarchie Österreich-Ungarn.

Welches historische Ereignis verursachte die Erhebung von Bayern und Württemberg zu Königreichen?

Der Sieg Napoléons über Österreich und Russland in der Schlacht von Austerlitz 1805. Danach traten 16 süd- und westdeutsche Fürsten, zu denen auch die Kurfürsten von Bayern und Württemberg zählten, aus dem Heiligen Römischen Reich Deutscher Nation aus; Bayern und Württemberg, die durch Napoléons Sieg Gebiete hinzugewannen, nahmen die Königswürde an. Die so entstandenen souveränen Staaten bildeten dann unter dem Protektorat Napoléon Bonapartes den Rheinbund.

Wer war Chlodwig I. (um 466–511)?

Taufe Chlodwigs I. (Miniatur aus dem 15. Jh.)

Er war ein merowingischer König, der mit Entschlossenheit und Brutalität die Grundlagen für die spätere Größe des fränkischen Reichs legte. Chlodwig beseitigte alle möglichen Thronrivalen und besiegte 486 den letzten römischen Statthalter Galliens. 498 nahm er den christlichen Glauben an, was von entscheidender Bedeutung für die Ausbreitung des Christentums in Mitteleuropa war.

Was bezeichnet die Abkürzung GUS?

Die Gemeinschaft Unabhängiger Staaten, die 1991 nach Auflösung der Sowjetunion aus den Ländern Russland, Weißrussland und der Ukraine entstanden und der weitere ehemalige Sowjetrepubliken beitraten. Heute umfasst die GUS 12 Staaten, die ein lockeres Staatenbündnis führen.

Welcher amerikanische Präsident musste sich wegen einer Liebesaffäre einem Amtsenthebungsverfahren stellen?

Bill Clinton

Bill Clinton (*1946), der 1993 als Kandidat der Demokraten den Präsidentschaftswahlkampf gewann. Den politischen Schaden, der ihm wegen der Lewinsky-Affäre entstanden war, konnte er u. a. auch durch den mehrwöchigen Kosovo-Luftkrieg gegen Jugoslawien, den die NATO-Luftwaffe erfolgreich beendete, wieder wettmachen.

Welches Ziel verfolgt ein Wohlfahrtsstaat?

Das soziale Wohlergehen seiner Bürger. Er kann jedoch, im Gegensatz zum Sozialstaat, der sozialen Sicherheit der unteren und mittleren Klassen dergestalt den Vorrang einräumen, dass er die Sozialgestaltung ganz in die Hände des Staates legt und dabei die persönliche Freiheit der sozialen Sicherheit unterordnet. Die ständig wachsenden Staatsausgaben müssen dann durch immer einschneidendere Steuerlasten und Sozialabgaben gedeckt werden. Der sog. Modellstaat der 70er-Jahre für das Wohlfahrtsprinzip ist Schweden.

Welche Rolle spielt der Bundespräsident bei der Gesetzgebung?

Er muss die Gesetze nach Verabschiedung durch Bundestag und Bundesrat auf ihre Verfassungsmäßigkeit hin prüfen. Nur mit seiner Unterschrift werden Gesetze rechtskräftig. Sollte er sie verweigern, muss ein Gesetz neu beraten werden.

Welche Großreiche unterschiedlicher Religion machten Konstantinopel nacheinander zu ihrer Hauptstadt?

Der erste christliche Kaiser des oströmischen Reiches, Konstantin der Große (nach 280–337), gründete die Hauptstadt seines Reiches auf dem ehemaligen Byzanz und gab ihr den Namen Konstantinopel; diese byzantinische Reichstradition wurde 1453 durch die türkische Eroberung der Stadt beendet. Auch jetzt wurde Konstantinopel wieder Hauptstadt, nunmehr des islamisch geprägten Osmanischen Reiches. Erst 1923 musste sie den Rang einer Hauptstadt an Ankara abtreten. Heute heißt Konstantinopel Istanbul.

Was besagt das konstruktive Misstrauensvotum nach Art. 67, Grundgesetz?

Eine Bundesregierung kann während ihrer Amtszeit durch den Bundestag gestürzt werden, wenn dem amtierenden Bundeskanzler mit einfacher Mehrheit das Misstrauen ausgesprochen und gleichzeitig ein neuer Bundeskanzler gewählt wird, den der Bundespräsident ernennen muss.

Welche Ziele verfolgten die Nationalsozialisten mit der Errichtung von Konzentrationslagern (KZs)?

Im Rückgriff auf spanische, englische und russische Vorbilder, auf denen die Namensschöpfung beruht, waren Konzentrationslager nach 1933 zunächst für als Staatsfeinde eingestufte Personen installiert worden. Nachdem die SS-Führung 1941 die Vernichtung der europäischen Juden beschlossen hatte, wurden große Vernichtungslager vor allem im besetzten Polen errichtet, in denen die Insassen neben der Verrichtung von Zwangsarbeit auch unmenschlichsten Quälereien ausgesetzt waren.

Welcher karthagische Feldherr fiel mit Elefanten in Italien ein?

Hannibal: größter Feldherr und Staatsmann Karthagos

Hannibal (247–183 v. Chr.). Statt übers Mittelmeer zu kommen, wollte er die Römer auf dem Landweg überraschen. Mit rund 60.000 Söldnern, 10.000 Pferden und genau 37 afrikanischen Elefanten startete er 218 v. Chr. von Spanien aus und eröffnete damit den 2. Punischen Krieg. Bei der 14-tägigen Überquerung der Alpen kamen fast 30.000 Männer, 17 Elefanten und ungezählte Pferde und Packtiere ums Leben. 211 v. Chr. ertönte dann in Rom der Schreckensruf: „Hannibal ante portas!“

Welche Kriegsparteien standen sich im Koreakrieg gegenüber?

Das kommunistische Nordkorea, das von chinesischen Truppen unterstützt wurde, überfiel 1950 das westlich orientierte Südkorea, worauf die UNO unter amerikanischer Führung auf dessen Seite intervenierte. 1953 wurde ein Waffenstillstand erzielt, der bis heute andauert.

Welches Verfassungsorgan der Bundesrepublik Deutschland übt die Gesetzgebung (Legislative) aus?

Der Deutsche Bundestag. Er hat eine vierjährige Legislaturperiode. Gesetzesvorlagen des Bundes werden im Plenum debattiert und beschlossen. Der weitere Gesetzgebungsprozess sieht die Zustimmung durch den Bundesrat vor, wenn es sich um Gesetze handelt, die Länderkompetenzen berühren. Bei Ablehnung durch den Bundesrat muss der Vermittlungsausschuss und eine Neuberatung in den Gremien erfolgen.

Wer profitiert vom Länderfinanzausgleich?

Die steuerschwachen Bundesländer; sie werden gemäß Grundgesetz bei der Verteilung des Steueraufkommens von den steuerstarken Ländern zur Gewährleistung einheitlicher Lebensbedingungen in Deutschland unterstützt.

Was war der Kreisauer Kreis?

Er war eine 1942 von Helmuth James Graf von Moltke auf seinem Gut Kreisau in Niederschlesien gegründete Widerstandsgruppe, die das nationalsozialistische Regime beseitigen und an dessen Stelle eine rechtsstaatliche Ordnung errichten wollte. Die meisten Teilnehmer, unter ihnen Oberst Claus von Stauffenberg, wurden nach dem Attentat auf Hitler am 20. Juli 1944 entdeckt und am selben Tag hingerichtet.

Welches Bundesland hat Hannover zur Hauptstadt?

Niedersachsen. Den Hauptteil des Landes bildete die ehemalige preußische Provinz Hannover. Hannover war vorher Königreich und Kurfürstentum; Georg Ludwig von Hannover wurde 1714 durch Erbfall König in England. 1946 schuf die britische Militärverwaltung aus Hannover, Braunschweig, Oldenburg und Schaumburg-Lippe das Land Niedersachsen.

Wer verfügt in der BR Dtl. über das aktive Wahlrecht?

Alle 18-jährigen deutschen Staatsangehörigen, die für sämtliche politische Wahlen ein Stimmrecht haben.

Welcher spanische Konquistador unterwarf das Aztekenreich?

Hernán Cortés

Hernán Cortés (1485–1547). Die aufständische Bevölkerung, die ihren Herrscher Montezuma II. durch Steinwürfe tötete, begünstigte ungewollt die Eroberung der Hauptstadt Tenochtitlán (Mexiko-City). 1521 wurde die Stadt nach zweieinhalbmonatiger Belagerung von den Spaniern eingenommen, Cortés wurde Generalkapitän und Statthalter von Neuspanien.

Was bedeutet die Abkürzung SDI?

Strategic Defense Initiative, deutsch: Strategische Verteidigungsinitiative; dabei handelte es sich um ein Forschungsprogramm der USA zur Installation von Abwehrwaffen im Weltraum gegen einen Raketenbeschuss aus dem Ostblock. Es wurde 1985 von dem damaligen US-Präsidenten Ronald Reagan in Auftrag gegeben.

Auf wen geht das geflügelte, meist scherzhaft gebrauchte Wort zurück „Er fühlt sich wie ein Krösus"?

Auf den letzten König von Lydien, der im 6. Jahrhundert v. Chr. über sagenhafte Reichtümer verfügt haben soll.

Was bedeutet das Kumulieren von Stimmen bei einer politischen Wahl?

Der Wähler hat vor allem bei Kommunalwahlen die Möglichkeit, mehrere Stimmen – meist sind bis zu drei erlaubt – auf einen Kandidaten zu vereinigen (lat. kumulieren = anhäufeln).

Wer hat als erster Europäer den Seeweg nach Indien entdeckt?

Der Portugiese Vasco da Gama (1469–1524); er umfuhr mit vier Schiffen die Südspitze Afrikas, erreichte die ostafrikanische Hafenstadt Malindi und überquerte dann den Indischen Ozean.

Wer vereinte England und Schottland?

Oliver Cromwell (1599–1658) entschied zunächst den Bürgerkrieg für das Parlament, entzog ihm aber 1648 das Vertrauen und ließ Karl I. hinrichten. Als „Lordprotector" führte er Kriege gegen die Niederlande und Spanien.

Was bezeichnete man zu DDR-Zeiten als Todesstreifen?

Einen jenseits und diesseits der Mauer angelegten Streifen, der vermint und mit Selbstschussanlagen ausgestattet die illegale Überwindung der 1961 durch die DDR errichteten Mauer verhindern sollte. Zusätzlich hatte die DDR-Grenzpolizei den Schießbefehl, d. h. die Anordnung „Republikflüchtige“ mit Waffengewalt zurückzuhalten.

Um welche französische Festung erreichten 1916 die Materialschlachten des Ersten Weltkrieges einen Höhepunkt?

Um Verdun. Hier beabsichtigte General Falkenhayn eine Entscheidung im Krieg herbeizuführen. Die Kämpfe dauerten von Ende Februar bis Anfang Juli; dann wurde die deutsche Offensive eingestellt.

Erster Weltkrieg: Französische Soldaten in einem Schützengraben an der Somme im Juli 1916

Was bezeichnete man im Mittelalter als Lehen?

Die verliehenen Herrschafts- und Nutzungsrechte, die ein Vasall von seinem Lehensherrn erwarb. Damit war nicht nur Grundbesitz, sondern auch Gerichts-, Zoll- u. a. wirtschaftliche Rechte verbunden. Nach dem ständischen Gesellschaftsaufbau konnte der König Herzöge und Markgrafen, diese wiederum Grafen und Ritter belehnen; Letztere konnten auch von Bischöfen und Erzbischöfen belehnt werden. Der Vasall war dadurch in einem Treueverhältnis an seinen Herrn gebunden, also auch verpflichtet, an Heerfahrten teilzunehmen.

Wie heißt die Volksabstimmung in der BR Dtl., mit der das Volk selbst Gesetze beschließen kann?

Der Volksentscheid oder Referendum; Entweder bringt das Wahlvolk selbst durch ein Volksbegehren einen Gesetzesentwurf in das Parlament ein oder Parlament bzw. Regierung legen ihm einen Entwurf – etwa über eine Verfassungsänderung – zur Entscheidung vor. In Bayern können z. B. 1 Mio. Wahlberechtigte durch einen Volksentscheid auch die Abberufung des Landtages herbeiführen. 1998 wurde auf diesem Wege der bayerische Senat abgeschafft.

Wer gewann die Schlacht von Liegnitz 1241?

Das mongolische Reiterheer; es schlug das christliche Heer unter Herzog Heinrich II. von Schlesien vernichtend. Der Herzog fiel ebenso wie zahlreiche polnische und deutsche Adelige in der Schlacht. Obwohl die Mongolen nun ungehindert ins Deutsche Reich hätten einfallen können, traten sie aus unbekannten Gründen den Rückzug an.

Welche Aufgabe hat die Gauck-Behörde?

Sie soll unter ihrem Leiter Johannes Gauck die Bespitzelung der ehemaligen Bevölkerung der DDR durch das Ministerium für Staatssicherheit („Stasi“) offen legen. Jeder ehemalige DDR-Bürger hat das Recht zur Einsichtnahme in seine sog. Stasi-Akte.

Wann begann und wann endete der Dreißigjährige Krieg?

Er dauerte von 1618 bis 1648. Er begann als Krieg zwischen der protestantischen und katholischen Konfession und weitete sich immer mehr zu einem Krieg um die Vormachtstellung in Europa aus. Die herausragendste Person im Dreißigjährigen Krieg war Albrecht von Wallenstein (1583–1634), kaiserlicher Feldherr, der den Kriegsverlauf zugunsten der katholischen Liga beeinflusste.

Dreißigjähriger Krieg: Schlacht bei Lützen 1632, Gustav Adolf II. stürzt vom Pferd

Welche Behörde der ehemaligen DDR verbirgt sich hinter dem Kürzel Stasi?

Das Ministerium für Staatssicherheit, das die Herrschaftssicherung der SED u. a. mit den Mitteln der Spionage gewährleistete. Sie überwachte auch die Bevölkerung mit einem weit verzweigten Informations- und Spitzelsystem. 1989/90 wurde die Stasi, die damals noch rund 85.600 hauptamtliche Mitarbeiter hatte, nach der friedlichen Revolution in der DDR aufgelöst.

Warum nennt man den Einfluss von Interessengruppen auf politische Entscheidungsprozesse Lobby?

Diese Gepflogenheit bürgerte sich aus dem politischen Sprachgebrauch in Großbritannien ein. Dort wird die Wandelhalle im Parlamentsgebäude so bezeichnet; hier können auch außenstehende Vertreter von Interessengruppen mit den Abgeordneten in Kontakt treten und versuchen sie zu beeinflussen.

Wie heißt die parlamentarische Vertretung in einem Haus mit zwei Kammern, in der die Abgeordneten sitzen?

Das Abgeordnetenhaus; die Parlamentarier werden vom Volk meist direkt gewählt; sie haben die legislative (gesetzgebende) Vollmacht im Staat wie z. B. das Repräsentantenhaus im amerikanischen Kongress. Daneben besteht dann noch der Senat oder das Oberhaus, in welchem angesehene Personen des öffentlichen Lebens oder auch die Vertreter der Bundesstaaten etwa wie im amerikanischen Senat sitzen.

Wer profitiert in der BR Dtl. von der Lohnsteuer?

Der Bund, die Länder und die Gemeinden. Die derzeit rund 260 Mrd. DM, die der Staat jährlich aus der Besteuerung der nichtselbstständigen Arbeit einnimmt, kommen Bund, Ländern und Gemeinden im Verhältnis 42,5 : 42,5 : 15 zugute.

Welchem geschichtlichen Abschnitt ordnet man die Altsteinzeit zu?

Der Vorgeschichte oder auch Urgeschichte (Prähistorie); hierher gehören auch Mittelsteinzeit, Jungsteinzeit, Bronzezeit und Eisenzeit, als vorgeschichtlich bezeichnet, da sie vor dem Einsetzen der schriftlichen Quellen lagen. Funde über Wohn- und Grabstätten, Werkzeuge, Waffen, Schmuck und Alltagsgegenstände geben Aufschluss über die einzelnen Kulturen.

Was bezeichnete man zwischen 1919 und 1939 als Polnischen Korridor?

Den 30 bis 90 km breiten Landstreifen polnischen Staatsgebietes, der durch die Abtretung fast ganz Westpreußens im Versailler Vertrag entstanden war und die deutschen Gebiete Pommern im Westen und Ostpreußen im Osten von einander trennte.

Wie bezeichneten die Römer das Gebiet des heutigen Frankreichs?

Gallien, genauer Gallia Transalpina – das Gallien jenseits der Alpen. Es wurde 125–51 vor Chr. von Rom erobert.

Wer torpedierte 1915 das Passagierschiff Lusitania?

Das deutsche Unterseeboot U 20 während des Ersten Weltkrieges; die britische Lusitania hatte neben Munition auch anderes Kriegsmaterial geladen, so dass die deutsche Marineführung den Abschuss befahl. Die Versenkung führte zu Protestnoten aus den USA, weil sich unter den 1198 Opfern auch 128 US-Bürger befanden.

Mit welchem Vertragswerk wurde 1992 die Wirtschafts- und Währungsunion beschlossen und die EG zur EU erweitert?

Mit dem Vertrag von Maastricht, der als Leitwährung den Euro und eine politische Union vorsieht. Ergänzt wurde dieses Abkommen durch den Vertrag von Amsterdam, der u. a. den Zeitplan für die Wirtschafts- und Währungsunion enthält.

Was erforscht die Politologie?

Die Politikwissenschaft erforscht die Regierungssysteme und stellt Vergleiche her; untersucht wird auch das Verhältnis zwischen Politik, Wirtschaft und Gesellschaft.

Welcher Mongolenführer schuf im 13. Jahrhundert ein Großreich, das vom chinesischen Meer bis nach Europa reichte?

Dschingis Khan: Persische Buchmalerei

Dschingis Khan (1155/67–1227), Großkahn der Mongolen; seine Reiterscharen hinterließen ein Feld der Verwüstung. Seine Feldzüge führten bis nach Korea, Nord-Tibet, Indien, Iran und Russland. Sein Weltreich umfasste etwa die Hälfte der damaligen Menschheit.

Was versteht man unter Amnestie?

Das Erlassen oder die Minderung einer Strafe, besonders bei Strafen für politische Vergehen.

Wer wurde nach dem Ende des Deutschen Kaiserreiches 1919 zum ersten Reichspräsidenten der Weimarer Republik gewählt?

Friedrich Ebert

Friedrich Ebert (1871–1925); durch die Wahl der verfassungsgebenden Deutschen Nationalversammlung. Er übte sein Amt überparteilich und auf Ausgleich bedacht bis zu seinem Tode aus und war hoch angesehen.

Welche Geheimorganisation nennt sich „ehrenwerte Gesellschaft"?

Die Mafia; ursprünglich ein sizilianischer Geheimbund. Ihr neapolitanisches Gegenstück ist die Camorra. Die italienische Mafia hat wichtige Verbindungen zu Politik und Wirtschaft und ist selbst ein bedeutender illegaler Wirtschaftsfaktor. Ihre Einkommensquellen sind u. a. Rauschgifthandel, Prostitution sowie Erpressung. In den USA hat sich seit dem 19. Jahrhundert die Cosa Nostra als Ableger der italienischen Mafia gebildet.

Wann kann es im Deutschen Bundestag zu einem Hammelsprung kommen?

Wenn sich die Sitzungsleiter über ein Abstimmungsergebnis auch nach der Gegenprobe uneinig sind. Die Abgeordneten verlassen dann das Plenum und betreten durch eigens bezeichnete Ja-, Nein- und Stimmenthaltungstüren den Sitzungssaal von neuem, wobei sie gezählt werden.

Welchem militärischen Zweck diente die nach dem Ersten Weltkrieg angelegte Maginot-Linie?

Sie war ein Festungsgürtel aus zum Teil riesigen Betonbunkern, den die französische Regierung 1929 bis 1932 als Schutzwall gegen das Deutsche Reich errichten ließ. Als Hitler 1940 seinen Frankreich-Feldzug begann, wurde die Maginot-Linie durch die bewegliche deutsche Panzertruppe umgangen und Frankreich binnen weniger Wochen besiegt.

Welche Lehre beschrieb Funktion und Niedergang des Kapitalismus und die Entwicklung zu sozialistischen und kommunistischen Gesellschaftsformen?

Der Marxismus, begründet von Karl Marx (1818–83) und Friedrich Engels (1820–95). Die philosophische Deutung des Weltgeschehens übernimmt der dialektische Materialismus, die Deutung der Geschichtsprozesse erklärt der historische Materialismus, die politische Ökonomie beschreibt die gesellschaftlichen und wirtschaftlichen Strukturen des Kapitalismus und der wissenschaftliche Sozialismus zeichnet das Zukunftsbild der sozialistischen Gesellschaft.

Was versteht man unter Massenmedien?

Rundfunk, Fernsehen, Film und Printmedien, die einem großen Publikum Informationen und Unterhaltung vermitteln. Ihr Einfluss auf Politik und Gesellschaft ist unbestreitbar, die exakten Wirkungsweisen dieses Einflusses sind jedoch in der Wissenschaft umstritten.

Welches Bundesland hat als Hauptstadt Schwerin?

Mecklenburg-Vorpommern. Mecklenburg wurde bereits im Hochmittelalter – früher als Vorpommern – christianisiert und dem deutschen Kulturbereich eingegliedert. Später bildeten sich die Herzogtümer Mecklenburg-Schwerin und Mecklenburg-Strelitz.

Wen bezeichnet die politische Propaganda als fünfte Kolonne?

Eine staatsfeindliche Gruppierung, die zumeist mit einer ausländischen feindlichen Macht zusammenarbeitet. Der Begriff entstand in Spanischen Bürgerkrieg: General Franco bezeichnete im Spanischen Bürgerkrieg seine Anhänger in Madrid so, während er selbst mit seiner Armee in vier Kolonnen auf die Stadt zumarschierte.

Welches Fürstengeschlecht beherrschte vom Ende des 15. Jahrhunderts bis in die Mitte des 18. Jahrhunderts die Stadt Florenz?

Die Bankiers- und Kaufmannsfamilie der Medici, die Herzöge und Großherzöge der Toskana wurden. Sie waren große Kunstmäzene; ihnen verdanken Florenz und die Toskana die bedeutendsten Kunstwerke der Renaissance.

Was ist mit der Abkürzung IFOR gemeint?

Sie steht für Implementation Force, eine internationale militärische Truppe unter NATO-Oberbefehl, die im Zuge des Friedensabkommens von Dayton zur Überwachung friedensbildender Maßnahmen 1995/96 im ehemaligen Bürgerkriegsgebiet von Bosnien-Herzegowina im Einsatz war.

Was ist das oberste Bundesorgan der Bundesrepublik Deutschland?

Die Bundesregierung, die ein kollegial gebildetes Gremium ist. An ihrer Spitze steht der Bundeskanzler, der die Richtlinienkompetenz ausübt, gefolgt von den Bundesministern und den nicht stimmberechtigten Staatssekretären.

Welcher indische Politiker ist das Vorbild für gewaltlosen, passiven Widerstand?

Mahatma Gandhi: Führer der politischen „Non-Cooperation"

Mohandas Karamchand Gandhi (1869–1948), genannt Mahatma (Sanskrit: „Große Seele") der 1920 zum gewaltlosen Kampf gegen die britische Kolonialmacht in Indien aufrief. Mit seinen Aktionen „Häusliches Spinnen" und „Salzmarsch" versuchte er Indien von der britischen Textilindustrie und vom Salzmonopol unabhängig zu machen. Er wurde achtmal inhaftiert, erreichte aber mehrfach durch Fasten die vorzeitige Entlassung.

Was besagen die Menschenrechte, die auch in den ersten Artikeln des Grundgesetzes der BR Dtl. aufgeführt sind?

Sie bekennen sich zu den unveräußerlichen, durch die Geburt gegebenen Freiheitsrechten: dazu gehört das Recht auf Gleichheit, auf körperliche Unversehrtheit, auf Meinungs- und Glaubensfreiheit und das Widerstandsrecht gegen die Unterdrückung dieser Rechte.

Wo wurden erstmals umfassend die Menschen- und Bürgerrechte proklamiert?

In der Französichen Revolution 1789, als die Nationalversammlung in 17 Artikeln die Menschen- und Bürgerrechte verkündete.

Aus welchen 14 Ministerien und Ministern setzt sich die Bundesregierung der BR Dtl. zusammen?

Äußeres, Inneres, Justiz, Finanzen, Wirtschaft/Technologie, Ernährung/Landwirtschaft/Forsten, Arbeit/Soziales, Verteidigung, Familie/Frauen/Senioren/Jugend, Gesundheit, Verkehr/Bau- u. Wohnungswesen, Umwelt/Naturschutz, Bildung/Forschung, Wirtschaftliche Zusammenarbeit/Entwicklung.

Was war das erklärte Ziel des Risorgimento in Italien zwischen 1815 und 1870?

Giuseppe Garibaldi

Die Einigung (Wiedererstehung) des in mehrere Kleinstaaten zerfallenen und z. T. von den Österreichern besetzten Landes zu einem Nationalstaat. Prominente Symbolfigur des Risorgimento war der Nationalheld Giuseppe Garibaldi (1807–82). 1861 wurde das Königreich Italien ausgerufen, 1870 Rom zur Hauptstadt gemacht.

Aus welchen Bündnispartnern setzten sich im Ersten Weltkrieg die Mittelmächte zusammen?

Aus dem Deutschen Reich, Österreich-Ungarn, Bulgarien und der Türkei.

Was ist ein Molotow-Cocktail?

Ein Brandsatz, der erstmals von finnischen Infanteristen im sog. „Winterkrieg“ 1939 im Vorfeld des Zweiten Weltkrieg zur Panzerbekämpfung verwendet wurde. Benzin und Phosphor ergeben in Flaschen gefüllt ein hochentzündliches Gemisch; die Flaschen wurden mit einem mit Benzin getränkten Pfropf, der vor dem Wurf angezündet wurde, verschlossen. Der Brandsatz, der nach dem Krieg auch bei gewalttätigen Demonstrationen zum Einsatz kam, wurde nach dem damaligen sowjetischen Außenminister Molotow benannt.

Was sind Arbeitgeberverbände?

In Arbeitgeberverbänden organisieren sich Interessenvertreter aus Unternehmen eines Wirtschaftszweiges, die in den Tarifverhandlungen mit den Arbeitnehmerverbänden, den Gewerkschaften, die z. B. Tarifverträge aushandeln.

Welche Staatsmänner des 20. Jahrhunderts ließen sich gerne als Führer bezeichnen?

Der italienische Diktator und Faschistenführer Benito Mussolini (1883–1945), der sich „Duce“ (ital. „Führer“) nannte, Francisco Franco Bahamonde (1892–1975), der in Spanien ein diktatorisches Regierungssystem errichtete und sich als „Caudillo“ (span. „Führer“) bezeichnete, und der nationalsozialistische Politiker

Adolf Hitler (1889–1945), der sich nach dem Tode des Staatspräsidenten Hindenburg 1934 „Führer und Reichskanzler“ nannte. In dem totalitären Staatsverständnis dieser Länder herrschte das Führerprinzip vor, d. h. ein streng hierarchischer Aufbau von oben nach unten.

Wo ist der Sitz des Bundesverfassungsgerichts?

Sein Sitz ist auch weiterhin Karlsruhe.

Welcher zigarrenrauchende Politiker der 50er und 60er-Jahre gilt als Vater des deutschen Wirtschaftswunders?

Ludwig Erhard

Der Wirtschaftsminister und CDU-Politiker Ludwig Erhard (1897–1977). Mit seinem Konzept der sozialen Marktwirtschaft schuf er die Grundlagen für den wirtschaftlichen Aufstieg der BR Dtl.

Was ist nach Montesquieu die Grundlage des Rechtsstaates?

Die Gewaltenteilung. Die Staatsgewalt ist in drei von einander unabhängige Organe unterteilt: gesetzgebende Gewalt (Legislative), ausführende Gewalt (Exekutive) und Rechtsprechung (Judikative).

Was wurde in den Schlachten von Morgarten 1315 und von Sempach 1386 entschieden?

Seit dem „Rütli-Schwur“ von 1291 gingen die Schweizer Eidgenossen eigene Wege im Deutschen Reich. Habsburger Ritterheere wollten die Schweizer wieder zurück in das Reich zwingen, verloren aber beide Schlachten gegen die wesentlich schlechter ausgerüsteten Schweizer Eidgenossen. Mit ihrem Sieg erreichte die Schweiz einen neuen Grad an Unabhängigkeit, der jedoch erst 1499 im Frieden von Basel festgeschrieben wurde.

Welche Bedeutung hat die Judikative in demokratischen Staaten?

Sie ist die richterliche Gewalt, d. h. sie übernimmt die Rechtsprechung.

Was versteht man unter dem Schlagwort multikulturelle Gesellschaft?

Eine Gesellschaft, die durch kulturelle, religiöse und sprachliche Vielfalt gekennzeichnet ist, im Gegensatz zu einer einheitlichen Nation.

Wie hieß der italienische Diktator, der ein Bündnispartner Hitlers war?

Benito Mussolini (1883–1945); allerdings nur bis 1943; dann wurde er zum ersten Mal gestürzt, aber von einem deutschen Spezialkommando befreit. Beim Zusammenbruch 1945 wurde Mussolini von italienischen Widerstandskämpfern erschossen.

Wie viele Einwohner hat die BR Dtl.?

82,4 Mio.

Welcher französische Kaiser hatte italienische Vorfahren und starb in britischer Gefangenschaft?

Napoléon Bonaparte (1769–1821), dessen Karriere als Offizier in den Revolutionskriegen begann. Er krönte sich 1804 im Beisein des Papstes selbst zum Kaiser der Franzosen; halb Europa unterwarf er bis 1812. Seine Reformen in Verwaltung und Rechtskodifikation hatten Vorbildcharakter in Europa und der Welt.

Wer sind die Habsburger?

Ein österreichisches Herrschergeschlecht, das sich nach der Habsburg bei Brugg in der Schweiz nennt. Ursprünglich eine Grafenfamilie mit großen Besitzungen im Elsass und in der Schweiz stellten Abkömmlinge ihres Hauses erstmals 1273 und dann von 1438 bis 1806 mit Ausnahme der Jahre 1742–45 alle deutschen Könige und Kaiser.

Drei Generationen der Habsburger auf einem Bild: Maximilian I., sein Sohn Philipp I. und seine Enkel Karl V. und Ferdinand I.

Was versteht man unter Nationalsozialismus?

Im weiteren Sinn eine nationalistische und antisemitische Ideologie, die maßgeblich von Adolf Hitler seit 1919 geformt wurde; im engeren Sinne den von Hitler errichteten totalitären Staat der Jahre 1933 bis zum militärischen Zusammenbruch Deutschlands 1945.

Was besagt der griechische Begriff Autonomie?

Im engeren Sinn meint man damit die Selbstständigkeit eines Gemeinwesens, von gr. autonomos: „nach eigenen Gesetzen lebend“. Es kann jedoch auch die politische und kulturelle Selbstständigkeit eines Teilstaates innerhalb eines föderativen Gesamtstaates bedeuten; übrigens auch die Willensfreiheit einer Person.

Welches Hinrichtungsgerät ließ sich Ludwig XVI. vorführen, wenige Jahre bevor er selbst damit in Paris öffentlich geköpft wurde?

Die Guillotine, benannt nach dem Arzt Joseph-Ignace Guillotin (1738–1814), der vorschlug das Fallbeil bei der Ausführung der Todesstrafe zu verwenden. Dem Verurteilten sollte mit der Guillotine ein schneller und „humaner“ Tod ermöglicht werden. Von 1792 bis zur Abschaffung der Todesstrafe blieb sie im Einsatz.

Wer ist der oberste Beamte der NATO?

Der NATO-Generalsekretär, der die Organisation nach außen hin repräsentiert. Wichtiger als er selbst ist jedoch der ihm unterstellte Beamtenapparat mit Sitz in Brüssel, der eigentlich alle wichtigen Beschlüsse und Aktionen der NATO vorbereitet. Politische Einflussmöglichkeiten hat der Generalsekretär jedoch dann, wenn es zu Unstimmigkeiten zwischen NATO-Partnern kommt, dann soll in erster Linie er vermitteln.

Welche Augsburger Bankiers- und Kaufmannsfamilie war so reich, dass sie sogar Kaiser und Päpste finanzierte?

Fuggerei in Augsburg

Die Fugger, namentlich Jakob II., der Reiche (1459–1525) und Anton Fugger (1493–1560). Jakob hinterließ mit der Fuggerei eine berühmte Wohnsiedlung für Bedürftige.

Welche Beurkundungen nimmt das Standesamt der kommunalen Verwaltung vor?

Geburten, Eheschließungen und Todesfälle.

Welcher Steinzeitmensch wurde nach einem Tal bei Düsseldorf benannt?

Der Neandertaler, der zwischen 300.000 und 40.000 v. Chr. lebte. Überreste dieses Frühmenschen wurden 1856 von Jochen Fuhlrott in besagtem Tal gefunden. Der Fund war damals eine wissenschaftliche Sensation.

Welcher größenwahnsinnige römische Kaiser ließ 64 n. Chr. vermutlich Rom anzünden?

Nero (37–68), der den Verdacht, den Brand gelegt und dabei auf seiner Leier gespielt zu haben, von sich ablenken wollte, indem er den Christen die Schuld in die Schuhe schob. Daher kam es in der Folge des Stadtbrandes zu Christenverfolgungen. Nero ließ das etwa zu zwei Dritteln zerstörte Rom von Grund auf neu und gänzlich aus Stein aufbauen.

Was versteht man unter Kommunalpolitik?

Das staatliche wie gemeindliche Tätigwerden, um ein funktionstüchtiges Gemeinwesen für den Bürger zu schaffen. Wichtige Tätigkeitsbereiche der Gemeindeverwaltung werden durch Bundesgesetze geregelt; die gemeindliche Kommunalpolitik zielt überwiegend auf die Pflege der Selbstverwaltung ab.

Was versteht man unter Neutralismus?

Das meist abwertend gebrauchte Bestreben eines Landes, sich aus politischen, wirtschaftlichen und militärischen Konflikten der Großmächte und deren Bündnissystemen herauszuhalten.

Welche Ziele verfolgte die Friedensbewegung in Deutschland Mitte der 80er-Jahre?

Durch Massendemonstrationen wie z. B. den „Ostermärschen" sollten vor allem die atomaren Nachrüstungsprogramme der NATO, besonders der so genannte „NATO-Doppelbeschluss", der eine Aufrüstung bei den Mittelstreckenraketen zur Folge hatte, verhindert werden.

Welches Bundesland führt seine Entstehung aus der Vereinigung der nördlichen preußischen Rheinprovinz und Westfalen im Jahr 1947 zurück?

Nordrhein-Westfalen, das durch seine im Ruhrgebiet vorkommenden Bodenschätze (Kohle) zu einem der größten europäischen Stahlproduzenten wurde.

Was bedeutet das politische Schlagwort Perestroika?

Michail Gorbatschow, „Erfinder der Perestroika"

Der ehemalige sowjetische Parteichef Michail Gorbatschow (*1931) verwendete den Begriff, mit dem er den seit 1985 verfolgten politischen und wirtschaftlichen „Umbau" der sowjetischen Gesellschaft umschrieb.

Welches skandinavische Volk eroberte seit dem 7. Jahrhundert Gebiete auf dem europäischen Festland und 1066 England?

Die Normannen oder Wikinger, die als Händler, Räuber und Krieger vor allem die Normandie in Nordfrankreich eroberten und besiedelten und von hier aus normannische Königreiche in England und Sizilien gründeten.

Was bedeutet die Abkürzung NSDAP?

Nationalsozialistische Deutsche Arbeiterpartei, die 1919 als national-antisemitische Partei gegründet wurde, deren Führung 1921 Adolf Hitler übernahm. Die rechtsextreme Partei trug wesentlich zum Ende der Weimarer Republik bei. 1933 wurde die NSDAP durch Hitlers Ernennung zum Reichskanzler Regierungspartei. Die Partei trägt schwerste Schuld am Ausbruch des Zweiten Weltkriegs und am Völkermord an den Juden.

Welcher kurdische Politiker und militärische Gegner der Türkei wurde 1999 zum Tode verurteilt?

Der Führer der verbotenen Arbeiterpartei Kurdistans (PKK), Abdullah Öcalan (*1949), der seit 1984 einen Guerillakrieg gegen die türkische Armee um die Befreiung des Kurdengebietes führte.

Seit wann gibt es in Deutschland ein Frauenwahlrecht?

Seit 1918, als die Monarchie im Deutschen Reich abgeschafft wurde und an seine Stelle eine demokratische Verfassung trat. Obwohl Deutschland damit relativ fortschrittlich war, waren die deutschen Frauen nicht die ersten Europäerinnen, die sich auf den Weg zur Wahlurne machen durften. In Finnland konnten Frauen schon 1906 des erste Mal wählen.

Wie heißt die 1945 im Potsdamer Abkommen festgelegte deutsch-polnische Grenze?

Oder-Neiße-Linie; sie war 1949 bis 1990 die Grenze zwischen der DDR und Polen; im Prozess der deutschen Wiedervereinigung erkannte sie die Bundesrepublik Deutschland in einem Grenzvertrag mit Polen als Ostgrenze an. Dadurch wurde von der Bundesregierung Verzicht auf die ehemaligen deutschen Ostgebiete geleistet.

Für welchen Zweck stiftete Alfred Nobel (1833–96) den Friedensnobelpreis?

Damit soll eine Person, ein Verein oder eine Institution für deren Verdienste um den Erhalt des Friedens geehrt werden. Die Preisträger wählt ein Ausschuss des norwegischen Parlaments. Überreicht wird er durch den norwegischen König. Die anderen Nobelpreise werden durch die testamentarische Verfügung A. Nobels von wissenschaflichen Akademien in Schweden verliehen.

In welcher Organisation sind die 29 führenden westlichen Industrieländer zusammengeschlossen?

In der OECD; engl.: „Organization for Economic Cooperation and Development", übersetzt: Organisation für wirtschaftliche Zusammenarbeit und Entwicklung. Sie dient der Koordination der Wirtschafts- und Entwicklungspolitik der Mitgliedsstaaten.

Wo lag der römische Hadrianswall?

An der Nordgrenze der römischen Provinz Britannien; Kaiser Hadrian (76–138) ließ damit 122–136 die Provinz vor den Einfällen der Kaledonier, den Vorfahren der Schotten, schützen. Er verlief zwischen dem heutigen Carlisle und Tynemouth; seine Verlauf bildet auch heute noch die Grenze zwischen Schottland und England.

Hadrianswall im Süden Schottlands

Was versteht man unter Politik?

Die „Kunst der Staatsverwaltung" (griechisch), also alle Handlungen und Zielsetzungen der Verantwortlichen im Staat zum Wohl des Gemeinwesens.

Welcher Umsturz führte zur Gründung der Sowjetunion?

Die Oktoberrevolution von 1917. Die Bolschewiki unter Lenin stürzten die aus der Februarrevolution 1917 hervorgegangene gemäßigte Sozialdemokratische Regierung Kerenskij. Diese Revolution hatte zwar schon zur Abdankung des Zaren geführt, Russland war jedoch nicht aus dem Ersten Weltkrieg ausgeschieden, was die innenpolitische Lage nicht entschärfen konnte.

Welche Aufgabe hat ein Ombudsmann (schwedisch: „Treuhänder") in einem demokratischen Staatswesen?

Diese vom Parlament bestellte Vertrauensperson soll dem Rechtsschutz Einzelner oder von Minderheiten durch Kontrolle der Verwaltung und Behörden gewährleisten. In der BR Dtl. sind als Ombudsmänner der Wehrbeauftragte und der Ausländerbeauftragte tätig.

Welches neue Bundesland war zu DDR-Zeiten in die Bezirke Erfurt, Gera und Suhl gegliedert?

Thüringen, das im Frühmittelalter ein Stammesherzogtum war, aber immer weiter aufgeteilt wurde. Erst 1920 vereinigten sich sämtliche thüringischen Länder zum Land Thüringen. 1990 erfolgte bei der Wiedervereinigung Deutschlands die Wiedererrichtung des Landes.

Welche Hauptanklagepunkte reichten aus, um in der Zeit des Hexenwahns (14.–16. Jh.) Anklage in einem Hexenprozess erheben zu können?

Zum Beispiel blasphemische Handlungen, wie etwa Verfluchung des Kruzifix, Schadenzauber, Buhlschaft – d. h. sexueller Verkehr – mit dem Teufel. Geständnisse wurden unter Folter erzwungen oder man unterzog die Hexen der „Wasserprobe". Ertrinkt die gefesselte Angeklagte, war sie unschuldig.

Die ältesten Abbildungen von Hexen (Handschrift von 1440)

Wann trennten sich Ostrom und Westrom endgültig?

Im Jahr 395 durch die Teilung Kaiser Theodosius' des Großen. Von nun an festigte sich das byzantinische Reich, nachdem bereits 330 Konstantinopel als Hauptstadt des oströmischen Reiches gegründet worden war. Das West-Reich geriet zunehmend unter den Einfluss germanischer Völker.

Wodurch wird der Frieden zwischen Israel und den Palästinensischen Autonomiegebieten gefährdet?

Durch den Palästinenser-Konflikt, der zwischen der Palästinensischen Regierung von Jasir Arafat in den Autonomiegebieten und den Anhängern der islamisch-fundamentalistischen Hamas besteht. Die Hamas will einen islamischen Staat gründen und lehnt jede Aussöhnung mit Israel ab.

Welche Aufgabe haben Frauenbeauftragte?

Diesen Beruf üben Frauen aus, die in den Kommunen (z. B. Landratsämtern) und bei öffentlichen Arbeitgebern (z. B. Universitäten) dafür Sorge tragen, dass Frauen im öffentlichen Leben nicht benachteiligt werden.

Welche Möglichkeit hat der Wähler beim Panaschieren?

Er kann Kandidaten auf der von ihm gewählten Liste wählen und diese gleichzeitig in bestimmtem Umfang durch Kandidaten anderer Listen ergänzen (panaschieren = mischen).

Wie heißt das Parlament Israels?

Knesset, mit Sitz in Jerusalem. Das israelische Parlament wird alle 4 Jahre gewählt.

Welche Besonderheit kennzeichnet das Parlament der USA?

Das Parlament heißt hier Kongress und besteht aus zwei Kammern, dem Senat und dem Repräsentantenhaus. In Letzterem wird u. a. der Haushalt bewilligt, was in der BR Dtl. die Aufgabe des Deutschen Bundestages ist. Der amerikanische Senat ist die Vertretung der Bundesstaaten.

Was ist die OSZE?

Die 1975 gegründete „Organisation für Sicherheit und Zusammenarbeit in Europa", an der sich Staaten des westlichen wie des östlichen Militärbündnisses beteiligten. Seit Auflösung der Sowjetunion und des Warschauer Paktes schwand die Bedeutung der OSZE zusehends zugunsten des westlichen Verteidigungsbündnisses der NATO.

Welche Bedeutung haben Parteien in einer freiheitlichen demokratischen Grundordnung?

Durch das Grundgesetz haben sie die Aufgabe an der politischen Willensbildung der Bevölkerung mitzuwirken; sie sollen soweit möglich die Regierung durch ihre Öffentlichkeitsarbeit kontrollieren und die Wähler durch programmatische Parteiarbeit im Wahlkampf zu gewinnen suchen. Aus ihrer Mitte werden gewöhnlich die Mitglieder der Regierung bestellt.

Was geschah 1941 auf dem US-Flottenstützpunkt Pearl Harbour?

Er wurde bei einem japanischen Luftangriff schwer beschädigt; Japan gelang es jedoch nicht die amerikanische Pazifik-Flotte zu zerstören. Die USA erklärte daraufhin Japan den Krieg und trat damit in den Zweiten Weltkrieg ein, da Deutschland als Verbündeter Japans wiederum den USA den Krieg erklärte.

Welche Sozialversicherung ist in der BR Dtl. 1995 als fünfte Säule der Sozialversicherung in Kraft getreten?

Die Pflegeversicherung, zur finanziellen Vorsorge gegen das Risiko der Pflegebedürftigkeit. Der Beitrag von 1,7% vom krankenversicherungspflichtigen Einkommen wird je zur Hälfte von Arbeitgebern und Arbeitnehmern bezahlt.

In welchem Gebäude tagte 1848 die Frankfurter Nationalversammlung?

In der Paulskirche von Frankfurt am Main, wo sich nach der Märzrevolution 1848 Parlamentarier aus allen deutschen Ländern versammelten, um eine konstitutionelle deutsche Monarchie zu schaffen.

Welcher Politiker errichtete in Kambodscha den so genannten Steinzeitkommunismus?

Der Anführer der Roten Khmer Pol Pot (1928–98), dessen dreijährige Terrorherrschaft mehrere Millionen Menschen durch Umsiedlungsaktionen und gezielte Massentötungen das Leben kostete.

Wer war nach Heinrich Lübke und vor Walter Scheel deutscher Bundespräsident?

Gustav Heinemann

Der SPD-Politiker Gustav Heinemann (1899–1976), der während des „Dritten Reiches" ein Organisator der Bekennenden Kirche war. Als Bundespräsident bemühte er sich um die Aussöhnung zwischen Deutschland und seinen Nachbarn.

Welche umwälzenden Ereignisse stehen an der Wende zwischen Antike und Mittelalter?

Mit Odoaker (433–93), einem germanischen Söldnerführer, gelang es 476 erstmals einem Nicht-Römer die Gesamtherrschaft über Italien zu übernehmen. Das alte weströmische Reich war damit endgültig zu Ende gegangen. Eine erste kulturelle Blüte in den Wirren der Völkerwanderung leitete der Ostgotenkönig Theoderich der Große (453–526) in Italien ein, als er 493 Odoaker beseitigt.

Wann war die Oktoberrevolution?

1917; nach altem russischen Kalender am 25./26. Oktober, nach dem auch bei uns gültigen gregorianischem Kalender am 7./8. November.

Warum ist der Staatsaufbau der Bundesrepublik Deutschland ein Beispiel für den Föderalismus?

Weil die Landesregierungen der 16 Bundesländer an der Gesetzgebung (Legislative) über den Bundesrat mitwirken, insbesondere bei Bundesgesetzgebung, die auch die Länder betrifft.

Wer wurde 1949 erster Bundespräsident der Bundesrepublik Deutschland?

Theodor Heuss

Theodor Heuss (1884–1963), Schriftsteller und Professor für Geschichte, war 1948/49 erster Vorsitzender der FDP und Mitglied des Parlamentarischen Rates 1948/49, in dem er maßgebend an der Formulierung des Grundgesetzes mitwirkte.

Welches Ereignis war der Auslöser des Dreißigjährigen Krieges (1618–48)?

Der (zweite) Prager Fenstersturz: Protestantische Adelige wehrten sich gegen die aufgezwungene Rekatholisierung Böhmens durch den habsburger Kaiser. Der Hinauswurf zweier kaiserlicher Räte aus dem Prager Hradschin war das Signal für den böhmischen Aufstand gegen die habsburger Herrschaft. Beim ersten Prager Fenstersturz 1419 wurden ebenfalls zwei katholische Ratsherrn aus dem Fenster geworfen.

Wo übersetzte Martin Luther (1483–1546) die Bibel ins Deutsche?

Auf der Wartburg bei Eisenach in Thüringen, wo ihn sein Landesherr, Kurfürst Friedrich der Weise, versteckt hatte, nachdem über den Reformator die Reichsacht verhängt worden war.

Wie heißt die einflussreiche, staatlich gelenkte Tageszeitung der ehemaligen Sowjetunion?

Prawda (russisch „Wahrheit“), die von 1918 bis 1991 das Organ des ZK (Zentralkomitees) der KPdSU gewesen war. 1996 stellte sie ihr Erscheinen ein.

Welcher bedeutende Feldherr wurde von Ludwig XIV. verkannt und errang später für Österreich Siege gegen die Türken?

Prinz Eugen von Savoyen (1663–1736), der wegen seines kleinen Wuchses für die militärische Karriere nicht geeignet schien, dessen Dienste aber dann das Haus Habsburg für den Ausbau seiner Großmachtstellung zu schätzen wusste.

Mit welchen Quellen befasst sich die Geschichtswissenschaft?

Mit Überresten, die unmittelbar Aufschluss geben über geschichtliche Wirklichkeit; z. B. Bauwerke, Alltagsgegenstände, Rechtsaufzeichnungen, Urkunden etc. Sodann mit mittelbarem, tradiertem Schriftgut wie z. B. Biografien und Chroniken.

Welche Rechtsfälle werden durch das Privatrecht geregelt?

Streitigkeiten zwischen Privatpersonen; eine wichtige Rechtsquelle ist das Bürgerliche Gesetzbuch (BGB).

Welches Gericht ist in der BR Dtl. das oberste Rechtsprechungsorgan für Zivil- und Strafrecht?

Der Bundesgerichtshof mit Sitz in Karlsruhe bzw. Leipzig.

Warum gründete Heinrich VIII. (1491–1547) die Anglikanische Staatskirche?

Heinrich VIII. (Porträt von Hans Holbein)

Weil der Papst seine Ehe mit Katharina von Aragon nicht scheiden wollte. Deshalb löste der König 1535 die Kirche von England aus der katholischen Kirche. Heinrich VIII. war nacheinander mit insgesamt sechs Frauen verheiratet, zwei von ihnen ließ er hinrichten.

Welche Gesellschaftsordnung war bestimmend für das Mittelalter und die frühe Neuzeit?

Der Feudalismus, in dem eine adlige Oberschicht in engem Bündnis mit der Kirchenorganisation die politischen und wirtschaftlichen Vorrechte mittels Grundbesitz und Ableitung ihrer Macht von einer göttlichen Weltordnung ausübte, während die Mehrheit der Gesellschaft – Vasallen und Hörige – untergeordnet waren.

Wer wurde 1998 zum deutschen Bundeskanzler gewählt?

Gerhard Schröder (*1944), der SPD-Vorsitzende und ehemalige (1990–98) Ministerpräsident von Niedersachen. Schröder löste die Regierung Kohl ab, die 16 Jahre im Amt war.

Was sind wesentliche Merkmale eines Rechtsstaates?

Der Rechtsstaat garantiert die Grundrechte der Bürger auch gegenüber dem Staat selbst. Er ist an eine Verfassung sowie an Recht und Gesetze gebunden; die Einhaltung wird von einer unabhängigen Gerichtsbarkeit kontrolliert.

Was geschah in der sog. Reichskristallnacht von 1938?

Menschen jüdischen Glaubens wurden in einer von den Nationalsozialisten organisierten Pogromnacht verhaftet oder getötet sowie jüdischer Besitz und Kulturgüter wie Synagogen etc. zerstört, geplündert oder auch beschlagnahmt. Der verharmlosende Propagandaausdruck ist eine Anspielung auf die zahlreichen zerbrochenen Fensterscheiben.

Was wurde im Potsdamer Abkommen 1945 festgelegt?

Die Entmilitarisierung und Entnazifizierung Deutschlands sowie die Errichtung des alliierten Kontrollrates. Die Siegermächte unterstellten die deutsche Industrie alliierter Kontrolle unter Wahrung der wirtschaftlichen Einheit: die Übereinkunft schlossen die alliierten Siegermächte Großbritannien, UdSSR und USA.

Welche offizielle Bezeichnung führten die Streitkräfte des Deutschen Reiches von 1919–35?

Reichswehr; sie war ein Berufsheer und auf insgesamt 115.000 Mann begrenzt.

Auf welche Weise wurden die ägyptischen Hieroglyphen entziffert?

Hieroglyphen: Grab von Ramses VI.

Durch den Fund des berühmten Steines von Rosette, auf dem Ägypten-Feldzug Napoléon Bonapartes 1799, an dem auch eine Reihe von Wissenschaftlern teilnehmen. 1822 lüftete Jean François Champollion das Geheimnis der Hieroglyphen anhand der Inschrift des Steins, die jeweils in altägyptischen Sprache und in Griechisch eingemeißelt war.

Welches Land erlebte nach dem Zweiten Weltkrieg ein Wirtschaftswunder?

Die BR Dtl., deren Wirtschaft in den 50er und 60er-Jahren einen regelrechten Take-off erlebte. Ursachen waren die Währungsreform 1949, die Wirkung des Marshall-Planes, der Wiederaufbau der zerstörten Produktionsstätten, was enorme Investitionsmittel frei machte, sowie die Einführung der sozialen Marktwirtschaft. Vor allem Letzteres begründete den Ruhm des Wirtschaftsministers Ludwig Erhard, der zurecht auch als „Vater des Wirtschaftswunders" gilt.

Wie nannte man die vom Versailler Vertrag dem Deutschen Reich 1919 aufgebürdeten Kriegsentschädigungen?

Reparationen; das waren Geld-, Sach- und Dienstleistungen zur Entschädigung der Sieger für die erlittenen Schäden im Ersten Weltkrieg. Seitdem allgemeine Bezeichnung für Sach- oder Geldleistungen, die der Siegerstaat vom Besiegten als Ausgleich für Kriegs- und Folgekosten verlangt.

Sind Auslandsdeutsche Deutsche im Ausland oder Ausländer in Deutschland?

Es sind deutsche Staatsbürger, die im Ausland leben, aber auch im Ausland lebende Deutschstämmige, die ihre deutsche Herkunft nachweisen können.

Was sind Aussiedler?

Das sind im engeren Sinne deutschstämmige Personen, die aus den ehemaligen Ostblockstaaten nach Deutschland übersiedeln.

Befindet sich das Auswärtige Amt im Ausland?

Nein, es ist die Bezeichnung für das Außenministerium der Bundesrepublik Deutschland, dem die deutschen Botschaften im Ausland unterstehen.

Inwiefern hat Deutschland Pionierarbeit beim Bau von Autobahnen geleistet?

Die erste europäische Autobahn wurde 1928–32 zwischen Köln und Bonn gebaut. Es war die Erste nur für den Kraftfahrzeugverkehr zugelassene kreuzungsfreie Straße. In Amerika kannte man zu dieser Zeit bereits den Highway. Der Prototyp der modernen Autobahn ist jedoch die Avus in Berlin von 1921, die damals schnellste Automobilrennstrecke der Welt.

Welche Aufgabe hat die exekutive Staatsgewalt neben der legislativen und judikativen?

Die Exekutive ist das ausführende Organ, d. h. sie regiert den Staat nach den vom Parlament (Legislative) beschlossenen und von der richterlichen Gewalt (Judikative) anzuwendenden Gesetzen.

Wie kommt es, dass in Avignon ein Papstpalast errichtet wurde?

Nach dem Zerfall der staufischen Macht in Italien geriet das Papsttum in die Abhängigkeit Frankreichs. Zwischen 1309 und 1376 hielten sich die Päpste in dem festungsartigen Papstpalast von Avignon in Südfrankreich auf.

In welche Kammer werden die Abgeordneten in den USA direkt gewählt?

In das Repräsentantenhaus, das zusammen mit dem Senat den Kongress bildet.

Wie hieß die französische Widerstandsbewegung während der deutschen Besatzung 1940–45?

Résistance, französisch „Widerstand“.

Welches Bundesland ist 1946 aus der bayerischen Pfalz, aus Rheinhessen sowie Teilen der preußischen Rheinprovinz und aus der preußischen Provinz Hessen-Nassau entstanden?

Rheinland-Pfalz.

Welchen bürgerlichen Beruf hatte Adolf Hitler (1889–1945)?

Adolf Hitler

Keinen. Der gebürtige Oberösterreicher schlug sich nach der Mittelschule mit Gelegenheitsarbeiten und als Postkartenzeichner durch. Er war Frontsoldat im Ersten Weltkrieg und baute anschließend die rechtsradikale NSDAP zu einer Massenpartei auf. 1933 wurde er Reichskanzler; binnen einen Jahres errichtete er eine totalitäre Diktatur, in der politisch Andersdenkende verfolgt und Menschen jüdischer Herkunft millionenfach ermordet wurden. Seine außenpolitischen Forderungen und der Überfall auf Polen eröffneten 1939 den Zweiten Weltkrieg, der 1945 mit einer bedingungslosen Kapitulation Deutschlands endete. Hitler beging vorher Selbstmord.

Welcher Stand leistete im Mittelalter Kriegsdienst und war adliger Herkunft?

Der Ritterstand; seine Vertreter – die Ritter – waren entweder reichsunmittelbar, d. h. dem König zu Diensten oder hatten Lehen von einem großen Fürsten; auf ihren Rittergütern betrieben sie Eigenwirtschaft bzw. ließen Teile davon von abhängigen Bauern bewirtschaften.

In welcher kaukasischen Republik liegt Grosnyj?

In Tschetschenien, das sich 1991 von Russland unabhängig erklärte, worauf es zu einem blutigen Konflikt mit den einmarschierenden russischen Truppen

(1994/95) sowie zu Geiselnahmen (1995/96) durch tschetschenische Rebellen kam. Nach tschetschenischen Anschlägen in Moskau marschierte die russische Armee 1999 erneut ein.

Welcher Jakobiner war maßgeblich für die Schreckenszeit in der Französischen Revolution verantwortlich?

Der Jurist Maximilien de Robespierre (1758–94), den man den „Unbestechlichen" nannte. Er nützte die ihm über den Wohlfahrtsausschuss zuwachsende Macht skrupellos aus, um vermeintliche Gegner der Revolution hinzurichten. Nach seinem Sturz 1794 endeten er und seine Anhänger selbst auf der Guillotine.

Welcher Dynastie gehörte die 1918 von den Bolschewisten ermordete Zaren-Familie um Nikolaus II. an?

Der Dynastie der Romanows, die Anfang des 17. Jahrhunderts begründet wurde und der u. a. auch Zar Peter der Große (1672–1725) angehörte.

Welche Rolle spielte Paul von Hindenburg (1847–1934) in der deutschen Geschichte bis 1934?

Paul von Hindenburg

Er galt im Ersten Weltkrieg durch seinen Sieg bei Tannenberg gegen Russland als Nationalheld und übernahm 1916 die oberste Heeresleitung. In der Weimarer Republik wurde er 1925 und 1932 zum Reichspräsidenten gewählt; 1933 zögerte er lange, den „böhmischen Gefreiten" Adolf Hitler zum Reichskanzler zu ernennen.

Welches Reich wurde in der Antike von Rom aus regiert?

Das Römische Reich, das 753 v. Chr. der Sage nach gegründet wurde und 476 mit der Absetzung des letzten weströmischen Kaisers Romulus Augustulus unterging. Unter Kaiser Trajan (53–117) erlebte es seine größte Ausdehnung: die gesamten Mittelmeerländer, Gallien, Britannien sowie Teile Germaniens und des Balkan gehörten zu Rom.

Ist der Europarat eine gesetzgebende Versammlung der EU?

Nein. Der Europarat hat ausschließlich beratende Funktion. Er dient der kulturellen und wissenschaftlichen Zusammenarbeit sowie des wirtschaftlichen und sozialen Fortschritts in der EU.

Welche terroristische Gruppe versuchte in den 60er und 70er-Jahren durch Anschläge den Fortbestand der BR Dtl. zu gefährden?

Die RAF („Rote-Armee-Fraktion"); eine aus der radikalen Studentenbewegung und der außerparlamentarischen Opposition hervorgegangene Gruppe um die Terroristen Andreas Baader und Ulrike Meinhof; deshalb auch „Baader-Meinhof-Gruppe".

Welcher hohe Offizier der Wehrmacht verübte am 20. Juli 1944 ein Attentat auf Hitler?

Oberst Claus Graf Schenk von Stauffenberg (1889–1945), der einer Widerstandsgruppe von Wehrmachtsoffizieren angehörte, die Hitler beseitigen und das Regime in einem Putsch stürzen wollte. Das Attentat schlug jedoch fehl und die

Hauptverschwörer wurden zumeist noch in der Nacht zum 21. Juli standrechtlich erschossen.

Welches Bundesland der Bundesrepublik Deutschland ist flächenmäßig das größte?

Größtes Bundesland ist Bayern mit 70.550 km², gefolgt von Niedersachsen (47.606 km²) und Nordrhein-Westfalen (34.072 km²). Bevölkerungsreichstes Bundesland ist allerdings vor Bayern Nordrhein-Westfalen mit 17,76 Mio. Einwohnern.

Wen nannte man im Ersten Weltkrieg Roter Baron?

Manfred Freiherr von Richthofen (1892–1918), den erfolgreichsten Jagdflieger im Ersten Weltkrieg, der im Luftkampf über 80 feindliche Flugzeuge zerstörte, bevor er selbst über Frankreich abgeschossen wurde.

Welcher Staat ordnete 1921 die Ruhrbesetzung an, in deren Folge es zur Inflation im Deutschen Reich kam?

Frankreich, das einen Rückstand der Reparationszahlungen Deutschlands zum Anlass nahm, die 1921 begonnene Besetzung 1923 auf das gesamte Ruhrgebiet auszudehnen. Das machtlose Deutsche Reich wehrte sich bis zur wirtschaftlichen Erschöpfung mit dem passiven Widerstand.

Welcher antike Staat verwendete das Kürzel S.P.Q.R. auf seinen Hoheitszeichen und was bedeutete es?

Das Römische Reich. S.P.Q.R. ist die Abkürzung für die beiden Kräfte, die den römischen Staat trugen, nämlich Senat und römisches Volk (lat.: **S**enatus **P**opulus**q**ue **R**omanus“); seit der Gründung der Römischen Republik.

Was versteht man unter Populismus?

Politische Propaganda einer unseriösen politischen Gruppierung, die Stimmungen der Unzufriedenheit aufgreift und aktuelle Konflikte für ihre Zwecke ausnützt; die Programmatik ist absichtlich einfach gehalten, um eine breite Masse anzusprechen.

Wer war der Tiroler Freiheitskämpfer, der sich erfolgreich gegen napoleonische und bayerische Truppen behauptete?

Andreas Hofer

Andreas Hofer (1767–1810), ein Gastwirt, der den Tiroler Aufstand gegen die von Napoléon Bonaparte unterstützte bayerische Besetzung leitete. Er besiegte deren Heere 1809 mehrmals am Bergisel bei Innsbruck, geriet aber durch Verrat in Gefangenschaft und wurde in Mantua standrechtlich erschossen.

Welches deutsche Gebiet an der Westgrenze von Rheinland-Pfalz, gelangte 1935 durch Volksabstimmung wieder an das Deutsche Reich?

Das Saargebiet; die so genannte Saarfrage war 1919 entstanden, als das Gebiet aus Teilen der preußischen Rheinprovinz und der bayerischen Pfalz gebildet wurde und bis 1934 auf Drängen Frankreichs unter die Verwaltung des Völkerbundes gelangte. Auch 1955 rettete sich das Saargebiet von der von Frankreich gewünschten Internationalisierung durch Volksabstimmung.

Welches neue Bundesland blickt auf eine über 1000-jährige Geschichte zurück und hatte als Kernland die Mark Meißen?

Sachsen, das 1806 Königreich und 1918 Freistaat wurde. In der ehemaligen DDR wurde es in die Bezirke Chemnitz, Dresden und Leipzig aufgeteilt; 1990 wurde es wieder hergestellt.

In welchem heutigen Land lag früher das Reich der Inka?

Inka: Machu Picchú

In Peru. Mit der Ermordung Atahualpas (um 1500–1533) durch die Spanier unter Pizarro ging die tausendjährige Herrschaft der Inka zu Ende. Atahualpa, der zunächst gefangen genommen war, gab den Spaniern für seine Freilassung ein Lösegeld von 6,6 mal 5,1 mal 2,4 m geschmolzenem Gold – einen Block in der Größe seiner Gefängniszelle. Dennoch wurde er hingerichtet, nachdem man ihn auch noch christlich getauft hatte.

Welche europäische Organisation hat 1993 die seit 1957 bestehende Europäische Wirtschaftsgemeinschaft (EG) abgelöst?

Die Europäische Union (Abk.: EU), die 1993 aus dem Vertrag von Maastricht hervorgegangen ist und eine Europäische Wirtschafts- und Währungsunion zum Ziel hat. Dazu gehören u. a.: eine gemeinsame Währung (Euro) und der freie Personen- und Güterverkehr.

Welcher ägyptische Staatsmann schloss 1979 gegen heftige Proteste aus dem arabischen Lager einen Friedensvertrag mit Israel?

Anwar as Sadat (1918–81), der mit dem israelischen Ministerpräsidenten M. Begin zuvor das Camp-David-Abkommen unterzeichnete. Unter Vermittlung von US-Präsident Carter wurden die Verhandlungen in Camp-David, dem Landsitz des amerikanischen Präsidenten geführt. Sadat und Begin erhielten 1978 zusammen den Friedensnobelpreis.

Welchem israelitischen König aus biblischer Zeit wird bis heute eine nach ihm benannte Weisheit nachgesagt?

König Salomo (um 965– um 926 v. Chr.), Sohn König Davids und der Bathseba. Er baute Jerusalem durch den Bau des Tempels und der Residenz zu einer mächtigen Metropole aus. Auf ihn sollen auch einige Psalmen und das Hohelied des Alten Testaments zurückgehen.

Wie heißt die Hauptstadt von Bosnien-Herzegowina?

Sarajevo, das von 1992 bis 1995 Hauptkriegsschauplatz des Bürgerkriegs zwischen Serben, Kroaten und Bosniern war.

Was besagt das „politische“ Schlagwort Säuberung?

Die Entfernung von leitenden Beamten, Politikern, Künstlern und Wissenschaftlern aus den staatlichen Behörden bzw.

der Gesellschaft aus ideologischen Gründen. Berüchtigt waren die sog. Säuberungen, mit denen der sowjetische Diktator Stalin 1936–38 die „alte Garde“ der KP nach willkürlichen Schauprozessen liquidieren oder verbannen ließ.

Was ist ein Schauprozess?

Ein Gerichtsverfahren, mit dem eine diktatorische Staatsführung die Angeschuldigten propagandistisch und ohne rechtsstaatliche Grundlagen als Staatsfeinde vorführt und aburteilt. Schauprozesse fanden im „Dritten Reich“ im Volksgerichtshof gegen die Angehörigen der Widerstandsbewegung statt sowie in der Sowjetunion 1936–38 während der „Säuberungsaktionen“ Stalins.

Wie lautet die Abkürzung für die 1957 gegründete Europäische Gemeinschaft für Atomenergie der EG?

EURATOM. Sie dient u. a. zur Einhaltung einheitlicher Sicherheitsstandards in der Atomwirtschaft in den Staaten der EU.

Was ist das nördlichste Bundesland der BR Dtl.?

Schleswig-Holstein, das 1864 im deutsch-dänischen Krieg wieder vereint an den deutschen Bund kam. Bis 1945 preußische Provinz entstand 1946 Schleswig-Holstein, das 1949 der BR Dtl. beitrat.

Wer entführte und ermordete den Arbeitgeberpräsidenten Hanns-Martin Schleyer (1915–77)?

Terroristen der RAF („Rote Armee Fraktion“); sie hielten ihr Opfer vom 5. September bis 18. Oktober in Gefangenschaft, um damit die damalige Bundesregierung zu erpressen. Als diese nicht auf die Forderungen der Terroristen, inhaftierte Terroristen freizulassen, einging, erschossen sie ihre Geisel.

Was wird durch eine Quotenregelung beeinflusst?

Die Zusammensetzung eines Gremiums, etwa den Anteil von Frauen innerhalb eines politischen Gremiums.

Wie hieß der DDR-Spion im Kanzleramt Willy Brandts, dessen Entlarvung 1974 zum Rücktritt des Kanzlers führte?

Günther Guillaume (1927–95), der dafür zu 13 Jahren Haft verurteilt, 1981 aber vorzeitig entlassen und in die DDR abgeschoben wurde.

Welche russische Zarin deutscher Herkunft erhielt den Beinamen „die Große“?

Katharina II., die Große

Katharina II., die Große (1729–96), eine Prinzessin von Anhalt-Zerbst, die sich 1762 nach der Beseitigung ihres Gemahls an die Spitze Russlands stellte. Sie machte durch Reformen von sich Reden, holte u. a. deutsche Kolonisten ins Land und errang für Russland den Zugang zum Schwarzen Meer sowie Gebietsgewinne bei den polnischen Teilungen. Russland stieg so zur europäischen Großmacht auf.

Was versteht man unter Pressefreiheit?

Das u. a. im Grundgesetz verbürgte Grundrecht, das die freie Meinungsverbreitung in Presse, Rundfunk und Fernsehen sowie die ungehinderte Informationsbeschaffung garantiert.

Welchen Verbrechens machen sich Schleuser schuldig?

Sie ermöglichen Flüchtlingen gegen Bezahlung den illegalen Grenzübertritt. Je nach Herkunftsland der Flüchtlinge werden horrende Summen verlangt. 1998 wurden an den deutschen Grenzen rund 40.000 illegale Einwanderer aufgegriffen.

Warum wird Zar Iwan IV. Wassiljewitsch (1530–84) auch Iwan der Schreckliche genannt?

Iwan IV.

Weil er, vom Verfolgungswahn besessen, ein Terrorregime errichtete, dem sowohl höhere Aristokraten als auch Geistliche zum Opfer fielen. Mit 17 Jahren hatte sich der Großfürst von Moskau zum ersten Zaren von ganz Russland krönen lassen. Wegen eines ruinösen Krieges gegen Polen-Litauen und Schweden erlitt sein Land unvorstellbare Verwüstungen, die Bauern verarmten.

Welches Geschwisterpaar wurde wegen seiner Mitgliedschaft in der Widerstandsgruppe Weiße Rose von den Nationalsozialisten hingerichtet?

Hans (1918–43) und Sophie (1921–43) Scholl, die unter dem Eindruck der Niederlage von Stalingrad Flugblätter gegen das Hitler-Regime in den Lichthof der Münchner Universität warfen. Hierbei wurden sie beobachtet und angezeigt. Kurz darauf verurteilte sie der „Volksgerichtshof" zum Tode.

Was ereignete sich 1918 in der weißrussischen Stadt Brest-Litowsk?

Das nach dem Zusammenbruch des Zarenregimes durch den Bürgerkrieg geschwächte Russland schloss mit den Mittelmächten Deutschland und Österreich-Ungarn im letzten Jahr des Ersten Weltkrieges einen Separat-Frieden. Darin verzichtet Russland auf seine Hoheit in Polen, Litauen, Kurland; die Ukraine und Finnland werden als selbstständige Staaten anerkannt.

Woher kommt das abwertende Schlagwort Schreibtischtäter?

Aus der unmittelbaren Nachkriegszeit, als man die nationalsozialistischen Verbrechen verfolgte. Es handelte sich dabei um Personen, deren Schuld aus der Schreibtisch-Tätigkeit als Beamte, Wirtschaftsführer, Journalisten u. Ä. resultierte.

Welches Volk unbekannter Herkunft herrschte vor den Römern in Mittelitalien?

Die Etrusker. Sie drangen zu Beginn des 1. Jahrtausends v. Chr. in das Gebiet der heutigen Toskana und des Latiums ein, siedelten in Stadtstaaten und beherrschten es bis ins 3. Jahrhundert v. Chr. Die Etrusker wurden Verbündete Roms, erhielten aber erst 89 v. Chr. das römische Bürgerrecht. Ihre Sprache ist bis heute nicht entziffert worden.

Wann wurden die Farben Schwarz-Rot-Gold erstmals als deutsche Farben auf Hoheitszeichen verwendet?

Offiziell im Revolutionsjahr von 1848 durch Beschluss des Deutschen Bundes. Davor hatten die Lützowschen Jäger in den Befreiungskriegen schwarze Uniformen mit roten Vorstößen und goldenen Knöpfen. Auf dem Hambacher Fest von 1832 – einer Massendemonstration für die deutsche Einheit – waren sie jedoch schon als deutsche Farben anerkannt.

Wie kommt es, dass der Bundeskanzler seit 1949 in der Bundesrepublik Deutschland der maßgebliche Politiker, aber nicht das Staatsoberhaupt ist?

Als Regierungschef legt er die Richtlinien der Bundesregierung fest. Staatsoberhaupt ist jedoch der Bundespräsident (wie in Österreich), der dem Deutschen Bundestag (Nationalrat) den Bundeskanzler auch zur Wahl vorschlägt. In der Schweiz gibt es keinen Bundeskanzler, hier liegt die Bundesgesetzgebung bei der Bundesversammlung (7 Mitglieder).

Wo liegt die Schweinebucht?

An der Südküste Kubas, wo 1961 ein vom amerikanischen Geheimdienst geplanter Landeversuch von Exil-Kubanern, die den kommunistischen Staatschef Fidel Castro stürzen sollten, misslang.

Welche Amtssprachen hat die Schweiz?

Deutsch, Französisch und Italienisch; das Rätoromanische ist dagegen nur als Landessprache anerkannt.

Welche Kriegsparteien standen sich im Sechs-Tage-Krieg 1967 gegenüber und wie endete er?

Ägypten, Syrien und Jordanien einerseits und Israel andererseits. Israel konnte innerhalb von 6 Tagen (5. – 10. Juni) siegen und die Golanhöhen in Syrien, das Westjordanland in Jordanien sowie die ägyptische Halbinsel Sinai und den Gaza-Streifen besetzen.

Welche Fernhandelsverbindung stellte die Seidenstraße seit der Antike her?

Sie war eine Karawanenstraße von China durch Zentral- und Vorderasien zum Mittelmeer. Ihr Name rührt von der auf ihr transportierten chinesischen Seide her.

Wen besiegten die Schweizer Eidgenossen 1386 in der Schlacht von Sempach?

Ihren Erzfeind Habsburg. Das habsburgische Ritterheer wurde dabei vernichtend geschlagen; nicht zuletzt auch dadurch, dass die Schweizer Fußtruppen die Pferde der österreichischen Ritter niederstachen. Die Waldstätte und Luzern erlangten dadurch ihre Unabhängigkeit.

Welches Ziel verfolgt die terroristische Untergrundorganisation ETA?

Sie will durch Gewaltakte – vor allem Morde an führenden Persönlichkeiten – die Unabhängigkeit des Baskenlandes von Spanien erzielen. Seit ihrer Gründung 1959 fielen über 800 Menschen ihren Anschlägen zum Opfer. Massendemonstrationen in ganz Spanien gegen den ETA-Terror führten 1999 vorübergehend zu einem Gewaltverzicht.

Was versteht man unter Separatismus im völkerrechtlich-politischen Sinne?

Die meist abwertend gebrauchte Bezeichnung für das Bestreben, ein Gebiet aus einem Staatsverband herauszulösen, um einen selbstständigen Staat zu gründen, oder es an einen anderen Staat anzuschließen. In der Zeit der Weimarer Republik versuchten von Frankreich und Belgien herkommende Gruppen das Rheinland vom Deutschen Reich abzutrennen. In Spanien strebt die baskische Untergrundorganisation ETA eine Loslösung des Baskenlandes.

Wer war der erste demokratisch gewählte Präsident Russlands?

Jelzin wurde nach seinem Rücktritt lebenslange Immunität vor Strafverfolgung gewährt.

Boris Jelzin (*1931). Er hatte sich in den 80er-Jahren als Verfechter von Gorbatschows Reformprogramm der Perestrojka (Umgestaltung) hervorgetan. Seit einem Umsturzversuch im Oktober 1993 regierte er z. T. auch mit autoritären Mitteln. In seiner Neujahrsansprache am 31.12.1999 verkündete Jelzin überraschend seinen vorzeitigen Rücktritt als russischer Präsident.

Was bezeichnet das aus dem Hebräischen kommende Wort Shoah?

Shoah heißt auf hebräisch Untergang, Katastrophe und bezeichnet die Vernichtung der europäischen Juden in den nationalsozialistischen Konzentrationslagern der Jahre 1941–45.

An welches Ereignis vom 17. Juni 1953 erinnerte der früher in der BR Dtl. gefeierte „Tag der Deutschen Einheit"?

An den Volksaufstand gegen die Partei- und Staatsführung der DDR, der sich aus einer Protestaktion von Ost-Berliner Arbeitern gegen die Erhöhung der Arbeitsnorm entwickelte. Der Aufstand wurde von sowjetischen Truppen blutig niedergeschlagen. 1990 wurde der Feiertag zum Gedenken an die am 3. Oktober 1990 vollzogene Wiederherstellung der deutschen Einheit auf den 3. Oktober verlegt.

Wie lange dauerte der Erste Weltkrieg und welche Hauptkriegsmächte führten ihn?

Von 1914 bis 1918 standen sich die Alliierten (Großbritannien, Frankreich, Russland, seit 1915 Italien) und die Mittelmächte (Deutschland, Österreich-Ungarn, Türkei) gegenüber.

Was unterscheidet die Republik von der Monarchie?

Sie bestellt eine Regierung durch ein frei gewähltes Parlament, während die Regierung in der nicht konstitutionellen Monarchie vom Kaiser, König oder Fürsten abhängig ist.

Welcher indianische Häuptling führte die Schlacht am Little Big Horn 1876 an?

Sitting Bull (1831–90), Häuptling der Sioux-Indianer, die ein Kavallerieregiment des Generals Custer in einen Hinterhalt lockten und völlig vernichteten.

Es war die letzte, am Ende erfolglose Freiheitsbewegung der nordamerikanischen Indianer.

Wo in Ostdeutschland ist die Volksgruppe der Sorben beheimatet?

In der Ober- und Niederlausitz; hier erhielt sich die ethnische, sprachliche und kulturelle Eigenart der westslawischen Volksgruppe. In der DDR genossen sie als nationale Minderheit Kulturautonomie.

Wie entstand das Bundesland Baden-Württemberg?

Es besteht in seiner heutigen Form seit 1952, als es sich aus den südwestdeutschen Ländern Baden, Württemberg-Baden und Württemberg-Hohenzollern bildete.

Was versteht man unter Jurisdiktion?

Die Gerichtsbarkeit und Rechtsprechung eines weltlichen oder geistlichen Gerichts.

Jurisdiktion: Die Justitia aus der römischen Mythologie gilt als Sinnbild der Gerechtigkeit

Welcher preußische Staatsmann machte durch die Sozialistengesetze und die Sozialversicherung von sich reden?

Otto Fürst von Bismarck (1815–98); mit den Sozialistengesetzen 1878 versuchte er die sozialistischen Feinde seines autoritären Regierungsstils zu bekämpfen; das Gesetz hieß dann auch „Gesetz gegen die gemeingefährlichen Bestrebungen der Sozialdemokratie“. Mit der staatlichen Sozialversicherung schuf Bismarck dagegen eine dauerhaft vom Staat organisierte Versicherung zur Alters-, Kranken- und Unfallvorsorge.

Welches Staatsorgan verfügt in der Bundesrepublik Deutschland über das Haushaltsrecht?

Der Deutsche Bundestag; er bewilligt oder verwirft den Haushaltsplan der Bundesregierung und hat somit Einfluss auf die Gestaltung der Einnahmen und Ausgaben des Staates, insbesondere besitzt er das Steuerbewilligungsrecht.

Mit welchem Gesetz schaltete sich 1933 der Deutsche Reichstag als Gesetzgebungsorgan selbst aus?

Mit dem Ermächtigungsgesetz, wodurch dem Reichskanzler Adolf Hitler und seiner Regierung ermöglicht wurde, verfassungsändernde Gesetze zu erlassen, mit denen in kurzer Zeit die nationalsozialistische Diktatur errichtet wurde.

Welcher Bundesverteidigungsminister musste 1962 wegen der Spiegelaffäre zurücktreten?

Franz Josef Strauß (1915–88), der die Durchsuchung der Redaktionsräume der Zeitschrift „Der Spiegel“ wegen angeblichen Landesverrats anordnete. Es kam auch zur Verhaftung des Herausgebers Augstein und des verantwortlichen Redakteurs. Die sich anschließende Diskussion über den Vorrang der Staatssicherheit oder der Meinungsfreiheit führte zu einer innenpolitischen Krise. Der Spiegel wurde vom Vorwurf des Landesverrats entlastet.

Im Jahr 1517 kam der Spottvers auf: „Wenn das Geld im Kasten klingt, die Seele in den Himmel springt." Auf welche Kirchen-Praktik war dieser kritische Spruch zu Beginn der Reformation gemünzt?

Auf den Ablass-Handel; für den mittelalterlichen Menschen war der Ablass, d. h. der Nachlass der Sündenstrafen, Voraussetzung, um den Höllenqualen zu entgehen. Der Sünder konnte den Ablass erwirken durch: Almosenspenden, Geldzahlungen, Kirchenstiftungen u. a. Der Ablass-Prediger Johannes Tetzel, der für die Kasse des Erzbischofs von Mainz sammelte, erregte den Ärger Martin Luthers, der daraufhin seine 95 Thesen an die Schlosskirche zu Wittenberg schlug. Erst im Oktober 1999 einigten sich Katholiken und Lutheraner darauf, dass der sündige Mensch alleine durch die Gnade Gottes und nicht durch eigenen Verdienst „gerechtfertigt", d. h., dass ihm ewiges Heil zuteil werden kann. Dies bedeutet das endgültige Ende des Ablass-Handels.

Welche Staatsform hat die BR Dtl.?

Sie ist eine parlamentarische Bundesrepublik (seit 1949); d. h. sie ist ein föderativer Staat mit 16 Bundesländern, die über den Bundesrat an der Gesetzgebung des Parlaments mitwirken.

Welcher sowjetische Politiker errichtete nach Lenins Tod in der Sowjetunion eine totalitäre Diktatur?

Jossif Wissarionowitsch Stalin (1879–1953), der durch Terror und Unterdrückung den Tod von Millionen von Menschen zu verantworten hat. Stalin hatte zu Beginn des Zweiten Weltkriegs zunächst ein Geheimbündnis mit Hitler; nach Hitlers Angriff auf die Sowjetunion 1941 schloss sich jener den Alliierten an. Nach dem Krieg bestimmte er wesentlich die Neuordnung Europas, die Teilung Deutschlands sowie den Aufbau der von Moskau abhängigen Ostblock-Staaten mit.

Was verbarg sich hinter dem Begriff Entente cordial (franz.: „herzliches Einverständnis")?

Das bündnisähnliche Übereinkommen zwischen Großbritannien und Frankreich 1904, das die Grundlage für die 1907 erfolgte Erweiterung zur Tripel-Entente mit Russland bildete und damit die politische wie militärstrategische „Einkreisung" Deutschlands vor dem Ersten Weltkrieg zur Folge hatte.

Welchem deutschen Herrschergeschlecht gehörten Friedrich I. Barbarossa (1122–90) und dessen Enkel Friedrich II. (1194–1250) an?

Den Staufern, die von 1138 bis 1254 die deutschen Könige bzw. römisch-deutschen Kaiser stellten. Barbarossa und dessen Sohn Heinrich VI. schufen ein Reich, das neben Deutschland auch die Königreiche Burgund und Arelat sowie Sizilien umfasste. Der letzte staufische König Konradin wurde 1168 von seinem Rivalen Karl von Anjou hingerichtet; seine Geschwister verbrachten teilweise noch Jahrzehnte im Kerker.

Was forderten die Suffragetten vor 1914 in England?

Das Frauenwahlrecht und die Gleichberechtigung im politischen wie im sozialen Leben (lat.: suffragium = Wahlrecht); ihr

Kampf gipfelte 1913 in Bombenanschlägen und Brandstiftungen, in deren Folge 200 Frauenrechtlerinnen inhaftiert wurden. Das Wahlrecht erlangten Großbritanniens Frauen erst 1926.

Von welchem römischen Imperator leitet sich das deutsche Wort „Kaiser“ ab?

Von Gaius Julius Caesar (102/100–44 v. Chr.). Der römische Imperator und mehrfache Konsul wurde von einer Gruppe Senatoren ermordet, die ihm vorwarfen, die Monarchie anzustreben. Caesars Nachfolger und Adoptivsohn Augustus verwirklichte 30 v. Chr. den Prinzipat und versah seine Alleinherrschaft mit dem Ehrentitel „Caesar Augustus“, der seitdem für das römische Kaisertum üblich wurde. Die deutschen Könige sahen sich als Herrscher über das „Heilige Römische Reich deutscher Nation“ als Nachfolger des Augustus und übernahmen daher auch den Titel „Caesar“, der sich mit der Zeit zu „Kaiser“ wandelte.

Wer waren die Kelten?

Keltischer Bronzeschild

Eine westindogermanische Völkergruppe, die erstmals im süddeutschen und böhmischen Raum nachweisbar ist. Seit dem 6. Jahrhundert v. Chr. sind Spuren ihren Siedlungen auch auf den Britischen Inseln, in Gallien, Norditalien, auf dem Balkan, der iberischen Halbinsel und in Kleinasien zu finden. Sie begründeten die reiche Latène-Kultur; in ihrer Zeit waren sie den südlichen Ländern in der Eisenbearbeitung weit überlegen.

Was ist der Supreme Court im US-amerikanischen Gerichtswesen?

Der oberste Gerichtshof der USA, der über Zivil-, Straf- und Verfassungsangelegenheiten in letzter Instanz entscheidet.

Wie lautet der Titel des japanischen Kaisers?

Tenno, japanisch „Himmlischer Souverän“; bis 1946 leitete die japanische Kaiserdynastie ihre Abstammung von der Sonnengöttin Amaterasu ab.

In welchem Zusammenhang sprach man erstmals von Emanzipation?

Emanzipation meint grundsätzlich die Befreiung aus einem Zustand der Abhängigkeit und Entrechtung. Sie war eine zentrale Idee in der Epoche der Aufklärung Ende des 18. Jahrhunderts. Immanuel Kant (1724–1804) definierte Aufklärung als „Ausgang des Menschen aus seiner selbstverschuldeten Unmündigkeit“. Hier begannen die Emanzipationsbewegungen des Bürgertums, der Sklaven, Juden und auch der Frauen.

Welcher CSU-Politiker und langjährige Ministerpräsident Bayerns gehörte zu den umstrittensten, aber auch charismatischsten Gestalten der BR Dtl.?

Franz Josef Strauß (1915–88), der mehrfache Bundesminister im Kabinett Adenauer und in der Großen Koalition, der von 1961 bis zu seinem Tod Ministerpräsident Bayerns war. Er war die Galionsfigur einer christlich-konservativen Politik und ein glänzender Redner. Als Kanzlerkandidat der CDU/CSU 1980 scheiterte er gegen Helmut Schmidt.

Wie hieß der Engpass in Griechenland, wo Leonidas und seine Spartaner bis zum letzten Mann gegen die Perser kämpften?

Die Thermopylen (griechisch „warme Tore"); sie stellten die einzige Passverbindung zwischen Mittel- und Nordgriechenland dar. Hier sollte der spartanische König mit seinen Kriegern 480 v. Chr. die Stellung vor dem heranrückenden persischen Heer halten. Dies gelang auch, bis die Perser durch einen Verrat des Ephialtes die griechischen Stellungen umgingen und die Spartaner vernichteten.

Unter welchem Namen sind in Großbritannien die Anhänger der konservativen Partei bekannt?

Als Tories; diesen Namen übernahmen 1679 die Königstreuen und Gegner der republikanischen Bewegung („Whigs"). Die Bezeichnung stammt aus dem Irischen und bedeutet „Verfolgter". In der Glorreichen Revolution von 1688 mussten sie die Rechte des Parlaments gegenüber dem Königtum anerkennen.

Wie starb der 35. Präsident der USA, John F. Kennedy (1917–63)?

John Fitzgerald Kennedy Präsident von 1961–63

Durch ein Attentat, das vermutlich Lee Harvey Oswald mit einem Gewehr auf den im offenen Wagen durch Dallas (Texas) fahrenden Präsidenten verübte. Der Präsident starb wenige Stunden darauf an seinen schweren Kopfverletzungen. Der Attentäter wurde gefasst, aber während der Voruntersuchungen selbst Opfer eines Attentats. Die näheren Umstände des Präsidenten-Mordes geben bis heute Rätsel auf.

Was war die Hanse?

Die deutsche Hanse war ein um 1350 entstandener genossenschaftlicher Bund von Kaufleuten und Reedern deutscher Nord- und Ostseestädte wie Hamburg und Lübeck, die mit fürstlichen Privilegien ausgestattet Handelsniederlassungen im Nord- und Ostseeraum gründeten.

Welche staatliche Regierungsweise bezeichnet man als Totalitarismus?

Jene, in der alle Bereiche des öffentlichen und privaten Lebens durch das Diktat einer Partei- bzw. Staatsführung bestimmt werden. Totalitäre Staaten waren z. B. die Diktaturen Stalins und Hitlers.

Wo vermutete man das sagenhafte Eldorado?

Das sagenhafte Goldland vermuteten die spanischen Konquistadores in den Urwäldern Mittel- und Südamerikas. Obwohl die Spanier von den Azteken und Inkas Gold in Hülle und Fülle raubten und in Bolivien 1545 das größte Silbervorkommen der Erde entdeckten, blieb Eldorado (span.: „der Vergoldete") unentdeckt. Heute gebraucht man den Begriff auch, um einen paradiesischen Zustand oder Ort zu beschreiben.

„333 – Bei Issos große Keilerei!" Was ist mit diesem alten Gymnasiasten-Merkspruch gemeint?

Im Jahr 333 v. Chr. besiegte Alexander der Große (356–323) bei der alten kilikischen Seestadt Issos (in der heutigen Türkei) auf seinem Rachefeldzug gegen die Perser den persischen Großkönig Dareios III.

Mit welchem Staat schlossen die Alliierten 1920 den Friedensvertrag von Trianon?

Mit Ungarn, das zwei Drittel seines Gebietes verlor: Die Slowakei kam an die Tschechoslowakei, Kroatien, Slowenien sowie das Banat an Jugoslawien und Siebenbürgen an Rumänien.

Wer war nach der Gründung der DDR als Erster Sekretär des ZK (Zentralkomitee) der SED der maßgebliche DDR-Politiker?

Walter Ulbricht (1893–1973), der bis 1945 in der Sowjetunion im Exil lebte. Er leitete den Aufbau der Herrschaft der SED und die Integration der DDR in den Ostblock.

Wo befindet sich der Sitz der UNO (Vereinte Nationen)?

Der Hauptsitz der UNO ist in New York, daneben werden auch Sitze in Genf, Wien und Nairobi unterhalten.

Was ist mit parlamentarischer bzw. außerparlamentarischer Opposition gemeint?

Die Opposition des Parlaments steht der Regierung als politischer Gegner gegenüber; sie kann hier z. B. auch Untersuchungsausschüsse einberufen. Daneben kann sich auch außerhalb des Parlaments eine Oppositon zur Regierung bilden. Bekannt war die APO-Bewegung der 60er-Jahre, die von linken Studenten und den Gewerkschaften gegen die Koalition aus CDU/CSU und SPD gebildet wurde.

Was war das Lebensziel Martin Luther Kings (1929–68)?

Martin Luther King

Der schwarze Bürgerrechtler trat für die Gleichstellung der schwarzen Bevölkerung vor allem in dem von Rassentrennung geprägten Süden der USA ein. Er schuf eine schwarze Bürgerrechtsbewegung, die ausdrücklich auf Gewaltanwendung verzichtete und dafür gewaltlosen Widerstand leistete. Der Friedensnobelpreisträger wurde von einem weißen Fanatiker erschossen.

Welches germanische Volk plünderte 455 zwei Wochen lang die Stadt Rom?

Die Vandalen, die ursprünglich aus Schlesien und Westpolen kamen und nach einer Jahrhunderte dauernden Wanderung über Spanien nach Nordafrika gelangten. Hier gründeten sie auf damals römischem Boden das erste unabhängige Germanenreich.

Was stellte der Einigungsvertrag vom 31. August 1990 wieder her?

Die deutsche Einheit nach 41-jähriger Teilung. Der Vertrag bereitete die Modalitäten für den Beitritt der DDR zur Bundesrepublik Deutschland am 3. Oktober 1990 vor. Im Einigungsvertrag sind

Vorschriften zur Angleichung des Rechts, wie auch Regelungen zur Vereinheitlichung der politischen, wirtschaftlichen und sozialen Lebensverhältnisse enthalten.

Wer gilt als der Entdecker Amerikas?

Christoph Kolumbus

Die Wikinger waren zwar schon um 1000 als Erste dort, später sollen noch bretonische und galizische Fischer nur wenige Seemeilen vor seiner Küste gefischt haben. Doch erst 1492 nahm die Alte Welt Notiz von der „Neuen Welt", nachdem der genuesische Seefahrer Christoph Kolumbus dort – d. h. auf der Bahama-Insel San Salvador – gelandet war.

Was ist ein Pogrom?

Der aus dem Russischen kommende Begriff für Ausschreitungen gegen Juden (russisch: „Zerstörung"), die vom Staat gebilligt oder gar organisiert werden, wie z. B. die von den Nationalsozialisten 1938 initiierte „Reichskristallnacht".

Wird der Deutsche Bundestag nach Mehrheitswahl oder nach Verhältniswahl gewählt?

Nach dem Verhältniswahlrecht, d. h. dass die Zahl der aus einer Partei gewählten Abgeordneten im Verhältnis zu der abgegebenen Gesamtstimmenzahl steht. Somit erlangen auch Parteien mit geringerer Stimmenzahl Sitze im Parlament, sofern sie die 5%-Hürde überschreiten.

Wen bezeichnet man als Vertriebene?

Allgemein die aus ihrer Heimat gewaltsam vertriebenen Personen; besonders Deutsche, die nach 1945 infolge des Potsdamer Abkommens aus den ehemals deutschen Gebieten des Ostens oder von ihren Wohnsitzen außerhalb der Reichsgrenzen unter Gewaltanwendung und entschädigungslos in die vier Besatzungszonen umgesiedelt wurden. 1950 waren rund 11,7 Millionen Deutsche vertrieben und rund 2,1 Millionen im Zuge der Vertreibungen umgekommen.

Wo ist der Bundesgerichtshof (BGH) im deutschen Rechtssystem einzuordnen?

Er ist das oberste Bundesgericht für das Gebiet der BR Dtl. und damit in Zivilsachen letzte Revisionsinstanz gegen Endurteile der Oberlandesgerichte. Sein Sitz ist Karlsruhe.

Über welche deutsche Stadt schlossen die vier Siegermächte des Zweiten Weltkrieges das Viermächteabkommen 1971 ab?

Über Berlin, wobei zahlreiche praktische Verbesserung erzielt wurden, ansonsten jedoch der Viermächtestatus Berlins, d. h. die Teilung der Stadt in West- und Ost-Berlin sowie die Hoheit der vier Mächte aufrechterhalten blieb.

Wer war der Gemahl der Nofretete?

Amenophis IV. oder Echnaton (1364–47 v. Chr.). Er erhob die Sonnenscheibe zum einzigen Gott in seinem Reich, was ihm seinen Beinamen einbrachte: „der dem Aton (= Sonne) wohlgefällig ist".

Welche 1920 gegründete internationale Organisation war der Vorgänger der Vereinten Nationen?

Der Völkerbund, der auf eine Anregung des amerikanischen Präsidenten Wilson zurückging, dem aber die USA letztlich nicht angehörte.

Wo wirken Staatssekretäre an der Regierung der BR Dtl. mit?

In den einzelnen Ministerien; hier sind sie als beamtete Staatssekretäre im Gegensatz zu den parlamentarischen Staatssekretären, die ein Bundestagsmandat haben, dem jeweiligen Minister beigeordnet. Er kann seinen Minister in allen internen Angelegenheiten des Ministeriums und allen Verwaltungsmaßnahmen vertreten.

Wie lange war Helmut Kohl (*1930) deutscher Bundeskanzler?

Helmut Kohl

Von 1982 bis 1998, er ist damit der bisher am längsten amtierende Kanzler in der Bundesrepublik Deutschland. Kohl gelangen zusammen mit dem französischen Staatspräsidenten François Mitterrand bedeutende Schritte zur europäischen Einigung. Nach dem Fall der Mauer 1989 setzte er sich an führender Stelle für die Wiedervereinigung Deutschlands ein.

Welches Recht regelt die Rechte und Pflichten von Staaten untereinander?

Das Völkerrecht, das auf internationale Verträge und/oder auf Gewohnheitsrecht beruht. Es wird in Friedens- und Kriegsrecht unterteilt. Grundprinzip ist die souveräne Gleichheit der in der Völkerrechtsgemeinschaft verbundenen Staaten.

Was ist die Arabische Liga, die sich 1945 in Kairo bildete?

Es ist der Zusammenschluss der unabhängigen arabischen Staaten, die wirtschaftlich, politisch und kulturell eng zusammenarbeiten wollen.

Durch welche Abstimmung kann das Wahlvolk in der BR Dtl. selbst einen Gesetzentwurf zum Beschluss im Parlament einbringen?

Durch das Volksbegehren, das auch Volksinitiative genannt wird. Ein Volksbegehren gilt dann als angenommen, wenn sich eine bestimmte Mindestanzahl von Wahlberechtigten – ca. 10% – an der Abstimmung beteiligt haben. Dem erfolgreichen Volksbegehren folgt dann der Volksentscheid; es sei denn, dass das Parlament den Gesetzentwurf ohne Abänderung annimmt. Das Volksbegehren ist in einigen Landesverfassungen, auf Bundesebene nur für die Neugliederung des Bundesgebietes vorgesehen.

Welche Staatsform herrscht heute in Spanien?

Die parlamentarische Monarchie; Staatspräsident ist seit 1975 König Juan Carlos I. (*1938); die Regierung mit José María Aznar an der Spitze ist vom frei gewählten spanischen Parlament bestimmt.

Wie hieß in der ehemaligen DDR das Parlament?

Volkskammer. Sie wurde nach Einheitslisten gewählt, deren Zusammensetzung die SED kontrollierte. Somit waren ihre Abgeordneten lediglich parteihörige Befehlsempfänger der Staatspartei. Die erste und letzte frei gewählte Volkskammer, die im März 1990 gewählt wurde, vollzog den Beitritt der DDR zur BR Dtl.

Was begründete den ungebrochenen Nachruhm des österreichischen Bundeskanzlers Bruno Kreisky (1911–90)?

Bruno Kreisky

Der SPÖ-Vorsitzende, regierte Österreich von 1970 bis zu seinem Rücktritt 1983. Außenpolitisch engagierte er sich für einen Ost-West-Dialog, wobei er zwei amerikanisch-sowjetische Gipfeltreffen in Wien (1971 und 1979) vermittelte. Er setzte sich besonders für eine Nahost-Friedensregelung ein, empfing 1979 den PLO-Chef Jasir Arafat und erkannte als erster westeuropäischer Staatsmann die Palästinensische Befreiungsorganisation an. Als seine Partei 1983 die absolute Mehrheit verlor, trat er als Kanzler und Parteivorsitzender zurück.

Welcher Präsident einer Weltmacht wird indirekt über Wahlmänner, die in Vorwahlen ermittelt werden, bestimmt?

Der Präsident der Vereinigten Staaten von Amerika (USA). In den so genannten Primaries (Vorwahlen) wählen die wahlberechtigten Amerikaner in den 50 Bundesstaaten und im District of Columbia die Wahlmänner, die in den Parteikonventen den Kandidaten nominieren. Erst jetzt erfolgen die Präsidentschaftswahlen. Der im Einzelstaat erfolgreichen Partei fallen alle Wahlmännerstimmen zu, die gewöhnlich alle dem nominierten Präsidentschaftskandidaten zukommen.

Was verstand man zur Zeit der Französischen Revolution unter dem Dritten Stand?

Die mittelalterliche Ständegesellschaft, die eigentlich nicht mehr so recht in die Verhältnisse der Neuzeit passen wollte, unterschied im Wesentlichen drei Stände: die Geistlichkeit, den Adel und als Dritten Stand die Bürger und Bauern, die zwar die Hauptsteuerlast in Frankreich trugen, aber politisch „unmündig" waren.

Wie wurden im Mittelalter die deutschen Könige bestimmt?

Durch Wahl. Das deutsche Königtum war im Unterschied zu England und Frankreich, wo das Geblütsrecht entschied, ein Wahlkönigtum, was häufig zu Doppelwahlen führte. Wahlberechtigt waren alle weltlichen und geistlichen Reichsfürsten. Seit 1198 wählten die Kurfürsten in Frankfurt am Main den König. 1356 legte die Goldene Bulle Karls IV. das Wahlgremium endgültig fest, das mit einfacher Mehrheit entschied: die Erzbischöfe von Trier, Mainz und Köln sowie der Pfalzgraf bei Rhein, der Herzog von Sachsen, der Markgraf von Brandenburg und der König von Böhmen.

Wie heißt der Amtssitz des amerikanischen Präsidenten?

Weißes Haus; es wurde nach Vorstellungen George Washingtons 1792 in klassizistischem Stil erbaut. Nach den Brandbeschädigungen, die 1814 britische Truppen verursachten, wurde es weiß verputzt.

Welches Ereignis der jüngsten Deutschen Geschichte bezeichnete man als Wende?

Die Abschaffung der SED-Diktatur in der DDR durch eine friedliche Revolution und die Beendigung der deutschen Teilung, die am 3. Oktober 1990 mit dem Beitritt der ehemaligen DDR zur BR Dtl. abgeschlossen wurde.

Welche Ziele werden nach Marx und Engels im Sozialismus verwirklicht?

Das Privateigentum an den Produktionsmitteln Kapital und Boden geht in Gemeineigentum über; der Sozialismus als Gesellschaftsform sei eine Übergangsphase vom Kapitalismus zum angestrebten Kommunismus, in der die Revolution des Proletariats sich gegen seine Gegner zu behaupten habe.

Welchen Krieg beendete der Westfälische Friede von 1648?

Den Dreißigjährigen Krieg (1618–48), der als Glaubenskrieg begonnen hatte und sich zunehmend zu einem Krieg um die Vorherrschaft in Europa wandelte. Im Westfälischen Frieden verlor das Deutsche Reich entscheidend an Macht: Gebietsabtretungen und die Unabhängigkeit der Niederlande und der Schweiz vom Reich sowie die Souveränität der Landesherrn schwächten die Reichsverfassung entscheidend.

Gibt es ab dem 1. Januar 2000 eine doppelte Staatsbürgerschaft?

Nein, es gibt nur ein sog. Optionsmodell. Es gilt für Kinder, deren Eltern Ausländer sind und seit mindestens 8 Jahren in Deutschland leben, wenn sie nach dem 1.1.2000 geboren werden sowie auch rückwirkend für jene ausländischen Kinder, die bis zu 10 Jahren vorher geboren wurden. Diese Kinder erhalten durch ihre Geburt zusätzlich zur Staatsbürgerschaft ihrer Eltern die deutsche Staatsbürgerschaft. Sie müssen sich aber mit 23 Jahren für eine von beiden entscheiden.

Welches Kürzel wird für die Weltgesundheitsorganisation der Vereinten Nationen verwendet?

WHO. Die Sonderorganisation der UNO dient der Bekämpfung von Seuchen und Epidemien und zur Verbesserung der Gesundheitsversorgung.

Woher kommt der Begriff Kreuzzug?

Abendländische Herrscher „nahmen" 1095 erstmals „das Kreuz" und zogen 1096 in seinem Zeichen mit ihren Heeren auf dem See- bzw. Landweg ins Heilige Land, um es von den Arabern zu erobern. In Palästina gründeten sie Kreuzfahrerstaaten. Obwohl die Kreuzfahrer im Glaubenseifer handelten, kam es regelmäßig zu grausamen Ausschreitungen gegenüber den Ungläubigen, etwa bei der Eroberung Jerusalems.

Kreuzzug (mittelalterliche Darstellung)

Welcher brutal erzwungene Gesellschaftswandel verbirgt sich hinter dem beschönigenden Begriff Kulturrevolution?

Die politisch-ideologische Kampagne in der Volksrepublik China von 1966–69, mit der Mao Tse-tung (1893–1976) die traditionellen chinesischen Strukturen und westlichen Denkansätze ausrotten wollte. Das gewaltsame Vorgehen kam einer Säuberungs- und Umerziehungsaktion gleich, der zahlreiche Gegner Maos zum Opfer fielen, wertvolle Kunst- und Kulturschätze wurden vernichtet.

Kulturrevolution: Mao Tse-tung und Lin Pao

Welcher deutsche Kaiser war wesentlich für den Ausbruch des Ersten Weltkrieges verantwortlich?

Wilhelm II. (1859–1941), der mit seinem „Blanko-Scheck" an den österreichisch-ungarischen Kaiser Franz Joseph I. den Ultimaten-Mechanismus nach der Ermordung des österreichischen Thronfolgers in Sarajevo mitauslöste. Wilhelms unglückliche Außenpolitik, seine ehrgeizige Kolonialpolitik und die militärische Aufrüstung Deutschlands führte das Deutsche Reich nach der Entlassung Bismarcks in die Isolation. Wilhelm starb im holländischen Exil.

Was besagt die Dominotheorie, mit der u. a. die USA den Eintritt in den Vietnam-Krieg rechtfertigte?

Nach dem Zweiten Weltkrieg entwickelt, beschrieb sie die Gefahr einer fortschreitenden Ausbreitung des Kommunismus, besonders in den Staaten Südostasiens. Sie bediente sich des Bildes hintereinander stehender Dominosteine, in dem der Sturz eines einzigen den Fall der ganzen Reihe verursacht.

Wie hieß die nach der deutschen Besetzung tolerierte französische Regierung in Südfrankreich?

Die Vichy-Regierung, die von 1940 bis 1944 bestand und von Marschall Pétain geführt wurde. Sie war auf eine enge Zusammenarbeit mit den deutschen Besatzern angewiesen und hatte einen diktatorischen Charakter.

Wer ist im Bundesrat der Bundesrepublik Deutschland vertreten?

Die 16 Bundesländer der BR Dtl. Sie wirken an der Gesetzgebung (Legislative) und Verwaltung des Bundes mit. Für Bundesgesetze, die Länderkompetenzen betreffen, ist die Zustimmung des Bundesrates erforderlich. Er wählt zur Hälfte die Richter des Bundesverfassungsgerichts und wirkt als Teil der Bundesversammlung an der Wahl des Bundespräsidenten mit.

Welches bayerische Herrschergeschlecht leitete vom 12. Jahrhundert bis 1918 die Geschicke Bayerns?

Die Wittelsbacher, die 1180 von Friedrich Barbarossa mit Bayern belehnt wurden und im Laufe der Zeit auch in der Kurpfalz und in zahlreichen Bistümern herrschten. Sie brachten auch zwei Kaiser hervor: Ludwig IV., den Bayern (um 1281–1347) und Karl VII. Albrecht (1697–1745).

Für welchen Staat sollte 1930 der Young-Plan die Reparationszahlungen, die aus dem Ersten Weltkrieg entstanden waren, regeln?

Für das Deutsche Reich. Es sollte in 59 Jahresraten durchschnittlich 2 Mrd. Reichsmark zurückbezahlen. Der Young-Plan wurde schon 1931 durch das Hoover-Moratorium aufgehoben, weil das Reich zahlungsunfähig geworden war. Nach dem Londoner Schuldenabkommen von 1953 beglich die BR Dtl. bis 1980 die 1930 vom Deutschen Reich aufgenommene Young-Anleihe.

Mit welcher wirtschaftspolitischen Vereinigung schuf man 1834 für die deutschen Einzelstaaten ein einheitliches Zollgebiet?

Mit dem Deutschen Zollverein, dem unter Führung Preußens fast alle deutschen Staaten angehörten. Er begünstigte die „kleindeutsche" Lösung, die 1871 mit der Neugründung des Deutschen Reiches ohne Österreich vollendet wurde.

Warum ist seit den frühen Kulturen der Menschheit das Budgetrecht mit Macht gleichzusetzen?

Das aus dem Französischen kommende Wort Budget meint buchstäblich das „Staatssäckel", d. h. den Staatshaushalt. Wer über seine Verwendung und vor allem über seine Quellen durch Besteuerung bestimmen kann, verfügt naturgemäß über die tatsächliche Macht in einem Staat. In einer Demokratie bestimmt das vom Volk gewählte Parlament darüber.

Was bezeichnet der staatspolitische Begriff Souveränität?

Die höchste, allumfassende und unbeschränkte Staatsgewalt, wie sie schon Theoretiker im Zeitalter des Absolutismus entworfen haben und auf der absolutistische Herrscher wie Ludwig XIV. ihre Macht begründeten. Auch der moderne Rechtsstaat besitzt sie nach außen im völkerrechtlichen Sinn und nach innen durch seine Verfügungsgewalt über die inneren Angelegenheiten.

Wie kam es, dass die deutschen Könige des Mittelalters auf ihren Italienzügen sich in Monza mit der eisernen Krone der Langobarden-Könige krönen ließen?

Langobardische Fibel in S-Form (6.–8. Jh.)

Diese Praktik hat ihren Anfang in der Eroberung des Langobarden-Reiches durch Karl den Großen in den Jahren 773/74. Der germanische Stamm hatte bis dahin die Lombardei und weite Teile Mittelitaliens beherrscht. Ab 951 wurde das Regnum Langobardorum offiziell mit dem Heiligen Römischen Reich deutscher Nation verbunden.

Von wem stammt der Text und wer hat die Melodie zum Deutschlandlied komponiert?

Den Text schrieb 1841 der liberale Dichter Hoffmann von Fallersleben (1789–1874); die Melodie wurde der Kaiserhymne „Gott erhalte Franz den Kaiser" von Joseph Haydn (1732–1809) aus dem Jahr 1797 entnommen. Das Deutschlandlied wurde 1922 offizielle Hymne des Deutschen Reiches. Die 3. Strophe ist seit 1950 die Nationalhymne der BR Dtl.

Welche Bedeutung hat Wladimir Iljitsch Uljanow, genannt Lenin (1870–1924), für die russische Geschichte?

Der im Exil lebende Führer der Bolschewiki, der radikalen Sozialisten Russlands, riss in der Oktoberrevolution 1917 die Macht in Russland an sich. Er errichtete die kommunistische UdSSR (Union der Sozialistischen Sowjetrepubliken), die in der Folge Vorbild für den „real existierenden Sozialismus" wurde. Auf Lenins Staats- und Parteiapparat baute 1924 der skrupellose Machtpolitiker Stalin auf.

Lenin bei einer Kundgebung in Moskau 1917

Was bezweckt die politische Utopie des Anarchismus?

Sie möchte die staatliche Ordnung beseitigen und an ihre Stelle eine utopische Gesellschaft setzen, in der jeder frei ist. Anarchisten haben vielfach Attentate auf Zaren, Kaiser und Kaiserinnen und andere Repräsentanten des Staates verübt. Zar Alexander II. wurde 1881 von einem Anarchisten ermordet; 1898 starb Elisabeth von Österreich (Sisi) durch die Hand eines Anarchisten.

Welche Staaten waren am Zwei-plus-vier-Abkommen von 1990 beteiligt?

Die vier Siegermächte des Zweiten Weltkrieges Großbritannien, Sowjetunion, USA und Frankreich sowie die DDR und die BR Dtl. Der Vertrag verpflichtete die BR Dtl. nach erfolgter Wiedervereinigung zur Reduzierung der Bundeswehr auf 370.000 Mann; ferner erkannte die BR Dtl. darin u. a. endgültig die Oder-Neiße-Grenze als deutsche Ostgrenze an.

Mit welcher Stimme gibt der Wähler bei Bundestagswahlen eine Stimme für die Kandidatenliste einer Partei ab?

Mit der Zweitstimme; die Erststimme gilt einem Kandidaten aus dem Wahlkreis des Wählers, der nur dann gewählt ist (Direktmandat), wenn er die meisten Stimmen auf sich vereinigt.

In welchem Staat wird die Oppositionsführerin Aung San Suu Kyi durch eine Militärjunta verfolgt?

In Burma. Die Politikerin appelierte an die Weltöffentlichkeit, dass die Militärregierung Burmas den 1990 von der Oppositionspartei NLD (Nationale Liga für Demokratie) errungenen Wahlsieg anerkennen müsse. Suu Kyi, die 1991 den Friedensnobelpreis erhielt, lebte 6 Jahre unter Hausarrest und darf sich bis heute nicht frei politisch betätigen.

Welcher ständige Gerichtshof ist im Haager Friedenspalast untergebracht?

Der Internationale Gerichtshof von Den Haag, der aus dem 1920 begründeten Ständigen Internationalen Gerichtshof 1946 durch eine Satzung der Vereinten Nationen hervorging. Es ist das oberste Gericht der UNO in Völkerrechtsfragen und steht jedem Mitglied der UNO zur Einreichung von Klagen offen.

Auf welcher Konferenz erklärten sich die Teilnehmer 1955 für blockfrei?

Auf der Konferenz von Bandung auf Java. Hier versammelten sich 23 asiatische und sechs afrikanische Staaten, darunter auch die VR China, die sich keinem der beiden Militärblöcke NATO und Warschauer Pakt als zugehörig erklärten. Sie verpflichteten sich zur „aktiven Neutralität" und zu einer einheitlichen Strategie im Kampf gegen die „Ausbeutung der unterentwickelten Länder gegen den Kolonialismus".

Welchen Krieg hat das wilhelminische Deutschland von 1872 bis 1918 jeweils am 2. September mit dem Sedanstag gefeiert?

Den Deutsch-Französischen Krieg von 1870/71, an dessen Ende Napoléon III. in Sedan gefangen genommen wurde; Frankreich kapitulierte schnell vor den vereinigten norddeutschen und süddeutschen Ländern, die am 18. Januar 1871 im Spiegelsaal von Versailles den preußischen König Wilhelm I. zum Deutschen Kaiser ausriefen. Politischer Hauptakteur im Hintergrund war Otto von Bismarck.

Welcher Mediziner ging u. a. in Auschwitz seinen grausamen erbbiologischen Forschungen nach?

Dr. phil. Dr. med. Josef Mengele (1911–vermutl. 1979). Schon in seinen Dissertationen beschäftigte sich der Spross einer namhaften Günzburger Landmaschinenfabrik mit erbbiologischen und anthropologischen Untersuchungen. Er meldete sich zu Beginn des Krieges freiwillig zur Waffen-SS und diente als Sanitätsoffizier in Frankreich und in der Sowjetunion. 1943 ging er nach Auschwitz, wo er u. a. seiner Zwillingsforschung nachging und dabei KZ-Inhaftierte wie Versuchskaninchen behandelte. Nach dem Krieg kehrte er zunächst in seine Geburtsstadt zurück, setzte sich aber Mitte der 50er-Jahre nach Südamerika ab.

Wer wurde in der Schlacht auf dem Lechfeld 955 vernichtend geschlagen?

Krone Ottos I.

Die Ungarn, die auf ihren Raubzügen nach Mitteleuropa bis vor die Tore Augsburgs gekommen waren. König Otto I. bezwang sie mit seinem schnell aufgebotenen Heer aus allen deutschen Stämmen und böhmischer Hilfstruppen; jedoch fand nach neueren Forschungen die Schlacht nicht eigentlich auf dem Lechfeld südlich von Augsburg, sondern westlich davon statt.

Welcher König soll sein Selbstverständnis als Herrscher durch den Spruch L'État c'est moi! („Der Staat bin ich") ausgedrückt haben?

Ludwig XIV. (Gemälde von H. Rigaud)

Der Sonnenkönig Ludwig XIV. (1638–1715). Er entmachtete die Parlamente und prägte die absolutistische Monarchie, wobei er als Herrscher sich selbst mit dem Staat identifizierte. Eine Zentralregierung mit drei bis vier ihm untergebenen Ministern war nicht für das Volk, sondern für den Roi Soleil (Sonnenkönig) tätig.

Was bedeutet die Wortneuschöpfung Ostalgie?

Die von vielen Bürgern der ehemaligen DDR als „nostalgisch" empfundene Erinnerung und Pflege der für die DDR-Zeit typischen Alltagskultur. Diese äußert sich u. a. etwa in der Weiterverwendung des Trabant (Trabi) oder in der Beibehaltung der sprachlichen Besonderheiten der ehemaligen DDR, z. B. „Broiler" für Hähnchen.

Wer streitet sich darüber, wer der einzig wahre Pantschen Lama ist?

Die VR China, die Tibet seit 1951 besetzt halten, und der Dalai Lama, das religiöse Oberhaupt des buddhistischen Tibet. Der Pantschen Lama folgt in der religiösen Hierarchie Tibets gleich hinter dem Dalai Lama. Beide, Dalai Lama und Pantschen Lama werden nach ihrem Tod wieder geboren. Der Dalai Lama, erkannte 1995 in dem sechsjährigen Gendun Choekyi Nyima den neuen Pantschen Lama, während China den sechsjährigen Gyantsen Norpo anerkannte, der in einem Kloster erzogen wird.

Wonach benannte man das Petersberger Abkommen von 1949 zwischen der BR Dtl. und den drei Alliierten Hohen Kommissaren?

Nach dem Hotel Petersberg im Siebengebirge, wo vereinbart wurde, dass Dtl. im Ausland konsularische Vertretungen errichten und sich an internationalen Organisationen beteiligen durfte.

Wie nennt man die vom Staatsoberhaupt ausgestellte Urkunde, mit der ein Botschafter im Ausland Anerkennung findet?

Beglaubigungsschreiben oder Akkreditiv. Dieses muss der künftige diplomatische Vertreter dem Staatsoberhaupt des Bestimmungslandes aushändigen. Für die BR Dtl. stellt der Bundespräsident ein solches Schreiben aus, das an das Staatsoberhaupt des Landes gerichtet ist, in dem der Botschafter akkreditiert werden soll. Der Bundesminister des Äußeren zeichnet die Akkreditierungsurkunde gegen.

War der 1190 auf einem Kreuzzug in Jerusalem gegründete Deutsche Orden ein Mönchsorden?

Ja, denn der Deutschherrenorden, wie er auch genannt wurde, nahm Mönchsregeln an und wurde ein Ritterorden. Seine Mitglieder – adlige Ritter, Kapläne und normale Brüder – legten die Gelübde der Keuschheit, Armut und des Gehorsams ab. 1230–83 eroberten sie das Ordensland „Preußen".

Für welche deutsche Volksgruppe verfügten die so genannten Benesch-Dekrete die entschädigungslose Enteignung?

Für die Sudetendeutschen. Die drei Dekrete des aus dem Exil zurückgekehrten tschechischen Staatspräsidenten Eduard Benesch bestimmten 1945, dass alle Deutschen und Ungarn ihre tschechoslowakische Staatsangehörigkeit, ihr landwirtschaftliches Vermögen sowie ihr bewegliches und unbewegliches Eigentum verlieren. Die Dekrete lieferten die Grundlage für die Vertreibung der Sudetendeutschen 1945/46.

In welchem Staat wurden 1997 auf Bankdepots ehemaliges nationalsozialistisches Beutegold entdeckt?

In der Schweiz. Aus einem Schweizer Mikrofilm-Archiv ging hervor, dass Schweizer Banken Goldbestände horteten, die jüdischen Opfern des „Dritten Reiches" gehört hatten, und dass sie die Eigentumsfrage dabei geschickt verschleierten. Die verantwortlichen Banken mussten sich zu ihrer moralischen Verantwortung stellen und richteten vorerst einen Hilfsfond für Überlebende des Holocaust ein.

Für welche Staatsschuld der BR Dtl. wurde 1993 der Erblastentilgungsfond eingerichtet?

Zur Begleichung der finanziellen Hypothek von 338 Mrd. DM, die durch die deutsche Wiedervereinigung entstanden ist. Der Erblastentilgungsfond soll diese Schuld binnen 30 Jahren tilgen. Er speist sich aus den ständigen Zuschüssen des Bundeshaushalts, aus Privatisierungserlösen der ostdeutschen Wohnungsunternehmen und aus den Gewinnen der Bundesbank, die mit mehr als 7 Mrd. DM zu Buche schlagen.

Welches Land besetzte nach dem Sechs-Tage-Krieg 1967 das Westjordanland?

Israel. Es liegt westlich des Jordans auf jordanischem Gebiet. Jordanien hat 1974 und erneut 1988 auf die West-Bank zugunsten der Palästinensischen Befreiungsorganisation verzichtet. 1994 erfolgte die Unterzeichnung des Autonomie-Vertrages für das Westjordanland. Der von Israel 1997 begonnene Abzug geriet nach neuen Gewalttaten gegen israelische Siedler und Soldaten 1998 ins Stocken.

Wofür sind Blauhelme zuständig?

Blauhelme sind die aufgrund eines Mandates der Vereinten Nationen (UN) in ein Krisengebiet entsandten bewaffneten UN-Soldaten, die friedenssichernde Aufgaben übernehmen.

In welchem afrikanischen Land organisierten sich Angehörige des Zulu-Stammes in der Befreiungsbewegung Inkatha?

In Südafrika. Noch zur Zeit der Apartheid gründete sie 1979 der Zulu-Chef Mangosuthu Buthelezi, der zugleich Premierminister des Homelands Kwazulu war. Buthelezi stand mit der Inkatha, die ausdrücklich auf Gewaltanwendung verzichtete und sich auch für ein friedliches Zusammenleben der Rassen in Südafrika unter einer gemeinsamen Verfassung aussprach, von Anfang an im Gegensatz zur mächtigen Schwarzen-Partei ANC. Ein blutiger Machtkampf war die Folge, der besonders in Natal, dem Heimatland der Zulus, viele Opfer forderte.

Wer wurde nach Abschaffung der Apartheid 1994 erster schwarzer Ministerpräsident Südafrikas?

Der Politiker Nelson Mandela (*1918), der von 1962 bis 1990 wegen seiner führenden Rolle in der verbotenen militanten Partei ANC (African National Congress) inhaftiert gewesen war. Seine Freilassung wurde durch die umfangreiche Verfassungsreform seines weißen Vorgängers Frederik Willem de Klerk (*1936) ermöglicht, die an entscheidenster Stelle die Abschaffung der Rassentrennung vorsah. Mandela und de Klerk erhielten 1993 zusammen den Friedensnobelpreis.

Nelson Mandela und F. W. de Klerk

Über welche Elitetruppe verfügt die US-Armee?

Über die US-Marines, knapp 200.000 gut trainierte Soldaten, die im US Marine Corps zusammengefasst sind. Es kommt immer bei besonders schwierigen militärischen Operationen zum Einsatz; zuletzt etwa im Golfkrieg. Entstanden war das Corps 1775 aus einer Sondertruppe von Soldaten im amerikanischen Bürgerkrieg. Da sie ihren Hals gegen Säbelhiebe mit einer ledernen Krause schützten, nennt man sie seitdem Leathernecks (engl. „Ledernacken"). US-Marines werden auch zum Schutz von diplomatischen Vertretungen u. Ä. eingesetzt.

Womit befasst sich die Demoskopie?

Sie erforscht in Meinungsumfragen die Einstellungen in der Bevölkerung. So werden z. B. sog. „Politbarometer" erstellt, die Auskunft darüber geben, wie Politiker und Parteien gerade in der Wählergunst stehen.

Auf welches erste Treffen geht die seit 1990 wieder bestehende Münchner Konferenz der Ministerpräsidenten zurück?

Auf das Treffen der Ministerpräsidenten des Jahres 1947 in München, an der auch die Chefs der DDR-Länder teilnahmen. Kurz nach Beginn der Konferenz reisten die DDR-Länderchefs wieder ab, weil sie mit ihrer Forderung, zuerst über einen zentralen Einheitsstaat zu verhandeln, bei ihren Kollegen aus den westlichen Besatzungszonen nicht durchdrangen. Die erste gesamtdeutsche Ministerpräsidenten-Konferenz kam 1990 auf Einladung des bayerischen Landeschefs Streibl zustande. Hauptthema war u. a. die Finanzausstattung der neuen Bundesländer.

Was ist das charakteristische Merkmal der Non-Governmental Organizations (NGO)?

Die hier zusammengeschlossenen Verbände hängen nicht mit staatlichen Stellen zusammen, sondern sind wie z. B. Greenpeace, das Rote Kreuz oder auch ein Kleintierzuchtverein national oder international aktive Vereine („Nichtregierungsorganisationen“). Die NGO setzen sich für soziale Ziele und Entwicklungsfragen, für die Umwelt oder die Menschenrechte ein. Üblicherweise halten die NGO zeitgleich zu den UN-Konferenzen eigene Foren ab. Auf ihren Druck hin wurden beispielsweise einige Vereinbarungen auf der Umweltkonferenz in Rio getroffen.

Wo weihte man 1976 den Palast der Republik ein?

In Ost-Berlin, wo ihn die damalige SED-Führung unter Erich Honecker an der Stelle, wo einst das Berliner Stadtschloss stand, als repräsentativen Staatsbau errichten ließ. Der Koloss aus weißem Marmor und aus riesigen in Aluminiumsprossen gefassten Glasflächen war als Mehrzweckbau konzipiert, in dem u. a. auch in die Parteitage der SED zelebriert wurden. Der im DDR-Volksmund „Palazzo Prozzi“ genannte Monumentalbau steht heute wegen der schadstoffbelasteten Baumaterialien leer.

Was versteht man unter der Sperrklausel bei Wahlen in der BR Dtl.?

Die Mindestzahl von 5% Wahlstimmen (sog. 5%-Hürde), die eine Partei für sich gewinnen muss, um in den Deutschen Bundestag einziehen zu dürfen.

Welches Symbol fand man früher auf dem Hoheitszeichen der UdSSR und seiner kommunistischen Teilrepubliken?

Hammer und Sichel, die nach der Parteidoktrin den „sozialistischen Aufbau“ und gleichzeitig die Verbrüderung der Arbeiter und Bauern symbolisieren sollten.

Was wird inoffiziell als vierte Gewalt neben den klassischen Staatsgewalten Exekutive, Legislative und Judikative gehandelt?

Die Medien, die aufgrund der im Grundgesetz verankerten Pressefreiheit zu einem wichtigen Kontrollorgan in einer freiheitlichen Demokratie geworden sind. Ihre Macht liegt darin begründet, dass sie bei ihrer Arbeit nicht behindert werden darf und keine staatliche Zensur stattfindet. Eine wichtige Kraftprobe zwischen der Bundesregierung und der Zeitschrift „Der Spiegel“ gab es 1962 bei der so genannten Spiegelaffäre, bei der einige Journalisten sowie der Herausgeber unter dem Vorwurf des Landesverrates kurzzeitig verhaftet worden sind. Der Bundesgerichtshof sprach sie später frei.

Wie heißt die Hauptstadt von Brandenburg?

Potsdam. Brandenburg schließt zwar die Enklave Berlin ein, hat jedoch eine eigene Landeshauptstadt.

Welcher amerikanische Präsident löste durch seine Wahl den amerikanischen Bürgerkrieg aus?

Abraham Lincoln, 16. Präsident der USA

Abraham Lincoln (1809–65), der den einseitigen Austritt der 11 Südstaaten aus den USA nicht hinnehmen wollte und für die Einheit der Nation kämpfte; weniger engagiert war er in der Frage der Sklavenbefreiung, die er nur sehr moderat verfolgte.

Wer musste sich 1521 auf dem Reichstag von Worms vor Kaiser Karl V. verantworten?

Martin Luther

Der Reformator Martin Luther (1483–1546), der die Kirchenspaltung verursacht hatte und deswegen vom Papst gebannt wurde. Auch vor dem Kaiser schwor Luther nicht seinen als ketzerisch eingestuften Lehren ab, so dass er der Reichsacht verfiel und für vogelfrei erklärt wurde. Im Schutz seines Landesherrn, Kurfürst Friedrichs des Weisen, zog er sich auf die Wartburg zurück, wo er die Bibel ins Deutsche übersetzte.

Das Elsass-Lothringen genannte Gebiet wurde 1871 als Reichsland Teil des neugegründeten Deutschen Reiches. Welche langfristigen Folgen hatte das?

Die Tatsache, dass Frankreich dieses Gebiet an Deutschland abtreten musste, trug wesentlich zur Feindschaft zwischen den beiden Nationen bei, die erst nach dem Zweiten Weltkrieg überwunden werden konnte.

Welche Aufgabe hat der Internationale Gerichtshof in Den Haag?

Er entscheidet nach dem Völkerrecht Streitsachen, die zwei oder mehrere Staaten ihm vorlegen. Er ist ein Hauptorgan der UN. Er soll vorrangig dazu dienen, Kriege wegen Grenzstreitigkeiten zu vermeiden. In den sechziger Jahren wurde etwa der Streit um die Anteile von Dänemark, Deutschland und den Niederlanden an den Erdölfeldern in der Nordsee vom Internationalen Gerichtshof (IGH) beigelegt.

Welchen Begriff prägten die alten Griechen für ein politisches System, in dem das Volk die Herrschaft ausübt?

Demokratie, griechisch: Volksherrschaft; in der direkten Demokratie nimmt das Volk an den Volksversammlungen teil (z. B. Kantone in der Schweiz); in der repräsentativen Demokratie wählt das Volk das Parlament (z. B. BR Dtl.).

Was ist ein Untersuchungsausschuss?

Ein parlamentarisches Gremium zur Aufklärung sittenwidriger Sachverhalte und ein Kontrollinstrument der Abgeordneten gegenüber Regierung und Verwaltung.

Was sind ABC-Waffen?

Atomare, biologische und chemische Waffen. In Deutschland verzichtet man schon seit 1954 auf die Herstellung dieser Kampfmittel.

Welches war die bedeutendste Bibliothek der Antike?

Die Bibliothek von Alexandria (Alexandrinische Bibliothek). Im dortigen „Museion“ forschten und lebten zahlreiche Gelehrte, ihnen standen rund 900.000 Buchrollen zur Verfügung. Im 3. Jahrhundert v. Chr. von Ptolemaios II. angelegt, wurde die Bibliothek im 3. und 4. Jahrhundert n. Chr. zerstört. Einige

Restbestände wurden unter Justinian I. nach Konstantinopel gebracht.

Wer schuf den Code civile und welche Auswirkungen hatte er auf Europa?

Napoléon I. Bonaparte, weshalb das Werk auch Code Napoléon genannt wird. Er vereinheitlichte die Rechtsprechung in Frankreich und war Vorbild für einige Staaten Europas und Amerikas.

Welcher Staatsmann bezeichnete sich als erster Diener des Staates und was war damit gemeint?

Friedrich II. , genannt „der Große". Er trat für eine friedliche und von den Prinzipien der Aufklärung geleitete Herrschaft ein. Der Herrscher als „erster Diener des Staates" sei unbeschränkt souverän, aber grundsätzlich der Wohlfahrt seines Volkes verpflichtet.

Welche Tochter Maria Theresias endete 1793 in Frankreich auf der Guillotine?

Marie Antoinette (1755–1793). Seit 1770 mit Ludwig XVI. verheiratet, war sie beim Volk als vergnügungssüchtige Königin verhasst. Als am 5. Oktober 1789 über 7000 Frauen den Marsch auf Versailles unternahmen, weil es in Paris kein Brot mehr gab, soll ihre Antwort gewesen sein: „Sie haben kein Brot? Dann sollen sie Kuchen essen!"

Woher kommt die Sitte des Daumendrückens, wenn man jemandem Glück wünschen will?

Sie geht auf die Gladiatorenkämpfe zurück. Richtete der Kaiser seinen Daumen auf sich selbst oder nach unten, dann musste der im Kampf unterlegene Gladiator sterben; knickte der Kaiser seinen Daumen jedoch ein, so bedeutete dies: Der siegreiche Gladiator soll seine Waffe einstecken und den Gegner verschonen.

Wer begann die erste Weltumsegelung, ohne dass er ihren erfolgreichen Abschluss erlebte?

Fernão de Magalhães

Der portugiesische Seefahrer Fernão de Magalhães (um 1480–1521); mit fünf Schiffen stach er 1519 in See und fand 1520 die nach ihm benannte Magellanstraße; nach knapp vier Monaten erreichte er die Philippinen, wo er bei einem Kampf mit Eingeborenen erschlagen wurde.

Welche herausragende Rolle spielte Berlin in der deutschen Geschichte?

Zunächst Regierungssitz der Kurfürsten von Brandenburg und dann der preußischen Könige war Berlin 1871–1945 Hauptstadt des zweiten Deutschen Kaiserreichs, der Weimarer Republik und des „Dritten Reiches". 1945 bis 1990 war Berlin in vier Besatzungszonen, seit dem 13.8.1961 durch die „Mauer" in West- und Ostberlin geteilt. Seit 1991 ist Berlin die Hauptstadt der BR Dtl.

Wie gelangte Alaska, der größte Bundesstaat der USA, in amerikanischen Besitz?

Durch Kauf. Alaska wurde 1867 für 7,2 Millionen US-Dollar von Russland abgekauft.

Wer prägte den Begriff Eiserner Vorhang?

So bezeichnete Winston Churchill (1874–1965) die Abgrenzungsmethoden der Ostblockländer gegenüber dem Westen.

Was erforscht die Demographie?

Das lässt sich aus der Wortbedeutung ableiten: Der Begriff kommt aus dem Griechischen: „das Volk beschreiben". Dabei geht es um die zahlenmäßige Erfassung der Bevölkerung nach bestimmten Kriterien wie Alter, Religion, Berufs- und Bildungsverhältnisse. Bevölkerungsentwicklungen sollen dadurch abgelesen bzw. Tendenzen erkannt werden.

Wer verlor durch die Magna Charta an Macht?

Magna Charta (1215)

Der englische König. Die „Magna Charta" war eine Art Vergleich zwischen englischen Baronen und Johann Ohneland. In 63 Artikeln wurde u. a. festgelegt, dass der König sich der Kontrolle durch das Recht zu unterwerfen hatte und nicht willkürlich handeln durfte. Das Dokument wurde am 15. Juni 1215 unterzeichnet. Die „Magna Charta" war ein erster Schritt zum Verfassungsstaat.

Aus welcher Schule floh Spartacus († 71 v. Chr.) verständlicherweise?

Aus der Gladiatorenschule in Capua. Dort sollte der Sklave aus Thrakien für die Schaukämpfe im Kolosseum ausgebildet werden. Ihm und 70 weiteren vor diesem grausamen Schicksal Entflohenen schlossen sich die Leibeigenen der Umgebung an und bildeten ein Heer von 60.000 Mann. Sie wurden 71 v. Chr. durch Crassus und Pompejus besiegt, Spartacus starb im Kampf.

Wie erklärt sich die Abkürzung CARE für die Hilfssendungen, die nach dem Zweiten Weltkrieg aus Amerika nach Europa versandt wurden?

CARE ist eine private Hilfsorganisation namens „Cooperative for American Remittances to Everywhere" (früher: to Europe). Bis 1960 wurden Care-Pakete in die BR Dtl. verschickt (nach Berlin bis 1963). Seit dem Koreakrieg wurde die Hilfsaktion auch auf außereuropäische Länder ausgeweitet.

Welches Attentat am 28. Juni 1914 wurde zum Anlass für den Ausbruch des Ersten Weltkriegs?

Die Ermordung des österreichischen Erzherzogs Franz Ferdinand und seiner Frau Sophie durch einen serbischen Nationalisten in Sarajevo. Der Monarch wollte allen slawischen Völkerschaften die gleichen Rechte zugestehen wie den Deutschen und den Ungarn. Damit kam er Land- und Machtgelüsten der Serben in die Quere, die Dalmatien, Kroatien, Slowenien, Bosnien und die Herzegowina in ihr Reich einverleiben wollten. Russischer Rückendeckung gewiss, provozierten sie durch den Mord bewusst den darauf folgenden Krieg.

Warum heißt der amerikanische Bürgerkrieg auch Sezessionskrieg?

Weil am Vorabend des Krieges 11 amerikanische Südstaaten aus dem

Bündnis der USA austraten (Sezession: „Abspaltung“) und die Konföderierten Staaten von Amerika gründeten. Anlass dazu gab die Wahl des Republikaners Abraham Lincoln zum US-Präsidenten. Die Südstaaten, deren wirtschaftliche Grundlage auf der Plantagenbewirtschaftung mit Sklaven beruhte, zogen schließlich für das Recht auf Sklavenbesitz in den Krieg. Der eher industriell orientierte Norden war für die Abschaffung der Sklaverei. Mit der Kapitulation der Südstaaten wurde die nationale Einheit der USA wieder hergestellt.

Wozu braucht man eine Greencard?

Sie ist für jeden Bewerber um die amerikanische Staatsbürgerschaft die notwendige Aufenthalts- und Arbeitsgenehmigung.

Welchen Kolonialkrieg führte Großbritannien 1982 im Südatlantik?

Den Falklandkrieg. Die Falkland-Inseln standen seit über 150 Jahren unter britischer Oberhoheit. Doch dann wurden sie von der argentinischen Militärregierung besetzt. Premierministerin Margaret Thatcher schickte 5000 Marineinfanteristen, um die 1800 Einwohner zu befreien und die Falklands zurückzuerobern.

Wer oder was war der Oberste Sowjet?

Der Oberste Sowjet war das höchste Organ der Staatsgewalt und die höchste gesetzgebende Instanz in der ehemaligen Sowjetunion; er wurde vom Kongress der Volksdeputierten der UdSSR gewählt.

Wer rief 1949 die kommunistische Volksrepublik China aus?

Mao Tse Tung

Mao Tse-tung (1893–1976), der als Führer der KP Chinas 1927 den Guerillakrieg gegen die nationalchinesische Guomindang unter Tschiang Kaischeks begann. 1947–50 eroberte seine Rote Armee ganz China und verdrängte die Nationalchinesen vom Festland. Am 1. 10. 1949 rief er die „Volksrepublik China” aus.

Der Begriff Chauvinismus hatte früher eine andere Bedeutung als heute – welche?

Chauvinismus bedeutete extremer Patriotismus bzw. Nationalismus. Heute wird der Ausdruck abfällig für selbstgefälliges, überhebliches Verhalten von Männern verwendet.

Welche Bedeutung hat das Amselfeld, wenn man einmal davon absieht, dass dort auch eine besondere Rebsorte wächst?

Jene Ebene im Kosovo war im Jahr 1389 Schauplatz einer Schlacht, in der das serbische Heer und seine christlichen Hilfstruppen von den Türken vernichtend geschlagen wurden. Die Türken traten nun eine fünfhundertjährige Herrschaft auf dem Balkan an.

Was versteht man unter einer konstitutionellen Monarchie?

Dies ist eine Form der Monarchie, in der die erbliche Gewalt und somit Machtausübung des Königs durch eine Verfassung (Konstitution) eingeschränkt ist. Diese Staats- und Regierungsform ist seit dem 19. Jahrhundert in vielen Ländern üblich, verantwortliche Minister und ein Parlament bestimmen in der Politik mit.

Für welche Kultur wird der Begriff Hellenismus verwendet?

Für die einheitliche griechische Kultur vor der Zeitenwende. Der Einfluss dieser Kultur verbreitete sich vor allem durch die Eroberungszüge Alexanders des Großen, wurde später von den Römern aufgenommen (vor allem durch Cicero, der durch seine Schriften die griechische Gedankenwelt weiter verbreitete) und wirkte über die Renaissance bis in die heutige Zeit.

Welche Gedenkstätte war bis zur endgültigen Entscheidung 1999 in der BR Dtl. heiß umstritten?

Das Holocaust-Mahnmal, das für die während der NS-Herrschaft ermordeten Juden Europas auf einem 20.000 m^2 großen Freigelände nahe dem Brandenburger Tor in Berlin entsteht. Mehrere Bauprojekte namhafter Architekten wurden verworfen, ehe der Deutsche Bundestag dem groß angelegten Stelen-Entwurf des US-Architekten Peter Eisenman zustimmte.

Wie lange bestand die DDR?

Vom 7. Oktober 1949 bis 3. Oktober 1990. Am 7. Oktober 1949 wurde sie auf dem Territorium der bis dahin bestehenden sowjetischen Besatzungszone (SBZ) gegründet. Die Eigenstaatlichkeit der DDR endete am 3. Oktober 1990 mit dem Beitritt zur BR Dtl. Friedliche Massendemonstrationen ab dem 25. September 1989 führten zur Öffnung der Berliner Mauer am 9. November 1989.

Auf welcher Insel liegen Tamilen und Singhalesen in erbittertem Streit?

Auf Sri Lanka (Ceylon). Als Ceylon noch britische Kronkolonie war, wurden die Tamilen aus Südindien als billige Arbeitskräfte für die Kaffee-, Kautschuk- und Teeplantagen ins Land geholt. Heute fühlen sie sich gegenüber den Singhalesen benachteiligt und streben im Norden des Landes einen eigenen Staat an. In den letzten Jahren eskalierten Attentate extremistischer Tamilen zu einem bürgerkriegsähnlichen Zustand.

Was veranlasst Historiker, nach Moorfunden zu suchen?

Seit der Jungsteinzeit, besonders aber in der Eisenzeit, wurden Opfer- und Votivgaben im Moor versenkt. Sie sind, ebenso wie Moorleichen (z. B. Menschenopfer), perfekt erhalten und geben wertvollen Aufschluss über die Sitten und Gebräuche längst vergangener Zeit.

Unter welchem Begriff ging die Schlacht des Arminius gegen Varus im Jahre 9 n. Chr. in die Geschichte ein?

Als die Schlacht im Teutoburger Wald. Arminius war ein Cherusker, der eine Zeit lang auf Seiten der Römer gekämpft und sich in ihr Vertrauen eingeschlichen hatte. So konnte er Publius Quinctilius Varus, der von den Germanen unmäßige Steuern und Abgaben erpresste, mit seinen Legionen in ein sumpfiges Waldgebiet locken; dort wurden die Römer von den Germanen überfallen und besiegt.

Wie kam es zu dem Ausdruck Bananenrepublik für einen korrupten Staat?

Er wurde in den 50er-Jahren geprägt, als die amerikanische Fruchthandelsgesellschaft United Fruits Company politischen Einfluss auf fruchtexportierende Länder in Südamerika nahm.

An welcher Schwelle stehen die sog. Schwellenländer?

An der Schwelle zu wirtschaftlichem Wohlstand. Schwellenländer werden Entwicklungsländer genannt, die sich wirtschaftlich so weit erholt haben, dass sie bald mit den Industriestaaten mithalten können.

Welche großen Männer der Weltgeschichte schlug Kleopatra (69–30 v. Chr.) in ihren Bann?

Caesar und Antonius. Die letzte ägyptische Herrscherin ist nicht nur wegen ihrer geschickten Machtpolitik bekannt. So veranlasste sie Caesar, während seines Rachefeldzugs gegen Pompejus viel länger in Alexandria zu bleiben, als er geplant hatte. Ihr gemeinsamer Sohn Caesarion wurde Mitregent in Ägypten. Nach Caesars Tod sicherte sich Kleopatra Schutz durch die Heirat mit Antonius. Als der spätere Augustus jedoch Alexandria erobert hatte, beging sie – wie auch Antonius – Selbstmord.

Wie heißt das kleinste Bundesland Deutschlands?

Die Freie Hansestadt Bremen ist mit 404 km² und etwa 680.000 Einwohnern (Bayern: 70.550 km², Nordrhein-Westfalen: ca. 17,76 Mio. Einwohner) zwar das kleinste Land der BR Dtl., aber nach Hamburg der wichtigste Seehafen Deutschlands; Bremen liegt 113 km landeinwärts an der Unterweser.

Was unterscheidet ein imperatives von einem freien Mandat?

Beim imperativen Mandat ist ein Mandatsträger bei seiner Wahl weisungsgebunden, beim freien Mandat unterliegt er nur der freien Entscheidung seines Gewissens. Im deutschen Bundesrat haben die Mitglieder ein imperatives Mandat, im deutschen Bundestag, dem Parlament der Bundesrepublik, ein freies Mandat.

Welche österreichische Kaiserin musste im 18. Jahrhundert nach dem Tod des Vaters ihr Erbe u. a. gegen Friedrich den Großen verteidigen?

Maria Theresia

Maria Theresia (1717–80); sie konnte sich behaupten, wenn sie auch in den Schlesischen Kriegen (1740–42, 1744/45) diese Provinz an Preußen verlor. In ihren Stammlanden setzte sie gemäßigte Reformen durch und förderte den Landesausbau auf dem Balkan, indem sie deutsche Siedler ins Land holte. Sie war eine absolut regierende, aber im Volk beliebte Landesmutter.

Wer war der Führer der 1980 in Danzig gegründeten Gewerkschaft Solidarität?

Lech Walesa (*1943). Die polnische Gewerkschaft weitete sich zu einer antikommunistischen Massenbewegung mit zehn Millionen Mitgliedern aus. Sie wurde 1982 ganz verboten und erst nach dem Zusammenbruch der sozialistischen Herrschaft (1989) wieder zugelassen. Lech Walesa wurde 1990 zum polnischen Staatspräsidenten gewählt.

Welcher römische Kaiser ist mit dem einzigen aus der Antike erhaltenen Reiterstandbild auf dem Kapitol in Rom dargestellt?

Mark Aurel (Reiterstandbild in Rom)

Kaiser Mark Aurel (121–180 n. Chr.). Dass die ursprünglich mit Gold überzogene Plastik eines heidnischen Herrschers die Jahrhunderte fast unbeschadet überdauerte, ist auch der Tatsache zu verdanken, dass über die Jahrhunderte angenommen wurde, es handle sich um ein Denkmal des christlichen römischen Kaisers Konstantin des Großen.

Worum ging es im mittelalterlichen Investiturstreit?

Um die Einsetzung (Investitur) von Bischöfen und Äbten in ihr Amt durch den König statt durch den Papst – das passte diesem natürlich nicht, und es entbrannte ein erbitterter Streit zwischen den weltlichen Herrschern und dem Kirchenoberhaupt. Prominenteste Gegner in diesem mittelalterlichen Kampf um die Macht waren Papst Gregor VII. und Heinrich IV.

Wer wurde Vater der Türken genannt?

Kemal Atatürk, eigentlich Mustafa Kemal Pascha (1881–1938). Von 1923 bis 1938 war er der erste Staatspräsident der von ihm geschaffenen unabhängigen türkischen Republik, die er nach grundlegenden Reformen zu einem modernen Nationalstaat nach westeuropäischem Vorbild formte.

Wo sind Datenschutzbeauftragte im Einsatz?

Bei der Überwachung des Umgangs mit persönlichen Daten. Der Datenschutzbeauftragte des Bundes überwacht die Bundesbehörden; Ähnliches leisten die Datenschutzbeauftragten der Länder. Auch in der Privatwirtschaft müssen betriebliche Datenschutzbeauftragte bestellt werden.

Welche besondere Rolle war den Kalifen zugeschrieben?

Sie waren nicht nur weltliche Herrscher, sondern – als Nachfolger des Propheten Mohammed – auch jeweils das geistliche Oberhaupt des Islam. Das Kalifenreich zerfiel nach der Eroberung Bagdads durch die Mongolen 1258.

Was hat in der Bundesrepublik Deutschland ein Wechsel des Bundeskanzlers für die Bundesminister zur Folge?

Sie verlieren ihr Amt. Die Bundesminister werden immer auf Vorschlag des jeweiligen Bundeskanzlers vom Bundespräsidenten ernannt. Ihr Amtsverhältnis endet jedoch spätestens mit dem des Bundeskanzlers.

Wer waren die Autoren des Kommunistischen Manifests von 1848?

Karl Marx

Der Begründer des Marxismus, Karl Marx (1818–83), und dessen Freund Friedrich Engels, der Marx in seiner Exilzeit auch finanziell unterstützte. Marx begründete den wissenschaftlichen Sozialismus in seinem dreibändigen Werk „Das Kapital". Das Grundsatzprogramm der kommunistischen Gesellschaftsutopie entstand mit dem Kommunistischen Manifest.

Wer schloss sich im Mittelalter den Zünften an?

Die Handwerker. Es herrschte Zunftzwang, d. h. wenn jemand ein bestimmtes Handwerk (z. B. Schuhmacher) oder sogar eine Kunst (z. B. Malerei) ausüben wollte, dann musste er seiner jeweiligen Zunft angeschlossen sein. Hier wurden die Preise festgelegt, die Ausbildung der Lehrlinge und Gesellen geregelt, usw. Auch die Meistersinger von Nürnberg waren Mitglieder der Zünfte. Erst im 18. und 19. Jahrhundert wurde die Gewerbefreiheit eingeführt.

Welche Macht stand seit 1215 hinter der Inquisition?

Die katholische Kirche. Sie verfolgte Kirchenreformer, Andersgläubige und Andersdenkende, Wissenschaftler usw. als „Ketzer" oder gar als „Hexen", erpresste unter Folter Geständnisse und brachte unzählige Menschen auf den Scheiterhaufen. Seit 1231 wurde die Inquisition von einer eigens hierfür eingerichteten päpstlichen Behörde geleitet. Vor dieser hatte z. B. Galileo Galilei (1564–1642) zu erscheinen und seine „ketzerischen Lehren" zu widerrufen.

Wer ist das Staatsoberhaupt der Bundesrepublik Deutschland?

Der Bundespräsident; 1999 wurde Johannes Rau (*1931) als Nachfolger von Roman Herzog (1994–99) verfassungsgemäß von der Bundesversammlung – erstmals im Berliner Reichstagsgebäude – für fünf Jahre zum achten deutschen Bundespräsidenten gewählt. Der Bundespräsident kann nur für eine weitere Amtszeit wiedergewählt werden.

Welche Bedeutung hat die Abkürzung SFOR?

SFOR heißt Stabilisation Force; sie sorgte nach dem Bürgerkrieg in Bosnien-Herzegowina als internationale Friedenstruppe unter NATO-Oberbefehl aufgrund eines Mandates des UNO-Sicherheitsrates 1996 für die Friedenssicherung unter den verfeindeten Nationalitäten in Bosnien-Herzegowina.

Was ist mit der jungsteinzeitlichen Revolution gemeint?

Der Übergang der Menschen vom nomadenhaften Jägerdasein zu Ackerbau und Viehzucht, d. h. zur sesshaften Wirtschaft. Dies wurde möglich, nachdem die Gletscher der Eiszeit abgeschmolzen waren. Bedingt durch die neue Lebensweise, wurden auch neue Geräte erfunden, z. B. Axt und Beil oder Tongefäße. Die Jungsteinzeit wird auch Neolithikum genannt.

Wer bestimmt in den einzelnen Bundesländern der Bundesrepublik Deutschland über die Schulpolitik?

Die jeweiligen Kultusminister der Bundesländer. Untereinander stimmen sie sich auf der Kultusministerkonferenz ab, um annähernd gleichwertige Schulabschlüsse zu erreichen. Die Beschlüsse, die dort gefasst werden, sind jedoch nicht bindend für die einzelnen Länder, nur in der Hochschulpolitik hat auch die Bundesregierung Mitspracherecht.

Welcher Offizier des Ersten Weltkrieges und Anhänger Hitlers führte u. a. den Titel Reichsfeldmarschall?

Hermann Göring (1893–1946). Er war zunächst preußischer Innenminister und als solcher verantwortlich für die Verfolgung von Sozialdemokraten und Kommunisten; von 1934 bis 1939 baute er die deutsche Luftwaffe auf, die jedoch die Luftschlacht um England 1940/41 verlor. Görings Einfluss sank danach. In Nürnberg wurde ihm 1945/46 der Prozess gemacht; er beging vorher Selbstmord.

Mit welchem Wiederaufbauplan sollte Europa nach dem Zweiten Weltkrieg geholfen werden?

George C. Marshall

Mit dem Marshall-Plan von 1948, benannt nach dem amerikanischen Außenmimister George Marshall (1880–1959), dessen „European Recovery Program“ besonders auch Deutschland zugute kam. Neben der wirtschaftlichen Hilfe für Europa sollte auch der Kommunismus eingedämmt werden.

Was versteht man unter der (ersten) industriellen Revolution?

Eine umwälzende Veränderung der wirtschaftlichen und gesellschaftlichen Bedingungen, wie sie sich Ende des 18. Jahrhunderts in England zu vollziehen begann und dann später in anderen europäischen Ländern fortsetzte. Merkmale waren der Übergang von der handwerklichen zur maschinellen Fertigung etwa in der Textilindustrie durch die Erfindung der Spinnmaschinen und dann auch durch den Beginn des Eisenbahnzeitalters.

Nach welcher Herrscherin ist das Elisabethanische Zeitalter benannt?

Nach Elisabeth I. von England (1533–1603). Ihre Politik begründete den Aufstieg Englands zur Weltmacht: Im Inneren schaltete sie ihre katholische Rivalin Maria Stuart aus (durch Ermordung) und wehrte die Gegenreformation ab. Die Anglikanische Kirche blieb für immer vom Papst losgelöst. Außenpolitisch errang sie u. a. den Sieg über die spanische Armada (Francis Drake), womit England als Seemacht weiter aufstieg. Das Elisabethanische Zeitalter bezeichnet auch eine geistige Blütezeit (Hochblüte der englischen Renaissance, z. B. Shakespeare).

Seit wann besteht die Deutsche Bundeswehr?

Sie wurde 1955 nach harten zwischenparteilichen Auseinandersetzungen gegründet. Die verfassungsrechtlichen Voraussetzungen zur sog. Wiederbewaffnung wurden durch Änderung des Grundgesetzes geschaffen 1956 wurde die allgemeine Wehrpflicht festgelegt. Die derzeitige Truppenstärke ist 338.000 Mann.

Was bedeutet Liberté, Égalité, Fraternité?

Freiheit, Gleichheit, Brüderlichkeit. Diese Worte waren die in der Französischen Revolution als Grundforderungen ausgerufene Parole.

Wo fanden 1899–1902 die Burenkriege statt?

In Südafrika, und zwar zwischen Großbritannien und den Burenstaaten Transvaal und Oranje-Freistaat (gegründet 1835–38). Die Buren, Nachkommen der seit 1652 im Kapland eingewanderten Holländer, aber auch deutscher und hugenottischer Siedler, verloren den Krieg, ihre Staaten wurden britische Kolonien. Aus diesen sowie aus den Kolonien Kapland und Natal bildete sich später die Südafrikanische Union, seit 1961 die Republik Südafrika heraus.

Weshalb erhebt die BR Dtl. den Solidaritätszuschlag?

Er dient dem wirtschaftlichen Aufbau Ostdeutschlands und wird als Ergänzungsabgabe zur Lohn-, Einkommen- und Körperschaftsteuer erhoben. Er beträgt zurzeit 5,5% der Steuerschuld.

Was ist mittlerweile die Haupttätigkeit des Bundesverfassungsgerichts?

Zurzeit ist es etwa zu 98% mit Verfassungsbeschwerden von Bürgern ausgelastet, von denen allerdings nur 2,6% Erfolg haben. Ursprünglich soll es über die Vereinbarkeit von Bundes- und Landesgesetzen mit dem Grundrecht entscheiden.

Wer wurde 1922 durch den Marsch auf Rom zum italienischen Diktator?

Benito Mussolini

Benito Mussolini (1883–1945), der Führer der faschistischen Partei Italiens, der mit seinen „Schwarzhemden” in Rom einmarschierte und danach von König Viktor Emanuel III. zum Ministerpräsidenten ernannt wurde.

Wo liegt die Verbotene Stadt und warum heißt sie so?

Die „Verbotene Stadt“ liegt im heutigen Beijing (Peking). Sie stellt das Kernstück der „Kaiserstadt“ dar und beherbergte seit Kublai Khan den Palast der chinesischen Kaiser. 500 Jahre lang war es bei Todesstrafe verboten, den von einem 50 m breiten Wassergraben sowie von einer über 10 m hohen Mauer umgebenen Bezirk zu betreten.

Wer bildete im Zweiten Weltkrieg die Achsenmächte?

Die Mitglieder des Dreimächtepakts von 1940: Deutschland, Italien und Japan. Hitler und Mussolini hatten zuvor die sogenannte Achse Berlin–Rom propagiert.

Welcher Staat wurde auch als Donaumonarchie bezeichnet?

Das österreichische Kaiserreich (1804 proklamiert, 1867 zur Doppelmonarchie Österreich-Ungarn erweitert).

Wodurch wurde Helmut Schmidts Karriere als Bundeskanzler im Oktober 1982 beendet?

Durch ein konstruktives Misstrauensvotum. Schmidt hatte vier Minister der FDP aus seinem Kabinett entlassen, worauf die FDP unter dem Vorsitz Hans Dietrich Genschers gemeinsam mit der CDU die Regierung stürzte.

Wie setzt sich der Bundesrat der Bundesrepublik Deutschland zusammen?

Die 69 Mitglieder werden von den Länderregierungen bestellt und abberufen. Dabei verfügt jedes Bundesland je nach Einwohnerzahl über drei bis sechs Sitze.

Wo waren die Maya beheimatet?

Dieses Indianervolk brachte in Mittelamerika vom 4. bis 6. Jahrhundert eine hoch entwickelte Kultur hervor. Ihre Stadtstaaten gründeten sie im heutigen Mexiko, Guatemala, Belize, El Salvador und Honduras.

Maya: Tempel in Guatemala

Gegen welchen letzten noch heidnischen Germanenstamm führte Karl der Große (747–814) mehrere erbitterte und grausame Kriegszüge?

Gegen die Sachsen. Ihr Anführer Widukind entfachte zwischen 778 und 785 immer wieder Aufstände gegen die fränkische Herrschaft. 784/85 verwüstete Karl ihr Land, Widukind musste sich unterwerfen und taufen lassen.

Warum wanderten die Pilgerväter (Pilgrim Fathers) von England nach Amerika aus?

Weil sie in ihrer Heimat an der freien Ausübung ihrer Religion gehindert wurden. Mit dem Segelschiff Mayflower landeten am 21. November 1620 die 102 Passagiere, darunter 41 Dissidenten der Anglikanischen Kirche, im (heutigen) Massachusetts und gründeten die neuenglische Kolonie „Plymouth".

Welcher Staatsmann herrschte seit dem Zerfall Jugoslawiens in Kroatien?

Franjo Tudjman (1922–99). Er wurde 1990 mit überzeugender Mehrheit zum Staatschef gewählt. Unter seiner Herrschaft erreichte Kroatien die Unabhängigkeit von Jugoslawien und die internationale Anerkennung. Demokratische Verhältnisse konnten sich in Kroatien allerdings kaum entwickeln.

In welchem Kaiserreich wurden früher die Fürsten Schogune genannt?

In Japan. Die Schogune waren vom Tenno (Kaiser) ernannte Heerführer, ab 1192 übernahmen sie auch die Regierung des Landes; der Kaiser verlor dadurch an

Einfluss, wurde aber weiterhin als Gottheit, als „Sohn der Sonne“, verehrt.

Für welchen Staatsmann und Feldherrn wurde die Schlacht bei einer Stadt in Belgien „zum Waterloo“?

Für Napoléon Bonaparte (1769–1821), dessen Armee zunächst auf die Truppen des britischen Generals Wellington traf, in der auch Deutsche und Holländer dienten. Nur mit Mühe vermochten diese Napoléon stand zu halten; erst das Erscheinen der preußischen Truppen unter Blücher, die Napoléon Tage zuvor bei Ligny geschlagen hatte und auf dem Rückzug glaubte, brachte die Entscheidung. Napoléons Hundert Tage seit seiner heimlichen Rückkehr von der Insel Elba gingen damit zu Ende; er musste erneut und endgültig abdanken. Von seinem neuen Verbannungsort St. Helena im Südatlantik kehrte er nicht mehr lebend zurück.

Napoléon I.
(Gemälde von J. L. David)

Auf welcher griechischen Insel gab es früher eine eigenständige, sog. minoische Kultur?

Auf Kreta. Die minoische Kultur reicht bis etwa 2600 v. Chr. zurück und ist nach dem sagenhaften König Minos benannt. Sie hatte ihren Höhepunkt etwa 1500 v. Chr. Berühmte Zeugen dieser Zeit sind die Paläste von Knossos und Phaistos.

Welche Polizei setzte die NS-Führung zur Bespitzelung der Bevölkerung ein?

Die Gestapo, die von 1933 bis 1945 übliche Abkürzung für die Geheime Staatspolizei, die als politische Polizei die Gegner des nationalsozialistischen Staates aufspüren sollte. Sie war mit unumschränkten Vollmachten ausgestattet und wegen ihrer Methoden, die auch die Folter einschloss, sehr gefürchtet. Die Gestapo war verantwortlich für den organisierten Terror in Deutschland während des Nationalsozialismus.

Was wurde 1868 in der französischen Höhle Cro-Magnon ausgegraben?

Altsteinzeitliche Siedlungsreste und Skelette des Cro-Magnon-Menschen, eines frühen Homo sapiens sapiens, der vor 25.000–30.000 Jahren lebte. Die Cro-Magnon-Menschen waren vermutlich die Vorfahren der heutigen Bewohner Süd- und Westeuropas.

Welche österreichische Kaiserin wurde volkstümlich Sisi genannt?

Elisabeth I. von Österreich (1837–98). Die Zweckehe der Tochter des Bayernherzogs Maximilian mit Kaiser Franz Joseph I. diente deutsch-österreichischen

Interessen. So lebte die eher liberale Sisi vom konservativen Wiener Hof recht abgesondert. Die meiste Zeit verbrachte sie auf Reisen, u. a. zu ihrem Cousin Ludwig II. von Bayern. Sisi wurde von einem italienischen Anarchisten erdolcht.

In welcher Stadt regierte der legendäre Kalif Harun al Raschid?

In Bagdad. Mit diesem Kalif von Bagdad begann die Herrschaft der Abassiden. Obwohl al Raschid (um 763/66–809) in den „Märchen aus 1001 Nacht“ als „der Gerechte“ verklärt wurde, war er ein äußerst grausamer Herrscher, der sogar seine treuesten Minister ermorden ließ.

Welcher politische Skandal erzwang 1974 den Rücktritt des US-Präsidenten Richard Nixon?

Richard Nixon

Die Watergate-Affäre; dabei wurde an die Öffentlichkeit gebracht, dass Parteifreunde Nixons während des letzten Wahlkampfes in das Hauptquartier der Demokratischen Partei eingedrungen waren, um sich Vorteile zugunsten des republikanischen Kandidaten Nixon zu verschaffen. Nixons Mitwisserschaft und der Versuch die Verantwortlichen zu decken, führten zu einer Vertrauenskrise und dem Rücktritt Nixons.

In welcher nach ihr benannten Stadt wurde Agrippina die Jüngere (15–59 n. Chr.) geboren?

In Köln, damals „Oppidum Ubiorum“ genannt. Agrippina ließ ihren Geburtsort dann in „Colonia Agrippinensis“ umbenennen. Die Kölner haben jedoch wenig Anlass, auf ihre Stadtgründerin stolz zu sein – hinterhältig vergiftet sie 54 n. Chr. ihren Gatten Claudius, um ihren Sohn Nero (37–68 n. Chr.), den Claudius adoptiert hatte, auf den Kaiserthron zu bringen. Schließlich wurde sie selbst von Nero ermordet.

Warum bezeichnen sich die Schweizer als Eidgenossen?

Weil ihr Staatssystem aus dem im August 1291 geschlossenen Schutzbund der drei Urkantone Uri, Schwyz und Unterwalden hervorging. Das „ewige Bündnis“ wurde angeblich auf dem Rütli, einer Bergwiese, durch den Rütli-Schwur besiegelt und richtete sich vor allem gegen habsburgische Territorialansprüche. Damals wurden Bündnisse von Bürgern zur Erreichung politischer Ziele generell als Eidgenossenschaften bezeichnet.

Wie groß ist in den USA der politische Einfluss des jeweiligen Vizepräsidenten?

Sehr gering: Als Vorsitzender des Senats hat der Vizepräsident der USA nur dann Stimmrecht, wenn Stimmengleichheit besteht. Der Vizepräsident sitzt quasi auf der „Ersatzbank“: Er übernimmt automatisch das Amt des Präsidenten, wenn dieser stirbt, zurücktritt oder abgesetzt wird.

Welche Aufgabe hatte die Treuhandanstalt?

Die Bundesanstalt zur treuhänderischen Verwaltung des Volkseigentums war mit der Privatisierung der früher volkseigenen Betriebe in der ehemaligen DDR beauftragt. Sie unterstand der politischen Aufsicht des Bundesministers der Finanzen und handelte im Einvernehmen mit dem Bundeswirtschaftsministerium.

Wie heißt das US-Verteidigungsministerium?

Pentagon, weil der Gebäudekomplex in der Nähe von Washington D.C. die Form eines gleichmäßigen Fünfecks mit jeweils 300 m Seitenlänge hat.

Pentagon

Welches ist die vorrangige Aufgabe des Weltsicherheitsrats?

Die Aufrechterhaltung des Friedens. Der Weltsicherheitsrat ist ein Organ der UN, er hat mit China, Frankreich, Großbritannien, Russland und USA fünf ständige, daneben zehn nichtständige Mitglieder, die alle zwei Jahre wechseln. In Fällen der Friedensgefährdung müssen sich die betroffenen UN-Mitgliedsstaaten der Entscheidung des Weltsicherheitsrats unterwerfen.

Wieso gibt es in der Türkei Probleme mit den Kurden?

Weil die Kurden, ein Volk von 20 Millionen Menschen mit eigener Kultur und Sprache, kein eigenes Staatsgebiet haben. Rund 50 Prozent von ihnen leben in der Türkei, bilden dort aber eine unterdrückte Minderheit. Seit Ende der 80er-Jahre gibt es in Ostanatolien eine Bewegung kurdischer Separatisten.

Welcher nationalsozialistische Politiker stellte bei einer Rede 1944 die Frage „Wollt ihr den totalen Krieg"?

Der Propaganda-Minister Joseph Goebbels (1897–1945); er gehörte als Doktor der Philologie zu den wenigen akademisch gebildeten politischen Führungspersönlichkeiten des „Dritten Reiches". Dem Demagogen gelang die perfekte Gleichschaltung der öffentlichen Medien und des kulturellen Lebens, mit der bis Kriegsende die öffentliche Meinung beherrscht werden konnte.

In welchem Land war der Peronismus lange Zeit bestimmend?

In Argentinien. Die Peronisten sammelten sich um Staatspräsident Juan Domingo Perón in der argentinischen Arbeiterpartei (Partido Laborista). Der Peronismus widmete sich zwar den ärmeren Schichten, wurde aber mit diktatorischen Mitteln durchgesetzt und brachte dem Land wirtschaftliche und soziale Schwierigkeiten.

Wie hängt das United Kingdom mit dem Commonwealth zusammen?

Mit dem Vereinigten Königreich von Großbritannien und Nordirland (United Kingdom) haben sich im Commonwealth of Nations ca. 40 autonome Staaten, die früher britische Kolonien bzw. Dominions waren, zu einem lockeren Bund zusammengeschlossen. Einige erkennen sogar die britische Königin als Staatsoberhaupt an.

Wie lautete der Titel der Könige des alten Ägyptens?

Pharao Haremhab

Pharao, ägyptisch „Großes Haus". Ursprünglich war es die Bezeichnung für den altägyptischen Königspalast. Seit der Herrschaft Thutmosis III. (1490–36 v. Chr.) ist „Pharao" der Titel des ägyptischen Königs.

Wen schützt seit 1506 die Schweizergarde in Rom?

Den Papst. Bis ins 19. Jahrhundert hinein leistete das Schweizer Söldnerheer in verschiedenen Staaten Militärdienst, das letzte Überbleibsel im Vatikan hat heute auch Polizeifunktion. Man erkennt die Schweizer (ledig, katholisch und über 1,75 m groß) an ihrer Renaissance-Tracht.

Welche Befugnisse hat die Bundesbank der Bundesrepublik Deutschland?

Sie regelt als oberster Hüter der Währung, unabhängig von der Regierung der BR Dtl., den Geldumlauf und beeinflusst damit entscheidend die Konjunkturentwicklung. Hauptinstrument ist dabei die Festsetzung der Leitzinsen, die das Zinsniveau im öffentlichen Bankwesen und in der Wirtschaft festlegen. Innerhalb der Europäischen Union ist sie der Europäischen Zentralbank (EZB) jedoch künftig untergeordnet. Die Deutsche Bundesbank hat ihren Sitz in Frankfurt am Main, ebenso wie die EZB.

Wie heißt das Parlament der USA?

Kongress. Er besteht aus 100 Senatoren und 435 Abgeordneten, die jeweils durch Direktwahlen bestimmt werden. Der Kongress der USA hat die gesetzgebende Gewalt, alle Gesetzesvorlagen müssen sowohl vom Senat als auch vom Repräsentantenhaus gebilligt werden.

Auf wie viele Jahre wird in Deutschland der Bundespräsident gewählt?

Er wird von der Bundesversammlung auf fünf Jahre gewählt und darf nur zweimal kandidieren. Die Bundesversammlung wird für die Wahl eigens aus allen Bundestagsabgeordneten und gleich vielen Abgeordneten der Länderparlamente zusammengestellt. Der Bundespräsident ist das Staatsoberhaupt der Bundesrepublik Deutschland, der Bundeskanzler ist dagegen Regierungschef. Erster Bundespräsident war Theodor Heuss (1884–1963).

Was war die Reconquista und in welchem Land fand sie statt?

Reconquista (spanisch) heißt Rückeroberung – gemeint ist die Rückeroberung der Iberischen Halbinsel, die ab 711 von den Mauren besetzt worden war. Erst 1492, dem Jahr, in dem Kolumbus Amerika entdeckte, wurde die letzte Feste der Mauren in Granada (Andalusien) unter dem katholischen Königspaar Isabella I. von Kastilien und Ferdinand II. von Aragonien eingenommen, die Reconquista war damit beendet.

Im Übrigen meine ich, dass Karthago zerstört werden muss! Von wem stammt dieser berühmte Ausspruch?

Mit diesem Satz beendete Cato d. Ä. (234–149 v. Chr.) trotzig jede seiner Reden vor dem römischen Senat. Cato hegte nicht nur gegen die Karthager, sondern auch gegen die Griechen einen ausgesprochenen Widerwillen.

Welcher Ableger der italienischen Mafia befindet sich in den USA?

Die Cosa Nostra; italienisch: „unsere Sache". Sie ist eine kriminelle, mächtige Geheimorganisation, die durch Korruption auch wirtschaftlichen und politischen Einfluss ausübt.

Wie „absolut" regierte der Herrscher im Zeitalter des Absolutismus?

Im 17. und 18. Jahrhundert regierte der Monarch unumschränkt. Es gab keine Gewaltenteilung in Legislative, Judikative und Exekutive und natürlich auch keine Gewaltenkontrolle. Paradebeispiel eines absolutistischen Herrschers ist Ludwig XIV. (1638–1715) von Frankreich.

Unter welchem Herrscher erlebte die Stadt Babylon ihre höchste Blütezeit?

Unter Nebukadnezar II. (605–562 v. Chr.). Er war es, der nach der Eroberung Jerusalems im Jahr 586 v. Chr. die jüdische Oberschicht nach Babylon deportierte (Babylonische Gefangenschaft). Nebukadnezar ließ Babylon mit Stadtmauern und Ischtartor, mit dem Tempelturm Etemenanki und mit den Hängenden Gärten, einem der sieben Weltwunder der Antike, ausbauen.

Wer war der untreue Vertreter von König Richard I. Löwenherz (1157–1199), als dieser am dritten Kreuzzug teilnahm?

Sein Bruder Johann Ohneland. Dieser wollte Richard ausschalten und selbst König von England werden; als Richard Löwenherz von Österreich gefangen genommen und an den deutschen Kaiser ausgeliefert wurde, verweigerte Johann Ohneland das geforderte Lösegeld.

Welcher israelische Politiker hat Wesentliches für den Friedensprozess in Palästina geleistet?

Yitzhak Rabin

Yitzhak Rabin (1922–95), der für seine Bemühungen um Ausgleich mit dem palästinensischen Volk und dessen Autonomiebestreben zusammen mit Jasir Arafat 1995 den Friedensnobelpreis bekam. Der Friedensstifter Rabin wurde im selben Jahr Opfer eines Attentates.

Unter welchem amerikanischen Präsidenten traten die USA in den Zweiten Weltkrieg ein?

Unter Franklin Delano Roosevelt (1882–1945). 1932, 36, 40 und 44 hatte er vier (statt sonst traditionellerweise höchstens zwei) aufeinander folgende Amtszeiten als Präsident. F. D. Roosevelt verkündete im August 1941 mit Churchill die Atlantik-Charta, in der die Grundsätze der zukünftigen Kriegs- und Nachkriegspolitik Großbritanniens und der USA festgelegt wurden.

Welche Politikerin erhielt aufgrund ihrer rigorosen Haltung den Spitznamen eiserne Lady?

Margaret Thatcher (*1925). Sie war die erste Frau, die das Amt einer britischen Premierministerin innehatte (bis 1990).

Nach wem ist die Bundeshauptstadt der USA benannt?

Nach George Washington (1732–99). Er führte als General im amerikanischen Unabhängigkeitskrieg die Truppen der 13 Kolonien siegreich gegen das Mutterland. 1787 übernahm er das Präsidentenamt der Verfassungsgebenden Versammlung, zwei Jahre darauf wurde er einstimmig zum ersten Präsidenten der Vereinigten Staaten von Amerika gewählt.

Welcher ehemalige Filmschauspieler wurde 1980 zum 40. amerikanischen Präsidenten gewählt?

Ronald Reagan

Ronald Reagan (*1911). Seine Amtszeit (1981–89) war gekennzeichnet durch eine umstrittene Wirtschaftspolitik, der sog. Reagonomic (Kürzung von Sozialausgaben bei gleichzeitiger Steuersenkung, Hochzinspolitik), einem beispiellosen Rüstungsprogramm und der Demonstration von Stärke nach außen.

Welche wichtige Funktion hatten vom 13. Jahrhundert an die sieben Kurfürsten?

Die Kurfürsten (zu althochdeutsch kuri: Wahl) traten zum ersten Mal 1257 als alleinige Wähler des Königs im Heiligen Römischen Reich auf. Mindestens vier von ihnen mussten an der Mehrheitswahl beteiligt sein, wenn diese Gültigkeit haben sollte.

Warum wurde Mittel- und Westeuropa im Mittelalter als Abendland bezeichnet?

Im Westen geht am Abend die Sonne unter – mit dem Begriff Abendland (auch Okzident) wollte man den westlichen, christlich geprägten Kulturkreis insbesondere Italiens, Deutschlands, Frankreichs und Spaniens bewusst gegen das östliche, islamisch geprägte Morgenland (Orient) abgrenzen.

Wie lautete der Kernsatz des Augsburger Religionsfriedens von 1555?

„Cuius regio, eius religio" („Wessen das Land, dessen die Religion"): Fortan durften die (weltlichen) Landesfürsten über die jeweilige Konfession ihrer Untertanen frei und ohne Rechtsnachteile bestimmen. Diese Regelung sicherte den Anhängern des Augsburger Bekenntnisses (wichtigste Bekenntnisschrift der reformatorischen Kirche) ihren Besitz und stellte sie den Katholiken rechtlich gleich, bezog sich aber nicht auf die Anhänger Zwinglis und Calvins.

Welche Schlacht ist als die Dreikaiserschlacht in die Geschichte eingegangen?

Die Schlacht von Austerlitz am 2. Dezember 1805. Hier trafen Napoléon I. (Frankreich), Kaiser Franz II. (Österreich) und Zar Alexander I. (Russland) aufeinander. Napoléon gewann.

Warum wurde der russische Mönch Rasputin (1864–1916) ermordet?

Rasputin lebte seit 1907 am Hof des Zaren Nikolaus II. (1868–1918). Dort sah man ihn als „Wunderheiler“ an und glaubte daran, dass er die Bluterkrankheit des Thronfolgers heilen könne. Rasputin nutzte das Vertrauen, um auf die Politik des Zaren großen Einfluss zu nehmen – später sah man ihn deshalb als Ursache für den Zusammenbruch des Kaiserreichs an.

Was bedeutet die Abkürzung SED?

Sozialistische Einheitspartei Deutschlands, die herrschende Staatspartei der ehemaligen DDR. Entstanden war sie 1946 durch den zwangsweisen Zusammenschluss von SPD und KPD. Nach dem Sturz des DDR-Regimes benannte sich die Partei in PDS („Partei des Demokratischen Sozialismus“) um; diese ist heute im Bundestag vertreten.

Warum wurde die niederländische Tänzerin Mata Hari (Pseudonym „Auge des Tages“, eigentlich Margaretha Gertruida MacLeod) hingerichtet?

Weil sie unter den Verdacht geriet, als Doppelagentin für Deutschland und Frankreich gearbeitet zu haben. Die gefeierte Tänzerin hatte zahlreiche Liebesaffären mit verschiedenen Offizieren, das Ausmaß ihrer damit verbundenen Spionagetätigkeit ist aber nicht ganz aufgedeckt. Mata Hari wurde von der französischen Spionageabwehr enttarnt.

Was bedeutet die Abkürzung KSZE?

Konferenz über Sicherheit und Zusammenarbeit in Europa. Sie wurde erstmals am 3. Juli 1973 von 35 europäischen Außenministern sowie Kanada und den USA in Helsinki eröffnet; in mehreren Folge- und Nachfolgesitzungen ging es im Wesentlichen um Entspannung innerhalb Europas, um die Wahrung von Menschenrechten und Grundfreiheiten sowie um Zusammenarbeit der verschiedenen Staaten in Wirtschaft, Wissenschaft und Technik, Umwelt usw.

Welchem Zweck dient die Schleierfahndung?

Bundesgrenzschutz und Polizei können ohne konkreten Verdacht Personenkontrollen durchführen. Dazu mussten die Befugnisse des Grenzschutzes erweitert werden, um so im grenznahen Hinterland die illegale Einreise in die Länder der EU zu erschweren.

Welcher deutsche Hobby-Archäologe entdeckte 1870 das antike Troja?

Heinrich Schliemann

Heinrich Schliemann (1822–90), der an einen historischen Kern der Sagen um den trojanischen Krieg geglaubt hatte und viel Geld aus seinem Privatvermögen für die Ausgrabungen aufwandte. In 12-jähriger Grabungsarbeit legte er das antike Troja frei.

Wie viele Fraktionen gibt es im deutschen Bundestag?

Im Deutschen Bundestag gibt es derzeit fünf Fraktionen: SPD, CDU/CSU, Bündnis 90/Die Grünen, FDP und PDS. Eine Fraktion besteht aus jenen Abgeordneten eines Parlaments, die derselben Partei angehören.

Was erleichtert das Schengener Abkommen Reisenden zwischen manchen Ländern in der EU?

Den Grenzübertritt. Das 1985 im luxemburgischen Schengen zustandegekommene Abkommen führte dazu, dass in den unterzeichnenden EU-Ländern (nicht Dänemark, Großbritannien und Irland) an den Grenzen keine Personen- und Warenkontrollen vorgenommen werden.

Was hatte die Prohibition besonders in den 20er-Jahren in den USA zur Folge?

Das Verbot von Herstellung, Transport und Verkauf von alkoholischen Getränken steigerte die Kriminalität und förderte das organisierte Verbrechen. Erst 1966 wurde im letzten Staat der USA das Prohibitionsgesetz aufgehoben.

Welcher deutsche Außenminister der Weimarer Republik machte sich u. a. um die Aussöhnung mit Frankreich verdient?

Gustav Stresemann

Gustav Stresemann (1878–1929), der als Anhänger der Monarchie der neuen Republik zunächst skeptisch gegenüberstand, sich dann jedoch große Verdienste um die Stabilisierung Deutschlands nach der Ruhrbesetzung durch die Währungsreform und die Beseitigung der Inflation erwarb. Mit seinem Amtskollegen Aristide Briand schloss er 1925 die Locarno-Verträge; erfolgreich verhandelte er auch die Verringerung der Reparationsleistungen, die Deutschland aus dem Ersten Weltkrieg zu leisten hatte. 1926 erhielt er zusammen mit Briand den Friedensnobelpreis.

Was versteht man unter Apartheid?

Apartheid nannte man im engeren Sinne die in der Republik Südafrika praktizierte Rassentrennungspolitik der weißen Minderheitsregierung, die die andersfarbige Bevölkerung diskriminierte und benachteiligte, und zwar aufgrund damals bestehender Gesetze.

Von welchem Zaren wurde 1703 Sankt Petersburg gegründet?

Von Peter dem Großen (1672–1725), der sein Land der westlichen Kultur öffnen wollte und tief greifende Reformen in Armee, Verwaltung, Kirche und Gesellschaft durchführte. St. Petersburg wurde 1712 Hauptstadt des russischen Reiches und blieb es bis 1918.

Wieso wurde 1900 ein Boxeraufstand zum Politikum?

„Boxer" nannten sich die Mitglieder eines chinesischen Geheimbundes mit fremdenfeindlichen Tendenzen. 1900 belagerten sie in Peking das Gesandtschaftsviertel. Weil dabei der deutsche Gesandte getötet wurde, besetzten die europäischen Mächte die Stadt.

Welcher sowjetische Politiker leitete nach dem Tode Stalins (1879–1953) eine politische Tauwetterperiode ein?

Nikita Chruschtschow (1894–1971); 1954 räumte er auf dem 20. Parteitag der

KPdSU mit dem Führerkult um Stalin auf und verkündete die Doktrin der „friedlichen Koexistenz" mit dem Westen. Chruschtschow, der von 1954 bis 1964 regierte, ist jedoch auch für den Mauerbau und die Kubakrise 1962 verantwortlich, die fast zu einem Atomkrieg geführt hat.

Welche Partei führte Tschiang Kaischek (1887–1975)?

Die nationalrevolutionäre Kuomintang. Der General war ab 1928 Präsident der chinesischen Republik. Im Bürgerkrieg (1946–49) musste er sich nach Taiwan zurückziehen, wo er von 1950 bis 1975 Staatspräsident war.

Was versteht man unter Imperialismus?

Das Bestreben einer Großmacht, möglichst weltweit die Herrschaft über andere Länder und Völker zu erlangen (von Imperium = Herrschaft). Im 19. und 20. Jahrhundert kam es zu einem regelrechten Wettlauf europäischer Kolonialmächte, der USA und Japans um die Unterwerfung fremder Gebiete. Das Zeitalter des Imperialismus endete mit dem Ersten Weltkrieg, viele Kolonien erhielten aber erst mit Ende des Zweiten Weltkriegs ihre Unabhängigkeit zurück.

Wer war der bedeutendste Asien-Reisende des Mittelalters?

Marco Polo (1254–1324). Mit seinem Onkel und seinem Vater gelangte er bis in die Mongolenhauptstadt Kanbaluk (Peking/Beijing) an den Hof von Kublai Khan; als Gesandter dieses Kaisers reiste Marco Polo bis nach Südchina, Burma (heute Myanmar) und Indien. Erst 24 Jahre später kehrte er nach Venedig zurück; er zeichnete in seinen „Beschreibungen der Welt" ein völlig neues Bild der Erde.

Wie lange dauert eine Legislaturperiode im Deutschen Bundestag?

4 Jahre; spätestens dann sind neue Bundestagswahlen auszurichten.

Welcher Teil Irlands gehört bis heute zu Großbritannien?

Nordirland mit der Hauptstadt Belfast. Irland war 1171/72 von Heinrich II. von England erobert worden, erst 1921 wurde Irland als Freistaat anerkannt. Die Republik Irland (seit 1949, mit der Hauptstadt Dublin) umfasst mehr als vier Fünftel der Insel.

In welchem Land wurde in einer rund 2200 Jahre alten Grabanlage eine Terrakotta-Armee ausgegraben?

In China, nahe der chinesischen Stadt Xi'an, wo sich der erste Qin-Kaiser Qin Shi Huangdi (159–210 v. Chr.) über 6000 (bisher ans Tageslicht beförderte) lebensgroße Statuen von Soldaten und Pferden in eine gewaltige Grabanlage stellen ließ, die bis heute noch nicht völlig ausgegraben wurde.

Terrakotta-Armee an der Fundstelle in Xi'an

Gegen wessen Einmischung richtete sich die am 2. Dezember 1823 verkündete Monroe-Doktrin?

Gegen die Einmischung Europas auf dem amerikanischen Kontinent. Präsident James Monroe (1758–1831) wollte das Eingreifen in Unabhängigkeitsbestrebungen der lateinamerikanischen Kolonien verhindern.

Gegen wen errichteten die Römer seit dem 1. Jahrhundert n. Chr. den Limes?

Gegen die Germanen. Der Limes war ein 548 km langer, befestigter Schutz- und Grenzwall, zum Teil mit Palisaden, steinernen Wachtürmen und Kastellen.

Wer war der ehemalige kommunistische Partisanenführer und spätere Staatschef Jugoslawiens?

Josip Tito

Der Kroate Josip Broz, genannt Tito (1892–1980), dessen Partisanenverbänden es beim Zusammenbruch der deutschen Ostfront 1945 gelang, fast ganz Jugoslawien zu befreien. Tito beschritt bald einen von der Sowjetunion unabhängigen Weg des Sozialismus; die ethnischen Gegensätze innerhalb Jugoslawiens führten bald nach seinem Tod zur schrittweisen Auflösung des Staates in blutigen Bürgerkriegen.

Was versteht man in der BR Dtl. unter dem passiven Wahlrecht?

Die Befähigung als Abgeordneter, Staatspräsident u. a. gewählt zu werden, die man grundsätzlich durch das Erreichen der Volljährigkeit (18. Lebensjahr) erwirbt. Zum Bundespräsidenten kann z. B. jedoch nur gewählt werden, wer Deutscher ist, das Wahlrecht zum Deutschen Bundestag besitzt und das vierzigste Lebensjahr überschritten hat. Dagegen wäre es möglich mit Vollendung des 18. Lebensjahres zum Bundeskanzler gewählt zu werden.

Auf welche Affäre nahm Émile Zola (1840–1902) in seinem Artikel mit der Schlagzeile „J´accuse!“ („Ich klage an“) Bezug?

Auf die Dreyfus-Affäre: Der jüdische Hauptmann Alfred Dreyfus (1859–1935) wurde von einem antisemitisch eingestellten Kriegsgericht 1894 zu Unrecht wegen Verrats verurteilt. Als jedoch ein anderer als der wirklich Schuldige entlarvt wurde, revidierte das Kriegsministerium sein Urteil nicht, sondern verurteilte Dreyfus 1899 obendrein zu zehn Jahren Festungshaft. Dagegen liefen viele Franzosen Sturm, es kam zu einer schweren innenpolitischen Krise. Dreyfus wurde jedoch erst 1906 rehabilitiert.

In welchem Land herrschten ab dem 16. Jahrhundert die Großmoguln?

In Indien. Die mongolischen Herrscher eroberten das Reich der Sultane von Afghanistan aus. Als berühmtester Großmogul ist Akbar der Große bekannt, der Agra zur Hauptstadt seines Reichs machte. 1687 erstreckte es sich von Kabul im Norden bis fast zur Südspitze Indiens. Die Moguln waren tolerante Herrscher, unter ihnen erlebte Indien eine kulturelle Blütezeit.

Für welche Aufgaben steht der Bundesgrenzschutz (BGS) zur Verfügung?

Er dient dem Schutz der Bundeseinrichtungen sowie dem Schutz der Grenzen; seit 1992 ist er auch für die Sicherung des Bahnverkehrs zuständig. Die Spezialeinheit GSG 9 dient seit den 70er-Jahren der Terroristenbekämpfung.

Unter welchem Fürsten entwickelte sich das Dresdner Barock?

Unter dem Barockfürsten August II. (dem Starken). Er ließ die fürstliche Residenz nach dem Vorbild von Versailles ausbauen (mit Zwinger und Frauenkirche).

Womit beschäftigt sich die Archäologie?

Mit der Erforschung längst vergangener Kulturen. Wichtigster Untersuchungsgegenstand sind daher Ausgrabungen.

Welche Bedeutung hat der Spruch Stadtluft macht frei?

Im Mittelalter konnten Landbewohner, die ein Jahr in einer Stadt gelebt hatten, die Möglichkeit in die Rechtsgemeinschaft der Stadt aufgenommen zu werden. Eine vorher möglicherweise bestehende Unfreiheit, etwa Leibeigenschaft, konnte so abgestreift werden.

Wo hat die fürstliche Familie Thurn und Taxis ihre Residenz?

In Regensburg. Die Vorfahren der Familie erhielten das von ihnen im Spätmittelalter aufgebaute Postwesen ab 1615 als erbliches Reichspostgeneralat verliehen.

Sind die Abgeordneten des Deutschen Bundestages nicht immer up to date oder wie erklärt sich sonst, dass gelegentlich eine aktuelle Stunde anberaumt wird?

Brandaktuelle Fragen des Tagesgeschehens können im Deutschen Bundestag auch ganz kurzfristig auf die Tagesordnung gesetzt und debattiert werden. Eine gute Gelegenheit für die Opposition, von der Bundesregierung öffentlich eine Stellungnahme zu einem Geschehen zu erhalten.

Worum ging es eigentlich in der Seeschlacht bei Trafalgar am 21. Oktober 1805?

Es ging um die Vorherrschaft auf dem Mittelmeer; da Horatio Nelson die Schlacht gegen die (vielfach überlegene) französisch-spanische Flotte gewann, sicherte er Großbritannien die Seeherrschaft und den Seeweg nach Indien. Trafalgar ist ein Kap südöstlich von Cádiz.

Schlacht bei Trafalgar (Gemälde von G. Chambers)

Wer stand 1945–49 in den Nürnberger Prozessen unter Anklage?

Im Hauptverfahren die nationalsozialistische Führungsspitze, wie z. B. H.

Göring, A. Jodl, J. v. Ribbentrop oder R. Heß und in 12 weiteren Prozessen politische, militärische und wirtschaftliche Führungsgruppen des ehemaligen „Dritten Reiches“. Das internationale Militärtribunal sprach im Hauptverfahren 12 Todesurteile (10 wurden vollstreckt) und zahlreiche Haftstrafen aus. Insgesamt wurden im Zuge der NS-Prozesse 800 Todesurteile verhängt, von denen 486 vollstreckt wurden.

Wer entdeckte 1922 das Grab des Tut-ench-Amun im Tal der Könige?

Tut-ench-Amun: Totenmaske

Howard Carter (1873–1939). Er war der Expeditionsleiter des 5. Earl of Carnavon, einem betuchten britischen Hobby-Archäologen. Die Grabkammer des Tut-ench-Amun, die Carter entdeckte, war unversehrt und barg einen Schatz von 5000 Grabbeigaben, darunter die 11 kg schwere goldene Totenmaske des Königs der 18. Dynastie (14. Jh. v. Chr.). Die ägyptischen Könige waren aus Furcht vor Grabräubern vom monumentalen Pyramidenbau abgekommen und hatten sich seit Thutmosis I. (um 1500) nur noch in den versteckten Felsengräbern im Tal der Könige bestatten lassen.

Welches Bundesland bringt man mit Gemütlichkeit, Oktoberfest und König Ludwig II. in Verbindung?

Bayern; es hat die längste und kontinuierlichste geschichtliche Tradition der bundesdeutschen Länder. Im 6. Jahrhundert entstand das Stammesherzogtum der Bayern, mit dem 1180 die Wittelsbacher belehnt wurden, die bis 1918 als Herzöge, Kurfürsten und Könige das Land regierten, das sich anschließend zum Freistaat erklärte. 1945 verlor es die bayerische Pfalz an das Land Rheinland-Pfalz.

Welche Aufgaben hat der Deutsche Bundestag in der Bundesrepublik Deutschland?

Der für vier Jahre in allgemeiner, gleicher und geheimer Wahl gewählte Bundestag ist das Parlament der BR Dtl., d. h. er beschließt die Gesetzesvorlagen der Bundesregierung. Bei ihm liegt das Budgetrecht und das Recht auf Kontrolle der Bundesregierung. Der Bundestag wählt den Bundeskanzler und als Bestandteil der Bundesversammlung sind seine Mitglieder auch an der Wahl des Bundespräsidenten beteiligt.

Welche EU-Behörde stellt das ausführende Organ (Exekutive) der Europäischen Union dar?

Die Europäische Kommission. Sie besteht aus dem Präsidenten und 19 Kommissaren, die von den Mitgliedsstaaten mit Zustimmung des Europäischen Parlaments bestimmt werden. Sie hat das alleinige Recht, Gesetzesvorlagen zu erstellen. Sie ist gleichzeitig die „Regierung“ der EU, die derzeit ca. 85 Mrd. Euro verwaltet.

Warum gilt die Goldenen Bulle als das wichtigste Reichsgesetz des Heiligen Römischen Reiches Deutscher Nation?

Sie regelte u. a. erstmals definitiv die deutsche Königswahl durch die sieben

Kurfürsten sowie deren reichsrechtlich-zeremonielle Stellung. Kaiser Karl IV. ließ 1356 an die Urkunde eine goldene Siegelkapsel (Bulle) anbringen. Die Goldene Bulle war bis zum Untergang des Heiligen Römischen Reiches 1806 gültig.

Welche berühmte Lagunenstadt an der Adria blickt auf eine fast 1500-jährige Geschichte als unabhängige Stadt zurück?

Venedig, das bereits 697 eine Adelsrepublik mit dem Dogen als Stadtregenten bildete. Im Mittelalter beherrschte es das östliche Mittelmeer und geriet vor allem in Gegensatz zum konkurrierenden Genua, gegen das es einen „Hundertjährigen Krieg" von 1257 bis 1381 führte und siegreich hervorging. Später war das Osmanische Reich der Hauptfeind Venedigs. 1797 löste Napoléon die Adelsrepublik auf.

Venedig: Luftaufnahme des Markusplatzes

Welche bundesdeutschen Länder führen heute den amtlichen Namen Freistaat?

Bayern, Sachsen und Thüringen. Während der Weimarer Republik 1918–33 war diese Bezeichnung für die Länder des Reiches allgemein üblich. Trotz des Namenszusatzes haben sie jedoch keinerlei Rechte, die die anderen Bundesländer nicht auch hätten.

Welches bedeutende atomare Zwischenlager der BR Dtl. liegt in Niedersachsen?

Gorleben. Hier werden seit 1984 – nach zahlreichen und bisweilen blutigen Protestaktionen der Atomkraftgegner – Brennelemente sowie Abfälle mit vernachlässigbarer Wärmeentwicklung gelagert.

Welcher deutsche Kaiser des Hochmittelalters schlummert der Sage nach bis zu seiner Rückkehr im Kyffhäuser bei Halle?

Kaiser Friedrich I. Barbarossa (1122–90), dessen imperiale Macht im Mittelalter einen Höhepunkt in der deutsch-römischen Reichsgeschichte darstellt. Danach gehen Reichsrechte immer mehr an die Fürsten und Reichsstädte verloren.

Welcher General wurde 1945 in Paris als Befreier Frankreichs gefeiert, obwohl er nach der Kapitulation Frankreichs im 2. Weltkrieg im Exil lebte?

Charles de Gaulle (1890–1970), der nach dem Krieg Ministerpräsident und 1958 nach einer grundlegenden Verfassungsänderung erster Staatspräsident wurde. Zusammen mit Konrad Adenauer legte er den Grundstein für die deutsch-französische Aussöhnung. Die Krönung der Aussöhnungspolitik stellte der Freundschaftsvertrag, auch Elysée-Vertrag, zwischen den beiden Staaten vom 22. Januar 1963 dar.

Was ist der zentrale Gedanke des 1. Artikels im Grundgesetz der Bundesrepublik Deutschland?

Das Bekenntnis zur Unantastbarkeit der Menschenwürde als einem der bedeutendsten Grundrechte.

Was besagte das Habsburger-Gesetz von 1919?

Die Aufhebung aller Herrscherrechte des Hauses Habsburg; verbunden war damit eine Landesverweisung für diejenigen Habsburger, die nicht auf ihre Vorrechte verzichteten. Das Gesetz wurde 1955 Bestandteil des Österreichischen Staatsvertrages; es wurde 1996 aufgehoben.

Wie heißt das internationale Kinderhilfswerk der Vereinten Nationen?

Emblem der UNICEF

UNICEF (United Nations International Children's Emergency Fund); es wurde 1946 gegründet und arbeitet zugunsten der Fürsorge für Kinder in den Entwicklungsländern.

Ist die Jungfrau von Orléans eine Legendengestalt?

Nein. In der Endphase des Hundertjährigen Krieges zwischen England und Frankreich (1337–1453) fühlte sich das 13-jährige Bauernmädchen Jeanne d'Arc (um 1412–31) von Gott berufen, dem arg in Bedrängnis geratenen französischen König zu helfen. Tatsächlich gelang dem französischen Heer mit ihr an der Spitze eine Wende im Krieg. Sie wurde 1430 von Philipp dem Guten von Burgund an die Engländer ausgeliefert und dann als Hexe verbrannt.

Wann spricht man von Korruption?

Wenn Entscheidungsträger in der Politik, Wirtschaft und Verwaltung durch Bestechung – das ist die lateinische Grundbedeutung – sich persönliche, meist materielle Vorteile verschaffen. Gesellschaftliche Normen und moralische Bedenken werden dabei außer Acht gelassen.

Was forderten die Teilnehmer der Montagsdemonstrationen in der DDR 1989?

Zunächst Reformen und eine demokratische Erneuerung der DDR. Später kam auch die Forderung nach der deutschen Wiedervereinigung hinzu. Die Protestbewegung wuchs sich zu friedlichen Massendemonstrationen aus, an denen Hunderttausende, Anfang November in Ost-Berlin sogar rund eine Million Menschen teilnahmen. Schließlich trat die Staats- und Parteiführung zurück.

In welcher Seeschlacht besiegten 480 v. Chr. die Griechen unter Themistokles vernichtend die persische Flotte des Xerxes?

In der Schlacht von Salamis; das persische Heer eroberte zwar 479 erneut Athen, aber schon wenig später wurde es in der Schlacht von Plataiai durch den griechischen Bund geschlagen.

Was sind die 19 Mitgliedsländer der NATO?

Belgien, Dänemark, Deutschland, Frankreich, Griechenland, Großbritannien, Island, Italien, Kanada, Luxemburg, Niederlande, Norwegen, Polen, Portugal, Spanien, Tschechien, Türkei, Ungarn, USA.

Was ist ein Parlament?

Die seit dem 19. Jahrhundert eingebürgerte Bezeichnung für die Volksvertretung, deren Mitglieder ein Mandat auf Zeit haben. Das Parlament der BR Dtl. ist der Deutsche Bundestag.

Was ist die oberste Institution der Polizei?

Das Bundeskriminalamt ist die Bundesoberbehörde für die Verbrechensbekämpfung, die dem Bundesminister des Inneren untersteht.

Welches Angebot machten 1952 die Stalin-Noten an den Westen?

Die vier diplomatischen Initiativen boten an, die deutsche Frage zugunsten einer gesamtdeutschen Regierung, die zwischen den Weltmächten eine neutrale Position einnehmen sollte, zu lösen. Das Anerbieten stieß bei den Westmächten und besonders auch bei der westdeutschen Regierung unter Konrad Adenauer auf Ablehnung, weil man erhebliche Zweifel an der Ernsthaftigkeit des diplomatischen Vorstoßes hegte.

Welches kleinste deutsche Bundesland wurde erst 1957 nach einer Volksabstimmung in die BR Dtl. eingegliedert?

Das Saarland, das 1919 aus Teilen der preußischen Rheinprovinz und der bayerischen Pfalz gebildet wurde und bis 1934 unter der Beobachtung des Völkerbundes stand. 1935 hatte bereits eine von Hitler propagandistisch vorbereitete Volksabstimmung die „Rückkehr ins Reich" bewerkstelligt.

Mit welchem Staat schlossen die Alliierten Siegermächte des Ersten Weltkrieges den Versailler Vertrag?

Mit dem Deutschen Reich, das große Teile seines Staatsgebietes an Frankreich und an Polen abgeben musste. Darüber hinaus verlor es alle Kolonien; das Rheinland wurde zur entmilitarisierten Zone erklärt und das Heer und die Marine auf 115.000 Mann beschränkt. Schließlich wurde es zu Zahlungen von 132 Mrd. Goldmark verpflichtet.

Was heißt Recycling?

Die stetige Wiedereinbringung der beim Produktionsprozess entstandenen und am Ende nicht verbrauchten Stoffe in den Produktionskreislauf; z. B. Abwasserreinigung und Müllaufbereitung.

Für welche Organisation steht die Abkürzung UNO?

Emblem der UNO

Für die Vereinten Nationen (United Nations Organization); sie wurde 1945 basierend auf der Charta der UNO ins Leben gerufen, um für seine Mitgliedsstaaten eine kollektive Sicherheit durch Förderung der internationalen Zusammenarbeit und friedlichen Konfliktregelung zu erzielen. Hauptorgan ist der Sicherheitsrat, der wirtschaftliche und politische Sanktionen gegen ein Land aussprechen oder ein militärisches Mandat vergeben kann.

Welcher ostböhmische Feldherr focht mit eigener Privatarmee für die katholische Seite im Dreißigjährigen Krieg?

Albrecht von Wallenstein

Albrecht von Wallenstein (1583–1634), Herzog von Friedland seit 1625; sein angeheirateter Reichtum ermöglichte ihm, ein eigenes Heer aufzustellen, mit dem er in die Dienste des Kaisers und der katholischen Liga trat. Durch militärische Erfolge baute Wallenstein seine Macht im Reich aus, was den Widerstand der Reichsfürsten hervorrief. Durch Wallensteins Kontakte zum Gegner misstrauisch geworden, setzte ihn der Kaiser ab und bezichtigte ihn des Hochverrats; kurz darauf wurde er und seine engsten Vertrauten in Eger ermordet.

Was versteht man unter einem Ultimatum?

Allgemein eine letzte Aufforderung, verbunden mit der Androhung von Konsequenzen. Nach den UN-Satzungen sind Ultimaten, die Staaten in Verbindung mit Gewaltandrohungen stellen, völkerrechtswidrig.

Wie bezeichnet man die Wanderbewegungen der germanischen Völker vom 2. bis 8. Jahrhundert?

Völkerwanderung. Ausgelöst durch den Hunneneinfall wurden die nordwestlich des Schwarzen Meeres siedelnden Ost- und Westgoten nach Süden und Osten abgedrängt, woraus sich Wanderungen weiterer Germanenstämme ergaben. Die Völkerwanderung führte schließlich zum Untergang des Römischen Reiches und zu den Staatenbildungen im Frühmittelalter.

Welche Länder der Erde sind bis heute noch geteilt oder haben ihre Wiedervereinigung erlangt?

Nord- und Südvietnam wurden nach dem Vietnamkrieg 1976 unter einer kommunistischen Regierung Nordvietnams wieder vereinigt; Nord- und Südjemen einigten sich 1990 über einen gemeinsamen Staat; schließlich erreichten die beiden deutschen Staaten ihre Wiedervereinigung nach dem Zusammenbruch des kommunistischen Herrschaftssystems in Osteuropa 1990. Lediglich die Vereinigung der beiden koreanischen Staaten gehört noch der Zukunft an.

Welches internationale Treffen von Staatsmännern ordnete Europa 1814/15 nach der napoleonischen Ära neu?

Der Wiener Kongress, der der Restaurierung der alten Mächte vor 1792 diente. Die leitende Figur war der österreichische Staatskanzler Klemens Wenzel Fürst Metternich. Daneben war die Kongress-Zeit in Wien von zahlreichen Festen und Empfängen überhäuft, so dass die Zeitgenossen witzelten „Der Kongress tanzt".

Welcher französische Kaiser und Feldherr wurde 1813 in der Völkerschlacht bei Leipzig besiegt?

Napoléon Bonaparte (1769–1821), der sich den zahlenmäßig weit überlegenen Heeren aus Preußen, Russland, Österreich und Schweden zur Schlacht stellte.

Etwa 530.000 Soldaten nahmen an der bis dahin größten Schlacht der Weltgeschichte teil; zwischen 90.000 und 120.000 fielen im Kampf. Diese Niederlage und die zuvor erlittene Schwächung der „Grande Armee“ im Russlandfeldzug leitete das Ende der napoleonischen Herrschaft ein.

Napoléon I. kehrt aus der Völkerschlacht bei Leipzig zurück

Wer war Max Weber?

Der Begründer der „verstehenden” und der Religionssoziologie. Weber (1864–1920), dessen methodische und theoretische Wirkung bis heute anhält, definierte die Soziologie als Wissenschaft vom „sozialen Handeln”, die dieses Handeln deutend verstehen und erklären sollte. Als Politiker war Weber Mitbegründer der Deutschen Demokratischen Partei und nahm an den Verhandlungen in Versailles teil.

Wer wurde 1789 zum ersten Präsidenten der USA gewählt?

George Washington (1732–99), der im amerikanischen Unabhängigkeitskrieg 1775–83 gegen England den Oberbefehl über die amerikanische Armee hatte. Er leitete 1787 auch die amerikanische verfassungsgebende Versammlung.

Welcher formale Akt beendete den Zweiten Weltkrieg?

Die Unterzeichnung der bedingungslosen Kapitulation am 7. Mai 1945 im alliierten Hauptquartier in Reims durch Generaloberst Alfred Jodl, der im Auftrag der Regierung Dönitz handelte. Hitler hatte am 30. April Selbstmord begangen und die Regierungsverantwortung Admiral Dönitz übertragen. Am 9. Mai wiederholte sich die Unterzeichnung der Kapitulationsurkunde im sowjetischen Hauptquartier in Berlin-Karlshorst durch Generalfeldmarschall Keitel.

Zweiter Weltkrieg: das zerstörte Köln 1945

Wer war der wohl berühmteste Rhetoriker im alten Rom?

Marcus Tullius Cicero (106–43 v. Chr.). Nach dem Studium der Rhetorik, des Rechts und der Philosophie wurde er ein berühmter Redner. Mittels seiner vier großen Reden entlarvte er die Catilinarische Verschwörung. 55–51 entstanden seine Hauptschriften: „Über den Redner“, „Über den Staat“, „Über die Gesetze“. Während des Bürgerkrieges zwischen Caesar und Pompejus stellte er sich auf die Seite Pompejus. Nach Caesars Ermordung wandte sich Cicero als Führer des Senats gegen Mark Anton, der ihn 43 ermorden ließ.

In welchen medizinischen Bereichen wird die Akupunktur bevorzugt angewendet?

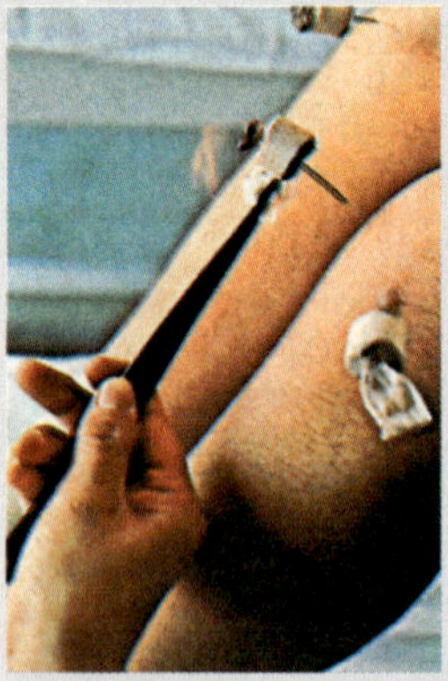

Akupunktur

Die chinesische Heilmethode wird v. a. zur Bekämpfung von Schmerzzuständen, zur Betäubung und zur Suchtbekämpfung eingesetzt. Das Prinzip der Akupunktur beruht auf dem Einstechen von Nadeln in bestimmte Punkte auf der Körperoberfläche, die auf Längsbahnen („Meridianen") angeordnet sind. Die Anwendung und Wirksamkeit der Akupunktur ist umstritten.

Wozu verwendet man Ultraschall?

Die für Menschen unhörbaren Schallwellen mit einer Frequenz über 20.000 Hertz dienen in der Medizin zur Behandlung (Therapie) von Weichteilverletzungen (Muskeln, Sehnen, Bänder). Standardmäßig setzt man sie zur Untersuchung des ungeborenen Kindes während der Schwangerschaft, aber auch zur Untersuchung innerer Organe ein. In der Technik ist Ultraschall zur Werkstoffprüfung geeignet.

Wie lautet die englische Bezeichnung für die Zugangsberechtigung ins Internet oder zu einem Computer?

Der Ausdruck dafür ist Account. Damit wird z. B. der Zugang zu einem Online-Dienst möglich.

Woher hat die Achillessehne ihren Namen?

Der Name der Sehne, die Fersenbein und Wadenmuskulatur verbindet, geht auf den Helden Achilles aus der griechischen Mythologie zurück. Er war nur an der Ferse verwundbar. Die sprichwörtliche Achillesferse bezeichnet daher eine Schwachstelle.

Welches Hormon hilft dem Körper, seelische und körperliche Belastungen zu bewältigen?

Das von der Nebenniere ausgeschüttete Adrenalin. Dieses sog. „Stresshormon" bewirkt eine Beschleunigung des Herzschlages, eine Erhöhung des Blutdrucks und eine bessere Durchblutung von Muskulatur und Gehirn.

Wofür wird Plutonium verwendet?

Das hochgiftige radioaktive Element dient als Brennstoff für Atomkraftwerke vom Typ des „Schnellen Brüters", als Energiequelle für Satelliten und zur Herstellung von Atombomben. Durch seine extreme Giftigkeit und seine Langlebigkeit ist der Umgang mit Plutonium äußerst gefährlich und daher gesellschaftlich heftig umstritten.

Welches sind die typischen Symptome für einen Herzinfarkt und wie kann man ihm vorbeugen?

Ein Herzinfarkt macht sich häufig durch ein Druckgefühl und Schmerzen in der Brust bemerkbar. Die Schmerzen können dabei bis zur Schulter, den Armen und den Nacken ausstrahlen. Auslöser des Herzinfarktes ist eine Durchblutungsstörung der Herzkranzgefäße. Vorbeugen kann man einem Herzinfarkt in erster Linie durch eine Lebensweise, die die Risikofaktoren vermeidet. Risikofaktoren sind u. a. erbliche Vorbelastung, Bluthochdruck, Übergewicht, Stress und Nikotinmissbrauch.

Welche Bedeutung hat die aus der Informationstechnik stammende Abkürzung ADSL?

Sie steht für Asymmetric (oder: Asynchronus) Digital Subscriber Line. Dabei handelt es sich um ein Verfahren, mit dem die Datenübertragungsraten in den Kupferleitungen des herkömmlichen Telefonnetzes (im Vergleich zum Glasfaserkabel-Netz) erhöht werden sollen.

Was ist der Unterschied zwischen einer Ellipse und einem Oval?

Die Ellipse ist eine geometrische Form, bei der für jeden Punkt die Summe seiner Abstände von zwei festen Punkten (Brennpunkten) denselben Wert hat. Als Oval bezeichnet man dagegen jede beliebige länglich-runde Form.

Welches medizinische Verfahren sorgt dafür, dass man bei einer Operation keinen Schmerz spürt?

Die Anästhesie. Sie kann durch örtliche Betäubung einen bestimmten Körperteil schmerzunempfindlich machen oder eine vollständige Bewusstlosigkeit herbeiführen („Vollnarkose").

Wie heißt die Lehre, die sich mit dem Bau von Pflanzen und Tieren befasst?

Die Anatomie (griechisch „das Zerschneiden"). Sie wird auch als Kunst der Leichenzergliederung bezeichnet. Da sie Form, Lage und Beschaffenheit der Organe untersucht, gehört sie zu den Grundlagen der medizinischen Ausbildung.

Wie kommen die Computerviren zu ihrem Namen?

Der Name wurde aus der Medizin entlehnt, da Computerviren Ähnlichkeiten mit biologischen Viren aufweisen. Programme und Dateien können sich, z. B. über den Austausch von infizierten Disketten, gegenseitig anstecken und dadurch Schaden nehmen. Mit Anti-Viren-Programmen lassen sich Computerviren bekämpfen.

Wie heißt das Wissensgebiet, das sich mit der Herstellung von Gold aus unedlen Stoffen befasste?

Alchemie. Die Alchemie ist der mittelalterliche Vorläufer der heutigen Chemie. Ein Hauptanliegen der Alchemisten war es, unedle Metalle wie z. B. Blei in Gold zu verwandeln. Die Suche nach einem Mittel für die Unsterblichkeit war ein weiterer Aspekt.

Alchemie: Alchemisten im Laboratorium der Medici. Gemälde aus Florenz, 15. Jh.

Was weiß man über den Beginn des Universums?

Nach einer verbreiteten Vorstellung entstand der Kosmos durch einen plötzlichen, explosionsartigen Vorgang, den Urknall oder „Big Bang". Seit dieser Zeit dehnt sich das Universum mit zunehmender Geschwindigkeit aus. Nach der neuesten Theorie von S. Hawking und N. Tarok kehrt sich die Ausdehnung nicht mehr um, sondern wird endlos fortgesetzt.

Wodurch wird die Wirkung von Antibiotika, den wichtigsten Medikamenten gegen bakterielle Infektionen, zunehmend beeinträchtigt?

Durch die weit verbreitete und oft falsche Anwendung werden immer mehr Bakterienstämme resistent gegen die Antibiotika. Die Krankheitserreger sind dann nur noch schwer zu bekämpfen.

Dient ein Teleobjektiv zur Aufnahme naher oder weit entfernter Gegenstände?

Teleobjektive haben eine lange Brennweite und sind daher zur vergrößerten Abbildung fern liegender Gegenstände geeignet. Nahaufnahmen können mithilfe von Makroobjektiven, Zwischenringen, Balgengeräten oder Nahlinsen gemacht werden.

Wie heißen die bekanntesten einzelligen Tiere?

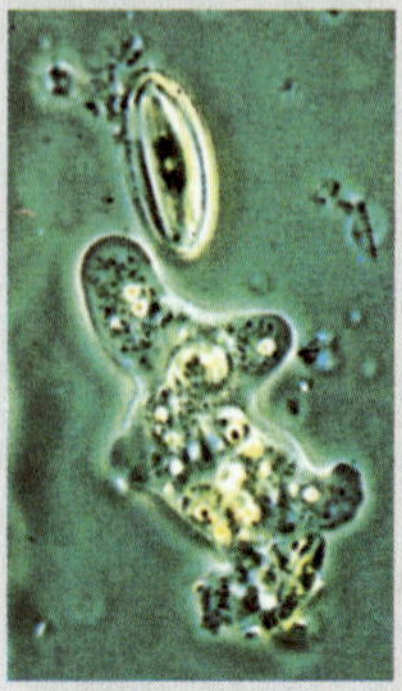

Amöben

Dazu gehören: 1. die Amöbe oder das Wechseltierchen, das sich durch eine sehr veränderliche Gestalt ohne feste Umrisse auszeichnet, 2. das Pantoffeltierchen, das seinen Namen seiner Form verdankt und 3. das Geißeltierchen, das sich mit Hilfe eines oder mehrerer kleiner fadenförmiger Fortsätze (Geißeln) vorwärts schlängeln kann.

Warum schwellen die Lymphknoten bei bestimmten Infektionskrankheiten an?

In den Lymphknoten werden bei einer Infektion vermehrt Antikörper gebildet, was mit einer Anschwellung der millimetergroßen, bohnenförmigen Organe einhergeht. Die Antikörper selbst sind Eiweißverbindungen, die sich mit körperfremden Eiweißen (z. B. von Bakterien oder fremden Blutkörperchen) verbinden und sie dadurch unschädlich machen.

Welche Aufgabe hat die Hauptschlagader des menschlichen Körpers?

Die auch als Aorta bezeichnete Hauptschlagader führt sauerstoffreiches Blut von der linken Herzkammer zu allen anderen Schlagadern des Körpers (ausgenommen die Lungenarterie).

Wie heißt die radioaktive Strahlung, die am schwersten abgeschirmt werden kann?

Die bei der Atomkernspaltung in Atomkraftwerken entstehende Gammastrahlung kann nur durch eine 1 m dicke Betonwand bzw. eine 20 cm dicke Bleischicht abgeschirmt werden. Bei der Betastrahlung genügt ein 5 cm dickes Buch, bei der Alphastrahlung sogar ein Blatt Papier.

Welche körperlichen Beschwerden sind mit der Arthritis verbunden?

Eine solche Gelenkentzündung geht mit Schwellungen, Schmerzen und Steifheit einher. Die Ursachen für die Beschwerden können sehr unterschiedlich sein. Bei der Gicht z. B. spielen erbliche Veranlagung und übermäßiger Eiweißkonsum, z. B. durch einen zu hohen Fleischanteil in der Nahrung, eine Rolle.

Was sind ganze Zahlen?

Die positiven (1, 2, 3, ...) und die negativen (–1, –2, –3, ...) natürlichen Zahlen sowie die Null.

Wo werden Roboter eingesetzt?

Die rechnergestützten Automaten mit ihren Greifarmen sind schon lange in der Automobilindustrie verbreitet. Zunehmend spielen nun mobile Serviceroboter eine Rolle. Als Putzroboter reinigen sie Großfassaden und als Löschroboter werden sie bei Großbränden eingesetzt. In der Medizin können Roboter Operationen mit höchster Genauigkeit durchführen.

Wie unterscheiden sich digitales Fernsehen und digitaler Hörfunk von der bisher üblichen analogen Technik?

Bei der digitalen Technik werden Bild- und Tonsignale in Form von digitalen Sendeimpulsen (d. h. verschlüsselt als ganze Zahlen) ausgestrahlt. Im Gegensatz dazu beruht die analoge Technik auf der beliebigen Veränderung physikalischer Größen (z. B. von elektrischen Spannungen).

Unter welchem griechischen Wort ist die kleinste, nicht mehr teilbare Einheit der Materie bekannt?

Unter dem Begriff Atom. Das griechische „atomos" bedeutet unteilbar. Das Atom lässt sich in einen positiv geladenen Atomkern und eine negativ geladene Hülle unterteilen. Im Kern befinden sich die positiv geladenen Protonen und die neutralen Neutronen, in der Hülle die negativ geladenen Elektronen.

Welche beiden Maßeinheiten braucht man zur physikalischen Kennzeichnung des elektrischen Stromes?

André Marie Ampère

Das Ampere (mit dem Zeichen A) als die Einheit der Stromstärke und das Volt (mit dem Zeichen V) als die Einheit der elektrischen Spannung. Die Einheit Ampere wurde nach dem französischen Physiker und Mathematiker André Marie Ampère (1775–1836) benannt, während sich Volt von dem italienischen Physiker Alessandro Volta (1745–1827) ableitet.

Nach welchem Ordnungsprinzip ist das chemische Periodensystem der Elemente gegliedert?

Die chemischen Elemente sind nach ihrem Atomgewicht angeordnet. Protonen und Neutronen als Atomkernbestandteile besitzen jeweils die Masse 1. Die Atommasse eines Elements ergibt sich aus der Summe beider, da die Masse der Elektronen (in der Atomhülle) praktisch vernachlässigbar ist.

Welche Leistungen kann Sigmund Freud (1856–1939) verbuchen und welche Kritik zog er auf sich?

Die von ihm begründete Psychoanalyse beeinflusste weite Bereiche des geistigen Lebens im 20. Jahrhundert. Bedeutsam ist seine Betonung des Unbewussten. Trotz breiter Anerkennung zogen seine Theorien stets auch heftig Kritik auf sich. Bis heute werden Grundlagen und Wirksamkeit der psychoanalytischen Therapie bezweifelt.

Aus welcher Zeit stammen die ersten Automaten?

Die erste Beschreibung von Automaten gibt der griechische Physiker Heron von Alexandria, dessen Berichte aus der Zeit um das Jahr 100 stammen. Er beschreibt Schaukästen, in denen sich Puppen bewegen oder griechische Götter Wein spenden. Diese Automatentheater wurden auf Jahrmärkten oder Prozessionen gezeigt.

Worauf beruht die vernichtende Wirkung einer Atombombe?

In einer Atombombe kommt es zur unkontrollierten Spaltung von Atomen. Dabei werden innerhalb kürzester Zeit ungeheure Mengen an Energie freigesetzt. Sie breitet sich in Form von Hitze mit mehreren Millionen Grad Celsius, einer starken Druckwelle und radioaktiver Strahlung aus.

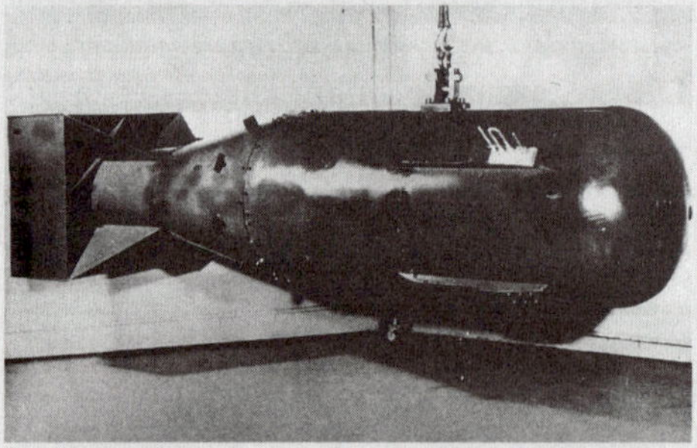

Atombombe: „Fat Boy", die erste im Krieg eingesetzte Atombombe. Abwurf am 6. 8. 1945 über Hiroshima.

Welche Rolle spielt Methadon beim Rauschgiftentzug?

Methadon ist ein Schmerzmittel, das unter kontrollierten Bedingungen bei der Entwöhnung von Heroin- oder Morphinabhängigen eingesetzt wird. Es ist eine Ersatzdroge, welche die Entzugserscheinungen abmildern soll. Die staatlich beaufsichtigte Abgabe von Methadon ist heftig umstritten.

Warum ist Sauerstoff lebenswichtig?

Mit seiner Hilfe verbrennt der Körper die zugeführte Nahrung und gewinnt daraus Energie. Diese braucht er als Wärmequelle und um die Vielzahl an biochemischen Reaktionen im Körper zu ermöglichen. Ist durch einen Atemstillstand die Sauerstoffzufuhr unterbrochen, führt dies innerhalb weniger Minuten zu Herzstillstand, Gehirnschäden und Tod.

Wie heißen die Fachleute der Polizei, die sich mit der Flugbahn von Geschossen befassen?

Die Experten heißen Ballistiker, ihr Fachgebiet ist die Ballistik. Im weiteren Sinne befasst sich die Ballistik mit der Bewegung von geworfenen, geschossenen oder durch Rückstoß angetriebenen Körpern im lufterfüllten Raum. Ballistiker können beispielsweise bei Attentaten ermitteln, von wo aus geschossen und welche Waffe verwendet wurde.

Was hat der italienische Naturforscher Galvani mit dem Aufbau und der Funktion von Batterien zu tun?

Die elektrochemischen Reaktionen, die in einer Batterie ablaufen, wurden von Galvani erforscht. Eine Batterie besteht aus mehreren zusammengeschalteten, sog. „galvanischen Elementen", mit denen eine elektrische Spannung erzeugt wird.

In welchem Organ kommt es bei der Diabetes-Krankheit zu Störungen?

In der Bauchspeicheldrüse. Dabei ist die Ausschüttung des Hormons Insulin gestört, das zur Regelung des Blutzuckerspiegels dient. Neben der Insulinproduktion ist die Bauchspeicheldrüse auch für die Erzeugung von Verdauungsenzymen verantwortlich.

Wem ist die Entdeckung der Impfstoffe gegen die Infektionskrankheiten Diphterie und Tetanus zu verdanken?

Emil Adolf von Behring (1854–1917) entdeckte die Fähigkeit des menschlichen Körpers, körpereigene Wirkstoffe (Antikörper) gegen die Erreger von Infektionskrankheiten zu bilden. Damit war er in der Lage, die beiden Impfstoffe zu entwickeln (zusammen mit P. Ehrlich). 1901 erhielt er den Nobelpreis.

Wer schuf das erste Automobil?

Carl Friedrich Benz (1844–1929) entwickelte 1868 unabhängig von G. Daimler einen Einzylinder-Viertakt-Verbrennungsmotor, den er in ein dreirädriges Fahrzeug einbaute. Damit hatte er das erste Kraftfahrzeug geschaffen.

Worin unterscheiden sich Normalbenzin und Superbenzin?

In ihrer Oktanzahl, die ein Maß für die Klopffestigkeit eines Kraftstoffes ist. Je höher die Klopffestigkeit des Benzins, desto geringer ist seine Neigung, sich selbst im Motor zu entzünden. Sie beträgt beim Normalbenzin rund 91–94 Oktan und beim Superbenzin 98–100,5 Oktan.

Wozu braucht man eine Habilitation?

Bevor ein Akademiker berechtigt ist, an einer Universität zu lehren, muss er eine Habilitationsschrift anfertigen. Mit dieser zeigt er seine Fähigkeit, hervorragende wissenschaftliche Arbeit zu leisten. Zur Habilitation gehört außerdem ein Kolloquium und eine Probevorlesung.

Wie finden die Pollenkörner der männlichen Blüten ihren Weg zu den weiblichen Blüten?

Man unterscheidet zwei Formen der Bestäubung: Die Fremdbestäubung und die Selbstbestäubung. Bei Ersterer wird der Blütenstaub (die Pollen) z. B. durch den Wind oder durch Insekten transportiert. Bei der Selbstbestäubung gelangt er unmittelbar zu den weiblichen Organen derselben Pflanze.

Gibt es Lebewesen, die keinen natürlichen Tod kennen?

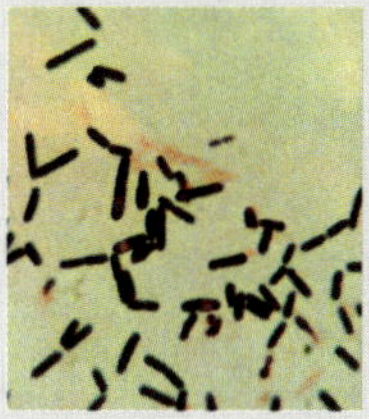

Bakterium

Die einzelligen Lebewesen, die sich durch Zweiteilung vermehren, sind potenziell unsterblich, d. h. sie können allenfalls durch Unfall oder Krankheit zu Tode kommen. Potenziell unsterblich ist das Bakterium (das keinen echten Zellkern besitzt) und die tierischen und pflanzlichen Einzeller (mit echtem Zellkern).

Wozu dient eine Initiation?

Sie dient der Einführung in eine bestimmte Gruppe (z. B. einen Geheimbund) oder in einen neuen Lebensabschnitt. Bei vielen Naturvölkern bedeutet die Initiation die Aufnahme der Jugend in die Welt der Männer oder Frauen. Sie ist meist mit bestimmten symbolischen Handlungen und Bräuchen, den Initiationsriten, verbunden.

Wie kann man die Zugfestigkeit des Betons erhöhen?

Zugrisse lassen sich verhindern, indem man Stahleinlagen in den Beton einbaut. Ein Beispiel für solchen „Stahlbeton" ist der „Spannbeton". Bei ihm wird der Beton durch vorgespannte Stähle zusammengedrückt. Im fertigen Bauwerk wird der Druck im Beton durch die Belastung (z. B. beim Autoverkehr auf einer Brücke) abgebaut und so die Bildung von Zugrissen verhindert.

Wie heißen die bekanntesten Modelle über den Aufbau der Atome?

Niels Bohr

1. Das Rutherford'sche Atommodell (von E. Rutherford). Er unterscheidet einen kleinen positiv geladenen Kern und eine große negativ geladene Hülle. 2. Das Bohr'sche Atommodell (von Niels Bohr, 1885–1962). Die Elektronen bewegen sich auf genau festgelegten Quantenbahnen um den Kern. 3. Das Orbitalmodell (jüngstes Modell). Es lassen sich nur Aufenthaltswahrscheinlichkeitsräume (Orbitale) für die Elektronen angeben.

Auf welche Weise werden in der Datenverarbeitung Informationen dargestellt?

Durch die binäre Darstellung. Es gibt dabei nur zwei Zustände, die man mit ja/nein oder Strom fließt/kein Strom fließt beschreiben kann. Ihre mathematische Grundlage ist das Dualsystem, bei dem es nur zwei Zahlen, nämlich 0 und 1, gibt.

Was will der Europarat in Straßburg mit der Bioethik-Konvention erreichen?

Mit der am 19.11.1996 verabschiedeten „Konvention über Menschenrechte und Biomedizin" werden ethische Maßstäbe zum Umgang mit Embryonen, dem Erbgut, der Organspende und der Forschung am Menschen aufgestellt. Die unterzeichnenden Staaten dürfen die Standards der Konvention nicht unterschreiten.

An welcher Gruppe von Krankheiten sterben in Deutschland die meisten Menschen?

Die häufigste Todesursache sind Herz-Kreislauf-Krankheiten. Dazu gehören z. B. Herzinfarkt, Schlaganfall und Hirnschlag. Bei Bluthochdruck steigt die Wahrscheinlichkeit, daran zu erkranken. Andere Risikofaktoren sind Bewegungsmangel, Stress, Rauchen und hohe Blutfettwerte.

Wo wird in unserem Alltagsleben die sog. Braun'sche Röhre eingesetzt?

Sie ist in Form der Bildröhre ein Bestandteil jedes Fernsehgerätes. Es handelt sich um eine Kathodenstrahlröhre, in der Elektronen stark beschleunigt und durch Magnetfelder abgelenkt werden. Durch den Leuchtschirm lassen sich die Elektronen sichtbar machen.

Wie bezeichnet man ein Computerprogramm, das einzelne Informationen oder ganze Dateien sucht?

Die „Browser“ genannten Programme können Festplatten oder andere Datenträger, aber auch Dateien und Verzeichnisse durchsuchen. Besonders wichtig sind Browser, wenn man auf Daten im Internet zugreifen will.

Auf wessen Erfindung beruht die Temperaturmessung in Grad Celsius?

Anders Celsius

Auf Anders Celsius (1701–44). Der schwedische Astronom erfand das Quecksilberthermometer. Seine Temperaturskala erhielt er, indem er den Bereich zwischen Gefrier- und Siedepunkt des Wassers in 100 gleiche Schritte einteilte. Der Nullpunkt der Skala wurde allerdings erst später durch Linné auf den Gefrierpunkt des Wassers gelegt.

Wofür steht die Abkürzung CD-ROM?

CD steht für Compactdisc, eine meist silbrig glänzende Kunststoffscheibe, die als Datenträger für digitalisierte Daten dient. Die Information wird durch Abtasten mit einem Laserstrahl abgerufen. Die Abkürzung ROM für „Read only Memory” verweist auf die Besonderheit: Die Daten kann der Benutzer zwar lesen, aber nicht überschreiben.

Wie heißt das Gegenstück zur kinetischen Energie?

Potenzielle Energie oder Lageenergie. Wird ein Gegenstand von einem Kran hochgehoben, hat er eine bestimmte Lageenergie. Fällt er nach unten, so verringert sich seine Lageenergie, indem sie in kinetische Energie oder Bewegungsenergie umgewandelt wird. Energie geht also nicht verloren, sondern wird nur umgewandelt (Energieerhaltungssatz).

Wie schreibt man einen mathematischen Bruch?

Ein Bruch ist das Ergebnis einer Rechnung, bei der geteilt wird (das Verhältnis zwischen zwei Zahlen). Teilt man z. B. 5 durch 3, dann wird die Zahl 5 als Zähler bezeichnet und über den sog. Bruchstrich geschrieben. Die Zahl 3 ist der Nenner und steht unter dem Bruchstrich. Alternativ ist auch die Schreibweise 5/3 möglich.

Wie heißt die Krankheit, die mit übermäßiger Nahrungsaufnahme und anschließendem Erbrechen einhergeht?

Bulimie. Charakteristisch sind Anfälle von Fresssucht und nachfolgend gezielt herbeigeführtem Erbrechen. Die Betroffenen, meist Mädchen und junge Frauen, wollen ihr Leiden möglichst geheim halten. Die Krankheit hat psychische Ursachen.

Warum sind Pflanzen meistens grün gefärbt?

Dies liegt an einer Substanz, die als Blattgrün oder Chlorophyll bezeichnet wird. Sie ist in allen grünen Pflanzenzellen enthalten und die Grundlage für die Fotosynthese. In den Zellen sind meist auch rötliche und gelbliche Farbstoffe vorhanden, die aber erst im Herbst, wenn das Chlorophyll abgebaut wird, sichtbar werden.

Wo ist der Sitz der Forschungsinstitution CERN und auf welchem Gebiet ist sie tätig?

Ihr Sitz ist Genf (Schweiz), gegründet wurde sie 1954. Als „Europäischer Rat für Kernforschung" beschäftigt sich die Einrichtung mit physikalischer Grundlagenforschung. Schwerpunkte sind Kernphysik, Hochenergiephysik und Elementarteilchenphysik.

CERN: Der große Kreis zeigt das Ausmaß des unterirdischen Teilchenbeschleunigers an (27 km Umkreis)

Was ist die Ursache der Creutzfeld-Jakob-Krankheit?

Die Rinderkrankheit BSE steht im Verdacht, für eine neue Variante der den Menschen befallenden Creutzfeld-Jakob-Krankheit verantwortlich zu sein. Die Infektion erfolgt vermutlich über den Verzehr infizierten Rindfleisches. Bei den Betroffenen wird das Gehirn ähnlich einem Schwamm durchlöchert.

Wer erfand das erste fotografische Verfahren?

Der französische Maler und Erfinder Louis Jacques Mandé Daguerre (1787–1851). Schon zu seiner Zeit war bekannt, dass eine versilberte Kupferplatte durch eine Behandlung mit Joddampf (Jodsilber) lichtempfindlich wird. Bei der von ihm entdeckten Daguerreotypie wird das latente Bild mittels Quecksilberdämpfen entwickelt und mit einer Kochsalzlösung fixiert.

Was ist bei der Verwendung von Kindersitzen und Airbags zu beachten?

Die sich blitzartig füllenden „Luftsäcke" im Auto haben sich zwar für den Schutz von Fahrer und Beifahrer bewährt, können aber bei Kindersitzen gefährlich werden. Werden Kleinkinder auf dem Beifahrersitz befördert, sollte der Airbag inaktiviert werden.

Wie kommen Laptop und Desktop zu ihrem Namen?

Der Laptop ist ein kleiner, tragbarer PC, der auf dem Schoß (englisch: lap) Platz findet. Der größere Desktop steht dagegen auf dem Schreibtisch (englisch: desk). Mittlerweile ist der „Schoßrechner" z. T. bereits wieder durch das noch kleinere Notebook ersetzt.

Wie nennt man einen Zustand, der durch Traurigkeit und Niedergeschlagenheit gekennzeichnet ist?

Er wird als Depression bezeichnet. Tritt er ohne konkreten Anlass (wie z. B. der Tod eines Angehörigen einer wäre) auf, liegt eine psychische Erkrankung vor. Weitere Symptome sind wechselnde

Stimmungslagen, Ängste, Appetitmangel, Schlaflosigkeit und plötzliche Weinkrämpfe.

In welcher Stadt steht das größte technische Museum der Welt?

In München. Das Deutsche Museum beherbergt neben den meisten Gebieten der Technik auch die wichtigsten Zweige der Naturwissenschaften. Es sind viele historische Originale (z. B. das erste Automobil) und zahlreiche Modelle zu sehen. Einfache Versuche können selbst durchgeführt werden. Bekannt sind die Vorführungen der Hochspannungsexperimente.

Worin unterscheidet sich die anorganische von der organischen Chemie?

Gegenstand der anorganischen Chemie sind im Wesentlichen die nicht aus Kohlenstoff aufgebauten Stoffe. Sie sind meist von einfacherer Struktur als die der organischen Chemie.

Wovon hängt die Dichte eines Körpers ab?

Die Dichte ist abhängig von der Masse und dem Rauminhalt (Volumen). Sie wird definiert als das Verhältnis der Masse eines Körpers zu seinem Rauminhalt und in Kilogramm pro Kubikmeter angegeben.

Wo liegen die Erbinformationen beim Menschen?

Sie sind wie bei allen Tieren und Pflanzen in Molekülen des Zellkerns, den sog. Desoxyribonukleinsäuren (abgekürzt DNS), verborgen. Die DNS ist wiederum aus vier verschiedenen Grundbausteinen zusammengesetzt, deren Reihenfolge entscheidend für den Informationsgehalt ist. Die DNS ist wesentlicher Bestandteil der Chromosomen.

Was für mathematische Aufgaben lassen sich mit einem Dreisatz lösen?

Aufgaben, bei denen eine unbekannte Größe aus dem Verhältnis zweier gegebener Größen zueinander berechnet werden soll. Voraussetzung ist, dass die unbekannte Größe im gleichen Verhältnis zu einer gegebenen dritten Größe steht, wie die beiden anderen Größen. Mit einem Dreisatz lässt sich z. B. die Frage beantworten: Was wiegen 8 Äpfel, wenn 5 Äpfel 3 Pfund wiegen?

Wie heißt der größte Chip-Hersteller der Welt?

Chip

80% aller Personalcomputer weltweit enthalten Chips des US-Konzerns Intel. Andere große Hersteller sind NEC, Motorola und Texas Instruments. Die Chip genannten elektronischen Bausteine können Informationen speichern oder als Mikroprozessoren (Kleinstrechner) die zentralen Rechen- und Steueraufgaben in einem Computer durchführen.

Worin unterscheidet sich der Netzstrom für Haushalte vom Strom für Eisenbahnen?

Ein wichtige physikalische Eigenschaft der Elektrizität bzw. des elektrischen Stromes ist die Frequenz. Ihre Einheit ist das Hertz (nach Heinrich Hertz). 1 Hertz (Hz) entspricht einer Schwingung pro Sekunde. Beim normalen Netzstrom ändert sich Richtung und Stärke des Stromes mit einer Frequenz von 50 Hz. Beim Bahnstrom beträgt sie nur 16 $^2/_3$ Hz.

Was bedeutet es, wenn eine Krankheit akut verläuft?

Das heißt, die Erkrankung erfolgt sehr rasch und verläuft heftig. Der akute Zustand dauert aber im Gegensatz zum chronischen Zustand meist nicht lange an.

Was gehört zu einer typischen Kneippkur?

Wichtigster Teil einer Heilbehandlung nach Pfarrer Sebastian Kneipp (1821–97) ist die äußerliche Anwendung von Wasser. Dies kann z. B. in Form von Kaltwassergüssen, Ganz- oder Teilbädern geschehen. Daneben spielen auch Gymnastik, Sonne, Luft und Ernährung eine wichtige Rolle. Kneipp gilt als Begründer der Hydrotherapie.

Wie viele Chromosomen hat der Mensch?

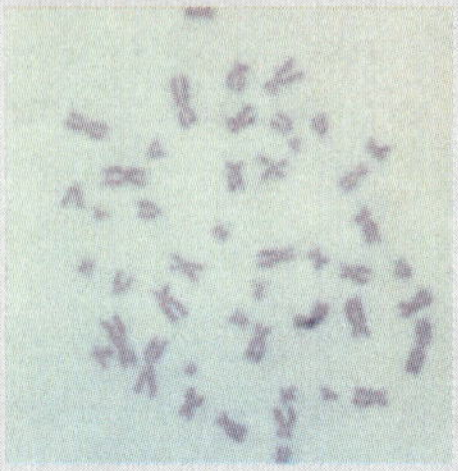

Chromosomen: Mikroskopische Aufnahme

In jeder Körperzelle des Menschen sind 46 Chromosomen enthalten. Ausgenommen sind Ei- und Samenzellen, die nur den halben Chromosomensatz besitzen. Die Anzahl der Chromosomen ist arttypisch. Hunde haben z. B. 78 Chromosomen, Tauben 16 und der Streifenfarn 144. Die Chromosomen sind die Träger der Erbanlagen.

Wo werden Elektromagneten eingesetzt?

Elektromagneten werden in vielen Bereichen des täglichen Lebens eingesetzt. Sie befinden sich in zahlreichen elektrischen Maschinen, ermöglichen Kränen schwere Lasten (z. B. Schrott) zu heben und dienen zur Abtrennung wiederverwertbarer Eisenteile aus dem Hausmüll.

Wie unterscheiden sich Radiowellen von optischen Wellen (Licht)?

Durch Wellenlänge und Frequenz. Die elektromagnetischen Wellen bilden ein kontinuierliches Spektrum, werden aber in verschiedene Gruppen eingeteilt. Nach abnehmender Wellenlänge bzw. zunehmender Frequenz kann man Radiowellen, infrarotes, sichtbares und ultraviolettes Licht, Mikrowellen, Röntgenstrahlen und Gammastrahlen unterscheiden.

Welche Teile gehören zu den Elementarteilchen?

Neben den klassischen Elementarteilchen Elektronen, Protonen und Neutronen sind heute eine Vielzahl weiterer, z. T. äußerst kurzlebiger Teilchen bekannt. Zu den Elementarteilchen gehören z. B. Leptonen, Mesonen, Baryonen, Photonen und Resonanzen. Nach neueren Untersuchungen ist die gesamte Materie aus Quarks und Leptonen aufgebaut.

Was geschieht bei einer Lungenembolie?

Bei dieser häufigen Embolie-Form wird eine Lungenarterie durch ein Blutgerinnsel verstopft. Dadurch ist die Blutversorgung unterbrochen, was zu Brustschmerzen, Atemnot und zum Tod führen kann. Embolien können auch durch Luftbläschen oder Gewebepartikel ausgelöst werden.

Wie bezeichnet man eine Postanschrift im Internet?

Jede Quelle oder jedes Angebot im Internet muss mit einer eindeutigen Internet-Adresse gekennzeichnet sein, damit man auf sie zugreifen kann. Anschriften im World Wide Web (WWW) beginnen mit dem Kürzel http. Anschriften für die elektronische Post (E-Mail) sind die E-Mail-Adressen.

Welches revolutionäre Verfahren ermöglicht Operationen, ohne den Körper großflächig aufzuschneiden?

Seit Mitte der siebziger Jahre hat die Endoskopie einen starken Aufschwung erfahren. Heute sind mithilfe der winzigen Sonden und optischen Geräte, die durch winzige Öffnungen in den Körper eingeführt werden, zahlreiche Diagnosen und Operation möglich.

Welches ist die wichtigste Eigenschaft der Energie?

Sie wird durch den „Energieerhaltungssatz" beschrieben: Er besagt, dass in einem abgeschlossenen System Energie weder vernichtet noch erzeugt, sondern nur von einer Form in eine andere umgewandelt werden kann.

Wer begründete die klassische Geometrie?

Der griechische Mathematiker Euklid (um 300 v. Chr.). Er schuf ein umfangreiches mathematisches Lehrbuch mit dem Titel „Elemente", das bis ins 19. Jahrhundert neben der Bibel das meist verbreitete und meist übersetzte Werk war. Die klassische Geometrie wird auch „euklide" Geometrie genannt.

Wie hieß die erste Frau, die einen Nobelpreis erhielt?

Marie und Pierre Curie

Die aus Polen stammende französische Forscherin Marie Curie (1867–1934) bekam 1903 zusammen mit ihrem Mann P. Curie und H. Becquerel den Physiknobelpreis für ihre Forschungen auf dem Gebiet der spontanen Radioaktivität. Als Begründerin der Radiochemie erhielt sie 8 Jahre später auch den Nobelpreis für Chemie.

Wie oft kann man an Masern erkranken?

In der Regel nur einmal. Anschließend ist man für das weitere Leben immunisiert. Es ist eine typische Kinderkrankheit, die aber auch in jedem anderen Alter vorkommen kann. Die Vorbeugung (Schutzimpfung) ist wichtig, da diese Virusinfektion akut ansteckend ist und mitunter einen sehr schweren Verlauf nimmt.

Wann lebten die ersten Tiere?

Nach neuen Fossilfunden könnten die ersten vielzelligen Tiere bereits vor ungefähr 1 Milliarde Jahre gelebt haben. Bisher ging man davon aus, dass die Evolution der Tiere nach kurzem Anlauf explosionsartig im Zeitalter des Kambriums, also 500 Millionen Jahre später einsetzte. Die ersten Anfänge des Lebens vermutet man vor 3 bis 4 Milliarden Jahren.

Welche Tierarten besitzen Facettenaugen?

Krebse und Insekten. Facettenaugen werden auch als Komplex- oder Netzaugen bezeichnet. Sie bestehen aus hunderten bis tausenden von Einzelaugen.

Wie heißt der italienische Physiker, der maßgeblich am Bau des ersten Atomreaktors beteiligt war?

Enrico Fermi (1901–54). Er entdeckte, dass sich Atomkerne nach dem Beschuss mit langsamen Neutronen umwandeln und fand eine Möglichkeit, die Kettenreaktion in einem Atomreaktor zu steuern. 1938 erhielt er den Physiknobelpreis.

Welche Vorteile haben Fernsehgeräte mit Flachbildschirm?

Sie sind leicht, Platz sparend, strahlungsfrei, beeinflussen keine anderen elektrischen Geräte und haben einen geringen Energieverbrauch. Ihrer weiteren Verbreitung steht in erster Linie der hohe Preis entgegen.

Welches physikalische Prinzip wird bei einer Zentrifuge ausgenützt?

Sie beruht auf der Grundlage der Fliehkraft (Zentrifugalkraft). Diese Kraft, die bei einer Drehbewegung entsteht und vom Drehpunkt nach außen gerichtet ist, ermöglicht es, in einer Zentrifuge unterschiedlich schwere Bestandteile eines Gemisches zu trennen. Sie verhindert auch, dass ein Satellit durch die Erdanziehungskraft auf die Erde stürzt.

Warum war Tuberkulose früher von so großer Bedeutung?

Tuberkulose (Tbc) war und ist besonders in armen Ländern verbreitet, wo die Widerstandskraft der Menschen durch Unterernährung und Krankheit geschwächt ist. Mitte des 19. Jahrhunderts war jeder vierte Todesfall auf Tbc zurückzuführen. Die Erkrankten leiden an Husten, Schmerzen in der Brust, Fieber und Schweißausbrüchen.

Warum schwingt ein Pendel auch bei völliger Windstille und ruhigem Untergrund nicht genau in einer Ebene?

Durch seinen berühmten Pendelversuch hat der französische Physiker Jean Bernard Léon Foucault (1819–69) gezeigt, dass ein Pendel durch die Erddrehung von seiner Schwingungsebene abweicht. Bei einem sehr langen Pendel mit einer großer Masse ist dies mit bloßem Auge sichtbar.

Nach wem ist die „Fraunhofer-Gesellschaft zur Förderung der angewandten Forschung" benannt?

Ihr Name erinnert an den deutschen Optiker und Physiker Josef von Fraunhofer (1787–1826). Er entwickelte für die damalige Zeit hervorragende Linsen für Fernrohre und andere optische Geräte. Als wissenschaftlicher Autodidakt entdeckte er die nach ihm benannten dunklen Fraunhofer'schen Linien im Lichtspektrum der Sonne.

Wie lassen sich Neurose und Psychose gegeneinander abgrenzen?

Neurose ist ein Überbegriff für psychische Störungen, die nicht mit einem Realitätsverlust verbunden sind. Im Gegensatz zur Psychose merken die Betroffen die Persönlichkeitsveränderung. Neurotische Störungen sind z. B. Depressionen, Angstneurosen und Phobien (irrationale Angst vor bestimmten Objekten oder Situationen).

Fällt eine Bleikugel schneller zu Boden als eine Feder?

Nach dem Gesetz des freien Falls ist die Fallgeschwindigkeit im luftleeren Raum bei allen Körpern gleich, also unabhängig von ihrem Gewicht. Unter Alltagsbedingungen verhindert jedoch der Luftwiderstand, dass die Feder genauso schnell am Boden ankommt.

Woran erkennt man einen Menschen, der sich in einem Zustand der Apathie befindet?

Ein apathischer Mensch ist völlig teilnahmslos und gleichgültig gegenüber sich und seiner Umwelt.

Was passiert, wenn man in einem Funkloch steckt?

Wer mit seinem Funkgerät, Mobilfunkgerät oder Radio in ein Funkloch kommt, hat keinen Empfang mehr bzw. kann nicht mehr senden. Es sind geografisch ungünstig gelegene Bereiche, z. B. hinter einem Berg, die von den Funkwellen nicht erreichbar sind. Die neuen Mobilfunknetze erreichen erst im Laufe der Zeit eine großflächige Abdeckung.

Wie lässt sich die Bildung von Gallensteinen vermeiden?

Gallensteine entstehen z. B., wenn die Galle zu viel Cholesterin enthält. Cholesterinfragmente können sich dann zu den steinartigen Gebilden entwickeln. Zur Vorbeugung sollte man daher Übergewicht vermeiden und den Zucker- und Fettverbrauch verringern.

Welcher deutsche Ingenieur war neben C. Benz maßgeblich an der Entwicklung des modernen Automobils beteiligt?

Gottlieb Daimler (1834–1900) baute 1886 das erste vierrädrige Automobil. Bereits 1 Jahr zuvor hatte er das erste Motorrad der Welt konstruiert. Daimler war zusammen mit Wilhelm Maybach an der Entwicklung des Benzinmotors beteiligt und gründete 1926 zusammen mit Carl Friedrich Benz die Daimler Benz AG.

Gottlieb Daimler: das erste Automobil, konstruiert 1886

Wie kommt der Alkohol ins Bier?

Er entsteht bei der sog. alkoholischen Gärung. Dabei wird Zucker und Stärke von Hefepilzen bzw. deren Enzymen unter Sauerstoffabschluss in Alkohol umgewandelt. Beim Bier wird Gerste vergoren, beim Wein Traubensaft und beim Met Honig.

In welchem sowjetischen Atomkraftwerk kam es 1986 zu einem GAU?

In Tschernobyl. Dieser „Größte anzunehmende Unfall", abgekürzt mit GAU, verseuchte weite Landstriche in der Ukraine, in Weißrussland und Russland. In Teilen Westeuropas kam es zu deutlich erhöhter radioaktiver Strahlung. Theoretisch müssen die Schutzmaßnahmen in Atomkraftwerken für einen GAU ausgelegt sein.

Worauf beruht die Ergreifung eines Verbrechers mit dem genetischen Fingerabdruck?

Genauso wie der Abdruck eines Fingers bei jedem Menschen anders aussieht, ist auch das Erbgut jedes Menschen unverwechselbar. Es genügen kleinste Spuren von Blut, Speichel, Haaren oder Samen, um die DNS zu analysieren.

Von wem stammt das Werk Über den Ursprung der Arten durch natürliche Zuchtwahl?

Charles Darwin: Zeitgenössische Karikatur

Es stammt von Charles Robert Darwin (1809–82) Mit dieser Veröffentlichung lieferte Darwin eine im Wesentlichen bis heute anerkannte Erklärung für die Evolution der Lebewesen. Mit seiner Selektionstheorie verhalf er der Evolutionslehre zum Durchbruch. Damit wurde die christliche Schöpfungslehre als gängiges Erklärungsmodell für die Vielfalt der Organismen abgelöst.

Wo befindet sich das Gleichgewichtsorgan des Menschen?

Es ist als Teil des Innenohres in einer Knochenkapsel, dem „Felsenbein", verborgen. Die Lage des Körpers und Körperbewegungen werden angezeigt, indem Sinnesborsten durch winzige Steine oder eine gelartige Flüssigkeit umgebogen werden. Dadurch kommt es zur Auslösung von Nervenreizen.

Was ist schädlich am Cholesterin?

Ein hoher Cholesterinspiegel im Blut gilt als Auslöser der Arteriosklerose (Arterienverkalkung). Damit steigt das Risiko, einen Herzinfarkt oder Schlaganfall zu erleiden. Nach heutiger Ansicht ist nur das LDL-Cholesterin schädlich, während das HDL-Cholesterin sogar vor der Arteriosklerose schützen kann.

Welche Tiere gehören zur Gruppe der Gliederfüßer?

Zu den Arthropoda, wie sie in der Fachsprache genannt werden, gehören Pfeilschwanzkrebse, Spinnen, Krebse, Tausendfüßer und Insekten. Ausgestorben sind die Dreilapper (Trilobiten). Alle diese Gruppen besitzen zahlreiche gemeinsame Merkmale, darunter den grundlegenden Aufbau der Gliedmaßen, dem sie ihren Namen verdanken.

Wie kann man mithilfe von Satelliten in einem unbekannten Gelände seinen Standort feststellen?

Mit dem GPS (Global Positioning System). Mit einem Empfangsgerät können die Signale von mehreren Satelliten empfangen und der eigene Standort berechnet werden. Das System wurde ursprünglich zu militärischen Zwecken von den USA entwickelt, ist heute aber auch für die zivile Nutzung freigegeben.

Wie heißen die wichtigsten Teilgebiete der Mathematik?

Arithmetik, Geometrie, Algebra, Analysis, Topologie, Funktionentheorie und Mengenlehre.

Wer ist in einem Computer für den Aufbau von Grafiken verantwortlich?

Die Grafikkarte bestimmt die Auflösung, die Anzahl der Farben, die Bildwiederholfrequenz und die Geschwindigkeit, mit der eine Grafik auf dem Bildschirm aufgebaut wird. Damit die volle Leistung der Grafikkarte zum Tragen kommt, ist ein passender Bildschirm notwendig.

Aus welchen chemischen Elementen besteht Wasser?

Das Wassermolekül ist aus 1 Sauerstoffatom und 2 Atomen Wasser zusammengesetzt. Daher lautet die chemische Formel für Wasser H_2O. Das normale Leitungswasser enthält neben den Wassermolekülen eine Vielzahl anderer Verbindungen. Dazu gehört Sauerstoff, Kohlendioxid, zahlreiche Salze und Metalle. Die meisten dieser Stoffe sind nur in geringsten Konzentrationen vertreten.

Was ist das Tätigkeitsfeld der Hacker?

Die Welt der Rechner und Netzwerke. Mit ihren ausgezeichneten Fachkenntnissen können sie illegal in fremde Computersysteme eindringen. Die meisten Hacker handeln aus sportlichem Antrieb und nicht mit krimineller Absicht. Das Wort wird zum Teil auch für Personen gebraucht, die einfach nur viel und gerne mit Computern arbeiten.

Wo wird die Erfindung Rudolf Diesels (1858–1913) heute noch eingesetzt?

Rudolf Diesel

Der deutsche Ingenieur entwickelte in den Jahren 1892–93 den nach ihm benannten selbstzündenden Dieselmotor. Er eignet sich besonders für das Bewegen schwerer Lasten. Deshalb wird er bevorzugt in Lastkraftwagen, Lokomotiven und Schiffen eingebaut. Als Dieselaggregat dient er auch zur Stromerzeugung.

Wodurch entsteht eine Dermatitis?

Eine solche Hautentzündung kann beim Kontakt der Haut mit Waschmitteln, Chemikalien, Schmuck oder Medikamenten entstehen. Der Ausschlag wird dabei durch die unmittelbare Giftwirkung der betreffenden Substanz oder durch eine allergische Reaktion hervorgerufen.

Womit beschäftigt sich das mathematische Teilgebiet Algebra?

Die Algebra ist eine Rechenform, bei der Symbole anstelle von Zahlen stehen („Buchstabenrechnen"). Beim berühmten Satz des Pythagoras stehen beispielsweise die Kleinbuchstaben a, b und c in der Formel $a^2 + b^2 = c^2$, mit der Seitenlängen von Dreiecken ausgerechnet werden.

Was ist eine Hackordnung ?

Eine Hackordnung beschreibt, wer in einer Gruppe von Tieren oder Menschen das Sagen hat. Ein solches Rangordnungs-Verhalten wurde erstmals bei Hühnern beobachtet und wissenschaftlich beschrieben. Da hier das ranghöhere Huhn die rangniederen mit dem Schnabel hackt, prägte man den Begriff der Hackordnung.

Wer waren die größten jemals lebenden Landtiere?

Die zu den Dinosauriern gehörenden Sauropoden. Die riesigen Reptilien (Kriechtiere) wurden bis zu 30 m lang und 75 Tonnen schwer. Die heutigen Vertreter der Reptilien, Krokodile, Schildkröten, Eidechsen, Schlangen und Brückenechsen, sind erheblich kleiner. Krokodile erreichen eine Länge um 7 Meter.

Dinosaurier

Wie bezeichnet man Stoffe, die sowohl Strom leiten als auch isolieren können?

Stoffe mit diesen Eigenschaften bezeichnet man als Halbleiter. Bei tiefen Temperaturen wirken sie als Isolatoren, mit steigender Temperatur nimmt ihre Leitfähigkeit zu. Sie sind heute aus der Elektrotechnik nicht mehr wegzudenken (Gleichrichter, Verstärker u. a.).

Auf welche Zellen wirkt eine Chemotherapie besonders stark?

Von der Krebs-Chemotherapie sind alle schnell wachsenden Zellen betroffen. Dazu gehören die Krebszellen, das eigentliche Ziel der Behandlung, aber auch die Zellen von Knochenmark, Eierstöcken und Hoden. Die auffälligste Nebenwirkung einer Chemotherapie ist häufig der Haarausfall durch die Schädigung der Haarfollikel.

Warum verschwindet ein radioaktives Element im Laufe der Zeit in gesetzmäßiger Weise?

Ein radioaktives Element zerfällt, indem es Strahlung aussendet und dadurch zu einem neuen Element wird. Nach einer charakteristischen Zeitspanne, der sog. Halbwertszeit (Sekundenbruchteile bis Jahrmillionen), ist nur noch die Hälfte der Ausgangssubstanz vorhanden.

Welche mathematische Beziehung besteht zwischen einer Wurzel und einer Potenz?

Die Wurzel einer bestimmten Zahl a ist diejenige Zahl, die in eine bestimmte Potenz erhoben, die Zahl a ergibt. So ist die Quadratwurzel (2. Wurzel) von 9 die Zahl 3, da die zweite Potenz von 3 (geschrieben: 3^2) 9 ergibt. Beim Wurzelziehen schreibt man das √ vor die Zahl (z. B. √ 9).

Aus welcher Sprache stammt der Begriff Handy?

Obwohl Handy sehr englisch klingt, stammt der Begriff nicht aus dem Englischen, sondern wurde in Deutschland erfunden. Die Engländer sprechen nämlich von portable telephone, mobile phone oder cellular phone. In Deutschland hat sich jedoch für das tragbare Telefon, technisch als Mobilfunktelefon bezeichnet, der Begriff Handy durchgesetzt.

Woran erkennt man Epilepsie-Anfälle und wie können sie verhindert werden?

Die Kranken brechen plötzlich mit Bewusstseinsstörungen zusammen, zeigen zuckende Bewegungen und Verkrampfungen. Häufig sind sie verwirrt und orientierungslos. Die Anfälle lassen sich durch eine medikamentöse Behandlung meist gut unter Kontrolle bringen.

Was kennzeichnet die Hardware im Gegensatz zur Software?

Hardware hat im Gegensatz zur Software die Eigenschaft, dass man sie anfassen kann. Dazu gehören also sämtliche mechanischen und elektronischen Bauteile des Computers einschließlich dem Zubehör (Drucker, Bildschirm usw.).

Wer baute das erste Düsenflugzeug der Welt?

Der Konstrukteur hieß Ernst Heinrich Heinkel (1888–1958). Die 1939 gebaute He 178 ging allerdings nie in Serie. Erst der vier Jahre später von Willy Messerschmidt konstruierte Düsenjäger Me 262 wurde in größerer Stückzahl hergestellt.

Wie heißen die bedeutendsten deutschen Physiker?

Max Born (1882–1970, Quantenmechanik), Walther Bothe (1891–1957, Kernphysik), Albert Einstein (1879–1955, Relativitätstheorie), Werner Heisenberg (1901–76, Quantenmechanik), Max Planck (1858–1947, Quantentheorie), Wilhelm Conrad Röntgen (1845–1923, Röntgenstrahlung). Alle genannten Physiker wurden für ihre Verdienste mit dem Nobelpreis für Physik geehrt.

An welchen Symptomen erkennt man eine Hepatitis?

Das auffälligste Zeichen einer solchen Leberentzündung ist die Gelbfärbung der Haut (daher der Name Gelbsucht). Sie wird häufig begleitet von Übelkeit, Erbrechen und Appetitlosigkeit. Meist wird die Krankheit durch eine Virusinfektion ausgelöst. Die bekanntesten Viren sind die Hepatitis-A- und die Hepatitis-B-Viren, gegen die man sich durch eine Impfung schützen kann.

Womit wurde die Draisine des Freiherrn von Drais angetrieben?

Draisine: Laufrad

Mit den Füßen. Die Draisine war ein Laufrad, d. h. ein Zweirad ohne Pedale (Vorläufer des Fahrrads). Der badische Forstmeister Drais (1785–1851) trat auch als Erfinder einer „Schnellschreibmaschine" hervor.

Was ist der Vorteil der elektronischen Post (E-Mail) gegenüber der Briefpost?

Eine E-Mail ist eine elektronische Nachricht in Form von Daten, die in einem Netzwerk von einem Computer zu einem anderen verschickt werden. Sie kann weltweit empfangen werden und ist billiger, schneller und meist problemloser zu versenden als ein herkömmlicher Brief. Es lassen sich außerdem beliebige Dateien anhängen.

Welche Körperteile können von Herpes befallen werden?

Durch die Viruskrankheit sind allgemein Haut- und Schleimhautbereiche betroffen, auf denen sich dann die typischen Bläschen bilden. Verbreitet ist der Befall der Lippen („Lippenbläschen") durch den Virus Herpes simplex. Bei der Gürtelrose werden Teile des Rumpfes befallen.

Wer war der erfolgreichste amerikanische Erfinder?

Thomas Alva Edison

Er hieß Thomas Alva Edison (1847–1931). Er entwickelte das Telefon und die Kamera weiter, erfand u. a. das Kohlekörnermikrofon, den Fonografen (Vorläufer des Grammofons), das Schraubgewinde der Glühlampe und den Eisen-Nickel-Akkumulator. Er baute den ersten Generator, das erste öffentliche Elektrizitätswerk und entdeckte den glüh-elektrischen Effekt (Edison-Effekt).

Wer gilt als Erfinder des Computers?

Konrad Zuse (1910–95) zählt neben A. M. Turing und H. Aiken zu den Pionieren der elektronischen Datenverarbeitung und des Rechnerbaus. 1941 stellte er mit dem „Z3" den ersten programmgesteuerten Rechner vor. Der „Z3" war in der Lage alle vier Grundrechnungen sowie Quadratwurzeln zu berechnen.

Nach wem ist der Hippokratische Eid benannt?

Der Eid trägt den Namen des griechischen Arztes Hippokrates (460–377 v. Chr.). Die Ärzte mussten früher schwören, nach seinen ethischen Grundsätzen zu handeln. Dazu gehört insbesondere, bedingungslos menschliches Leben zu erhalten. Seinem Wesen nach ist der Hippokratische Eid auch heute noch die Grundlage ärztlichen Handelns.

Wo findet man eine Homepage?

Im Internet oder WWW (world wide web). Es ist die erste Seite (Startseite) eines Anbieters oder Darstellers. Von hier aus kann über sog. Links auf andere Seiten zugegriffen werden. Mitunter werden in den Begriff auch die anderen, von der Homepage aus erreichbaren Seiten einbezogen.

Wozu müssen zwei Brüche auf einen gemeinsamen Nenner gebracht werden?

Um zwei Brüche addieren oder voneinander subtrahieren zu können, müssen sie den gleichen Nenner haben. In der Umgangssprache versteht man unter einem (kleinsten) gemeinsamen Nenner die Gemeinsamkeiten, die trotz bestehender Meinungsvielfalt vorhanden sind.

Welche Bedeutung hat die Tse-Tse-Fliege?

Die afrikanische Fliege überträgt den Erreger der Schlafkrankheit (einen tierischen Einzeller) auf Mensch und Tier. Eine besondere Form der Schlafkrankheit, an der Vieh und Großwild erkranken, ist die Nagana-Seuche. Die Schlafkrankheit hat ihren Namen von der Apathie und starken Erschöpfung, die sie bei den Befallenen auslöst.

Was wird von einer Computermaus bewegt?

Der Cursor, d. h. das Blinkzeichen auf dem Bildschirm. Über die Maus kann man Befehle eingeben, ohne die Tastatur einzusetzen.

Wer erfand 1867 das Dynamit?

Alfred Nobel

Alfred Nobel (1833–96). Der Sprengstoff ist aus Nitroglycerin (exakte Bezeichnung: Glycerintrinitrat) und Kieselgur zusammengesetzt. Nobel arbeitete bereits einige Zeit mit Nitroglycerin, dabei kamen 1864 sein junger Bruder und vier weitere Menschen bei einem Unfall ums Leben.

Wie lange dauert es von der Ansteckung bis zum Ausbruch einer Krankheit?

Dieser als Inkubationszeit bezeichnete Zeitraum ist bei jeder Infektionskrankheit verschieden. Er beträgt bei Windpocken 14 bis 21 Tage, bei Masern 7 bis 14 Tage und bei Cholera einige Stunden.

Wie läuft eine Hypnose ab?

Eine Hypnose ist nur erfolgreich, wenn der Betreffende sich hypnotisieren lassen will. Mit ruhiger Stimme spricht der Hypnotiseur Sätze wie „Du bist ganz ruhig und hörst auf mich" und lenkt die Aufmerksamkeit auf einen bestimmten Gegenstand. Der Betreffende wird immer entspannter und verfällt schließlich in einen tranceähnlichen Zustand, in dem er sehr empfänglich für Suggestionen ist.

Welcher Teil des Gehirns ist für die Steuerung von Hunger und Durst verantwortlich?

Der Hypothalamus, ein Teil des Zwischenhirns. Er empfängt Signale aus dem Körper über den Wasser- und Nährstoffgehalt und erzeugt bei Bedarf ein Durst- oder Hungergefühl. Damit veranlasst er den Organismus, Nahrung oder Wasser aufzunehmen.

Woraus besteht das Immunsystem?

Zum Immunsystem gehören bestimmte Gewebe, Zellen und Eiweißverbindungen, die zur Abwehr von Krankheitserregern und körperfremden Stoffen dienen. Die Haut bildet z. B. ein physikalisches Hindernis gegen Krankheitserreger, während die Magensäure Bakterien chemisch vernichtet. Die weißen Blutkörperchen und Immunoglobuline (Eiweiße) sind ebenfalls sehr wichtig.

Kann man Wärme sehen?

Man kann die Infrarotstrahlung (Wärmestrahlung), die von einem Gegenstand oder Körper ausgeht, mit einer Infrarot-Kamera indirekt sichtbar machen. Damit lassen sich Wärmeverluste eines Gebäudes (Wärmebildkamera) oder Menschen aufspüren (Nachtsichtgeräte). Die Strahlung wird als Infrarot bezeichnet, weil ihre Wellenlänge unterhalb der des sichtbaren roten Lichtes liegt.

Welcher bekannte Mediziner ist auf den 200-DM-Scheinen abgebildet?

Paul Ehrlich

Der Begründer der Chemotherapie, Paul Ehrlich (1854–1915). Der deutsche Mediziner entdeckte außerdem das Salvarsan, ein Mittel zur Bekämpfung der Syphilis. 1908 erhielt er den Nobelpreis für Medizin.

Was ist neu am interaktiven Fernsehen?

Es bietet dem Zuschauer die Möglichkeit, sich unmittelbar an der Gestaltung von Fernsehsendungen zu beteiligen. Grundlage ist die digitale Fernsehtechnik und eine Rückleitung in Form der Telefonleitung oder eines Kabelnetzes, über die der Zuschauer sich melden oder Informationen abrufen kann.

Warum ist der Einsatz von Hormonen in der Masttierhaltung umstritten?

In manchen Ländern werden in der Tiermast wachstumsfördernde Hormone verwendet. Es ist nicht auszuschließen, dass sie über die Nahrung in den menschlichen Körper gelangen und dort unerwünschte Wirkungen entfalten. Normalerweise werden Hormone im Körper von bestimmten Drüsen gebildet, ins Blut ausgeschüttet und zu ihren Wirkorten befördert.

Welche Möglichkeiten bietet das Internet?

Jeder, der über einen PC, ein Modem und einen Telefonanschluss verfügt, kann weltweit auf Informationen zugreifen oder kommunizieren. Immer mehr Waren und Dienstleistungen werden über das Internet angeboten. Der Internet-Buchhandel nimmt Bestellungen über das Weltnetz entgegen und liefert die Bücher, z. T. sogar ohne Versandkosten, ins Haus.

Unter welchen Bedingungen werden Endorphine freigesetzt?

Der Körper erzeugt diese Substanzen v. a. in Ausnahmesituationen. Sie werden z. B. verstärkt bei starkem körperlichen Stress (wie starken Schmerzen) produziert. Ähnlich wie das chemisch verwandte Rauschgift Morphium können sie Schmerzen lindern und Stimmungen beeinflussen.

Was ist die Aufgabe von Transistoren?

Transistoren sind elektronische Halbleiterbauelemente, die als Schalter oder zur Verstärkung von elektrischen Strömen oder Spannungen dienen. Sie gaben dem Transistorradio ihren Namen. Auf einem winzigen Chip befinden sich zum Teil mehrere Millionen Transistoren in dichter Packung (sog. integrierte Schaltungen).

Wie heißen die Grundbausteine der Vererbung?

Es sind bestimmte Abschnitte auf den DNS-Molekülen der Chromosomen, die als Gene bezeichnet werden. Sie bestimmen zusammen mit den Umwelteinflüssen die Ausprägung der Körpereigenschaften und Merkmale von Lebewesen. Bei der Gentechnik wird mit den Genen verschiedener Organismen experimentiert.

Welche Vorteile bietet ISDN gegenüber einem herkömmlichen Telefonanschluss?

Die digitale ISDN-Technik bietet gegenüber dem herkömmlichen analogen Fernmeldenetz zahlreiche Vorteile: Es eignet sich auch für die Übertragung von Bildern, man kann über eine Nummer Telefon, PC und Telefax erreichen und die Leitung ist nicht blockiert, wenn ein Anruf eingeht, während der Nutzer im Internet arbeitet.

Welche Leistungen begründeten den Weltruhm Albert Einsteins (1879–1955)?

Albert Einstein

Mit dem Namen Albert Einstein ist untrennbar die Entwicklung der speziellen und der allgemeinen Relativitätstheorie verbunden, mit denen er das bisherige Weltbild der Physik veränderte. Die berühmte Formel $E = mc^2$ (Energie ist gleich Masse multipliziert mit dem Quadrat der Lichtgeschwindigkeit) geht auf Einstein zurück.

Warum muss Uran zur Herstellung von Kernbrennstoff angereichert werden?

Natürliches Uran ist ein Gemisch aus 0,7% Uran-235 und 99,3% Uran-238. Solche Atomarten eines Elements, welche die gleiche Anzahl an Protonen, aber unterschiedlich viele Neutronen besitzen, heißen Isotope. Atomkraftwerke benötigen meist das Uran-235-Isotop, das im Gemisch einen Gehalt von 3% erreichen muss.

Welches berühmte Flugzeug wurde auch als Tante Ju bezeichnet?

Das von den deutschen Junkerswerken 1930/1931 gebaute Flugzeug JU 52. Es ist sofort an seiner Wellblechverkleidung zu erkennen. Von dem äußerst zuverlässigen Flugzeug wurden fast 5000 Stück gebaut. Es kam in vielen Ländern zum Einsatz, hauptsächlich für militärische Zwecke, aber auch für den zivilen Luftverkehr.

Was verstand man früher unter einer Hysterie und was bedeutet das Wort heute?

Ursprünglich bezeichnete man damit bestimmte körperliche Erkrankungen bei Frauen. Später verstand man darunter angeblich psychisch bedingte Zustände wie z. B. Halluzinationen. Heute fällt unter den Begriff das ungewöhnliche Verhalten eines Menschen, das in keinem Verhältnis zur Lage steht, in der er sich befindet.

Wann muss ein Kind durch einen Kaiserschnitt entbunden werden?

Wenn eine normale Geburt durch die Scheide unmöglich oder zu gefährlich ist. Dies ist z. B. der Fall, wenn das Kind nicht durch das Becken der Mutter passt, wenn die künstliche Erzeugung der Wehen (die unter besonderen Umständen notwendig sein kann) nicht gelingt oder eine Steißgeburt zu große Gefahren birgt.

Wer baute das bis heute meistverbreitete Gewehr?

Der russische Waffenkonstrukteur Michail Timofejewitsch Kalaschnikow (*1908). 1947 wurde die Rote Armee mit seinem Gewehr AK 47 (Automat Kalaschnikow) ausgerüstet. Es wurde zur Standardwaffe des Warschauer Paktes und vieler anderer Staaten und Rebellengruppen. Kennzeichnend ist das lange, nach vorn gebogene Magazin.

Ist der Embryo oder der Fötus das spätere Entwicklungsstadium?

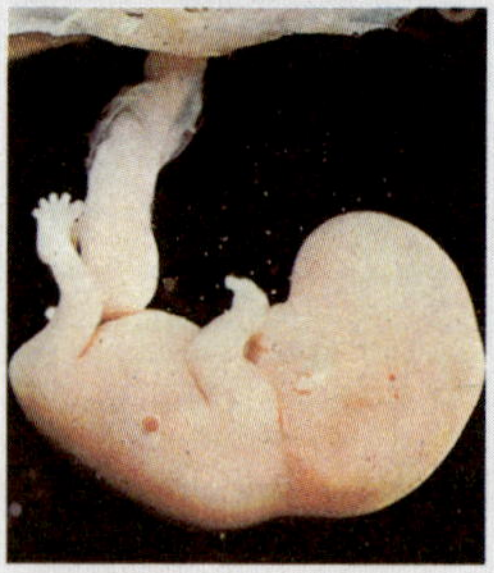
Embryo

Beim Menschen bezeichnet man den im Mutterleib heranwachsenden Keim bis zum Ende des 3. Schwangerschaftsmonats als Embryo. Danach spricht man von Fötus (auch Fetus). Dieses Stadium endet mit der Geburt.

Welche berühmten Ärzte wirkten an der Berliner Charité?

An dem bedeutenden Berliner Krankenhaus und heutigen Universitätsklinikum arbeiteten u. a.: C. H. Hufeland (Verdienste in der Seuchenbekämpfung), R. Virchow (arbeitete auf dem Gebiet der Pathologie und Anthropologie), R. Koch (Entdecker des Milzbrandbazillus und Tuberkelbakteriums) und F. Sauerbruch (Neuerungen in der Chirurgie).

Warum sind Schlangen, Frösche und viele andere Tierarten bei Kälte träge oder völlig bewegungsunfähig?

Als Kaltblüter können sie ihre Körpertemperatur nicht selbst regulieren, sondern sind auf äußere Wärmequellen, in der Regel die Sonne, angewiesen. Von wenigen Ausnahmen abgesehen, haben nur Vögel und Säugetiere eine von der Umgebung unabhängige Körpertemperatur.

Wozu braucht ein Computer einen Algorithmus?

Zur Lösung von Aufgaben und Problemen. Der Algorithmus ist eine Folge von Anweisungen (Rechenschritten), mit denen ein bestimmtes Problem gelöst werden soll. In einem Computer-Programm stecken meist sehr viele Algorithmen.

Welche Ursachen hat der Kannibalismus?

Der Verzehr von Menschenfleisch durch Menschen hat, abgesehen von Fällen extremer Hungersnot, meist religiöse oder rituelle Gründe. Er kann Teil einer Begräbnissitte sein und einem Zauber- und Ahnenglauben entspringen.

Wiegt ein Körper überall auf der Erde gleich viel?

Nein. Sein Gewicht, also die Kraft, mit der er von der Schwerkraft auf den Boden gedrückt wird, ist am Äquator geringer als an den Polen. Dies hängt mit dem Abstand der Erdoberfläche zum Erdmittelpunkt zusammen. Da die Erde an den Polen abgeplattet ist, ist hier der Abstand geringer und damit die Erdanziehung größer.

Wodurch entsteht Karies?

Bei der Entstehung der Zahnfäule spielen v. a. die Ernährungsgewohnheiten eine Rolle. Häufiger Genuss zuckerhaltiger Nahrungsmittel und Getränke sowie ungenügende Zahnpflege sind die

Hauptursachen. Daneben spielt auch die erbliche Veranlagung eine Rolle. Die Karies erzeugenden Bakterien können bereits durch die Mutter auf den Säugling übertragen werden.

Wie kommt es zu einer Übertragung der Immunschwächekrankheit Aids?

Der Erreger der Krankheit, das HI-Virus, befindet sich im Blut, im Sperma und der Scheidenflüssigkeit und kann z. B. bei sexuellen Kontakten übertragen werden. Es gibt bis heute keinen Impfstoff um sich vor Ansteckung zu schützen und keine Medikamente, um Aidskranke zu heilen.

Welche Aufgabe erfüllen Katalysatoren bei chemischen Reaktionen?

Viele Reaktionen laufen nur unter Zufuhr von Energie (Wärme) ab. Katalysatoren beschleunigen chemische Reaktionen, indem sie den Energieaufwand für die Umsetzungen senken. Sie nehmen an der Reaktion teil, gehen aber letztlich unverändert aus dieser hervor.

Auf welchem technischen Prinzip beruht die Bildröhre eines Fernsehers?

Es ist das Prinzip einer Kathodenstrahlröhre. In ihr werden Elektronen zwischen Kathode und Anode beschleunigt und zu einem Strahl gebündelt. Dieser Strahl kann z. B. durch magnetische Felder abgelenkt und auf jeden Punkt eines Bildschirms gerichtet werden.

Wie kommt die Chaosforschung zu ihrem Namen?

Die Chaosforschung ist entgegen ihrem Namen ein ernsthafter, mit mathematisch-naturwissenschaftlichen Methoden arbeitender Forschungszweig. Er befasst sich mit Systemen, über deren langfristiges Verhalten man keine Aussagen machen kann, da es unvorhersehbar, also chaotisch ist. Einer der bedeutendsten Theoretiker der Chaosforschung war der amerikanische Physiker Mitchell Feigenbaum.

Wo liegt der Nullpunkt der Temperaturmessung bei der Celsius-Skala und wo liegt er bei der Kelvin-Skala?

Bei der Celsius-Skala fällt der Nullpunkt mit dem Gefrierpunkt des Wassers zusammen (0 °C). Die Kelvin-Skala geht vom absoluten Nullpunkt aus, der bei -273,16 °C liegt (entspricht 1 Kelvin). Sie wurde von dem britischen Physiker Lord Kelvin entwickelt.

Wer war Leonhard Euler (1707–85)?

Leonhard Euler

Einer der bedeutendsten Mathematiker und Physiker des 18. Jahrhunderts. Der Schweizer gilt als Begründer der Hydrodynamik und der Theorie des Kreisels. Die eulersche Zahl (e = 2,71828...) gilt als Basis des natürlichen Logarithmus. 1767 völlig erblindet, hinterließ er 28 große Werke und über 700 Abhandlungen.

Was bedeutet es, wenn eine Krankheit psychosomatisch ist?

Das heißt, die körperlichen Beschwerden wurden durch seelische (psychische) Ursachen hervorgerufen. Häufige psychosomatische Leiden sind Kopfschmerzen,

Übelkeit, Asthma bestimmte Geschwüre und Ekzeme. Der Erfolg vieler sog. „alternativer Heilmethoden" beruht auf der psychischen Beeinflussbarkeit körperlicher Vorgänge.

Wofür erhielt der britische Bakteriologe Sir Alexander Fleming (1881–1955) den Nobelpreis für Medizin?

Sir Alexander Fleming

Er entdeckte 1928 das Penicillin, eine Substanz, die von Pilzen gebildet wird und zur Bekämpfung von Bakterien geeignet ist. Damit bereitete er den Weg zur Entwicklung der Antibiotika. Sie sind unverzichtbare Säulen der Behandlung bakterieller Infektionen.

Wie heißt der zentrale Bereich eines Atomkraftwerkes, in dem die Energie erzeugt wird?

Der Kernreaktor ist die eigentliche Anlage, in der die Atomkerne gespalten werden und so die Kernenergie in Wärmeenergie umgewandelt wird. Er befindet sich in dem Reaktordruckbehälter, der wiederum von der typischen, weithin sichtbaren Betonhülle umschlossen wird.

Woher stammen die Begriffe Fauna und Flora?

Fauna war ursprünglich eine römische Waldgöttin und Beschützerin der Tiere. Heute bezeichnet man damit die Tierwelt einer bestimmten Region oder einer bestimmten Periode. Flora war die italische Göttin der Blumen, des Getreides und des Frühlings. Entsprechend der Fauna versteht man heute darunter die Pflanzen einer bestimmten Region oder einer bestimmten Periode.

Wie viele verschiedene Kombinationen für ein Byte gibt es?

Da ein Byte aus 8 Bits besteht und jedes Bit 2 verschiedene Zustände (binärer Code) einnehmen kann, gibt es 256 verschiedene Kombinationen. Der erweiterte ASCII-Zeichensatz besteht daher aus 256 Zeichen, von denen jedes durch 1 Byte dargestellt wird.

Warum führt die Kernspaltung in der Atombombe zur Explosion, im Atomkraftwerk dagegen nicht?

In einer Atombombe werden mehrere Teile des spaltbaren Materials plötzlich vereinigt und damit eine „kritischen Masse" erzeugt, bei der es zu einer unkontrollierten Kettenreaktion kommt und die Energie explosionsartig freigesetzt wird. Im Kernreaktor erfolgt dagegen eine geregelte Kettenreaktion.

Welche Rolle spielt Kohlendioxid (CO_2) beim Treibhauseffekt?

Kohlendioxid soll wesentlich zur Erwärmung der Erdatmosphäre beitragen. Das in Jahrmillionen von den Pflanzen durch die Fotosynthese aus der Atmosphäre entnommene Gas wird in den letzten Jahrzehnten durch die massive Verbrennung fossiler Energieträger wie Kohle, Erdöl und Erdgas wieder freigesetzt.

Was haben Diamant und Steinkohle gemeinsam?

Sie sind aus Kohlenstoff aufgebaut. Dieser ist das mit Abstand häufigste Element in den organischen Verbindungen der Lebewesen. Diese Kohlenstoffverbindungen sind Gegenstand der organischen Chemie. Kohlenstoff ist aber auch Bestandteil der Erdkruste (im Kalk- und Dolomitgestein).

Durch wen wurde das Fließband berühmt?

Ford: Tin Lizzy (Modell T)

Der nordamerikanische Automobilhersteller Henry Ford (1883–1947) machte das Fießband bekannt. Am 1. Oktober 1908 stellte Ford sein Automobil „Modell T" der Öffentlichkeit vor. Es erreichte eine Höchstgeschwindigkeit von 65 km/h. Von diesem Modell wurden schon im ersten Jahr 19.000 Stück produziert. Das Fließband ermöglichte es Ford, ein einfaches, billiges, aber zuverlässiges Automobil für eine breite Käuferschaft zu produzieren. Ford perfektionierte sein Konzept so weit, dass er 5 Jahre später ein Modell für den Rekordpreis von nur 290 Dollar herstellen konnte.

Autoproduktion am „laufenden Band"

Wie lassen sich Koma und Schlaf gegeneinander abgrenzen?

Ein Mensch der im Koma liegt, kann im Gegensatz zu einem Schlafenden nicht durch äußere Einwirkungen wie Kneifen oder Ansprechen geweckt werden. Ursachen einer solchen tiefen Bewusstlosigkeit sind z. B. Kopfverletzungen, Hirntumore, Diabetes mellitus oder Hirnhautentzündung.

Auf welche Arten kann ein Generator zur Stromerzeugung angetrieben werden?

Die meisten Stromgeneratoren werden mit Wasser, Dampf, Gas oder Diesel betrieben. Gemeinsam ist allen Generatoren, dass sie mechanische in elektrische Energie umwandeln.

Zeigt ein Kompass zum magnetischen oder zum geografischen Nordpol?

Zum magnetischen Nordpol. Je weiter man nach Norden kommt, desto stärker macht sich die Abweichung der Magnetnadel von der geografischen Nordrichtung, die sog. „Missweisung", bemerkbar. Sie muss bei der Verwendung eines Kompasses berücksichtigt werden.

Warum beschlagen die Brillengläser, wenn man aus der Kälte in einen beheizten Raum tritt?

Warme Luft kann mehr Feuchtigkeit aufnehmen als kalte. Die Luft in unmittelbarer Nähe der kalten Brillengläser kühlt ab und die Luftfeuchtigkeit muss sich auf den Gläsern niederschlagen. Physikalisch bezeichnet man einen Vorgang, bei dem ein Stoff aus dem gasförmigen in den flüssigen Zustand übergeht, als Kondensation.

Wann kommt eine Behandlung mit Kortison infrage?

Beim Kortison handelt es sich um ein Hormon der Nebennierenrinde bzw. um synthetisch erzeugte Abkömmlinge dieses Hormons. Es hat eine entzündungshemmende Wirkung und wird daher bei Entzündungen durch schwere Allergien, bei rheumatischen Beschwerden, Arthritis und anderen entzündlichen Krankheiten angewendet.

Wozu dient der Vorgang des Downloads?

Beim Download werden auf einem Rechner gespeicherte Dateien oder Programme auf einen anderen Rechner „heruntergeladen".

Warum ist man in einem Auto vor Blitzeinschlag geschützt?

Michael Faraday

Weil das Auto als Faraday-Käfig wirkt. Dies ist eine von allen Seiten geschlossene Metallhülle (auch netzförmig), in die kein elektrisches Feld eindringen kann. Er trägt den Namen des englischen Physikers und Chemikers M. Faraday (1791–1867).

Was sind die wichtigsten Krebs auslösenden Faktoren?

Wie stark jemand für Krebs anfällig ist, hängt von seinen Erbanlagen ab. Als Auslöser kommen Alkohol, bestimmte Nahrungsmittel, Rauchen, Chemikalien, radioaktive Strahlen, UV-Strahlen und Viren in Betracht.

Wann kommt es zu einem Kurzschluss?

Wenn zwei unter Spannung stehende Teile eines elektrischen Geräts durch einen Fehler unmittelbar miteinander verbunden werden. Bei einem solchen verkürzten Stromkreis ist der Widerstand nur gering, die Stromstärke dagegen sehr hoch. Die Folge ist eine starke Erwärmung, die zu Bränden führen kann. „Sicherungen" unterbrechen den Stromkreis.

Was geschah bei der Katastrophe von Lakehurst?

Im Jahr 1937 ging das Luftschiff „Hindenburg" bei der Landung in Lakehurst (USA) in Flammen auf. Dabei verloren 36 Menschen ihr Leben. Der Unfall, dessen Ursache nie geklärt wurde, erregte große Aufmerksamkeit in der ganzen Welt und führte zur Einstellung der Verkehrsluftschifffahrt.

Was ist der Unterschied zwischen Homosexualität und Heterosexualität?

Als Homosexualität bezeichnet man die gleichgeschlechtliche Liebe, also die Liebe zwischen zwei Männern oder zwischen zwei Frauen. Im Unterschied dazu bezeichnet die Heterosexualität die gemischtgeschlechtliche Liebe, also die Liebe zwischen Mann und Frau.

Wer war Antony van Leeuwenhoek ?

Der Niederländer Leeuwenhoek (1632–1723) war eigentlich Tuchhändler, betätigte sich aber in seiner Freizeit als Naturforscher und wurde so zum Begründer der Mikrobiologie. Mit seinen selbstgebauten Mikroskopen entdeckte er u. a. die Kleinstlebewesen, die in einem Wassertropfen leben, die Blutzellen und die Bakterien.

Was befördert der Bus in einem Computer?

Ein Bus, auch als Systembus bezeichnet, transportiert (überträgt) Daten zwischen den verschiedenen Baugruppen in einem Computer (z. B. Prozessor, Arbeitsspeicher und Permanentspeicher). Die Busbreite ist die Anzahl der Leitungen, aus denen der Bus besteht. Bei 16 Leitungen spricht man von 16 Bit Breite, es können also 16 Bits gleichzeitig transportiert werden.

Was für eine Möglichkeit gibt es, ein ungeborenes Kind auf erblich bedingte Schäden zu untersuchen?

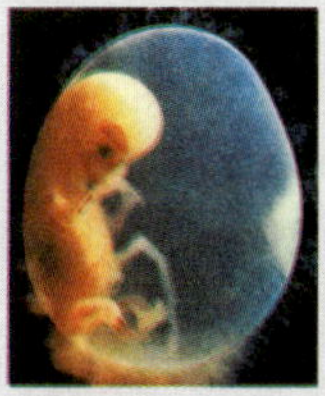
Embryo im Fruchtwasser

Man kann eine kleine Menge Fruchtwassers entnehmen, in dem stets auch einige Zellen des Kindes vorhanden sind. Diese lassen sich z. B. auf eine Chromosomenstörung hin überprüfen, die für das Down-Syndrom (Mongolismus) verantwortlich ist.

Was bedeutet Leistung im physikalischen Sinn?

Leistung ist das Verhältnis der Arbeit zur Arbeitszeit (der Quotient aus der Arbeit und der dazu benötigten Zeit). Einheiten der Leistung sind u. a.: Watt (W) und Joule/Sekunde (J/s). Die Verwendung der alten Einheit Pferdestärken (PS) ist nicht mehr zulässig.

Welche Krankheit bezeichnete man früher als Aussatz?

Die Lepra. Diese chronisch verlaufende Krankheit war schon vor tausend Jahren bekannt. Die Kranken wurden aus der Gemeinschaft ausgestoßen und mussten in besonderen Häusern außerhalb der Stadt leben („Aussätzige"). Die Krankheit ist allerdings weniger ansteckend, als gemeinhin vermutet. Sie wird durch Bakterien verursacht.

Wie heißt die Krebsform, von der das Blut betroffen ist?

Der „Blutkrebs" wird als Leukämie bezeichnet. Die Krankheit ist meist mit einer starken Vermehrung der weißen Blutkörperchen verbunden. Die akute Leukämie kann im Gegensatz zur chronischen Form geheilt werden. Letztere muss aber nicht zwangsläufig zum Tod führen.

Wie sieht eine Hyperbel aus?

Eine Hyperbel besteht aus zwei sog. „Ästen" (Kurven), die sich ins Unendliche erstrecken und immer mehr einer Gerade ähneln, aber nie wirklich gerade werden. Eine praktische Anwendung von Hyperbelfunktionen ist das Hyperbelnavigationsverfahren, das zur Standortbestimmung von Schiffen und Flugzeugen dient.

Welches sind die Hauptbestandteile der Luft?

Unsere Atemluft besteht zu 78% aus Stickstoff und zu 21% aus Sauerstoff.

Außerdem enthält sie verschiedene andere Gase in geringster Konzentration, z. B. Kohlendioxid (0,03%). Andere Bestandteile sind in stark wechselnden Mengen enthalten (Wasserdampf, Staub, Abgase u. a.).

Welche Denkweisen liegen der Magie zugrunde?

Im Gegensatz zum naturwissenschaftlichen Denken, das auf der Frage nach Ursache und Wirkung fußt, ist das magische Denken irrational. Es stellt Beziehungen her, die es in Wirklichkeit gar nicht gibt und versucht Einfluss auf eigentlich unbeeinflussbare Vorgänge zu nehmen. Es äußert sich z. B. in Zauberei und Aberglauben.

Was für ein Schicksal verbindet Galileo Galilei und Giordano Bruno?

Galileo Galilei

Beide italienischen Gelehrten vertraten Auffassungen, die der kirchlichen Lehrmeinung widersprachen und wurden so das Opfer der Inquisition. Der Naturforscher Galilei musste unter Androhung der Folter seine Meinung widerrufen, Bruno starb nach sieben Jahren Kerkerhaft auf dem Scheiterhaufen.

Was versteht man unter dem absoluten Nullpunkt?

Als absoluten Nullpunkt bezeichnet man die tiefste mögliche Temperatur, bei der die Molekularbewegung aufhört (–273,15 °C). Gemäß der Thermodynamik ist dieser Punkt allerdings nicht zu erreichen. Die tiefste bei einem Festkörper gemessene Temperatur beträgt 3 Milliardstel Kelvin über dem absoluten Nullpunkt.

Wie stellt man Magnete her?

Magnete mit einem dauernden magnetischen Feld (Dauermagneten), werden durch starke elektrische Felder oder Elektromagneten erzeugt (magnetisiert). Elektromagneten wirken immer dann magnetisch, wenn sie an das Stromnetz angeschlossen sind. Sie bestehen aus einer Spule und einem Weicheisenkern.

Wie können Todesfälle durch Brustkrebs verringert werden?

Indem die Brust regelmäßig durch eine Mammographie untersucht wird. Die Strahlenbelastung durch die angewendete Röntgenstrahlung gilt als gering. Mit dem Verfahren lassen sich auch kleine Tumore entdecken, die durch das Abtasten nicht erkennbar sind.

Was für Folgen hatte die Erfindung des mechanischen Webstuhls durch Edmund Cartwright (1743–1823)?

Die Erfindung des englischen Konstrukteurs läutete den Beginn der industriellen Textilherstellung ein. Textilien waren nun in großer Menge und zu geringen Preisen herstellbar. Damit konnten die Weber mit ihren handbetriebenen Webstühlen nicht konkurrieren. Arbeitslosigkeit und Verelendung waren die Folge.

Wo findet man den Cyberspace und die virtuelle Realität?

Beide Begriffe stehen für die künstliche Wirklichkeit, die mit modernen Computersystemen auf dem Bildschirm entworfen wird. Mit Zusatzgeräten wie dem Datenhelm und dem Datenhandschuh kann man in der meist dreidimensionalen Welt tätig werden. Es gibt sie in Computerspielen und vielen Anwendungen in Medizin und Technik. Der Begriff „Cyberspace“ stammt aus dem Roman „Neuromancer“ (1984) des Science-Fiction-Autors William Gibson.

Welche Verhaltensauffälligkeit zeigt ein Masochist?

Masochisten empfinden eine sexuelle Befriedigung bevorzugt oder nur dann, wenn sie sich selbst Leiden zufügen oder von anderen misshandelt werden (Fesseln, Peitschen, u. a.). Der Name stammt von dem österreichischen Schriftsteller Sacher-Masoch aus dem 19. Jahrhundert. Das Gegenteil zum Masochismus ist der Sadismus.

Wo kommen Erythrozyten, Leukozyten und Thrombozyten im menschlichen Körper vor?

Als Blutzellen sind sie neben dem flüssigen Blutplasma die wichtigsten Bestandteile des Blutes. Rote Blutkörperchen (Erythrozyten) und Blutplättchen (Thrombozyten) kommen nur im Blut vor. Die weißen Blutkörperchen (Leukozyten) können dagegen durch die Wände der Blutgefäße auch in das umgebende Gewebe eindringen.

Womit befassen sich die Maxwell'schen Gleichungen?

Sie legen die Beziehungen zwischen verschiedenen elektromagnetischen Erscheinungen (Ströme, Ladungen, Felder) fest. Die Gleichungen wurden von dem englischen Physiker James Clerk Maxwell (1831–79) aufgestellt. Er erkannte, dass auch Licht zu den elektromagnetischen Wellen gehört. Durch sein Schaffen legte er Grundlagen für die moderne Elektrodynamik.

Wo kommen Kohlenhydrate in der Natur vor?

Sie sind als Zellulose ein wesentlicher Baustoff der Pflanzen und als Stärke in vielen pflanzlichen Speicherorganen enthalten (Kartoffeln, Getreidekörner). Auch der Zucker der Zuckerrüben und des Zuckerrohrs gehört zu den Kohlehydraten. Bei den Tieren spielt der Traubenzucker und das Glykogen (als Speicherstoff der Leber) eine besondere Rolle.

Wie heißt der deutsche Naturwissenschaftler, der auf den 10-DM-Scheinen abgebildet ist?

Carl Friedrich Gauß

Sein Name ist Carl Friedrich Gauß (1777– 1855). Er zählt zusammen mit Archimedes und Newton zu den größten Mathematikern aller Zeiten. Auch zur Astronomie, zur Zahlentheorie und Physik leistete Gauß wichtige Beiträge.

Wer schuf das Periodensystem der Elemente?

An der Entwicklung eines Ordnungssystems für die chemischen Elemente arbeiteten mehrere Forscher. Das bis heute gültige System stammt von dem russischen Chemiker Dmitri Iwanowitsch Mendelejew (1834–1907). Unabhängig von Mendelejew entwickelte L. Meyer wenig später ebenfalls ein Periodensystem.

Was wird in einem Transformator umgewandelt?

Ein Transformator, auch kurz als „Trafo" bezeichnet, wandelt eine elektrische Wechselspannung in eine höhere oder niedrigere Spannung mit gleicher Frequenz um. Er transformiert z. B. die Spannung des Netzstromes auf die Spannung herunter, die ein elektrisches Kleingerät benötigt.

Wofür erhielt Otto Hahn den Chemienobelpreis 1944?

Otto Hahn

Der deutsche Chemiker leistete Grundlagenarbeit bei der Erforschung der Radioaktivität. Dabei entdeckte er u. a. den radioaktiven Zerfall des Urans nach Bestrahlung mit Neutronen (zusammen mit F. Straßmann).

In welche bekannten Gruppen lassen sich die Metalle einordnen?

Gebräuchliche Gruppen sind: Buntmetalle (z. B. Kupfer, Nickel, Kobalt), Edelmetalle (z. B. Gold, Silber, Platin), Leichtmetalle (z. B. Aluminium, Magnesium, Titan), Schwermetalle (z. B. Cadmium, Blei, Quecksilber), Eisenmetalle (z. B. Eisen, Chrom, Mangan).

Warum machte die Mengenlehre Schlagzeilen?

Als sie in den sechziger und siebziger Jahren in den Schulen eingeführt wurde, führte das zu heftigen Protesten der Elternschaft. Die Mengenlehre sollte das logische Denken der Kinder fördern. Anfang der neunziger Jahre wurde sie z. T. wieder abgeschafft. Die Mengenlehre beeinflusste viele Gebiete innerhalb und außerhalb der Mathematik.

Warum können Funken sprühen, wenn man einen Kunstfaserpullover auszieht?

Dies liegt an der elektrostatischen Aufladung. Reibt man verschiedene Materialien gegeneinander, z. B. den Kunstfaserpullover an den Kopfhaaren, werden positive und negative elektrische Ladungen voneinander getrennt. Wenn die Ladungsunterschiede wieder ausgeglichen werden, fließt ein Strom, der als Funke oder leichter Schlag bemerkbar ist.

Wo befindet sich der beim Sport häufig verletzte Meniskus?

Der Meniskus ist eine Knorpelscheibe, die im Kniegelenk zwischen Oberschenkelbein und Schienbein liegt. Er wird leicht verletzt, wenn bei gebeugtem Knie Ober- und Unterschenkel gegeneinander verdreht werden. Dabei kann er einreißen oder einklemmen und zu einer Entzündung der Kniekapsel führen.

In welchem Alter endet normalerweise die Regelblutung einer Frau?

Die Menopause, wie der Zeitpunkt der letzten Menstruation genannt wird, tritt meist zwischen dem 45. und 50. Lebensjahr ein. Sie fällt zeitlich mit den Wechseljahren, dem Übergang von der Geschlechtsreife zum Alter zusammen. Die Ursache für Menopause und Wechseljahre sind hormonelle Umstellungen im Körper.

Wo befindet sich der Urmeter?

In Paris. Er dient als Prototyp für die grundlegende Maßeinheit Meter des Metrischen Systems. Dieses System beruht neben dem Meter auf den Maßeinheiten Kilogramm und Sekunde. Es hat sich von Frankreich aus Ende des 19. Jahrhunderts in ganz Europa durchgesetzt. Einzig Großbritannien behielt seine alten Maßeinheiten und stellte erst 1996 um.

Hat Johannes Gutenberg den Buchdruck erfunden?

Es gab schon früher Bücher, die z. B. mit hölzernen Stempeln gedruckt wurden. Da dies sehr aufwändig war, wurden noch zu Gutenbergs Zeiten die meisten Bücher von Hand geschrieben. Seine Erfindung war der Druck mit gegossenen, beweglichen Lettern. Erst dadurch konnten große Bücherzahlen mit geringem Aufwand hergestellt werden.

Gutenbergbibel aus dem Jahre 1455

Gutenberg: Porträt

Woher stammt der Begriff Guru?

Er kommt aus der altindischen Sprache Sanskrit und bezeichnete ursprünglich einen religiösen Lehrer im Hinduismus. Heute versteht man darunter auch allgemein den Meinungsführer oder die fachliche Autorität auf einem bestimmten Gebiet.

Wie funktioniert ein Mikrowellen-Herd?

Im dem Gerät werden durch ein Wechselstromfeld Mikrowellen erzeugt und durch das Kochgut geleitet. Sie regen die Wassermoleküle in den Speisen zum Schwingen an, wobei sie aneinander reiben und so das Kochgut erhitzen. Mikrowellen liegen im Wellenlängenbereich zwischen den UKW-Wellen des Rundfunks und den Infrarotwellen (Wärmestrahlung).

Wodurch entsteht das Seitenstechen beim Dauerlaufen?

Der vorübergehende stechende Schmerz entsteht vermutlich durch die starke Durchblutung von Milz (beim Stechen links) und Leber (beim Stechen rechts). Dadurch werden die Hüllen dieser Organe gedehnt, was mit einem Dehnungsschmerz verbunden ist.

Ist eine Zerstreuungslinse konkav oder konvex?

Konkav bedeutet hohl oder nach innen gekrümmt. Zerstreuungslinsen zerstreuen das Licht, da sie nach innen gewölbt, also konkav sind. Sammellinsen dagegen sammeln durch ihre nach außen gewölbte Form das Licht in einem bestimmten Punkt. Sie sind konvex.

Auf welchem Fachgebiet leistete Stephen William Hawking bahnbrechende Arbeiten?

Hawking (*1942) forschte auf dem Gebiet der theoretischen Physik, in der er wichtige Theorien zum Ursprung und zur Entwicklung des Universums aufstellte („Urknall"). Bekannt wurde er durch sein Werk „Eine kurze Geschichte der Zeit – Die Suche nach der Urkraft des Universums".

Wer kann vom Milzbrand befallen werden?

Der Milzbrand ist eine bakterielle Infektion beim Vieh, die aber auf den Menschen übertragen werden kann. Die Krankheit ist in vielen Entwicklungsländern noch weit verbreitet, in den Industriestaaten dagegen sehr selten geworden. Eine schwere Form ist der oft tödlich endende Lungenmilzbrand.

Wodurch geriet das Hubble-Weltraumteleskop in die Schlagzeilen?

Hubble-Weltraumteleskop, Teilansicht

Nachdem man das Teleskop in eine Erdumlaufbahn geschossen hatte, stellte man fest, dass es kurzsichtig war. Astronauten behoben den Fehler mit zusätzlichen Linsen, seitdem liefert es hervorragende Bilder aus dem All. Gegenüber den Teleskopen auf der Erde hat es den Vorteil, nicht durch die Luftschichten der Atmosphäre beeinträchtigt zu werden.

Wo ist die Benutzung von Handys verboten?

Die empfindliche Elektronik von medizinischen Geräten und Flugzeugen kann durch die Benutzung von Mobilfunktelefonen gestört werden. In den meisten Krankenhäusern und Flugzeugen ist daher ihre Benutzung verboten. Zur Kontrolle dient ein Mobifinder, der mit einem lauten Warnsignal reagiert, sollte ein Handy auf Empfang stehen.

Welche Blutgruppen müssen Blutspender und Blutempfänger besitzen, damit eine Bluttransfusion möglich ist?

Menschen mit der Blutgruppe O sind Universalspender, da sie jedem Menschen Blut spenden können. Menschen mit der Blutgruppe AB sind dagegen Universalempfänger, da ihr Blut mit allen Blutgruppen mischbar ist. Die beiden anderen Kombinationsmöglichkeiten sind Mischungen von A mit A und B mit B.

Wie heißen einige der wichtigsten Mineralstoffe unserer Nahrung und wo kommen sie besonders häufig vor?

Kalium (Getreide, Obst, Gemüse, Kartoffeln), Natrium (Salz, Wurst, Käse), Kalzium (Milch, Eidotter, grünes Gemüse), Magnesium (grünes Gemüse: Blattgrün), Eisen (Leber, Fleisch, Eidotter), Zink (Rindfleisch, Leber, Erbsen), Kupfer (Leber, Eidotter, Fisch).

Welchen Namen trägt die bekannte russische Raumstation, die seit 1986 im All ist?

Sie heißt Mir und soll Ende 1999 stillgelegt und zum Absturz gebracht werden. Damit wäre sie doppelt so lange im All gewesen, wie ursprünglich geplant. Über 70 Raumfahrer hielten sich auf der fast ständig bemannten Station auf. Durch die sich häufenden Pannen geriet Mir zunehmend in die Schlagzeilen.

Wie wird die Hauptplatine eines Computers noch genannt?

Das Bauteil ist auch unter den Bezeichnungen Motherboard, Systemboard oder Systemplatine bekannt. Es ist die zentrale Leiterplatte (gedruckte Schaltung), auf der sich der Prozessor, verschiedene Chips, die Steckplätze für Grafikkarte, Soundkarte und andere Bauteile befinden.

Was ist ein Kondensator und wozu dient er?

In der Elektrotechnik ist ein Kondensator ein Bauteil aus zwei gegeneinander isolierten elektrischen Leitern, zwischen denen ein elektrisches Feld auftritt. Es kann je nach seiner „Kapazität" elektrische Ladungen speichern und wird z. B. in Rundfunkgeräten, Computern und Blinklichtanlagen verwendet.

Welche Körperfunktionen sind bei der Mukoviszidose oder Zystischen Fibrose gestört?

Die Betroffenen dieser Erbkrankheit leiden an einer Fehlfunktion wichtiger Drüsen. In ihren Lungen bildet sich ein zäher Schleim, der einen idealen Nährboden für Bakterien bildet. Die Fähigkeit, Fette und andere Nährstoffe aus der Nahrung aufzunehmen, ist gestört.

Welche Aufgabe erfüllt Insulin im Stoffwechsel?

Das Hormon reguliert den Gehalt des Traubenzuckers im Blut. Steigt nach der Nahrungsaufnahme der Blutzuckerspiegel an, schüttet die Bauchspeicheldrüse vermehrt Insulin aus. Der Zucker kann nun aus dem Blut in die Leber gelangen und gespeichert oder in der Muskulatur verbrannt werden. Bei Diabetes mellitus wird zu wenig oder gar kein Insulin mehr gebildet.

Worüber stritten sich Newton und Huygens im 17. Jahrhundert?

Christiaan Huygens

Über die Theorie des Lichts: Newton war der (irrigen) Ansicht, dass das Licht aus Teilchen besteht, Christiaan Huygens (1629–95) fand aber heraus, dass sich das Licht geradlinig in Wellen ausbreitet (sog. Huygens'sches Prinzip).

Welche Medien und Techniken lassen sich unter dem Begriff Multimedia kombinieren und verbinden?

Telefon, Fax, Internet und Fernsehen lassen sich z. B. in einem Gerät, dem Multimedia PC, zusammenfassen. Multimedia-Anwendungen integrieren Text, Bild, Sprache, Musik, Video und andere Daten. Damit verbindet Multimedia Telekommunikation, Computertechnik und Unterhaltungselektronik.

Wofür steht die Abkürzung CASTOR?

Sie steht für das englische „cask for storage and transport of radioactive material", zu Deutsch: „Behälter zur Lagerung und zum Transport radioaktiven Materials". In einem CASTOR werden abgebrannte Brennelemente oder radioaktive Abfälle aus Atomkraftwerken zu Zwischenlagern oder zu Wiederaufbereitungsanlagen befördert.

In welchem Zweig der Psychologie arbeitete C. G. Jung (1875–1961)?

Carl Gustav Jung

In der Tiefenpsychologie. Nach Jung ist das Unbewusste neben den erworbenen Verhaltensmustern auch durch ererbte Archetypen geprägt, in denen die ganzen zurückliegenden Erfahrungen der Menschheit vereinigt sind. Jung gründete 1948 ein eigenes Institut in Zürich und grenzte sich von Sigmund Freud ab.

Was sind die Folgen einer Mutation?

Eine plötzliche auftretende Veränderung des Erbgutes (der Gene oder ganzer Chromosomen) hat meist nachteilige Auswirkungen für den Organismus. Es kommt zu Krankheit oder Tod. Mutationen tragen aber auch zur Vielfalt der Individuen einer Art bei und schaffen so die Voraussetzungen für Selektion (Auslese) und Evolution.

Warum konnte die englische Königin Viktoria die Bluterkrankheit in vielen Adelshäusern Europas verbreiten, ohne selbst daran erkrankt zu sein?

Weil es sich um eine Erbkrankheit handelt, die zwar von Frauen vererbt wird, an der sie aber selbst nicht erkranken können. Deshalb sind praktisch nur Männer davon betroffen. Bei der Bluterkrankheit ist die Gerinnung des Blutes gestört, sodass bereits kleinste Verletzungen für den Bluter tödlich sein können.

Wie können Satelliten zur Orientierung auf der Erde beitragen?

Mit satellitengestützten Navigationssystemen lässt sich der Standort von Personen oder Gegenständen sehr genau und sehr schnell feststellen. Dazu braucht man mehrere Satelliten im All und ein Empfangsgerät auf der Erde, das mit den Signalen aus dem All die Position ermittelt. Das meistgenutzte System ist das GPS.

Was kann man gegen Neurodermitis tun?

Kurzfristig gilt es, die unangenehmen Symptome zu lindern. Der Teufelskreis zwischen Jucken der Haut und Kratzen soll mit Salben, hautfettenden Mitteln und Medikamenten unterbrochen werden. Langfristig wird versucht, durch Ernährungsumstellungen und psychotherapeutische Hilfe eine Besserung zu erreichen.

Wie heißen die „schwarzen Bretter" des Internets?

Newsgroups. Dies sind Informations- und Diskussionsforen zu beliebigen Themen in einem „Usenet" genannten Teil des Internets oder in anderen Netzen. Die Nachrichten bzw. Newsgroups sind hierarchisch gegliedert in: Allgemeines (asc), Computer-Themen (comp), Vermischtes (misc), Entspannung (rec), Forschung (sci) und weiteren Themen.

Woher stammt das Wort Amok?

Der Begriff kommt aus dem Malaiischen und bedeutet „Wut". Als Amokläufer werden Personen bezeichnet, die in einer Form plötzlicher Geistesgestörtheit wahllos andere Menschen töten. Das Geschehen endet häufig mit der Selbsttötung der Amokläufer.

Was sind die wichtigsten Aufgaben der Nieren?

Sie filtern das Blut, regeln den Salz- und Wasserhaushalt des Körpers und sorgen für die Ausscheidung schädlicher Stoffwechselprodukte. Außerdem sind sie für ein ausgeglichenes Säure-Basen-Verhältnis im Körper verantwortlich. Die Arbeit der Nieren bestimmt unmittelbar Menge und Zusammensetzung des Harns (Urin).

Was waren die unmittelbaren Folgen der industriellen Revolution?

Die Arbeitsvorgänge wurden vermehrt von Maschinen erledigt und die Produktion wurde in Fabriken verlegt. Am Anfang der industriellen Revolution steht die Erfindung der mechanischen Spinnmaschinen durch James Hargraves (1764). Weitere technische Neuerungen (Dampfmaschine) folgten. Neben den bisher üblichen sozialen Schichten der Bauern und der Adligen entstanden nun die Schichten der Kapitalbesitzer und der lohnabhängigen Arbeiter.

Industrialisierung: Fabrikgelände

Worin unterscheiden sich Desktop, Laptop, Notebook und Notepad?

Der Desktop ist der normale PC, der auf einem Schreibtisch steht. Ein Laptop kann bereits auf den Schoß genommen werden („Schoßrechner"), während ein Notebook allenfalls noch die Grundfläche eines DIN A4-Blattes erreicht. Das Notepad ist am kleinsten. Es hat keine Tastatur und muss über einen Stift bedient werden.

Unter welchen Handelsnamen ist der Kunststoff Polyamid bekannt?

Unter den Bezeichnungen Nylon und Perlon. Aus dem reiß- und verschleißfesten Kunststoff werden zahlreiche Güter des täglichen Lebens wie Nylonstrümpfe, Borsten, Bänder, Folien, Kunstleder, Kletterseile und Wetterschutzbekleidung hergestellt.

Woher stammt der Begriff Ödipus-Komplex?

Nach der griechischen Sage soll Ödipus unwissentlich seinen Vater getötet und seine Mutter geheiratet haben. Nach Freud fühlen Kinder ein sexuelles Verlangen nach dem andersgeschlechtlichen Elternteil und damit eine Eifersucht auf Vater bzw. Mutter. Der Komplex soll durch Verdrängung des Triebes entstehen. Diese psychoanalytischen Vorstellungen werden vielfach abgelehnt.

Wie heißen die bekanntesten Onlinedienste in Deutschland?

AOL, T-Online und Compuserve. Das amerikanische Unternehmen AOL ist der größte Online-Dienst. T-Online gehört der Deutschen Telekom und hat die meisten Teilnehmer in Deutschland. Compuserve wurde Ende 1997 von AOL übernommen, bleibt aber als eigenständiger Online-Dienst bestehen.

Hat das Dromedar einen oder zwei Höcker?

Das Dromedar besitzt im Gegensatz zum Trampeltier nur einen Höcker. Beide Arten gehören zur Familie der Kamele. Häufig wird das zweihöckerige Trampeltier schlicht als „Kamel" bezeichnet. Das Dromedar stammt aus Südwestasien und Nordafrika, das Trampeltier aus Ost- und Mittelasien. Der typische Höcker dient zur Fettspeicherung.

Dromedar

Trampeltier

Was versteht man unter der Berufsbezeichnung Online-Redakteur?

Damit werden Journalisten bezeichnet, die sich im Internet so gut auskennen, dass sie für Medienkonzerne und Verlagshäuser deren Internetseiten einrichten und ständig aktualisieren können. Auch bei Fernsehsendern sind Online-Redakteure beschäftigt: Dort bereiten sie Nachrichten- und Magazinsendungen für das Internet auf.

Wer gilt als Erfinder der Atombombe?

Der Atomphysiker Julius Robert Oppenheimer (1904–67) leitete ab 1943 das amerikanische Atombombenprojekt („Manhattan Project") im Forschungszentrum von Los Alamos. Die dort entwickelte Atombombe wurde am 6.8.1945 auf Hiroshima abgeworfen und kostete in wenigen Sekunden 260.000 Menschen das Leben. Später sprach sich Oppenheimer zum Teil gegen den Bau der Wasserstoffbombe aus.

Auf welchen physikalischen Grundlagen beruht die Herstellung von Brillen und Kontaktlinsen?

Auf den Grundlagen der Optik. Sie ist die Lehre vom Licht und seinen Gesetzmäßigkeiten. Unter dem Begriff Optik versteht man auch die optischen Teile eines Gerätes (Linsen, Spiegel). Der Optiker ist für die Herstellung, den Verkauf und die Reparatur optischer Geräte zuständig.

Was ist der Gegensatz zur anorganischen Chemie?

Die organische Chemie. Sie kümmert sich im Wesentlichen um alle Verbindungen, die das Element Kohlenstoff (abgekürzt C) enthalten. Dazu gehören die chemischen Verbindungen, aus denen Lebewesen aufgebaut sind, aber auch viele synthetisch erzeugte Verbindungen (Kunststoffe).

Was sind die größten Schwierigkeiten bei einer Organtransplantation?

Das Immunsystem versucht, fremde Organe abzustoßen, was durch geeignete Medikamente verhindert werden muss. Spender- und Empfängergewebe sollten daher möglichst gut zusammenpassen. Wegen der geringen Spendebereitschaft sind meist zu wenig geeignete Spenderorgane vorhanden.

In welcher Wissenschaft leistete Johannes Kepler (1571–1630) bahnbrechende Arbeit?

Johannes Kepler

In der Astronomie. Er stellte die drei berühmten, nach ihm benannten Kepler'schen Gesetze auf, die die Bewegungen der Planeten beschreiben. In der Optik schuf er die theoretischen Grundlagen für den Bau von astronomischen Fernrohren.

Was bedeutet der Begriff Ornithologie?

Ornithologie ist die wissenschaftliche Bezeichnung für die Vogelkunde. Als Zweig der Zoologie (Tierkunde) erforscht sie Körperbau, Lebensweise, Verhalten und Verwandtschaft der Vögel.

Wie funktioniert eine Antibabypille?

Die Wirkung beruht auf einem Eingriff in den Hormonhaushalt der Frau. Meist enthält die Pille eine Kombination der Geschlechtshormone Progesteron und Östrogen. Sie unterdrücken den Eisprung und verhindern dadurch eine Befruchtung. Die sog. „Minipille" enthält nur Progesteron und verdickt den Gebärmutterhalsschleim, so dass er für die Spermien undurchlässig wird.

Was für Probleme haben Legastheniker?

Menschen, die an Legasthenie leiden, haben Schwierigkeiten, Lesen und Schreiben zu erlernen. Typisch für die Lese- und Schreibschwäche ist das Verwechseln von Buchstaben oder Wortteilen. Die Intelligenz der Betroffenen ist auf anderen Gebieten völlig normal.

Was unterscheidet einen Ottomotor von einem Dieselmotor?

Bei dem von Nikolaus August Otto (1832–92) erfundenen Ottomotor wird das Kraftstoff-Luft-Gemisch im Verbrennungsraum von außen gezündet (Zündkerzen). Der Dieselmotor ist dagegen ein Selbstzünder. Hier wird das Kraftstoff-Luft-Gemisch so lange verdichtet, bis es sich selbst entzündet.

Was hat eine brennende Kerze mit einer rostenden Dachrinne zu tun?

Das Rosten wie die Verbrennung beruhen auf dem Prinzip der Oxidation. Dies ist eine Reaktion, bei der sich ein chemisches Element mit Sauerstoff verbindet (bzw. Elektronen abgibt). Bei der Verbrennung erfolgt die Reaktion sehr rasch, beim Rosten dauert sie lange Zeit. Der rötlichbraune Rost besteht aus einer Eisenoxidverbindung.

Wo ist das Ozonloch am größten?

Über der Antarktis. Das Loch nimmt dort regelmäßig während des antarktischen Frühlings (September/Oktober) besonders große Ausmaße an. Die Ozonschicht der Atmosphäre verhindert, dass gefährliche ultraviolette Strahlen (UV-Strahlung) auf die Erdoberfläche gelangen. Für den Abbau des Ozons werden Fluorchlorkohlenwasserstoffe (FCKW) verantwortlich gemacht. Im September 1997 hat man sich im internationalen Rahmen auf den endgültigen Ausstieg aus der FCKW-Produktion geeinigt. Für die Industrieländer ist das Datum der

1.1.2005, für die sog. Entwicklungsländer der 1.1.2015.

Wie kann man mehr Daten auf einem Datenträger unterbringen?

Durch das Packen (Komprimieren) von Dateien. Nach einem bekannten Packprogramm nennt man das Verdichten einer Datei gelegentlich auch „Zippen".

Wer brachte erstmals Bilder „zum Laufen"?

Brüder Lumière

Als Pioniere der Filmgeschichte gelten die Brüder Auguste Marie Luis Nicolas (1862–1954) und Luis Jean Lumière (1864–1948). Sie erfanden 1895 den Kinematographen. Ohne diesen Filmprojektionsapparat wäre das heutige Kino nicht möglich gewesen. Die Brüder Lumière spezialisierten sich auf den Dokumentarfilm. Die Erfindung galt zunächst nur als Erweiterung der Fotografie.

Kinoplakat zu einem der ersten Lumière-Filme „Gärtner beim Sprengen des Rasens"

Durch welche Lebensweise zeichnet sich die Tierklasse der Amphibien aus?

Der Lebensraum, der auf Deutsch „Lurche" genannten Tiere ist das Wasser und das Land. Oft verbringen sie ihre Larvenzeit im Wasser, während sie als erwachsene Tiere auf dem Land leben. Zu den Amphibien gehören u. a. Frösche, Kröten, Molche und Salamander.

Wieso werden Panzer auch als „Tanks" bezeichnet?

Großbritannien baute 1915 das erste kettengetriebene Panzerfahrzeug. Zur Tarnung erhielt die neue Waffe den Namen Tank. Er hat sich dann im Englischen als normale Bezeichnung eingebürgert und wird auch bei uns gelegentlich verwendet. Der erste Kampfeinsatz der Panzer erfolgte im September 1916 in der Sommeschlacht.

Wie viel Liter Blut enthält der Körper eines Menschen?

Im Körper eines Erwachsenen kreisen durchschnittlich 5 Liter Blut. Verliert man innerhalb kurzer Zeit über 10% davon, drohen Schock und Ohnmacht. Ein Verlust von 1 Liter Blut bedeutet Lebensgefahr.

Womit beschäftigt sich die Parapsychologie?

Die Parapsychologen befassen sich mit sog. übersinnlichen oder paranormalen Erscheinungen. Dazu gehört die Telepathie (Gedankenübertragung), das Hellsehen und die Psychokinese (Bewegen von Gegenständen durch seelische Kräfte). Wissenschaftliche Erklärungen für diese

Phänomene sind psychische Störungen, Zufall, Selbsttäuschung und Betrug.

Woran kann man eine Parodontose erkennen?

Folgende Symptome sprechen für eine Paradontose: Das Zahnfleisch ist empfindlich und blutet leicht. Die Zahnhälse werden allmählich freigelegt (Zahnfleischschwund), wodurch die Zähne schmerzen, wenn sie mit kalten, heißen oder süßen Speisen und Getränken in Berührung kommen. Schließlich kommt es zu Knochenschwund und Zahnausfall.

Wer entdeckte den Erreger der Tuberkulose?

Der deutsche Bakteriologe Robert Koch (1843–1910) fand 1882 das Tuberkelbakterium. Er entdeckte auch den Choleraerreger und wies bereits 1876 erstmals nach, dass lebende Mikroorganismen Krankheiten verursachen können (am Beispiel des Milzbrandbazillus). Für seine Verdienste erhielt er 1905 den Medizin-Nobelpreis.

Aus welchem Material bestehen Mehrweg-Kunststoffflaschen?

Die Mitte der 80er-Jahre eingeführten 1,5-Liter-Flaschen bestehen aus Polyethylenterephthalat, abgekürzt PET. Sie haben gegenüber den herkömmlichen 1-Liter-Glasflaschen den Vorteil, dass sie rund zehnmal leichter und auch bruchfester sind.

Was für Zusatzgeräte lassen sich an einen PC anschließen?

Zu den sog. „Peripheriegeräten" gehören v. a. die Tastatur, der Bildschirm (Monitor), der Drucker und die Maus, die an fast alle Personalcomputer angeschlossen sind. Darüber hinaus gibt es externe Laufwerke, Lautsprecher, Modems und Scanner.

Wie bezeichnet man die systematische, übersichtliche Auflistung aller chemischen Elemente?

Als Periodensystem der Elemente. Es ist in Zeilen (Perioden) und Spalten (Gruppen) eingeteilt. Ordnungsprinzip ist die Kernladungs- oder Ordnungszahl, die der Anzahl der Protonen im Atomkern entspricht und die Anordnung der Außenelektronen. Elemente mit ähnlichen Eigenschaften stehen untereinander.

Welcher deutsche Astronom begründete das heliozentrische Weltbild?

Nikolaus Kopernikus

Nikolaus Kopernikus (1473–1543) vertrat, angeregt durch antike Schriften, die Auffassung, dass sich die Erde um die Sonne dreht. Damit geriet er in Widerspruch zur kirchlichen Lehre, nach der die Erde der ruhende Mittelpunkt der Welt sei. Sein Buch „Über die Kreisbewegungen der Weltkörper" kam auf den Index der vom Vatikan verbotenen Bücher.

Bei welcher Krankheit ist eine Dialyse (Blutwäsche) erforderlich?

Bei akutem oder chronischem Nierenversagen ist die Niere nicht mehr in der

Lage, das Blut von Schad- und Abfallstoffen zu reinigen. Dies bedeutet Lebensgefahr. Die Aufgabe der Nieren wird dann von einem Dialysegerät ersetzt, an das die Betroffenen angeschlossen werden.

Wer hat den Blitzableiter erfunden?

Als Erfinder des Blitzableiters gilt der Amerikaner Benjamin Franklin, der 1752 erstmals ein Haus damit ausstattete. Allerdings war der Blitzableiter schon lange vorher, z. B. den alten Ägyptern, bekannt. Seine Wirksamkeit beruht auf der Eigenschaft des Blitzes, stets den Weg des geringsten Widerstandes zu gehen. Ein solcher wird ihm in Form des metallenen Blitzableiters angeboten.

Wodurch erlangte das Luftschiff Hindenburg traurige Berühmtheit?

Der nach dem deutschen General des ersten Weltkriegs und späteren Reichspräsidenten benannte Zeppelin LZ 129 explodierte 1937 bei der Landung im amerikanischen Lakehurst. Dabei starben 36 Menschen. Das Unglück, dessen Ursache nie geklärt wurde, bedeutete praktisch das Ende der Zeppeline und der Verkehrs-Luftschifffahrt.

Lakehurst: Das Luftschiff Hindenburg geriet bei der Landung 1937 in Brand

Wo trat das Ebola-Virus zum ersten Mal in Erscheinung?

Die ersten Fälle des Ebola-Fiebers traten 1976 im Kongo-Becken in der Umgebung des Flusses Ebola und im Südsudan auf. Das Virus wurde nach dem gleichnamigen Fluss in Zaire bezeichnet. Eine Infektion ist mit plötzlichem hohem Fieber, Durchfall, Erbrechen und inneren Blutungen verbunden. Sie endet meist tödlich.

Was sind die Haupterzeugnisse der Petrochemie (Petrolchemie)?

Die Petrochemie ist ein Zweig der chemischen Industrie. Sie erzeugt auf der Grundlage von Erdöl und Erdgas zahlreiche Ausgangssubstanzen zur Herstellung von Kunststoffen, Chemiefasern, synthetischem Gummi, Kunstdüngern, Waschmitteln, Pflanzenschutzmitteln und zahlreichen anderen Produkten.

Was bedeutet das Phallussymbol?

In vielen Kulturen gibt es Nachbildungen des männlichen Gliedes aus Holz, Stein oder anderen Materialien. Sie können u. a. als Sinnbilder für Fruchtbarkeit und die Zeugungskraft der Natur verstanden werden. Phallussymbole spielen auch in der freudschen Psychoanalyse eine bedeutende Rolle.

Woher stammt der Sauerstoff in der Atmosphäre?

Er wird von den Pflanzen durch die Fotosynthese freigesetzt. Bei dieser für alles tierische und pflanzliche Leben grundlegenden Reaktion erzeugen die Pflanzen aus Kohlendioxid und Wasser unter Einwirkung von Sonnenlicht Zucker und

Sauerstoff. Ort der Fotosynthese sind alle Pflanzenteile, die Chlorophyll (Blattgrün) enthalten.

Welche besonderen Eigenschaften hat ein Laser?

Laser

Ein Lasergerät kann Licht sehr stark bündeln und verstärken. Mit einem Laserstrahl lassen sich Metalle verdampfen, feinste Löcher bohren und Augenoperationen durchführen. Die auf einer CD gespeicherte Information wird mit einem Laserstrahl abgerufen und auch der Laserdrucker bedient sich dieser Technik.

Welche Bedeutung hat der pH-Wert für Tiere und Pflanzen?

Viele Lebensvorgänge laufen nur bei einem ganz bestimmten Säuregrad ab. Dies gilt v. a. für die Enzyme sämtlicher Lebewesen. Der pH-Wert des Bodens beeinflusst die Nährsalzaufnahme der Pflanzen und in Gewässern ist er für das Gedeihen der Fischbrut wichtig. Eine Absenkung des pH–Wertes durch den sauren Regen hat daher weit reichende Folgen.

Welche Möglichkeiten bietet ein Datenhandschuh?

Dieses Gerät ermöglicht dem Anwender, im Cyberspace (d. h. in der meist dreidimensionalen Kunstwelt des Computers) aktiv zu werden. Er kann damit u. a. Daten eingeben, Blickwinkel verändern und im Cyberspace herumgehen. Neben dem Datenhandschuh ist v. a. ein Datenhelm notwendig, der dem Nutzer die Scheinwelt vor Augen führt.

Welche Bedeutung haben die Pocken heute?

Die gefährliche Virusinfektionskrankheit wurde 1980 von der Weltgesundheitsorganisation WHO für ausgerottet erklärt. Damit waren schließlich die jahrelangen weltweiten Impfprogramme von Erfolg gekrönt. Es gab bis zum Schluss keine wirksamen Heilmethoden gegen die Krankheit, der bis zu 40% aller Erkrankten zum Opfer fielen.

Wie lautet die Fortsetzung des oft gehörten Spruches „Schluckimpfung ist süß, ...”?

Der vollständige Satz heißt „Schluckimpfung ist süß, Kinderlähmung ist grausam”. Damit sollte die Impfbereitschaft gegen Polio (Polyomyelitis, Kinderlähmung) erhöht werden. Die Virusinfektion kann in schweren Fällen zu Lähmungen und zum Tod führen.

Ist die Anwendung von Lügendetektoren in deutschen Strafverfahren erlaubt?

Der Bundesgerichtshof entschied 1998, dass die Geräte zur Untersuchung der Glaubwürdigkeit ungeeignet seien und daher nicht eingesetzt werden dürfen. Sie heißen auch Polygraphen (wörtlich „Vielschreiber”), weil sie eine Vielzahl von Körperreaktionen aufzeichnen (u. a. Puls, Blutdruck, Schweißabsonderung).

Was versteht man unter Pornografie?

Es gibt keine einheitliche Definition des Begriffes Pornografie und wie sie beispielsweise gegen die Kunst abgegrenzt werden kann. Pornografisch sind künstlerisch wertlose Darstellungen (in Bild, Schrift oder Ton), die das Ziel haben, Menschen sexuell anzuregen. Dabei vernachlässigt die Pornografie seelische und partnerschaftliche Gesichtspunkte weitgehend.

Warum gibt es bei jedem Menschen einen blinden Fleck auf der Netzhaut?

Die Fortsätze der Nervenzellen in der Netzhaut vereinigen sich zum Sehnerv. An der Stelle, wo der Sehnerv die Netzhaut durchstößt und zum Gehirn führt, gibt es keine Sehzellen. Eine Lichtempfindung ist nicht möglich. Im Gegensatz dazu ist der „gelbe Fleck" der Punkt des schärfsten Sehens und der besten Farbwahrnehmung.

Auf wen geht die Einführung des Kunstdüngers zurück?

Justus von Liebig

Der Chemiker Justus Freiherr von Liebig (1803–73) entwickelte 1841 mit dem Phosphatdünger den ersten mineralischen Dünger (Kunstdünger). Damit waren erheblich höhere Erträge in der Landwirtschaft möglich. Der vielseitige Forscher erfand u. a. das Backpulver, den Fleischextrakt und verschiedene technische Verfahren.

Wofür steht die Abkürzung EKG?

Sie steht für „Elektrokardiogramm" und bezeichnet ein Verfahren, bei dem die Herzströme aufgezeichnet werden. Das Zusammenziehen und Erschlaffen des Herzmuskels ist von elektrischen Impulsen begleitet, die eine typische EKG-Kurve bilden. Abweichungen von diesem Muster können auf Herzkrankheiten hindeuten.

Was ist das Besondere an einem Internet-Café?

Neben dem üblichen Angebot eines Cafés stellt ein Internet-Café gegen Bezahlung Personalcomputer zur Verfügung, über die auf das Internet zugegriffen werden kann. Manche Kaufhäuser bieten ähnliche Dienstleistungen an.

Was für Bedeutungen kann das Wort Potenz haben?

In der Mathematik bezeichnet es das Produkt einer Zahl mit sich selbst. Die dritte Potenz von 2 erhält man z. B. durch die Rechnung $2 \times 2 \times 2 = 8 = 2^3$. In der Schreibweise 2^3 ist 2 die Grundzahl (Basis) und 3 die Hochzahl (Exponent). Medizinisch gesehen ist Potenz die Fähigkeit des Mannes, Geschlechtsverkehr auszuüben. Im weiteren Sinne ist es gleichbedeutend mit Macht oder Leistungsfähigkeit.

Wie nennt man eine Zahl, die nur durch 1 und sich selber teilbar ist?

Primzahl. Primzahlen sind z. B. 2, 3, 5, 7 und 11. Die Liste ließe sich unendlich fortsetzen.

Was ist das angeblich älteste Gewerbe der Welt?

Mit diesem Begriff wird manchmal die Prostitution, also das gewerbliche Anbieten des eigenen Körpers zu sexuellen Zwecken umschrieben. Prostituierte können Frauen, Männer und Kinder sein. Die Prostitution ist häufig mit sozialer und wirtschaftlicher Not verbunden (Frauen- und Kinderhandel, organisiertes Verbrechen).

Wie lassen sich Psychiatrie und Psychologie gegeneinander abgrenzen?

Die Psychiatrie beschäftigt sich im Gegensatz zur Psychologie mit der kranken Seele. Als Ursache seelischer Erkrankung kommen einerseits organische (erbliche und biochemische Faktoren) und andererseits Umwelterfahrungen infrage. Letzteres vertritt z. B. die psychoanalytische Richtung in der Psychiatrie sehr stark.

Wo spielen Kohlenwasserstoffe im Alltag eine Rolle?

Gasförmige und flüssige Kohlenwasserstoffe dienen als Treibstoff für Motoren und Triebwerke, als Brennstoff zu Heiz- oder Beleuchtungszwecken. Sie lassen sich zu Kunststoffen, Farben und Lösungsmitteln verarbeiten. Ihr gemeinsames Merkmal ist der Grundaufbau aus mehr oder weniger langen Kohlenstoffketten, an denen Wasserstoffatome hängen.

Was ist das Ziel der Psychoanalyse?

Mit der von S. Freud entwickelten Behandlungsmethode sollen verdrängte Kindheitserfahrungen wieder ins Bewusstsein geholt werden. Solche verdrängten Erlebnisse, meist sexueller Art, sollen eine wesentliche Ursache für seelische Erkrankungen sein. In vielen Sitzungen, klassischerweise auf der Couch des Psychiaters, versucht man sie bewusst und damit unschädlich zu machen.

Woran erkennt man, dass ein Flugzeug die Schallgeschwindigkeit erreicht?

Gerät ein Flugzeug in die Nähe der Schallgeschwindigkeit wird der Luftwiderstand sehr hoch. Das Erreichen dieser sog. „Schallmauer" ist als lauter Knall auf der Erdoberfläche zu hören. Er wird besonders von Kampfflugzeugen, aber auch von Passagierflugzeugen wie der Concorde verursacht.

Welches Organ wird bei einer Blinddarmoperation entfernt?

Entgegen der landläufigen Ansicht wird dabei nicht der Blinddarm, sondern der sog. Wurmfortsatz entfernt. Dabei handelt es sich um ein wurmförmiges Gebilde, das am Blinddarm hängt und zu lebensgefährlichen Entzündungen neigt. Es dient insbesondere im Kindesalter der Infektabwehr. Der eigentliche Blinddarm ist der erste Abschnitt des Dickdarms.

Wie heißt der erste fliegende Mensch?

Otto Lilienthal

Otto Lilienthal (1848–96). Der deutsche Ingenieur studierte zunächst den Vogelflug und baute nach diesem Vorbild seine Fluggeräte. Als besonders wichtig erwies sich die gewölbte Form der Flügel. Mit seinen Hängegleitern flog er bis zu 300 m weit. 1896 kam er bei einem seiner Flugversuche ums Leben.

Wer schuf die Grundlage für die wissenschaftliche Benennung der Tier- und Pflanzenarten?

Carl von Linné

Carl von Linné (1707–78) führte die sog. „binäre Nomenklatur" ein. Nach ihr trägt jede Art einen lateinischen Doppelnamen aus dem Gattungs- und dem eigentlichen Artnamen. Der wissenschaftliche Name des Wolfes setzt sich z. B. aus dem Gattungsnamen „Canis" und dem Artnamen „lupus" zusammen (Letzterer stets klein geschrieben).

An welchen Symptomen leiden Multiple Sklerose-Kranke?

Die Schwere der Multiplen Sklerose ist von Patient zu Patient sehr unterschiedlich. Häufig kommt es zu Kribbeln, Ermüdung, Schwindel, Lähmungen und Inkontinenz (d. h. die Körperausscheidungen lassen sich nicht mehr kontrollieren). Zeiten weitgehender Normalität können sich mit schweren Krankheitsschüben abwechseln.

Zu welcher Gruppe von Geisteskrankheiten gehört die Schizophrenie?

Zu den Psychosen. Sie zeichnen sich dadurch aus, dass der Bezug zur Wirklichkeit verloren geht, ohne dass die Betroffenen es selbst bemerken (im Unterschied zur Neurose). Wahnvorstellungen (z. B. Verfolgungswahn), Halluzinationen (Sinnestäuschungen) und Depression sind Merkmale von psychotischen Störungen.

Welche Wissenschaft beschäftigt sich mit der gesunden Seele?

Die Psychologie. Sie erforscht seelische Phänomene wie Denken, Wahrnehmen, Fühlen, Erleben, Intelligenz und Lernen. Dazu gehören auch die äußerlich sichtbaren Verhaltensweisen, die sich aus den inneren psychischen Vorgängen ergeben.

Was ist eine chemische Reaktion?

Ein Vorgang, bei dem durch die Wechselwirkung zwischen Atomen oder Molekülen neue Verbindungen entstehen. Die chemischen Elemente bleiben dabei erhalten, während die Atome und Moleküle durch Lösen oder Knüpfen von chemischen Bindungen neu angeordnet werden. Chemische Reaktionen betreffen nur die Elektronen der Atomhülle, der Atomkern bleibt unverändert.

Wie heißt das moderne Gegenstück zur klassischen Mechanik?

Die auf den Erkenntnissen Newtons gegründete Mechanik beschäftigt sich mit den Bewegungen großer Körper. Dagegen geht es bei der Quantenmechanik um Bewegung auf der Ebene der Atome. Mit der Quantenmechanik kann der Aufbau der Atome und Moleküle erklärt werden. Sie geht u. a. auf W. K. Heisenberg zurück.

Was geschieht bei einem Quantensprung?

Elektronen können nicht auf beliebigen Bahnen um den Atomkern kreisen, sondern nur auf Umlaufbahnen, die jeweils einem bestimmten Energieniveau entsprechen. Springt ein Elektron auf eine

Bahn mit geringerem Energiegehalt, so wird dabei genau die Energiemenge (als Photon) abgestrahlt, die der Differenz beider Bahnen entspricht. Diesen Vorgang bezeichnet man als Quantensprung.

Wie funktioniert ein Radar zur Überwachung des Luftraumes?

Ein Sender strahlt gebündelte elektromagnetische Wellen in den Luftraum ab. Treffen die Radarstrahlen auf ein Flugzeug, werden sie zurückgestrahlt. Aus der Zeitdauer zwischen Aussendung und Reflexion lassen sich Entfernung und Geschwindigkeit des Flugobjektes berechnen. Das Echo kann auf einem Bildschirm sichtbar gemacht werden.

Wodurch wurde Konrad Lorenz (1903–89) in weiten Bevölkerungskreisen bekannt?

Konrad Lorenz

Konrad Lorenz leistete hervorragende Arbeiten auf dem Gebiet der Verhaltensbiologie, als deren Begründer er gilt. Außerhalb der Wissenschaft wurde er durch zahlreiche Buchveröffentlichungen bekannt, darunter „Das Jahr der Graugans", „Das so genannte Böse" und „Die Rückseite des Spiegels". 1973 bekam er den Nobelpreis.

Worauf bewegt sich eine Computermaus?

Auf einer Mausunterlage, einem Mauspad oder einem Mousepad. Die drei Begriffe sind gleichbedeutend. Eine solche Unterlage sollte möglichst rutschfest und nicht zu klein sein.

Spielt der öffentlich-rechtliche oder der private Rundfunk eine größere Rolle?

Ende der neunziger Jahre hatten die öffentlich-rechtlichen Rundfunksender der ARD noch geringfügig mehr Hörer als die privaten Sender. Letztere warben allerdings zunehmend Hörer ab und auch die Einnahmen durch Werbung im Radio gingen bei der ARD stärker zurück.

Welche Gestirne wurden in den letzten Jahren mit Raumsonden erforscht?

1997 startete Cassini-Huygens in Richtung des Saturnmondes Titan. Galileo untersucht ebenfalls seit 1997 den Jupitermond Europa. Bereits seit 1979 sind Voyager 1 und 2 im All unterwegs. Ihre Mission ergab neue Erkenntnisse über die Ausdehnung des Sonnensystems. Ulysses/SOHO ist mit der Untersuchung der Sonne beauftragt.

Was kann man mit der Formel $A = r^2\pi$ berechnen?

Die Fläche eines Kreises. Die Kreisfläche A erhält man, indem man den Radius r quadriert und mit Pi (π) multipliziert. Für Pi kann man näherungsweise den Wert 3,14 einsetzen.

Was geschieht beim monatlichen Eisprung im Körper einer Frau?

Beim Eisprung in der Mitte des Monatszyklus gelangt ein Ei aus dem Eierstock in den Eileiter. Es kann nun von den männlichen Samenzellen befruchtet werden. Die Tatsache, dass der Eisprung mit einer erhöhten Körpertemperatur und einer Veränderung des Gebärmutterhalsschleimes verbunden ist, macht man sich bei der „natürlichen Empfängnisverhütung" zunutze.

Warum weiß man über das Aussehen der Mammuts genauestens Bescheid?

Zahlreiche dieser, vor ungefähr 10 Millionen Jahren ausgestorbenen Tiere hat man tiefgekühlt und vollständig erhalten im sibirischen Boden entdeckt. Das Mammut lebte in den Kältesteppen der Eiszeit und trug eine lange und dichte Behaarung. Seine Stoßzähne waren bis zu 5 m lang.

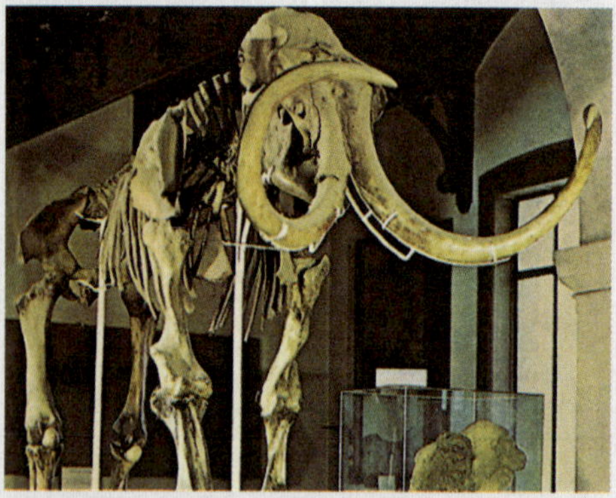

Mammut

Was besagt die biogenetische Grundregel und was hat Ernst Haeckel damit zu tun?

Nach dieser Regel weist ein Lebewesen in seinen frühen Stadien (im Wesentlichen bis zur Geburt) sehr oft Merkmale auf, die seine stammesgeschichtlichen Vorfahren besessen haben. Ernst Haeckel hatte dieses Phänomen als biogenetisches Grundgesetz bezeichnet und ihm eine umfassendere Gültigkeit zugeschrieben. Aufgrund vieler Ausnahmen spricht man heute besser von einer Regel.

Was ist chemisch betrachtet das Gegenteil einer Reduktion?

Eine Oxidation. Bei der Reduktion wird Sauerstoff aus einer Verbindung entfernt, bei der Oxidation reagiert ein Element mit Sauerstoff. Allgemeiner formuliert: Wird ein Stoff reduziert, nimmt er Elektronen auf, wird er oxidiert, gibt er Elektronen ab.

Welche Eigenschaft der Zellen ermöglicht es, Tiere wie das Klonschaf Dolly zu klonen?

Jede Zelle besitzt die vollständige Erbinformation. Wird sie aus ihrem Zellverband herausgelöst, kann sie unter Umständen wieder zu einem vollständigen Organismus heranwachsen. Damit lassen sich Tiere oder Pflanzen klonen, d. h. durch ungeschlechtliche Vermehrung völlig identische Individuen schaffen.

Wie lassen sich Hypothesen überprüfen?

Hypothesen sind wissenschaftliche Annahmen, die so formuliert sind, dass sie empirisch (durch Erfahrung) oder durch Experimente überprüfbar sind (d. h. sie müssen sich „verifizieren" lassen). Lässt sich eine Folgerung, die man aus der Hypothese ableitet, nicht bestätigen, muss die Hypothese verworfen werden. Sie wird damit „falsifiziert".

Welche technischen Errungenschaften beruhen auf den Entdeckungen Luigi Galvanis (1737–98)?

Der italienische Arzt und Naturforscher trug zur Erforschung elektrochemischer Vorgänge bei, die z. B. in Form der sog. Galvanischen Elemente in Trockenbatterien eine Rolle spielen. Beim Galvanisieren werden Oberflächen mit einer dünnen Metallschicht überzogen.

Wie viele chemische Elemente gibt es?

Derzeit sind ungefähr 105 chemische Elemente bekannt. Ihre Zahl kann sich weiter erhöhen, da immer wieder künstliche Elemente hergestellt werden. In der Natur kommen nur 92 verschiedene Elemente vor.

Wer hat erstmals Nachrichten drahtlos über große Entfernungen gesendet?

Guglielmo Marconi

Dies gelang dem italienischen Physiker und Ingenieur Guglielmo Marconi (1874–1937). 1899 sendete er die ersten Signale über den Ärmelkanal, 1901 konnte er England und Neufundland über 3600 Kilometer drahtlos telegrafisch verbinden. Mit seiner Erfindung läutete Marconi das Rundfunkzeitalter ein.

Seit wann gibt es den Reißverschluss?

Einen ersten Vorläufer baute der amerikanische Ingenieur W. L. Judson im Jahr 1893. Er war nur für Schuhe gedacht und hatte noch erhebliche Mängel. 1906 meldete der schwedischstämmige Amerikaner G. Sundbäck einen deutlich verbesserten Reißverschluss zum Patent an. Heute ist die gezähnte Verschlussvorrichtung in vielen Bereichen unverzichtbar geworden.

Altert ein Mensch schneller, wenn er auf der Erde bleibt oder wenn er mit annähernder Lichtgeschwindigkeit durchs All fliegt?

Nach der speziellen Relativitätstheorie altert der auf der Erde ruhende Mensch schneller. Eine ebenso verblüffende Vorstellung der allgemeinen Relativitätstheorie ist die des „gekrümmten" Raumes. Beide von A. Einstein stammende Theorien wurden experimentell weitgehend bestätigt.

Was bedeutet der Rhesusfaktor und woher stammt die Bezeichnung?

Der Rhesusfaktor ist wie die Blutgruppen A, B, O und AB eine Eigenschaft der Roten Blutkörperchen. Rhesus-positiv bedeutet das Vorhandensein einer bestimmten Struktur (eines Antigens), bei Rhesus-negativen Personen fehlt sie. Das Antigen wurde erstmals im Blut von Rhesusaffen nachgewiesen.

Auf welchem Gebiet werden Gruppentherapien angewendet?

Diese besondere Therapieform dient zur Behandlung von psychischen und emotionalen Problemen (wie Alkohol- und Drogenabhängigkeit, Essstörungen oder Angstneurosen). Die Patientengruppen treffen sich regelmäßig ein- oder mehrmals wöchentlich mit einem Therapeuten und besprechen gemeinsam ihre Probleme.

Was ist das gemeinsame Kennzeichen der rheumatischen Erkrankungen?

Unter dem Begriff Rheumatismus oder Rheuma fasst man akut oder chronisch verlaufende Erkrankungen von Muskeln (Muskel-Rheumatismus), Sehnen, Bändern und Gelenken (Gelenk-Rheumatismus) zusammen. Symptome sind Schmerzen, Steifheit, Zwicken und Gliederreißen.

Was faszinierte Gregor Mendel (1822–84) an Erbsenpflanzen?

Gregor Mendel

Der österreichische Biologe führte an ihnen in jahrelanger Arbeit Kreuzungsversuche durch. Dabei entdeckte er die grundlegenden Gesetze der Vererbung von Merkmalen bei Mensch, Tier und Pflanze (Mendel'sche Gesetze). Mendel erkannte, dass das Erbgut aus voneinander unabhängigen Einheiten aufgebaut ist.

Wie lautet die deutsche Bezeichnung für die Parckinson'sche Krankheit?

Schüttellähmung. Sie weist auf die typischen Krankheitszeichen wie Muskelzittern, starrer Gesichtsausdruck und langsame Bewegungen hin. Die Krankheit wird durch eine Schädigung bestimmter Gehirnzellen hervorgerufen. Der Auslöser dafür ist unbekannt.

Welches sind die wichtigsten Kategorien der biologischen Klassifikation?

Am Beispiel des Menschen (in Klammern): Reich (Tiere), Stamm (Chordatiere), Klasse (Säugetiere), Ordnung (Primaten), Familie (Hominiden), Gattung (Homo), Art (Homo sapiens). Die Klassifikation mit ihren Kategorien macht die Vielfalt der Tiere und Pflanzen überschaubar. Nur die Art ist klar definiert, die anderen Kategorien sind willkürlich.

Was ist auf einem Röntgenbild zu sehen?

Mit den Röntgenstrahlen können Knochen, Organe und innere Gewebe sichtbar gemacht werden. Genau genommen ist das Röntgenbild nur ein Schattenbild. Besonders gut sind darauf Knochen darstellbar. Aber auch hohle oder flüssigkeitsgefüllte Organe wie der Darm lassen sich durch die Einführung eines strahlenundurchlässigen Kontrastmittels abbilden.

Wozu benötigt der Körper Eiweiß (Proteine)?

Viele Hormone und alle Enzyme sind aus Eiweiß aufgebaut. Beide sind zur Steuerung wesentlicher Körperfunktionen unverzichtbar. Eiweiß ist außerdem ein wichtiger Baustoff des Körpers (z. B. in Form von Muskeleiweiß).

Worauf ist ein freudscher Fehler zurückzuführen?

Nach Ansicht der Psychoanalyse entsteht eine solche „Fehlleistung" durch verdrängte Wünsche oder Inhalte. Dabei werden Worte gesprochen oder geschrieben, die nicht in den Zusammenhang passen, aber mit den angeblich verdrängten Dingen zu tun haben.

Wozu soll ein Rorschachtest dienen?

Der von dem Schweizer Psychiater H. Rorschach entwickelte Persönlichkeitstest soll persönliche Konflikte, Gefühle und Einstellungen einer Person aufzeigen. Der Therapeut beurteilt die Reaktion des Patienten auf eine Reihe von standardisierten Tintenklecksbildern. Der „Formdeute-Test" spielt heute kaum noch eine Rolle.

Wie viele Bits hat 1 Byte?

Ein Bit ist die kleinste Informationseinheit der elektronischen Datenverarbeitung. Jeweils 8 Bits bilden 1 Byte. Die Kapazität von Computerspeichern wird in Bytes angegeben (bei Millionen Bytes z. B. als Megabyte oder MB).

Wann sind Röteln gefährlich?

Wenn eine werdende Mutter in den ersten Monaten der Schwangerschaft an Röteln erkrankt, drohen schwere Schäden für den Fötus. Daher sollten sich Frauen, die nicht durch eine frühere Rötelnerkrankung immunisiert wurden, impfen lassen. Normalerweise sind Röteln eine harmlose Kinderkrankheit. Bei Erwachsenen verläuft die Krankheit meist schwerer.

Was ist das Gegenteil des Masochismus?

Der Sadismus. Im engeren Sinne versteht man darunter die Eigenschaft, sexuelle Lust zu empfinden, indem anderen Menschen Schmerzen zufügt werden. Im weiteren Sinne ist Sadismus die Freude, Menschen zu quälen. Der Begriff geht auf den französischen Schriftsteller Marquis de Sade zurück.

In welchen Nahrungsmitteln sind häufig Salmonellen enthalten?

Die Erreger von Lebensmittelvergiftungen kommen besonders oft in Hühnerfleisch und Hühnereiern vor. Besondere Infektionsquellen sind Speisen, die mit rohen Eiern zubereitet sind (Majonäse, Eiscremes). Die Bakterien lassen sich durch starkes Erhitzen unschädlich machen.

Wer war Maria Montessori?

Maria Montessori

Maria Montessori (1870–1952), italienische Ärztin und Pädagogin, entwickelte ein Konzept, das auf der Förderung der Intelligenz und Kreativität von Kindern durch Anregung ihrer Selbsttätigkeit beruht. Sie gründete 1907 in Rom das erste Kinderhaus für Arbeiterkinder. In ihrer Pädagogik spielt die Selbsterziehung und Selbstbeschäftigung der Kinder eine große Rolle. Zum größten Teil von ihr entwickelte Spiel- und Lernmittel sollen dabei helfen.

Was sind die typischen Anzeichen von Scharlach?

Es beginnt mit Kopfschmerzen und Fieber, ehe der kennzeichnende Ausschlag mit roten Punkten auf Hals und Oberkörper auftritt. Die Zunge hat zunächst eine weißen Belag mit roten Punkten, dann wird sie scharlachrot. Da es sich um eine bakterielle Infektion handelt, kann mit Antibiotika (Penicillin) behandelt werden.

Wie funktioniert das Pay TV?

Bei diesem „Bezahlfernsehen" werden die Sendungen verschlüsselt ausgestrahlt. Nur wer einen Decoder hat, kann die Filme ansehen. Die Art der Bezahlung ist unterschiedlich: Der Kunde kann je nach Anbieter zwischen einzelnen Filmen, ganzen Kanälen oder Programmpaketen wählen, für die entweder einzeln bezahlt wird oder in Form eines Abonnements.

Wer baute den ersten Heißluftballon?

Montgolfier: Erste bemannte Ballonfahrt am 21.11.1783 in Paris

Die französischen Brüder Étienne Jacques und Joseph-Michel Montgolfier waren die Erfinder der nach ihnen benannten Montgolfière. Sie experimentierten zunächst mit Papiertüten und kleinen Stoffballonen, ehe 1783 der erste bemannte Flug über 9 km stattfand. Ein Feuerbecken unter dem unten offenen Ballon sorgte für die Erwärmung der Luft.

Welche Bevölkerungsgruppe ist durch Keuchhusten besonders gefährdet?

Von der durch ein Bakterium übertragenen Infektionskrankheit sind besonders Säuglinge und Kleinkinder betroffen. Die Ansteckung kann durch eine Schutzimpfung (meist im ersten Lebensjahr) verhindert werden. Nur selten führt die Impfung zu unerwünschten Nebenwirkungen.

Kann man Intelligenz messen?

Dies ist umstritten, da selbst der Begriff Intelligenz schwer zu definieren ist. Mit Intelligenztests versucht man näherungsweise, die Intelligenz zu erfassen. Das Ergebnis eines solchen Tests wird in Form des Intelligenzquotienten (abgekürzt IQ) angegeben. Die Skala wird dabei so angelegt, dass der Durchschnitt der Bevölkerung einen IQ von 100 hat.

Wo wurde das Schießpulver erfunden?

In England schrieb man R. Bacon, in Deutschland dem Mönch B. Schwarz (Schwarzpulver!) die Erfindung zu. In China verwendete man allerdings das Schießpulver bereits im 8. und 9. Jahrhundert für Feuerwerkskörper. Das klassische Schwarzpulver besteht aus Kalisalpeter, Schwefel und Holzkohle.

Wodurch entsteht ein Kropf?

Die häufigste Ursache für einen Kropf ist Jodmangel. Jod ist zur Bildung des Hormons Thyroxin in der Schilddrüse notwendig. Ist zu wenig davon vorhanden, versucht dies die Schilddrüse durch eine Größenzunahme auszugleichen. Der Kropfbildung kann durch Verzehr von Seefischen und Jodsalz entgegengewirkt werden.

Welche geistige Erkrankung wird auch als Spaltungsirresein bezeichnet?

Die zu den Psychosen gehörende Schizophrenie. Die Kranken zeigen als „gespaltene Persönlichkeiten" Gedanken und Gefühle, die keinen logischen Zusammenhang haben. Mitunter hören sie Stimmen oder zeigen andere Sinnestäuschungen (Halluzinationen). Es kann auch zu Größenwahn oder krankhafter Eifersucht kommen.

Was passiert beim Salzstreuen im Winter?

Normalerweise schmilzt gefrorenes Wasser ab einer Temperatur von 0 °C. Da Lösungen meist einen tieferen Schmelzpunkt als reine Lösungsmittel haben, streut man Salz, um Eis oder Schnee früher zum Schmelzen zu bringen. Je nach Konzentration des Salzes taut es dann bereits deutlich unterhalb von 0 °C.

Was erbrütet ein Atomkraftwerk von der Art des Schnellen Brüters?

Sie erbrüten aus nicht spaltbaren Uran-238-Isotopen spaltbares Plutonium. Dieses wird dann unter Energiefreisetzung mit „schnellen" Neutronen gespalten. Die praktische Umsetzung erweist sich als schwierig: Der deutsche „Schnelle Brüter in Kalkar"z. B. ging nie ans Netz.

Welche Umstände begünstigen eine Typhuserkrankung?

Der Erreger von Typhus wird über den Stuhl eines Infizierten weitergegeben. Bei mangelnder Hygiene ist die Gefahr groß, sich durch verunreinigtes Trinkwasser oder Nahrungsmittel anzustecken. Da eine Impfung keinen vollständigen Schutz bietet, sollte bei Reisen in Entwicklungsländern nur abgekochtes Wasser getrunken werden.

War der Tyrannosaurus rex ein Pflanzen- oder ein Fleischfresser?

Die bis zu 11 m hohe Riesenechse war Fleischfresser. Sie bewegte sich auf ihren zwei mächtigen Hinterbeinen vorwärts. Noch größer wurden allerdings die Pflanzen fressenden Vertreter der Dinosaurier, wie der fast 30 m lange Apontosaurus. Er hatte einen langen Hals und bewegte sich auf allen Vieren fort.

Bei welchem Ereignis fielen die Worte: „Es ist nur ein kleiner Schritt für den Menschen, aber ein großer für die Menschheit"?

Astronaut in der Schwerelosigkeit des Alls

Mit diesen Worten betrat der amerikanische Astronaut Neil Armstrong (*1930) 1969 als erster Mensch den Mond. Nach ihm verließ Edwin Aldrin (*1930) die Landefähre „Eagle", mit der die eigentliche Mondlandung erfolgt war. Michael Collin (*1930) blieb in der Kommandokapsel von Apollo 11 in der Mondumlaufbahn zurück.

Wie lautet der populäre Name des Hippopotamus?

Nilpferd. Es gehört zur Familie der Flusspferde, die in stehenden oder langsam fließenden Gewässern Afrikas vorkommen. Im Nil wurde es bereits zu Beginn des 19. Jahrhunderts ausgerottet. Neben dem großen Nilpferd gibt es noch das kleinere, weniger bekannte Zwergflusspferd, das im westlichen Afrika beheimatet ist.

Was bewirkt die Schwerkraft?

Sie bewirkt, dass Gegenstände ein „Gewicht" haben und auf den Boden fallen, wenn man sie loslässt. Die Schwerkraft ist ein Sonderfall der Gravitation, die sich durch die Anziehung, die zwei Massen aufeinander ausüben, bemerkbar macht (Massenanziehung). Die Anziehungskraft des Mondes verursacht beispielsweise Ebbe und Flut.

Wann wurde die Chiropraktik als Behandlungsmethode in die Medizin eingeführt?

Im Jahr 1897. Sie beruht auf der Vorstellung, dass Krankheiten (zumindest teilweise) auf Störungen im Nervensystem beruhen. Im Mittelpunkt der Behandlung steht die Wirbelsäule, an der verschobene Wirbel oder Bandscheiben mit den Händen von außen wieder eingerenkt werden sollen.

Welches sind die bekanntesten Entdeckungen Isaac Newtons (1643–1727)?

Isaac Newton

Die Entdeckung des Gravitationsgesetzes (Schwerkraft) und die drei „Newton'schen Axiome", nämlich das Trägheitsgesetz, das Beschleunigungsgesetz und das Wechselwirkungsgesetz. Neben diesen Grundlagen der Mechanik trug er auf zahlreichen anderen Gebieten (v. a. der Mathematik und Astronomie) wesentliche Erkenntnisse bei.

Welche Aufgabe hat der Server eines Netzwerkes?

Der Server ist ein Rechner, der andere Rechner des Netzwerkes, die Clients, bedient. Er kann Daten bereithalten (als Speicher) und Dienstleistungen ausführen (z. B. Druckaufträge). Je nach Aufbau des Netzes ist der Server für alle zentralen Aufgaben zuständig oder nur für einzelne Bereiche.

Warum wird die Prostata oft zum Problem für ältere Männer?

Die Vorsteherdrüse, wie sie auf Deutsch heißt, kann bei Männern ab 50 Jahren durch eine Größenzunahme Schwierigkeiten beim Wasserlassen bereiten. In fortgeschrittenem Alter entsteht auch Prostatakrebs, einer der häufigsten Krebsarten bei Männern. Auch er macht sich z. T. durch Beschwerden beim Harnlassen bemerkbar.

Wie kam Dioxin zu der Bezeichnung „Seveso-Gift"?

1976 ereignete sich in der norditalienischen Stadt Seveso ein verheerendes Chemieunglück, bei dem große Mengen Dioxin freigesetzt wurden. 5000 Menschen kamen zu Schaden und ein 320 ha großes Gebiet wurde kontaminiert. Dadurch wurde man auf die Umweltproblematik dieser äußerst giftigen organischen Chlorverbindungen aufmerksam. Sie entstehen bei zahlreichen Verbrennungsvorgängen.

Woraus wird Silicium hergestellt und wozu braucht man es?

Silicium ist nach Sauerstoff das zweithäufigste Element auf der Erde. Als Rohstoff zur Siliciumgewinnung dient Quarzsand. Es muss in einem aufwändigen Verfahren in hochreiner Form vorliegen, ehe es zur Herstellung von Halbleitern weiter verarbeitet werden kann (Mikrochips, Dioden, Transistoren, Solarzellen).

Welche Aufgabe hat das BIOS bei einem Computer?

Das BIOS ist ein Programm, das jedes Mal beim Einschalten des Rechners automatisch abläuft. Es startet das Betriebssystem und prüft einige grundlegende Parameter. Das BIOS bleibt auch nach dem Systemstart aktiv und ist z. B. für die Zugriffe auf das Diskettenlaufwerk verantwortlich.

Wie heißt der größte Softwarehersteller weltweit und wer ist die Nummer eins in Deutschland?

Das amerikanische Unternehmen Microsoft hat bei der Herstellung von Software eine marktbeherrschende Stellung. Ende der neunziger Jahre lieferte es 90% aller Betriebssysteme („Windows"). Der größte deutsche Hersteller ist SAP („Systeme, Anwendungen, Produkte"), der v. a. betriebswirtschaftliche Programme anbietet.

Was für nachteilige Folgen hat der Stand-by-Betrieb von Elektrogeräten?

Der Stand-by-Betrieb hält die Geräte in ständiger Bereitschaft, so dass sie z. B. jederzeit über eine Fernsteuerung bedienbar sind. Die Folge ist ein hoher Stromverbrauch. Sämtliche Elektrogeräte Deutschlands verbrauchen im Stand-by-Betrieb jährlich so viel Strom, wie mehrere Großkraftwerke erzeugen.

Wie reagiert der Körper auf Stress?

Jede Einwirkung auf den Körper, die zu einer Störung des Normalzustandes führt, ist Stress. Er antwortet darauf mit der Ausschüttung von Hormonen wie Adrenalin, die den Körper in eine Kampf- oder Fluchtstimmung versetzen (z. B. durch verstärkte Durchblutung). Wiederholter Stress ohne entsprechende körperliche Aktivität ist vermutlich gesundheitsschädlich.

Was geschieht beim Pasteurisieren mit der Milch?

Louis Pasteur

Die Milch wird auf 60-80 °C erhitzt. Dadurch sterben die Fäulniserreger ab und die Milch bleibt länger haltbar. Das Verfahren wurde von dem französischen Mikrobiologen und Chemiker Louis Pasteur (1822–95) eingeführt. Das bedeutende, weltweit bekannte Pasteur-Institut in Paris trägt seinen Namen.

Wie kauft man in einem virtuellen Shop ein?

Über das Internet lassen sich auf dem Bildschirm des eigenen PCs die Waren der virtuellen Warenhäuser anschauen und bestellen. Beim Teleshopping werden die Waren im Fernsehen gezeigt und dann über das Telefon angefordert. Die Sender sind im Kabelnetz oder im Satellitenfernsehen zu empfangen.

Wie viel Grad hat ein stumpfer Winkel und wie viel ein spitzer Winkel?

Jeden Winkel, der größer als 90 und kleiner als 180 Grad ist, bezeichnet man als stumpfen Winkel. Der spitze Winkel ist kleiner als 90 und größer als 0 Grad. Ein rechter Winkel hat genau 90 Grad.

Wie lautet die mathematische Definition für die Ebene?

Eine Ebene ist eine Fläche, welche durch drei Punkte, die nicht auf einer Geraden liegen, eindeutig festgelegt ist. Es gibt eine Länge und Breite, aber keine Höhe.

Welche biologischen Vorgänge wurden an Pawlows Hunden erforscht?

Pawlow'scher Reflex

Die Versuche des russischen Wissenschaftlers Iwan Petrowitsch Pawlow (1849–1936) führten zur Unterscheidung von bedingtem und unbedingtem Reflex. Ersterer beruht auf einem Lernvorgang, der auch als Konditionierung bezeichnet wird, während unbedingte Reflexe angeboren sind (wie der Kniesehnenreflex). Pawlow erhielt 1904 den Nobelpreis.

Welche Eigenschaft besitzen Supraleiter?

Manche Materialien werden in der Nähe des absoluten Nullpunktes supraleitfähig, d. h. sie leiten elektrischen Strom ohne Widerstand. Durch die Entdeckung von Hochtemperatur-Supraleitern, die bereits bei wesentlich höheren Temperaturen supraleitfähig werden, ist das Phänomen technisch anwendbar geworden.

Was genau ist der Treibhauseffekt?

Sonnenlicht gelangt auf die Erdoberfläche und wird als Wärmestrahlung wieder reflektiert. Die Atmosphäre verhindert die Abstrahlung der Wärme in den Weltraum. Vom Menschen verursachte Gase verstärken den natürlichen Treibhauseffekt und tragen so u. U. zur Erwärmung der Atmosphäre bei. Die wichtigsten Treibhausgase sind Kohlendioxid, Methan und FCKW.

Wo lebt der Klammeraffe?

Man findet ihn in den Wäldern Mittel- und Südamerikas oder auf der Tastatur von Computern. Im letzteren Fall handelt es sich nicht um ein Tier, sondern um die saloppe Bezeichnung für das Sonderzeichen @. Es wird bei E-Mail-Adressen und bestimmten Programmanweisungen verwendet. Im Englischen spricht man von „commercial at", „cat" oder einfach nur „at".

Wie ist die Symmetrie in der Geometrie definiert?

Symmetrie ist die spiegelbildliche Lage zu einem Punkt (dem Symmetriezentrum), zu einer Geraden (der Symmetrieachse) oder zu einer Ebene (der Symmetrieebene). Symmetrische Formen gibt es in der unbelebten Natur (z. B. bei Kristallen) oder in der belebten Natur (z. B. der überwiegend zweiseitig-symmetrische Mensch).

Wie kam es zur Entdeckung der Rot-Grün-Blindheit?

Der englische Chemiker und Physiker Dalton entdeckte das Erbleiden, an dem vorwiegend Männer erkranken, 1798 an sich selbst. Er führte außerdem die Atomtheorie in die Chemie ein und entdeckte das Dalton'sche Gesetz, nach dem der Gesamtdruck eines Gasgemisches gleich der Summe der Drucke der einzelnen Bestandteile ist.

Wo wird Teflon im Alltag verwendet?

Teflon, chemisch als Polytetrafluorethylen (PTFE) bezeichnet, ist ein chemisch sehr widerstandsfähiger Kunststoff, der aus der Weltraumforschung stammt. In vielen Haushalten kommt er als Beschichtung von Pfannen vor. Als wasserdichte, aber wasserdampfdurchlässige Membran ist er Bestandteil moderner Wetterschutzbekleidung.

Womit beschäftigt sich die Biochemie?

Biochemie ist die Wissenschaft, die sich mit der Chemie von Lebewesen befasst. Ein Teilgebiet untersucht, welche Stoffe in den Lebewesen vorkommen und wie sie aufgebaut sind. Das andere beschäftigt sich mit der Erforschung der Aufgaben und Reaktionen dieser chemischen Verbindungen.

Wozu dienen Teilchenbeschleuniger?

In diesen kilometerlangen Röhren werden Elementarteilchen nahezu auf Lichtgeschwindigkeit beschleunigt und zum Zusammenstoß gebracht. Dabei können neue Erkenntnisse über Aufbau und Entstehung von Materie gewonnen werden. In der Medizin stützen sich modernste Verfahren zur Krebsbehandung ebenfalls auf Teilchenbeschleuniger.

Für welche Fähigkeiten steht der Begriff Telepathie?

Mit Telepathie oder Gedankenübertragung ist die angebliche Fähigkeit gemeint, Informationen verschiedener Art (Worte, Gefühle, Gedanken, u. a.) von einer Person auf eine andere ohne Benützung der Sinnesorgane zu übertragen. Die Telepathie gehört in das Gebiet der Parapsychologie.

Wann können sich in Muscheln und Austern Perlen bilden?

Wenn ein Fremdkörper, z. B. ein Sandkorn, in die Schale der Weichtiere hineingelangt. Sie speichelt den Fremdkörper dann mit Perlmutt ein, und es wächst eine Perle.

Perlmuschel

Wie heißt das wichtigste männliche Geschlechtshormon?

Testosteron. Es wird im Hoden gebildet und bewirkt die Ausbildung der sekundären Geschlechtsmerkmale (Körperbehaarung, tiefe Stimme, Form der Brust). Testosteron regt auch das Muskel- und Knochenwachstum an. Bei der Frau wird es nur in kleinsten Mengen im Eierstock gebildet.

Wie kann man sich mit dem Tetanus-Erreger infizieren?

Das Bakterium lebt hauptsächlich im Boden oder im Dung. Gelangt es mit Schmutz in eine Hautwunde, kommt es zur Vermehrung und Bildung eines

Giftes, das die typischen Muskelkrämpfe auslöst (Wundstarrkrampf). Gegen die Infektion kann man sich durch eine Impfung schützen, die alle zehn Jahre aufgefrischt werden sollte.

Womit befasst sich die Thermodynamik und worin liegt ihr Nutzen für die Menschheit?

Bei der „Wärmelehre" geht es um die Frage, wie sich Körper und Stoffe verhalten, wenn Wärmeenergie zu- oder abgeführt wird bzw. wenn Temperatur-, Druck- oder Volumenänderungen eintreten. Sie ist die Grundlage für die Energieerzeugung in Wärmekraftwerken und den Antrieb von Kraftfahrzeugen mit Verbrennungsmotoren.

Was war der schwarze Tod?

Die Pest, eine der folgenschwersten Infektionskrankheiten der Vergangenheit. Sie kostete im 14. Jahrhundert in Europa über 20 Millionen Menschen das Leben. Die Seuche wurde als Strafe Gottes angesehen. Ursache ist ein Bakterium, das Ratten befällt. Von diesen kann der Erreger über Flöhe auf den Menschen übertragen werden. Durch eine rechtzeitige Antibiotikabehandlung lässt sich die Pest meist heilen.

Pest: Miniatur von Pol de Limburg aus dem Stundenbuch des Herzogs von Berry. Der Erzengel Michael steckt sein Schwert in die Scheide und beendet so die Pest in Rom.

Was kann einen Herzinfarkt oder Schlaganfall auslösen?

Eine Thrombose, bei der sich ein Blutpfropf in einem Blutgefäß bildet. Handelt es sich um eine Schlagader (Arterie), die das Herz mit Blut versorgt, ist ein Herzinfarkt die Folge. Entsteht die Thrombose im Gehirn, kommt es zu einem Schlaganfall. Die Thrombosegefahr wird u. a. durch Rauchen und Übergewicht erhöht.

Wodurch gelang es, die Tollwut weitgehend zurückzudrängen?

In vielen Gebieten Deutschlands wurden Köder ausgelegt, die einen Impfstoff gegen Tollwut enthielten. Fressen Füchse den Köder, werden sie gegen die Krankheit immun und können das Tollwutvirus nicht mehr weiter verbreiten. Großbritannien ist durch seine Insellage seit jeher tollwutfrei.

Steigt die elektrische Leitfähigkeit mit zunehmender Temperatur an?

Das hängt von der Art des Materials ab. Bei einem normalen elektrischen Leiter, z. B. einem Kupferdraht, steigt die Leitfähigkeit mit der Temperatur. Das Gegenteil ist bei den Halbleitern der Fall. Sie reagieren je nach Temperatur als Isolatoren oder als Leiter. Ein wichtiger Halbleiter ist das Silicium.

Wer hat beruflich mit der Herstellung von Giften zu tun?

Der Toxikologe. Sein Fachgebiet ist die Toxikologie. Er untersucht Gifte auf ihre chemische Zusammensetzung und ihre Wirkung auf den Organismus. Auch die Herstellung und die Suche nach Gegenmitteln gehören dazu. Die Toxikologie hängt eng mit der Pharmakologie zusammen, die für die Entwicklung von Arzneimitteln zuständig ist.

Zwischen welchen Städten soll der geplante Transrapid verkehren?

Die Magnetschwebebahn soll die Städte Hamburg und Berlin, mit einem Zwischenhalt in Schwerin, verbinden. Vielfach wird die Wirtschaftlichkeit des Projektes bezweifelt. Auch Naturschutzverbände sprechen sich gegen den Transrapid und zugunsten der Eisenbahn aus. Bis Ende 1999 war der Bau der Strecke noch nicht gesichert.

Wie nennt man einen Mann, der Frauenkleidung trägt?

Solche Männer bezeichnet man als Transvestiten. Die meisten Transvestiten sind heterosexuell. Ihr Verhalten kann sich mitunter zum Transsexualismus weiterentwickeln, bei dem die eigene Geschlechtszugehörigkeit abgelehnt und eine Geschlechtsumwandlung angestrebt wird.

Wozu werden Trojanische Pferde in fremde Computer eingeschleust?

Mit diesen virenähnlichen Programmen können unberechtigt Daten auf fremden Rechnern ausgeforscht werden. „Trojan Horses“ werden oft als nützliche und kostenlose Programme im Internet angeboten. Lädt man sie herunter und startet sie auf dem eigenen Rechner, werden dort Dateien verändert. Der Name kommt aus der griechischen Mythologie: Die Griechen schenkten den Trojanern ein hölzernes Pferd, in dem sich Krieger versteckt hatten. Durch diese List konnten sie Troja erobern.

Wie lauten die drei binomischen Formeln der Algebra?

Die Erste heißt $(a + b)^2 = a^2 + 2ab + b^2$, die Zweite $(a - b)^2 = a^2 - 2ab + b^2$ und die Dritte $a^2 - b^2 = (a + b) \times (a - b)$. Mit diesen Formeln lassen sich Binome, also zweigliedrige Summen (z. B.: $a + b$) oder Differenzen (z. B.: $a - b$), berechnen.

Wie hieß der Erzieher und Bildungsreformer, der als geistiger Wegbereiter der modernen Volksschule gilt?

Johann H. Pestalozzi

Johann Heinrich Pestalozzi (1746–1827). Der Schweizer Erzieher gründete mehrere Erziehungsheime und wirkte 20 Jahre lang in Iferten im Waadtland. Nach seinem Vorbild wurden das Erziehungswesen vieler Länder Europas umgestaltet.

Was geschah mit dem Atomkraftwerk in Tschernobyl nach dem Unfall?

Der zerstörte Reaktorblock wurde in einen Stahlbetonmantel („Sarkophag”) gehüllt, aus dem durch Risse weiterhin Radioaktivität entweicht. Mindestens einer der übrigen Reaktorblöcke ist bis heute am Netz. Westliche Staaten versuchen durch finanzielle Hilfen die Ukraine zum völligen Abschalten des Atomkraftwerkes zu bewegen.

Welche Aufgabe erfüllt das Über-ich in der Psychoanalyse S. Freuds?

Es ist eine Art Prüfstelle im Bewusstsein, die das Handeln des Menschen entsprechend den Normen und Gesetzen der

Gesellschaft kontrolliert und damit die Triebe zügelt und unterdrückt. Das Über-ich wird in vielen Fällen mit dem „Gewissen" gleichgesetzt.

Was ist edel an den Edelgasen?

Es ist ihre Eigenschaft, keine chemischen Verbindungen einzugehen. Dies hängt mit der ausgeglichenen Anordnung ihrer Elektronen in der Atomhülle zusammen. Zu den Edelgasen gehören u. a. die Elemente Helium, Neon, Argon und Krypton.

Woran erkennt man eine Bindehautentzündung?

Bei der Bindehautentzündung ist die Membran, die das Weiße des Auges und die Innenseite der Augenlider überzieht entzündet. Dies äußert sich in Form von Rötungen und Juckreiz. Mitunter ist morgens das Auge durch Eiter verklebt. Ursache der Infektion sind meist Bakterien, die mit Antibiotika bekämpft werden können. Der Eiter lässt sich mit warmem Wasser entfernen.

Gehören Pilze zu den Pflanzen?

Samtfußrübling

Pilze werden zwar traditionell zu den Pflanzen gestellt, bilden aber nach neuerer Anschauung neben den großen Gruppen der Tiere und Pflanzen ein eigenes Reich. Sie betreiben keine Fotosynthese wie die Pflanzen, sondern ernähren sich von organischer Substanz. Außerdem bestehen ihre Zellwände meist aus Chitin und nicht aus Cellulose.

Welche UV-Strahlen verursachen die Bräunung und welche den Sonnenbrand?

Die ultraviolette Strahlung setzt sich aus UV-A-, UV-B- und UV-C-Strahlen zusammen. UV-C wird vollständig, UV-B zum großen Teil von der Ozonschicht der Atmosphäre zurückgehalten. Das restliche UV-B löst den Sonnenbrand aus. UV-A wirkt bräunend, soll aber nach neueren Studien ebenfalls Hautkrebs verursachen.

Wie sieht das mathematische Zeichen für „unendlich" aus?

Das Unendlichkeitszeichen ist eine liegende Acht (∞). Es gibt unendlich viele natürliche Zahlen, da man zu jeder natürlichen Zahl eine weitere hinzufügen kann. Es gibt aber keine Zahl, die „unendlich" heißt.

Was bedeutet der Begriff Unterbewusstsein?

Der Begriff bezeichnet seelische Vorgänge, die unterhalb des Bewusstseins stattfinden und von diesem im Wesentlichen unbeeinflussbar sind. Umgekehrt können sie aber unter bestimmten Umständen auf das Bewusstsein und damit das Handeln des Menschen einwirken.

Welche Möglichkeiten bietet das Chatten im Internet?

Beim Chatten (wörtlich übersetzt: plaudern) können sich mehrere Nutzer eines Netzwerkes direkt über Tastatur und Bildschirm miteinander unterhalten. Dazu sind besondere Server (Zentralrechner) und entsprechend ausgestattete Personalcomputer notwendig.

Wo gibt es Uranvorkommen in Deutschland?

Nennenswerte Vorkommen des radioaktiven Metalls (als Uranerz) liegen im Erzgebirge und im Schwarzwald. Die Förderung in Deutschland wurde 1991 eingestellt. Zu den bedeutendsten Förderländern gehören Kanada, Russland (GUS) und Australien. Uran dient überwiegend als Brennstoff in Atomkraftwerken und als Sprengstoff in Atombomben.

Wo spielen in der Körperpflege Emulsionen eine Rolle?

Bei vielen Hautpflegemitteln handelt es sich um Emulsionen. Es gibt Haut-Cremes in Form von Wasser in Öl Emulsionen und als Öl in Wasser Emulsionen. Allgemein versteht man unter einer Emulsion ein Gebilde aus zwei feinst verteilten, nicht mischbaren Flüssigkeiten. Sie lassen sich durch sog. Emulgatoren stabilisieren.

Was geschieht chemisch betrachtet, wenn Zucker im Kaffee aufgelöst wird?

Dabei entsteht eine Lösung, also eine homogene Mischung verschiedener Stoffe. Das Wasser ist das Lösungsmittel, in dem sich der Zucker auflöst, bis er in Form einzelner Zuckermoleküle vorliegt. Eine Lösung kann auch aus Gasen oder festen Bestandteilen zusammengesetzt sein.

Welche Möglichkeiten bietet ein USB (Universal Serial Bus)?

Ein Bus ist eine Datenleitung, die wichtige Bauteile des Rechners verbindet. An den neu entwickelten USB lassen sich bis zu 127 Geräte wie Bildschirme, Lautsprecher, Drucker oder Scanner anschließen. Das System erlaubt, große Datenmengen in kurzer Zeit zu befördern.

Nach welchem bekannten Physiker wurden die früheren Kaiser-Wilhelm-Institute 1948 umbenannt?

Max Planck

Die Max-Planck-Institute tragen den Namen von Max Planck (1858–1947), der vor dem Krieg bereits Präsident der Vorläufereinrichtung war. Er erwarb sich große Verdienste als Begründer der Quantenphysik, mit der er die Grundlage für die weiterführenden Arbeiten von Albert Einstein, Niels Bohr und Werner K. Heisenberg legte.

Wie wirkt sich die Unfruchtbarmachung des Mannes durch Vasektomie auf das Sexualleben aus?

Bei der Vasektomie werden die Samenleiter, die den Samen aus den Hoden in den Harnleiter befördern, unterbrochen. Das Erektionsvermögen und die Fähigkeit, Samenflüssigkeit zu bilden, bleiben davon unbeeinflusst. Die Samenflüssigkeit enthält nur keine Spermien mehr.

Welche Ursachen kann eine Amnesie, also ein Gedächtnisschwund, haben?

Es kommen verschiedene Faktoren in Frage, die zu einer Schädigung oder Erkrankung des Gehirnes führen. Dazu gehören Kopfverletzungen (z. B. durch einen Unfall), Alzheimer-Krankheit, Vitaminmangel, Schlaganfälle oder Gehirnblutungen.

Wie sah das Weltbild des Ptolemäus im Vergleich zum Weltbild des Kopernikus aus?

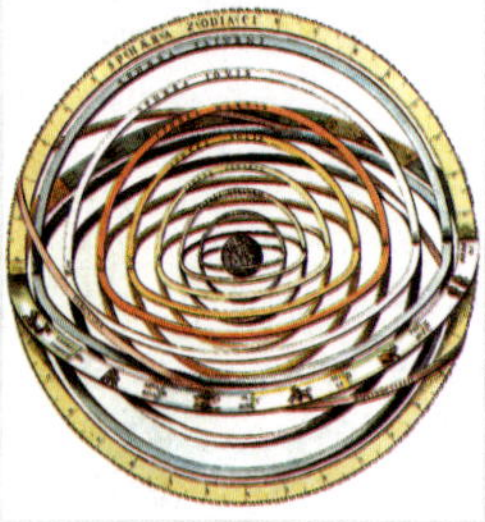

Ptolemäisches Weltbild

Nach Ansicht des alexandrinischen Gelehrten Claudius Ptolemäus (ca. 100– ca. 170) war die Erde der Mittelpunkt des Alls, um den sich Sonne, Mond und Planeten drehten. Dieses ptolemäische Weltbild wurde erst im 16. Jahrhundert von Nikolaus Kopernikus (1473–1543) gestürzt, der erkannte, dass die Erde um die Sonne kreist.

Wird der radioaktive Zerfall in Becquerel oder Curie gemessen?

Seit 1986 ist die gültige Einheit für die Aktivität das Becquerel. 1 Becquerel entspricht einem radioaktiven Zerfall pro Zeiteinheit. Es trägt den Namen des Entdeckers der Radioaktivität, Antoine Henri Becquerel (1852–1908). Damit ist die früher ebenfalls verwendete Einheit Curie nicht mehr gültig.

Worin unterscheiden sich Viren von Bakterien?

Viren bestehen nur aus einem Nukleinsäure-Kern (DNS oder RNS) und einer Eiweißhülle. Da sie keinen eigenen Stoffwechsel haben und sich nur in anderen Organismen vermehren können, zählen sie nicht zu den Lebewesen. Bakterien sind dagegen einzellige Lebewesen, die keinen Zellkern besitzen. Sie vermehren sich durch Zellteilung oder Sporen.

Wann wurde der bis heute geltende Gregorianische Kalender eingeführt?

Er wurde 1582 von dem Papst Gregor XIII. eingeführt. Durch die Differenz zum Sonnenjahr ergab der zuvor gültige Kalender von Julius Caesar (46 v. Chr. eingeführt) bis zum 16. Jahrhundert eine Abweichung von 10 Tagen. Der Gregorianische Kalender geht dagegen in 3333 Jahren nur 1 Tag vor.

Ist World Wide Web (WWW) eine andere Bezeichnung für Internet?

Häufig wird es gleichbedeutend verwendet und viele Anwender, die sich im Internet tummeln, befinden sich im WWW. Genau genommen ist es aber nur ein weltweites Informationssystem innerhalb des Internets. Durch das einheitliche HTML-Format und seine einfach zu bedienende Oberfläche ist es sehr anwenderfreundlich.

Welche Vitamine kann der Körper selbst erzeugen?

Nur Vitamin D und das zu den B-Vitaminen gehörende Niacin kann im Körper selbst hergestellt werden. Für die Vitamin D-Synthese ist Sonnenlicht nötig. Enthält die Nahrung Karotin (z. B. in Karotten) kann daraus auch Vitamin A hergestellt werden. Alle anderen Vitamine müssen mit der Nahrung aufgenommen werden.

Was hat man sich unter der elektrischen Spannung vorzustellen?

Wenn man die Stromstärke mit der Wassermenge eines Wasserfalles vergleicht, so entspricht die Spannung der Fallhöhe. Sie wird in Volt (V) gemessen (nach dem italienischen Physiker A. Graf Volta benannt). Die Spannung des Netzstromes in Deutschland beträgt 220 V.

Was für Möglichkeiten bietet der neue WAP-Standard für Handys?

WAP steht für Wireless Application Protocol. Es ist eine Vereinbarung, die den Zugriff der Mobilfunktelefone auf das World Wide Web (WWW) regelt. Damit lässt sich mit den Geräten nicht mehr nur telefonieren, faxen oder Daten übertragen, sondern auch das Internet mit seinen vielfältigen Möglichkeiten nutzen.

Wer gilt als Erfinder des Telefons?

Johann Philipp Reis

„Wer erfand das Telefon? Philipp Reis, das weiß ich schon", lautet eine alte Eselsbrücke. Reis entwickelte bereits 1861 ein Gerät mit dem Töne übertragen werden konnten. Der Amerikaner Alexander Graham Bell verbesserte 1876 diese Erfindung, so dass auch Sprache verständlich übertragen werden konnte. Außerdem erkannte er die wirtschaftlichen Möglichkeiten des neuen Apparates. Mit der Gründung der Bell Telephone Company begann der Siegeszug des Fernsprechers.

Wie verhält sich die Körpertemperatur warmblütiger Tiere im Winterschlaf?

Warmblüter haben normalerweise eine gleich bleibende Körpertemperatur, unabhängig von der Außentemperatur. Eine Ausnahme bilden Winterschläfer. Sie senken ihre Körpertemperatur auf wenig über 0 °C ab, wodurch sie nur wenig Energie verbrauchen. Zu ihnen gehören z. B. Igel und Fledermäuse.

Wozu dient ein Banner auf einer Web-Seite im Internet?

Ein Banner dient der Werbung, man spricht daher auch von „Bannerwerbung". Oft sind die Werbeabbildungen als Links angelegt, die den Anwender beim Anklicken auf die Internet-Seite des werbenden Unternehmens führen. Auch das Bild, das beim Starten eines Programmes erscheint (meist das Logo des Herstellers) ist ein Banner.

Wer ist der Leiter des Human Genom Projekts?

James Dewey Watson (*1928) leitet seit 1988 das Genomprojekt, ein internationales Vorhaben mit dem Ziel, bis 2005 das gesamte menschliche Erbgut (Genom) zu entschlüsseln. Watson hatte 1962 zusammen mit F. Crick den strickleiterartigen Aufbau der Erbsubstanz DNS entdeckt.

Wie kann man beim Fotografieren den Bildwinkel erweitern?

Durch die Verwendung eines Weitwinkelobjektives. Je nach Brennweite ermöglicht es Bildwinkel zwischen 60 und 140 Grad. Eine besondere Art von Weitwinkelobjektiven sind Fischaugenobjektive, die den Bildwinkel auf bis zu 220 Grad vergrößern.

Womit beschäftigt sich die Analysis als Teil der höheren Mathematik?

Die zwei wichtigsten Gebiete sind die Integral- und die Differenzialrechnung.

Dabei geht es um die Untersuchung von stetigen Änderungen. Mit der Integralrechnung z. B. kann die Fläche unter einer Kurve im Koordinatensystem berechnet werden.

Wer betreibt die geplante Raumstation ISS Alpha?

Die internationale Raumstation (International Space Station) ist ein Gemeinschaftswerk von Russland, Kanada, Japan den USA und 11 Staaten, die Mitglied der europäischen Raumfahrtorganisation ESA sind. Die Station soll 2003 in Betrieb gehen. Sie ist ein Symbol für das Zusammenwachsen der Völker. Menschen aus allen Nationen sollen auf der neuen Station arbeiten und leben.

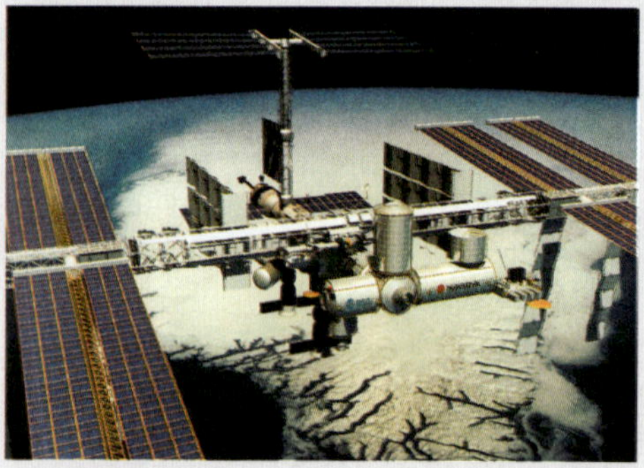

ISS Alpha

Wie gefährlich sind Windpocken?

Im Kindesalter sind Windpocken meist harmlos. Bei Erwachsenen, die nicht durch eine frühere Windpocken-Erkrankung immunisiert wurden, nimmt die Krankheit einen schwereren Verlauf. Besonders gefährdet sind Frauen im letzten Stadium der Schwangerschaft. Dabei kann auch das Kind erkranken. Eine Ansteckung ist hier unbedingt zu vermeiden.

Wodurch wird das Geschlecht eines Menschen bestimmt?

Ob jemand eine Frau oder ein Mann wird, hängt von den Chromosomen (Trägern des Erbgutes) ab. Ein Mann hat 1 Y-Chromosom und 1 X-Chromosom, während die Frau 2 X-Chromosomen besitzt. Von den 46 Chromosomen des Menschen entscheidet also letztlich das Y-Chromosom über das Geschlecht.

Was versteht man unter einer Dezimalzahl?

Dezimalzahlen sind Zahlen, die mit den Zahlen von 0 bis 9 im sog. Dezimalsystem dargestellt werden. Bei der Dezimalzahl 45,32 hat die 5 als erste Zahl links des Dezimalkommas den Stellenwert 1 und die 4 als zweite Zahl den Stellenwert 10. Die erste Zahl rechts des Kommas, hier die 3, erhält den Stellenwert 1/10, die zweite Zahl, hier die 2, den Wert 1/100.

Was erhoffen sich die Forscher von der Kernfusion?

Manche Forscher sehen in der Kernfusion die Energiequelle der Zukunft. Sie beruht auf dem gleichen Prinzip wie die Energieerzeugung unsere Sonne, in der jeweils zwei kleine Wasserstoffatome zu einem größeren Heliumatom verschmelzen (fusionieren). Dabei werden riesige Energiemengen frei.

Was ist die Grundeinheit aller Lebewesen?

Die Zelle. Sie ist die kleinste lebensfähige Einheit, die zu Fortpflanzung, Vererbung und zu Reaktionen auf die Umwelt fähig ist und über einen eigenen Stoffwechsel verfügt. Im Innern jeder Zelle befinden sich sog. Organellen, die den Organen der vielzelligen Lebewesen entsprechen.

Wem ist die Entdeckung der Röntgenstrahlen zu verdanken?

Wilhelm Conrad Röntgen

Der deutsche Physiker Wilhelm Conrad Röntgen (1845–1923) entdeckte die Wirkung der von ihm als X-Strahlen bezeichneten elektromagnetischen Strahlen. Er trug aber auch auf anderen physikalischen Gebieten neue Erkenntnisse bei, z. B. der Physik der Kristalle. 1907 wurde ihm der erste Nobelpreis für Physik verliehen.

Was verstand man in der Antike unter Euthanasie und was im Nationalsozialismus?

Wörtlich bedeutet Euthanasie „leichter Tod". In der Antike wurde darunter das Töten eines Menschen verstanden, um ihn von seinen Leiden zu befreien (heute auch als aktive Sterbehilfe bezeichnet). Die Nationalsozialisten machten daraus das Töten „lebensunwerten" Lebens, d. h. die Ermordung von körperlich, geistig oder psychisch behinderten Menschen.

Welche Funktion hat der Zellkern?

Im Zellkern (Nukleus) befindet sich das Erbgut in Form der Chromosomen, die aus der Desoxyribonukleinsäure (DNS) bestehen. Die DNS wird daher auch als Kernsäure oder Nukleinsäure bezeichnet. Bakterien besitzen im Gegensatz zu Tier- und Pflanzenzellen keinen Zellkern. Bei ihnen liegt die DNS als ringförmiges Chromosom frei in der Zelle.

Wie wirkt übermäßiger Alkoholgenuss auf die Leber?

Zu viel Alkohol erhöht die Wahrscheinlichkeit, an einer Zirrhose (Leberzirrhose) zu erkranken. Sie zerstört die Struktur der Leber und beeinträchtigt ihre Leistungsfähigkeit. 1991 starben in Deutschland rund 13.000 Menschen an der Krankheit. Sie kann auch durch eine Virusinfektion (Hepatitis) verursacht werden.

Für welche Medien ist eine DVD (Digital Versatile Disc) verwendbar?

Mit einer solchen Speicherscheibe und dem entsprechenden Abspielgerät können Videos oder Musikstücke abgespielt werden. Im Vergleich zur herkömmlichen CD ist die Speicherkapazität der DVD ein Vielfaches höher.

Wo liegt das Zwerchfell?

Das plattenförmige Gebilde aus Muskeln und Sehnen trennt den Brustraum vom Unterleib. Es ermöglicht die Bauchatmung. Zieht sich die Zwerchfellmuskulatur zusammen, werden die Lungen nach unten gezogen und Luft eingesaugt. Erschlaffen sie, wird das Zwerchfell von den Lungen wieder nach oben gezogen und die Luft herausgepresst.

Wodurch unterscheiden sich Metalle von Nichtmetallen?

Nichtmetalle sind chemische Elemente, die nicht die typischen Eigenschaften der Metalle aufweisen. Sie haben eine geringe thermische und elektrische Leitfähigkeit und ihnen fehlt der metallische Glanz. Bekannte Nichtmetalle sind z. B.: Wasserstoff, Sauerstoff, Kohlenstoff, Edelgase (z. B. Helium, Neon und Radon) sowie die Gruppe der Halogene (z. B. Fluor, Chlor, Iod).

Können Diamanten verbrennen?

Diamanten gehören zwar zu den wertvollsten „Edelsteinen", sind aber trotzdem brennbar, da sie aus reinem Kohlenstoff bestehen.

Wie heißen die vier amerikanischen Raumfähren?

Das Space Shuttle war die erste Raumfähre

Die Raumfähren oder Space Shuttles tragen die Namen Columbia, Discovery, Endeavour und Atlantis. Eine weitere, die Challenger, stürzte 1986 beim Start ab, wobei die Besatzung den Tod fand. Wie das englische Wort Shuttle (Pendelverkehr) andeutet, können die Raumfahrzeuge im Gegensatz zu herkömmlichen Raketen mehrmals starten und landen.

Wie verhalten sich autistische Menschen?

Der Autismus ist ein Zustand, bei dem der Betroffene unfähig ist, Beziehungen zur Außenwelt aufzunehmen. Er ist völlig mit sich selbst beschäftigt und sträubt sich gegen jede Art von Veränderung im Umfeld. Als Ursache wird heute eine Gehirnschädigung vermutet. Ursprünglich galt auch mangelnde elterliche Fürsorge als Ursache der Krankheit. Durch den Film „Rain Man" wurde die Krankheit einer breiten Öffentlichkeit bekannt.

Wie heißt das einzige Metall, das bei Zimmertemperatur flüssig wird?

Es handelt sich um Quecksilber (chemisches Symbol: Hg). Durch seine Eigenschaft, sich bei Temperaturrückgang stark zusammenzuziehen bzw. sich bei Temperaturerhöhung auszudehnen, findet das silbrig glänzende Metall z. B. in Thermometern Verwendung. Quecksilberdampf und lösliche Quecksilberverbindungen sind hochgiftig.

Was versteht man unter Rekonvaleszenz?

Die Periode der Genesung nach einer Krankheit.

Welche Substanz hilft dem Arzt sich Einblick ins Augeninnere zu verschaffen?

Die Verabreichung von Atropin, dem Gift der Tollkirsche. Es bewirkt eine Erweiterung der Pupille und wird daher vor Beginn einer Augenuntersuchung gegeben. Da die räumliche Wahrnehmung durch die erweiterte Pupille beeinträchtigt wird, soll man danach nicht sofort wieder Auto fahren.

Was bedeutet Cyberspace?

Englisch: Künstlicher Raum. Cyberspace wird auch als „virtual reality" – virtuelle Realität bezeichnet. Gemeint sind vom Computer simulierte dreidimensionale Räume, in denen sich ein technisch entsprechend ausgerüsteter Mensch wie in realer Umgebung „bewegen" kann. Mit einem Spezialhandschuh, der Handbewegungen auf den Computer überträgt, können Objekte im künstlichen Raum sogar verschoben werden. Designer und Architekten nutzen Cyberspace in der Planungsphase.

Mit welchen Leistungen ist der Name Ernest Rutherford (1871–1937) verknüpft?

Ernest Rutherford

Der britische Physiker war einer der bedeutendsten Erforscher der Radioaktivität. Er entdeckte die Alpha-, Beta- und Gammastrahlen. Aufgrund von Experimenten entwarf er das Rutherford'sche Atommodell, das von einem kleinen positiv geladenen Atomkern und einer großen, negativ geladenen Atomhülle ausgeht.

Wer oder was legt in einem Jahr über neun Billionen Kilometer zurück?

Das Licht. In der Astronomie findet die Einheit Lichtjahr vor allem zur Angabe von Angaben von Entfernungen außerhalb unseres Sonnensystems Anwendung. Die Lichtgeschwindigkeit im Vakuum ist eine der fundamentalsten Naturkonstanten, sie beträgt 299.792,458 km/s. In Materie, etwa Luft, ist die Lichtgeschwindigkeit geringer.

Was versteht man unter Endlagerung?

Die endgültige Lagerung radioaktiven Abfalls. Man bringt ihn in tiefgelegenen Salz- oder Gesteinsformationen unter.

Was macht das Wasser weich oder hart?

Der Gehalt an gelöstem Calcium (Kalk) oder Magnesium. Die Wasserhärte wird in „deutschen Härtegraden" angegeben. Beim Erhitzen des Wassers fallen die gelösten Stoffe als „Kesselstein" aus. Die Ablagerungen können die Funktion von Wasserleitungen und Haushaltsgeräten, wie Waschmaschinen und Wasserkocher, beeinträchtigen.

Auf welchem Prinzip basiert ein Kühlschrank?

Auf dem Prinzip, dass Gase, die sich ausdehnen, dabei abkühlen (Joule-Thomson-Effekt).

In welchen Anwendungsbereichen wird die Fuzzylogik technisch umgesetzt?

Überall dort, wo es unscharfe Bereiche gibt, sei es, dass genaue Messwerte fehlen oder die zu große Komplexität eine Lösung nach der herkömmlichen strengen Logik erschwert. Chips auf Grundlage der Fuzzylogik stecken z. B. in Belichtungsmessern von Kameras oder in Haushaltsgeräten.

Was ist eine Simulation?

Ein computerunterstütztes Verfahren, bei dem komplexe und unübersichtliche Situationen nachgebildet werden. Die Simulation kann exakte Rechnungen und aufwändige Experimente ersetzen.

Wie kann Diabetes mellitus (die Zuckerkrankeit) behandelt werden?

Bei Altersdiabetes (Typ II) erzeugt die Bauchspeicheldrüse nicht mehr genügend Insulin. Zur Behandlung genügen hier meist Tabletten, Diät und Gewichtsabnahme. Bei der schweren Form (Typ I) kann das Hormon überhaupt nicht mehr gebildet werden, daher muss ein- bis mehrmals am Tag Insulin selbst gespritzt werden.

Wer gründete die Weltfirma Siemens AG?

Werner von Siemens

Werner von Siemens (1816–92) und J. G. Halske gründeten 1847 „Die Telegrafen-Bauanstalt Siemens & Halske", aus der später die Siemens AG hervorging. Siemens erfand zahlreiche elektrotechnische Geräte oder war an ihrer technischen Umsetzung beteiligt (z. B. Dynamomaschine, Elektrolokomotive, elektrischer Aufzug).

Wozu braucht man die Zahl Pi?

Zur Berechnung von Kreisflächen. Sie gibt das Verhältnis von Kreisumfang zu Kreisdurchmesser an. Man erhält die Zahl, indem man den Umfang eines Kreises durch seinen Durchmesser dividiert (3,14159...).

Wie funktioniert der Motor, den der deutsche Maschinenbauer Felix Wankel (1902–88) erfand?

Der Wankelmotor ist ein ventilloser Verbrennungsmotor mit Schlitzsteuerung, dessen Kolben eine stetig kreisende Bewegung ausführt (Kreiskolbenmotor). Audi-NSU baute in Deutschland zwar eine Zeit lang ein Auto mit diesem Motor, doch konnte sich das Prinzip allgemein nicht durchsetzen.

Was ist künstliche Intelligenz?

Die Fähigkeit eines Computers, nach den gleichen Grundsätzen wie das menschliche Gehirn zu funktionieren. Es wird versucht, mit Computern die menschliche Intelligenz nachzuahmen. Der Rechner sollte daher nicht nur große Wissensmengen speichern, sondern auch lernfähig sein und logische Schlussfolgerungen ziehen können.

Was ist ein Element?

Ein chemischer Grundstoff, der durch chemische Methoden nicht mehr zerlegt werden kann. Elemente bestehen aus Atomen gleicher Kernladungszahl, die identisch ist mit der Ordnungszahl im Periodensystem der Elemente.

Was versteht man unter einem Retortenbaby?

Ein Baby, das durch künstliche Befruchtung zustandekam, z. B. durch In-vitro-Fertilisation: Dabei wird dem Eierstock eine Eizelle entnommen, im Reagenzglas mit Samenzellen zusammengebracht und erst nach erfolgter Befruchtung und Zellteilung in die Gebärmutter eingesetzt.

Was ist das Betriebssystem eines Computers?

Eine Gruppe von Programmen, die den Computer für den Anwender einsatzfähig machen. Dem Betriebssystem obliegt die gesamte Verwaltung des Computers und der angeschlossenen Peripheriegeräte.

Woher kommt die typische Wirkung alkoholischer Getränke?

Durch ihren Gehalt an Äthylalkohol. Er entsteht durch die Vergärung von Kohlehydraten (z. B. aus der Gerste). Im Übermaß genossen führt er zu einer akuten Vergiftung des Körpers, die landläufig als „Rausch" bezeichnet wird. Schon in geringen Mengen setzt Äthylalkohol die Reaktionsfähigkeit herab und verringert Hemmschwellen und Ängste. Deshalb ist in vielen Ländern das Autofahren selbst mit geringen Blutalkoholwerten untersagt.

Was geschieht bei der Elektrolyse?

Bei dieser Art von chemischer Reaktion wird eine Substanz, die sich in einer stromleitenden Lösung befindet, durch elektrischen Strom gelöst. Eine technische Anwendung der Elektrolyse ist das Galvanisieren, bei dem Oberflächen mit einer dünnen Metallschicht überzogen werden.

Welche Temperatur-Skala ist in den USA gebräuchlich?

Die Fahrenheit-Skala, benannt nach dem deutschen Physiker Daniel Gabriel Fahrenheit (1686–1736). Er war der Begründer der wissenschaftlichen Wärmemessung. Auf der Fahrenheit-Skala liegt der Gefrierpunkt des Wassers bei 32 °F, der Siedepunkt bei 212 °F.

Unter welchem Namen ist die angeborene Krankheit Down-Syndrom noch bekannt?

Unter dem früher üblichen Begriff Mongolismus (wegen der Ähnlichkeit mit den Gesichtszügen der Mongolen). Sie entsteht, wenn ein bestimmtes Chromosom nicht nur zweifach, sondern dreifach vorhanden ist. Die Gefahr für eine solche Abweichung steigt, wenn die Mutter des Kindes über 35 Jahre alt ist.

Was ist eine Linotype?

Eine Zeilensetzmaschine (von „line of types"). Die erste praxistaugliche Maschine dieser Art wurde 1886 bei der Zeitung „New York Tribune" eingesetzt.

Wie heißen die beiden wichtigsten Bestandteile des zentralen Nervensystems?

Zum zentralen Nervensystem gehört das Rückenmark und das Gehirn. Das Rückenmark verläuft als ca. 45 cm langer Nervenstrang im Wirbelkanal der Wirbelsäule. Werden die Nervenbahnen bei einer Verletzung ganz oder teilweise unterbrochen, kann es zu einer Querschnittslähmung kommen.

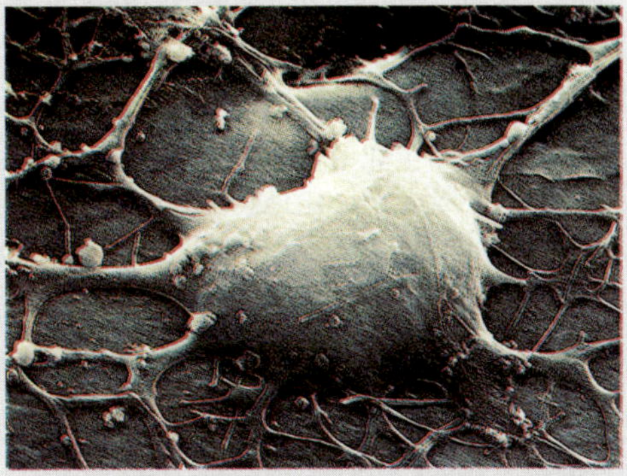

Nervenzelle

Was versteht man unter einer biologischen Uhr?

Bei vielen Lebewesen laufen bestimmte Vorgänge rhythmisch ab, das heißt sie wiederholen sich in bestimmten Zeitabständen. Bei der biologischen Uhr wird der Rhythmus durch einen inneren Mechanismus gesteuert, wobei auch äußere Faktoren mitwirken können. Schirmt man z B. einen Menschen vom natürlichen Tag-Nacht-Wechsel ab, behält er zwar seinen Schlaf-Wach-Rhytmus bei, er kann sich aber um mehrere Stunden verschieben, da nun der äußere Taktgeber fehlt.

Was bedeutet Osmose?

Der Durchgang einer gelösten Substanz durch eine durchlässige oder halbdurchlässige Membran. Der Vorgang ist beendet, wenn die Lösung auf beiden Seiten der Trennwand den gleichen Wert erreicht hat.

Auf welchen Gebieten war Rudolf Virchow (1821–1902) tätig?

Rudolf Virchow

Zum einen schuf er wichtige Grundlagen in der Anthropologie und der Zellularpathologie (Lehre, die Krankheiten mit Funktionsstörungen in den Zellen begründet). Zum anderen machte er sich als liberaler Politiker und Gegner Bismarcks einen Namen. Als Arzt und Sozialpolitiker beeinflusste er die Hygienegesetzgebung nachhaltig.

Wie funktioniert ein Flaschenzug?

Beim Flaschenzug ist die Last an ein Seil gebunden, das über eine feste und eine (oder mehrere) lose Rolle(n) geführt wird. Dadurch kann man beim Heben der Last Kraft einsparen bzw. Kraft in ihrer Wirkung vervielfältigen. Flaschenzüge sind im 7. Jahrhundert v. Chr. von griechischen Technikern erfunden worden.

Wer entwickelte das erste brauchbare Addiergerät?

Der französische Mathematiker und Philosoph Blaise Pascal (1623–62) zwischen 1642 und 1645. Der deutsche Philosoph und Mathematiker Gottfried Wilhelm Leibnitz (1646–1716) machte Pascals Maschine auch für andere Rechenarten tauglich.

Was wird in der Geometrie in Grad gemessen?

Grad ist in der Geometrie die Einheit für den Winkel, wobei ein Grad den 360sten Teil eines Vollkreises bezeichnet.

Was wurde im 16. Jahrhundert das weiße Gold genannt?

Porzellan. Das kostbare Gut musste damals aus China und Japan importiert werden. Erst seit 1707 gelang J. F. Böttger und E. W. von Tschirnhaus in Dresden die Erfindung des europäischen Porzellans, 1710 wurde auf der Albrechtsburg in Meißen die erste europäische Manufaktur eingerichtet (Meissener Porzellan®).

Wer erfand 1888 den luftgefüllten Gummireifen?

Der Ire John Boyd Dunlop (1840–1921). Er war eigentlich Tierarzt.

Wie groß ist die Summe aller Winkel in einem Dreieck?

Die Winkelsumme einer Figur, die von drei Punkten und den Verbindungslinien zwischen ihnen gebildet wird, beträgt stets 180 Grad.

Von welchen Stoffen können Asthmaanfälle ausgelöst werden?

Die Ursache für Asthma, also wiederkehrende Fälle von Atemnot, können Stoffe sein, auf die der Körper allergisch reagiert. Verursacher solcher Allergien sind z. B. Pollen, Hausstaubmilben, Tierhaare, Federn, aber auch Inhaltsstoffe von Medikamenten und Speisen.

Was wird in einem Windkanal simuliert?

Nicht eigentlich Wind, sondern die Bewegung eines Fahr- oder Flugzeuges (für aerodynamische Untersuchungen).

Wer brütet bei den Seepferdchen die Eier aus?

Erstaunlicherweise die Männchen. Sie haben zu diesem Zweck einen Brutbeutel, der (wie eine Plazenta) mit einem schwammigen, gut durchbluteten Gewebe ausgepolstert ist. Dort hinein legen die Weibchen ihre Eier – es können bis zu 500 zusammmenkommen. Zur Paarung, aber auch sonst, tanzen Seepferdchen oft innig verschlungen miteinander. Auch wenn die aufrecht stehend im Wasser schwimmenden Tiere mit ihrem Panzer aus kleinen Knochenplatten gar nicht so aussehen: es sind Fische.

Worauf beruht die Wirkung von Aphrodisiaka?

Nur auf Suggestion (Einbildung). Die Einnahme von angeblich potenz- und liebesluststeigernden Mitteln (z. B. zerstoßenes Nashornpulver) hat nicht selten dazu geführt, dass Tiere gejagt und in ihrem Bestand stark dezimiert oder bedroht wurden. Der Name geht auf die griechische Liebesgöttin Aphrodite zurück.

In welchen Gebieten der Erde kann man sich mit dem Erreger der Cholera infizieren?

Die Krankheit kam ursprünglich v. a. in Asien vor, hat sich aber in den letzten Jahrzehnten über weite Gebiete Afrikas, des Mittelmeerraumes, Teile von Nordamerika (Golf von Mexiko), Mittel- und Südamerikas ausgebreitet. Schutz vor der Krankheit bieten Impfungen und sauberes Trinkwasser.

Was wird mit einer archimedischen Schraube befördert?

Wasser. Die Erfindung des griechischen Gelehrten Archimedes (287–212 v. Chr.), ein mobiles Wasserhebegerät, wird noch heute benutzt. Eine von einem Zylinder umschlossene Spirale befördert das Wasser durch Drehen von tieferem zu höherem Niveau.

Was versteht man unter Hybriden?

Es sind Mischformen, nämlich durch Kreuzung entstandene Nachkommen (Bastarde, auch Mischlinge).

An welchen Symptomen erkennt man die Alzheimer-Krankheit?

Die Krankheit beginnt oft mit wachsender Vergesslichkeit. Besonders an jüngste Ereignisse können sich die Erkrankten dann in einer zweiten Phase nicht mehr erinnern. Die beginnende Persönlichkeitsveränderung kann schließlich zu völliger geistiger Verwirrung führen. Ursache ist der Schwund von Gehirnzellen.

Finden Zugvögel ihr Ziel auf dem Vogelzug tatsächlich ohne Kompass, wie öfter behauptet wird?

Es ist nicht übertrieben zu sagen, dass Vögel sogar einen gigantischen Kompass benutzen: Sie orientieren sich nämlich bei ihrem mehrere tausend Kilometer weiten Flug unter anderem an den erdmagnetischen Feldern (daneben an den Sternen). Auch ein normaler Kompass funktioniert schließlich nur aufgrund des Erdmagnetismus. Der „innere Kompass" ist den Vögeln angeboren, sie finden ihren Weg, ohne ihn jemals zuvor geflogen zu sein.

Warum ist der Äskulapstab das Sinnbild der Mediziner?

In der griechischen Götterwelt war Äskulap der Gott der Heilkunde. Sein Zeichen war der von einer heiligen Schlange umwundene Äskulapstab.

Was wird von einer Radiokarbonuhr abgelesen?

Das Alter archäologischer und fossiler Funde, und zwar bis zu 50.000 Jahre zurückdatierend. Das Alter wird aus der Zerfalls- oder Halbwertszeit des radioaktiven Kohlenstoffisotops C14 errechnet, das Tiere und Pflanzen im Laufe ihres Lebens anreichern.

Welche Farbe wird aus den Blättern des Indigo-Strauches gewonnen?

Blau. Indigo-Blau ist der älteste bekannte blaue Farbstoff, seit 1878 kann er auch chemisch hergestellt werden.

Was fehlt den Lebewesen, die man als Albinos bezeichnet?

Ihnen fehlt durch eine erblich bedingte Stoffwechselkrankheit der Farbstoff Melanin. Albinos haben weiße Haare und rötliche Augen.

Zu welcher Ordnung der Säugetiere gehört der Mensch?

Zu den Primaten, den Herrentieren – ebenso wie die Affen und die Menschenaffen.

Wozu vollführen Bienen ihren Bienen- oder Schwänzeltanz?

Um sich zu verständigen. Hat eine Biene eine Futterquelle gefunden, die nicht mehr als 80 m vom Stock entfernt liegt, trippelt sie im Stock im Kreis herum (Rundtanz). Liegt die Futterquelle weiter weg, so trippelt die Biene in Form einer Acht und schwänzelt auf der mittleren Strecke mit dem Hinterleib. Dauer und Anzahl des Schwänzelns geben die genaue Entfernung, der Winkel der Mittelachse zur Sonne die Richtung der Futterquelle an. Die anderen Bienen erfassen die Botschaft, indem sie mittanzen.

Wo sind alle in der Bundesrepublik vom Aussterben bedrohte Tiere und Pflanzen aufgeführt?

In der roten Liste. Sie wurde erstmals 1977 veröffentlicht. Die gefährdeten Tier- und Pflanzenarten sind in den Gefährdungskategorien, 0 = ausgestorben oder verschollen, 1 = vom Aussterben bedroht, 2 = stark gefährdet, 3 = gefährdet, 4 = potentiell gefährdet, aufgeführt. Eine ähnliche internationale Liste gibt es von der Welternährungsorganisation (FAO) der UNO für Nutztiere. Von den ca. 4000 Nutztierarten sind bereits rund ein Viertel vom Aussterben bedroht, von den 770 Haustierarten sogar ein Drittel. Auch von den 15 Wildformen unserer Haustiere ist bereits ein Drittel ausgerottet bzw. akut vom Aussterben bedroht. Deshalb müssen sie unter Artenschutz gestellt werden.

Was hat Vitamin C mit der Ascorbinsäure zu tun?

Es handelt sich bei beiden um die gleiche Verbindung. Vitamin C ist der populäre Name für die Ascorbinsäure. Das Vitamin spielt im Körper eine vielfältige Rolle. Es ist u. a. für die Gesunderhaltung der Zähne, das Wachstum der Knochen und die Infektionsabwehr von Bedeutung.

Warum wurde Galenus (129– um 199 n. Chr.) der König der Ärzte genannt?

Der Leibarzt Kaiser Mark Aurels sammelte alles bis zu seiner Zeit angehäufte Wissen in der Medizin und baute daraus ein System auf, das bis ins Mittelalter hinein anerkannt wurde. Die von ihm eingeführten Begriffe der vier Temperamente – Phlegmatiker, Sanguiniker, Choleriker und Melancholiker – werden noch heute verwendet.

Wo findet bei Lebewesen der Luftaustausch (Austausch von Kohlendioxid gegen Sauerstoff) statt?

Prinzipiell in allen Körperzellen. Die Lunge bzw. bei Fischen die Kiemen sind jedoch die wichtigsten Atmungsorgane, mit denen der Sauerstoff in den Blutkreislauf gelangt bzw. das Kohlendioxid ausgestoßen wird.

Warum stehen Teleskope zur Weltraumbeobachtung in siedlungsfernen, trockenen Gebieten?

Teleskop: Das erste Spiegelteleskop, von Newton (1668)

Die Sicht durch die Riesenfernrohre ist am besten, wenn keine störenden Lichtquellen in der Umgebung vorhanden sind und die Luft möglichst trocken und frei von Staub und sonstigen Verunreinigungen ist. Ideal ist in dieser Hinsicht der Standort des Weltraumteleskops Hubble in der Erdumlaufbahn.

Was bezeichnet die Abkürzung de bei einer Internetadresse?

Es ist die Länderkennung für Deutschland bzw. den deutschen Teil des Internets. Eine solche Gruppe von geografisch oder thematisch zusammengehörenden Computern oder Teilen eines Netzes bezeichnet man als Domain. Die Länderkennungen gehören zu den Haupt-Domains.

Wie kommt es zur herbstlichen Laubfärbung?

Die grünen Chloroplasten zerfallen, so dass die außerdem vorhandenen (normalerweise überdeckten) roten und gelben Farbstoffe sichtbar werden.

Warum ist Aluminium im Flugzeugbau von großer Bedeutung?

Weil es besonders korrosionsbeständig ist (rostet nicht) und als Leichtmetall auch nicht viel wiegt. Durch Legierungen mit anderen Metallen werden seine Eigenschaften noch verbessert.

Wer führte die erste Herztransplantation durch?

Die erste Herzverpflanzung bei einem Menschen wurde 1967 von dem südafrikanischen Chirurgen Christiaan Neethling Barnard in Kapstadt (Südafrika) durchgeführt. Am erfolgreichsten ist die Operation, wenn das neu einzusetzende Herz noch schlägt. Deshalb wird es einem Spender nach dessen Hirntod entnommen, wobei zwar alle Gehirnfunktionen unwiderruflich zerstört sind, Herz und Lunge aber noch arbeiten.

Was bedeutet Zeit in der Physik?

Die vierte Bezugsgröße neben den drei räumlichen Größen (Höhe, Breite, Tiefe). Mit der „vierten Dimension" Zeit können bewegte Körper bezeichnet werden.

Was ist das Typische an einem Instinkt?

Es ist die Tatsache, dass er nicht erlernt werden muss, sondern vererbt wird. Instinktives Verhalten kann sich in sehr komplexen Verhaltensweisen äußern. Es kann durch innere Impulse (Triebe) oder äußere Reize ausgelöst werden. Beispielsweise kann der Anblick eines Beutetieres eine Abfolge von Anschleichen, Zupacken und Fressen auslösen.

Warum werden Arterien Schlagadern genannt, Venen aber nicht?

Weil in Arterien das vom Herzen kommende, sauerstoffreiche Blut stark pulsiert, während es in den Venen ruhiger zum Herzen zurückfließt.

Warum ist ein menschlicher Embryo in den ersten Schwangerschaftswochen besonders gefährdet?

Weil im Embryonalstadium das Zellwachstum am stürmischsten vorangeht. In dieser Zeit werden alle wichtigen Organe angelegt. Alkohl, Nikotin und Medikamente können dann nicht nur das Wachstum empfindlich stören sondern auch zu Missbildungen führen.

Was versteht man unter Endlagerung?

Die endgültige Lagerung radioaktiven Abfalls (im Gegensatz zum Zwischenlager). Man bringt den „Atommüll" in tief gelegenen Salz- oder Gesteinsformationen unter.

Welche Körperteile werden durch Osteoporose geschwächt?

Die Knochen, und zwar durch gesteigerten Knochenabbau und/oder reduzierten Knochenanbau. Besonders im fortgeschrittenen Alter ist Osteoporose ein verbreitetes Leiden.

Warum werden manche Aminosäuren als essentiell bezeichnet, andere jedoch nicht?

Aminosäuren sind die Bausteine der Proteine. Von den etwa 20 zum Leben benötigten Aminosäuren kann der menschliche Körper einige selbst herstellen, andere aber muss er mit der Nahrung (Gemüse, Obst und Milchprodukte) zu sich nehmen. Diese unentbehrlichen Aminosäuren werden essentiell genannt.

Werden sie nur unzureichend zugeführt, dann hat dies schwere Schäden zur Folge, z. B. Wachstumsverzögerung, weil der Eiweißaufbau in den Zellen gestört ist. Nur Pflanzen und Mikroorganismen können alle benötigten Aminosäuren selbst aufbauen.

Was versteht man unter Botanik?

Ein Teilgebiet der Biologie, das sich mit der Organisation und Lebensfunktion von Pflanzen beschäftigt.

Was ist ein Molekül?

Es ist das kleinste Teil einer Verbindung, besteht also aus mindestens zwei Atomen. Die Summenformel eines Moleküls gibt die Art und die Zahl der Atome an, die es enthält: z. B. H_2O (Wasser): 2 H-Atome und 1 O-Atom.

Mit welcher psychologischen Richtung ist der Begriff des Archetyps verbunden?

Er spielt in der Psychologie von C. G. Jung eine besondere Rolle. Archetypen sind hier urtümliche, angeborene Verhaltensweisen, Bilder oder Symbole. Sie sollen in allen Menschen unbewusst vorhanden sein und z. B. in Träumen oder in der Mythologie auftauchen. Im weiteren Sinne können alle Urformen, von denen sich andere Formen ableiten lassen, als Archetypen bezeichnet werden.

Was passiert, wenn ein Elektron und ein Positron aufeinander treffen?

Sie zerfallen und zerstrahlen beide vollständig in Energie. Beide Elementarteilchen haben die gleiche Masse und dem Betrag nach gleiche Ladung, jedoch mit entgegengesetztem Vorzeichen, sie bilden also ein Paar von Teilchen und Antiteilchen (Materie und Antimaterie).

Wer baute die erste technisch verwendbare Dampfmaschine?

James Watt

Der englische Ingenieur und Erfinder James Watt (1736–1819). Er gründete zusammen mit M. Boulton die erste Dampfmaschinenfabrik. Die Verwendung ihrer Maschinen in den Baumwollspinnereien leitete die Industrialisierung Englands ein. Die Einheit der elektrischen Leistung trägt zur Erinnerung an den Erfinder den Namen Watt.

Wann knackt es im Geiger-Müller-Zählrohr?

Wenn radioaktive Teilchen gemessen werden. Das von den deutschen Physikern Hans Geiger und Erwin Wilhelm Müller entwickelte Messgerät ist allgemein als Geigerzähler bekannt.

Wie unterscheidet sich die fraktale Geometrie von der eukliden Geometrie?

Während sich die euklide Geometrie mit einfachen Formen wie Dreiecken oder Kreisen beschäftigt, geht es bei der fraktalen Geometrie um komplexe, auch in der Natur vorkommende Gebilde. Mit ihren Methoden kann man z. B. Landoberflächen mathematisch erfassen und in Computern simulieren. Sie wurde von B. Mandelbrot eingeführt.

Was wurde 1654 auf dem Reichstag in Regensburg mit den Magdeburger Halbkugeln demonstriert?

Otto von Guericke

Die Wirkung des Luftdrucks. Der Magdeburger Bürgermeister und Forscher Otto von Guericke (1602–86) führte dem erstaunten Publikum vor, dass zwei Halbkugeln, in denen ein Vakuum erzeugt wird, von 16 Pferden nicht getrennt werden können.

Was ist ein Ion?

Ein entweder positiv oder negativ geladenes Atom. Die elektrische Ladung kommt durch Abgabe oder Einfangen eines Elektrons zustande.

Welche Folgen kann ein Cookie (Keks) auf der Festplatte eines Internet-Nutzers haben?

Mit einem Cookie können Daten und Benutzergewohnheiten ausgeforscht werden. Es handelt sich um eine Datei, die beim Surfen im Internet auf dem Rechner des Nutzers abgelegt wird, ohne dass dieser davon erfährt.

Was sind Katheten?

Die beiden Seiten eines rechtwinkligen Dreiecks, die den rechten Winkel einschließen.

Welche Speicherkapazität haben moderne Disketten?

Die weit verbreiteten 3-Zoll HD-Disketten haben eine Speicherkapazität von 1,44 Megabyte (MB). Die moderneren Disketten für ZIP-Laufwerke erreichen 100 MB und die Disketten für HiFD-Laufwerke (ebenfalls 3-Zoll) kommen sogar auf 200 MB.

Was ist eine Legierung?

Die Vereinigung eines Metalls mit einem oder mehreren metallischen oder nichtmetallischen Elementen zur Verbesserung der Eigenschaften des Grundmaterials, also der Werkstoffeigenschaft. Bekannte Legierungen sind z. B. Messing oder Bronze.

Auf welche geometrische Form bezieht sich der berühmte Satz des Pythagoras?

Auf das rechtwinklige Dreieck: Die Summe der Quadrate über den Katheten entspricht dem Quadrat über der Hypotenuse ($a^2 + b^2 = c^2$). Der als Weiser verehrte Pythagoras von Samos (um 470–496 v. Chr.) formulierte so, was die alten Babylonier schon rund 1500 Jahre vor ihm wussten.

Was ist ein Spektrum?

Leitet man weißes Licht (Sonnenlicht) durch ein Prisma, entsteht ein Lichtband mit den ineinander übergehenden Regenbogenfarben Violett, Blau, Grün, Gelb, Orange und Rot. Violett wird am stärksten, Rot am schwächsten abgelenkt.

Warum siedet Wasser auf Bergen früher als im Tal?

Weil der Luftdruck auf den Bergen niedriger ist als im Tal. Bei Erreichen des Siedepunkts werden Dampf- und Luftdruck identisch.

Warum ist eine übermäßige Fettzufuhr für den Körper schädlich?

Zu viel Fett in der Nahrung ist die Ursache vieler Krankheiten. Es kann zu Übergewicht (Fettleibigkeit) führen, das wiederum zur Entstehung von Gelenkschäden, Bluthochdruck, Schlaganfällen, Herzkrankheiten, Diabetes mellitus und Krebs beiträgt. In der richtigen Menge sind Fette für den Körper allerdings lebenswichtig.

Was ist die Zentrifugalkraft?

Eine bei einer erzwungenen kreisförmigen Bewegung eines Körpers auftretende, nach außen gerichtete Kraft (Fliehkraft).

Ist der Neandertaler ein Vorfahre des Homo sapiens?

Nach heutiger Auffassung ist der Neanderthaler (Homo sapiens neanderthalensis) nur ein ausgestorbener Seitenzweig am Stammbaum des Jetztmenschen (Homo sapiens sapiens) und damit nicht unser Stammvater. Erste Spuren des Homo sapiens sapiens stammen aus Afrika und sind über 100.000 Jahre alt. In Europa trat er erstmals vor mindestens 40.000 Jahren auf.

Welche Gewebe erkranken bei einem grünen Star und welche bei einem grauen Star?

In beiden Fällen ist das Auge betroffen. Beim grauen Star trüben sich die Linsen, beim grünen Star ist der Flüssigkeitsdruck im Auge zu groß. Problematisch ist bei beiden Formen, dass die Sehkraft nur allmählich nachlässt und die Krankheit daher oftmals erst spät erkannt wird.

Was ist ein Akkumulator?

Ein Speicher für elektrische Energie (Gleichstrom). Beim Laden wird elektrische in chemische Energie umgewandelt, bei Energieabgabe verläuft der Vorgang in umgekehrter Richtung. Gebräuchlich sind Blei-, Nickel-Eisen- und Nickel-Cadmium-Akkumulatoren.

Was versteht man unter der CPU eines Computers?

Die CPU (central processing unit) ist die Zentraleinheit eines Rechnersystems. Sie ist verantwortlich für das Holen, Decodieren und Ausführen der in Maschinen- oder Objektcode abgelegten Befehle. Die CPU umfasst den Zentralprozessor (Steuer- und Rechenwerk), den Haupt- und Arbeitsspeicher und den Ein- und Ausgabeprozessor.

Beruht die Energieerzeugung in einem Atomkraftwerk auf der Kernspaltung oder auf der Kernfusion?

Sie beruht auf dem Prinzip der Kernspaltung. Durch den Beschuss mit Neutronen werden schwere Atomkerne in verschiedene Bruchstücke unter Freisetzung von Kernenergie gespalten. Dabei entstehen wiederum Neutronen, die neue Atomkerne spalten können.

Womit beschäftigt sich die Hydraulik?

Mit nicht komprimierbaren Flüssigkeiten. In geschlossenen Leitungssystemen kann mittels Hydraulik eine hohe Kraftübertragung trotz kleiner Abmessungen erreicht werden (Beispiel: hydraulische Hebebühne am Lkw, hydraulisches Bremssystem, hydraulische Getriebe).

Was besagt das Ohm'sche Gesetz?

Das nach dem Physiker Georg Simon Ohm (1787–1854) benannte Gesetz gibt Auskunft über die Zusammenhänge von Stromstärke, Spannung und Widerstand des Gleichstroms. Dabei ist die Stromstärke der Quotient aus Spannung und Widerstand.

Welche Anwendungsmöglichkeiten gibt es für ein Flussdiagramm?

Überall, wo es um die übersichtliche Darstellung von Abhängigkeiten oder Beziehungen geht, ist ein Flussdiagramm (Ablaufplan) hilfreich. Die Übersichtlichkeit der Darstellung entsteht durch die Verwendung von Kästchen, Verbindungslinien und Pfeilen. In einem Ablaufdiagramm kann z. B. die Abwicklung einer Bestellung vom Eingang bis zur Ablieferung dargestellt werden.

Was ist gefährlich an der Radioaktivität?

Trifft radioaktive Strahlung auf Körpergewebe, sind je nach Dosis und Dauer der Einwirkung verschiedene Folgen zu erwarten. Die akut auftretende Strahlenkrankheit führt innerhalb weniger Stunden zum Tod oder aber zu schweren Gesundheitsschäden. Spätwirkungen sind Krebs und Mutationen, die zu Krankheiten, Missbildungen und Tod bei den Nachkommen führen.

Wer durchbrach als erster Mensch die Schallmauer?

Der Luftwaffenpilot Charles Elwood Yaeger (*1923) am 14.10.1947 mit einem Bell-X-1-Raketenflugzeug.

Was versteht man unter Wechselstrom?

Das ist elektrischer Strom, dessen Richtung und Stärke periodisch wechselt. Beim normalen Netz-Wechselstrom beträgt die Anzahl der Perioden je Sekunde 50 Hertz.

Was ist die Ursache der Diphterie und wie wird sie übertragen?

Der Erreger dieser Infektionskrankeit ist ein Bakterium, das beim Husten oder Niesen übertragen wird. Betroffen sind meist Kinder. Es bildet sich ein typischer Belag auf den Mandeln, der sich u. U. bis in die Luftröhre ausbreitet. Dazu kommen Halschmerzen und Fieber. Die mitunter tödlich endende Krankheit ist v. a. in Entwicklungsländern verbreitet, kommt z. T. aber auch in Osteuropa vor.

Was ist ein Hypochonder?

Jemand, der krankhaft übertrieben auf seinen eigenen Gesundheitszustand achtet – aus übergroßer Furcht, krank zu sein oder zu werden. Solche „eingebildete Kranke" empfinden Krankheitssymptome oft in der Bauchgegend (Hypochondrium). Hypochondrie ist eine psychische Störung.

Was ist ein Modem?

Das Kunstwort Modem (zusammengesetzt aus Modulator und Demodulator) bezeichnet ein Gerät, das Computerdaten in Töne umwandelt, die dann z. B. über eine Telefonleitung „verschickt" werden können. Durch ein weiteres Modem beim Empfänger können die Daten dann wieder in Computerdaten umgewandelt werden.

Welches ist die wahrscheinlichste Theorie über das Aussterben der Dinosaurier?

Man nimmt an, dass eine Klimaveränderung oder eine Klimakatastrophe (verursacht z. B. durch den Einschlag eines gigantischen Meteoriten auf der Erde) daran schuld ist. Die Dinosaurier verschwanden dann nicht plötzlich, sondern allmählich: Aufgrund der insgesamt schlechteren Lebensbedingungen (Temperatur, Nahrung) konnten sich ihre Nachkommen nicht mehr gut entwickeln. Anhand verschiedener versteinerter Dinosauriereier fand man z. B. heraus, dass die Eierschalen immer dünner wurden.

Wer führte den ersten Motorflug der Welt durch?

Meist wird diese Tat den amerikanischen Brüdern Orville (1871–1948) und Wilbur Wright (1867–1912) zugeschrieben. Ihr Flug fand 1903 mit dem von ihnen gebauten „Flyer“ statt. Es gilt aber als sicher, dass der deutschstämmige Gustav Weißkopf (der sich in Amerika Gustave Whitehead nannte) bereits zwei Jahre zuvor erstmals mit einem Motorflugzeug geflogen war.

Orville Wright

Wilbur Wright

Was versteht man in der Optik unter einem Brennpunkt?

Der Brennpunkt ist der Punkt, in dem sich parallel einfallende Lichtstrahlen nach Brechung durch eine Linse treffen.

Was wird auf einer Datenautobahn transportiert?

Bild, Ton, Schrift und elektronische Daten. Im Datennetz sind Telekommunikation, Fernsehen und Computertechnologie zusammengefasst.

Wofür sollte das Internet ursprünglich dienen?

Das Computernetzwerk wurde 1969 als Arpanet von den USA für militärische Zwecke eingerichtet. Es sollte für den Fall eines Atomkrieges die Kommunikation zwischen den Schaltzentralen der Macht sicherstellen. Zuerst für wissenschaftliche Einrichtungen freigegeben, entwickelte es sich zu einem öffentlich zugänglichen, weltweiten Computernetz.

Wie viele Zähne hat der erwachsene Mensch?

Je nachdem, ob Weisheitszähne vorhanden sind oder nicht, umfasst das Dauergebiss 28 bis 32 Zähne (acht Schneidezähne, vier Eckzähne, acht Backen- und acht bis zwölf Mahlzähne).

Was verdanken die Physiker dem Schriftsteller James Joyce?

Sie übernahmen aus seinem Roman „Finnegan's Wake” den Begriff „Quarks” für bisher sechs gefundene, winzigste Elementarbausteine der Materie. Als freie Elementarteilchen konnten sie nicht nachgewiesen werden.

Was passiert beim Booten eines Computers?

Beim Einschalten des Computers beginnt dieser mit dem Starten des Betriebssystems von Diskette, Festplatte oder Speicher. Booten heißt soviel wie starten oder laden.

Wo lag das Zentrum des Luftschiffbaues?

Ferdinand Graf von Zeppelin

In Friedrichshafen am Bodensee. Hier entwickelte Ferdinand Graf von Zeppelin (1838–1917) das erste lenkbare Starrluftschiff LZ 1. Nach ihm heißen die zigarrenförmigen Luftfahrzeuge Zeppeline. Sie wurden im Ersten Weltkrieg zu militärischen Zwecken und bis zur Brandkatastrophe von Lakehurst im Jahr 1937 im transatlantischen Passagierverkehr eingesetzt.

Wie viel Karat hat reines Gold und was gibt diese Maßeinheit an?

Reines Gold hat 24 Karat. Karat (K.) dient als Maß zur Festlegung der Reinheit von Goldlegierungen, die sonst in Tausendsteln angegeben ist. So entspricht 3 K. 125/1000. Karat wird auch als Maß für die Reinheit von Edelsteinen verwendet.

Was wird in Kilowatt (kW) gemessen und was in Kilowattstunden (kWh)?

In der Physik ist das Watt die Einheit der Leistung. 1000 W entsprechen 1 kW. Wattstunde ist eine Einheit der Energie. 1000 Wh entsprechen 1 kWh. In einem durchschnittlichen deutschen Haushalt werden ungefähr 1560 kWh pro Kopf und Jahr an elektrischer Energie verbraucht.

Was sind mögliche Vor- und Nachteile von Telearbeit?

Sie senkt die Arbeitskosten und steigert die Produktivität für den Arbeitgeber. Der Arbeitnehmer kann Familie und Arbeit besser miteinander verbinden und seine Zeit sinnvoller einteilen. Nachteilig aus Sicht des Unternehmers ist die fehlende Aufsicht und aus Sicht des Telearbeiters die Vereinsamung und die geringeren Karrieremöglichkeiten.

Was ist eine Hypotenuse?

Eine Hypotenuse ist die Seite eines rechtwinkligen Dreiecks (Dreieck mit 90-Grad-Winkel), die dem rechten Winkel gegenüber liegt. Sie ist immer die längste Seite des rechtwinkligen Dreiecks. Die beiden Schenkel des Dreiecks werden Katheten genannt.

Welche Folgen hat der Einsatz von FCKW für die Umwelt?

Fluorchlorkohlenwasserstoffe bauen die Ozonschicht der Atmosphäre ab. Als Treibhausgase sind sie mitverantwortlich für die Erwärmung der Atmosphäre. In der Technik dienen FCKW-Verbindungen u. a. als Treibgas für Sprühdosen, Kältemittel in Kühlschränken, zur Aufschäumung von Kunststoffen.

Was ist eine Säure?

Eine chemische Verbindung, die beim Lösen in Wasser in der Lage ist, Wasserstoffionen (Protonen) abzugeben. Dadurch sind Säuren verhältnismäßig aggressive chemische Verbindungen.

Welche Rolle spielt die Viskosität bei Motorölen?

Die sich innerhalb einer Flüssigkeit gegeneinander bewegenden Moleküle erzeugen eine Reibung, die Viskosität. Umso höher die Viskosität ist, umso dickflüssiger und zäher ist die Flüssigkeit. Eine hohe Viskosität verhindert beim Motoröl das Reißen des Ölfilms.

Was ist eine LED-Anzeige?

Die Abkürzung LED bezeichnet eine Light Emission Diode (Leuchtdiode). Dies sind Halbleiterdioden, die Licht des sichtbaren und infraroten Bereichs aussenden und wegen ihrer Eigenschaften für Leuchtanzeigen, sowie bei Flachbildschirmen zum Einsatz kommen.

Bei welchen Operationen werden „Umleitungen" für verstopfte Herzarterien eingerichtet?

Bei Bypassoperationen. Sie können durch eine Arteriosklerose („Arterienverkalkung") notwendig werden, bei der bestimmte Herzarterien verengt oder ganz geschlossen sind. Um eine ausreichende Blutversorgung des Herzens zu gewährleisten, kann man Blutgefäße aus einem anderen Teil des Körpers (z. B. den Beinen) entnehmen und zur Umgehung der Engstelle verwenden.

Warum tritt die Hautkrankheit Akne besonders in der Pubertät auf?

Mit beginnender Geschlechtsreife kommt es zu hormonellen Umstellungen im Körper. Die Talgdrüsen sondern dann verstärkt Talg ab, wobei die sog. „Mitesser" entstehen. Daneben spielt auch die erbliche Veranlagung eine Rolle.

Aus welchem Wissensgebiet stammt die Bezeichnung Dezibel?

Als eine Art Maßeinheit für die Lautstärke gehört sie in das physikalische Fachgebiet der Akustik. Die Hörgrenze liegt bei 0 Dezibel (db), die Schmerzgrenze bei 120 db, einem Wert, der bei Rockkonzerten erreicht werden kann.

Wie wird Malaria übertragen?

Durch den Stich einer Mücke mit dem Namen Anopheles. Der Erreger selbst ist ein tierischer Einzeller, mit dem die Mücke infiziert ist. Die Krankheit ist in tropischen Ländern weit verbreitet.

Womit beschäftigt sich die Ökologie?

Ökologie ist die Wissenschaft, die sich mit den Wechselbeziehungen zwischen den Lebewesen und ihrer belebten und unbelebten Umwelt befasst. Zur unbelebten Umwelt eines Organismus gehört z. B. das Klima und der Boden, zur belebten Umwelt alle anderen Organismen.

Was ist der Unterschied zwischen einem Sonnenkollektor und einer Solarzelle?

Beide Arten der Energieerzeugung aus Sonnenlicht werden häufig verwechselt. Eine Solarzelle kann unmittelbar aus Sonnenlicht elektrischen Strom erzeugen (dies ist auch unter dem Begriff Fotovoltaik bekannt). Ein Sonnenkollektor dient dagegen zur Wärmegewinnung, meist in Form von warmem Wasser.

Welche Funktion hat ein Aufsichtsrat?

Der Aufsichtsrat ist ein Kontrollorgan bei Aktiengesellschaften, Genossenschaften und Gesellschaften mit beschränkter Haftung. Er überwacht die Geschäftsführung und berichtet der Hauptversammlung.

Was versteht man unter Spekulation?

Spekulation heißt ein Geschäft, welches in der Erwartung eines nicht kalkulierbaren Gewinns abgeschlossen wird. Das Spekulationsgeschäft ist mit einem Risiko verbunden und kommt meist bei Wertpapiergeschäften vor.

Wodurch werden Wertminderungen von abnutzbaren Wirtschaftsgütern buchhalterisch erfasst?

Das geschieht durch die sog. Abschreibung (Absetzung für Abnutzung, AfA). Abnutzbare Wirtschaftsgüter, die auch Anlagegüter genannt werden, verlieren ihren Wert durch technischen Fortschritt, wirtschaftliche Überholung, Zeitablauf, technische Abnutzung. Diese Wertminderungen müssen buchhalterisch erfasst werden, damit die tatsächlichen Werte mit den bereits gebuchten Werten wieder übereinstimmen. Sie sind Aufwand für den Betrieb und mindern den Gewinn.

Worin besteht der Synergieeffekt?

Er besteht darin, dass beim Zusammenwirken mehrerer Maßnahmen das Gesamtergebnis größer ist als die einfache Summe der einzelnen Maßnahmen. Man rechnet z. B. bei Unternehmenszusammenschlüssen mit einer größeren Wirkung am Markt.

Was kennzeichnet einen Akkordlohn?

Er ist ein leistungsabhängiger Lohn. Grundlage bildet das mengenmäßige Arbeitsergebnis, also nicht die Länge der Arbeitszeit in einem Betrieb. Es gibt zwei Formen: Zeitakkord und Stückakkord. Beim Zeitakkord wird eine feste Zeit für einen bestimmten Arbeitsauftrag vorgegeben und für diese Zeit ein bestimmter Betrag bezahlt, beim Stückakkord wird für jedes fertig gestellte Stück ein bestimmter Geldbetrag festgesetzt.

Was sind Banknoten und wer gibt sie aus?

Banknoten sind von den Notenbanken ausgegebene Papiergeldscheine. Sie besitzen keinen Warencharakter und beziehen ihren Wert nur aus ihrer Funktion als Tauschmittel. In Deutschland werden sie von der Deutschen Bundesbank gedruckt und ausgegeben. Nach Einführung des EURO in der Europäischen Union ist die Europäische Zentralbank in Frankfurt am Main dafür zuständig.

Wie nennt man eine neue Methode der Bewerberbeurteilung?

Man nennt sie Assessment Center. Mit diesem Beurteilungsverfahren wird versucht, in wenigen Stunden fachliche und charakterliche Eigenschaften von Bewerbern herauszufinden.

Wie heißt die bekannteste Wertpapierbörse der Welt?

Die New York Stock Exchange (NYSE) wurde 1792 gegründet und hat sehr strenge Zulassungsvorschriften; ein Sitz ist sehr teuer.

Wie heißt der international am meisten beachtete Aktienindex?

Der Dow-Jones-Index wird seit 1889 für 30 Industrie- und 20 Eisenbahnwerte sowie 15 Aktien von Versorgungsunternehmen an der New Yorker Börse täglich ermittelt. Ursprünglich wurde er von der Börsenzeitung der Firma Dow, Jones und Co. veröffentlicht, heute wird er im Wall Street Journal festgestellt.

Was wird in einem Tarifvertrag festgelegt?

In einem Tarifvertrag werden die Löhne bzw. Arbeitsbedingungen für bestimmte Berufszweige einheitlich festgelegt. Ein Tarifvertrag ist die schriftliche Vereinbarung nach den Tarifverhandlungen. Die ausgehandelten Bedingungen gelten für beide Tarifpartner bis zum Ablauf des geschlossenen Vertrages uneingeschränkt.

Welcher deutsche Industrielle war maßgeblich an der Entwicklung der elektronischen Ausrüstung im Kraftfahrzeug beteiligt?

Robert Bosch (1861–1942) führte 1905 den Hochspannungsmagnetzünder im Motorfahrzeugbau ein. Er begründete die Robert-Bosch-Werke und war auch sozialpolitisch sehr fortschrittlich. Er führte den Acht-Stunden-Tag ein und gründete Wohlfahrtseinrichtungen.

Wie bezeichnet man die gesetzliche Geldordnung eines Staates?

Die Währung ist die gesetzliche Geldordnung eines Staates. Das Umrechnungsverhältnis zwischen zwei Währungseinheiten bezeichnet man als Wechselkurs. Werden von den Banken ausländische Währungen angekauft, so zahlen sie den Geldkurs, werden dagegen ausländische Währungen von den Banken verkauft, so fordern sie den Briefkurs.

Wer verbirgt sich hinter der McDonald's-Idee?

Die Marktlücke für Schnellrestaurants, auch Fastfood-Restaurants genannt, erkannte Ray Kroc (1902–84). Mit einem ausgeklügelten Lizenzsystem für das Konzept und den Namen wollte er die Marktlücke für solche Restaurants schließen. Den Namen McDonald's kaufte er von zwei Brüdern und zahlte sie aus, da sie ein Drive-in-Restaurant bereits führten. Er selbst war sein erster Lizenznehmer.

1955 wurde das erste McDonald's-Store in den USA eröffnet.

Wie nennt man das Sammeln von spontanen Ideen innerhalb einer Gruppe?

Man nennt dies Brainstorming. In einer Gruppe werden durch gegenseitiges Aufgreifen und Weiterspinnen von spontanen Einfällen sog. Assoziationsketten gebildet, die solange wechselseitig ergänzt werden, bis eine für alle geeignete Lösung gefunden ist, die dann weiterverfolgt werden kann.

Was war der erfolgreichste Volkswagen?

Der VW-Käfer war das am meisten verkaufte Fahrzeugmodell. Er wird heute als „New Beetle" wieder auf dem Markt angeboten.

Der erste Prototyp des Volkswagens; erst 1948 wurde er nicht mehr als Militärfahrzeug gebaut, sondern für die Bevölkerung.

Der letzte Käfer läuft in Wolfsburg vom Band

Wie bezeichnet man eine Ordnung in einer Volkswirtschaft, die den Ablauf wirtschaftlicher Tätigkeiten regelt?

Man bezeichnet sie als Wirtschaftssystem oder Wirtschaftsordnung. Es gibt zwei Grundmodelle, nach denen sich die Wirtschaftsordnungen der Welt orientieren und mit ihren innerstaatlichen Varianten als gültig für ihr Staatsgebiet festlegen: das Modell der Planwirtschaft und das der freien Marktwirtschaft. In Deutschland hat man die freie Marktwirtschaft als Grundmodell gewählt und mit sozialen Komponenten ausgefüllt. Damit ist in Deutschland das System der sozialen Marktwirtschaft entstanden.

In welchem Land liegt Bretton Woods und wodurch wurde der Ort bekannt?

In den USA, und zwar im Bundesstaat New Hampshire. Auf Grund der hier tagenden internationalen Finanz- und Währungskonferenz wurde das Abkommen von Bretton Woods geschlossen. Es führte zur Gründung des IWF (Internationaler Währungsfonds) und der Weltbank.

Wie bezeichnen die Engländer eine Wette auf steigende Kurse?

Der Call berechtigt einen Spekulanten, der einen Optionsschein besitzt, eine bestimmte Zahl von Aktien innerhalb eines bestimmten Zeitraumes zu einem vorher festgelegten Preis zu kaufen. Fällt die Aktie am Ende der Laufzeit des Optionsscheines unter den fest vereinbarten Preis, so verfällt der Schein wertlos.

Was sind Konvergenzkriterien?

Es sind die Bedingungen, die die Staaten erfüllen müssen, die im Jahr 2002 voll an der gemeinsamen Währungsunion in Europa teilnehmen wollen. Wer diesen nicht bis 31.12.1998 gerecht wurde, kann beim Start der gemeinsamen Währung noch nicht dabei sein. Eine Hauptbeitrittsbedingung ist z. B. eine geringe Staatsverschuldung.

Wie heißt die Kennzahl zur Beurteilung der Finanz- und Ertragskraft eines Unternehmens?

Der Cashflow drückt die Selbstfinanzierungskraft eines Unternehmens aus. Er setzt sich aus den Abschreibungen, den Zuweisungen an die Rücklagen sowie dem Reingewinn zusammen.

Wie kann ein Defizit in einer Bilanz entstehen?

Ein Defizit ist ein allgemeiner Fehlbetrag. Zum Beispiel besteht ein Defizit, wenn in der Handelsbilanz eines Landes der Wert der Importe höher ist als der Wert der Exporte oder wenn in der Zahlungsbilanz die Devisenabflüsse höher sind als die Devisenzuflüsse. In der Steuerpolitik, die auch Fiskalpolitik genannt wird, betreibt man ein sog. Deficit spending zur Belebung der Konjunktur eines Landes, um die Steuereinnahmen wieder zu mehren. Die Defizite werden, um den Kapitalmarkt nicht zu belasten, durch Verschuldung bei der Notenbank (in Deutschland bei der Deutschen Bundesbank) finanziert.

Wie nennt man die an den französischen Franc gebundene Währungseinheit von 14 Ländern Westafrikas und der Komoren?

Der CFA-Franc bedeutete ursprünglich „Colonies francaises d'Afrique". Nach zweimaliger Umbenennung wurde dann „Cooperation financiere en Afrique" daraus. Da er immer voll konvertierbar in den französischen Franc war, erleichterte er den ehemaligen französischen Kolonien den Zugang zu anderen Währungen bzw. hatte Frankreichs Industrie gute Absatzchancen. Der CFA-Franc soll laut EU-Kommission auch an den Euro gekoppelt werden.

Welcher englische Begriff wird für die modernen Tankstellenverkaufsläden verwendet?

Fachspezifisch werden sie Convenience-Märkte genannt. Convenience-Goods sind Waren, die für den täglichen Bedarf bestimmt sind, z. B. Backwaren, Getränke, Zeitschriften, Schnellimbissartikel. Die Tankstellenverkaufsläden ziehen zusätzliche Kunden an und treten in neuzeitlicher Form die Nachfolge von Tante-Emma-Läden an.

Wer wird in das Handelsregister eingetragen?

Es ist ein öffentliches Register, das bei den Amtsgerichten geführt wird und in dem Kaufleute und Handelsgesellschaften unter ihrer Firma (Name) verzeichnet sind. In der Abteilung A werden die Einzelunternehmen und die Personengesellschaften, in der Abteilung B die Kapitalgesellschaften geführt. Das Handelsregister genießt öffentlichen Glauben und kann von jedermann eingesehen werden.

Was versteht man unter Leasing?

Die Vermietung von Gebrauchsgütern an Privatpersonen bzw. die Vermietung von Investitionsgütern an Unternehmen.

Wie nennt man ein Verfahren zur Beilegung von Streitigkeiten um einen Tarifvertrag?

Die Schlichtung hat zum Ziel, eine Einigung auf gütlichem Wege herbeizuführen und einen Arbeitskampf, einen sog. Streik, zu vermeiden. Sie wird beantragt, wenn sich die Tarifpartner in den Verhandlungen nicht einigen und eine der beiden Seiten die Gespräche für gescheitert erklärt.

Wer wird der Vater der klassischen Nationalökonomie genannt?

Adam Smith

Der Engländer Adam Smith (1723–90) vertrat die Meinung, dass in der menschlichen Arbeit der Grund des Volkswohlstands zu erkennen sei. Die Arbeitsteilung ist seiner Meinung nach die Hauptquelle der Wohlstandsvermehrung.

Welche Aufgaben hat seit 1957 die Deutsche Bundesbank?

Die Zentralbank der Bundesrepublik Deutschland hat die allgemeine Wirtschaftspolitik der Regierung zu unterstützen, auch wenn sie gegenüber der Regierung nicht weisungsgebunden ist. Ihre Aufgaben sind im Einzelnen die Regelung des Geldumlaufs, die Kreditversorgung der Wirtschaft, Sicherung der Währung und die Abwicklung des Zahlungsverkehrs im Inland und mit dem Ausland.

Was hat der DAX mit dem Dow-Jones gemein?

Beides sind Aktienindexe, Messzahlen für die Entwicklung der durchschnittlichen Aktienkurse. Der DAX orientiert sich an 30 deutschen Standardwerten, der Dow-Jones-Index an 30 amerikanischen Industrieaktien an der New Yorker Effektenbörse.

Welcher Verein wurde 1819 von Friedrich List (1789–1846) gegründet?

Der Deutsche Handels- und Gewerbeverein war der Vorläufer für das deutsche Gewerkschaftswesen, den deutschen Zollverein, den deutschen Sparkassenverein und für das deutsche Kolonialwesen.

Welche Währung wird als Valuta bezeichnet?

Als Valuta wird in der Regel ausländisches Währungsgeld bezeichnet.

Wie bezeichnet man den Gewinnanteil auf Aktien?

Auf die Gesellschafter einer AG, die sog. Aktionäre, wird die Dividende entsprechend ihrer Aktienanteile verteilt. Sie hängt vom Reingewinn des Unternehmens ab. Über die Höhe der Dividende entscheidet die Hauptversammlung. Die Dividende wird in der Regel in Prozent des Nennwertes der Aktie ausgedrückt, ist somit kein Zins, sondern ein Anteil am Gewinn eines Unternehmens.

Wie nennt man die 1960 mit Sitz in Genf gegründete Freihandelszone?

In der EFTA (European Free Trade Association) haben sich Länder zusammengeschlossen, die aus wirtschaftlichen oder politischen Gründen nicht der Europäischen Gemeinschaft beitreten konnten. Jedes EFTA-Land kann seine Außenzölle selbst festlegen und behält seine Handlungsfreiheit in der Wirtschaftspolitik.

Aus welchen drei Gemeinschaften entstand die Europäische Gemeinschaft (EG)?

Sie entstand aus der Europäischen Wirtschaftsgemeinschaft (EWG), der Europäischen Gemeinschaft für Kohle und Stahl (EGKS) und der Europäischen Atomgemeinschaft (EURATOM). Die EG war ursprünglich als gemeinsamer Markt einer Zollunion gegründet worden. Ihre Ziele waren der Abbau von Binnenzöllen und die Errichtung eines gemeinsamen Außenzolls gegenüber Drittländern sowie die Vereinheitlichung des Umsatzsteuersystems. Ein Stufenplan machte es möglich, dass im Laufe der Zeit die Binnengrenzen wegfielen, ein erstes Umsatzsteuersystem aufgebaut wurde und 2002 eine einheitliche Währung für die an der Währungsunion teilnehmenden Länder in Kraft tritt. Die Europäische Union wurde geboren. Die EG existiert weiterhin und ist heute Teil der Europäischen Union.

Was ist der Zweck eines Embargos?

Durch ein Embargo, das z. B. ein staatliches Ausfuhrverbot bestimmter Waren umfasst, soll ein Land zu einem bestimmten Tun oder Unterlassen gezwungen werden. In der Geschichte bedeutete der Begriff ursprünglich die Beschlagnahmung einer Schiffsladung nach Kriegsrecht.

Wie bezeichnet man das Jahrbuch des Statistischen Amtes der Europäischen Gemeinschaft?

Das Eurostat vergleicht in ca. 900 Tabellen sehr detailliert Daten und Zahlen der gesamten EU-Länder. Die Veröffentlichungen sind gedruckt bzw. auf CD-ROM erhältlich und erscheinen in elf Sprachen. Die Statistiken sind auch eine wichtige Grundlage bei der Beurteilung der Euro-Tauglichkeit eines Staates. Nationale Institute aktualisieren diese Statistiken täglich.

Was beinhaltet der Begriff Autarkie?

Darunter versteht man die wirtschaftliche Selbstversorgung eines Landes mit dem Ziel von anderen Ländern unabhängig zu sein.

Was drückt die Erwerbsquote aus?

Sie gibt den prozentualen Anteil der Erwerbsfähigen an der Gesamtbevölkerung an. Auch das Verhältnis der Erwerbspersonen zur Wohnbevölkerung spiegelt sie wider. Entsprechend ihren Bestimmungsfaktoren sind Änderungen auf eine Verschiebung der Altersstruktur oder auf eine Änderung im Erwerbsverhalten der Bevölkerung zurückzuführen. Das Angebot an geeigneten Ausbildungs- und Arbeitsplätzen führt z. B. zu geändertem Bildungsverhalten der Jugendlichen. Stehen weniger Ausbildungsplätze zur Verfügung, so beschließen viele Jugendliche, länger eine Schulausbildung zu absolvieren und umgekehrt.

Was ist Fixing?

Darunter versteht man die Feststellung des offiziellen Tageskurses bei Devisen, Gold und Silber.

Was ist eine feindliche Übernahme im wirtschaftlichen Sinne?

Man spricht davon, wenn gegen den Willen einer Unternehmensleitung und der Beschäftigten ein Unternehmen durch

Aktienmehrheit von einem anderen Unternehmen geschluckt wird. Die Unterlegenen fühlen sich erobert und fremdbestimmt.

Wie bezeichnet man eine lose Vereinigung der sieben wichtigsten Industrieländer?

Der G7 gehören die USA, Japan, Deutschland, Großbritanien, Frankreich, Kanada und Italien an. Ihr Ziel ist es, bei der Bewältigung von Problemen der Weltwirtschaft zusammenzuarbeiten.

Wie nennt man den Kurs, zu dem Banken Devisen und Sorten ankaufen?

Der Geldkurs ist immer niedriger als der an der Börse ermittelte Mittelkurs und niedriger als der Briefkurs. Außerdem bezeichnet man den Geldkurs auch als Börsenkurs, bei dem die Nachfrage das Angebot übersteigt.

Welchen Ausdruck verwendet man für den Vorgang der Beeinflussung volkswirtschaftlicher Gesamtgrößen, um die gesamtwirtschaftliche Nachfrage zu lenken?

Die Globalsteuerung, auch Globalisierung genannt, beeinflusst z. B. Geldmenge, Konsum, Volkseinkommen. An der Globalisierung sind Bund, Länder, Gemeinden und in der Neuzeit auch die Staaten der EU sowie die Deutsche Bundesbank und die Europäische Zentralbank beteiligt.

Was ist der Kurswert?

Der Kurswert oder Kurs ist der amtlich notierte Preis, den ein Wertpapier an der Börse erzielt. Er kann über oder unter dem Nennwert liegen. Man spricht dann von unter- oder überpari. Pari bedeutet, dass der Kurswert und der Nennwert eines Wertpapiers gleich sind.

Was verbirgt sich hinter dem Begriff Börse?

Sie ist ein organisierter Markt, der zu bestimmten Zeiten und an bestimmten Orten stattfindet. An der Börse treffen Angebot und Nachfrage nach Devisen, Waren oder Effekten zusammen.

Was versteht man unter dem Börsenausdruck Hausse?

Damit wird die Zeit, in der die meisten Börsenkurse anhaltend stark steigen, bezeichnet. Der englische Ausdruck dafür ist „bull-market".

Was bedeutet die Abkürzung EWWU?

Sie wird benutzt für die Europäische Wirtschafts- und Währungsunion und hat u. a. die Einführung einer gemeinsamen Währung zum Ziel. An der Währungsunion, die 2002 in Kraft tritt, können nur Staaten teilnehmen, die die strengen Aufnahmekriterien erfüllen.

Wer wird nach dem Strafgesetzbuch nach den §§ 259 und 260 bestraft?

Personen, die Hehlerei betreiben, d. h. illegal erworbene Ware ankaufen, um sie mit Gewinn an einen Dritten weiter zu verschieben. Der Hehlerei geht also immer eine sog. Vortat voraus (z. B. Drucken von Falschgeld oder Diebstahl). Auch der Versuch der Hehlerei wird bestraft. Das Wort stammt vom althochdeutschen „helan" ab.

Welche Funktion hat eine Holding?

Eine Holding ist eine Gesellschaft, die nicht selbst produziert. Ihre wirtschaftliche Tätigkeit erstreckt sich auf die Verwaltung der von ihnen beherrschten Unternehmen. Sie übt somit auf diese eine gewisse Kontrolle aus. Die Holding ist demzufolge eine sog. Dachgesellschaft.

Wie bezeichnet man die Ausgabe neuer Wertpapiere?

Durch die Emission werden Wertpapiere neu an der Börse eingeführt. Sie erfolgt meist durch Vermittlung von Kreditinstituten (Fremd-Emission). Der Ausgabekurs der neuen Papiere wird Emissionskurs genannt. Er liegt oft unter dem Nennwert, da er als Kaufanreiz dienen soll.

Was sind die Kennzeichen einer Inflation?

Sie ist eine Wirtschaftsschwankung, die darauf zurückzuführen ist, dass das Gleichgewicht zwischen nachfragewirksamer Geldmenge und angebotener Gütermenge gestört ist. Sie ist eine Überversorgung der Wirtschaft mit Geld (Geldaufblähung) und führt zur Geldentwertung.

Welcher Schein wird Kupon (Coupon) genannt?

Es ist der Zins- oder Dividendenschein, der Anleihen oder Aktien beigefügt ist. Bei Vorlage werden die Zinsen ausbezahlt und unterliegen der Besteuerung.

Was bezeichnet man als Boom?

Damit wird ein unvermittelter Aufschwung an den Waren- und Wertpapierbörsen bezeichnet; umgangssprachlich wird Boom auch für einen starken Anstieg der Verkaufszahlen eines Konsumgutes verwendet.

Welcher Name steht für das aufblühende deutsche Unternehmertum im 19. Jahrhundert?

Alfred Krupp

Alfred Krupp (1812–87) übernahm bereits als 14-Jähriger das väterliche Gussstahlwerk in Essen. Er baute es zu einem Großunternehmen aus, indem er durch Auslandskontakte die Techniken verbesserte und neue Kunden gewann. Durch die Weltausstellung 1851 in London wurde er international bekannt. Krupp produzierte nicht nur Stahl, sondern stellte auch Räder, Achsen und Schienen für den Eisenbahnbau her.

Was versteht man unter Investition?

Darunter versteht man die Anschaffung von Sachgütern, Grundstücken, Gebäuden, immateriellen Vermögensgegenständen, um Güter zu erzeugen bzw. Dienstleistungen anbieten zu können sowie den Produktionsprozess zu rationalisieren, d. h. wettbewerbsfähiger zu machen. Die Bedeutung liegt hauptsächlich darin, dass Investitionen die zukünftige Leistungs- und Wettbewerbskraft einer Volkswirtschaft bestimmen.

Wie sieht die Finanzierung der Europäischen Union aus?

Die Europäische Union finanziert sich durch Eigenmittel, die aus Beiträgen der Mitgliedstaaten stammen. Sie kann nicht selbst festlegen, wie hoch die Einnahmen sind und woher sie kommen, d. h., sie hat keine Finanzhoheit.

Für welche Vereinigung steht die Abkürzung ASEAN?

Die Abkürzung ASEAN steht für „Association of South East Asian Nations". Sie will den Frieden, wirtschaftlichen Aufschwung und sozialen Wohlstand in den südostasiatischen Staaten fördern.

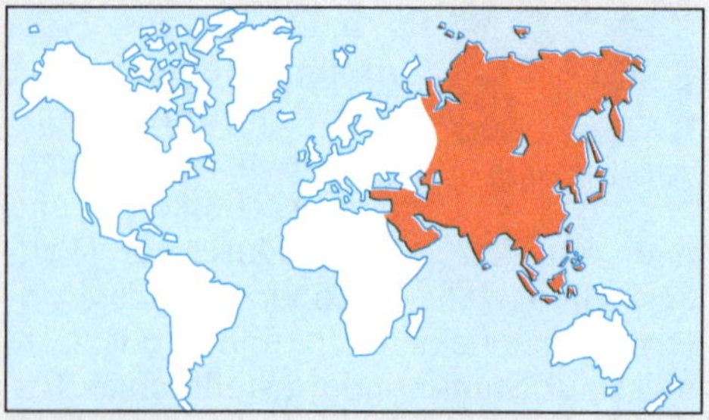

Asien

Wie nennt man in England eine bestimmte Ramschanleihe?

Der Junk-Bond ist ein mit hohem Risiko behaftetes Wertpapier, das deshalb hoch verzinst ist. Es entstand in den USA zur Finanzierung der Übernahme von Unternehmen mit dem Zweck, später Teile mit hohen Gewinnen zu veräußern.

Welche Aufgaben hat der Europäische Rechnungshof?

Er prüft die Einnahmen und Ausgaben der Europäischen Union und überwacht die Haushaltsführung. Sitz des Rechnungshofs ist Luxemburg. Jeder Mitgliedstaat entsendet eine Mitgliedsperson in den Europäischen Rechnungshof.

Um welche Form der Beschaffung handelt es sich bei Just-in-time?

Es handelt sich um eine moderne Form der Beschaffung vorwiegend großer Unternehmen, um Lagerkosten zu sparen. Die für die Produktion notwendigen Roh-, Hilfs- und Betriebsstoffe werden je nach Zweckmäßigkeit produktionssynchron angeliefert. Es sind also nur die von der Fertigung gerade benötigten Güter vorhanden. Auf diese Weise verlagert sich das Lager- und Lieferbereitschaftsrisiko auf die meist kleinen und mittelständischen Zulieferbetriebe.

Was heißt Bond?

Es ist die englische und amerikanische Bezeichnung für ein festverzinsliches Wertpapier.

Was beinhaltet der Begriff Kapital?

Volkswirtschaftlich bedeutet Kapital einer der drei Produktionsfaktoren neben Boden, Umwelt und Arbeit. Betriebswirtschaftlich spiegelt sich das Kapital eines Unternehmens in der Form von Anlage- und Umlaufvermögen sowie dem vorhandenen Geldkapital wider. Kapital wird somit in Sach- und Geldkapital unterschieden, das in der Passiva der Bilanz als Eigen- und Fremdkapitalposten und in der Aktiva als Anlage- und Umlaufvermögen steht. Kapital ist also auch ein betriebswirtschaftlicher Produktionsfaktor neben Werkstoffen und Arbeit.

Wie nennt man eine Wirtschaftsordnung, bei der das erwerbswirtschaftliche Prinzip vorherrscht?

Im Kapitalismus befinden sich zusätzlich die Produktionsmittel in privater Hand.

Kapitalismus in reinster Form gibt es in der Realität nicht, da dieser durch staatliche Eingriffe mehr oder weniger in den jeweiligen Ländern sozialisiert wurde.

Was ist ein Kartell?

Der freiwillige Zusammenschluss von rechtlich selbstständigen Unternehmen, die auf einer gleichen Produktionsstufe stehen. Sie vereinbaren ein gemeinsames Handeln oder die Beschränkung des Wettbewerbs und geben somit einen Teil ihrer Selbstständigkeit auf. Kartelle sind – bis auf wenige Ausnahmen – verboten.

Wie bezeichnet man die Selbstkostenrechnung im Unternehmen?

Die Kalkulation ist jede Art der rechnungsbezogenen Zusammenfassung von Kosteninformationen. Sie hat das Ziel, die Kosten einzelner Einheiten oder Produkt- und Warengruppen zu ermitteln.

Wie erhält man die EU-Bürgerschaft?

Jeder Staatsbürger von einem der Mitgliedstaaten der Europäischen Union besitzt seit 1993 neben seiner normalen Staatsbürgerschaft auch eine EU-Bürgerschaft. EU-Bürger können ihren Wohnsitz innerhalb der EU frei wählen.

Wie werden die Gesellschafter einer Kommanditgesellschaft genannt?

Die KG kennt zwei Typen von Gesellschaftern. Einer haftet mit seinem ganzen Vermögen persönlich und unbeschränkt, der andere haftet nur bis zur Höhe seiner Einlage. Der Vollhafter wird Komplementär, der Teilhafter Kommanditist genannt. Die KG gehört zu den Personengesellschaften.

Welche Behörde überwacht den Zusammenschluss von Unternehmen?

Die Kartellbehörde in Berlin wacht darüber, ob sich durch die Zusammenlegung nicht ein Monopol bildet. Durch eine sog. Ministererlaubnis kann in Ausnahmefällen ein Kartell genehmigt werden.

Welcher deutsche Medienunternehmer besitzt seit 1988 den Mehrheitsanteil für Kabel- und Satellitenrundfunk?

Leo Kirch (*1926) begann seine Karriere mit dem Erwerb von Filmlizenzen. Er ist heute Eigentümer einer international tätigen Firmengruppe, die v. a. Filme und Fernsehsendungen produziert und verkauft.

Was erwartet man von einem Blue chip?

Man erwartet, dass es sich um eine hervorragende Geldanlage handelt. Als „Blue chip" werden an der Börse Aktien erstklassiger Firmen aus den USA bezeichnet. An der Frankfurter Börse entsprechen die deutschen Standardwerte den amerikanischen „Blue chips". Der Begriff leitet sich aus den Casinos ab, wo blaue Spielchips für den besonders hohen Einsatz verwendet werden.

Wie bezeichnet man heute den Konkurs?

Seit dem 1. Januar 1999 besteht ein neues Recht, das die alte Konkursordnung ersetzt. Dieses Recht ist in der Insolvenzordnung festgeschrieben. Das Gericht ernennt einen „Insolvenzverwalter", früher Konkursverwalter, der über die Verwendung der zur Insolvenzmasse gehörenden Vermögens- und Schuldenteile des Schuldners durch Verfügungs- und Verwaltungsmacht entscheidet. In der Regel erfasst und verwertet der Verwalter die Masse und verteilt den Erlös an die Gläubiger.

Wie bezeichnet man die Gemeinschaftsgründung eines Unternehmens durch zwei Geschäftspartner?

Man bezeichnet diese mit Joint Venture. Selbstständige Unternehmen, die sich zum Zeck der Durchführung eines bestimmten Projektes zusammenschließen, teilen sich Verantwortung und Risiko. Die Bezeichnung wird v. a. für Gründungen in den Entwicklungsländern oder in der Neuzeit auch für Gründungen im ehemaligen Ostblock benutzt. Der ausländische Partner hat meistens die Kapitalmehrheit, der inländische stellt die Geschäftsleitung.

Was ermöglicht die Konvertibilität?

Sie ist die unbeschränkte rechtliche und wirtschaftliche Möglichkeit, eine Währung in eine andere umzutauschen. Sie kann nur dann aufrecht erhalten werden, wenn die Wechselkurse in etwa der Kaufkraft entsprechen.

Welches Organ der Europäischen Gemeinschaft wahrt die Rechte bei der Auslegung und Anwendung der EG-Verträge?

Der Europäische Gerichtshof hat seinen Sitz in Luxemburg. Ihm gehören 13 Richter und 8 Generalanwälte an. Sie werden auf 6 Jahre von den Mitgliedstaaten im gegenseitigen Einvernehmen ernannt. Die getroffenen Entscheidungen sind für alle Mitgliedstaaten bindend. Der Europäische Gerichtshof übernimmt mit zunehmender Tendenz auch Angelegenheiten in Menschenrechtsfragen der Mitgliedstaaten. Dieser Teil des Gerichts wird heute als Europäischer Gerichtshof für Menschenrechte bezeichnet.

Welches deutsche Autofabrikat eroberte in den Zeiten des deutschen Wirtschaftswunders rasant den Weltmarkt?

Der Volkswagen (VW) wurde zu einem beliebten Fahrzeug des größten Teils der Bevölkerung. Heute ist der Volkswagenkonzern einer der Großen in der gesamten Welt und seine Fahrzeuge werden überallhin verkauft.

Wozu ist der Inhaber einer Kreditkarte berechtigt?

Gegen Zahlung eines Jahresbeitrages ist der Inhaber berechtigt, Rechnungen ohne Bargeld oder Scheck bei angeschlossenen Geschäften zu begleichen. Sie ist eine Ausweiskarte einer Kreditkartengemeinschaft.

Welche Form der Wirtschaftsordnung gab es in der ehemaligen DDR?

In diesem Land hatte der Staat das Monopol an den Produktionsmitteln. Man orientierte sich streng an dem Modell der Planwirtschaft, bei dem Planung und Lenkung des Wirtschaftsprozesses zentral ablief.

Was bedeutet die Abkürzung SCHUFA?

Sie steht für „Schutzgemeinschaft für allgemeine Kreditsicherung". Die Gemeinschaft wurde bereits 1927 gegründet. Sie stellt ihren Mitgliedern Daten über die Bonität ihrer Kunden zur Verfügung. Jedermann kann Auskunft verlangen, welche Daten über ihn gespeichert sind.

Was ist charakteristisch für einen Blankoscheck?

Bei einem Blankoscheck sind alle Bestandteile des Schecks ausgefüllt, nur der Betrag ist nicht eingetragen. Der Aussteller überlässt die Eintragung der Summe seinem Gläubiger im Vertrauen, dass er nur den Betrag einträgt, den er wirklich beanspruchen kann.

Wie heißt das Sondervermögen einer Investmentgesellschaft?

Der Investmentfonds ist in einzelne Anteile aufgeteilt, über die Besitzbescheinigungen ausgestellt sind (Investmentzertifikate). Über Kreditinstitute werden sie an Privatpersonen verkauft, die diese Anlageform ihres Geldvermögens gewählt haben.

Was ist das zentrale Lenkungs- und Ordnungselement einer Marktwirtschaft?

Beim Wettbewerb stehen sich die Unternehmen auf dem Markt als Konkurrenten gegenüber. Er wird als Mittel zur Auslese angesehen.

Wie definiert man einen Konzern?

Als Zusammenschluss mehrerer Unternehmen unter einheitlicher Führung.

Welche Form von Handel kann es geben, wenn bestimmte Personen über Vorabinformationen verfügen und diese zum Zwecke des vorteilhafteren Abschneidens bei Geschäften ausnutzen?

Der Insider-Handel (Insidergeschäfte) ist in England, Frankreich und in der Schweiz unter Strafe gestellt. In Deutschland existieren nur Grundsatzvereinbarungen der Banken und Industrie. Diese sehen aber kaum Sanktionen bei Verstößen vor.

Wie heißt der amtlich notierte Preis von Wertpapieren, Devisen oder Waren an der Börse?

Der „Kurs“ wird an der Börse durch das Zusammentreffen von Angebot und Nachfrage ermittelt.

Wie heißt die neue europäische Währungseinheit?

Der EURO ist die neue gemeinsame Währung derjenigen EU-Mitgliedstaaten, die an der Währungsunion teilnehmen wollen und können. 2002 werden die neuen Euro-Noten und Euro-Münzen die nationalen Währungen ablösen.

Woran sieht der Aktionär in der Zeitung das Verhältnis von Angebot und Nachfrage bei der Kursbildung?

Die Kurszusätze z. B. Brief („B”) bzw. Geld („G”) bedeuten, dass ein Angebot zum Verkauf vorlag, sich aber keine Käufer fanden bzw. die Nachfrage groß war, aber es keine Angebote gab.

Wie werden die obersten kommunalen Institute der Sparkassen genannt?

Die Landesbanken betreiben alle Bankgeschäfte und dienen als regionale Girozentralen. Gleichzeitig sind sie die Hausbanken der betreffenden Bundesländer. Man darf sie nicht mit den Landeszentralbanken der Bundesbank verwechseln.

Welche Währung nimmt im internationalen Finanz- und Währungssystem besondere Aufgaben wahr?

Die Leitwährung fungiert als Reservewährung, d. h., die Notenbanken der Länder legen ihre Währungsreserven ganz oder teilweise in dieser Währung an.

Wann spricht man von Automatisierung?

Wenn Maschinen bestimmte Funktionen übernehmen, die von Menschen nicht mehr ausgeführt werden. Der Prozentanteil der Funktionsübernahme bestimmt den Automatisierungsgrad eines Unternehmens.

Automatisierung in der Fahrzeugindustrie

Was bewirkt der sog. Leitzins?

Mit dem von der Europäischen Zentralbank festgelegten Zins wird das Geschehen auf dem Geld- und Kapitalmarkt in der EU beeinflusst. Die Notenbanken der angeschlossenen EU-Staaten haben sich bei ihren innenpolitischen Entscheidungen zwingend danach zu richten. Der Leitzins wirkt sich indirekt auf das allgemeine Zinsniveau aus.

Wie nennt man die freiwillige Auflösung eines Unternehmens?

Die Liquidation findet in der Regel bei nicht überschuldeten Unternehmen statt. Das Vermögen wird verkauft, um die Gläubiger zu befriedigen, der Rest wird an die Eigentümer verteilt.

Welche Firmen gehören zur Bio-Tech-Branche?

Hierzu gehören Betriebe, die zur Produktion von Chemikalien, Arzneimitteln, Nahrungsmitteln u. a. biologische Prozesse auf den technischen Bereich übertragen. Neue Produktentwicklungen ergeben sich vor allem durch die Gentechnologie, die auch Erbgutmanipulation genannt wird.

Mit welchen Staaten wurde das Lomé-Abkommen geschlossen?

Die Europäische Gemeinschaft hat mit sog. AKP-Staaten (Entwicklungsstaaten) Abkommen geschlossen und diese als Kernstück der EG-Wirtschaftshilfe gemacht. Es birgt Vorteile für Kredite und Zuschüsse, die Erlösminderungen durch Preissenkungen auffangen sollen. Das erste Abkommen wurde im Jahre 1975 in Lomé (Republik Togo) unterzeichnet.

Welche Länder zählen laut UNO zu den Industrieländern?

Zu diesen Ländern zählen Nordamerika, Westeuropa, Japan, Australien, Neuseeland, Israel und Südafrika.

Was ist Management-Buy-out?

Leitende Angestellte übernehmen das Unternehmen anstelle des bisherigen Eigentümers, der sich z. B. zur Ruhe setzt. Die Weiterführung der Geschäftsstrategien ist damit gewährleistet, das Kernproblem ist hier die Finanzierung der Übernahmesumme.

Wie nennt man eine marktorientierte Unternehmensführung?

Das Marketing bedient sich seiner Marketing-Instrumente zur Beeinflussung des Marktes und umfasst alle Absatz fördernden Maßnahmen.

Worin unterscheidet sich die soziale Marktwirtschaft von der freien Marktwirtschaft?

Die soziale Marktwirtschaft unterscheidet sich von der freien Marktwirtschaft darin, dass sie staatliche Eingriffe zur Sicherung der Funktionsfähigkeit der Märkte zulässt. Durch eine Rechtsordnung sollen ein Machtmissbrauch verhindert und die sozialen Belange der Marktteilnehmer berücksichtigt werden.

Was ist ein Binnenmarkt?

Der Binnenmarkt umfasst das gesamte Zusammentreffen von Angebot und Nachfrage innerhalb der Grenzen eines Landes. Den Handel, der innerhalb dieser Grenzen, also im Inland, stattfindet, nennt man Binnenhandel.

Welcher deutsche Medienunternehmer erwarb sich mit seinem Konzern Weltruf?

Reinhard Mohn (*1921) übernahm die Leitung des Bertelsmann-Verlags von seinem Vater und baute das Unternehmen zu einem der größten Medienkonzerne der Welt aus.

Was überprüft ein vereidigter Wirtschaftsprüfer?

Er prüft die Jahresabschlüsse von Unternehmen.

Für welche Gemeinschaft wird der Begriff Montanunion verwendet?

Er wird für die Europäische Gemeinschaft für Kohle und Stahl verwendet. Sie entstand im Jahre 1952 und wurde von der Bundesrepublik Deutschland, Frankreich, Italien und den Beneluxstaaten gegründet. Für die Bereiche Kohle und Stahl wurden alle Ein- und Ausfuhrzölle und alle mengenmäßigen Beschränkungen im Wirtschaftsverkehr der Mitgliedstaaten verboten. Sie ist heute Teil der Europäischen Gemeinschaft.

Was versteht man unter Import?

Darunter versteht man die Einfuhr, d. h. Lieferung ausländischer Güter und Dienstleistungen aus dem Ausland in das Inland.

Wie heißt der auf einer Aktie aufgedruckte Wert?

Er heißt Nennwert (Nominalwert) und drückt aus, mit welchem Betrag der Aktieninhaber am Kapital einer Aktiengesellschaft beteiligt ist. Entsprechend seiner Höhe wirkt er sich auf den Gewinn aus.

Welche Länder gelten als EU-Nettozahler?

Nettozahler, also diejenigen Länder, deren Beitrag zum Haushalt der EU größer ist als die Summe, die wieder in das Land zurückfließt, sind vor allem Deutschland, Österreich, die Niederlande und Schweden. Die weniger entwickelten Regionen der EU, die von Brüssel mehr Geld zurück bekommen, als sie dorthin abführen, werden als Nettoempfänger bezeichnet.

Wo gibt es den Begriff Neuer Markt?

Er ist ein neues Handelssegment an der Frankfurter Börse und orientiert sich am amerikanischen Freiverkehrsmarkt Nasdag. Ziel dieses Marktes ist es, Risikokapital für junge Unternehmen aus Wachstumsbranchen bereitzustellen.

Was beinhaltet das Electronic Banking?

Die Bankterminals sind auf elektronischem Wege Tag und Nacht zugänglich. Es werden Bankgeschäfte per Telefon, per Computer oder die bargeldlose Zahlung per Karte abgewickelt.

Was hat ein Generalstreik zur Folge?

Da ein Generalstreik nahezu alle Wirtschaftsbereiche einer Volkswirtschaft betrifft, kann er die Wirtschaft zum Erliegen bringen. Generalstreiks werden meist aus politischen Gründen veranstaltet.

Für welche Länder wird der Begriff Billiglohnländer verwendet und warum?

Er wird meistens für Länder der Dritten Welt oder des ehemaligen Ostblocks verwendet. Denn wenn die Industriestaaten in diesen Ländern Produktionsstätten errichten und einheimische Arbeitskräfte beschäftigen, so ist deren Lohn aufgrund der Währungsunterschiede und des geringeren Lebensstandards in diesen Ländern wesentlich niedriger als der Lohn für hoch qualifizierte und an einen hohen Lebensstandard angepasste Arbeitskräfte in den Industriestaaten.

Wie heißt der bekannteste Index an der japanischen Börse?

Der Nikkei-Index soll die Kursentwicklung der wichtigsten Aktien des Landes in einer Zahl widerspiegeln. Er ist der gewogene Durchschnitt von Aktienkursen.

Wofür wird der Begriff Hypothek verwendet?

Es ist die Belastung eines Grundstückes mit einer bestimmten Geldsumme durch Eintragung ins Grundbuch. Sie dient der Absicherung langfristiger Kredite. Der Berechtigte kann eine Zwangsvollstreckung des Grundstückes erwirken, wenn der gewährte Kredit nicht zurückbezahlt wird.

Was wird mit dem Begriff Norm festgelegt?

Man bezeichnet es auch als Normung. Es ist ein einheitlich festgelegtes Verfahren mit produkt- und materialspezifischen Vorgaben, die als verbindlich anerkannt werden.

Welches Konto wird bei einem Kreditinstitut nicht auf den Namen des Inhabers geführt?

Bei ausländischen Kreditinstituten kann man auch ein Nummernkonto eröffnen. Der berechtigte Zugang erfolgt ausschließlich über eine bestimmte Nummer. Auf diese Art und Weise bleibt der Kontoinhaber anonym.

Was sind Schuldverschreibungen?

Sie werden auch Obligationen genannt. Es sind öffentliche oder private Anleihen, in der sich der Aussteller zur Zahlung einer bestimmten Geldsumme an den Gläubiger verpflichtet (z. B. Pfandbrief, Kommunalobligationen, Industrieobligationen)

Wer war der Vorläufer der EU?

Die EG, die Europäische Gemeinschaft.

Wie nennt man einen Teil der Optionsanleihe?

Der Optionsschein ist Teil einer Optionsanleihe, d. h. einer Anleihe, die ein Bezugsrecht auf Aktien verbrieft. Er kann getrennt von der Anleihe an der Börse gehandelt werden.

Wie bezeichnet man die rechte Seite der Bilanz?

Die Passiva weist das Eigenkapital und die Schulden einer Unternehmung aus. Ihre Summe bildet die Bilanzsumme, die identisch mit der Summe der Aktiva sein muss.

Welche Arten der Parität gibt es?

Als Wechselkursparität wird der beim Internationalen Währungsfonds angemeldete, offizielle Wert der Währung eines Landes bezeichnet, der in Mengeneinheiten einer anderen Währung oder in Sonderziehungsrechten ausgedrückt wird. Die Kaufkraftparität ist das Wertverhältnis zweier Währungen. Bei der betrieblichen Mitbestimmungsparität ist sie die Anzahl von Vertretern der Eigentümer und der Arbeitnehmer im Aufsichtsrat einer AG. Bei den Beförderungskosten bei zweiseitigen Handelsverträgen drückt sie aus, von welchem Ort aus der Käufer die Beförderungskosten zu tragen hat. Sie heißt hier Frachtparität.

Wer begründete bereits mit 19 Jahren die Computerfirma Microsoft Corporation?

Bill Gates

Bill Gates (*1955) entwickelte das weltweit erfolgreichste Betriebssystem MS-DOS für den ersten Personal Computer von IBM. Von da an begann ein kometenhafter Aufstieg des jungen Unternehmers. Mit der Entwicklung von WINDOWS 95 führte er ein verbessertes Betriebssystem ein, was er wiederum kontinuierlich korriegierte, damit es einfacher und benutzerfreundlicher wurde. Er ist der Marktführer im PC-Softwarebereich.

Welche Aufgabe hat die europäische Währungseinheit ECU?

Der ECU (European Currency Unit) ist bis zur endgültigen Einführung der neuen europäischen Währung EURO eine Recheneinheit für den Gemeinschaftshaushalt der Europäischen Gemeinschaft. Er ist Grundlage für die einheitlich festgelegten Landwirtschaftspreise. Ihr Wert wurde täglich von der EG-Kommission anhand der Wechselkursrelationen zwischen den Mitgliedstaaten ermittelt. Seit 1. Januar 1999 bestehen zwischen den Währungen der künftigen Länder der neuen Einheitswährung EURO feste Wechselkurse, die ein problemloses, endgültiges Umstellen auf den EURO im Jahr 2002 ermöglichen sollen. Es werden seitdem bei allen Kreditinstituten und vielen Verbrauchermärkten zwei Währungen auf den Belegen ausgedruckt, und zwar die noch geltende jeweilige Landeswährung und der umgerechnete EURO-Wert.

Was besagt der Börsenbegriff Performance?

Er stellt den prozentualen Anteil am Gewinn einer Aktie bzw. Aktienfonds dar. Dabei werden sowohl die Kurssteigerungen als auch die Dividenden und Ausschüttungen berücksichtigt.

Welcher Index steht hinter dem DAX?

Der MDAX ist die zweite Riege an der Börse und beinhaltet die Aktien von 70 mittelgroßen deutschen Gesellschaftsunternehmen. Die Index-Zusammensetzung wird zweimal jährlich von der Deutschen Börse AG auf den aktuellen Stand gebracht.

Welche Aufgaben hat der Betriebsrat?

Der Betriebsrat berät die Arbeitgeber gemäß Betriebsverfassungsgesetz in größeren Unternehmen auf wirtschaftlichen und personellen Gebieten, sofern es in seinen gesetzlich bestimten Bereich fällt. Außerdem hat der Betriebsrat die Aufgabe, die Belange aller Belegschaftsmitglieder anzuhören, zu prüfen und gegebenenfalls beim Arbeitgeber sachgerecht zu unterstützen. Er muss unabhängig, vertrauensvoll und neutral seine Tätigkeiten ausführen und bei der Betriebsversammlung einen Tätigkeitsbericht abgeben.

Was sind Pfandbriefe?

Es sind unverzinsliche Wertpapiere, die Hypothekenbanken und bestimmte öffentlich-rechtliche Kreditinstitute ausgeben, um sich Mittel zur Finanzierung des Wohnungsbaus zu beschaffen. Sie bieten eine relativ hohe Sicherheit und werden an der Börse gehandelt.

Wer gilt als der Vater des Käfers?

Das bis heute erfolgreichste Auto der Welt kreierte Ferdinand Porsche (1875–1951). Mit seinem Sohn Ferdinand fertigte er das zweite legendäre Fahrzeug der Welt, den berühmten Porsche-Sportwagen.

Was versteht man unter einer GmbH?

Eine Kapitalgesellschaft mit beschränkter Haftung. Die Gesellschafter haften nur mit ihrer Kapitaleinlage. Das Mindestkapital einer GmbH beträgt 50.000 DM.

Für welche Länder wird der Begriff Dritte Welt verwendet?

Er wird für Staaten Asiens, Afrikas und Lateinamerikas verwendet, die im Vergleich zu den Industriestaaten wirtschaftlich und sozial rückständig sind. Charakteristisch für Dritte-Welt-Länder, die auch Entwicklungsländer genannt werden, ist das sehr geringe Pro-Kopf-Einkommen und der niedrige industrielle Entwicklungsstand. Sie zeichnen sich des Weiteren durch eine sehr hohe Analphabetenquote und ein hohes Bevölkerungswachstum aus. Durch öffentliche Entwicklungshilfen der Länder der Vereinten Nationen will man diesen Ländern helfen, eine eigene menschengerechte und funktionstüchtige Gesellschafts- und Wirtschaftsform zu entwickeln.

Was soll durch Product-Placement erreicht werden?

Es ist ein Werbemittel, bei dem durch gezielte Platzierung von Markenartikeln in Form einer realen Requisite in einem Spielfilm oder in einer Unterhaltungssendung des Fernsehens eine hohe Werbewirkung für den Artikel erwartet wird.

Welche Rechtsvorschrift muss der Hersteller von Produkten beachten?

Die Produkthaftung zwingt den Hersteller zur Produktion von allgemein ungefährlichen und sicheren Waren. Der Konsument kann sich im Schadensfall umfassend an den Produzenten wenden und hat das Recht auf Schadensersatz.

Wie schützt sich ein Staat gegen ausländische Konkurrenz?

Er leistet an heimische Wirtschaftsbereiche staatliche Hilfe, die Protektionismus genannt wird. Die Organisation des GATT (General Agreement on Tariffs and Trade), verbietet solche Maßnahmen, die meist in Form von Zöllen, Einfuhrbeschränkungen oder Subventionen geleistet werden.

Was bedeutet an der Börse bestens und billigst?

An der Börse liegen zu Börsenbeginn Kauf- bzw. Verkaufsaufträge von Aktien vor. Einige Marktteilnehmer wollen auf alle Fälle, d. h. zu jedem Kurs, kaufen oder verkaufen. Sie bieten Aktien „bestens” an oder fragen Aktien „billigst” nach.

Welche Krise erschütterte 1974–75 die Wirtschaft der Industrieländer?

Die Öl produzierenden arabischen Länder versuchten 1974 mit massiven Verknappungen ihrer Rohöllieferungen auf die Industriestaaten Druck auszuüben, um eine starke Preiserhöhung durchzusetzen. Sie erzeugten dadurch eine Energiekrise. Die Industrieländer reagierten mit organisiertem Sparverhalten darauf und förderten ferner die Nutzung anderer Energiequellen. Die Ölländer hatten damit genau das Gegenteil von dem erreicht, was sie eigentlich wollten.

Die künstliche Erdölverknappung führte in die Energiekrise

Was ist eine Provision?

Sie ist eine Vergütung, die meist in Prozent vom Umsatz berechnet wird. Sie ist besonders im Handel und bei Kreditinstituten üblich.

Wann wird die Quellensteuer abgezogen?

Sie wird gleich am Entstehungsort, d. h. an der Quelle, von den Einnahmen abgezogen. Die Steuerschuld wird nicht vom Steuerpflichtigen ermittelt und abgeführt, sondern eine vorgelagerte Stelle übernimmt dies. Beispiele hierfür sind die Lohnsteuer im Abzugsverfahren und die Kapitalertragssteuer bei Geldanlagen.

Wie nennt man den land- und forstwirtschaftlichen Grundbesitz der öffentlichen Hand?

Domän: Land in öffentlicher Hand

Die Domänen spielen heute hauptsächlich nur noch in der Forstwirtschaft eine Rolle. Ungefähr 30 % der Waldfläche Deutschlands befinden sich trotzdem auch heute noch im Besitz der Bundesrepublik.

Wie heißen die zyklischen Wellenbewegungen der wirtschaftlichen Entwicklung?

Die Konjunktur ist in zyklisch immer wiederkehrende Konjunkturphasen eingeteilt, deren Dauer in der Regel sieben bis elf Jahre ist. Sie werden als Expansion (Aufschwung), Boom (Hochkonjunktur), Rezession (Abschwung) und Depression (Tiefstand) bezeichnet.

Was ist der Rat der Europäischen Union?

Der Rat ist das bedeutendste gesetzgebende Organ der Europäischen Union. Die 15 beteiligten Mitgliedstaaten sind in ihm durch die Minister ihrer Regierungen vertreten.

Was bezweckt eine Steigerung der Rentabilität bzw. Produktivität eines Unternehmens?

Die Rationalisierung umfasst alle technischen, organisatorischen und sozialen Maßnahmen, um die genannten Ziele zu erreichen. Sehr häufig werden dadurch Arbeitskräfte freigesetzt, Aufwendungen eingespart und die Leistung des Betriebes gesteigert.

Wie heißt der Begründer der deutschen landwirtschaftlichen Genossenschaften?

Auf betont christlich-sozialer Grundlage baute Friedrich Wilhelm Raiffeisen (1818–88) die ersten landwirtschaftlichen Genossenschaften als Selbsthilfeorganisationen mit Wohltätigkeitscharakter auf. Erst später erhielten diese eine stärkere wirtschaftliche Zielsetzung. Die gegenwärtige Gliederung der heutigen Raiffeisengenossenschaften geht noch auf ihn zurück.

Was bedeutet Portfolio?

Man versteht darunter den Gesamtbestand an Wertpapieren. Eine andere Bezeichnung für Portfolio ist Portefeuille.

Wie heißt die Abschwungphase der Konjunktur?

Die Rezession ist im Konjunkturzyklus die Phase des Rückgangs und bringt den Staaten vielfältige Probleme auf sozialen und wirtschaftlichen Gebieten. Kennzeichen dieser Phase sind sinkende Produktion und zunehmende Arbeitslosigkeit.

Welche gesetzliche Bestimmung gilt in Deutschland für das Brauen von Bier?

Das deutsche Reinheitsgebot sorgt dafür, dass zur Bierherstellung nur Gerstenmalz, Hopfen, Wasser und Hefe verwendet werden dürfen.

Was ist die Effektivverzinsung?

Die Rendite ist der in Prozenten ausgedrückte jährliche Gesamtertrag einer Kapitalanlage. Sie ist Maßstab für Investoren, um ihr Kapital Gewinn bringend anlegen zu können.

Was ist eine Reservewährung?

Sie ist eine Währung, die als internationales Zahlungsmittel akzeptiert wird und deshalb von den Notenbanken vieler Länder als Währungsreserve gehalten wird. Zurzeit sind dies der Dollar, das Britische Pfund und die Deutsche Mark, die 2002 durch den EURO ersetzt wird.

Welche Länder gründeten die Wirtschaftsgemeinschaft RGW?

Die Abkürzung steht für den Rat für gegenseitige Wirtschaftshilfe (COMECON). Die 1949 gegründete Wirtschaftsgemeinschaft kommunistischer Staaten wurde 1991 aufgelöst.

Welche Aufgaben hat das Bundeskartellamt?

Es ist zuständig für die Genehmigung und Kontrolle von Unternehmenszusammenschlüssen, d. h., es überwacht Kartelle und Fusionen. Rechtsgrundlage ist das Gesetz gegen Wettbewerbsbeschränkungen (GWG).

Was verbirgt sich hinter der Abkürzung BDI?

Die Abkürzung steht für Bundesverband der Deutschen Industrie e. V.

Wie heißt der Zinssatz beim Wechselankauf durch die Deutsche Bundesbank?

Der Diskontsatz ist der Zins, der den Geschäftsbanken abgezogen wird beim Verkauf ihrer Wechsel an die Deutsche Bundesbank. Sie erhalten demzufolge die Wechselsumme abzüglich des Diskont ausbezahlt. Liegt der Diskontsatz hoch, so verteuert sich für die Kreditinstitute das erhaltene Geld, das sie dementsprechend teurer ihren Kunden als Darlehen weitergeben. Dies bewirkt ein restriktives Verhalten der Wirtschaft und ist bremsend für die Konjunktur. Liegt der Diskontsatz niedrig, so wirkt sich dies in der Regel positiv für die Konjunktur aus.

Welche Gruppe wird mit dem Begriff die Fünf Weisen bezeichnet?

Ein Rat von unabhängigen wirtschaftswissenschaftlichen Sachverständigen, die jährlich ein Gutachten über die gesamtwirtschaftliche Entwicklung in der Bundesrepublik Deutschland vorlegen.

Wurden mit der Gründung der EU die Europäischen Gemeinschaften aufgelöst?

Nein. Die Europäische Gemeinschaft (EG), die Europäische Gemeinschaft für Kohle und Stahl (EGKS) und die Europäische Atomgemeinschaft (EURATOM) bestehen auch nach Gründung der Union weiter.

Wie heißt das 1957 in Rom unterzeichnete Vertragswerk?

Die Römischen Verträge begründeten die Europäische Wirtschaftsgemeinschaft und die Europäische Atomgemeinschaft.

Was versteht man unter Schwarzarbeit?

Alle wirtschaftlichen Aktivitäten, die außerhalb der formellen, statistisch erfassten Wirtschaft stattfinden, werden Schwarzarbeit oder Schattenwirtschaft genannt. Sie erreicht in Deutschland einen geschätzten Wert von bis 20% des Bruttosozialproduktes. Ursachen sind vor allem der gleichmäßige laufende Anstieg der Steuern und Sozialabgaben.

Welche Aufgaben nimmt der Europarat wahr?

Der 1949 gegründete Europarat ist ein Zusammenschluss europäischer Staaten. Er soll den wirtschaftlichen und sozialen Fortschritt in Europa fördern und der Wahrung der Menschenrechte dienen. Sitz des Europarats ist Straßburg.

Was möchte die Politik mit dem Gesetz zur Scheinselbstständigkeit erreichen?

Mit dem Gesetz zur Scheinselbstständigkeit, das die rot-grüne Koalition 1998 verabschiedete und seit 1999 in Kraft ist, will die Bundesregierung verhindern, dass immer mehr Unternehmen die Sozialversicherungspflicht umgehen, indem sie Arbeiter entlassen, um sie dann als Selbstständige wieder zu beschäftigen. Es soll also wieder mehr Geld in die stark belasteten Sozialkasssen fließen. Die Bewertung, ab wann eine Scheinselbstständigkeit vorliegt, erfolgt nach bestimmten Kriterien.

Was verbirgt sich hinter der Abkürzung BDA?

Die Abkürzung steht für Bundesvereinigung der Deutschen Arbeitgeberverbände als Dachverband. BDA wird aber auch für den Bund Deutscher Architekten verwendet.

Was wird mit Schwarzer Freitag umschrieben?

Er wird für eine schwere Krise der Börse verwendet. Der berüchtigte Kurssturz an der New Yorker Börse 1929 riss alle großen internationalen Börsen mit und löste die Weltwirtschaftskrise aus.

Welcher Plan sorgt bei Betriebsveränderungen für den Ausgleich wirtschaftlicher Nachteile für Mitarbeiter?

Eine solche Veränderung kann z. B. eine Stilllegung oder Verlegung des Betriebes oder die Einführung grundsätzlich neuer Arbeitsmethoden sein. Der Sozialplan ist im Betriebsverfassungsgesetz definiert und räumt dem Betriebsrat zwingende Rechte ein, um die Folgen sozial verträglich für die von den Änderungen betroffenen Mitarbeiter zu regeln.

Um welche Art von Kreditinstitut handelt es sich bei einer Sparkasse?

Sie ist ein in öffentlich-rechtlicher Form geführtes Kreditinstitut. Ursprünglich war ihre Aufgabe das Sammeln kleiner Ersparnisse der Bevölkerung. Heute betreibt sie nahezu alle Bankgeschäfte.

Welche Institution ist die Rechtsnachfolgerin der Bank Deutscher Länder?

Die Deutsche Bundesbank wurde durch das Bundesbankgesetz von 1957 geschaffen. Sie hat bis zum endgültigen Beginn der Währungsunion Europas im Jahr 2002 das alleinige Recht, Banknoten auszugeben. Mit den wichtigsten Instrumenten wie Mindestreservepolitik, Diskont- und Lombardpolitik und der Offenmarktpolitik beeinflusst sie den Geld- und Kreditspielraum der Banken. In jedem Bundesland befinden sich unselbstständige Hauptverwaltungen, die man Landeszentralbanken nennt. Die Deutsche Bundesbank erhält die Mitglieder für das Direktorium auf Vorschlag der Bundesregierung, die Präsidenten der Landeszentralbanken werden vom Bundesrat vorgeschlagen. Die Deutsche Bundesbank untersteht seit dem 1. Juli 1998 der Europäischen Zentralbank und hat wie diese ihren Sitz in Frankfurt am Main. Die Europäische Zentralbank bestimmt bereits den für alle Mitglieder der Europäischen Währungsunion geltenden Leitzins, nach dem sich alle beteiligten Länderbanken richten müssen. Ihre Zinsentscheidungen sind bindend.

Frankfurt: Sitz der deutschen Bundesbank

Was besagt das Stabilitätsgesetz?

Das Gesetz zur Förderung der Stabilität und des Wachstums der Wirtschaft von 1967 fordert Bund und Länder auf, die Erfordernisse des Wirtschaftsgleichgewichtes zu beachten. Die gesamtwirtschaftlichen Ziele sind Vollbeschäftigung, Preisstabilität, außenwirtschaftliches Gleichgewicht und Wirtschaftswachstum (sog. Magisches Viereck).

Wie beteiligt sich der Staat an den Spekulationsgewinnen?

Er erhebt eine Spekulationssteuer auf den Umfang der erzielten Erträge aus den getätigten Anlagen. Zum Beispiel besteuert er reine Finanzspekulationen aber auch den Immobilienan- und Wiederverkauf innerhalb einer bestimmten Frist.

Wie lautet der Fachausdruck für die Beschaffung von Staatseinnahmen durch Kreditaufnahmen in einer Rechnungsperiode?

Die Staatsverschuldung ist im Gegensatz zu Steuern nur eine vorübergehende Einnahme. Der Staat finanziert sich vor allem durch Anleihen und über Darlehen am Kapitalmarkt. Das Bundesverfassungsgericht hat hierfür bestimmte Regeln festgelegt, um ein Ausufern der Verschuldung zu verhindern.

Welche Funktion haben die in Deutschland verbreiteten Bausparkassen?

Das Gesetz über Bausparkassen ist die Rechtsgrundlage. Es gibt private und öffentliche Bausparkassen, die der staatlichen Aufsicht unterliegen. Es sollen durch die Leistungen von mehreren Sparern Darlehen für die Beschaffung, Herstellung oder Verbesserung von Wohnungen oder Siedlungen oder zum Ablösen eingegangener Verpflichtungen (z. B. Bankdarlehen) an Bausparkunden ermöglicht werden. Diese haben im Vergleich zu den allgemeinen Kreditinstituten in der Regel einen günstigeren und festen Zinssatz für die gesamte Darlehenslaufzeit des Darlehensnehmers.

Womit revolutionierte Henry Ford die Automobilherstellung?

Henry Ford

Der nordamerikanische Autohersteller Henry Ford (1863–1947) wollte ein einfaches, billiges und zuverlässiges Auto für eine breite Käuferschicht produzieren. Er führte die Fließbandfertigung ein und konnte damit die Produktion verbilligen und den Absatz steigern. Der „Ford" wird heute noch angeboten und zählt zu den größten Automarken auf dem Weltmarkt.

Was drückt die Steuerquote aus?

Sie ist eine statistische Kennzahl, die den Anteil des Steueraufkommens in einer Volkswirtschaft ausdrückt.

Was ist der DGB?

Der Deutsche Gewerkschaftsbund ist die Dachorganisation der Industriegewerkschaften Deutschlands. Er wurde 1949 gegründet und ist ein Zusammenschluss von Einzelgewerkschaften mit Sitz in Düsseldorf. Als unterstehende Zentralen hat er die Landesbezirke mit ihren Kreis- und Ortsverbänden. Nicht der DGB, sondern die einzelnen Gewerkschaften führen Tarifverhandlungen durch.

Welches neue Wort entsteht aus der Kombination von Stagnation und Inflation?

Es ist die Stagflation, die sowohl von Inflation (Vermehrung der umlaufenden Geldmenge bei gleich bleibender Warenmenge, was zu Preis- und Lohnsteigerungen führt) als auch von Stagnation (Stillstand der wirtschaftlichen Entwicklung) des Wirtschaftswachstums gekennzeichnet ist. Sie ist durch stagnierendes Wirtschaftswachstums, inflationäre Preise und hohe Arbeitslosigkeit gekennzeichnet.

Welches Recht wird im Artikel 12 des Grundgesetzes verbrieft?

Es ist die Gewerbefreihheit, d. h. das Recht eines jeden, ein Gewerbe zu betreiben, sowie Beruf, Arbeitsplatz und Ausbildung frei wählen zu können. Für bestimmte Gewerbe ist eine staatliche Erlaubnis notwendig bzw. können zum Schutz des Gemeinwohls einschränkende Sondervorschriften erlassen werden.

Wie bezeichnet man die Phase wirtschaftlichen Stillstands?

Stagnation. Bei der Stagnation herrschen hohe Arbeitslosigkeit, geringe Investitionsbereitschaft und ungünstige Gewinnaussichten.

Was bedeutet Strukturpolitik?

Sie ist ein Teil der Wirtschaftspolitik. Der Abbau von regionalen Entwicklungsunterschieden ist z. B. ihr Ziel. Auch Standortnachteile sollen ausgeglichen werden. Sie dient u. a. der Schaffung neuer Arbeitsplätze.

Warum werden die führenden Industriestaaten auch oft Global Players genannt?

Konzerne, die sich international betätigen, nennt man Global Players. Sie versuchen sich so im Konkurrenzkampf um die Globalisierung der Märkte zu behaupten.

Wie heißt eine zulässige Maßnahme des Arbeitskampfes?

Beim Streik stellen die Arbeitnehmer gemeinsam und planmäßig vorübergehend die Arbeit ein. Bei einem legitimen Streik ruhen die Arbeitsverhältnisse, sie werden nicht beendet.

Was garantiert der Artikel 9 des Grundgesetzes?

Das Grundrecht der Tarifautonomie garantiert den Gewerkschaften und Arbeitgeberverbänden Tarifverträge ohne Eingriffe des Staates abschließen zu dürfen.

Welchen Handel bezeichnet man mit Telefonhandel?

Man bezeichnet damit den telefonischen Wertpapierhandel außerhalb der Börsenzeit unter Banken und Maklern. Der Telefonhandel ist ein Teilbereich des ungeregelten Freiverkehrs.

Wie nennt man die Rückzahlung einer Schuld?

Die Tilgung einer Schuld in einem Betrag oder in Raten wird auch als Amortisation bezeichnet. Der gesamte Rückzahlungsbetrag errechnet sich aus den Tilgungsbeträgen und den Zinsen für die gesamte Laufzeit der Schuldenaufnahme.

Welche Aufgaben haben Makler?

Makler sind Personen, die gewerbsmäßige Verträge vermitteln oder die Gelegenheit zum Abschluss von Verträgen nachweisen. Man unterscheidet grundsätzlich den Börsen-, den Handels- und den Zivilmakler.

Wie heißt der Zusammenschluss mehrerer Unternehmen des gleichen Wirtschaftszweiges?

Der Trust hat zum Ziel, den Markt monopolistisch zu beeinflussen. Seine Bildung erfolgt durch Fusion. Er steht unter einheitlicher wirtschaftlicher Leitung, die rechtliche und wirtschaftliche Selbstständigkeit der Unternehmen geht also völlig verloren.

Was sind die wichtigsten Punkte des Maastrichter Vertrages?

Wichtigster Punkt ist die Schaffung der Europäischen Währungsunion und damit verbunden die Einführung einer einheitlichen Währung, die gemeinsame Außen- und Sicherheitspolitik, Innen- und Rechtspolitik sowie die erweiterten Rechte für das Europäische Parlament.

Wie nennt man die geheime Abstimmung von Mitgliedern der Gewerkschaften über Streikmaßnahmen?

Die Urabstimmung wird aufgerufen, bevor der Arbeitskampf beginnt. 75% der betroffenen Gewerkschaftsmitglieder müssen ihre Zustimmung zum Streik geben. Streiks ohne Urabstimmung sind wilde Streiks und nicht rechtens.

Wie heißt der legendäre amerikanische Industrielle, der zu seiner Zeit der reichste Mann der Welt war?

John D. Rockefeller

Wie kein Zweiter verkörperte John Davison Rockefeller (1839–1937) den „Amerikanischen Traum". Seine Karriere begann in einem Kommissionsunternehmen. Mit 31 Jahren war er an der Spitze der von ihm mitgegründeten Standard Oil Company. Er erreichte rasch eine mächtige Monopolstellung. 1878 betrug sein Anteil am gesamten Erdölmarkt 95%. Er gründete große Stiftungen für Wissenschaft und Wohlfahrt.

Wann spricht man von Überziehung eines Kontos?

Das ist dann der Fall, wenn ein Kontoinhaber den ihm vom Kreditinstitut eingeräumten Kreditspielraum überschreitet. Für diese Inanspruchnahme eines ungenehmigten Kredites werden sehr hohe Zinsen und Gebühren verlangt.

Wie ist der banktechnische Ausdruck für den letzten Tag des Monats?

Er wird als Ultimo bezeichnet und hat Stichtagscharakter.

Welche Vermögenswerte bezeichnet man mit dem Begriff Aktiva?

Mit Aktiva bezeichnet man die auf der linken Seite der Bilanz stehenden Vermögenswerte eines Unternehmens. Man unterteilt sie in das Anlage- und in das Umlaufvermögen. Ein eventueller Bilanzverlust wird ebenfalls auf dieser Seite sichtbar. Alle Posten der Aktiva ergeben die Bilanzsumme. Die Aktiva spiegelt die Mittelverwendung, d. h. den Investitionsumfang eines Unternehmens wider. Die rechte Seite der Bilanz bezeichnet man als Passiva.

Was bedeutet der Begriff Umsatz?

Er wird auch als Erlös ausgedrückt und ist der Wert der in einer Unternehmung abgesetzten Güter oder die mit den Verkaufspreisen bewertete verkaufte Menge.

Was beinhaltet das UWG?

Das Gesetz gegen den unlauteren Wettbewerb will die Chancengleichheit aller Mitbewerber auf dem Markt wahren. Es sorgt für eine vernünftige „Marktmoral". Unter unlauteren Wettbewerb fällt all das Handeln, das gegen die guten Sitten verstößt, z. B. die vergleichende Werbung, die den Mitbewerber negativ darstellt.

Welcher Autokonstrukteur und Industriemanager führte den VW-Konzern nach oben?

Ferdinand Piëch (*1937) ist der Enkel von Ferdinand Porsche. Sein Ziel, Vorsitzender der Geschäftsleitung der Porsche KG zu werden, erreichte er nicht. Er verließ deshalb das Unternehmen und arbeitete als freier Ingenieur. Seine unaufhaltsame Karriere begann bei der AUDI AG in Ingolstadt, wo er die Leitung der Hauptabteilung für Sonderaufgaben der technischen Entwicklung übernahm.

Was versteckt sich hinter dem Begriff Bauherrenmodell?

Verschiedene Kapitalanleger schließen sich zu einer Bauherrengemeinschaft zusammen, um Immobilien gemeinsam zu schaffen, um sie zu vermieten. In den ersten Jahren vor und nach der Fertigstellung entstehen relativ hohe Werbungskosten, die hohe Verluste bringen und das zu versteuernde Einkommen von Personen mit hohem Steuersatz mindern.

Wie nennt man die gesetzlichen Regelungen zum Schutze des Verbrauchers?

Der Verbraucherschutz soll den Verbraucher vor Übervorteilung durch stärkere Marktteilnehmer oder vor Einschränkungen seiner Rechte schützen.

Wie heißt ein Verfahren zur Abwendung einer Insolvenz (früher Konkurs)?

Beim Vergleich verzichten die Gläubiger einer Unternehmung zum Teil oder ganz auf ihre Forderungen, um den Fortbestand des Unternehmens zu ermöglichen. Dies geschieht z. B. dann, wenn diese Gläubigerunternehmen durch den Untergang des verschuldeten Unternehmens selbst gefährdet werden könnten. Andere Gründe sind zahlreich möglich. Der Vergleich ist beim Amtsgericht zu beantragen.

Welche Bedeutung haben Genussscheine?

Sie verbriefen keine festen Zinsen, sondern das Recht auf einen Anteil am Reingewinn eines Unternehmens. Bei einer AG hat der Inhaber von Genussscheinen allerdings kein Recht auf Teilnahme an der Hauptversammlung und demzufolge kein Stimmrecht.

Was fällt unter die Vergnügungssteuern?

Sie werden von der Gemeinde für bestimmte Vergnügungen erhoben, z. B. für eine Theater-, Tanz- oder Sportveranstaltung, für den Kinobesuch etc.

Wie heißt der buchhalterische Jahresfehlbetrag?

Der Verlust ergibt sich, wenn der Aufwand größer als der Ertrag in der Rechnungsperiode der Unternehmung ist. Er wird sichtbar in der Gewinn- und Verlustrechnung, die einen Teil des Jahresabschlusses darstellt.

Was bedeutet Tara?

Das Verpackungsgewicht einer Warensendung wird oft gesondert berechnet oder ausgewiesen. Es ist wichtig u. a. für die Kalkulation von Preisen im Handel und in der Industrie.

Welche Rechtsform hat eine Volksbank?

Sie ist ein Kreditinstitut, welches meist die Rechtsform einer Genossenschaft besitzt.

Wie heißt die Gesamtheit aller unmittelbar oder mittelbar auf die Wirtschaft einwirkenden Kräfte?

Die Funktion der Volkswirtschaft besteht in der Bereitstellung von Produktionsfaktoren, Gütern und Dienstleistungen, um damit die Bedürfnisse der Wirtschaftssubjekte zu erfüllen.

Wie bezeichnet man die Neuordnung des Geldwesens einer Volkswirtschaft?

Die Währungsreform wird notwendig, wenn das Geld in einer Volkswirtschaft seine Aufgabe nicht mehr erfüllen kann, alle Güter mit einem festen Wert anzugeben, umso als allgemeines Tauschmittel zu dienen. Eine Währungsreform ist insbesondere dann erforderlich, wenn zwar genügend Geld vorhanden ist, das Warenangebot aber nicht ausreicht, um den theoretisch versprochenen Gegenwert des Geldes zu erhalten.

Wie heißt die strafbare Handlung, bei der Geld unrechtmäßig am Staat vorbei transferiert wird, um der Besteuerung zu entgehen?

Die Geldwäsche ist ein Delikt und wird bestraft. Um der Geldwäsche zu begegnen, wurde das Bankengeheimnis für die staatliche Fahndung gelockert.

Wie schuf man zur Zeit der deutschen Teilung einen einheitlichen deutschen Wirtschaftsraum?

Die Währungsunion war ein wichtiger Bestandteil des Staatsvertrages zwischen der Bundesrepublik und der ehemaligen DDR, wodurch praktisch ein einheitlicher deutscher Wirtschaftsraum geschaffen wurde.

Was versteht man unter Bankgeheimnis?

Darunter versteht man, dass die Banken zum Stillschweigen über die Vermögensverhältnisse ihrer Kunden verpflichtet sind. Die Zivilprozessordnung schützt gesetzlich das Bankgeheimnis. In bestimmten Fällen erhalten die Finanzämter das Recht, Auskünfte über die Vermögenslage ihrer Steuerpflichtigen von deren Bank zu verlangen. Dieses Recht regelt die Abgabenordnung.

Wie nennt man die Börsen, an denen Rohstoffe, Agrarprodukte oder auch Nahrungsmittel gehandelt werden?

Die Warenbörsen betreiben einen Handel, bei dem entweder Kassahandel mit sofortiger Erfüllungspflicht oder Termingeschäfte abgeschlossen werden.

Wann werden die Waren bei Warentermingeschäften gekauft?

Bei diesen Geschäften werden Waren bereits vor der Ernte bzw. vor der Gewinnung gekauft. Diese Art bietet auch die Möglichkeit von Spekulationen.

Was ist ein Wechsel?

Es ist eine Urkunde mit einem festen Zahlungsversprechen oder einer bestimmten Zahlungsverpflichtung. Das Wechselgeschäft unterliegt strengen Bestimmungen aus dem Wechselgesetz. Es basiert auf einem Schuldscheinprinzip, wobei der Schuldner als Bezogener und der Gläubiger als Aussteller bezeichnet werden.

Wie bezeichnet man im Steuerrecht die Ausgaben, die ein Arbeitnehmer steuermindernd gegenüber dem Finanzamt geltend machen kann?

Die Werbungskosten sind ein Teil der Einkommensteuererklärung eines Arbeitnehmers und werden in einer besonderen Anlage dem Finanzamt nachgewiesen. Werbungskosten fallen aber auch bei den Einkünften aus Vermietung und Verpachtung sowie bei Kapitalerträgen an.

Wann liegt eine Grundschuld vor?

Ein Grundstück wird in Form eines Pfandrechts in der Weise belastet, dass an den Berechtigten eine bestimmte Geldsumme aus dem Grundstück zu zahlen ist. Sie kann als eine Buch- oder Briefgrundschuld bestellt werden und ist von einer Forderung unabhängig.

Was passiert mit den Aktien der Aktionäre bei einer Fusion von zwei Gesellschaften?

Beim Zusammenschluss zweier Aktiengesellschaften zu einem neuen Unternehmen müssen die „alten Aktien" der nicht mehr existierenden Gesellschaften in neue Aktien der neuen Gesellschaft umgetauscht werden. Bei diesem Aktientausch gibt es jedoch sehr häufig Probleme, die durch begutachtete Bewertungen der bestehenden Aktien für den neuen Aktienanteil entstehen. Die Altgesellschaften stehen in einem bestimmten Beteiligungsverhältnis zur neu gegründeten AG. Diese Relation ergibt sich aus den begutachteten ehemaligen Firmenwerten und der Zahl der Altaktien. Die Aktionäre fechten häufig die Umtauschverhältnisse an, da sie bessere Umtauschbedingungen erreichen wollen.

Welche Organisation hilft, die wirtschaftlichen Beziehungen zwischen Industrie- und Entwicklungsländern zu fördern und zu unterstützen?

Die Welthandelsorganisation hält zahlreiche Beratungen ab und führt Verhandlungen auf den Welthandelskonferenzen der Mitgliedstaaten. Schwerpunktmäßig werden Rohstoff-, Verschuldungsfragen und die Handelspolitik behandelt.

Wer verfasste die Allgemeine Theorie der Beschäftigung, des Zinses und des Geldes?

John M. Keynes

Lord John Maynard Keynes (1883–1946) war der berühmteste britische Nationalökonom. Er begründete eine neue Richtung in der Nationalökonomie (Keynesianismus) und prägte damit die Wirtschaftspolitik der westlichen Länder.

Welcher Vertrag beinhaltet eine Friedenspflicht?

Die Tarifparteien müssen während der Gültigkeit des zwischen ihnen geschlossenen Tarifvertrages den Arbeitsfrieden wahren, d. h., sie dürfen keine Arbeitskampfmaßnahmen gegen die Vereinbarungen ergreifen.

Wofür wurde die Weltbank gegründet?

Sie wurde 1944 in Bretton Woods/USA auf der Währungs- und Finanzkonferenz der UNO gegründet. Ihre Aufgabe bestand darin, den Ländern Europas nach dem Zweiten Weltkrieg beim Wiederaufbau zu helfen.

Was kennzeichnet eine Aktiengesellschaft?

Eine Aktiengesellschaft (AG) ist eine Kapitalgesellschaft, eine sog. juristische

Person des privaten Rechts. Deren Eigenkapital, das sich aus den verbrieften Anteilen der Aktionäre in Form der an sie ausgegebenen Aktien zusammensetzt, nennt man Grundkapital. Um eine Aktiengesellschaft gründen zu können, müssen mindestens 100.000 DM in Aktienanteilen bestehen. Die Aktionäre haften nicht persönlich, sondern nur mit ihrer Einlage für die Verbindlichkeiten der Firma. Die Organe der AG sind der Vorstand, der Aufsichtsrat und die Hauptversammlung. Die ersten Aktiengesellschaften gibt es in Deutschland seit ca. 1843.

Wer war der wichtigste Vertreter des Positivismus?

John Stuart Mill

Der britische Philosoph und Volkswirtschaftler John Stuart Mill (1806–73). Mill hatte großen Einfluss auf die Gedankenwelt der Philosophie und Volkswirtschaft im England des 19. Jahrhunderts. Seiner Meinung nach ist die Grundlage der Philosphie die Psychologie und die Erfahrung die einzige Quelle der Erkenntnis. Als Parlamentarier setzte er sich für das öffentliche Eigentum an Ressourcen, die Gleichstellung der Frauen, die Schulpflicht sowie für die Geburtenkontrolle ein. Zu Mills wichtigsten Werken zählt die Schrift „Principles of Political Economy".

Was bedeutet der Ausdruck Freibetrag?

Dieser steuerrechtliche Begriff sichert demjenigen, der Anspruch auf einen Freibetrag hat, steuerrechtliche Vorteile in seiner Einkommensteuer zu, da der Freibetrag vor der Versteuerung vom Einkommen abgezogen wird.

Was bedeutet Wirtschaftspolitik?

Sie ist die Summe aller Aktivitäten staatlicher Instanzen zur Gestaltung und Sicherung der Wirtschaftsordnung sowie zur Einflussnahme auf ihre Struktur.

Wie heißt das elektronische Handelssystem an der Börse?

Der Computer löst beim Aktienhandel an der Börse den Zuruf immer mehr ab. Die Mehrzahl der Wertpapieraufträge läuft inzwischen über das XETRA.

Was versteht man unter Zahlungsbilanz?

Das statistische Datenwerk, in dem alle wirtschaftlichen Transaktionen zwischen einer Volkswirtschaft und dem Ausland für eine bestimmte Periode erfasst werden. Die Zahlungsbilanz spiegelt den Austausch von Waren, Dienstleistungen und Kapital wider. Sie wird in verschiedene Teilbilanzen untergliedert.

Wie heißt die Nullkupon-Anleihe?

Der Zero-Bond ist eine langfristige Anleihe, bei der während der gesamten Laufzeit keine Zinsen ausgezahlt werden.

Wie bezeichnet man den Preis für zeitweilig überlassenes Geld?

Ein Zins wird in der Regel in Prozent des Kapitals ausgedrückt und wird dann Zinssatz genannt. Die Höhe des Zinssatzes beeinflusst das Investitions- und Sparverhalten von Verbrauchern und Unternehmen.

Was versteht man unter Zollunion?

Es ist der Zusammenschluss mehrerer Länder, die einen gemeinsamen einheitlichen Zolltarif für den Warenverkehr mit anderen Staaten aufstellen. Untereinander gestalten sie ihren Warenverkehr wie in einer Freihandelszone.

Wie nennt man die Zeit sehr schlechter Wirtschaftslage im Zyklus der Konjunktur?

Die Depression hat als Kennzeichen rückläufige Produktion, steigende Arbeitslosigkeit, sinkende Investitionsbereitschaft, niedrige Zinsen, hohes Angebot auf dem Geld- und Kapitalmarkt. Eine mildere, schwächere Form der Depression ist die Rezession.

Wo liegt das Silicon Valley und warum wird es so genannt?

Das Silicon Valley liegt ca. 70 km südöstlich von San Francisco zwischen Palo Alto und San José. Hier konzentrieren sich über 6000 Computer- und Elektronikunternehmen. Das Tal wird seit 1971 Silicon Valley genannt, weil zur Herstellung von mikroelektronischen Bauelementen (Chips) der Halbleiter Silicium (engl. silicon) in großen Mengen gebraucht wird.

Wie heißt die erste europäische Organisation?

Die Europäische Gemeinschaft für Kohle und Stahl (EGKS), auch Montanunion genannt, entstand im Jahre 1952 und wurde von der Bundesrepublik Deutschland, Frankreich, Italien und den Beneluxstaaten gegründet. Für die Bereiche Kohle und Stahl wurden alle Ein- und Ausfuhrzölle und alle mengenmäßigen Beschränkungen im Wirtschaftsverkehr der Mitgliedstaaten verboten. Sie ist heute Teil der Europäischen Gemeinschaft.

Welche Aufgabe hat die Zentralbank eines Landes?

Sie ist eine staatliche Bankeinrichtung, die für die Währungs- und Kreditpolitik sowie für den Zahlungsverkehr eines Landes verantwortlich ist.

Was passiert beim Outsourcing?

Hierbei werden Tätigkeiten, die nicht zu den Kernkompetenzen eines Unternehmens gehören, an externe Firmen weitergegeben, die dann diese Tätigkeiten für das Unternehmen auf eigene Rechnung ausführen. Beliebte Outsourcing-Bereiche sind z. B.: Logistik, EDV und Vertrieb.

In welcher Stadt befindet sich die Europäische Zentralbank und was sind ihre Hauptfunktionen?

Die 1998 gegründete EZB hat ihren Sitz in Frankfurt am Main. Sie ist die unabhängige Zentralbank für die an der europäischen Währungsunion teilnehmenden Länder. Als ihr vorrangiges Ziel wird die Gewährleistung der Preisstabilität angesehen.

Wodurch wurde die Europäische Gemeinschaft zur Europäischen Union?

Durch den Vertrag von Maastricht, der am 7. Februar 1992 von den Außen- und Finanzministern der zwölf Staaten in der niederländischen Stadt Maastricht unterzeichnet wurde (seit 1. November 1993 in Kraft).

Welcher amerikanische Wirtschaftswissenschaftler erhielt 1976 den Nobelpreis?

Milton Friedman

Milton Friedman (*1912) bekam für seine Forschungen der Konsumanalyse, der Geldgeschichte und Geldtheorie den Nobelpreis. Der 1912 geborene New Yorker ist Verfechter des Monetarismus. Nach Friedmans Ansicht sollte sich der Staat so wenig wie möglich in Wirtschaftsabläufe einmischen. Vor allem Ronald Reagan und Margaret Thatcher ließen sich von Friedmans Theorie beeinflussen.

Was versteht man unter Aufwertung?

Man versteht darunter das Heraufsetzen des Außenwertes einer Währung. Sie verteuert die Exporte für ausländische Käufer und verbilligt die Importe für den inländischen Markt. Ihre Wirkung ist demzufolge bremsend für die Konjunktur eines Landes. Strukturelle Überschüsse in der Zahlungsbilanz können so ausgeglichen werden. Den umgekehrten Vorgang nennt man Abwertung.

Wo ist der Sitz des Europäischen Parlaments und was sind seine Hauptaufgaben?

Das Europäische Parlament hat seinen Sitz in Straßburg und ist an allen wichtigen Bereichen der Legislative der EU beteiligt. Die Befugnisse des EP lassen sich in Gesetzgebungsrechte, Haushaltsrechte, Kontrollrechte und Rechte in den Außenbeziehungen einteilen.

Was passiert bei einer Baisse?

Es sinken die Börsenkurse. Wenn die Börsenkurse stark steigen, spricht man von einer Hausse. Beide Wörter leiten sich aus dem Französischen ab. Dort heißt „baisser" senken und „haut" hoch.

Welchen Einblick lässt eine Bilanz einer Kapitalgesellschaft zu?

Die Bilanz legt offen, wofür das eingesetzte Kapital (Passivseite), d. h. zur Schaffung welcher Vermögenswerte (Aktivseite), verwendet wurde.

Welche besondere Art der Teilzeitarbeit stellt das Job-sharing dar?

Beim Job-sharing teilen sich zwei oder mehrere Arbeitnehmer einen vollen Arbeitsplatz.

Wann besitzt ein Unternehmen ein Monopol?

Wenn es als einziger Anbieter eines bestimmten Produktes vielen Nachfragern gegenübersteht.

Wofür wird der Lombardsatz benötigt?

Der Lombardsatz ist ein von der Zentralbank festgesetzter Zinssatz, zu dem die Banken Wertpapiere bei der Zentralbank verpfänden können. Er ist ein Leitzins der deutschen Wirtschaft.

Warum lassen sich Inhaberaktien leichter veräußern als Namensaktien?

Auf den Inhaberaktien ist der Name des Inhabers der Aktie nicht vermerkt, bei Übertragung auf einen neuen Eigentümer muss der Urkundentext nicht geändert werden; außerdem ist die Zustimmung der Aktiengesellschaft nicht notwendig.

Welche drei Staaten gehören zu den bekanntesten Steueroasen?

Monaco, Liechtenstein und die Bahamas zählen zu den Ländern, in denen es keine oder nur niedrige Steuern gibt.

Wie heißt der Bestand der bei Kreditinstituten verwahrten Wertpapiere?

In einem Depot übernehmen Sparkassen oder Banken die Verwahrung und Verwaltung. Vom sog. Bogen der Wertpapiere trennen die Kreditinstitute die fälligen Coupons und schreiben die Erträge dem Konto des Depotinhabers gut. Hierfür wird eine Depotgebühr erhoben. Damit keine Veruntreuungen vorkommen können, existiert seit 1937 ein strenges Depotgesetz.

Wie lautet die Leitidee des Liberalismus?

Die Leitidee des Liberalismus als gesellschaftspolitischem System ist die geistige, wirtschaftliche und politische Freiheit aller. Ein staatliches Eingreifen in den Markt ist nicht erwünscht, so dass sich der Markt nur über die Gesetze des Wettbewerbs regeln soll.

Was bedeutet die Abkürzung DIHT?

Der Deutsche Industrie- und Handelstag ist die Spitzenorganisation der Industrie- und Handelskammern in Deutschland mit Sitz in Bonn (später in Berlin vorgesehen). Seine Aufgabe ist es, die Zusammenarbeit der Kammern zu fördern und Kontakte zu den ausländischen Kammern zu knüpfen sowie die Interessen der gewerblichen Wirtschaft v. a. gegenüber den Behörden zu vertreten. Der DIHT ist ein freiwilliger Zusammenschluss und hat keine hoheitlichen Befugnisse; er gibt deshalb nur Empfehlungen.

Wie drückt man den allgemeinen Preisrückgang in einer Volkswirtschaft aus?

Die nachlassende Nachfrage führt zu sinkenden Gewinnen und zur Einschränkung von Produktion und Beschäftigung. Diese Situation bezeichnet man als Deflation. Den umgekehrten Vorgang bezeichnet man als Inflation.

Zu welchem Zweck wurde 1948 von verschiedenen Staaten das GATT-Abkommen unterzeichnet?

Das „Allgemeine Zoll- und Handelsabkommen” hatte (und hat) die Hebung des Lebensstandards und die Verwirklichung der Vollbeschäftigung der Mitgliedstaaten zum Ziel. Als Mittel hierzu dienen die Förderung des Welthandels und der Abbau von Handelshemmnissen.

Was ist Franchising?

Ein Absatzsystem, bei dem ein selbstständiger Unternehmer sich verpflichtet, Waren oder Dienstleistungen des Überlassers unter Verwendung dessen Warenzeichens anzubieten. Der Überlasser wird Franchise-Geber und der Nutzer wird Franchise-Nehmer genannt. Der Nehmer zahlt dem Geber eine einmalige oder laufende Gebühr, die oft vom Umsatz abhängig ist. Der Lizenznehmer behält seine wirtschaftliche Eigenständigkeit, allerdings ist er mehr oder weniger an die Weisungen des Lizenzgebers z. B. in Bezug auf Sortiment, Preise, Gestaltung usw. angewiesen. Dieser unterstützt ihn im Gegenzug bei der Werbung und Finanzierung und überlässt ihm sein Know-how.

Was ist eine Abmahnung?

Eine Aufforderung zur Unterlassung einer Handlung. Dies kann sowohl Konkurrenzfirmen treffen, die gegen den Wettbewerb verstoßen, oder Mitarbeiter, die die Unternehmensrichtlinien oder Arbeitsvorschriften verletzen (z. B. Alkohol am Arbeitsplatz).

Wen bezeichnet man als Yuppie?

Jemanden, der als einziges Ziel seinen beruflichen und finanziellen Erfolg sieht und der dadurch familiäre und freundschaftliche Kontakte vernachlässigt (abgeleitet von „young urban professional" = junger städtischer Arbeitnehmer).

Wo kann eine Konzession beantragt werden?

Es ist die Erlaubnis, eine bestimmte Tätigkeit oder ein Gewerbe auszuüben. Eine Konzession muss beim zuständigen Gewerbeamt beantragt und bewilligt werden und kann jederzeit wieder entzogen werden.

Um welche Rechtsform des Privatrechts handelt es sich bei einer OHG?

Die Offene Handelsgesellschaft ist eine Personengesellschaft zum Betrieb eines Gewerbes. Jeder Gesellschafter haftet persönlich, unmittelbar und unbeschränkt auch mit seinem Privatvermögen für die Schulden der Gesellschaft. Ein Gläubiger kann sich an jeden beliebigen Gesellschafter wenden.

Wie wird man ein Geselle?

Durch Ablegen der Gesellenprüfung, nachdem man eine Handwerksausbildung durchlaufen hat.

Wozu dient der Strichcode auf der Verpackung von Waren?

Zur europaeinheitlichen Kennzeichnung. Auf dem normierten Code sind z. B. Länderkennzeichen, Betriebsnummer des Herstellers und die Artikelnummer angegeben.

Worauf werden Headhunter angesetzt?

Auf gute Mitarbeiter (vorwiegend des höheren Managements) aus anderen Firmen, die von den Personalbeschaffern abgeworben werden sollen.

Worin unterscheidet sich das Inventar von der Inventur?

Das Inventar ist der Bestand von Sachgütern, Patenten und sonstigen Werten eines Unternehmens, der bei der Inventur ermittelt wird.

Was wird mit Corporate Identity umschrieben?

Mit Corporate Identity (CI) wird das Bemühen eines Unternehmens um ein einheitliches und einprägsames Erscheinungsbild in der Öffentlichkeit bezeichnet. Hierzu gehören z. B. das Firmenlogo und Produktdesign. Aber auch Denkmuster, Überzeugungen, Verhaltensweisen und Verlautbarungen, die sowohl nach innen als auch nach außen wirken, tragen zur Profilierung eines Unternehmens bei.

Welcher australisch-amerikanische Verleger besitzt eines der größten Medienimperien der Welt?

Rupert K. Murdoch

Rupert Keith Murdoch (*1931) erbte 1952 von seinem Vater zwei Zeitungsverlage und baute diese zu einem weltweiten Medienimperium aus. Er kaufte andere Zeitungen auf Kreditbasis auf und begann so, seinen Verlag auszubauen.

Was sind Gläubiger?

Personen oder Unternehmen, die gegenüber anderen Forderungen offen haben.

Was ist Braindrain?

Das Abwandern von Arbeitskräften. Sie entziehen dem Auswanderungsland ihre Fähigkeiten und Kenntnisse (Brain = Gehirn), also ihr Humankapital.

Was bedeutet die Arbeitslosenquote für eine Volkswirtschaft?

Ein wichtiges Ziel einer Volkswirtschaft ist die Vollbeschäftigung der Erwerbspersonen. Um den Grad (Prozentanteil) der Beschäftigung feststellen zu können, ist die Arbeitslosenquote ein notwendiger Maßstab. Man bildet den Quotienten aus den registrierten Arbeitslosen zur Anzahl der tätigen Erwerbspersonen.

Was ist ein Konsortium?

Ein Zusammenschluss von mehreren Banken mit dem Ziel, ein bestimmtes Geschäft durchzuführen. Es ist eine Gesellschaft bürgerlichen Rechts.

Wofür wird eine Lizenz erworben?

Es ist die Genehmigung zur Nutzung eines Gebrauchsmusters, eines Patents oder einer Software.

Was wird bei Bartergeschäften getauscht?

Nicht Ware gegen Geld, sondern Ware gegen Ware (vor allem bei internationalen Geschäften mit devisenschwachen Ländern – so wird diesen Ländern mit ohnehin geringen Devisen die Kaufkraft nicht entzogen).

Für welche Geräte verwendet man den Begriff weiße Ware?

In der Handelsfachsprache werden damit Haushaltsgeräte wie Kühlschränke, Herde und Waschmaschinen bezeichnet.

Welche Klausel verhindert die Diskriminierung im internationalen Handel?

Die Meistbegünstigungsklausel besagt, dass ein Land einem anderen die gleichen Vorteile und Vergünstigungen gewähren muss, die er einem anderen bereits eingeräumt hat.

Was ist ein Tafelgeschäft?

Ein Schaltergeschäft im Bankbetrieb, wo das Geschäft Zug um Zug erfolgt. Dabei können Effekten (Wertpapiere etc.) und ausländisches Geld erworben werden. Es werden keine Käuferpersonalien erfasst.

Wofür steht die Abkürzung SSV?

Für den Sommerschlussverkauf, der in Deutschland jedes Jahr Ende Juli stattfindet.

Was ist ein Wuchergeschäft?

Ein sittenwidriges Geschäft, das eine Zwangslage, die Unerfahrenheit, die Willensschwäche oder den Mangel an Urteilsvermögen von Personen ausnützt. Wucher ist durch ein auffälliges Missverhältnis zwischen Leistung und Preis gekennzeichnet.

Nach welchem Prinzip werden in einer sog. Omnibusumfrage die Befragten ausgewählt?

Nach dem Zufallsprinzip. Eine solch zufällige demoskopische Befragung zu verschiedenen Forschungsbereichen wird jedoch nicht als repräsentativ angesehen.

Wie heißt der englische Begriff für die Rechte des Urhebers an seinen Werken?

Die englische Bezeichnung ist Copyright und steht also für das Urheberrecht an Werken der Literatur, Ton- und bildenden Kunst. Es ist ein umfassendes Schutzrecht für den Urheber und hat bei Missbrauch strenge strafrechtliche Folgen.

Was sagt der Begriff Gerichtsstand aus?

Er bezeichnet für den Fall, dass es zu einem Rechtsstreit kommt, die örtliche Zuständigkeit von Gerichten und somit den Gerichtsort.

Was sind Anleihen?

In der Regel sind dies festverzinsliche Rentenpapiere. Sie werden von öffentlichen Körperschaften oder privaten Unternehmen als verbriefte Kredite aufgenommen. Sie haben eine längere Laufzeit, die Rückzahlungstermine sind genau festgelegt und die Verzinsung ist gleichmäßig. Bei Anleihen mit variablen Zinsen wird der Zins in der Regel vierteljährlich angepasst. Die von Unternehmen ausgegebenen Anleihen werden als Industrieobligationen bezeichnet. Der Erwerber von Anleihen wird Gläubiger des Ausgebenden, nicht Teilhaber. Der Gläubiger kann die Anleihe während der Laufzeit nicht kündigen.

Wie heißen in Großbritannien und in den USA private Wertpapiermakler?

Sie heißen Broker. Die entsprechenden Wertpapierfirmen werden als Brokerhäuser bezeichnet.

Wen bezeichnet man als Workaholic?

Einen arbeitssüchtigen Menschen, der – ähnlich wie Alkoholiker bei Alkoholentzug – unter Entzugserscheinungen leidet, wenn er untätig sein muss.

Um welche Form der Steuer handelt es sich bei der Mehrwertsteuer?

Sie ist eine Form der Umsatzsteuer. Es wird der Wert belastet, der auf jeder Produktions- oder Umsatzstufe einer Ware hinzugefügt wird. Sie ist der ermittelte Anteil aus der Wertschöpfung im Unternehmen und wird ausschließlich vom

Endverbraucher getragen. Für die Unternehmen ist sie ein neutraler Posten und wirkt sich nicht auf den Gewinn aus.

Was sind Genossenschaften?

Gesellschaften mit freier und wechselnder Mitgliederzahl. Ihr Ziel ist es, durch einen gemeinschaftlichen Geschäftsbetrieb den Erwerb oder die Wirtschaft ihrer Mitglieder zu fördern.

Was versteht man unter Rechtsbeugung?

Die vorsätzlich falsche Anwendung des Rechts zugunsten einer Partei in einem Gerichtsverfahren, vor allem durch Richter und Staatsanwälte.

Wozu erfolgt eine Aussperrung?

Die Aussperrung ist eine Kampfmaßnahme der Arbeitgeber bei einem Streik. Aussperrung bedeutet, dass Arbeitnehmer nicht zur Arbeit eingelassen werden. Die Lohnzahlung wird verweigert, das Arbeitsverhältnis der Arbeitnehmer suspendiert oder aufgelöst.

Welchem Zweck dient die Stiftung Warentest?

Der Verbraucherberatung, -information und dem Verbraucherschutz. Sie stellt z. B. vergleichende Tests an verschiedenen Produkten einer Art an und untersucht deren Preis-Leistungs-Verhältnis.

Was sagen die Begriffe Angebot und Nachfrage aus?

Angebot ist die Menge an Gütern, die die Unternehmen auf einem Markt absetzen, d. h. verkaufen wollen. Man versteht unter Angebot aber auch eine rechtlich wirksame Willenserklärung zum Abschluss eines Kaufvertrages. Nachfrage ist ein Bedarf, der durch einen Kaufentschluss am Markt wirksam wird. Das Zusammentreffen von Angebot und Nachfrage auf dem Markt regelt in der freien Marktwirtschaft den Preis.

Wodurch wird die Übertragung von Immobilien rechtswirksam?

Durch Eintragung ins Grundbuch. Eine Immobilie ist unbewegliches Eigentum, nämlich ein Grundstück (und ggf. das darauf stehende Gebäude).

Welche Aufgabe hat Europol?

Die Europäische Polizei der EU-Staaten sammelt, verknüpft und wertet Daten im Hinblick auf Rauschgiftgeschäfte und Geldwäsche aus und ist für die grenzübergreifende Verfolgung zuständig. Sie hat ihren Hauptsitz in Den Haag.

Mit welchen Vollmachten ist ein Prokurist ausgestattet?

Mit der im Handelsregister eingetragenen Prokura hat er die Vollmacht, alle betrieblichen und rechtlichen Geschäfte einer Firma verantwortlich vorzunehmen.

Was sind die Vor- und Nachteile von Fließbandproduktion?

Auf diese Art und Weise werden schonend und fahrzeugsparend hochwertige Produkte in einer festgelegten Reihenfolge produziert, weiterver- bzw. -bearbeitet oder für den Versand hergerichtet. Das Fließband bestimmt u. a. auch die Geschwindigkeit des Arbeitsvorganges. Es birgt dadurch die Gefahr von unmenschlichen Arbeitsbedingungen für die daran oder damit arbeitenden Mitarbeiter.

Welcher englische Nationalökonom wurde durch seine Bevölkerungstheorie bekannt?

Thomas R. Malthus

Thomas Robert Malthus (1766–1834) beschäftigte sich als Geistlicher mit bevölkerungstheoretischen Fragen. Er entwickelte eine Lehre, die auf ein drohendes Missverhältnis zwischen Bevölkerungsvermehrung und Nahrungsmittelerzeugung hinwies.

Was versteht man unter amtlichem Devisenfixing?

Das sind die am Ende der Börse festgestellten Kurse ausländischer Währungen zur Inlandswährung und umgekehrt. Sie werden amtlich überwacht.

Wann sollte man sich ein Skonto nicht entgehen lassen?

Wenn man z. B. bereit ist, eine Rechnung sofort zu bezahlen. Bevor man dies tut, sollte man einen Abschlag vom Gesamtbetrag vereinbaren, der in der Regel bei drei Prozent liegt.

Welche Vereinigung von Wissenschaftlern und Unternehmern wurde 1968 in Rom gegründet?

Der Club of Rome ist ein Forum zur Erörterung zukunftsweisender Ideen. Es befasst sich mit den ökologischen, sozialen und politischen Perspektiven der Menschheit. Ihre These sagt z. B., dass die Umwelt ein knappes Gut ist und ein Null-Wachstum in der Welt Maßstab werden soll. Die bisherige Wachstumstheorie stellt sie in Frage. Bekannt wurde der Club of Rome durch mehrere Veröffentlichungen. 1973 erhielt er den Friedenspreis des deutschen Buchhandels.

Wer nimmt an einer konzertierten Aktion teil?

Es ist eine Gesprächsrunde mit Vertretern von Bundesregierung, Arbeitgeberverbänden, Gewerkschaften, Deutscher Bundesbank, Landwirtschaft und Sachverständigenrat. Diese Unterredung soll im Endeffekt dazu führen, gesamtwirtschaftliche Ziele zu verwirklichen.

Was versteht man unter einem Lauschangriff?

Es ist eine Maßnahme der Polizei zur Bekämpfung der organisierten Kriminalität. Dabei werden unter Einsatz technischer Mittel wie Mikrophonen, Infrarotsensoren und Wanzen Privatwohnungen und Geschäftsräume überwacht.

Was ist der Break-even-Punkt?

Der Break-even-Punkt ist der Punkt, ab dem bei einer Produktion oder Investition Gewinne erwirtschaftet werden.

Wie nennt man moderne Dienstleistungsbetriebe des Telemarketings?

Die Call-Center nehmen Anfragen oder Beschwerden am Telefon entgegen und leiten sie weiter. In der Computerbranche z. B. bieten Hersteller diesen Service über sog. Hotlines an.

Welche Paare werden Dinks genannt?

Verheiratete oder unverheiratete Paare mit doppeltem Einkommen, aber ohne Kinder (abgeleitet von „double income and no kids"). Bei ihnen steht, ebenso wie beim Yuppie, der berufliche und finanzielle Erfolg im Vordergrund.

Was sind die Kennzeichen einer Marktwirtschaft?

Der Staat garantiert dem Einzelnen die wirtschaftliche Freiheit und nimmt keinen Einfluss darauf. Produktion und Absatz werden über die Preise gesteuert. Durch Rahmenbedingungen ermöglicht der Staat Wettbewerb von Produzenten und Konsumenten. Eine reine Marktwirtschaft gibt es nur als Modellvorstellung.

Was versteckt sich hinter der Abkürzung DAX?

Hinter der Abkürzung DAX versteckt sich der Begriff Deutscher Aktienindex. Er wurde 1988 ins Leben gerufen und wird an der Frankfurter Börse jede Minute während der Börsenzeit neu berechnet. Der DAX basiert auf der Kursentwicklung 30 führender deutscher Aktien. Über den „KISS-Index" kann er abgerufen werden.

Was wird unter dem Begriff Humankapital verstanden?

Es ist das Leistungspotenzial von einer oder mehreren Personen und umfasst deren Kenntnisse, Einsatzmöglichkeiten, Fähigkeiten und Erfahrungen bei der Produktion von Gütern und Dienstleistungen.

Wieso gelangte der Gutsverwalter Charles C. Boycott (1832–97) zu zweifelhaftem Ruhm?

Der Brite verhielt sich Ende des 19. Jahrhunderts irischen Landpächtern gegenüber derart rücksichtslos, dass alle Bauern die Einbringung der Ernte verweigerten. Auch Händler und Handwerker verkauften ihm nichts mehr. Zuletzt wurde Boycott zum Verlassen der Insel gezwungen. Auf ihn geht der Ausdruck Boykott für politische und wirtschaftliche Sanktionen zurück.

Was versteht man unter einem Wegeunfall?

Das ist ein Unfall, der auf dem Weg von oder zur Arbeitsstätte oder Schule passiert. Solche Unfälle sind gesetzlich versichert, auch wenn der Verunglückte keine eigene Unfallversicherung abgeschlossen hat.

Was versteht man unter dem amtlichen Börsenkurs?

Darunter versteht man den an der Börse ermittelten Kurs (Wert) eines Wertpapiers. Die deutschen Börsen unterliegen der Aufsicht der jeweiligen Landesregierung. Diese bestellt neben den amtlichen Kursmaklern einen Staatskommissar, der die Einhaltung der Gesetze überwacht und den Kurs am Ende der Börse amtlich feststellt.

Was bezeichnet man als Fusion?

Zwei Kapitalgesellschaften verschmelzen zu einer einzigen. Dabei kann entweder eine Gesellschaft in die andere mitaufgenommen werden oder beide Gesellschaften lösen sich auf und gehen in eine neu gegründete Kapitalgesellschaft über.

Was haben die Mehrwertsteuer, die Mineralölsteuer und die Tabaksteuer gemeinsam?

Es sind indirekte Steuern, d. h. Abgaben, die der Unternehmer oder Händler in seine Preise mit einbezieht und die der Endverbraucher schließlich bezahlt.

Wie bieten sog. Allfinanz-Gruppen ihre Leistungen an?

In einer Allfinanz-Gruppe sind Kreditinstitute, Versicherungen und Bausparkassen zusammengeschlossen, sie bieten daher die entsprechenden Leistungen wie aus einer Hand.

Wer bekommt eine Courtage?

Ein Börsenmakler, und zwar als Gebühr für die Vermittlung von Börsengeschäften.

Warum sollte ein Arbeitgeber darauf achten, dass in seinem Betrieb kein Mobbing aufkommt?

Weil das böswillige, gezielte Ausgrenzen eines Kollegen durch andere innerhalb eines Betriebes (abgeleitet von „to mob" = herfallen über) zu Demotivation, Krankheit und Arbeitsausfall führen kann. Mobbing (Klatsch, Anschwärzen eines Kollegen usw.) ist in manchen Betrieben zur Unsitte geworden.

Was sind Subventionen?

Geldleistungen des Staates an Unternehmen oder privaten Haushalte. Sie werden als Finanzhilfen oder Steuervergünstigungen gewährt.

Wie sichert man in Unternehmen die Qualität der Erzeugnisse?

Das Qualitätsmanagement sorgt organisatorisch dafür, dass die Qualitätskontrolle der eigenen Produkte garantiert ist. Es ist ein Teil der betrieblichen Aufbauorganisation und sorgt für eine qualitätsgerechte Auslieferung der Erzeugnisse und regelt u. a. auch die Gewährleistungsfälle.

Was versteht man unter Inkasso?

Die Einziehung fälliger Forderungen, z. B. das Einlösen von Schecks oder Wechseln, das Ausgleichen von Konten bei Kreditkartenorganisationen oder allgemein das Bezahlen offener Rechnungen durch hierfür beauftragte Dienstleistungsunternehmen.

Worüber gibt das Bruttosozialprodukt Auskunft?

Über die Leistung und die Wohlfahrt einer Volkswirtschaft in einem bestimmten Zeitraum. Das Bruttosozialprodukt ist die in Geldwerten ausgedrückte Menge aller Sachgüter und Dienstleistungen, die ein Volk innerhalb eines Jahres produziert hat und die nicht wieder in den Produktionsprozess eingeflossen sind, aber abzüglich der Werte der importierten Waren.

Woher kommt der Name Europa?

Aus der griechischen Mythologie. Der Göttervater Zeus verliebte sich in Europa; er nahm die Gestalt eines Stieres an und entführte sie auf seinem Rücken nach Kreta. Europa gebar ihm zwei Söhne, einer davon war der sagenumwobene König Minos.

Welche drei Börsenstandorte zählen zu den bedeutendsten?

Die drei bedeutendsten Börsenstandorte der Welt sind New York, Tokio und Frankfurt.

Worauf bekommt man ein Disagio?

Disagio ist der in Prozent ausgedrückte Abzug vom Nennwert einer Schuldverschreibung oder eines Darlehensvertrages. Ein Aufschlag wird als Agio bezeichnet.

Welche Möglichkeiten eröffnet das Telefonbanking?

Über ein Passwort ermöglicht es den Bankkunden, per Telefon den Kontostand abzufragen, Daueraufträge einzurichten oder zu löschen und Überweisungen zu tätigen.

Was sagt bei einer Aktie das Kurs-Gewinn-Verhältnis aus?

Der Kurs einer Aktie wird durch den zu erwartenden Gewinn geteilt. Die Bewertung der Aktien erfolgt am Gewinn. Eine Aktie ist nicht immer teuer, wenn statt für 100 Euro 200 Euro aufzubringen sind. Je höher das Kurs-Gewinn-Verhältnis ist, umso teurer sind die Aktien am Markt.

Was bedeutet der Begriff Amortisation?

Bei der Anschaffung von Wirtschaftsgütern wird in der Regel viel Geld investiert, zum Teil aus eigenen Mitteln oder durch Fremdmittel, die man als Darlehen bezeichnet. Der Rückfluss des eingesetzten Kapitals durch die betrieblichen Erträge oder auch die planmäßige Tilgung einer Geldschuld bezeichnet man als Amortisation. Ein Wirtschaftsgut hat sich amortisiert, wenn die Erträge die Kosten der Anschaffung decken.

Was bedeutet die Abkürzung EWG?

Sie bezeichnet die Europäische Wirtschaftsgemeinschaft.

Wie bezeichnet man den Kurs, wenn Banken Sorten und Devisen verkaufen?

Der Kurs wird mit Briefkurs bezeichnet. Er ist höher als der Mittelkurs, der an der Devisenbörse ermittelt wurde. Im Gegensatz zum Briefkurs gibt es den Geldkurs.

Wodurch ist der Emerging Market gekennzeichnet?

Der Emerging Market ist durch sehr labile politische und wirtschaftliche Verhältnisse ein Markt für risikobereite Anleger.

Was ist ein Trabant?

Diese Bezeichnung steht für ein kosmisches Gestirn, ein sog. Mond, der einen Stern umkreist. In der ehemaligen DDR wurde ein Kleinauto mit diesem Namen hergestellt.

Welche Personengruppe in einem Unternehmen gehört zum Management?

Hierzu gehört die Gruppe aller Angestellten, die in einem Unternehmen Entscheidungs- und Anordnungsbefugnisse haben. Es gibt drei Hauptebenen: Top-Management, Middle-Management, Lower-Management.

Was wird mit dem Begriff Wall Street bezeichnet?

Wall Street

Die Wall Street ist eine Straße im New Yorker Stadtteil Manhattan. Sie ist der Standort der New Yorker Börse und zahlreicher Banken. Allgemein wird die New Yorker Börse als Wall Street bezeichnet. Im übertragenen Sinn ist Wall Street auch ein Synonym für die gesamte Banksphäre der USA.

Was beinhaltet der Amsterdamer Vertrag von 1998?

Er macht die Beschäftigungspolitik und die Bürgerrechte zu Angelegenheiten der Europäischen Union. In diesen Vertrag wurde das Schengener Abkommen integriert.

Welche Strafsachen können vor dem Amtsgericht verhandelt werden?

Mindere Delikte, d. h. solche, bei denen keine allzu hohen Freiheitsstrafen zu erwarten sind. Ansonsten ist das Amtsgericht vorwiegend für Zivilsachen zuständig (z. B. Ehescheidung oder andere Familiensachen beim Familiengericht).

Was versteht man unter Aktien?

Aktien sind Urkunden, die Anteilsrechte an einer Aktiengesellschaft verbriefen. Den auf der Aktie aufgedruckten Wert bezeichnet man als Nennwert. Der Kurswert ist der Preis, den eine Aktie an der Börse erzielt, er kann gering oder stark, über oder unter dem Nennwert liegen. Der Mindestnennwert beträgt 5 DM. Die Aktie besteht aus zwei Bestandteilen: dem Mantel und dem Bogen. Der Mantel ist die Urkunde, der Bogen beinhaltet die Dividendenscheine. Dividenden sind die Erträge aus den Aktien, die den Aktionären zufließen.

Wie nennt man die im Rhythmus wechselnde Länderregierungsmacht an der Spitze der EU?

Die EU-Präsidentschaft teilen sich alle Mitgliedstaaten im Halbjahreswechsel, d. h., jedes Land hat in alphabetischer Reihenfolge seiner Landessprache abwechselnde Regierungsmacht. Diese jeweiligen „Geschäftsführer" bestimmen die Tagesordnung jeder Ratssitzung und verteilen damit die politischen Gewichte. Der EU-Präsident wird auch Vorsitzender des Europäischen Rates genannt.

Wie drückt man umgangssprachlich einen Zusammenschluss von Unternehmen aus?

Dieser Vorgang wird oft als Firmenhochzeit bezeichnet. Dabei schließen sich Unternehmen zu einer neuen gemeinsamen Form zusammen, um auf dem Markt wettbewerbsstärker zu sein und einen größeren Marktanteil beherrschen zu können. Dies sichert ihnen höhere Gewinne und stabilisiert die Leistungskraft. Bei solchen Zusammenschlüssen ist das Kartellgesetz zu beachten.

Was wird im kriminalistischen Sinne unter einer Blüte verstanden?

Als Blüte wird Falschgeld bezeichnet.

Warum splittet eine Aktiengesellschaft häufig ihre Aktien in Kleinanteile auf?

Kleinanleger von Aktien werden oft von starken Kursanstiegen abgeschreckt, neue Aktien zu erwerben. Um den Kauf nicht abzuschwächen, bedient sich die Gesellschaft des Aktiensplits, d. h., sie teilt eine Aktie in mehrere Anteile auf. Das hat oft den Effekt, dass die Anleger wieder häufiger kaufen, weil die Aktie optisch billiger erscheint.

Welches ist die nächsthöhere Instanz über dem Amtsgericht?

Das Landgericht. Hier kann man gegen Urteile des Amtsgerichts Berufung einlegen.

Mit welchem Abkommen wurde an den Grenzen Personen- und Warenkontrollen innerhalb der EU-Länder abgeschafft?

Mit dem Schengener Abkommen. Außer Dänemark, Großbritannien und Irland unterzeichneten alle EU-Länder diesen Vertrag 1985 im luxemburgischen Schengen.

Was versteht man unter Agio?

Den Aufpreis bzw. das Aufgeld, um das der Kurs eines Wertpapiers seinen Nennwert übersteigt. Es wird als Prozentsatz vom Nennwert ausgedrückt.

Wie nennt man eine neue Form der Bankgeschäfte?

Das Tele- oder Homebanking ermöglicht die Erledigung von Bankgeschäften per Telefon oder Computer von zu Hause aus, d. h., man kann, ohne an den Schalter im Bankgebäude gehen zu müssen, über elektronische Verbindung seinen Kontostand abfragen, Daueraufträge einrichten oder löschen und Überweisungen tätigen.

Was versteht man unter Telearbeit?

Man spricht von Telearbeit, wenn der Arbeitsplatz des Beschäftigten ganz bzw. teilweise außerhalb des Betriebes liegt. Der stationäre bzw. mobile Arbeitsplatz ist durch elektronische Kommunikationsmitteln mit dem Unternehmen verbunden.

Warum ist die Liquidität für ein Unternehmen wichtig?

Die Liquidität ist die Fähigkeit eines Unternehmens, die zu einem bestimmten Zeitpunkt zwingend fälligen Zahlungsverpflichtungen in voller Höhe zu erfüllen. Ist die Situation der Illiquidität nicht sofort behebbar, muss das Unternehmen Insolvenz beantragen.

Was bedeutet der Zusatz ppa. vor einer Unterschrift?

„Per procura", d. h. „in Vollmacht". Die Abkürzung bedeutet, dass der Unterzeichner vom Geschäftsinhaber mit einer umfassenden Vollmacht ausgestattet wurde und für die Firma per procura zeichnen darf. Ein Prokurist ist zur Ausführung aller gerichtlichen und außergerichtlichen Handlungen berechtigt, die der Betrieb eines Handelsgewerbes gewöhnlich mit sich bringt.

Was ist Shareholdervalue?

Eine Unternehmenspolitik, die vor allem auf die Erhöhung der Rendite für die

Anteilseigner ausgerichtet ist. Es wird hauptsächlich angestrebt, den Marktwert des Unternehmens und damit auch den Anteilswert, die die Eigentümer besitzen, zu steigern. Das drückt sich bei Aktien in der Rendite aus und bei börsennotierten Unternehmen auch in der Steigerungsrate des Kurses. Das Shareholdervalue-Konzept entwickelte 1986 der US-Ökonom Alfred Rappaport.

Wodurch wurde der Amerikaner Walt Disney (1901– 66) bekannt?

Walt Disney

Der 1901 in Chicago geborene Disney wurde vor allem mit der Herstellung von Zeichentrickfilmen berühmt. Seine beliebteste Trickfigur war Mickey Mouse. 1932 erschienen seine Figuren auch erstmals in Farbe. Disney schuf mit dem Film „Schneewittchen und die sieben Zwerge" ein neues Filmgenre. Die Walt Disney Ltd. war vor allem in den fünfziger und sechziger Jahren eine der größten Film- und Fernsehproduzenten. Neben Trickfilmen stellte Disney auch Kinderbücher und Dokumentarfilme her und sorgte für die Weitervermarktung seiner Trickfiguren.

Wie bezeichnet man den elektronischen Handel über Internet oder Online?

Der Ein- und Verkauf von Waren oder Dienstleistungen über die neuen elektronischen Datenaustauschverfahren bezeichnet man als E-Commerce oder E-Business. In Europa rechnet man pro Internet-Konsument bis zum Jahr 2001 mit einem Umsatz von ca. 330 Dollar im Jahr. Mit zunehmender Verbreitung des Internets als Direktvertriebs- und Handelsschiene steigt die Nachfrage nach geeigneter Software, die den Warenverkehr sowie die Kundenbetreuung abwickelt.

Was bedeutet der Begriff Akquisition?

In der heutigen Wirtschaftswelt bezeichnet man alle Maßnahmen bzw. Tätigkeiten, die auf den Gewinn neuer Kunden ausgerichtet sind, als Akquisition. Das erstreckt sich über alle Teilbereiche der bestehenden Märkte. Hauptziel der Akquisition ist u. a. die Vergrößerung des eigenen Marktanteils und damit der Einflussmöglichkeiten. Dieser Begriff wird auch bei Kauf eines Unternehmens verwendet.

Welche Markierung von Verbrauchsverpackungen vergibt der DSD?

Der „Grüne Punkt" kennzeichnet Verpackungen, die gesammelt und der Verwertung zugeführt werden sollen. Der Handel entrichtet für jeden Grünen Punkt, den er vertreibt, eine Gebühr, die über den Preis der Ware auf den Verbraucher abgewälzt wird.

Wie hieß der Vorreiter der deutschen Genossenschaftsbewegung?

Hermann Schulze-Delitzsch (1808–83), der staatliche Hilfen zur Überwindung der sozialen Probleme ablehnte und insbesondere das Handwerk zur Selbsthilfe aufrief. Schulze-Delitsch gründete 1849 eine Reihe von genossenschaftlichen „Assoziationen" und rief 1850 die erste Volksbank als sog. „Vorschussverein" ins Leben.

Was wird mit dem englischen Begriff Briefing umschrieben?

Damit wird eine kurze Einweisung oder Lagebesprechung in einem Unternehmen umschrieben. Ein Briefing kann auch ein kurzes Informationsgespräch zwischen einer Werbeagentur und ihrem Kunden bedeuten.

Wie bezeichnet man in der Wirtschaft die Ausfuhr von Waren?

Der Export umfasst die Lieferung inländischer Güter in das Ausland. Sein Umfang wird meistens in der Landeswährung bewertet.

Welcher österreichisch-amerikanische Volkswirtschaftler vertrat die Theorie von dynamischen Unternehmen?

Joseph Alois Schumpeter (1883–1950), der dem schöpferischen Unternehmer eine zentrale Rolle im Ablauf von Konjunkturen zumaß. Unternehmen können einen Konjunkturaufschwung herbeiführen, indem sie Innovationen durchsetzen und Investitionen tätigen. Sein Bild von der „schöpferischen Zerstörung" beschreibt dabei die Erfahrung, dass die Anwendung neuer Technologien oft ältere Verfahren überflüssig macht.

Wie heißt das Finanzierungsgeschäft zwischen einer Finanzierungsgesellschaft und einem Klienten?

Beim Factoring verkauft der Klient seine Forderungen an einen Factor, die Finanzierungsgesellschaft. Dieser Factor schreibt den Rechnungsbetrag abzüglich seiner Gebühr für sein Kreditrisiko sofort dem Klienten gut. Auf diese Art und Weise kann der Klient seine Forderungen sofort flüssig machen und wälzt gleichzeitig sein Risiko auf einen Dritten ab. Außerdem spart er teure Arbeit, da der Faktor Buchführung und Mahnwesen übernimmt.

Was versteht man unter dem Internationalen Währungsfonds (IWF)?

Er ist eine Sonderorganisation der UNO, die ebenso wie die Weltbank 1944 auf der Währungskonferenz in Bretton Woods gegründet wurde. Er unterstützt die Zusammenarbeit der Mitgliedstaaten in der Währungspolitik und versucht dazu beizutragen, dass die Währungsbeziehungen geordnet funktionieren. Zum Beispiel sollen Währungen stabil gehalten bzw. Abwertungen vermieden werden.

Was versteht man unter Spareckzins?

Für Sparguthaben, die mindestens drei Monate angelegt werden, zahlen Banken und Sparkassen diesen Zinssatz. Er gewinnt an Attraktivität für den Kunden, wenn ein gutes Zinsniveau herrscht und die Anlagefrist relativ kurz ist, um bei Bedarf schneller Zugriff auf sein Sparvermögen zu haben.

Was versteht man unter Abwertung?

Man versteht darunter die Herabsetzung des Außenwertes einer Währung. Bei freien Wechselkursen kommt eine Abwertung durch Angebot und Nachfrage an den Devisenmärkten der Welt zustande. Abwertung bedeutet, dass die Exporte gefördert werden, da die Güter für das Ausland billiger einzukaufen sind. Die Importe werden dagegen erschwert, da die Güter im Inland teurer werden. Somit wird der Kauf einheimischer Produkte angeregt. Den umgekehrten Vorgang nennt man Aufwertung.

Wer gründete 1952 die Bild-Zeitung?

Axel Caesar Springer (1912–85), der sein Unternehmen mit Zeitschriften wie „Hör zu" und Zeitungen wie „Die Welt" zum größten europäischen Pressekonzern aufbaute. Mit der Gründung der „Bild-Zeitung" begann in Deutschland ein neues Pressezeitalter. Der aggressive Boulevardjournalismus mit kurzen Artikeln in reißerischer Aufmachung war für die Zeit etwas völlig Neues.

Was ist der Stoxx?

Ein neues Börsenbarometer, das u. a. als Wertmesser für die Zusammensetzung und Wertentwicklung von Fonds gilt. Der Neuling soll unter anderem das Geschäft an den beteiligten Handelsplätzen beleben. Der Name geht auf das englische Wort „stocks" für Aktie zurück.

Wie nennt man den geschätzten Kurs eines Wertpapiers?

Für den Taxkurs kann kein amtlicher Kurs festgesetzt werden. Der Grund besteht darin, dass für ihn kein Umsatz erfolgte.

Was ist die Aufgabe der EG innerhalb der EU?

Die EG ist zuständig für die Gesetzgebung, den Haushalt, die Sozialpolitik, die Strukturpolitik, die gemeinsame Agrarpolitik und ihre Reform sowie Programme für Kultur, Umwelt und Jugend. Dagegen ist die Zusammenarbeit der Regierungen der EU-Staaten in der Außen- und Sicherheitspolitik sowie in den Bereichen Justiz und Inneres nur im Vertrag über die EU festgelegt.

Was bedeutet die unsichtbare Hand in der Wirtschaftstheorie?

Sie ist der Ausdruck für die Steuerung aller Wirtschaftskräfte durch den Markt und geht auf den englischen Wirtschaftswissenschaftler Adam Smith (1723–90) zurück, der u. a. die arbeitsteilige Produktion als Form der Produktivitätssteigerung und Kostensenkung im Betrieb einführte.

Wofür steht die Abkürzung WEU?

Für die Westeuropäische Union, einen 1954 abgeschlossenen Beistandspakt im Rahmen der NATO. Ihr gehören Großbritanien, Frankreich, die Beneluxstaaten, Deutschland und Italien an. Ursprünglich sollte sie der wirtschaftlichen, sozialen und kulturellen Zusammenarbeit dienen. Die WEU verfügt über keine eigenständigen politischen und militärischen Entscheidungsbefugnisse.

Wofür stehen die beiden Symbole Bulle und Bär?

Sie sind Symbolfiguren an der Börse und stehen für „Hausse" und „Baisse". Der Bulle mit seinem erhobenen Kopf steht für Börsenaufschwung, der Bär mit gesenktem Kopf dagegen für -abschwung.

Wessen Hauptwerk trägt den Titel Das Kapital?

Der Autor ist Karl Marx, der von 1818 bis 1883 lebte. Er beschäftigte sich verstärkt mit dem Sozialismus. Der erste Band des

Buches entstand 1867, also zu der Zeit, in der er sich hauptsächlich der soziologischen Interpretation der Gesellschaft widmete und die ökonomischen Gesetze der Geschichtsentwicklung untersuchte.

Was ist die WTO?

WTO steht für World Trade Organization, eine Sonderorganisation zur Gewährleistung des freien Welthandels. Sie trat 1995 in Kraft und löste 1996 das GATT ab.

Wer war Carl Zeiss (1816–88)?

Mit 30 Jahren richtete sich Zeiss in Jena eine Werkstatt ein, in der er vorwiegend Mikroskope und Linsen für naturwissenschaftliche Fakultäten der Universität herstellte. Der Grundstein zum späteren Weltkonzern für optische Geräte wurde mit dem Eintritt von Ernst Abbe in sein Unternehmen mit seiner wissenschaftlich fundierten Mitarbeit gelegt. Zusammen mit dem Chemiker Otto Schott gründete Zeiss die Tochtergesellschaft „Jenaer Glaswerk" und erweiterte das gesamte Programm seines Unternehmens. Nach seinem Tod wurde sein Unternehmen in die „Carl-Zeiss-Stiftung" umgewandelt.

Was sind Züricher Gnome?

Schweizerischen Bankiers in der Züricher Bahnhofstraße. Züricher Gnome ist eine in der Wirtschaft geläufige, ironische Bezeichnung für diese Bankiers.

Wie setzt sich der Europäische Rat zusammen?

Er setzt sich aus den Staats- und Regierungschefs der EU-Länder sowie dem Präsidenten der Europäischen Kommission zusammen. Seit 1974 tritt er dreimal jährlich zusammen. Diese Zusammentreffen dienen der Schaffung neuer Impulse für den Ausbau und für die Festigung der Europäischen Union.

Wie heißen die Sozialpartner bei Tarifverhandlungen?

Die Tarifpartner, Arbeitgeberverbände und Gewerkschaften, sind die Beteiligten am Abschluss von geltenden Tarifverträgen der jeweiligen Wirtschaftsbranche.

Was ist das Centro in Oberhausen?

Das neue Zentrum, das seit 1996 besteht, ist die größte Shopping Mall (Einkaufszentrum nach dem „shop in the shop"-Prinzip) Europas. Täglich suchen ca. 50.000 bis 60.000 Personen die rund 200 Einzelhändler und die ca. 50 gastronomischen Betriebe auf. Die glasüberdachte Eingangspassage ist das Prunkstück des Zentrums, die auf zwei Ebenen 70.000 m^2 Einkaufsfläche bietet.

Welches zusätzliche Recht beinhalten Wandelanleihen?

Sie räumen das Recht ein, sie innerhalb einer bestimmten Frist und in einem festen Umwandlungsverhältnis in Aktien des Unternehmens tauschen zu können. Die Ausgabe dieser Anleihen bedarf der Zustimmung einer Dreiviertelmehrheit der Hauptversammlung.

Was ist eine Arbitrage?

Arbitrage nennt man das Geschäft, bei dem Preisunterschiede auf verschiedenen Märkten zur Erzielung eines Gewinns ausgenützt werden. Dies gilt z.B. bei dem Kauf einer international gehandelten Aktie und gleichzeitigem Verkauf in New York, wo sie zum gleichen Zeitpunkt einen höheren Kurs hat.

Wie heißt der Versuch der Meinungsbeeinflussung durch besondere Kommunikationsmittel?

Werbeplakat, USA 1949

Die Werbung versucht, die Produkte eines Unternehmens in der Öffentlichkeit bekannt zu machen und Kaufwünsche zu wecken. Zur Übermittlung der Werbebotschaft an den Empfänger werden Werbemittel entworfen, die dann in den sog. Werbeträger geschaltet werden.

Was ist eine Abschlagszahlung?

Die Teilzahlung einer Geldschuld. Der Schuldner ist dazu allerdings nicht berechtigt. Wenn eine Abschlagszahlung dennoch geleistet wird, gilt dies als indirektes Schuldbekenntnis und unterbricht die Verjährung.

Wann muss ein Unternehmen ein Insolvenzverfahren beantragen?

Insolvenz ist die Unfähigkeit eines Unternehmens, den zwingend fälligen Zahlungsverpflichtung fristgerecht nachzukommen. Solche Zahlungsverpflichtungen sind z. B. die monatliche Entlohnung der Mitarbeiter oder auch die Bezahlung von Kundenaufträgen. Jüngstes Beispiel ist das Bauunternehmen Holzmann. Die Firma konnte zwar ihren Zahlungsverpflichtungen nachkommen, gilt aber als überschuldet. Grund dafür war der massive Verlust des Eigenkapitals. Gibt es – wie zunächst bei Holzmann – keine Möglichkeit mehr, die Zahlungsfähigkeit wieder herzustellen, muss das Unternehmen ein Insolvenzverfahren beantragen. Die neue Insolvenzordnung verbessert die Sanierungschancen eines Unternehmens und hat die Konkurs- und Vergleichsordnung sowie die Gesamtvollstreckung abgeschafft.

Wer profitiert von einer Arbeitsbeschaffungsmaßnahme?

Als Arbeitsbeschaffungsmaßnahmen (ABM) gelten vom Staat geförderte Maßnahmen. Ziel dieser Regelung ist es, erwerbslose Personen eine Arbeitsstelle zu besorgen und die Wirtschaft anzukurbeln. Zugute kommt die ABM Personen, die Arbeitslosengeld/-hilfe beziehen und zudem von den letzten 18 Monaten mindestens 12 Monate keine Beschäftigung mehr hatten. Besonders gefördert werden Langzeitarbeitslose, jüngere Menschen ohne Berufsabschluss, Schwerbehinderte und ältere Menschen. Unternehmen werden vom Staat durch Lohnkostenzuschüssen und Darlehen unterstützt. 1997 waren 59.000 Menschen in einer ABM beschäftigt.

Welcher angesehene amerikanische Kunstsammler leitete eine der wichtigsten Banken in den USA?

John Pierpont Morgan (1837–1913) strukturierte die Firma Drexel, Morgan & Company 1895 zum Kreditinstitut J. P. Morgan & Company um. Morgan hatte die Kontrolle über $^1/_6$ der Eisenbahnlinien in den USA, schuf die US Steel Corporation und war Besitzer zahlreicher anderer Firmen. Seine Leidenschaft war das Sammeln von Kunst.

Wozu dient eine Gewinn- und Verlust-Rechnung?

Gesellschaftsformen wie z. B. die AG, die GmbH und Genossenschaften sowie sämtliche Kreditinstitute müssen eine solche Rechnung aufstellen. Sie listen Erträge und Aufwendungen zum Ende eines Jahres auf. Aus dem Saldo ergibt sich der Gewinn und/oder der Verlust des Unternehmens. Gewinne und Verluste müssen deckungsgleich sein.

Was versteht man unter der Bezeichnung Reagonomics?

Reagonomics ist der Name für die Wirtschaftspolitik, die Ronald Reagan (*1911) von 1981 bis 1989 in Amerika durchzog. Sie ist durch eine strikte Sparpolitik zu Lasten der sozial Schwachen gekennzeichnet. Reagans Ziel war es, aus der wirtschaftlichen Krise herauszukommen. Dazu senkte er die Steuern, führte Deregulierungsmaßnahmen bei gleichzeitiger Streichung von Geldern für öffentliche Einrichtungen durch und kürzte die Sozialausgaben. Zudem verfolgte die Regierung eine restriktive Geldpolitik, mit der die Inflation bekämpft werden sollte.

Was ist die Europäische Artikelnummer (EAN)?

Die EAN ist eine 13-stellige Nummer mit Balkencode zur Identifikation der Artikel und zur Rationalisierung der Warenwirtschaft.

Was versteht man unter Festgeld?

Das sind Gelder, die bei Kreditinstituten für einen fest vereinbarten Zeitraum (mindestens einen Monat) angelegt sind.

Wer wird als Freiberufler bezeichnet?

Freiberufler sind Personen, die eine selbstständige Tätikkeit ausüben, die keine Gewerbetätigkeit darstellt und meist eine höhere Bildung bzw. ein Studium voraussetzt.

Was ist ein Kontokorrentkredit?

Ein Kontokorrentkredit entsteht, wenn auf einem Konto ein wechselseitiges Schuld- und Guthabenverhältnis besteht. Der Kreditnehmer kann auch dann noch verfügen, wenn das Guthaben nicht mehr ausreicht. Er ist ein Kredit, der vom Kreditnehmer bis zur vereinbarten Höhe in Anspruch genommen werden kann.

Welches Gesetz verbirgt sich hinter der Abkürzung BaföG?

Das Bundesausbildungsförderungsgesetz. Es dient der finanziellen Unterstützung bei beruflicher und schulischer Weiterqualifikation.

Was analysiert die Makroökonomie?

Die Makroökonomie untersucht die Zusammenhänge gesamtwirtschaftlicher Größen im Rahmen der Volkswirtschaftslehre. Dabei werden Investitionen, Konsum, Staatsausgaben, Volkseinkommen und Steuern zueinander in Beziehung gesetzt und analysiert. Hauptgebiete der Mikroökonomie sind die Haushalts-, Produktions-, und die Preistheorie.

Was ist eine Pulsankündigung?

Ist die Nachfrage nach einer Aktie derart hoch, dass der nächste Kurs mehr als 5% über dem letzten Kurs liegt, wird dies durch ein Pluszeichen auf der Prozenttafel angekündigt.

Wer war der größte lateinische Kirchenlehrer aus der Spätantike?

Augustinus (354–430). Er entwarf die Systematik des Denkens der abendländischen Kirche. Seine persönlichen Erfahrungen, die er auf dem Weg vom Heiden zur Erkenntnis Gottes gemacht hatte, fasste er in seinen „Bekenntnissen" zusammen; „Über den Gottesstaat" (De civitate dei) ist die letzte bedeutende Verteidigungsschrift des Christentums gegen das Heidentum.

Aurelius Augustinus: De civitate dei

Was versteht man unter Kismet?

Die Vorstellung des Islam, dass das Schicksal des Menschen von Gott vorherbestimmt ist und dass der Mensch dieses nicht ändern kann.

Wer sind die vier Evangelisten?

Die mutmaßlichen Verfasser der vier Evangelien der Bibel: Matthäus, Markus, Lukas und Johannes. Ursprünglich wurden als Evangelisten generell die Gehilfen und Mitarbeiter der Apostel bezeichnet. Das Evangelium erzählt von Leben und Werk Jesu sowie von der „frohen Kunde", der Heilsbotschaft, die er gebracht hat.

Wie nennt man die liturgische Feier in der evangelischen Kirche, die an das letzte Zusammensein Jesu mit seinen Jüngern erinnert?

Abendmahl. Uneinigkeit besteht darüber, ob die Feier nur an das letzte Abendmahl erinnern soll oder ob, wie im katholischen Glauben, darin sich das gereichte Brot und der Wein zu Leib und Blut Christi verwandeln.

Welcher deutsche Philosoph und Musikästhetiker wird zur Frankfurter Schule gerechnet?

Theodor W. (Wiesengrund) Adorno (1903–69). Sein Hauptwerk befasst sich mit den Funktions- und den Wirkungsweisen des Faschismus, die dieser auf die Moral der Zeit nach Auschwitz ausübte.

Wie bezeichnet man einen Grundsatz der Logik und Mathematik, der keines Beweises bedarf?

Axiom. Axiomatische Sätze können nicht bewiesen werden, sondern gelten als unmittelbar einsichtig. Die Verwendung von Axiomen geht auf Aristoteles zurück.

In welcher Weltreligion spielt die Pilgerfahrt Hadsch eine wichtige Rolle?

Im Islam. Den Hadsch – d. h. die Pilgerfahrt nach Mekka – muss jeder Moslem mindestens einmal in seinem Leben vollendet haben. Nach dem Besuch der Kaaba, des größten Heiligtums der islamischen Welt, darf sich der Pilger „Hadschi" nennen.

Warum werden Yin und Yang immer miteinander genannt?

Weil damit zwei sich ergänzende, nicht sich gegenseitig ausschließende Wirkungsprinzipien bezeichnet werden. Yin, die passive, und Yang, die aktive Wirkungsmacht, sind nach der Vorstellung chinesischer Philosophien stets gleichzeitig vorhanden.

Welcher Philosoph prägte den Satz Wissen ist Macht?

Francis Bacon (1561–1619). Der englische Staatsmann (drei Jahre lang Lordkanzler unter Jakob I.) gilt als Begründer des Empirismus. Seine philosophischen Vorstellungen konzentrierten sich auf die Beherrschung der Natur. Mittels Wissen und Technik wollte er den „Zufall Natur" weitgehend ausschalten. In seinem utopischen Roman „Nova Atlantis" beschreibt Bacon eine konfliktlose Gesellschaft, in der die Bedürfnisse ihrer Mitglieder durch technische Experten geregelt sind.

Welche Weltreligion breitete sich über den größten Teil des asiatischen Raumes aus?

Sitzender Buddha aus Ceylon

Der Buddhismus, den Siddhartha Gautama (um 560– um 480 v. Chr.) stiftete. Er erhielt den Ehrentitel Buddha (altindisch „der Erleuchtete"). Seine Lehre zielt auf die Vervollkommnung des Menschen ab. Im Buddhismus spielt der Glaube an die Wiedergeburt, in der die guten und bösen Taten vergolten werden (Karma) eine zentrale Rolle. Ziel des Buddhisten ist es, dem als leidvoll empfundenen Wiedergeborenwerden durch absolute Erleuchtung zu entkommen, an deren Ende das Nirwana steht.

Was ist das größte in Mekka befindliche Heiligtum der Muslime?

Die Kaaba, ein würfelförmiges, fensterloses Steingebäude, das inmitten der Großen Moschee steht. Sie ist mit einem schwarzen Tuch bedeckt, das an Feiertagen an der Stelle gehoben wird, wo der heilige schwarze Stein – ein Meteorit – in etwa 1,5 m Höhe eingemauert ist, den die Pilger bei ihren Umgängen berühren.

Welche geistlichen Würdenträger stehen an der Spitze der Bistümer?

Die Bischöfe, die in der katholischen Kirche bei feierlichen Anlässen durch ihre Abzeichen Ring, Stab, Mitra und Pallium ihr Amt als Oberhirten betonen. Während die Bischöfe bis zur Säkularisation 1803 auch ein weltliches Herrscheramt innehatten, sind sie nunmehr für die Verwaltung der Pfarreien und Diakonate zuständig. Der Bischof hat in seiner Diözese die oberste geistliche Gerichtsbarkeit, Lehr- und Weihegewalt.

Wer war neben Karl Marx der Mitbegründer des wissenschaftlichen Sozialismus?

Friedrich Engels (1820–95), der mit Karl Marx eng befreundet war und mit ihm zusammen 1848 das „Kommunistische Manifest“ verfasste. Engels war auch wie Marx von der dialektischen Entwicklung der Geschichte überzeugt (dialektischer

Materialismus), nach der der Kapitalismus zwingend durch den Sozialismus abgelöst werden würde; das Endziel der Entwicklung werde im Kommunismus erreicht.

Welcher Weltreligion gehören die Brahmanen an?

Brahmane

Dem Hinduismus. Sie gehören der obersten Kaste der Hindus an, in der Priester, Dichter, Politiker und als angesehendsten Rang die Gelehrten (Pandits) Indiens sind. Das Leben eines Brahmanen gliedert sich in vier aufsteigende Stufen: die des Schülers, des Hausherrn, des Waldeinsiedlers und des Asketen oder Bettelmönchs.

Wer kann eine Enzyklika an die Katholiken der Welt richten?

Der Papst. Sie ist eine offizielle Stellungnahme der römisch-katholischen Amtskirche zu aktuellen Zeiterscheinungen. Die Urschrift ist in lateinischer Sprache verfasst und erhält ihren Namen nach den Anfangsworten; z. B. „Humanae vitae" von 1968, die die katholische Meinung zur Empfängnisverhütung darlegte.

Wer bezeichnet sich als auserwähltes Volk?

Das Volk Israel nach alttestamentarischer Auffassung; es glaubt sich nach dem 2. Buch Mose von Jahwe zu seinem Eigentum vor allen Völkern erwählt. Das Neue Testament wertete im Römerbrief diese Auserwähltheit um und bezog sie auf die christliche Kirche.

In welchem Land und innerhalb welcher Zeitspanne breitete sich die Reformation aus?

In Deutschland zwischen 1517 und 1555. In dieser Zeit konnte der Protestantismus Anhänger gewinnen und seine Stellung gegen einen an sich mächtigen katholischen Kaiser Karl V. behaupten, der aber durch seine außenpolitischen Engagements kaum Zeit hatte, die „ketzerischen" Protestanten zur Rechenschaft zu ziehen. 1555 erhielten die Landesherrn die Autorität über die Konfession ihrer Untertanen zu entscheiden.

Wo werden nach altkatholischer Vorstellung die Seelen der Verstorbenen von den Sünden gereinigt?

Im Fegefeuer (von mittelhochdeutsch „fegen" = „reinigen") Es ist also nicht zu verwechseln mit der Hölle, wo die ewigen Sündenstrafen verbüßt werden.

Welche philosophische Disziplin baute Immanuel Kant aus, um festzustellen, was der Mensch überhaupt erfahren und wissen kann?

Die Erkenntnistheorie. Sie versucht auch zu erklären, welche methodischen Mittel anzuwenden sind, um Erkenntnis möglich zu machen.

Welche philosophische Richtung prägten Albert Camus und Jean-Paul Sartre?

Den Existenzialismus, der starke Anleihen aus der Existenzphilosophie Martin Heideggers bezieht. Er erlangt v. a. bei Sartre eine atheistische, nihilistische und zuletzt auch marxistische Orientierung. Der Mensch, dem Sartre allein Wirklichkeit zuerkennt, müsse sich sein eigenes Sein schaffen. Camus beschrieb das Wesen des Menschen als Revolte gegen die Absurdität des Daseins („Der Mythos von Sysiphos”).

Wie nannte die Heilige Inquisition Personen, die von der katholischen Lehre abwichen?

Ketzer oder Häretiker. Der Name Ketzer leitet sich vermutlich von „Katharer” ab, einer von der Kirche verfolgten religiösen Bewegung des Mittelalters. Berühmte Gelehrte und Sozialrevolutionäre des Mittelalters wurden unter dem Vorwurf der Ketzerei durch die Inquisition verurteilt und verbrannt (z. B. Jan Hus 1415 in Konstanz, Girolamo Savonarola 1498 in Florenz oder Giordano Bruno 1600 in Rom).

Was feiern die christlichen Kirchen zu Pfingsten?

Die Herabsendung des Heiligen Geistes über Maria und die Jünger Jesu, 50 Tage nach der Auferstehung (griechisch „pentecoste” = „der Fünfzigste”). Damit wurde gleichzeitig die christliche Kirche begründet.

An welchem katholischen Feiertag wird der Leib Christi in Form des Hostienbrotes in Prozessionen durch die Straßen getragen?

An Fronleichnam (mittelhochdeutsch, „Leib des Herrn”). Es ist das Fest des katholischen Sakraments der Eucharistie, das am zweiten Donnerstag nach Pfingsten begangen wird. 1246 hatte die heilige Juliana von Lüttich den Ritus eingeführt, der 1264 von Rom für die ganze Kirche übernommen wurde.

Welcher französische Philosoph prägte den Satz Cogito ergo sum – Ich denke, also bin ich?

René Descartes

René Descartes (1596–1650), dessen philosophischer Ansatz damit begann, an allem zu zweifeln, sowohl an den bisher gültigen Lehrmeinungen als auch an der Wahrheit der sinnlichen Wahrnehmung. Descartes Denken schließt sich wiederum im Vertrauen an die Vernunft, die auch Gott nicht in Abrede stellen kann, weil er „denkbar” ist. Er stellt die Unauflösbarkeit von Geist und Materie in der „denkenden Substanz” Mensch fest.

Welcher zylinderförmige Gegenstand findet im tibetanischen Lamaismus an der Stelle von Gebeten Verwendung?

Die Gebetsmühle. Im Inneren befinden sich auf Papierstreifen aufgeschriebene Gebete. Das kreisende Drehen der Gebetsmühle ersetzt das Aufsagen der Gebete.

Welcher katholische Würdenträger steht in der Hierarchie über dem Bischof und unter dem Papst?

Der Kardinal. Er wird vom Papst ernannt und erhält wichtige Aufgaben in der Leitung der Kirche. Das Kardinalskollegium, das sich aus Bischöfen aller Erdteile zusammensetzt, wählt den Papst. Das äußere Zeichen der Kardinalswürde ist sein purpurfarbenes Gewand, der Purpur.

Mit welcher Erneuerungsbewegung begegnete die katholische Welt der Reformation?

Mit der Gegenreformation. Sie hat eine geistlich-ideelle Seite, die innerkirchliche Reformen betreffen; etwa die Einschränkung des Ablasswesens oder auch die Gründung des Jesuitenordens durch Ignatius von Loyola; andererseits verstand man damit auch die Rückgewinnung protestantisch gewordener Gebiete, deren sich besonders die Wittelsbacher in Bezug auf Bayern und auf westfälische Bistümer, aber auch die Habsburger befleißigten.

Gibt es einen Unterschied zwischen einer Kathedrale und einem Dom?

Nein. Beide Begriffe meinen dasselbe, nämlich eine Bischofskirche. Im deutschen Sprachraum bezeichnet der Dom nichts anderes als die Kathedralkirche. Wichtigstes bauliches Kennzeichen ist die großzügige Anlage des Chores, der den Domherren des Bistums vorbehalten ist.

Welcher französisch-schweizerische Reformer ist neben Zwingli der Begründer der Reformierten Kirche?

Johannes Calvin

Jean Calvin (1509–64), der hauptsächlich in Genf wirkte. Er gilt neben Martin Luther als wichtigster Erneuerer der christlichen Kirche im 16. Jahrhundert. Der Calvinismus geht vom Gedanken der Prädestination aus, der Vorbestimmung menschlichen Schicksals durch Gott (weshalb diese Lehre z. B. in Reichtum einen Gnadenerweis Gottes sah). Die Anhänger Calvins in Frankreich waren die Hugenotten, in England die Puritaner.

Wie nannte man das 1555 auf dem Augsburger Reichstag verkündete Friedenswerk, mit dem die Religionskämpfe der Reformationszeit beigelegt wurden?

Augsburger Religionsfriede. Er erkannte die Augsburger Konfession der protestantischen Landesfürsten an. Allerdings war es nur diesen erlaubt nach dem Grundsatz „wessen die Regierung, dessen die Religion" ihre Konfession frei zu wechseln. Die Untertanen mussten sie übernehmen oder auswandern.

Welcher Tag erinnert im Festtagskalender der katholischen Kirche an das letzte Abendmahl?

Der Gründonnerstag, auf den der Karfreitag, der Kreuzigungstag Christi, folgt.

Auf welchem Hügel vor Jerusalem fand die Kreuzigung Jesu statt?

Auf dem Begräbnishügel Golgatha (aramäisch „Schädel") oder auch Kalvarienberg (lateinisch, „Hirnschale"). Sie ist nach dem Markus-Evangelium die Kreuzigungsstätte, die zur Zeit Konstantins bei der Wiederauffindung des Grabes Jesu lokalisiert wurde. In der katholischen Kirche werden Kreuzandachten abgehalten, in denen der Kreuzweg Christi vom Haus des Pilatus bis Golgatha an 14 Stationen entlang betend abgeschritten wird.

Welcher deutsche Sozialphilosoph entwarf eine marxistisch orientierte Sozialtheorie innerhalb der Frankfurter Schule?

Jürgen Habermas (*1929), der in historischen Untersuchungen den Strukturwandel der Gesellschaft und die Bedingungen von politischen Entscheidungsprozessen in bürgerlich-liberalen, d. h. kapitalistischen Gesellschaften erforschte. Er entwickelte den Begriff des erkenntnisleitenden Interesses in den Wissenschaften, mit dem er in den 60er-Jahren den Wissenschaftspositivismus bekämpfte. Habermas hatte wesentlichen Einfluss auf die Studentenproteste der 68er-Zeit.

Welcher deutsche Philosoph gilt als Vollender des deutschen Idealismus und stellte sein Lehrsystem in der Phänomenologie des Geistes dar?

Georg Wilhelm Friedrich Hegel (1770–1831). Er will mit seiner Philosophie die Einheit von Sein und Denken nachweisen, die sich in dialektischen Schritten zu einem „Absoluten" hin vollzieht („Alles Vernünftige ist wirklich, und alles Wirkliche ist vernünftig.") Hegels Werk sowie seine postum veröffentlichten Vorlesungen übten großen Einfluss auf den Marxismus u. a. philosophische Lehren aus.

In welchem Land gilt der Jom Kippur als höchster Feiertag?

In Israel. Er ist ein Versöhnungsfest, an dem die Gläubigen ihre Sünden bekennen. Am Jom-Kippur-Feiertag des Jahres 1973 griffen Ägypten und Syrien Israel überraschend an. Der sog. Jom-Kippur-Krieg endete zwei Wochen später mit einem israelischen Sieg.

Warum lebte Diogenes von Sinope (412–323 v. Chr.) in einer Tonne?

Diogenes in seiner Tonne (Miniatur)

Weil er ein Kyniker war, also der philosophischen Richtung angehörte, die Bedürfnislosigkeit und asketisches Leben als Weg zur Unabhängigkeit (z. B. von gesellschaftlichen Zwängen) ansah. Da diese Philosophie oft geradezu provozierend und demonstrativ einfach vorgelebt wurde, lebte Diogenes in einer Tonne „wie ein Hund". Dies brachte ihm den Spitznamen „kyon" (= Hund) ein, woraus sich schließlich die Bezeichnung der gesamte Philosophenschule der Kyniker ableitete.

Welche Theologie gründet den Glauben auf die Inkarnation (Fleischwerdung) Gottes?

Die christliche. Danach ist Gott durch Jesus Christus Mensch geworden, um die Menschen von ihren Sünden zu erlösen.

Welcher jüdische Pharisäer wandelte sich nach seiner Bekehrung in Damaskus zu einem der bedeutendsten Apostel des Christentums?

Paulus (um 5/15– um 64 n. Chr.), der sich selbst nicht zu Unrecht „Apostel aller Völker" nennt, denn er predigte das Christentum auf mehreren Missionsreisen durch das römische Reich (Paulusbriefe des NT). Er war es auch, der sich gegen Petrus auf dem Apostelkonzil in Jerusalem mit der Auffassung durchsetzte, dass auch Nichtjuden getauft werden dürften. Von da an begann sich das Christentum rasch auszubreiten.

Welche Vorstellung verbirgt sich hinter dem Glauben an die Dreifaltigkeit Gottes?

Anbetung der Dreifaltigkeit (Gemälde von A. Dürer, 1511)

Das Wesen Gottes besteht in seiner ewig unwandelbaren Dreiheit (Trinität): Gottvater, Gottsohn und Heiliger Geist. (Mt. 28,19: „...im Namen des Vaters und des Sohnes und des Heiligen Geistes...“) Dieser Glaube spiegelt sich im christlichen Credo wider.

Welche deutsche Mystikerin des Mittelalters schuf bedeutende Werke zur Natur- und Heilkunde?

Die heilige Hildegard von Bingen (1098–1179). Sie gründete 1150 das Benediktinerinnen-Kloster Rupertsberg bei Bingen, wo sie als Äbtissin wirkte und ihren Studien nachging. Ihre auf Lateinisch verfassten Werke befassen sich neben der Natur- und Heilkunde auch mit den Krankheiten und ihren Behandlungen v. a. mit Heilkräutern.

Welche europäische Geistesbewegung des 18. Jahrhunderts forderte den Einzelnen auf, sein Handeln auf die Vernunft zu gründen?

Die Aufklärung. Einer ihrer Vertreter, der Philosoph Immanuel Kant forderte: „Habe Mut dich deines Verstandes zu bedienen!“. Aufklärung definierte er als den „Ausgang des Menschen aus seiner selbstverschuldeten Unmündigkeit”. Die Folge war, dass am absoluten Autoritätsanspruch des Staates und der Kirche Zweifel entstanden. Unumstößlich sei nur das, was durch Experiment und Anschauung nachweisbar ist. Das gestärkte Selbstbewusstein ermöglichte u. a. auch die Einforderung von Bürger- und Menschenrechten in der Französischen Revolution von 1789.

Welche ägyptische Göttin ist die Gemahlin des Unterwelt-Gottes Osiris, die als Erkennungszeichen einen Thron auf dem Kopf trägt?

Isis, die die ägyptischen Pharaonen vermutlich als Göttin des Herrscherthrons verstanden haben. Sie ist auch die „zauberreiche Göttin” der Magie. Ihr Kult verbreitete sich nach Griechenland und nach Rom sowie in die Provinzen des römischen Weltreiches.

Welcher deutsche Philosoph der Aufklärungsepoche hat die moderne Philosophie und Erkenntnistheorie begründet?

Immanuel Kant (1724–1804). In seinem Hauptwerk „Kritik der reinen Vernunft” untersucht er die Möglichkeiten menschlicher Erkenntnis und kommt zu dem revolutionären Schluss, dass der Mensch über Gott, Welt und Seele nichts letztgültig Sicheres erfahren könne. Kant stellte aber die Existenz Gottes und die Unsterblichkeit der Seele nicht in Abrede – auch wenn sie nicht beweisbar sind. Seine Moralphilosophie gipfelt im kategorischen Imperativ, wonach jeder Mensch so handeln solle, dass sein Handeln gleichzeitig auch Grundlage einer allgemeinen Gesetzgebung sein könne.

Welcher deutsche Philosoph ist neben Heidegger der bedeutendste Vertreter der Existenzphilosophie?

Karl Jaspers (1883–1969). Er formulierte in dem Begriff „Grenzsituation" den Zentralbegriff der Existenzphilosophie. Demnach ist das menschliche Dasein durch Leiden, Kampf und Tod geprägt. Philosophie versteht Jaspers nicht mehr als nur theoretisch-geistige Aufgabe, sondern als zu lebende Praxis einer verantwortungsvollen „Weltorientierung". Er hat deshalb immer wieder Stellung zu aktuellen politischen Themen wie der atomaren Bedrohung bezogen.

Was waren die Schwerpunkte des geisteswissenschaftlichen Wirkens von Hannah Arendt (1906–75)?

Als Politikwissenschaftlerin, Soziologin und Philosophin beschäftigte sie sich u. a. mit dem Antisemitismus, der Geschichte politischer Ideen und totalitären politischen Programmen.

Was ist der höchste christliche Feiertag der evangelischen Kirche?

Der Karfreitag. Er erinnert an die Kreuzigung Jesu und wurde schon um die Mitte des 2. Jahrhunderts als Bußtag bei den nordafrikanischen Christen gefeiert. Der Karfreitag liegt vor Ostern, an dem die Auferstehung Christi gefeiert wird. Dies wiederum ist der höchste Feiertag in der katholischen Kirche.

Wie bezeichnet man eine streng enthaltsame und entsagende Lebensweise?

Askese. Sie dient der Verwirklichung sittlicher und religiöser Ideale. Asketische Übungen wie Beten, Fasten, Meditation und Kontemplation sind besonders im Mönchtum des Christentums, des Hinduismus' und des Buddhismus' zu finden.

In welchem religiösen heiligen Buch befinden sich Suren?

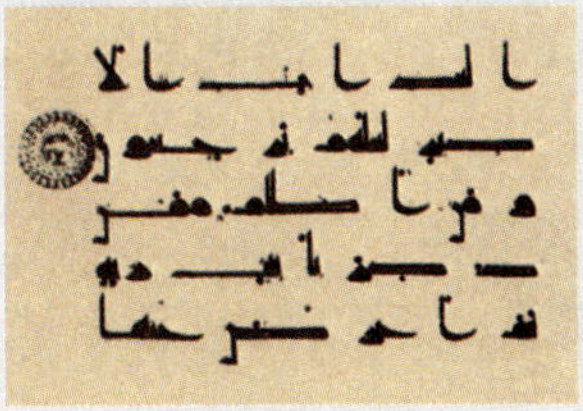

Suren: Koran in kufischer Schrift

Im Koran, der Grundlage des islamischen Glaubens. Das Gesetzbuch ist in 114 Kapitel, die Suren, gegliedert.

Mit welcher Feier nimmt die evangelische Kirche junge Christen in ihre Gemeinschaft auf?

Mit der Konfirmation. Die etwa 14-jährigen Christen erhalten erstmals die Kommunion und gelten dann als vollgültige Mitglieder der Gemeinde.

An welchem Tag wird den Gläubigen nach katholischem Ritus mit Asche ein Kreuz auf die Stirn gezeichnet?

Am Aschermittwoch, dem ersten Tag nach den Fastnachtstagen und der erste Tag der dann folgenden siebenwöchigen Fastenzeit. Der Priester zeichnet das Kreuz auf die Stirn mit den Worten: „Gedenke, Mensch, dass du Staub warst und wieder zu Staub wirst.". Es sind die Worte Gottes an Adam.

Wer ist der Begründer des Islam?

Mohammed (um 570–632 n. Chr.). In Mekka, seiner Geburtsstadt, empfing er nach islamischer Überlieferung die Offenbarungen Allahs durch den Erzengel Gabriel, die er im Koran, dem Gesetzbuch der Muslime, niederschrieb. Wegen seiner Lehren musste er Mekka verlassen und nach Medina flüchten, wo er die meiste Zeit seines Lebens verbrachte. Die Hedschra (Auswanderung) im Jahr 622 ist gleichzeitig der Beginn der islamischen Zeitrechnung. In einem heiligen Krieg gelanges ihm die arabischen Stämme zu einigen und 630 als Sieger nach Mekka zurückzukehren.

Welcher niederländische Theologe war der Hauptvertreter des Humanismus?

Erasmus von Rotterdam

Erasmus von Rotterdam (1466/69–1536), der zwar die rückständige scholastische Theologie und die Missstände in der Kirche bekämpfte, in den Auseinandersetzungen der Reformation jedoch über den Parteien stand. Er war auch ein berühmter Satiren-Dichter („Lob der Torheit") und Herausgeber griechischer Klassiker sowie des Neuen Testaments in griechischer Sprache, auf das sich Luther bei seiner Bibelübersetzung stützte.

Welche Erscheinung hatte die 14-jährige Bernadette 1858 in der Grotte von Lourdes?

Eine Marienerscheinung, die sehr bald zahlreiche Wundergläubige aus aller Welt anzieht. Nach Untersuchungen der Kirche wird die Echtheit der Erscheinung bestätigt. 1933 spricht der Papst Bernadette Soubirou (1844–79) heilig. Lourdes gehört heute zu den bedeutendsten Marienwallfahrtsorten der Welt.

Was regelt die Formen und den Ablauf der Gottesdienste in den christlchen Kirchen?

Die Liturgie. Sie legt die Gebete und religiösen Handlungen fest, die der Priester und die Gläubigen ausführen.

Welche philosophische Disziplin befasst sich mit dem folgerichtigen Denken?

Die Logik, als deren Begründer Aristoteles angesehen wird. Ziel ist es, über Sachverhalte schlüssig zu befinden und zu argumentieren. Hierbei stehen die Begründungsverfahren der Deduktion (Das Besondere wird vom Allgemeinen abgeleitet) und der Induktion (Das Allgemeine wird über das Besondere hergeleitet) zur Verfügung.

In welcher Weltreligion sind rituelle Gebetssprüche des Mantra charakteristisch?

Im Buddhismus. Hier ist der Mantra eine Sammlung von Ritualformeln, deren ständige Wiederholung zur Erleuchtung führen soll.

In welcher Stadt befindet sich das größte Heiligtum des Islam?

In Mekka. Sie ist die Geburtsstadt Mohammeds und der wichtigste islamische Wallfahrtsort. Inmitten der Großen Moschee befindet sich die Kaaba, das Heiligtum des Islam. Hierher führte Mohammed 630 seine siegreichen Truppen nach dem Heiligen Krieg zurück.

Wie heißt die philosophische Haltung, die die Welt und das menschliche Dasein als sinnlos betrachtet?

Der Nihilismus, von lateinisch „nihil" = „nichts". Diese Grundhaltung wurde v. a. durch die Philosophie Friedrich Nietzsches Ende des 19. Jahrhunderts genährt.

Welcher hellenistische Wissenschaftler soll den Satz geäußert haben: Störe meine Kreise nicht.?

Archimedes (287–12 v. Chr.) aus Syrakus. Er entdeckte wichtige physikalische Gesetze wie das Hebelgesetz und das nach ihm benannte „archimedische Prinzip" des Auftriebs. Den Flaschenzug wendete er als Erster an. In der Mathematik berechnete er Quadratwurzeln, Flächen und Rauminhalte. Archimedes war der größte Mathemetiker und Physiker des Altertums. Bei der Eroberung von Syrakus wurde er von einem Soldaten erschlagen.

Welcher griechische Philosoph hat das Höhlengleichnis entworfen?

Platon (um 427– um 347 v. Chr.), ein Schüler des Sokrates. Im Zentrum des platonischen Denkens steht die Ideenlehre. Ihr gemäß sind es allein die Ideen, die ewig und unwandelbar sind und der Ursprung und das Ziel alles Seienden darstellen. Die Vorstellungen und sinnlichen Wahrnehmungen sind nur Abbilder dieser Ideen (Höhlengleichnis). Platons Hauptwerke sind seine „Politik", eine ideale Staatslehre, sowie seine Dialoge, die sich mit der Sinnfrage und dem ethischen Handeln befassen. Er gilt als Begründer des politischen und ethischen Idealismus.

Welche Weltreligion geht auf die Verkündigung eines arabischen Propheten zurück?

Der Islam, von Mohammed zwischen 610 und 632 n. Chr. in Mekka und Medina gestiftet, und damit die jüngste der Weltreligionen. Ihre Grundsätze sind dem Propheten von Allah offenbart und im Koran festgehalten worden. Der Eingottglaube des Islams beruht auf den Verkündigungen Jesu und der jüdischen Propheten. Die islamische Frömmigkeit fußt auf 5 Säulen: Bekenntnis zur Einheit Gottes, Pflicht fünfmal täglich zu beten, die Spende von Almosen, das Fasten und die Wallfahrt nach Mekka.

Islam: Große Moschee (Isfahan)

Wie nennt man den ständigen Vertreter des Papstes bei einem Staatsoberhaupt?

Apostolischer Nuntius (lateinisch, „Bote"). Er hat den Rang sowohl eines Titularerzbischofs als auch den eines diploamtischen Botschafters und ist somit auch bei nationalen Bischofskonferenzen anwesend.

Von welchem englischen Staatsphilosophen stammt der Ausspruch homo

homini lupus est („Der Mensch ist dem Menschen ein Wolf")?

Von Thomas Hobbes (1588–1679), einem Anhänger der Monarchie in England, was ihn nach Frankreich ins Exil zwang. Er beschrieb den Naturzustand des Menschen als egoistischen Kampf aller gegen alle, den nur der Staat durch seine Autorität zum Wohle jedes Einzelnen unterdrücken kann („Leviathan"). Hobbes bestimmte wesentlich den englischen Empirismus und gab dem Gedanken des Gesellschaftsvertrages bei Rousseau wichtige Impulse.

Welche Weltreligion gründet sich auf die fünf Bücher Mose?

Jüdische Synagoge

Das Judentum, das sowohl Grundlage des Christentums als auch des Islam ist. Die fünf Bücher Mose stellen das Alte Testament dar; die Juden bezeichnen sie als Thora (Gesetz). Fast ebenso wichtig für die Juden ist der aus der rabbinischen Lehre entstandene Talmud, eine Rechtssammlung mit Beispielfällen und Kommentaren, der um 500 n. Chr. abgeschlossen wurde. Die wichtigsten Feste des Judentums sind das Passahfest, das Laubhüttenfest sowie der Jom Kippur.

Wer ist das geistliche und weltliche Oberhaupt Tibets?

Der Dalai-Lama, dessen Mönchsname Tenzin Gyatzu (*1935) lautet. Er gilt als Reinkarnation des Bodhisattva Avalokiteschwara, der die Barmherzigkeit und die allumfassende Liebe symbolisiert. Der Lamaismus ist die tibetische Sonderform des Buddhismus.

Welcher österreichisch-britische Philosoph begründete die Methodenlehre des trial and error?

Sir Karl Popper (1902–94), der bedeutendste Vertreter des kritischen Rationalismus. Er vertrat eine Philosophie der Wachsamkeit gegenüber Versuchen, endgültige Theorien oder absolute Wahrheiten aufzustellen. Grundlegend in der Wissenschaft sei es, Aussagen immer wieder infrage zu stellen (falsifizieren), um so zu einer Annäherung an die Wahrheit zu gelangen.

Wer prägte im Mittelalter den Franziskanerorden?

Es war der heilige Bonaventura (eigtl.: Johannes Fidanza, um 1221–1274). Der italienische Theologe, Philosoph und Mystiker trat den Franziskanern bei und wurde 1257 Ordenskardinal. Bonaventura hatte wesentlichen Anteil an der Ausprägung der franziskanischen Richtung der Scholastik. Von der katholischen Kirche wurde Bonaventura verehrt und 1482 heilig gesprochen.

Wie nennen sich die Mitglieder von Verbindungen mit humanitären Zielsetzungen, die in Logen gegliedert sind?

Die Freimaurer. Ihr Ziel ist die Vervollkommnung des Menschen. Die Logenbrüder können in Erkenntnisstufen vom Lehrling zum Gesellen und dann zum Meister und den weiteren Hochgraden aufsteigen. Gott wird als „Allmächtiger Baumeister aller Welten" verehrt. Dem Freimaurer gelten Wahrheit, Menschenliebe und Toleranz als höchste Werte; gleichzeitig bekämpfen sie gesellschaftliche Unfreiheit, Fanatismus und Aberglaube. Diese im 18. Jahrhundert entstandene Bewegung hat viele berühmte Anhänger gefunden wie Friedrich II. von Preußen, Lessing, Goethe und Mozart.

Welche philosophische Überzeugung erkennt nur dann Aussagen als wahr an, wenn sie auf überprüfbaren Voraussetzungen beruhen?

Der Positivismus. Die Folge aus dieser Haltung ist, dass metaphysische Fragen über die letzten Dinge des Seins wie Gott, Unsterblichkeit, Liebe etc. oder ideale Behauptungen keinen nachweisbaren Wahrheitsgrund haben.

Welche Religionsgemeinschaft gedenkt mit dem Purim-Fest an seine Errettung durch Esther?

Die jüdische. Nach dem Buch Esther des Alten Testaments gelang es der schönen Jüdin Hadassa (Esther), der Gemahlin des persischen Königs Ahasver (Xerxes) die persischen Juden vor dem Vernichtung zu erretten. Zum Gedenken daran feiern die Juden am 14. Adar (Februar/März) ein Freudenfest mit fastnachtsähnlichen Umzügen und dramatischen Aufführungen (Purimspiele).

Welche philosophische Richtung deutet die Vernunft als inneren Grundsatz der Welt?

Der Rationalismus (von lateinisch „ratio" = „Vernunft"), der im Gegensatz zum Empirismus davon ausgeht, dass es von der Erfahrung unabhängige Vernunftwahrheiten gibt, die über der veränderlichen Sinneswelt stehen.

Welcher bedeutende deutsche Philosoph schrieb die Kritik der reinen Vernunft?

Immanuel Kant

Immanuel Kant (1724–1804). Er begründete damit sein System des „kritischen, d. h. transzendentalen Idealismus" und gleichzeitig leitete er damit eine „kopernikanische Wende" in der Philosophie ein. Sein Werk geht der Frage nach, worin die Möglichkeiten und Grenzen menschlicher Erkenntnis liegen; sein Schluss ist, dass Erkenntnisse über „Dinge an sich" nicht möglich sind, womit Kant die gesamte traditionelle Metaphysik und ihre Aussagen über Seele, Unsterblichkeit, Gott usw. als unkritisch und dogmatisch verwarf.

Welche Philosophie des 20. Jahrhunderts geht von den Grunderfahrungen Angst, Sorge und Tod des Menschen aus?

Die Existenzphilosophie, die zunächst von Kierkegaards Erkenntnis der Einsamkeit des Menschen vor Gott ausgeht und sich in eine atheistische Einsamkeit des Menschen vor dem Nichts verwandelt, woraus sich die Angst ableitet; diese vermag jedoch die Erfahrung des „Selbstseins" und damit die Feiheit des Menschen zu vermitteln. Bedeutendster Existenzphilosoph ist Martin Heidegger, der das menschliche Dasein als ein In-der-Welt-sein begreift, aus dem der

Mensch seine Bestimmung finden oder auch verfehlen könne. Heidegger wirkte v. a. auf den französischen Existenzialismus Sartres und Camus‘.

In welcher Religion gilt der Koran als die Heilige Schrift?

Koran

Im Islam. Der Koran enthält die Offenbarungen Mohammeds, die dieser in Mekka und Medina verkündete. Er ist in 114 Suren (Abschnitte) unterteilt, mit Lobpreisungen Allahs, aber auch gesetzlichen und rituellen Vorschriften. Diese gelten heute noch als Gesetzesgrundlage für die Moslems und haben weitreichenden Einfluss auf ihr tägliches Leben.

Wie heißt der im dialektischen Verfahren der These entgegengestellte Satz?

Antithese oder Gegenbehauptung. Aus Satz und Gegensatz folgt eine Lösung, die Synthese. Diese Methode der Beurteilung und Erkenntnisgewinnung geht auf die von Abälard entwickelte scholastische Methode des „sic et non" (Ja und Nein) zurück, mit der nach Aufführung aller Autoritäten für und dann gegen eine Fragestellung eine Lösung ermittelt wurde.

Welche philosophische Schule der Antike erkor sich den Wahlspruch Carpe diem?

Dieser Ausspruch des römischen Dichters Horaz (lateinisch, „Pflücke den Tag") bezieht sich auf den Epikureismus. Sein Begründer ist der griechische Philosoph Epikur (341–271 v. Chr.), nach dem sich Glückseligkeit dann einstellt, wenn man ein maßvolles, heiteres und sorgenfreies Leben führt.

Nach welcher Lehre werden im Buddhismus und Hinduismus die guten und bösen Taten vergolten?

Nach dem Karma. In beiden Religionen macht der Gläubige mehrere Seelenwanderungen durch. Die Wiedergeburt kann in glückliche Verhältnisse oder auch in Armut oder in eine Tier-Existenz führen; darüber entscheidet die Lebensführung im früheren Dasein.

Warum verehrte man in der katholischen Kirche Reliquien?

Da es sich bei den Reliquien um Überreste, meist Knochenreste von Heiligen oder Märtyrern oder Gegenstände wie etwa Teile aus der Dornenkrone oder dem Kreuz Jesu handelt. Solche Reliquien waren meist Voraussetzungen für Kirchengründungen, weil damit auch auswärtige Pilger angezogen wurden. Die Reliquienverehrung ist ferner ein besonderes Zeichen der Frömmigkeit im Mittelalter und zu Beginn der Neuzeit.

Welcher französische Philosoph und Romancier gab die Losung aus Zurück zur Natur?

Jean-Jacques Rousseau (1712–78), der den negativen Einfluss von Bildung und Zivilisation auf den Menschen kritisierte und eine naturgemäße Erziehung forderte (Émile). Seine staatsphilosophische Schrift „Über den Gesellschaftsvertrag" bereitete die Französische Revolution geistig vor.

Welcher römische Kaiser setzte den Christenverfolgungen ein Ende?

Konstantin I.

Kaiser Konstantin der Große (273–337). Unter ihm wurde im Mailänder Edikt (313) der christliche Glauben neben den anderen Religionen im Römerreich als Religion anerkannt und den blutigen Christenverfolgungen ein Ende gesetzt. Der Kaiser hatte sich zum Christentum bekehrt, ließ sich allerdings erst auf dem Totenbett taufen.

Wie heißt der Ruhetag bei den Juden?

Sabbath (von hebräisch schabbat, „aufhören", „ruhen"). Er beginnt am Freitagabend und dauert bis zum Abend des Sonnabends. Der Sabbat ist nicht nur der Tag der Arbeitsruhe, sondern auch der Heiligung und geistigen Erneuerung.

Welches katholische Sakrament erfolgt in der Eucharistie?

Die Verwandlung von Brot und Wein in den Leib und das Blut Christi. Auch das gemeinsame Mahl der Kommunion wird so bezeichnet.

In welchem Land befindet sich der bedeutende christliche Wallfahrtsort Santiago de Compostella?

In Spanien. Hierher pilgern seit 1000 Jahren Wallfahrer auf den Jakobswegen, die in Frankreich und Deutschland ihre Ausgangspunkte haben, zu den Gebeinen des hl. Jacobus des Älteren, des Schutzpatrons Spaniens. Santiago de Compostella ist neben Jerusalem und Rom der wichtigste christliche Wallfahrtsort.

Welcher französische Philosoph und Schriftsteller gilt als Hauptvertreter des Existenzialismus?

Jean-Paul Sartre (1905–80), dessen Hauptwerk „Das Sein und das Nichts" (1943) die französische Form des Existenzialismus begründete. Seine durch den Marxismus beeinflussten politisch engagierten Romane, Theaterstücke und Essays kreisen um das Thema der menschlichen Freiheit, mit der der Mensch durch Engagement und Verantwortung dem Dasein Sinnhaftigkeit verleihen kann.

Wie nennt man den Garten, aus dem Gott Adam und Eva vertrieb?

Adam und Eva (Gemälde von H. van der Goes, um 1400)

Das Paradies oder Garten Eden. Hier lebte das erste Menschenpaar in natürlicher Unbekümmertheit, bis sie auf Grund des Sündenfalls in die Welt und in die Mühsal des menschlichen Daseins vertrieben wurden. Das Paradies gilt allgemein als der Ort des Friedens, der Glückseligkeit und absoluten Bedürfnislosigkeit.

In welchem Buch des Neuen Testaments wird das Weltende und das Weltgericht visionär beschrieben?

Im Buch der Offenbarung. Diese wichtigste aller Apokalyptiken erzählt die Visionen, die angeblich der Apostel Johannes von Gott erhalten hatte. In eindrucksvollen Sprachbildern wird vom Ende der Welt, dem Weltgericht und dem Beginn des neuen Gottesreiches berichtet. Die Menschheit wird dabei eine lange Periode des Verfalls und der Zerstörung durch Plagen und Kriege prophezeit, die in dem Erscheinen des Antichristen (Satan) und anderen dämonischen Gestalten gipfeln. Der Teufel, so heißt es, werde dann jedoch für den Zeitraum von 1000 Jahren – dem messianischen Zeitalter – in Fesseln gelegt; anschließend wird er – für kurze Zeit – noch einmal losgelassen; sein Wüten leitet den unmittelbaren Weltuntergang in einem großen Kampf ein; der Antichrist wird schließlich ein letztes Mal gestürzt und es beginnt das Jüngste Gericht, auf das hin die Erretteten in ein Neues Reich, ein „neues Jerusalem", eintreten, die Verdammten jedoch auf immer in dem „feurigen Pfuhl" versinken.

Apokalypse: mittelalterliche Darstellung

Zu welcher Weltreligion gehört die Scharia?

Zum Islam. Es ist das Gesetz, das im Koran und in der Sunna, die die Aussagen und Handlungen Mohammeds überliefert, verankert ist und in islamischen Staaten auch als Strafrecht angewendet wird.

Wer ist der Begründer der Anthroposophie, die wesentlich auf die Waldorfpädagogik wirkte?

Rudolf Steiner (1861–1925), der durch eine Art Geheimschulung seine Anhänger zu einem „geistigen Schauen" befähigen wollte, durch das die höheren Welten – ähnlich wie die sinnliche durch die Sinnesorgane – wahrgenommen werden sollten. Der Mensch besteht aus Körper, Seele und Geist, wobei Seele und Geist wiedergeboren werden.

Welchen Glauben haben die Schiiten?

Den islamischen. Sie stellen die kleinere der beiden Konfessionen des Islam dar. Die Schiiten, die v. a. im Irak und im Iran leben, trennten sich von den Sunniten, weil sie die Kalifen, die gewählten Führer des Islam, nicht anerkennen wollten. Autorität als Imame genießen bei ihnen nur die Nachfahren Mohammeds.

Welche Philosophie dominierte im Mittelalter das christliche Abendland?

Die Scholastik, die an den Kathedral- und Klosterschulen geleehrt wurde. Sie knüpfte an die antike Philosophie und an die Kirchenlehrer der Spätantike an, versuchte die Offenbarungslehre mit philosophischem Denken zu verknüpfen. Thomas von Aquin (1225–74), der bedeutendste Lehrer der Scholastik, fasste – gestützt auf die Systematik des Aristoteles – das gesamte Wissens- und Glaubensgut der spätmittelalterlichen Kirche zusammen.

Was betont der Begriff evangelisch im Unterschied zu protestantisch?

Evangelisch betont mehr den Religionsinhalt, der die Heilige Schrift, v. a. die Evangelien, zur Grundlage hat; protestantisch erinnert an die Entstehung dieser christlichen Kirchen zur Zeit der Reformation.

Welche Sekte ist wegen ihrer autoritären Struktur und ihrer kommerziellen Praxis sehr umstritten?

Die „Scientology Church", die 1954 von dem Science-Fiction-Autor L. Ron Hubbard gegründet wurde. Ihre Mitglieder werden einem psychischen Reinigungsprozess (Dianetik) unterworfen, mit dem die Erhöhung der Intelligenz und der geistigen Freiheit erzielt werden soll. Die Organisation verfügt über zahlreiche Wirtschaftsunternehmen; ihre Zielgruppe sind v. a. Führungskräfte in der Wirtschaft, Verwaltung und Politik. In der BR Dtl. steht sie unter der Beobachtung des Verfassungsschutzes.

Wie bezeichnet man die Mitglieder der größten islamischen Konfession?

Sunniten, die rund 90% der Muslime ausmachen. Im Gegensatz zu den Schiiten erkennen sie die vier ersten frei gewählten Kalifen nach Mohammed als religiöse Führer, Imame, an. Neben dem Koran stützt sich ihr Glaube v. a. auf die Sunna, die überlieferten Aussagen und Verhaltensregeln Mohammeds.

Welcher chinesische Philosoph begründete die bis heute in Chinas Kultur verwurzelte Weisheits- und Morallehre?

Konfuzius: Keramikstatue aus der Mingdynastie

Konfuzius (um 551–um 471 v. Chr.). Er ging von einem hierarchischen Weltbild aus, wobei er den Kosmos als Ganzes von dem Gesetz Tao durchdrungen sah. Das göttliche Sternensystem ist dabei ein Spiegelbild für die Ordnung der Gesellschaft und der Familie, in die sich der Einzelne durch Gehorsam, Gerechtigkeit und Tugenden wie der Nächstenliebe einzugliedern hat.

Wie heißen die geistlichen Lehrer der jüdischen Gemeinden?

Rabbiner. Sie haben die Autorität zur Auslegung der Heiligen Schrift und des Talmud. In neuerer Zeit nennt man auch die Leiter der jüdischen Gemeinden Rabbiner.

Welche Weltreligionen haben durch das Alte und Neue Testament dieselben Wurzeln?

Das Judentum und das Christentum. Für das Judentum ist die Thora (die fünf Bücher Mose) sowie Propheten und Schriften des Alten Testaments ausschlaggebend, für das Judentum ist das Neue Testament, in dem das Leben und Wirken Jesu im Mittelpunkt steht, verbindlich; ebenso aber auch die göttlichen Offenbarungen des Alten Testaments.

Was löste Martin Luther 1517 aus?

Die Reformation. Durch seine Kritik an den Missständen in der katholischen Kirche, wie sie etwa durch die Ablasspraktiken zum Ausdruck kamen kam es zum Streit mit der Kirche. Luther dachte anfangs nicht an eine Spaltung der Kirche, sondern an eine Erneuerung („Reformation"). Als er bei Kaiser und Papst kein Gehör fand und zudem eine völlig andere Gnadenlehre entwarf, war der Weg zur evangelischen Kirche beschritten.

Reformation: Luther verbrennt 1520 die Bannbulle des Papstes (Stich von 1619)

Wie heißt die philosophisch-religiöse Lehre Chinas?

Taoismus. Mit ihm verfolgen die Chinesen das Ziel, eine Übereinstimmung des menschlichen Denkens und Handelns mit dem Tao zu erzielen. Das Tao ist „der Weg", den die Natur weist.

Was versteht man unter dem Talmud?

Er ist nach der Thora, den fünf Büchern Mose, die wichtigste Grundlage der jüdischen Religion und Gesellschaft und enthält eine Rechtssammlung mit Beispielfällen und Kommentaren aus der rabbinischen Überlieferung.

Welche philosophische Lehre erklärt die Seele als Prinzip des Lebens?

Der Animismus (lateinisch „anima" = „Seele"), 1737 in Anlehnung an den Pneumatismus der griechischen Philosophie entstanden. In primitiven Völkern bedeutet Animismus der Glaube an Geisterkräfte als Ursachen von Wirkungen in der Natur, deren Erscheinungsformen (z. B. Steine, Wasser, Feuer) als beseelt aufgefasst werden.

Von wem wurde nach christlicher Deutung die Erbsünde in die Welt gebracht?

Von Adam und Eva, den ersten Menschen, deren Vergehen vom „Baum der Erkenntins von Gut und Böse" gegessen zu haben, Gott mit der Verbannung aus dem Paradies bestrafte. Die Sünde wird durch Zeugung von einer Generation auf die andere übertragen. Seit dem Kreuzestod Christi wird die Erbsünde durch die Taufe aufgehoben.

Was bedeutet Pluralismus?

Das Zulassen verschiedener Ansichten, Ideen und Überzeugungen, die gleichzeitig und gleich geachtet nebeneinander bestehen und miteinander im offenen Austausch oder Wettstreit liegen.

Wo befindet sich das Tuch, in dem angeblich der Leichnam Jesu eingehüllt war?

In Turin, wo das sog. Turiner Grabtuch 1578 in den Dom gebracht wurde. Es zeigt den Negativ-Abdruck eines Mannes in Vorder- und Rückenansicht. Spuren einer Dornenkrone und einer Seitenwunde, Haar- und Barttracht und zuletzt auch Pollenuntersuchungen legen die Vermutung nahe, dass das Grabtuch authentisch ist.

Welche Religionen gelten als Weltreligionen?

Das Christentum mit der katholischen und orthodoxen Konfession sowie den zahlreichen evangelischen Bekenntnissen; der Buddhismus einschließlich der von ihm beeinflussten ostasiatischen Mischreligionen des Konfuzianismus, Taoismus und Shintoismus und der Islam. Uneingikeit besteht über den Stellenwert des Hinduismus als Weltreligion.

Welcher britische Philosoph machte durch seine zeitkritische Protesthaltung gegen Krieg, soziale Unterdrückung und überkommene Moralvorstellungen von sich reden?

Bertrand Russel (1872–1970), der noch im Alter von 89 Jahren wegen seiner regierungsfeindlichen Aktivitäten ins Gefängnis kam. Russel war ein politisch engagierter Mann, der Sitzblockaden und Friedensinitiativen organisierte, die Institutionen Staat, Kirche und Ehe bekämpfte, für eine antiautoritäre Erziehung und für den Pazifismus eintrat.

Welcher österreichische Philosoph des 20. Jahrhunderts befasste sich mit sprachphilsophischen Betrachtungen?

Ludwig Wittgenstein (1889–1951), der in seinem Hauptwerk „Tractatus logicophilosophicus" und in seinem postum erschienen Werk „Philosophische Untersuchungen" u. a. der Kernfrage nachgeht, inwieweit in der Sprache und in den Sprachspielen des Alltags und Berufslebens die Welt abgebildet sei (Verhältnis Wirklichkeit und Sprache).

Wodurch ist der schlichte Kult des Schintoismus geprägt?

Durch Naturverehrung und Ahnenkult. Der Schintoismus wird v. a. in Japan praktiziert, wo es von 1868–1945 auch Staatskult war.

Schintoistisches Portal: Sie sind in Japan als Tempeleingänge und in der freien Natur zu finden.

In welcher Religionsgemeinschaft werden Sakramente gespendet?

In der christlichen. Die heiligen Handlungen, die den Segen Gottes und damit seine Gnade gewähren, vollzieht der Priester oder ein höherer Geistlicher. Bei den Katholiken und Orthodoxen sind das die Taufe, die Firmung, die Beichte, die Eucharistie, die Eheschließung, Krankensalbung und Priesterweihe. In der evangelischen Kirche gelten nur die Taufe und die Eucharistie als Sakramente.

Was enthalten die Zehn Gebote?

Die Moses auf dem Berg Sinai von Gott geoffenbarten Grundgesetze: Es gibt nur einen Gott; von ihm soll kein Bildnis gemacht werden; der Name Gottes soll geheiligt werden; der Sonntag ist zu ehren; die Eltern sind zu ehren; Verbot des Tötens, des Ehebrechens, des Stehlens, des Lügens und des Neides.

Wie nennt man einen Zauberer, der sich mit Tanz, Musik und Drogen in Trance versetzt?

Schamane aus der sibirischen Tundra

Einen Schamanen; ihre Tradition als Priester und Heiler lebt in Zentralasien und Sibirien fort, wo man ihnen große magische Kräfte zuerkennt, mit denen sie Seelenwanderungen unternehmen und Verbindungen mit Verstorbenen und Geistern aufnehmen können.

Was besagt der Zölibat, in dem katholische Priester und Mönche leben?

Er ist das Gebot der Ehelosigkeit, das die Priester bei ihrer Weihe bzw. die Novizen bei der Aufnahme in einen Orden ablegen. Endgültig durchgesetzt wurde der Zölibat, nach vielen Jahrhunderten des Kampfes für die Ehelosigkeit, von Innozenz II. 1139. In den evangelischen Kirchen gibt es diese Verpflichtung nicht.

Wer leitete die Züricher Reformation ein?

Der Pfarrer Ulrich (Huldrych) Zwingli (1484–1531), der sich gegen das katholische Fastenverbot und den Zölibat stellte. In Konflikt mit Luther geriet er mit seiner Abendmahlslehre; danach sei Jesus Christus im Brot und Wein nur symbolisch gegenwärtig. Zwingli fiel als Feldprediger im Kampf gegen die altgläubigen Kantone der Schweiz.

Wie nennt man die von Rom unabhängige Kirche Englands?

Anglikanische Kirche. Ihr geistliches Oberhaupt ist der Erzbischof von Canterbury, das weltliche dagegen der König bzw. die Königin von England. Unter Heinrich VIII. löste sich die englische Kirche 1535 vom Papst, da dieser sich weigerte Heinrich von seiner Gattin Katharina von Aragón zu scheiden. Der König wurde durch die Suprematsakte „Oberstes Haupt auf Erden und der Kirche von England".

Welche Heilige Schrift gliedert sich in das Alte und das Neue Testament?

Die Bibel. Das Alte Testament enthält die heiligen Bücher der Juden, die mit der Erschaffung der Welt beginnend die Entstehung und den Verlauf der Geschichte des Volkes Israel erzählt, dem sich Gott offenbarte und das er als das seine auserwählte. Das Neue Testament berichtet in vier Evangelien, in der Apostelgeschichte und in weiteren Briefen, zumeist die des Apostels Paulus, vom Leben und Wirken Jesu und der Apostel. Hinzu kommt die Offenbarung des Johannes, die in gewaltigen Bildern das Weltende beschreibt.

In welcher Stadt steht der Felsendom?

Im Zentrum des Tempelbezirks von Jerusalem. Die islamische Moschee wurde im 7. Jahrhundert auf einem Felsen erbaut, der sowohl für die Juden als auch für die Moslems religiöse Bedeutung hat. Den Juden gilt er als Ort des Opfers Abrahams, den Moslems als Stätte der Himmelfahrt Mohammeds.

Wieso werden in Indien die Menschen nach Kasten unterteilt?

Weil das Kastenwesen auf den Hinduismus, die in Indien am meisten verbreitete Religion, zurückgeht. Die Kasten bilden eine strikte Hierarchie, in die man hineingeboren wird. Die höchste Kaste sind die Brahmanen, die ursprünglich ausschließlich Priester waren (heute noch vielfach Gelehrte). Auf der untersten Stufe stehen die Parias, die auch die Unberührbaren genannt werden, weil ihr körperlicher Kontakt andere Kastenhindus befleckt.

Welchen Namen hat Gott im islamischen Glauben?

Allah. Ählich wie im christlichen Glauben ist Allah Schöpfer und Erhalter der Welt und am Jüngsten Tag der Richter über die Menschen.

Welche geistige Bewegung des 14. bis 16. Jahrhunderts besann sich auf das Ideal der Humanität?

Der Humanismus (lateinisch „humanitas" = „Menschlichkeit"), der die Würde des Menschen und die Entfaltung seiner Persönlichkeit als ethische wie pädagogische Werte betrachtete. Eine neue Beschäftigung mit den Schriften des Altertums setzte von Italien aus ein, die mit der Eroberung Konstantinopels durch die Türken 1453 verstärkt auch die griechische Literatur miteinbezog. Der Humanismus entwickelte sich zeitgleich mit der italienischen Renaissance. Bedeutende Vertreter sind Conrad Celtis, Ulrich von Hutten, Erasmus von Rotterdam und Thomas Morus.

Was ist Zen?

Buddhismus: Meditierender Mönch

Meditative Versenkung. Sie ist das wichtigste Mittel im Zen-Buddhismus, um durch strenge Selbstdisziplin zur Erleuchtung zu gelangen. Der Zen-Buddhismus hat sich hauptsächlich in Japan herausgebildet.

Auf welchem Heiligen Berg Griechenlands erhebt sich noch heute eine griechisch-orthodoxe „Mönchsrepublik"?

Auf dem Berg Athos auf der Südspitze der östlichsten Chalkidike-Halbinsel. Hier thront seit etwa 963 wie eine Trutzburg das Kloster Dionysiou. In der Abgeschiedenheit und Sicherheit konnte sich über die Jahrhunderte hinweg das eremitische Leben in einer regelrechten Mönchsrepublik entfalten. Die Mönche verbringen allein acht Stunden des Tages mit Gebeten. Der Kaiser von Byzanz erlaubte nach der Entstehung des ersten Großklosters den Bau weiterer Klöster in der Umgebung. Im 12. Jahrhundert kamen serbische, russische und bulgarische Athos-Klöster hinzu.

Wieso werden an Ostern Ostereier verschenkt?

Die Ostereier haben nichts mit dem christlichen Fest der Auferstehung Jesu zu tun, sondern gehen auf germanische Frühlingsfeiern zurück. Bei diesen heidnischen Bräuchen fungierten Eier als Fruchtbarkeitssymbole.

Wo liegt das buddhistische Wallfahrtsheiligtum Borobudur?

Auf Java. Die um 800 erbaute, 40 m hohe, in terrassenförmige Stufen aufsteigende Pyramide gipfelt in drei kreisförmige Terrassen, auf deren oberster eine mächtige Halbkugel steht. Der Wallfahrer soll beim Wandeln auf den Terrassen die steinernen Reliefs betrachten, die u. a. Szenen aus dem Leben Buddhas darstellen.

Borobudur: Teilansicht des buddhistischen Heiligtums auf Java.

Welche Funktion hat ein Ayatollah?

Er ist der geistliche und politische Führer im schiitischen Islam (übersetzt: Zeichen Gottes).

Warum wird das 1. Buch Mose auch Genesis genannt?

Genesis heißt Anfang, Ursprung. Das erste Buch der Bibel beginnt mit der Schöpfungsgeschichte.

Mit welchem Jahr beginnt die Jahreszählung des islamischen Kalenders?

Mit dem Jahr 622 n. Chr., nämlich mit der Flucht Mohammeds von Mekka nach Medina. Grundlage für den islamischen Kalender ist ein reines Mondjahr, nicht das Sonnenjahr (wie beim gregorianischen Kalender).

Unter welchem Ehrentitel kennen wir den Prinzen Siddharta Gautama (um 560–480 v. Chr.)?

Unter dem Titel Buddha (der Erleuchtete, der Erwachte). Der Sohn eines indischen Fürsten ließ sein luxuriöses Leben radikal hinter sich, nachdem er bei Ausfahrten einem Alten, einem Kranken, einem Toten und einem Mönch begegnet war. Nach vielen Bemühungen, u. a. durch Askese, erlangte er mit 35 Jahren unter einem Feigenbaum (Bodhibaum) bei Bodh Gaya die Erleuchtung. Seitdem verbreitete er die Lehren, zu denen er gefunden hatte, indem er mit seinen Anhängern (Mönchen) durchs Land zog.

Wozu wird Myrrhe verwendet?

Das Gummiharz aus Myrrhestraucharten wird, wie Weihrauch, als Räucherharz bei kirchlichen Ritualen verwendet. Es war früher so kostbar, dass sie von Kaspar, Melchior und Balthasar neben Gold als königliche Geschenke mitgebracht wurden.

Welche Stadt ist mit Zion gemeint?

Jerusalem, die „Stadt des Friedens" mit dem Berg Zion, auf dem der Davidspalast und Salomos Tempel standen. Nach diesem Berg ist die Zionistische Bewegung (Zionismus) benannt, die jüdische

Nationalbewegung, die seit dem 19. Jahrhundert das Ziel verfolgte, in Palästina einen jüdischen Staat zu gründen.

Wie viele Stationen hat ein Kreuzweg?

Die Darstellung des Leidensweges Christi von der Verurteilung durch Pilatus bis zur Grablegung hat traditionellerweise 14 Stationen (Einzelbilder).

Welche philosophische Meinung geht davon aus, dass menschliche Erkenntnis nur durch die Erfahrung möglich wird?

Der Empirismus (gr. „Erfahrung"); er erhebt das wissenschaftliche Experiment zur wichtigsten Methode der exakten Erkenntnisgewinnung. Hierbei spielt die sinnliche Wahrnehmung die zentrale Rolle. Er steht im Gegensatz zum Rationalismus. Begründer des erkenntnistheoretischen Empirismus der Neuzeit sind John Locke und Francis Bacon.

Wozu dienten die Katakomben?

Die unterirdischen Gänge in Rom waren christliche Begräbnisstätten. Seit etwa 200 n. Chr. wurde hier zunächst nur die ärmere Bevölkerung (dann auch Bischöfe) bestattet. Der Name geht auf eine lateinische Flurbezeichnung „ad Catacumbas" für ein Gelände an der Gräberstraße der Via Appia zurück.

Was erwarten die Adventisten?

Die Mitglieder dieser hauptsächlich in den USA verbreiteten Religionsgemeinschaft (ca. sieben Millionen Anhänger) erwarten die erneute Wiederkehr von Jesus Christus.

Wer zählt neben Platon und Sokrates zu den bedeutendsten Philosophen der Antike?

Aristoteles (384/3–22 v. Chr.) aus Stageira (Chalkidike), weshalb man ihn auch Stagirit nannte. Durch seine wissenschaftliche Philosophie, mit der er die wissenschaftlichen Einzeldisziplinen ergründete, war er von der Antike bis heute gleichsam in jeder Wissenschaft das Maß der Dinge. Er unterschied die theoretische Philosophie, zu der er die Metaphysik rechnete, und die praktische Philosophie, die sich mit dem richtigen Handeln befasst. Hierher gehören seine Werke „Ethik" und „Politik". Hinzu kommt noch seine Logik, als Lehre vom richtigen Denken und Schließen.

Aristoteles: Die Schule von Athen von Raffael, in der Mitte die Philosophen Platon und Aristoteles

Welche philosophische Richtung hält die Welt und ihre Ausgestaltungen für unabhängig vom menschlichen Denken und Wollen?

Der Realismus. Er lässt zwei Möglichkeiten der Wahrnehmung zu: Die Sinne nehmen die Welt so wahr, wie sie ist, oder dass der Mensch die Dinge nur verstellt durch seine Vorstellung, also nicht wirklich wahrnimmt.

Wo befindet sich die Klagemauer?

Gläubige Juden an der Klagemauer

In Jerusalem. Sie ist das größte Heiligtum des Judentums und die Stätte des Gebets für gläubige Juden; sie ist nämlich der einzig erhaltene Teil des ehemals von König Salomo erbauten Tempels von Jerusalem, der im Jahre 70 n. Chr. durch Titus bei der Eroberung der Stadt zerstört wurde. Der römische Feldherr hatte damals das Allerheiligste des jüdischen Tempels geplündert und im Triumphzug nach Rom gebracht; von den Einzelheiten zeugen heute noch die Reliefs am Titusbogen in Rom.

In welchen Weltreligionen spielt der Glaube an den Messias eine zentrale Rolle?

Im Judentum und im Christentum. Während die Christen in Jesus Christus den von den Propheten erwarteten gesalbten Gottes wieder erkennen, der die Menschen von den Sünden erlöst hat, erwarten die Juden die Ankunft des Messias in künftiger Zeit.

Was versteht man unter Mystik?

Eine religiöse Haltung, die danach trachtet, ganz in Gott aufzugehen. Mystiker versuchen, durch stark nach innen gekehrte Frömmigkeit wie auch durch meditative Übungen eine unmittelbare Gotteserfahrung zu machen (z. B. in Ekstase). Mystik gibt es nicht nur in der christlichen Religion, sondern auch und v. a. in verschiedenen Naturreligionen, im Buddhismus, Hinduismus, Islam und im Judentum.

Wer schuf die biblische Arche, deren Passagiere als Einzige die Sintflut überlebten?

Arche Noah (Miniatur, 14. Jh.)

Noah, der von Gott auserwählt wurde, sich mit den Seinen und der bekannten Tierwelt vor der Sintflut zu retten und ein neues Menschentum zu schaffen (Genesis 6–9).

Welcher Heilige der christlichen Kirchen hat sein Fest am 6. Dezember?

Nikolaus, Bischof von Myra in Griechenland, der vermutlich im 4. Jahrhundert lebte. Zu Ehren des Schutzpatrons der Kinder werden ihnen an seinem Festtag Geschenke gemacht. In der evangelischen Kirche ist Nikolaus der Weihnachtsmann, der die Kinder an Heiligabend beschenkt.

Mit welchem Sakrament kann der katholische Priester den Gläubigen von seinen Sünden lossprechen?

Mit der Beichte, wobei der Gläubige bußfertig, d. h. seine Verfehlungen voll eingestehen und bereuen muss. Der Priester erteilt nach dem Beichtgespräch – zumeist im Beichtstuhl – die Absolution. In der evangelischen Kirche kennt man lediglich ein allgemeines Sündenbekenntnis mit anschließender Lossprechung vor dem Abendmahl; sie ist aber kein Sakrament.

Was ist ein Derwisch?

Der Angehörige eines islamischen Ordens (seit dem 12. Jh.). Derwische (übersetzt Bettler und Fakir) suchen durch geistige Versenkung und asketische Übungen eine mystische Vereinigung mit Gott. Auch die frühesten Propheten, von denen u. a. die Bibel berichtet, traten wie Derwische auf.

Welchen Inhalt umfasst die Thora?

Thorarollen bei einer religiösen Zeremonie in Israel

Die fünf Bücher Mose des Alten Testaments, die im jüdischen Glauben das mosaische Gesetz darstellen. Das sind besonders die Bücher Levitikus, Numeri und Deuteronomium. Die ersten beiden Bücher – Genesis und Exodus – entwerfen die Weltentstehung sowie die Entstehung und Auserwählung des Volkes Israel.

Wem gilt die besondere Verehrung im Ahnenkult asiatischer und afrikanischer Völker?

Den Vorfahren der eigenen Familie, von denen man glaubt, dass sie über ihren Tod hinaus in der Familie weiter wirken. Mit Opfergaben und Gastmählern oder auch beim Gebet vor Altären wird ihrer gedacht. In der japanischen Religion des Schintoismus verehrt man die Sonnengottheit Amaterasu als Ahngottheit.

Warum ernähren sich Hindus vegetarisch?

Weil sie manche Tiere (z. B. Kühe, Affen, Schlangen) als heilig verehren und die Ehrfurcht vor allem Leben eine wichtige Rolle in ihrem Glauben spielt. Außerdem glauben sie an die Wiedergeburt auch in der Gestalt von Tieren.

In welchen Religionen spielt die Wiedergeburt eine wichtige Rolle?

Im Hinduismus und Buddhismus. In beiden Religionen stellt man sich vor, dass man in einem ewigen Kreislauf so lange (auch als Tier) wiedergeboren wird, bis man durch einen vollkommenen Lebenswandel hiervon erlöst wird.

Welcher französische Philosoph des 18. Jahrhunderts schrieb über den Gesellschaftsvertrag?

Jean-Jacques Rousseau

Jean-Jacques Rousseau (1712–78). Der Gesellschaftsvertrag ist die modellhafte Vorstellung, nach der freie und gesellschaftlich gleichgestellte Bürger durch gemeinsamen Willen dem Staat die Herrschaft übertragen. Vorläufer dieser Idee findet man in den Staatslehren von Thomas Hobbes („Leviathan") und John Locke.

Warum taucht der siebenarmige Leuchter als Bildmotiv in der jüdischen religiösen Kunst auf?

Der auch Menora genannte siebenarmige Leuchter ist ein Überbleibsel des 70 n.

Chr. zerstörten Tempels von Jerusalem. Er konnte gerettet und nach Rom gebracht werden.

Welcher deutsche Philosoph gilt als der letzte große Universalgelehrte und Begründer der Monadenlehre?

Gottfried W. Leibniz

Gottfried Wilhelm Leibniz (1646–1716). Leibniz war Diplomat, Jurist, Philosoph und ein bedeutender Mathematiker. Zeitgleich mit Newton entwickelte er die Infinitesimalrechnung. Er verfasste psychologische, ethische, rechtsphilosophische, ästhetische, technische und politische Schriften. Grundlegend für seine Betrachtungen ist seine Lehre von den Monaden; das sind kleinste dynamische Einheiten, die den gesamten Kosmos ausfüllen und jeweils die Gesetzlichkeit des von Gott geschaffenen Universums in sich tragen; Gott ist dabei die „Urmonade".

Was bedeutet Advent wörtlich?

Ankunft. Gemeint ist die langersehnte Ankunft des Erlösers, das Warten auf die Geburt Jesu. Mit der Adventszeit vier Wochen vor Weihnachten (als Zeit der Besinnung und des Fastens) beginnt das Kirchenjahr.

Welches Fest wird in Skandinavien Julfest genannt?

Das Weihnachtsfest. Ins christliche Weihnachtsbrauchtum wurden auch heidnisch-germanische Jul-Bräuche (aus dem germanischen Wintersonnwendfest) übernommen, z. B. der Tannenbaum.

Wer formulierte 1530 das Augsburger Bekenntnis?

Philipp Melanchthon (1497–1560). Das Augsburger Bekenntnis ist die grundlegende Bekenntnisschrift des Protestantismus. Melanchthon war in Wittenberg ein Mitarbeiter Luthers.

Welcher geistliche Würdenträger steht einer Diözese vor?

Der Diözesanbischof, dem alle Katholiken innerhalb dieses geistlichen Wirkungsbereiches unterstehen. Zur Leitung der Diözese stehen dem Bischof ein Generalvikariat für die Verwaltung, ein Offizialat als Gerichtsbehörde und eine Bürobehörde unter dem Kanzler zu Gebote.

Gibt es nur einen Buddha?

Nein. Buddha ist ein Ehrentitel, den Künder der buddhistischen Lehre tragen, wenn sie aus eigener Kraft zur Erleuchtung gelangt sind. In den beiden großen Richtungen (Fahrzeugen) des Buddhismus wird jedoch eine Unterscheidung gemacht: Die einen (Mahayana-Buddhismus = Großes Fahrzeug) sehen Buddha nicht als selbsterlösten Menschen, sondern als Offenbarung eines überweltlichen Buddha an.

Warum wird Jesus von Nazareth auch Christus genannt?

Christus bedeutet auf Griechisch der Gesalbte, was dem hebräischen maschiach (Messias) entspricht. Im Judentum war dies ursprünglich ein Hoheitstitel für den König (Gesalbter Gottes). Später wurde der Messias als Heilsbringer erwartet. Im Neuen Testament wird Jesus als Christos (Messias) bezeichnet.

Welcher Lehrmeinung widersprechen die sog. Häretiker?

Der jeweils offiziellen Lehrmeinung der christlichen Amtskirchen. Von der katholischen Kirche wurden die der Häresie bezichtigten „Irrgläubigen" auch als Ketzer bezeichnet.

Was sind Atheisten?

Das sind Menschen, die an keinen Gott glauben, weil sie die Existenz von einem oder mehreren Göttern bzw. von einem göttlichen Wesen für unmöglich halten.

Warum lassen sich die Baptisten erst im Erwachsenenalter taufen?

Weil die Baptisten (zu Deutsch „Täufer"), die Anhänger der größten evangelischen Freikirche, sich bewusst für Christus entscheiden wollen. Als einzige verbindliche Richtschnur lassen sie die Bibel gelten. Die Baptisten sind v. a. in den USA verbreitet.

Was war das hehrste Ziel spätantiker und mittelalterlicher Alchemie?

Das Auffinden des Steins der Weisen, einer festen oder flüssigen Substanz, mit der man Gold und andere Edelmetalle herstellen wollte, und die in verdünnter Lösung verjüngend und heilend wirken sollte. Heute bezeichnet man im metaphorischen Sinne damit einen Kunstgriff zur Lösung aller Probleme.

Warum war Sören Aabye Kierkegaard (1813–55) gegen die Teilnahme an öffentlichen Gottesdiensten?

Der dänische Theologe war der Ansicht, dass man Jesus Christus nur im Alleingang nachfolgen könne, indem man, unangepasst und kompromisslos, einen persönlichen Leidensweg gehe. Persönliche Schuld und Leidensfähigkeit waren die zentralen Themen seiner Lehre.

Wie nennen sich die Ostkirchen?

Russland: Kathedrale von Sousdal

Orthodox, d. h. griechisch „rechtgläubig". Orthodox ist eine Lehre oder religiöse Anschauung – etwa die des orthodoxen Judentums. In der BR Dtl. gibt es etwa 500.000 orthodoxe Christen.

Was bedeutet der Begriff Postmoderne und wann ist er entstanden?

Der Begriff kam 1959 in der amerikanischen Literaturdebatte auf und fand dann Übertragungen in andere Kultur- und Kunstbereiche. Der Name ist gleich Programm für vielfältige Konzepte, die den Absolutheitscharakter von traditionellen Wert- und Ästhetikvorstellungen ablehnen.

Welches erste Menschenpaar schuf Gott nach dem Schöpfungsbericht der Bibel?

Adam und Eva. Adam entstand dabei aus dem Staub des Ackerbodens, Eva aus einer Rippe Adams. Beide wohnten im Garten Eden in einem paradiesischen Zustand. Als Eva auf Anstiftung des Satans Adam dazu ermunterte von der verbotenen Frucht am Baum der Erkenntnis zu essen, verloren sie ihre Unschuld und wurden wegen ihres Ungehorsams von Gott aus dem Paradies verbannt. Als Strafe bürdete er Adam auf, im Schweiße seines Angesichts sein Leben zu bestreiten und Eva sollte unter Schmerzen Kinder gebären; und beide sollten, wie das Menschengeschlecht, das sie noch zeugten, sterblich sein.

Welches berühmte Werk verfasste Laotse, der Lehrmeister des Taoismus?

Laotse

Das „Tao-te-king", den Klassiker von Tao und Te, eines der Meilensteine chinesischer Philosophie. Um 515 v. Chr. (nicht gesichert) entstanden, wurde es zunächst „5000-Zeichen-Schrift" genannt. Die poetische Sammlung von 81 kurzen, teils gereimten Aphorismen gilt zugleich als Meisterwerk der Weltliteratur.

Welchen Staat in Amerika haben die Mormonen 1847 gegründet?

Den Staat Utah. Die Mormonen erwarten die Wiederkehr von Jesus Christus, der von ihrem Tempel in Salt Lake City das Jüngste Gericht abhalten soll. Die Kirche „Jesu Christi der Heiligen der letzten Tage" wurde 1830 von Joseph Smith gegründet.

Welcher italienische Staatstheoretiker entwarf in seinem Hauptwerk „Der Fürst" eine politische Vorstellung nach dem Grundsatz Der Zweck heiligt alle Mittel?

Niccolò Machiavelli (1469–1527). Hinter seiner Theorie verbarg sich der Wunsch, dass Italien durch einen mächtigen Fürsten geeint werden sollte. Zu diesem Zweck hielt er jedes Mittel, auch Gewalt und Verbrechen, für gerechtfertigt. Zur Zeit der europäischen Aufklärung im 18. Jahrhundert prangerte man den „Machiavellismus" als unmoralisch an, wenn sich despotische Macht seiner Mittel bediente.

In welcher Religion gilt der Ramadan als Fastenmonat?

Im Islam. Im neunten Monat des islamischen Mondjahres verzichten die Gläubigen von Sonnenaufgang bis Sonnenuntergang auf jegliche leibliche Genüsse, wie Essen, Trinken oder Rauchen. Die Hauptmahlzeit wird, oft im festlichen Rahmen, um Mitternacht eingenommen.

Wieso wird im Buddhismus das Nirwana angestrebt?

Nirwana (Sanskrit: Erlöschen, Verwehen) ist der ideale Zustand, in den ein Buddhist seinem Glauben zufolge eingehen wird, nachdem er den Kreislauf der Wiedergeburt oft genug durchschritten hat. Erst wenn er zu Vollkommenheit gelangt ist und die Lebensbegierde erlöscht, ist das Nirwana erreicht.

Wer war der Begründer der Gattung des Essays?

Michel de Montaigne

Michel de Montaigne (1533–92). Im Mittelpunkt seiner „Essais" steht der Mensch mit all seinen Facetten des Unbeständigen, Schwankenden und Eitlen. Der Späthumanist und Moralist Montaigne stellt immer auch die Frage nach dem sittlich richtigen Handeln in der Gesellschaft.

Welche kirchlichen Würdenträger wählen den Papst?

Die Kardinäle. Sie müssen sich so lange zur Wahl zurückziehen, bis sie zu einem Ergebnis gekommen sind. Dann steigt als Zeichen weißer Rauch auf.

Wer war der Gründer des Jesuitenordens?

Ignatius von Loyola (1491–1556). Die heute etwa 30.000 Mitglieder der Gesellschaft Jesu tragen, im Gegensatz zu anderen Orden, keine bestimmte Ordenskleidung und sind auch nicht fest an ein Kloster gebunden. Sie missionierten in China und Indien, v. a. aber in Paraguay (17. Jh.). Bei der Gegenreformation spielten sie eine führende Rolle.

Nach wessen Roman wurde der Begriff Utopie geprägt?

Nach dem Staatsroman „Utopia" von Thomas Morus (1478–1535). Im Jahr 1516 beschrieb er in seinem Roman einen Idealzustand von Staat und Gesellschaft, der nicht zu verwirklichen ist. In der modernen Science Fiction werden oft Schreckensbilder als Utopien gezeigt, z. B. in „1984" von George Orwell.

Warum ist die Astrologie keine Wissenschaft?

Weil sie keine objektiven, messbaren Ergebnisse liefern kann. Die Sterndeutung, d. h. der Versuch, aus der Konstellation der Gestirne Rückschlüsse auf Schicksal oder Charakter eines Menschen zu ziehen, geht auf das alte Babylonien zurück. Da man sowohl den König als auch die Planeten als göttlich ansah, glaubte man, dass die Konstellation der Planeten Einfluss auf die Geschicke des Königs und des Reichs ausüben könne. Noch bis ins 17. Jahrhundert waren Astronomen auch überzeugte Astrologen.

Worin sah der deutsche Philosoph Arthur Schopenhauer (1788–1860) trotz seiner pessimistischen Weltsicht letztendlich Trost?

Arthur Schopenhauer

Im Kunstgenuss. Schopenhauer war der Ansicht, dass das Weltgeschehen zwar durch einen allen zugrunde liegenden Trieb, nämlich den Willen, gesteuert werde, dass dies aber völlig sinnlos sei (Hauptwerk: „Die Welt als Wille und Vorstellung"). Im Kunstgenuss jedoch, auch im tätigen Mitleid und in der Askese, könne man seinem Leid entrinnen.

Was erteilt der katholische Priester dem bußwilligen Gläubigen nach der Beichte?

Die Absolution, d. h. die Lossprechung von den Sünden; der Beichtvater sagt dem Beichtenden also die Vergebung seiner Sünden zu.

Welcher Richtung in der Philosophie wird Albert Camus (1913–60) zugerechnet?

Dem französischen Existenzialismus. Camus setzt Gott und dem Selbstmord ein klares Nein entgegen. Dahinter steht ein Ja zum Leben in der Einsicht der Begrenztheit der Sinnfindung in der Revolte. Für diese Ideen stehen Camus philosophische Essays „Der Mythos von Sisyphos" (1942) und „Der Mensch in der Revolte" (1952).

Was bedeutet Ethik wörtlich?

Sitte. Die Ethik ist ein Teilbereich der Philosophie, der zu ergründen sucht, nach welchen Regeln und inneren Werten der Mensch sein Handeln ausrichten soll. Heute nehmen konfessionslose Kinder in den Schulen am Ethik- statt am Religionsunterricht teil.

Was steht im Mittelpunkt einer als Hedonismus bezeichneten Philosophie?

Das Streben nach Lust, Freude und Genuss als Ursache und Motor für alles menschliche Handeln.

Von welchem Turm aus ruft der Muezzin die Muslime zum Gebet auf?

Vom Minarett, was auf arabisch „Leuchtturm" heißt. Minarette sind Teil der Moschee und haben je nach Region und Landestradition verschiedene Formen: quadratisch, polygonal und rund. Es gibt Moscheen mit bis zu sechs Minaretten.

Vom Minarett ruft der Muezzin die gläubigen Moslems zum Gebet

Was steht im Mittelpunkt der Existenzphilosophie von Martin Heidegger (1889–1976)?

Nicht die Existenz an sich (= das Seiende), sondern das konkrete Sein oder Da-Sein des Menschen: seine Befindlichkeit, seine Angst vor dem Tod und sein Umgang damit (die Frage nach dem Sinn). Heideggers Auffassung lautet: Der Mensch erreiche erst dann seine eigentliche Existenz, wenn er sich der Grunderfahrung der Sterblichkeit stellt. Existenz heißt für Heidegger: „sich selbst in der Zeit vorweg sein".

Auf welchen Ordensgründer gehen die Benediktiner zurück?

Auf Benedikt von Nursia (um 480– um 547), der nach einem Studienaufenthalt in Rom mit einer großen Anzahl von Mönchen 529 auf den Monte Cassino zog, wo das Stammkloster des Benediktinerordens entstand. Hier lebten sie nach der von Benedikt vorgegebenen Regel in Armut, Enthaltsamkeit, Arbeit und Gebet. Bendektinerklöster entwickelten sich im Mittelalter als Stätten der Frömmigkeit und der Gelehrsamkeit. In ihren Schreibschulen wurden bedeutende Schätze der antiken Philosophie und Literatur tradiert.

Wie lautet der kategorische Imperativ Immanuel Kants (1724–1804)?

„Handle nur nach derjenigen Maxime, durch die du zugleich wollen kannst, dass sie allgemeines Gesetz werde!" – Nachzulesen in Kants „Kritik der praktischen Vernunft", seinem zweiten Hauptwerk.

Wie bezeichnet man die Vorstellung, nach der das menschliche Handeln

oder das Naturgeschehen oder der Geschichtsverlauf vorbestimmt ist?

Determinismus. Die theologische Prädestinationslehre glaubt den Lebenslauf göttlich vorausbestimmt, der kosmologische Determinismus geht von der Bestimmtheit des Naturgeschehens und der historische Determinismus von der der Geschichte aus.

Welcher Israelit empfing am Berg Sinai die Zehn Gebote?

Moses: Marmorstatue von Michelangelo

Moses (um 1250 v. Chr.) aus dem Stamm Levi. Mit den Zehn Geboten, die ihm Gott geoffenbart hatte, und dem mosaischen Gesetz – den fünf Büchern Mose – legte er die Grundlagen des Judentums. Die chronologische Darstellung der jüdischen Geschichte beginnt mit der Erschaffung der Welt und endet mit dem Auszug der Juden aus Ägypten und der Landnahme in Kanaan.

Welche griechischen Buchstaben stehen als Symbole des Anfangs und Endes für Gott oder Jesus Christus?

Das Alpha und das Omega, also der erste und der letzte Buchstabe des griechischen Alphabets. Sie kommen in der Offenbarung vor, und zwar in dem Satz: „Ich bin das Alpha und das Omega, spricht Gott der Herr, der da ist und der da war und der da kommt, der Allmächtige.” Zusätzlich erscheint das A und Ω häufig im Christusmonogramm.

Wie heißen die wichtigsten heiligen Schriften des Hinduismus?

Weden: Seite aus der Weda

Die wichtigsten Schriften des Hinduismus sind die Weden (Wissen), sie entstanden etwa 1200 bis 600 v. Chr. Der Hinduismus entwickelte sich aus verschiedenen Richtungen des Brahmaismus. Der orthodoxen Tradition des Hinduismus gelten die Weden als Offenbarung

Welcher Glaube ist eine wichtige Voraussetzung für jegliche Art von Okkultismus?

Der Glaube daran, dass es geheime, nicht sichtbare Mächte gibt, die auf die Welt einwirken und mit denen „Eingeweihte” in Kontakt treten können. Die Astrologie gehört z. B. zum Bereich des Okkultismus, im Mittelalter galt sie, wie die Alchemie, als eine Geheimwissenschaft.

Was bedeutet das Wort Metaphysik ursprünglich?

Nach/über Natur. Gemeint ist das, was hinter der Natur steht, also alles Übersinnliche, was man nicht konkret wahrnehmen oder durch Erfahrung erfassen, sondern nur durch ein konstruiertes, philosophisches Gedankengebäude erschaffen kann. Die Metaphysik beschäftigt sich z. B. mit der Frage nach Gott oder einem höchsten Wesen, das alles andere Seiende begründet. Auch die erste Philosophie des Aristoteles wird als Metaphysik bezeichnet.

Von wem stammt der Satz: Ich weiß, dass ich nichts weiß?

Sokrates trinkt den Giftbecher (Manuskript, 15. Jh.)

Von Sokrates (427–347 v. Chr.). Seinen berühmten, oft zitierten Satz benutzte Sokrates als eleganten Kunstkniff. Indem er sein eigenes Wissen in Frage stellte, brachte er auch seine Zeitgenossen dazu, den Zweifel als Weg zur Wahrheitsfindung zu benutzen. Er erarbeitete seine ganze Philosophie ausschließlich im Gespräch und schrieb seine Lehre nirgends auf. Sie ist uns aber u. a. von Platon, Xenophon, Aristoteles und Aristophanes überliefert.

Welche philosophische Richtung begründet im Gegensatz zum Materialismus das Sein aus den Ideen heraus?

Der Idealismus. Alles Gegenständliche und in der Welt entstandene lässt sich danach auf ideelle Größen wie das „absolute Ich" oder eine Weltseele zurückführen. Kant entwickelte den kritischen Idealismus; das praktische Handeln des Menschen muss sich an allgemein gültigen Werten messen lassen (kathegorischer Imperativ). Fichte und Hegel erkannten das „absolute Ich" und leiteten schier unbegrenzten Möglichkeiten daraus ab, die Welt zu gestalten.

Was versteht man unter Monotheismus?

Die Verehrung eines einzigen Gottes, im Gegensatz zum Polytheismus, in dem gleichzeitig verschiedene Götter verehrt werden. Im alten Ägypten führte z. B. Echnaton mit dem Kult des Sonnengottes Aton einen Monotheismus ein, der „Götterhimmel" der Griechen und Römer war dagegen von unzähligen Göttern bevölkert.

Aus welchen Begriffen setzt sich das Wort Philosophie zusammen?

Aus griechisch „philos" = „Freund" und „sophia" = „Weisheit". Ein Philosoph ist also ein Freund der Weisheit. Philosphie hat keinen speziellen, fest umrissenen Bereich zum Gegenstand der Untersuchung, sie kann sich gedanklich mit allen möglichen Themen beschäftigen (Leben und Existenz, Moral, richtiges Handeln, Vernunft, Erkenntnis und Wege zur Erkenntnis, Politik, Gesellschaft usw.).

Welcher deutsche Philosoph prägte die Lehre vom Übermenschen?

Friedrich Nietzsche

Friedrich Nietzsche (1844–1900). Seine Theorien zum Übermenschen fasste er in seinem Fragment gebliebenen Hauptwerk „Der Wille zur Macht" zusammen. Hier ist ein Menschentypus der Zukunft projiziert, der sich ohne Rückhalt auf Religiosität seine Ziele und seinen Lebenssinn selbst setzen soll. Nietzsche, ein großer Meister des Wortes, übte bedeutenden Einfluss auf die Philosophie und Literatur des 20. Jahrhunderts aus. Die Nationalsozialisten missbrauchten sein Werk für ihre Rassenideologie.

Welche Haltung nahm die europäische Geistesbewegung der Aufklärung im 18. Jahrhundert ein?

Sie nahm eine kritische Haltung gegenüber Kirche und absolutistischem Staat ein, da sie die Vernunft des Menschen als einzige entscheidende Instanz ansah, um zu beurteilen, was ethisch, politisch oder sozial richtig sei. Der absolute Autoritätsanspruch des Staates und der Kirche wurden als rein vernunftmäßig nicht begründbar abgelehnt. Glauben und Denken der Aufklärung orientierten sich mehr an naturwissenschaftlichen Erkenntnissen, die zu dieser Zeit weit vorangetrieben wurden. Die Stärkung des Selbstbewusstseins der Menschen gegenüber der Obrigkeit mündete 1789 in die Französische Revolution.

Wen meinte Jesus damit, als er sagte Auf diesen Fels will ich meine Kirche bauen?

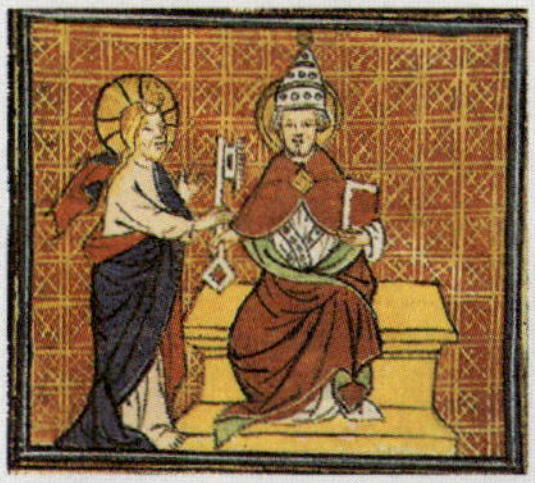

Der heilige Petrus

Den Apostel Petrus (griechisch, „Fels"). Er galt als der erste Bischof von Rom, dessen Nachfolger die Päpste sind. Die Petrusbriefe des Neuen Testaments sollen auf ihn zurückgehen. Petrus fiel wie Paulus den Christenverfolgungen Neros zum Opfer; begraben wurde er an der Stelle der heutigen Peterskirche.

Wie heißt die lateinische Kurzformel für Gegrüßet seist du, Maria?

Ave Maria. Mit diesem Gruß trat der Engel Gabriel an Maria heran, um ihr die unbefleckte Empfängnis Jesu Christi mitzuteilen. Diese Verkündigungsszene wurde unzählige Male in den bildenden Künsten und der sakralen Musik dargestellt. Das Ave Maria ist zugleich ein Hauptbestandteil des katholischen Rosenkranzgebetes.

Was haben Totems mit Tabus zu tun?

Totem (ein ursprünglich polynesisches Wort) ist die Bezeichnung für einen Schutzgeist, der nach dem Glauben vieler Indianervölker oder anderer Jägerkulturen Tieren, Pflanzen oder Gegenständen innewohnt (auf Totempfählen werden solche Schutzgeister oft sinnbildlich dargestellt). Totems werden durch Tabus geschützt. Man darf sie z. B. nicht anfassen, nicht jagen und erlegen. Im Vergleich mit einem einfachen Verbot haftet einem Tabu immer etwas Unaussprechliches, Mystisches, Geheimnisvolles und tief Ehrfürchtiges an.

Totem

Wo befindet sich das von dem bedeutenden oströmischen Kaiser Justinian I. erbaute Katharinenkloster?

Auf der Sinai-Halbinsel, am Fuß des Djebel Musa. Es ist ein 557 n. Chr. festungsartig errichteter Gebäudekomplex, der als Herberge für Pilger zu den Stätten des Alten Testaments und den Reliquien der Heiligen Katharina diente. Zum Kloster gehört eine zwischen 548 und 560/65 erbaute dreischiffige Arkadenbasilika, die mit gut erhaltenen Mosaiken geschmückt ist.

Welcher Philosoph und Schriftsteller gilt als bedeutendster Vertreter der französischen Aufklärung?

Voltaire

Voltaire (1694–1778), der wegen seines Eintretens für eine bürgerlich-liberale Gesellschaft, die unabhänigig von staatlicher und kirchlicher Bevormundung lebt, meist im Exil leben musste. Voltaire war mit den bedeutendsten Männern der Zeit in brieflichem Kontakt – u. a. auch mit Friedrich dem Großen, der ihn auch zeitweilig bei sich aufnahm.

Wie heißt die Kirchenversammlung, auf der die Bischöfe und Kardinäle unter dem Vorsitz des Papstes tagen?

Konzil. Die Spätantike und das Mittelalter kennen zahlreiche Konzilien. Von besonderer Wichtigkeit für die Entwicklung der christlichen Kirchen sind die 7 ökumenischen Konzilien von 325 bis 787. Alle folgenden wurden von der katholischen Kirche aufsteigend weiter gezählt. So ist etwa das Konstanzer Konzil von 1415 das 16. in der Reihe. Im 20. Jahrhundert gab es mit dem 2. Vatikanischen Konzil von 1962–65 eine große Versammlung, an deren Eröffnung 2540 Konzilsväter anwesend waren.

Was bedeutet die Inschrift I.N.R.I., die auf dem Kruzifix angebracht ist?

Es sind die Anfangsbuchstaben der lateinischen Inschrift „Iesus Nazarenus Rex Iudaeorum" („Jesus von Nazareth, König der Juden"), die nach dem Johannes-Evangelium (19, 19) der römische Statthalter von Judäa, Pontius Pilatus († um 39) anbringen ließ. Er hatte Jesus auf Druck der jüdischen Hohepriester zum Tode verurteilt hatte.

Welches methodische Verfahren zur Erkenntnisgewinnung leitete man von der antiken Kunst der Rede und Gegenrede ab?

Die Dialektik, deren Verfahren seit Hegel Gültigkeit hat. Einer These wird eine Antithese gegenübergestellt; aus dem Widerspruch zwischen beiden gelangt man in der Synthese zur Aufhebung und Gewinnung einer neuen These; hier kann das Verfahren fortgesetzt werden.

Wie heißen die wichtigsten Götter des Hinduismus?

Hinduismus: Bronzestatue des Gottes Schiva

Brahma, Schiva und Wischnu (daneben werden noch viele andere, niedere Gottheiten verehrt). Brahma stand ursprünglich an der Spitze, er wurde aber durch Schiva (Zerstörer und Erneuerer der Welt) und Wischnu (Bewahrer des Lebens) allmählich verdrängt.

Wer waren die Sieben Weisen?

Solon aus Athen

Die Sieben Weisen waren sieben Persönlichkeiten im antiken Griechenland, die maßgeblich die Wissenschaft, die Philosophie und die Politik mitbestimmten und ihre Lehren dem Volk mitteilten. Zu den Sieben Weisen gehörten Thales von Milet, Bias aus Pirene, Pittakos aus Mithylene, Solon aus Athen, Kleobulus aus Lidos, Periander aus Korinth und Chilon aus Sparta.

Was versteht man unter Diaspora?

Der Begriff stammt aus dem Griechischen und bedeutet Zerstreuung. Er meint zunächst eine religiöse, nationale oder ethnische Minderheit, die außerhalb ihrer Heimat lebt. Im Speziellen bezieht er sich auf die jüdischen Gemeinden außerhalb Israels. Sie fühlen sich trotz der mitunter sehr weiten Entfernung zu Israel noch immer miteinander verbunden.

Was ist die Bergpredigt?

Als Bergpredigt bezeichnet man eine Rede, die Jesus an seine Jünger hielt. Hierin verkündet er vor allem die Seligpreisung und das Vaterunser.

Wodurch wurde das in der Nähe von Israel gelegene Dorf Emmaus bekannt?

Durch die Bibel. Genauer gesagt durch die Geschichte der zwei Jünger, die nach dem Tod Jesu nach Emmaus gingen und den Auferstandenen auf ihrem Weg dorthin begegneten. Erst als Jesus abends das Brot mit ihnen brach, erkannten die Jünger, wen sie vor sich hatten. Das Thema wurde sehr oft von Malern aufgegriffen, u. a. von Caravaggio oder von Rembrandt, der 1648 sein Gemälde „Die Jünger von Emmaus" schuf.

Rembrandt: Die Jünger von Emmaus

Was bedeutet die Wendung Conditio sine qua non?

Damit wird auf eine notwendige Voraussetzung hingewiesen (wörtlich: Bedingung, ohne die nicht).

Wen verehren Anhänger des Voodoo-Kults?

Geister, die schützend oder unheilbringend wirken sollen. Der Voodoo-Kult ist mit magischen Ritualen verbunden, bei denen sich die Anhänger in Trance versetzen, Opferhandlungen vornehmen oder ekstatische Tänze vollführen.

Was ist eine Akropolis?

Eine hoch gelegene, festungsartige „Oberstadt" (von griechisch „akros" = „höchst" und „polis" = „Stadt") antiker griechischer Städte. Die bekannteste Akropolis befindet sich in Athen. Weithin sichtbar hebt sich der mächtige Athena-Parthenon-Tempel hervor, der zusammen mit den anderen Bauten seit der Mitte des 5. Jahrhunderts entstand, nachdem die Perser 480 v. Chr. Athen und die Akropolis zerstört hatten.

Parthenon auf der Akropolis

Aus welchem Drama der Weltliteratur entstammt der Ausdruck Sein oder nicht sein?

Aus William Shakespeares (1564–1616) Tragödie in fünf Akten „Die tragische Geschichte Hamlets, des Prinzen von Dänemark" (um 1600). Die berühmten Worte spricht Hamlet in seinem Monolog, in dem – nach dem Sinn des Lebens und des Todes fragend – sein zauderndes, unschlüssiges Wesen zum Ausdruck kommt.

In welchem Märchen spricht der Held die Zauberworte Sesam öffne dich!?

In „Alibaba und die vierzig Räuber" aus „Tausendundeiner Nacht"; es ist die Zauberformel, die eine Felsentür öffnet, hinter der sich der Schatz der vierzig Räuber befinden. Alibaba kann ihn gewinnen und die Räuber nach einigen Abenteuern besiegen.

Welche Stilrichtung der modernen Kunst bricht mit den traditionellen Vorstellungen der gegenständlichen Kunst?

Die abstrakte Kunst des 20. Jahrhunderts, die abstrakt, d. h. sich von der dinglichen Darstellungsweise löste und völlig neue Wege in der Beziehung von Form und Farbe in Malerei, Skulptur und Plastik beschritt. Zu den bedeutendsten Vertretern der sich seit ca. 1910 entwickelnden Kunstrichtung zählen Wassily Kandinsky, Piet Mondrian, Jackson Pollock und Willem de Kooning.

Welche nach 1945 entstandene neue Theaterform erhob das Sinnlose und Absurde zum ästhetischen Prinzip?

Das absurde Theater, das damit die Absurdität und das widervernünftige des menschlichen Daseins herausstreichen wollte. Kennzeichen sind fehlende Handlungslogik, funktionslose Dialoge und die Entfremdung und Vereinzelung des Menschen. Die bedeutendsten Autoren und ihre Werke sind Samuel Beckett (Warten auf Godot, 1952) und Eugène Ionesco (Die Stühle, 1951; Die Nashörner, 1959).

Was war das Besondere an Adonis, dem Jüngling aus der griechischen Mythologie?

Seine Schönheit, die sogar Aphrodite in ihren Bann zog. Seine Mutter war Myrrha, die von den Göttern in einen Myrrhenstrauch verwandelt wurde. Adonis wurde auf der Jagd von einem wilden Eber getötet, der der eifersüchtige Kriegsgott Ares gesandt hat.

Welcher griechische bzw. römische Gott verkörpert das Ideal der strahlenden Schönheit und des Lichts?

Apoll

Apoll(on). Der Sohn des Zeus und der Titanin Leto, Zwillingsbruder der Artemis, ist einer der höchsten Götter Griechenlands und Roms. Er ist der Gott der prophetischen Weissagung (Orakel von Delphi), der Künste und besonders der Musik; er führt überhaupt die Musen an und ist Schutzheiliger der Medizin und der Hirten. Seit dem 5. Jahrhundert v. Chr. wird er auch mit der Sonne gleichgesetzt.

Wer war der größte Held Trojas?

Aeneas, dessen Sagenstoff der römische Dichter Vergil (70–19 v. Chr.) zu einem meisterhaften Nationalepos gestaltete. Nach Bestehen vieler Abenteuer auf seiner Fahrt von Troja nach Afrika und dann nach Italien herrschte er über die vereinigten Latiner und Trojaner.

Welche märchenhafte Kindergeschichte schrieb der englische Schriftsteller Lewis Carroll (1832–98)?

„Alice im Wunderland" (1865). Er beschreibt die fantastischen Erlebnisse, die ein kleines Mädchen in einem Land erlebt, in dem alle Naturgesetze aufgehoben sind. Das innovative Werk hebt sich von den gängigen belehrend-moralischen Kinderbüchern der Viktorianischen Zeit ab.

Was ist eine Allegorie?

Allegorie (von griechisch „bildlicher Ausdruck") nennt man das Kunstmittel, mit dem man abstrakte Begriffe wie die „Gerechtigkeit" durch bildhafte Darstellungen, etwa die der Justitia, der Göttin der Gerechtigkeit, mit verbundenen Augen und Waage, veranschaulicht. Es wird meist mit Personifikationen gearbeitet: z. B. die Liebe wird von Amor oder Aphrodite dargestellt.

Wie nennt die griechische Mythologie das kriegerische Frauenvolk, das die Männer lediglich zur Zeugung ihrer Kinder brauchte?

Amazonen (von griechisch „brustlos"). Die Sage berichtet, dass sie sich die rechte Brust herausgeschnitten haben, um besser mit Pfeil und Bogen umgehen zu können. Im Trojanischen Krieg kämpften sie auf der Seite Trojas gegen die Griechen. Sie wurden erst besiegt, als Achilles die Amazonenkönigin Penthesilea im Kampf tötete.

Was aßen die griechischen Götter?

Ambrosia, eine Art Brotspeise, die ihnen ewige Jugend und Unsterblichkeit verlieh.

Welcher Gott der Liebe wird meist als nackter Knabe mit Flügeln dargestellt?

Amor, ein Sohn der Venus. Er ist die römische Entsprechung des griechischen Liebesgottes Eros und wird meist mit Pfeil und Bogen auf Menschenherzen zielend dargestellt. Nach den „Metamorphosen" des Apuleius (etwa 125–180 n. Chr.) verliebte sich Amor in die Königstochter Psyche, die er in einen Feenpalast entrückte, wo er mit ihr in menschlicher Gestalt die Nächte teilte, bis sie sein Verbot missachtete und seine Gestalt bei Kerzenschein betrachtete.

Welche griechische Göttin galt in der Antike als Göttin der Weisheit?

Athene

Athene, Tochter des Zeus, aus dessen Haupt sie in voller Rüstung entsprungen sein soll; eine jungfräuliche Göttin des Krieges wie des Friedens. Sie galt den griechischen Stadtstaaten und insbesondere Athen als Schutzgöttin. Eines ihrer Kennzeichen ist die Eule, die in der Antike als klügster Vogel galt.

Für welchen Kunststil prägte Johann Joachim Winckelmann die Merkmale edle Einfalt und stille Größe?

Für die bildenden Künste der klassischen Antike, insbesondere der griechischen Skulptur. Winckelmanns (1717–68) Klassikbegriff, den er in seinem Hauptwerk „Die Geschichte der Kunst des Altertums“ (1764) festhielt, prägte das Schönheitsideal der deutschen Klassik. Winckelmann gilt als Begründer der modernen Kunstgeschichte und der Archäologie.

Welcher österreichischen Lyrikerin und Romanautorin ist der Literaturpreis gewidmet, den die Stadt Klagenfurt und der Österreichische Rundfunk seit 1977 verleihen?

Ingeborg Bachmann (1926–73), deren lyrisches wie episches Werk („Malina“, 1971) die Ungesichertheit der menschlichen Existenz und die Zweifel gegenüber der Liebe und Probleme der Sprachgestaltung thematisieren.

Von welchem Autor stammt die Romanvorlage zu Jurassic Park?

Von dem Amerikaner Michael Crichton (*1942). Die Verfilmung des Romans (Dino Park) durch Steven Spielberg wurde 1993 ein Kassenschlager und löste eine Dinosaurier-Welle bei den Kids und Teenes aus. Crichton hat hauptsächlich mit Science-Fiction-Thrillern immer wieder Bestseller-Erfolge („Vergessene Welt“, „Twister“). In einigen Filmen (z. B. „Coma“) führte er selbst Regie. Darüber hinaus kreierte er auch die überaus beliebte Fernsehserie „Emergency Room“.

Mit welcher Novelle verbindet man v. a. den Ruhm Theodor Storms (1817–88)?

Mit dem „Schimmelreiter“ (1888), der den tragischen Kampf eines dämonischen Menschen gegen die Naturgewalt des Meeres darstellt. Storms Werk gehört dem poetischen Realismus an; seine Novellen und Gedichte haben meist seine nordfriesische und holsteinische Heimat zum Schauplatz.

Welcher Herrschersitz war der Kreml?

Im Mittelalter hatten die Großfürsten und die Metropoliten ihre Residenzen im Moskauer Kreml; ferner auch hohe Staatsbeamte und die dem Zaren nahe stehenden Adelsfamilien, während der Zar selbst nicht hier residierte. Von 1918 bis 1991 residierten die Staats- und Parteichefs der Sowjetunion hier. Die festungsähnlichen Kremlbauten sind auch für andere russische Städte typisch.

Welcher Autor schrieb die über 80-bändige Romanfolge Menschliche Komödie?

Honoré de Balzac

Honoré de Balzac (1799–1850). Seine Romane beschreiben die Leidenschaften und das Machtstreben der Menschen, die in einer Zeit der sozialen und politischen Umwälzungen leben. Mit seiner Romanreihe begründete er den gesellschaftskritischen Roman des französischen Realismus.

Was vermittelt die literarische Form des Aphorismus?

Einen knappen, aber sehr treffenden Satz, der eine Lebensweisheit oder eine besondere Einsicht vermittelt. Die Bedeutung des Wortes wird gern mit dem metaphorischen Ausdruck „Gedankensplitter" charakterisiert. Ein berühmter Aphorismus stammt z. B. von Hippokrates: „Vita brevis – ars longa" (Das Leben ist kurz – die Kunst währt lange). Bekannte deutsche Aphoristiker waren z. B. Georg Christoph Lichtenberg, Goethe in seinen „Maximen und Reflexionen" sowie die Philosophen Arthur Schopenhauer und Friedrich Nietzsche.

Welches Brüderpaar prägte entscheidend die spätbarocke Baukunst in Bayern?

Cosmas Damian (1686–1739) und Egid Quirin (getauft 1692–1750) Asam. Während Cosmas Damians Meisterschaft in der Malerei lag, gehörte die Egid Quirins der Bildhauerei an. Beide waren sie auch hervorragende Baumeister. Die Klosterkirchen von Weltenburg (1717), Aldersbach (1720), Rohr (1722) und Osterhofen (1731) u. v. a. haben ihren barocken Glanz den Brüdern Asam zu verdanken, die auch außerhalb Bayerns wirkten.

Welchen bürgerlichen Beruf hatte der Schriftsteller Gottfried Benn (1886–1956)?

Gottfried Benn

Er war Arzt, was in seiner Lyrik deutlich thematisiert wird. Seine Gedichtsammlung „Morgue" und andere Gedichte enthält sachliche, fast zynische Beschreibungen von Leichensektionen oder von seinem Gang durch eine Krebsstation. Hässliches und Ekelerregendes spart Benn dabei keineswegs aus. Neben Georg Heym und Georg Trakl ist Gottfried Benn einer der bedeutendsten Vertreter des Frühexpressionismus, er erhielt als Erster den Georg-Büchner-Preis.

Welcher griechische Dichter der Antike war das Vorbild der späteren Fabeldichter?

Äsop (6. Jh. v. Chr.). Die unter seinem Namen erhaltenen Fabeln stammen aus dem 1. bis 5. Jahrhundert n. Chr. Äsopische Fabeln sind kurze Tierdichtungen in Vers oder Prosa, die eine allgemein anerkannte Wahrheit in witzig-satirischer oder moralisch-belehrender Weise veranschaulichen. In der europäischen Epoche der Aufklärung wurde die Fabel ein beliebtes Instrument der politischen Satire.

Auf welche Gesellschaftsschicht bezog sich im 19. Jahrhundert der Name Biedermeier?

Auf das deutsche Bürgertum des Vormärz (etwa 1815–48), das sich – eingeschüchtert durch die restaurativen Maßnahmen der regierenden Fürsten – „bieder“, d. h. brav und fromm – in sein Privatleben zurückzog und sich in einem unpolitischen Wartezustand aufhielt. Die Literatur des Biedermeier brachte an die deutsche Klassik orientierte, auf Harmonie und Idylle bedachte Lebensentwürfe hervor; so etwa Adalbert Stifters Erzählungen und Romane oder Eduard Mörikes Lyrik.

„Familie Waagepetersen“, ein typisches Biedermeiergemälde des dänischen Malers Wilhelm Marstrands

Wo lag der Sage nach Atlantis?

Der Inselstaat wurde im Atlantischen Ozean vermutet; das berichtete jedenfalls der griechische Philosoph Platon. Er sei bei einem Erdbeben im Meer versunken. Seitdem haben zahlreiche Forscher und Abenteuerlustige danach gesucht oder Schriftsteller wurden zu Dichtungen angeregt. Atlantis ist aber auch im übertragenen Sinn ein Symbol für das verlorene Paradies und des goldenen Zeitalters.

Welcher deutsche Schriftsteller schrieb 1963 den Roman Ansichten eines Clowns?

Heinrich Böll

Heinrich Böll (1917–85), dessen erste Werke der Verarbeitung des Krieges und der Nazi-Diktatur galten („Wo warst du Adam?“, 1951), der sich dann aber zu einem Kritiker der Gesellschaft im Nachkriegsdeutschland entwickelte und sich mit dem Katholizismus auseinander setzte („Ansichten eines Clowns“, 1963 und „Gruppenbild mit Dame“, 1971). In seinen letzten Lebensjahren nahm er aktiv an der Friedensbewegung teil.

Wie nennt man ein literarisches Werk, in dem ein Schriftsteller sein eigenes Leben nachzeichnet?

Autobiografie. Bekenntnishafte Bildungs- und Entwicklungsgeschichten der eigenen Seele finden sich etwa schon bei Augustinus in seinen „Bekenntnissen“ und dann – 1300 Jahre später – wieder bei Rousseau in seinen „Bekenntnissen“; psychologisierend ist etwa Goethes „Aus meinem Leben. Dichtung und Wahrheit“, mit dem der Olympier in Weimar einen Schlüssel zum Verständnis seiner Person in seinen verschiedenen Lebensstadien geben wollte. Was nun wirklich historische Wahrheit oder geschickte Selbstinszenierung dabei ist, kann meist nicht genau unterschieden werden.

Welcher Hauptvertreter der Frührenaissance malte Die Geburt der Venus (um 1500)?

Sandro Botticelli (1445–1510), der v. a. für die Medici in Florenz arbeitete. Er wählte zarte Farben für seine Gemälde. Eine träumerische, fast melancholische Göttin der Liebe begegnet dem Betrachter in der „Geburt der Venus“, die – dargestellt als „Schaumgeborene“ – anmutig in einer geöffneten Muschel verharrt.

Botticelli: Die Geburt der Venus

Sinn und Sinnlichkeit war 1995 ein großer Kinoerfolg. Von wem stammt die Romanvorlage?

Von der englischen Autorin Jane Austen (1775–1817), die es in ihren Romanen verstand mit feiner Ironie die Gesellschaft ihrer Zeit zu karikieren. Ihre Hauptwerke, z. B. „Stolz und Vorurteil“ (1813) oder „Emma“ (1815), waren auch Gesellschaftsromane, in denen sie den ländlichen Alltag aufs Korn nahm, den Landadel genauso wie den gehobenen Mittelstand.

Welcher Maler aus Nordbrabant gab um 1500 dem Abgründigen und Dämonischen Ausdruck und den Surrealisten des 20. Jahrhunderts ein Vorbild?

Bosch: Der Heuwagen

Hieronymus Bosch (um 1450–1516), dessen Bilder – wie etwa der „Garten der Lüste“ (um 1500–15) – immer wieder auf erschütternde wie faszinierende Weise die dämonische Seite der menschlichen Existenz und der Jenseitserwartungen aufgreifen, durchsetzt mit bizarren Spuk- und Fabelwesen in surrealer Umgebung. Der „Garten der Lüste“ ist dabei der Mittelteil eines Triptychons (dreiteiliges Altarbild), der das irdische Treiben unter den Aspekten der Sinnlichkeit und ewigen Jugend darstellt.

Welcher Mythologie gehört der Gott des Lichtes Baldur (oder Balder) an?

Der germanischen. Baldur, der Sohn Odins und der Frija, verkörpert das Gute und die Gerechtigkeit. Seine von Loki eingefädelte Ermordung, die der blinde und unwissende Bruder Baldurs, Hödr, mit einem Speer aus Mistelholz ausführt, ist, wie prophezeit, das Zeichen für die Götterdämmerung.

Woher stammt der Bautypus der christlichen Basilika?

Aus der römischen Antike, wo man ihn etwa seit der Wende vom 3. auf das 2. Jahrhundert v. Chr. kannte. Die römische

Basilika war als lang gestreckter, meist mehrschiffiger Hallenbau weltlichen Zwecken vorbehalten, etwa als Markt- und Gerichtsgebäude. Daraus entwickelte sich der im Christentum bis ins 19. Jahrhundert hinein meist verwendete Kirchentypus: eine mindestens dreischiffige Kirche, bei der das Mittelschiff höher ist als die Seitenschiffe. Dadurch wurde eine Beleuchtung durch den Obergaden (Fensterzone) möglich.

Welches im klassizistischen Baustil errichtete Tor im Zentrum Berlins war zwischen 1961 und 1989 nicht passierbar?

Das Brandenburger Tor; 1788–91 von Carl Gotthard Langhans (1732–1808) erbaut und von Gottfried von Schadow (1764–1850) mit einer Quadriga aus Bronze gekrönt. Das Tor passierten bereits Napoléon Bonaparte, die Truppen Hitlers und die sowjetischen Soldaten nach der Eroberung Berlins 1945. Als es nach dem Mauerbau 1961 in den Sperrbezirk der Mauer einbezogen wurde, wurde es bis zum 22. Dezember 1989 als Übergang geschlossen und durfte nicht mehr passiert werden.

Brandenburger Tor

Welche Gedichtform hat erzählende und dramatische Elemente?

Die Ballade. Häufig stammen die Stoffe aus der Sage oder der Geschichte. Große deutsche Balladendichter waren Goethe (z. B. „Der Erlkönig") und v. a. Schiller (z. B. „Ring des Polykrates"); in nachklassischer Zeit ragt v. a. Theodor Fontane heraus (z. B. „Archibald Douglas").

Mit welchem patriotischen Gedicht wurde August Heinrich Hoffmann von Fallersleben (1798–1874) berühmt?

Mit dem „Deutschlandlied" (1841), das seit 1922 mit der Melodie von Joseph Haydn die deutsche Nationalhymne ist. Der Dichter war Professor für Germanistik in Breslau, bevor er wegen seiner freiheitlich-liberalen Einstellung 1842 entlassen und des Landes verwiesen wurde. Er veröffentlichte neben politischen Liedern auch gesellige Lieder, Kinder- und Liebeslieder.

Wie nennt man im Volksmund den Brocken im Harz?

Blocksberg. Hier findet nach alten Sagen vom 30. April auf den 1. Mai die Walpurgisnacht statt, ein Fest der Dämonen, Hexen, Zauberer zu Ehren des Teufels. Das wilde Hexentreiben auf dem Blocksberg fand u. a. Eingang in die Walpurgisnacht, einer Szene in Goethes Faust I.

Wen bezeichnet man mit dem Namen Bohemien?

Einen Künstler, der meist mittellos seiner Kunst nachgeht und dabei einen unbürgerlichen Lebensstil pflegt, der auch einen anstößigen, unsittlichen Charakter annehmen kann. Das Wort kommt aus dem Französischen und bezeichnete den „Böhmen". Opulent hat der Komponist Puccini die Welt der Bohemiens in seiner Oper „La Bohème" (1896) dargestellt.

In welchem Bereich der bildenden Künste erlangte Henry Moore (1898–1986) Berühmtheit?

In der Bildhauerei. Seine Skulpturen beziehen Anleihen von der Kunst der Naturvölker und zeichnen sich durch äußerste Formreduktion bis hin zur Abstraktion aus. Bedeutende Skulpturen sind z. B. „Liegende" (1938) und „Krieger und Schild" (1951).

Wer war neben Achim von Arnim Herausgeber der Liedersammlung Des Knaben Wunderhorn (1806–08)?

Clemens Brentano (1778–1842), ein Hauptvertreter der deutschen Romantik, die er mit seinen Gedichten, seinen Romanen („Godwi", 1818), Erzählungen und Märchen („Geschichte vom braven Kasperl und dem schönen Annerl, 1838) bereicherte. „Des Knaben Wunderhorn" ist von besonderer Bedeutung für die Erhaltung des deutschen Volksliedgutes. 1892–95 komponierte Gustav Mahler 12 Lieder daraus für Gesang und Orchester.

Welche drei Schwestern traten in der englischen Literatur des 19. Jahrhunderts als Romanautorinnen hervor?

Die Brontë-Schwestern Emily Jane (1818–48), Charlotte (1816–55) und Anne (1820–49), von denen Emily Jane die begabteste war. Ihr bedeutendster Roman, „Wuthering Heights", deutsch „Sturmhöhen" (1847), den sie unter einem Pseudonym veröffentlichte, führte zu einem Skandal. In einer düsteren, unglücklich endenden Liebesgeschichte beschreibt die Brontë auch das erotische Empfinden von Frauen, was in den konservativen Kreisen Aufsehen erregte. Aufgrund seiner Modernität und der unkonventionellen Leidenschaft der handelnden Personen weist der Roman weit in die Zukunft voraus.

Wer gilt als Schöpfer des epischen Theaters?

Bert Brecht

Bert Brecht (1898–1956), der die Illusionswelt des klassischen Theaters und deren Wirkungsästhetik, nämlich dass der Zuschauer mit den tragischen Helden mitfühlen soll, ablehnte. Zwar müsse der Zuseher belehrt werden, er muss sich aber vom Bühnengeschehen emotional distanzieren um gesellschaftsveränderndes Handeln durch seine Einsicht in die gesellschaftlichen Missstände freisetzen zu können. Berühmte Beispiele sind die Dramen „Mutter Courage und ihre Kinder" (1941) und „Der gute Mensch von Sezuan" (1942).

Welche Jungfrau der germanischen Heldensage konnte nur von Siegfried bezwungen werden?

Brünhild (oder Brunhild), von der das „Nibelungenlied" (um 1200) erzählt, dass Siegfried sie – verborgen unter einer Tarnkappe – erfolgreich für den Burgunderkönig Gunther freite. Dies wird dem arglosen Siegfried zum Verhängnis. Er wird von Hagen von Tronje ermordet.

Welcher flämische Maler des 16. Jahrhunderts bevorzugte für seine Gemälde Motive aus dem bäuerlichen Leben?

Pieter Bruegel d. Ä. („Bauern-Bruegel", um 1528–69), dessen Söhne Pieter Bruegel d. J. („Höllen-Bruegel") und Jan Bruegel d. Ä. („Samt-" oder „Blumen-Bruegel") als bedeutende Maler in die Fußstapfen des Vaters traten. Berühmte Gemälde des Vaters sind z. B. „Bauernhochzeit" (1568) und der Zyklus „Monatsbilder" (1565). Daneben malte er auch biblische Szenen, Gleichnisse für menschliche Komik und Tragik sowie Tugend, Laster und satirische Darstellungen.

P. Bruegel d. Ä.: Bauernhochzeit

Was bedeutet es im übertragenen Sinn, wenn man die Büchse der Pandora öffnet?

Alle Übel der Menschheit breiten sich aus, nur die „Hoffnung", die sich ebenfalls darin befindet, wird zurückgehalten. Pandora war die erste Frau, die Zeus als Plage der Menschheit erschaffen hatte. Sie vermählte sich mit Epimetheus, dem Bruder des Prometheus, den die Götter um die Erschaffung der Menschen beneideten und deshalb bestrafen wollten. Trotz der Warnung Prometheus', keine Geschenke von den Göttern anzunehmen, fiel sein Bruder darauf herein und nahm Pandora bei sich auf. Sie öffnete die ihr beigegebene Büchse und von da an mussten die Männer, aus denen das Menschengeschlecht bislang bestanden hatte, ihr Leben mit harter Arbeit und sorgenvoll fristen.

Wie heißt heute das Theater nächst der Burg, das 1741 von Maria Theresia in Wien gegründet wurde?

Burgtheater, das Mitte des 19. Jahrhunderts die führende deutschsprachige Bühne war und auch heutzutage zu den renommiertesten Häusern zählt. Seit 1926 wird der „Burgtheater-Ring" einem Mitglied des Ensembels oder einem Dramatiker verliehen.

Woher kommt die Redensart, wie ein Cerberus über etwas wachen?

Aus der griechischen Mythologie, wo Cerberus (eigentlich: Kerberos) der dreiköpfige Höllenhund ist, der die Aufgabe hatte, jeden zu verschlingen, der aus dem Reich des Hades entkommen wollte, und auch zu verhindern, dass Sterbliche die Unterwelt betraten. Orpheus musste ihn mit Musik besänftigen und Herakles gar überwand das Ungeheuer und brachte es ans Tageslicht. Normalsterbliche erstarrten allein beim Anblick des Hundes zu Stein.

Zu welcher Kunstgattung gehört die Collage?

Zur bildenden Kunst; bei einer Collage (frz. coller: kleben) werden Papier-, Stoff-, Holzstücke o. Ä. auf eine Fläche kunstvoll angeordnet und geklebt. Die Kunstform der Collage entwickelten Georges

Braque und Pablo Picasso mit den „papiers collés“ (geklebte Papiere) um 1910.

Wessen Bildgeschichten gelten als Vorläufer des Comics?

Wilhelm Busch: Max und Moritz

Die von Wilhelm Busch (1832–1908), dem bekanntesten Humoristen Deutschlands. Durch seine satirischen Bilderfolgen, von knappen Texten im unnachahmlichen Knittelvers kommentiert (z. B. Max und Moritz), gelangte er postum zu Weltruhm.

Welches Märchen machte den Piloten Antoine de Saint-Exupéry (1900–44) berühmt?

Der kleine Prinz (1943), ein Märchen für Erwachsene, dessen Kernstück parabelhafte Erzählungen des kleinen Prinzen sind, die negative Verhaltensweisen von Menschen umreißen; auf der Erde trifft der von einem anderen Planeten kommende Knabe den Fuchs, der ihm das Geheimnis von Freundschaft und Liebe preisgibt. Zentrales Thema dieses Märchens ist der Sieg der Freundschaft über die Einsamkeit.

Welches Bilderbuch für Kinder schuf der Frankfurter Arzt Heinrich Hoffmann (1809–94)?

Den „Struwwelpeter“ (1845), eine Folge von zehn Bildergeschichten, die Hoffmann für seinen Sohn verfasste und illustrierte. Damit sollten die Grundregeln der bürgerlichen Moral des Biedermeier vermittelt werden, deren Missachtung zu schweren, aus heutiger Sicht teilweise grausamen Strafen führen. Neben dem Struwwelpeter kommen u. a. die Figuren Hans-Guck-in-die-Luft und der Zappelphilipp in dem Buch vor.

Von welchem Autor stammt der deutsche Nachkriegsroman Die Blechtrommel (1959)?

Von Günter Grass, der die kleinbürgerliche Welt im Deutschland der Jahre 1933–45 aus der Sicht des kleinen Oskar Matzerath schildert, der sich weigert zu wachsen und für immer kleinwüchsig bleibt. Er macht sich mit einer Blechtrommel bemerkbar, gleichzeitig ein Symbol des Widerstands gegen die nationalsozialistische Unterdrückung. Der Roman vereinigt realistische und groteske Züge. Für sein Lebenswerk, aber v. a. für „Die Blechtrommel“ erhielt Grass 1999 den Literaturnobelpreis.

Wer gilt als Erfinder der Zentralperspektive?

Brunelleschi: Sto. Spirito in Florenz

Der Architekt, Ingenieur und Bildhauer Filippo Brunelleschi (1377–1446). Er erfand die für die Malerei der Renaissance bahnbrechende Technik, mit der eine perfekte Raumillusion erzeugt werden konnte. In der Malerei setzte sie erstmals Masaccio (1401– 28/29) um, etwa in seinem berühmten Dreifaltigkeitsfresko (1426–29).

Welcher jüdisch-spanische Schriftsteller schrieb in deutscher Sprache 1935 den Roman Die Blendung?

Elias Canetti

Elias Canetti (1905–94), dessen Roman die Odyssee eines aus seiner Bücherwelt entwurzelten, kalten Intellektuellen schildert. Das menschlich Höhere der Romanfiguren fehlt, die ungehindert ihre tierischen Mechanismen wie Macht- und Fresstriebe ausleben. Der Roman ist ein an Beckett und Kafka erinnernder Klassiker der Moderne.

Welche besondere Vereinigung stellte Die Brücke dar, die 1905 gegründet wurde?

Die wichtigste, dem Expressionismus verpflichtete Künstlergruppe, der u. a. Ernst Ludwig Kirchner (1880–1938), Erich Heckel (1883–1970), Max Pechstein (1881–1955) und kurzzeitig auch Emil Nolde (1867–1956) angehörten. In der Auseinandersetzung mit der „primitiven Kunst" wurde ein auf kraftvolle Konturen, vereinfachte Formen und auf intensiver Farbgebung beruhender Mal- und Zeichenstil entwickelt.

Wie heißt der Titel der Erzählung von Robert Louis Stevenson (1850–94), in der sich der Held durch ein Elixier in einen grausamen Bösewicht verwandelt?

„Doktor Jekyll und Mr. Hyde" (1886). Der schottische Schriftsteller beschreibt damit einen tiefenpsychologisch begründeten Fall von Persönlichkeitsspaltung in künstlerischer Form. Dr. Jekyll, ein angesehener und unbescholtener Forscher, verwandelt sich zeitweise aufgrund medizinischer Selbstversuche in eine bösartige menschliche Kreatur, die nachts ihr Unwesen treibt.

Wer ist der Autor des Romans Doktor Schiwago (1957), der v. a. durch die gleichnamige Verfilmung berühmt wurde?

Der Russe Boris Pasternak (1890–1960), der in seinem teilweise autobiografischen Roman das Schicksal eines Arztes und Künstlers zwischen 1904 und 1930 schilderte. In der ehemaligen Sowjetunion blieb der Autor wegen seiner kritischen Haltung zur Oktoberrevolution verfemt. Pasternak musste darüber hinaus den ihm 1958 verliehenen Nobelpreis ablehnen.

Wer ist Donar (Thor) in der germanischen Mythologie?

Der Gott des Donners, der nach Odin bedeutendste Gott im Reich der Asen. Er galt den Germanen ferner als Schutzgott der Midgard (bewohnten Erde) und als Fruchtbarkeitsgott. Er ist gleichzeitig der gewaltigste der Götter, der mit seinem Hammer Mjöllnir die Riesen erschlägt. Beim Weltuntergang tötet er die Midgardschlange, ein Meerungeheuer, das sich im Weltmeer rings um Midgard legt.

Wer schuf vor Michelangelo mit dem „David" (1430) die erste umschreitbare Freifigur der Neuzeit?

Der italienische Bildhauer Donatello (um 1386–1466), dessen Werk bahnbrechend für die Skulptur des 15. Jahrhunderts in Italien war. Der Künstler arbeitete mit Bronze, Marmor und Holz und schuf mit seinem „David" die erste Aktdarstellung seit der Antike. In Padua schuf Donatello mit dem Denkmal des Gattamelata das erste Reiterstandbild der Renaissance, das wegweisend für die ganze Epoche wurde.

Was ist ein Einhorn?

Ein Fabelwesen in Pferdegestalt, das ein spitzes Horn in der Mitte der Stirn trägt. Einhörner sind jedoch in verschiedenen Kulturvölkern auch als Esel-, Rhinozeros- und Stiergestalt bekannt. Das Horn kann ein Symbol für die jungfräuliche Reinheit und der Liebe sein. Das Einhorn kann der Sage nach auch nur von einer reinen Jungfrau gefangen und gezähmt werden.

Auf wen geht das heute gebräuchliche deutsche Wörterbuch Duden zurück?

Auf den Gymnasiallehrer und Schuldirektor Konrad Duden (1829–1911), der sich um eine Vereinheitlichung der unterschiedlichen Schreibweisen in der deutschen Sprache bemühte und 1880 ein „Vollständiges Orthographisches Wörterbuch der deutschen Sprache" herausgab, das von der staatlichen Kommission für die erste Rechtschreibform (ab 1. Januar 1901) als grundlegend anerkannt wurde.

Welcher Roman hat den italienischen Philologie-Professor Umberto Eco (*1932) berühmt gemacht?

„Der Name der Rose" (1980), der eine spannende Detektivgeschichte in die Klosterwelt des 14. Jahrhunderts verlegt. Thematisiert wird das Klosterleben des Spätmittelalters und die kirchliche Intoleranz. Die Verfilmung des Romans hatte beim Publikum einen ähnlich großen Erfolg. Eco veröffentlichte 1988 seinen Roman „Das Foucaultsche Pendel", der mit ähnlichen kriminalistischen Spannungsmomenten arbeitet, jedoch nicht den Erfolg des Vorgängerromans erreichte.

Welcher italienische Maler wirkte mit seinen realistisch-drastischen Darstellungen und lebendigen Lichtkontrasten auf die Barock-Malerei?

Caravaggio: Kreuzigung des hl. Petrus

Caravaggio (1573–1610), der sich nach seinem Geburtsort bei Bergamo nannte, aber eigentlich Michelangelo da Merisi hieß. Der früh verstorbene Caravaggio wurde durch seine revolutionäre Malweise zu einem der bedeutendsten und einflussreichsten Malern der gesamten Kunstgeschichte.

Ist ein Kapitel dasselbe wie ein Kapitell?

Nein. Unter einem Kapitel versteht man zum einen den Abschnitt einer Schrift, also z. B. ein Buchkapitel, zum anderen aber auch die Versammlung der Stifts- und Klostergeistlichen. Ein Kapitell hingegen ist der obere Abschluss einer Säule, eines Pilasters oder eines Pfeilers. Kapitelle sind meist reine Schmuckglieder und statisch nicht notwendig. Bekannte Formen sind z. B. das dorische, das ionische oder das korinthische Kapitell.

Welcher spanische Dichter schrieb den Don Quijote de la Mancha (1605)?

Cervantes: Don Quijote und Sancho Panza

Miguel de Cervantes Saavedra (1547–1616), der mit seinem satirischen wie tragikomischen Roman die zu Ende gehende Zeit des Rittertums und die weit verbreitete Ritterromantik aufs Korn nahm. Sein Held, der verarmte Hidalgo Quijada, hängt in seinen Träumen jener vergangenen Zeit nach. Um seinem wenig aufregenden Dasein eine Wendung zu geben, bricht er als Don Quijote in Begleitung seines plumpen Knappen Sancho Panza auf. Der Roman hatte eine große Wirkung auf die Romanliteratur Frankreichs, Englands und Deutschlands.

Welcher bedeutende deutsche Lyriker verbirgt sich hinter den Initialen HME?

Hans Magnus Enzensberger (*1929), ein zeitkritischer Lyriker („Verteidigung der Wölfe", 1957), der sich bis in die Gegenwart gesellschaftlichen Krisen- und Problemsituation literarisch annimmt und dabei auch die Form des Essays wählt. Er war u. a. Herausgeber der literarisch-kritischen Zeitschrift „Kursbuch" (1965–75).

Was ist die charakteristischen Merkmale der Epik?

Es ist die erzählende Dichtung, die je nach Kunstauffassung der Epoche als Vers- oder Prosaform in Erscheinung tritt. Epische Großformen sind das Epos – z. B. das Heldenepos „Odyssee" von Homer oder das Nationalepos „Hermann und Dorothea" von Goethe – und der Roman – z. B. „Buddenbrooks" von Thomas Mann. Zu den Kleinformen zählen u. a. die Novelle, Kurzgeschichte, Erzählung, Märchen und Anekdote.

Wo befindet sich das bedeutende europäische Museum Eremitage?

In St. Petersburg. Das Museum ist in einem während des 18. und 19. Jahrhunderts entstandenen, aus vier Gebäuden bestehenden Komplex untergebracht, der eine der größten Gemäldegalerien der Welt beherbergt. Hervorgegangen ist die Sammlung aus einer seit 1775 von Katharina II. angelegten Kunstkammer.

Welcher griechische Gott wird häufig als nackter geflügelter Knabe mit Pfeil und Bogen abgebildet?

Der Liebesgott Eros, ein Sohn der Aphrodite und des Ares, den die Römer Amor nannten. Wen seine goldenen Liebespfeile trafen, war leidenschaftlich verliebt; während die in Blei getauchten die Menschen von den sie Liebenden entfernte. Eros konnte somit sowohl Liebe entzünden als auch enttäuschen.

Wie ärgert und verspottet Till Eulenspiegel seine Zeitgenossen?

Durch seine lustigen Streiche, die der Schalk des Volksbuches „Dyl Ulenspiegel" von 1515 auch noch mit Spott und Schadenfreude begleitet. Die Schelmen-Dichtung erschien anonym in Straßburg; kein Wunder, denn ihr Autor Hermann Bote (um 1465– um 1520) nahm keinen gesellschaftlichen Stand aus, dem Eulenspiegel nicht seinen „Spiegel der menschlichen Dummheit“ vorhält, zur Läuterung der Menschen. Unsicher ist, ob der Held der Streiche eine historische Person ist, wie es der Verfasser glauben machen will; ein Eulenspiegel lässt sich immerhin um 1350 in Mölln belegen.

Welche britische Autorin schuf die Romanfiguren des Hercule Poirot und der Miss Marple?

Agatha Christie

Agatha Christie (1890–1976), die über siebzig erfolgreiche Kriminalromane verfasste, in denen die beiden Helden in der Rolle eines überaus raffinierten Meister- bzw. Amateurdetektivs fungieren. Viele ihrer Romane wurden auch verfilmt.

In welchem Roman ist Felix Krull der Held der Handlung?

In dem unvollendet gebliebenen Roman von Thomas Mann (1875–1955) „Bekenntnisse des Hochstaplers Felix Krull“ (1922/54). Felix Krull ist der Ich-Erzähler, der mit einer für Thomas Mann typischen feinen Ironie seinen kuriosen Lebensweg nacherzählt; natürlich werden zahlreiche Seitenblicke auf seine kauzige, exzentrische oder skurrile Umwelt geworfen.

Wem gehörte das sagenhafte Schwert Excalibur?

König Artus, der es der Sage nach aus einem Felsen herauszog, was keiner vor ihm vermochte. So gelangte er auf den Thron Britanniens und ließ die Festung Camelot erbauen, wo er die edelsten Ritter an seiner Tafelrunde versammelte. Als sich Artus im Kampf gegen seinen Neffen eine nicht mehr heilende Wunde zuzog, befahl er sein Schwert, das dem Besitzer unumschränkte Macht verlieh, in den heiligen See zu werfen. Bevor das geheimnisvolle Schwert ins Wasser eintauchte, ergriff es die „Frau des Sees“ und zog es mit sich in die Tiefe.

Welche Zauberin der griechischen Mythologie ist gemeint, wenn man sagt, dass ein Mann von einer Frau „becirct“ wird?

Circe (griechisch eigentlich „Kirke“). Als Odysseus mit seinen Gefährten auf der Rückreise von Troja nach Ithaka auf ihre Insel kam, verzauberte sie seine Freunde in Schweine, während Odysseus sich durch ein Kraut dagegen schützte. Nachdem er sie überwältigt hatte, verbrachte er noch ein ganzes Jahr bei ihr; seine Gefährten erhielten aber wieder ihre menschliche Gestalt.

Circe und Odysseus

Wann herrschte die Stilrichting des Expressionismus?

Der Expressionismus erfasste am Anfang des 20. Jahrhunderts alle Künste (bildende Kunst, Literatur, Musik, Film). Expressionistische Kunst ist „Ausdruckskunst“ (lateinisch „expressio“ = „Ausdruck“), d. h., seelische Empfindungen und elementare Gefühle des Künstlers werden dargestellt, oftmals um den Preis, dass sich das jeweilige Kunstwerk nur schwer einer Interpretation öffnet. Wichtige deutsche Vertreter des Expressionismus sind z. B. Gottfried Benn, Alfred Döblin (Literatur), Max Beckmann und Ernst Ludwig Kirchner (bildende Kunst), Fritz Lang und Friedrich W. Murnau (Film) sowie Arnold Schöberg (Musik).

In welcher (historischen) Epoche malte Lucas Cranach der Ältere (1472–1553)?

Zur Zeit der Reformation. Cranach, der u. a. das bekannte Porträt Luthers anfertigte, bildete eine spezifisch protestantische Kunst heraus: Er illustrierte die Lutherbibel, aber auch Flugblätter der Reformatoren. Die Hauptwirkungsstätte des Malers aus Kronach (daher sein Name) war in Wittenberg, sein Sohn Lucas Cranach der Jüngere (1515–86) führte die Werkstatt fort.

Cranach d. Ä.: Irdisches Paradies

Was ist ein Feuilleton?

Der Kulturteil einer Tages- oder Wochenzeitung. Der Begriff leitet sich vom französischen „feuille“ ab, was so viel wie „Blättchen“ bedeutet. Hier finden sich Nachrichten aus dem kulturellen Leben, Essays, Besprechungen von Theaterstücken, Büchern und anderen kulturellen Ereignissen; häufig sind auch literarische Texte abgedruckt. Berühmte Feuilletonisten waren z. B. Kurt Tucholsky oder Egon Erwin Kisch. Auch der einzelne Beitrag im Feuilleton-Teil wird als Feuilleton bezeichnet.

Mit welchen Reisebeschreibungen hatte Theodor Fontane (1819–98) seinen ersten literarischen Erfolg?

Mit den „Wanderungen durch die Mark Brandenburg“ (1862–82). Fontane ist ein bedeutender Vertreter des poetischen Realismus, der mit seinen Romanen „Irrungen und Wirrungen“ (1888), „Frau Jenny Treibel“ (1892) „Effi Briest“ (1895) u. a. die Berliner Gesellschaft und bürgerliche Einzelschicksale darstellt. Sein Altersroman „Der Stechlin“ (1899) eröffnet dem Leser die politischen und gesellschaftlichen Konfliktstoffe im wilhelminischen Deutschland des ausgehenden 19. Jahrhunderts.

Wo befindet sich das Forum Romanum?

In Rom; es war seit dem 6. Jahrhundert v. Chr. das gesellschaftliche und politische Zentrum des römischen Staates. Hier befinden sich in mehr oder weniger gutem Zustand die Heiligtümer und Tempel, Basiliken (Markt- und Amtsgebäude), der Versammlungsplatz des römischen Volkes und nicht zuletzt auch die Rednerbühne, von der aus die römischen Staatsmänner zur Volksversammlung sprachen und Entscheidungen von großer Tragweite initiierten. Nachdem das Forum im Mittelalter verfallen war, wurde es im 19. Jahrhundert ausgegraben und restauriert.

Wie heißt das Hauptwerk des Florentiner Dichters Dante Alighieri (1265–1321)?

Dante Alighieri

Die „Divina Comedia" (italienisch „Göttliche Komödie"), in der Dante selber die Hauptfigur ist, die – begleitet von dem antiken Dichter Vergil – einen mühevollen Läuterungsweg geht, der sie durch die neun Höllenkreise auf den Berg der Läuterung führt; im Paradies übernimmt Dantes Geliebte Beatrice die weitere Führung durch die neun Himmel bis zur Anschauung Gottes. Der Dichter schrieb nicht mehr auf Latein, sondern verwendete eine toskanische Mundart, die mit seinem Werk die italienische Hochsprache prägte.

Wie heißt die jährlich stattfindende weltweit größte Messe für Bücher und elektronische Medien?

Frankfurter Buchmesse. Hier sind gewöhnlich über 100 Länder vertreten, die Anzahl der Titel geht in die Hunderttausende, wobei nur etwa ein Drittel der Druckerzeugnisse aus Deutschland stammen. Die Messe ist während der sechs Tage ein Umschlagplatz für Verträge über Werkrechte, Übersetzungen, Verfilmungen u. a. Frankfurt war bereits im 15. Jahrhundert für Bücher eine wichtige Messe, bevor ihr seit dem 17. Jahrhundert Leipzig den Rang ablief. Der Neuanfang wurde 1949 in Frankfurt gemacht.

Welche Bedeutung haben die Furien in der römischen Mythologie?

Es sind die Rachegöttinnen, die nach der Vorstellung der alten Griechen – wo sie Erinnyen heißen – die Seelen der Ermordeten waren, die nach Rache verlangen und den Schuldigen bis zu seiner gerechten Strafe verfolgen. Davon leitet sich die Bezeichnung Furie für eine rasende, wütende Frau ab.

Wo ist der Hauptschauplatz der Romane von Ludwig Ganghofer (1855–1920)?

In der bayerischen Gebirgslandschaft. Hier spielen die meisten seiner trivialen, aber in seiner Zeit sehr populären Romane, deren Hauptakteure in Liebesgeschichten verstrickt sind und in denen sich eine naiv-herzliche Lebensbejahung ausdrückt.

Aus welchem lateinamerikanischen Land kommt der Literaturnobelpreisträger Gabriel García Marquez (*1928)?

Aus Kolumbien. Er ist der bekannteste Romancier der lateinamerikanischen Geschichte und Gegenwart. Berühmt machte ihn v. a. sein Roman „Hundert Jahre Einsamkeit" (1967). 1982 erhielt er den Literaturnobelpreis.

Was ist ein Ghostwriter?

Ein Autor, der meist für Personen des öffentlichen Lebens Reden, Artikel oder auch Bücher schreibt, selbst aber nicht als Verfasser genannt wird. Der Begriff kommt aus dem Englischen: „Geisterschreiber".

Welcher Maler schuf den Tod des Marat und andere klassizistische Gemälde?

Jacques-Louis David (1748–1825), der als bedeutendster Meister des französischen Klassizismus gilt, an dessen Beginn „Der Schwur der Horatier" (1784) steht, ein Werk, das auf einen Auftrag Ludwigs XVI. zurückging. Neben seiner künstlerischen Tätigkeit war David zur Zeit der Französischen Revolution auch politisch aktiv und wurde schließlich auch noch Hofmaler Napoléons. In der nachnapoleonischen Zeit fiel er in Ungnade und musste nach Belgien ins Exil gehen, wo er auch starb.

David: Der Schwur der Horatier

In welcher Stadt starb Johann Wolfgang von Goethe (1749–1832)?

In Weimar, der Residenzstadt des Herzogtums Sachsen-Weimar. 1776 trat er als Geheimer Rat in die Dienste des Herzogs. In Weimar verbrachte er, die meiste Zeit seines Lebens. Der Jurist Goethe war schon in seiner „Sturm-und-Drang-Zeit" durch seinen Bestseller „Die Leiden des Jungen Werthers" (1774) ein bekannter Mann. Seine Wendung zur Klassik vollzog er auf seinen zwei Italienreisen (1786–88, 1790). Die Jahre 1794 bis 1805, d. h. die Zeit der Freundschaft Goethes mit Schiller stellen die Hochzeit der Weimarer Klassik dar. Es gab keine literarische Form, derer sich Goethe im Laufe seines langen Lebens nicht bedient hätte. Er schrieb z. B. Bildungsromane („Wilhelm Meister", 1795/96 und 1829) und den vieldeutigen Eheroman („Die Wahlverwandtschaften", 1809), Dramen („Iphigenie", 1787), seine Faust-Dichtungen (1808, 1832), zahlreiche Gedichte und Balladen sowie die Lyriksammlung „West-östlicher Divan" (1814).

In welcher Mythologie kommt es zum Untergang der Götter in der Götterdämmerung?

In der nordischen, die eigentlich von der „Ragnarök" („Geschick der Götter") spricht. In ihrer letzten Auseinandersetzung kämpfen die Götter gegen die Riesen und Dämonen aus Utgard, von denen der Wolf Fenrir der gefährlichste ist und Odin verschlingt. Auf den Tod der Götter folgt der Untergang der Erde und des Kosmos; aber bereits im Untergang zeichnen die nordischen Barden die Heraufkunft einer neuen Erde und die Wiederkehr der Götter.

Welcher französische Dichter schrieb Der Graf von Monte Christo (1845/46)?

Alexandre Dumas d. Ä. (1802–70), der in seinem Abenteuerroman die Geschichte des Seemanns Edmond Dantès schildert, der durch Verrat vierzehn Jahre unschuldig im Kerker verbringt und nach seiner Flucht Rache an den Verantwortlichen seines Schicksals übt.

Welcher König hat sich das Schloss Sanssouci erbauen lassen?

Friedrich der Große (1712–86) in den Jahren 1745–47, der es teilweise mitentworfen hat. Es war das Sommerschloss des Königs, der sich dort Ruhe und Erholung von seinen Staatsgeschäften ersehnte; deshalb auch der Name „Sorgenfrei“ (französisch).

Wie nennt man die auf Papier aufgetragenen künstlerischen Erzeugnisse in Form von Drucken und Zeichnungen?

Grafiken (von griechisch „Schreibkunst“). Die Anfänge der abendländischen Grafik stellen seit dem 14. bzw. 15. Jahrhundert Holzschnitt und Kupferstich dar. Später kommen die Technik der Radierung, v. a. seit dem 17. Jahrhundert, und die verschiedenen Formen der Lithografie hinzu. Auch Handzeichnungen werden der Grafik zugeordnet.

Von welchen Göttinnen leiten sich die Wörter Grazie (Anmut) und graziös (anmutig) ab?

Von den Grazien, den römischen Göttinnen des jugendlichen Liebreizes und der Lebensfreude, die wiederum in den Charitinnen der griechischen Mythologie ihre Vorbilder hatten.

Welche Art von Bücher verfasste der amerikanische Autor Dashiell Hammett (1894–1961), die später u. a. mit Humphrey Bogart verfilmt wurden?

Kriminal- und Detektivgeschichten wie „Der Maltheser Falke“ (1930) und „Der dünne Mann“ (1934). Es sind sog. „hard boiled novels“, also hart realistische Romane, wie sie auch Raymond Chandler mit seinen Geschichten um „Philipp Marlowe“ schuf.

Welchen bekannten Abenteuerroman verfasste der englische Schriftsteller Daniel Defoe (1660–1731)?

Daniel Defoe

„Robinson Crusoe“ (1719/20). Es ist der erste und bekannteste Roman, den der Kaufmann und Journalist Defoe veröffentlichte. Die Beschreibung des schiffbrüchigen Seemanns und seines Dieners Freitag wurde zu einem Klassiker der Kinder- und Jugendliteratur. Defoe verfasste aber auch wirtschaftspolitische und sozialkritische Abhandlungen, eine Reisebeschreibung und u. a. auch den Schelmenroman „Glück und Unglück des berühmten Moll Flanders“ (1722).

Welcher deutsche Schriftsteller verfasste das Märchen Zwerg Nase?

Wilhelm Hauff (1802–27), von dem auch noch die Märchen „Das kalte Herz“ und „Das Wirtshaus im Spessart“ sehr bekannt sind. Daneben schrieb er den historischen Roman „Lichtenstein“ (1826).

Mit welchem sozialkritischen Drama wurde Gerhart Hauptmann (1862–1946) berühmt?

Mit „Die Weber“ (1892), das den Weberaufstand von 1844 in Schlesien thematisiert. Hauptmann war in Deutschland der bedeutendste Vertreter des Naturalismus. Er schuf bühnenwirksame Milieu- und Familiendramen, wobei ihn v. a. die

Arbeiterschaft, die armen Häusler und die soziale Notlage der städtischen Unterschichten interessieren, z. B. in der Tragikomödie „Die Ratten“ (1911) oder die Diebeskomödie „Der Biberpelz“ (1893). 1912 erhielt er den Literaturnobelpreis.

Welchem Kunststil gehört der französische Maler Edgar Degas (1834–1917) an?

Degas: Nach dem Bad

Dem Impressionismus. Durch seine Bekanntschaft mit Édouard Manet wandte er sich um 1865 dem impressionistischen Stil zu und wurde zu einem seiner Hauptmeister. Sein bevorzugtes Milieu war die Großstadt: Bars, Theater, Pferderennen und Ballettsäle. Degas führte seine Werke überwiegend in der Pastelltechnik aus. In seinen letzten Lebensjahren schuf er – fast erblindet – rund 70 Statuetten.

Wohin begab sich Heinrich Heine (1797–1856) ins Exil?

Nach Paris, wo er seit 1831 bis zu seinem Tod lebte. Als politischer Journalist und zeitkritischer Schriftsteller hatte er sich den Zorn der konservativen Kräfte zugezogen. Seine poetische Bedeutung liegt in der romantischen Lyrik („Buch der Lieder“, 1827) und in den satirischen Versepen „Atta Troll“ (1843) und „Deutschland, ein Wintermärchen“ (1844) begründet. Berühmt sind seine romantischen Balladen wie die „Loreley“ (1823).

Welche literarischen Formen kannte die höfische Dichtung des Mittelalters?

Das Minnelied, das höfische Epos und die Spruchdichtung. Die von Geistlichen, Rittern oder auch bürgerlichen Spielmännern verfassten und an den Fürstenhöfen vorgetragenen Dichtungen kultivierten die ritterlichen Ideale êre (Ehre), triuwe (Treue), milte (Milde), staete (Beständigkeit), mâze (Maßhalten), zuht (Zucht) und minne (Verehrung der höfischen Dame).

Bei welchem grafischen Verfahren muss der Künstler das Motiv mit Schneidegeräten aus einem Holzstock herausarbeiten?

Beim Holzschnitt, der ältesten Variante des Hochdrucks. Er entwickelte sich um 1450 in Mitteleuropa, der v. a. nach Aufkommen des Buchdrucks zur Buchillustration verwendet wurde. Meister wie Dürer und Baldung bedienten sich dieser Kunst, bevor sie durch den Kupferstich abgelöst wurde. Eine Neubelebung fand um 1900 z. B. im Expressionismus statt.

Wie nennt man die Kunstrichtung vor dem Ersten Weltkrieg, die mit einer Pflanzen-Ornamentik arbeitete?

Jugendstil (etwa von 1890–1914). Er leitete eine kurzzeitige Trendwende im Kunsthandwerk, in der Wohnraumgestaltung und der Architektur ein. Der Jugendstil lehnte sich auch an die japanische Kunst und den Impressionismus an. Wichtige Vertreter waren in der Malerei Gustav Klimt (1862–1918) und im Kunsthandwerk Louis Comfort Tiffany (1848–1933). In Frankreich war die „Art nouveau“, in England der „Modern Style“ und in Österreich der „Sezessionsstil“ gleichlaufende Bewegungen.

Welcher französische Maler schuf das berühmte Revolutionsgemälde Die Freiheit führt das Volk an (1830)?

Eugène Delacroix (1798–1863), dessen Historien- und Tiergemälde sowie Reiseskizzen aus dem Orient die französische romantische Malerei begründeten. Seine dramatischen Kompositionen wirken durch ihre leuchtende Farbkraft. Daneben schuf er Stillleben, Landschaften, Interieurs, Akte, mythologische und biblische Themen. Monumentale Wand- und Deckenmalereien entstanden im Palais Bourbon, Palais du Luxembourg, im Louvre und in St.-Sulpice.

Delacroix: Die Freiheit auf den Barrikaden

Welches Ungeheuer ist die Hydra in der griechischen Mythologie?

Eine riesige Schlange mit mehreren Köpfen. Für jeden Kopf, der ihr abgeschlagen wurde, wuchsen zwei neue nach. Herakles besiegte sie mit Hilfe seines Freundes Iolaos, der die Halsstümpfe mit einer Fackel ausbrannte.

Wie wurden die Romane von Charles Dickens (1812–70) anfangs verbreitet?

Charles Dickens

Als Fortsetzungsromane in Zeitschriften. Berühmte Klassiker nicht nur der Jugendliteratur wurden Oliver Twist und David Copperfield. Charles Dickens stammte selbst aus ärmlichen Verhältnissen und wusste so genau, wovon er schrieb.

Welche Kunstrichtung begründete der russische Maler Wassily Kandinsky (1866–1944)?

Die abstrakte Malerei. Seine ersten gegenstandslosen Bilder entstanden 1910. In München begründete er mit Franz Marc und Alfred Kubin die Künstlergruppe „Der blaue Reiter“. Nach 1922 war er Professor am Bauhaus in Weimar und Dessau. Die Theorie der abstrakten Kunst legte er u. a. in seiner Abhandlung „Über das Geistige in der Kunst“ (1912) dar.

Was ist eine Karikatur?

Eine satirisch übertriebene Darstellung typischer Züge von Personen u. a., die der Bloßstellung dient. Das Wort kommt aus dem Italienischen: „caricare“ = „übertrieben komisch darstellen; überladen“. Meister der Karikatur waren u. a. William Hogarth (1697–1764) und George Grosz (1893–1959).

Wer ist der Ritter von der traurigen Gestalt?

Don Quijote; Bild des Karikaturisten H. Daumier

Der Titelheld des Romans „Don Quijote de la Mancha“ von Miguel de Cervantes Saavedra (1547–1616); der Ritter ist ein veramter Adliger, der sich seinen Träumen über die Glanzzeit des Rittertums hingibt. Die hagere Gestalt entschließt sich nach Art der Ritter auszufahren und edle Taten zu vollbringen. Nur leider ist seine Erscheinung jämmerlich, seine Erlebnisse demütigend und tragikomisch. Cervantes setzte sich mit seinem großen Roman kritisch mit dem Genre des Ritterromans und der romantischen Schwärmerei, die den Helden die Realität verkennen lässt, auseinander.

Wer sind die Schildbürger?

Die närrischen Bewohner der Stadt Schilda aus dem Volksbuch „Die Schildbürger“ (1598). Ihr spießbürgerlich-närrisches Leben wird stets durch die Realität bestraft – etwa wenn sie ein dreieckiges Rathaus ohne Fenster bauen, das sie nachträglich zu beleuchten versuchen, indem sie mit Säcken Tageslicht einfangen und es hinein tragen wollen.

Welcher schweizerische Schriftsteller verfasste die Novelle Kleider machen Leute (1873/74)?

Gottfried Keller (1819–90). Die Novelle ist Teil der Sammlung „Die Leute von Seldwyla“ (1856–74). In ihnen sind Humor, Dorfidyllik und realistische Darstellungskunst miteinander gepaart. Kellers Entwicklungsroman „Der grüne Heinrich“ trägt autobiografische Züge.

Welche journalistische Schreibform prägte Egon Erwin Kisch (1885–1948)?

Die Reportage. Der tschechische Schriftsteller machte in den 20er-Jahren mit brillanten atmosphärischen Berichten über die Lebens- und Arbeitsbedingungen von Industriearbeitern von sich Reden. Er avancierte zum Starreporter. 1925 brachte er eine Sammlung unter dem Titel „Der rasende Reporter“ heraus.

Was ist die größte Kirche Deutschlands?

Der Kölner Dom, ein gotischer Kathedralbau, der 1248 begonnen und nach 632 Jahren Bauzeit – mit einer längerer Unterbrechung vom 16. bis zum 19. Jahrhundert – 1880 fertig gestellt wurde.

Wo und zu welcher Zeit spielt sich die Handlung von Leo Tolstois (1828–1910) Roman Krieg und Frieden (1868/69) ab?

In Russland zur Zeit der napoleonischen Kriege. Der russische Dichter schuf die groß angelegte Chronik einer russischen Adelsfamilie, die zwischen 1805 und 1812 den politischen und gesellschaftlichen Wandel erlebt.

Welcher Meister schuf die Mona Lisa (um 1503–06)?

Leonardo da Vinci (1452–1519), einer der vielseitigsten Künstler aller Zeiten, der bedeutende Arbeiten in der Malerei, Baukunst, Technik und Anatomie schuf. Als Künstler begründete er die italienische Hochrenaissance mit (z. B. „Abendmahl“, 1496/97). Mit der Entwicklung und Konstruktion von Geräten und Maschinen (u. a. U-Boot, Flugapparate, Fallschirm) war er seiner Zeit weit voraus.

Welche berühmte Novelle schrieb die deutsche Dichterin Annette von Droste-Hülshoff (1797–1848)?

Annette von Droste-Hülshoff

„Die Judenbuche“, eine packende Geschichte um die Themen Schuld und Sühne. Mit ihren strengen Landschaftserfahrungen, die sie in epischen Kleinformen und in ihrer sinnlich-visionären Naturlyrik verarbeitete, gehört die Dichterin einerseits noch der Romantik, andererseits bereits dem Realismus an. Bedeutung gewann sie auch als Balladendichterin.

Auf welchen Gebieten der Kunst betätigte sich Paul Klee (1879–1940)?

Auf dem Gebiet der Malerei und Grafik. Klee wurde von verschiedenen Kunstrichtungen und deren Vertreter beeinflusst (u. a. vom „Blauen Reiter“), so dass er nicht eindeutig einem Stil zuzuordnen ist. Kennzeichnend ist jedoch seine Verbindung des Abstrakten mit den Elementen des Traumhaft-Skurrilen, wodurch er Gemeinsamkeiten mit den Surrealisten hat. Bedeutende Werke sind u. a. „Rote und weiße Kuppeln“ (1914) oder der „Aufstand der Viadukte“ (1937).

Welcher bedeutende Nürnberger Maler, Holzschneider und Kupferstecher schuf an der Wende vom Mittelalter zur Renaissance zahlreiche sakrale Meisterwerke?

Dürer: Selbstbildnis

Albrecht Dürer (1471–1528), der nach seiner Goldschmiedeausbildung bei seinem Vater und bei Michael Wohlgemut die Malerei erlernte. Er unternahm lange Reisen in die Niederlande, nach Basel, Straßburg und nach Italien. Berühmt sind u. a. sein Holzschnitt-Zyklus zur „Apokalypse“ (1498), sein Kupferstich „Ritter, Tod und Teufel“ (1513/14) und „Vier Apostel“ (1526).

Welche Nationalliteratur begründete den Limerick?

Die englische, wo die fünfzeilige Gedichtform seit 1820 nachweisbar ist. Benannt ist sie nach der irischen Stadt Limerick. Es handelt sich um sog. „Nonsens-Verse“ humorvoll-ironischen Inhalts. Vor allem die Endzeile enthält eine groteske und komische Pointe. Besondere Ausgestaltung erhielt der Limerick von Edward Lear.

Was sind die drei literarischen Grundformen?

Epik, Lyrik und Drama. Die Epik umfasst Kleinformen wie Novelle, Kurzgeschichte, Erzählung, Märchen und Anekdote sowie Großformen wie das Epos und der Roman. Die Lyrik kennt u. a. Oden, Elegien, Sonette, Balladen. Das

Drama gliedert sich in die klassischen Formen Tragödie und Komödie.

Wer schrieb das Theaterstück Der Besuch der alten Dame?

Friedrich Dürrenmatt

Friedrich Dürrenmatt (1921–90). Er ist neben Max Frisch der bedeutendste Schweizer Dramatiker des 20. Jahrhunderts. in seiner Tragikomödie „Der Besuch der alten Dame“ enttarnt Dürrenmatt moralische Widersprüche und Trugbilder der modernen Konsumgesellschaft: alles ist käuflich – auch Menschenleben.

Was ist die deutsche Bezeichnung für Lithografie?

Steindruck (griechisch „lithos“ = „Stein“ und „graphein“ = „schreiben“). Das 1798 erfundene Verfahren arbeitet mit einer Druckform aus Kalkschiefer; auch die Kunstblätter selbst, die so hergestellt werden, heißen Lithografie oder nur kurz Litho. Henri de Toulouse-Lautrec war ein Meister der Kunstlithografie.

Wo befindet sich der Loreley-Felsen?

Am rechten Rheinufer bei Sankt Goarshausen. Beim Anblick des fast senkrechten 132 m hohen Schieferfelsens bildete Clemens Brentano eine weibliche Fantasiefigur aus, die er in der Ballade „Die Lore Lay“ (1801) besang (von mittelhochdeutsch „lure“ = „Elfe“ und „lei“ = „Fels“); sie ist ein zauberhaft schönes Mädchen, das den Männern zum Verhängnis wird. Sie stürzt sich deshalb in die Tiefe. Heinrich Heines Gedicht (1824) macht aus ihr eine Wasserfrau, die auf dem Felsen sitzt und die Schiffer ins Verderben lockt.

Was versteht man unter Lyrik?

Alle Formen der Gedichte, d. h. der gebundenen Rede (Vers, Reim, Metrum, Silbenzählung, Strophenform), aber auch der ungebundenen Rede (freie Rhythmen, Auflösung herkömmlicher Formstrukturen) in der modernen Lyrik. Weitere Unterscheidungen sind Erlebnis- und Gedankenlyrik. Die Lyrik gehört neben Epik und Drama zu den drei Literaturgattungen.

Wie kam die Lieder-Edda zu ihrem Namen?

Stich aus der Edda: Gott Thor und sein Zauberhammer

Die um 1000 n. Chr. entstandene isländische Handschrift, in der viele germanische Götter- und Heldenlieder überliefert sind, wurde 1643 von dem isländischen Bischof Brynjólfur Sveinsson erworben. Den Namen Edda gab man der Handschrift deshalb, weil Snorri Sturluson (1178/79–1241) ein Skalden-Lehrbuch mit dem Namen Edda verfasste, in dem er oftmals aus alten Liedern zitierte; man glaubte deshalb nunmehr jene Edda gefunden zu haben. Die Handschrift wird heute in der königlichen Bibliothek von Kopenhagen aufbewahrt.

Was ist eine Metapher?

Ein sprachliches Bild (von griechisch „Übertragung“), bei dem ein Wort aus dem eigentlichen Bedeutungszusammenhang auf einen anderen übertragen wird; dann etwa wenn man mit „Wüstenschiff" ein Kamel bezeichnet.

Welcher Stilrichtung gehörte der Maler René Magritte (1898–1967) an?

Dem Surrealismus. Anders als die von der psychologischen Lehre des Unterbewussten geprägten Surrealisten, zeigt Magritte Wirklichkeitsausschnitte, in der ungewöhnliche Gegenstände kombiniert oder die Größenverhältnisse verändert sind; z. B. „La clef de songes" (1927).

Welche lyrische Form bevorzugte der Barockdichter Andreas Gryphius (1616–46)?

Das Sonett, das aus zwei vierzeiligen Versen (Quartetten) und zwei dreizeiligen Versen (Terzetten) besteht. Die Hauptthemen seiner Lyrik sind die Vergänglichkeit und Eitelkeit alles Irdischen (z. B. „Tränen des Vaterlands", 1636 und „Abend", 1650). Inspiration für die pessimistische Grundstimmung bezog der Dichter aus den Schrecken des Dreißigjährigen Krieges. Noch zu Lebzeiten wurde ihm durch die Verleihung des Titels „Lorbeergekrönter Dichter" hohe Ehre zuteil (1637).

Für welchen seiner Romane erhielt Thomas Mann (1875–1955) den Literaturnobelpreis?

Für die „Buddenbrooks" (1901), der den Aufstieg und Verfall einer hanseatischen Kaufmannsfamilie erzählt. Thomas Mann gehörte zu den bedeutendsten deutschsprachigen Erzählern, dessen Helden übersensible, krankhafte und bisweilen lebensuntüchtige Charakteren sind. Bedeutende Erzählungen sind z. B. „Tristan" und „Tonio Kröger" (1903), der Zeitroman „Der Zauberberg" (1924) und „Doktor Faustus" (1947).

Wo steht der Escorial?

In der Abgeschiedenheit des kastilischen Berglandes in Spanien, etwa 60 km nordwestlich von Madrid. Der Klosterpalast entstand im Auftrag König Philipps II. (1527–98); er war Residenz, Behördensitz, Kloster und dynastisches Grabmonument. Der Gesamtplan stammte von Juan Batista de Toledo (vor 1500–67), die Vollendung erfolgte nach 22-jähriger Bauzeit unter Juan de Herrera (um 1530–97). Mit einer Länge von 206 Metern und einer Breite von 161 Metern ist der Escorial der größte Renaissancebau der Erde.

Escorial

Welchen berühmten Roman verfasste Johann Jakob Christoffel von Grimmelshausen?

„Der abentheuerliche Simplicissimus teutsch" (1669), in dem Grimmelshausen eigene Erlebnisse, die er als Jugendlicher im Dreißigjährigen Krieg machte, verarbeitete. Der Roman schildert die Entwicklung eines einfältigen Bauernjungen zu einem klugen Weltmann, der aber schließlich den Weg in die Einsiedelei wählt.

Was ist ein Fresko?

Fresko aus Pompeji

Ein auf den frischen Putz (von ital. „a fresco“: auf das Frische) einer Wand aufgetragenes Gemälde. Dabei verbinden sich die Farben unlöslich mit dem noch feuchten Kalkputz. Korrekturen sind nachträglich nicht mehr möglich. Die Freskotechnik kannte man bereits in der Antike, aber erst um 1300 wurde sie in Italien v. a. durch Giotto vervollkommnet. Zu den berühmtesten Fresken zählt die Sixtinische Decke von Michelangelo. Werden die Farben auf trockenen Putz aufgetragen, spricht man folglich von Secco-Malerei (von ital. „a secco“: auf das Trockene).

Welche Gottheit war im alten Rom Mars?

Der Gott des Krieges, der bei den Griechen Ares hieß. Mars war der Sage nach der Vater des Romulus und Remus und damit der Stammvater Roms. Von Mars kommt auch der Name für den Monat März her.

In welcher Sage kommt der Zauberer Merlin vor?

In der Sage um König Artus, dessen Ratgeber er war. Merlin ist der Sohn eines Teufels und einer Jungfrau. Er wird schließlich von der Fee Viviane in ewigen Schlaf versetzt, aus dem er nicht mehr erwacht.

Wer war Theodor Mommsen (1817–1903)?

Ein Jurist, Historiker und Politiker. Zunächst als Juraprofessor tätig, bevor er wegen Beteiligung an der Revolution von 1848 sein Lehramt verlor. Dann Professor für Alte Geschichte; seine „Römische Geschichte“ (1854–85) begründete die neuere Geschichtsschreibung der römischen Antike. Schließlich war Mommsen auch Landtags- und Reichstagsabgeordneter der bürgerlichen Linken. Er erhielt 1902 für seine „Römische Geschichte“ den Literaturnobelpreis.

Wie bezeichnete der römische Dichter Ovid den Gott des Schlafes und der Träume?

Morpheus. Nach ihm benennt sich übrigens auch das Rausch- und Betäubungsmittel Morphium.

Welcher Kunstperiode gehören die Werke des Malers Caspar David Friedrich (1774–1840) an?

Friedrich: Kreidefelsen auf Rügen

Der Romantik. Er war ein Maler von stimmungsvollen Landschaftsdarstellungen. In seinen nach intensiven Naturstudien entstandenen Bildern weitet sich der Blick in romantische Ferne („Kreidefelsen auf Rügen“, um 1820) oder in schaurige Nachtmotive („Der einsame Baum“, 1822).

Welcher bekannte Dramaturg nach 1945 schrieb auch Theaterstücke wie Die Hamletmaschine (1979)?

Heiner Müller (1929–95), der seit 1959 in der DDR lebte und seit 1972 am Berliner Ensemble tätig war; er trat mit eigenwilligen Bearbeitungen klassischer Vorlagen, etwa Kleists oder Shakespears hervor („Philoktet", 1965; „Ödipus, Tyrann", 1967). Eigene Dramen wie die „Hamletmaschine" thematisieren u. a. die Position des Intellektuellen in der sozialistischen Gesellschaft.

Von welchem bedeutenden Vertreter des Expressionismus stammen die Lithografien Der Schrei (1893) und Angst (1894/95)?

Von dem norwegischen Maler und Grafiker Edvard Munch (1863–1944), in dessen Werk auch Einflüsse von Symbolismus und Jugenstil zum Ausdruck kommen. Themen seiner Arbeiten – auch Gemälde und Holzschnitte – sind die Lebensangst, seelische Not und Einsamkeit sowie der Geschlechterkampf.

In welcher deutschen Stadt befindet sich die Museumsinsel?

In Berlin auf einer Insel zwischen Spree, Kupfergraben und Lustgarten, wo das Berliner Museumszentrum untergebracht ist.

Welcher literarischen Strömung von 1870 bis 1900 ging es v. a. um die naturgetreue Wiedergabe von Natur und Gesellschaft?

Dem Naturalismus. V. a. rückte der Alltag des neu aufgekommenen Industrieproletariats und seiner sozialen Not in den Mittelpunkt der Darstellungen. In Frankreich entstanden (Émile Zola), hinterließ der Naturalismus besonders in der deutschen Literatur ein reiches Werk (Gerhart Hauptmann, Johannes Schlaf u. a.).

Welcher französische Maler unternahm auf der Suche nach natürlicher Schönheit Reisen um die ganze Welt und fand schließlich auf Tahiti seine künstlerische Heimat?

Paul Gauguin (1848–1903). Mit seinen Südseebildern in leuchtenden Farben wurde der Maler erst postum berühmt. Er war zunächst vom Impressionismus beeinflusst, entwickelte dann aber einen flächigen Stil, wobei er die Farbflächen noch mit starken Konturen umgab. Paul Gauguin gilt heute als einer der Bahnbrecher der modernen Malerei.

Gauguin: Mädchen am Strand

Wer wird in der Literatur gern als der Lügenbaron bezeichnet?

Der Offizier Karl Friedrich Hieronymus Freiherr von Münchhausen (1720–97), der aus seinem abenteuerlichen Leben fantastische Geschichten erzählte, die später von anderen Schriftstellern gesammelt und erweitert wurden; im Deutschen besonders von Gottfried August Bürger.

Wann erlebte die Glasmalerei ihren Höhepunkt und wie wird Glasmalerei gefertigt?

Glasmalerei

In der Gotik (12. und 13. Jh.), als die Kirchenmauern zunehmend durch große, lichtdurchlässige Glaswände unterbrochen wurden. Ein berühmtes Beispiel ist die Kathedrale von Chartres, deren Glasfenster eine Fläche von 2500 m^2 einnehmen. Bei der Glasmalerei werden verschiedenfarbige Gläser mit Bleiruten zu einem bunten Bild zusammengefügt, die Bleiruten bilden dabei auch die Konturen der dargestellten Personen und Gegenstände.

Welches Getränk wurde den griechischen Göttern bei ihren Mahlen gereicht?

Nektar, der ewige Jugend und Unsterblichkeit verlieh. Er gehörte sozusagen neben Ambrosia zum Hauptnahrungsmittel der Unsterblichen.

Was wurde in den 20er- und 30er-Jahren als Neue Sachlichkeit bezeichnet?

Eine Kunstrichtung, die sich der Auflösung der Formen im Expressionismus durch die Mittel des flächig abgebildeten Gegenständlichen entgegenstellte. Vertreter dieses auch als „magischer Realismus“ verstandenen Kunststils sind u. a. Otto Dix, George Grosz und Christian Schad.

Nach welchem römischen Gott des Meeres benennt sich ein Planet?

Nach dem Wasser- und Meeresgott Neptun, der bei den alten Griechen Poseidon hieß.

Welcher Kunstepoche gehörten die Meisterwerke Johann Balthasar Neumanns (1687–1753) an?

Dem Spätbarock, dem der Baumeister v. a. in Kirchen- und Residenzbauten Frankens und Altbayerns zum Ausdruck verhalf (Kirchen: z. B. Vierzehnheiligen, Neresheim, Treppenhaus der Würzburger Residenz).

Warum ist eine Sisyphos-Arbeit eine endlose, nie zum Ziel führende Arbeit?

Weil damit auf die Vergeblichkeit des Tuns von Sisyphos in der griechischen Mythologie angespielt wird. Dieser musste zur Strafe für seine Frevel an den Göttern in der Unterwelt einen schweren Felsblock einen steilen Berg hinaufrollen; oben angelangt rollte der Stein wieder hinab und die Mühsal begann von Neuem.

Welcher Ritter mit der eisernen Hand ist Titelheld in einem Drama Goethes?

Götz von Berlichingen (1480–1562), der nicht nur in Goethes Jugend-Drama eine Draufgängernatur war. Er lieferte sich auch im richtigen Leben zahlreiche Fehden, wurde zweimal geächtet und übernahm gar im Bauernkrieg von 1525 die Führung des Odenwälder Bauernhaufens, was ihm Gefängnishaft einbrachte. Anders als der literarische Götz endete er nicht im Kerker, sondern beteiltigte sich noch an den Feldzügen gegen die Türken und gegen Frankreich.

Wer schrieb die bedeutendste Faust-Dichtung?

Johann Wolfgang von Goethe

Johann Wolfgang Goethe (1749–1832), der sein Wissen über den Stoff aus Volksbüchern und Puppenspielen bezog. Sein Werk in zwei Teilen beschäftigte ihn zeitlebens; erst kurz vor seinem Tod vollendete er den Faust II. Faust, der Gelehrte, verschreibt seine Seele dem Teufel, um so Genüsse des Lebens zu erfahren, die ihm bisher verborgen blieben. Der erste Teil endet mit der Verurteilung Gretchens als Kindsmörderin, die Faust zu seiner Geliebten gemacht hatte. Im zweiten Teil setzt sich die Welten- und Zeitenreise Fausts ins klassische Griechenland und an den Hof des deutschen Kaisers fort. Am Ende stirbt Faust nach einem rastlosen Leben, das Mephistopheles begleitete, im hohen Alter. Engel entreißen aber dem Teufel Fausts Seele.

Welches Heldenepos des Mittelalters erzählt von Siegfrieds Tod und Kriemhilds Rache?

Das Nibelungenlied (um 1200), das größte deutsche Heldenepos des Mittelalters, das 2000 vierzeilige Strophen umfasst. Die Wirkung dieser „deutschen Ilias" reicht vom Mittelalter über die Romantik bis hin zum Musikdrama Richard Wagners (1813–83).

Welches berühmte Gemälde Francisco de Goyas (1746–1828) dokumentiert die Kriegsgreuel in Spanien zur Zeit Napoléons?

„Die Erschießung der Aufständischen am 3. Mai 1808 in Madrid". Der spanische Maler und Grafiker Goya nahm in seinen Werken romantische und impressionistische Elemente vorweg. Weitere bekannte Werke sind „Die nackte" und „die bekleidete Maja" (um 1797) und 14 Wandbilder aus seinem Landhaus (u. a. „Saturn verschlingt eines seiner Kinder", 1819–23).

Goya: Die Erschießung der Aufständischen am 3. Mai 1808

Welche verkrüppelte Gestalt spielt in dem Roman Notre Dame de Paris (1831) die Hauptrolle?

Der Glöckner von Notre Dame, Quasimodo, der sich in die schöne Zigeunerin Esmeralda verliebt. Der historische Roman ist das populärste Werk von Victor

Hugo (1802–85), das später Komponisten und Filmregisseure inspirierte.

Wie heißt die griechische Göttin des Sieges?

Nike. Deren Entsprechung ist in der römischen Mythologie Victoria.

Aus welchem geschichtlichen Zeitalter stammt die literarische Erfindung des Grals?

Gral (Irland, 8. Jh.)

Aus dem Mittelalter. Davon handelten die großen Gralsromane Chrétiens de Troyes (um 1140– vor 1190) – „Die Geschichte vom Graal" (vor 1190) – und Wolframs von Eschenbach (um 1170–um 1220) – „Parzival" (um 1200–10). Bei Chrétien de Troyes ist der Gral eine goldene Schale, in der dem alten Gralskönig Anfortas eine geweihte Hostie gebracht wird. Bei Wolfram ein Stein, der jugenderhaltende und lebensverlängernde Kräfte besitzt. Eine frühchristliche Legende spricht von einem Kelch, der das Blut des Gekreuzigten aufgefangen hat.

Was ist eine Novelle?

Eine kürzere Erzählung in Prosa; weitere Merkmale sind: der gedrängte und geradlinige Erzählaufbau, der zur Schilderung einer „unerhörten Begebenheit" (Goethe) hinführt, um dann einen pointierten Schluss zu setzen. Bedeutende Meister der Novelle (italienisch „novella" = „Neuigkeit") sind Boccaccio („Decamerone"), Chaucer („Canterbury Tales") und in Deutschland Goethe, Kleist, Gottfried Keller, Theodor Storm, Paul Heyse u. a.

Was trug v. a. zur Berühmtheit der Brüder Jakob und Wilhelm Grimm bei?

Jakob und Wilhelm Grimm

Ihre „Kinder- und Hausmärchen" (1812–15), die sie auf ihren Reisen sammelten. Durch ihr groß angelegtes „Deutsches Wörterbuch", das erst 1960 abgeschlossen werden konnte, wurden sie zu den Begründern der deutschen Sprach- und Literaturwissenschaft.

In welchem sinfonischen Werk kommt Friedrich Schillers (1759–1805) Ode an die Freude (1786) vor?

Im letzten Satz der 9. Sinfonie von Ludwig van Beethoven (1770–1827) als fulminanter Schlusschor. Durch die Musik Beethovens wurde das Gedicht zur Freiheits- und Humanitätshymne schlechthin.

Wer ist Odin oder auch Wotan?

Der oberste Gott der zwölf germanischen Hauptgottheiten. Odin ist der Herr über den Erdkreis, er überblickt auf seinem Hochsitz Hlidskjalf in seinem Reich Asgard die gesamte bewohnte Erde. Wenn er sich in die Weltesche Yggdrasil hängt, erlangt er Zauberwissen und Runenkunst. Er ist auch der Gott des Schlachtfeldes, den zwei Raben begleiten; die Walküren führen ihm die stärksten, im Kampf gefallenen Helden nach Walhall.

Welche populäre Romanfigur schuf der belgische Krimiautor Georges Simenon (1903–89)?

Den kleinbürgerlich-sympathischen Kommissar Maigret, der in 76 psychologisch ausgefeilten Kriminalromanen seine Fälle löst. Die Gestalt erhielt durch zahlreiche Fernsehverfilmungen eine weltweite Bekanntheit.

Welche Gestalt der griechischen Mythologie tötet seinen Vater und heiratet seine Mutter?

Ödipus, der seinem Schicksal, das ihm das Orakel von Delphi eröffnet hatte, nicht entkommen kann. Bevor er unwissend seine Mutter Iokaste, die Königin von Theben, heiratet, löst er die Rätsel der Sphinx. Nach der Offenlegung der Zusammenhänge blendet sich Ödipus und Iokaste erhängt sich. Bei Sigmund Freud spielt der „Ödipus-Komplex“ eine wichtige Rolle in der Tiefenpsychologie des Knaben.

Was ist charakteristisch für den Baustil der Gotik?

Charakteristisch ist das In-die-Höhe-Streben der Bauwerke und deren reiche Ornamentik. „Gotik“ war eigentlich ein in der Renaissance erstmals gebrauchter abwertender Begriff für „Kunst der (barbarischen) Goten“. Die Ursprünge der Gotik liegen in der französischen Kathedrale von Saint Denis (ab 1137). Nur langsam drang sie in die noch von der Romanik geprägten deutschen Lande ein. Hier sind dann aber u. a. die hochgotischen Meisterwerke – Straßburger Münster und Kölner Dom – zu bewundern.

Wer ist der Mörder Siegfrieds im Nibelungenlied?

Hagen von Tronje. Das Nibelungenlied handelt von der Werbung Siegfrieds um die Schwester des Burgunderkönigs (Kriemhild), schließlich vom Untergang der Burgunder. Ihm liegen zum Teil historische Ereignisse zugrunde (z. B. Etzel = Attila, der Hunnenkönig).

Hagen von Tronje ermordet Siegfried

Welche Kunstwerke schuf Giotto di Bondone (ca. 1267–1337)?

Fresko-Malereien. Er gehört mit seinem Werk zu den wirklich revolutionären Künstlern. Erstmals seit der Antike zeichnete sich die Malerei wieder durch räumliche Tiefe, Bewegung und Körperlichkeit aus. An Giottos Hauptwerk – den Fresken der Arena-Kapelle in Padua – lässt sich seine neuartige Komposition, seine räumliche Bildgestaltung und die Größe und Würde, die er den dargestellten Personen aus dem Leben Christi gab, beispielhaft ablesen.

Wer schrieb das Kultbuch Der Steppenwolf (1927)?

Hermann Hesse

Hermann Hesse (1877–1962), der mit seinem Romanhelden Harry Haller der amerikanischen und deutschen Jugend bis in die sechziger Jahre hinein ein Identifikationsmuster mit dem einsamen und verkannten Künstler und Neurotiker lieferte, den jene für ihren Protest am Establishment nützte. Die Werke des Literaturnobelpreisträgers (1946) nehmen auch Bezug auf die Romantik und die indische Philosophie; z. B. in „Narziss und Goldmund" (1930) und das „Glasperlenspiel" (1943).

Welcher listenreiche Held der griechischen Mythologie braucht 10 Jahre für die Rückkehr aus dem Trojanischen Krieg?

Odysseus, König von Ithaka, der den Griechen zum Bau des hölzernen Pferdes rät, mit dem schließlich Troja erobert werden kann. Homer schildert Odysseus' abenteuerliche Heimfahrt in der „Odyssee"; so nennt man auch heute eine mit vielen Hindernissen verbundene Reise.

Mit welcher gleichnishaften Erzählung schildert George Orwell (1903–50) die Entstehung einer Diktatur?

Mit der Tierparabel „Farm der Tiere" (1945), wobei der Autor das totalitäre Herrschaftssystem Stalins vor Augen hatte. In seinem Zukunftsroman „1984" (1949) entwarf er das Bild eines totalitären Überwachungsstaates, der die Massen mit einer perfekt organisierten Bewusstseinsmanipulation unterdrückt.

Welcher behörnte griechische Hirtengott versetzt Mensch und Tier in panischen Schrecken?

Pan, den die römische Mythologie als Faunus kennt. Der Lüsternheit des Gottes entkommt die Nymphe Syrinx nur, indem sie in ein Schilfrohr verwandelt wird, aus dem wiederum der Verfolger eine Hirtenflöte, die Panflöte, herstellte.

Was ist ein Pastell?

Ein mit Pastellfarbstiften auf Papier, Pappe oder Pergament gemaltes Bild; dabei entstehen zart und leicht wirkende Farben. Die nur schwach haftenden Farbteilchen können mit dem Finger zu sehr feinen Übergängen verrieben werden. Das Rokoko bediente sich dieser Maltechnik und dann auch wieder der Impressionismus (Manet und Degas).

Mit welchem Roman erlangte Boris Pasternak (1890–1960) Weltruhm?

Mit „Doktor Schiwago", der das Schicksal eines russischen Arztes und Künstlers zwischen 1904 und 1930 schilderte. In der ehemaligen Sowjetunion blieb der Autor wegen seiner kritischen Haltung zur Oktoberrevolution verfemt. Als Pasternak 1958 den Nobelpreis für Literatur erhielt, musste er den Preis aufgrund des politischen Drucks wieder zurückgeben.

Was versteht man unter Performance in der Kunst?

Eine moderne Vorstellung avantgardistischer Künstler, auch Aktionskunst genannt (englisch „Aufführung"). Ihre Wurzeln liegen im Happening (englisch „Ereignis"), einer Pop Art der 60er-Jahre, die die Grenzen zwischen Kunst und Alltäglichkeit, Dargestelltem und Zuschauer aufhebt. Vertreter dieser Richtung ist u. a. Hermann Nitsch und sein „Orgien-Mysterien-Theater" (seit 1963).

Welcher römische Dichter zur Zeit des Augustus verfasste die Metamorphosen (1–10 n. Chr.)?

Ovid, eigentlich Publius Ovidius Naso (43 v. Chr. – 18 n. Chr.). Bei dem berühmten Werk handelt es sich um eine 15-bändige Sammlung von bisweilen überaus frivolen Verwandlungssagen aus der griechischen und römischen Mythologie in der Versform des Hexameters. Ovid beschloss sein Leben in der Verbannung am Schwarzen Meer, weil er Mitwisser am ausschweifenden Leben der Kaiserenkelin Julia wurde.

Womit befasst sich die Philologie?

Mit der wissenschaftlichen Erforschung der Sprachen und Literaturen. Der Name bedeutet im Griechischen so viel wie „liebende Zuwendung zum Wort". Beispielsweise beschäftigt sich die Germanistik mit den mündlichen und schriftlichen Überlieferungen der germanischen Sprachen und Literaturen, insbesondere des Deutschen.

Welcher Vogel steigt wieder aus der Asche, nachdem er sich selbst verbrannt hat?

Phönix, ein Fabelwesen aus der Antike, das aber bereits bei den Ägyptern Verehrung fand. „Wie ein Phönix aus der Asche steigen" bedeutet im übertragenen Sinn, wenn jemand oder etwas aus dem Nichts eine Wiedererneuerung erfährt.

Welcher der beiden Hans Holbein hat es zu größerem Ruhm gebracht?

Holbein d. J.: Der Kaufmann Georg Gisze

Hans Holbein der Jüngere (1497/98– 1543). Der Hofmaler König Heinrichs VIII. in England war einer der größten Renaissancemaler und Porträtisten. Er lernte in der Augsburger Werkstatt seines Vaters, der aber noch ganz in der Spätgotik verhaftet war. In den Gemälden von Hans Holbein d. J., selbst in Porträts kraftvoller Männer und reicher Gesandter, finden wir öfter versteckte Symbole der Vergänglichkeit; ansonsten bildet er die Wirklichkeit akribisch „exakt" ab. Seine Gemälde gelten deshalb auch als historische Zeitdokumente.

Welcher universale Künstler des 20. Jahrhunderts gilt als der bedeutendste Maler der Moderne?

Der Maler, Grafiker, Bildhauer und Keramiker Pablo Picasso (1881–1973), der zunächst vom Impressionismus beeinflusst war, dann aber eigene Wege ging. Er bediente sich der Ausdrucksmittel der Naturvölker und bildete so die neue Stilrichtung des Kubismus aus („Die jungen Frauen von Avignon", 1906/07). Einer von vielen Höhepunkten seines Schaffens war das große Wandbild „Guernica" (1937).

Welche zwei Heldenepen soll Homer (8. Jh. v. Chr.) verfasst haben?

Homer: Szene aus der Odyssee

Die „Ilias“, die vom trojanischen Krieg erzählt, und die „Odyssee“, die die Abenteuer des Odysseus auf seiner Rückreise von Troja nach Ithaka schildert. Der Grieche Homer wäre – sofern er überhaupt existiert hat – der älteste epische Dichter des Abendlandes.

Was ist ein Sonett?

Eine Gedichtform, die aus zwei vierzeiligen Strophen (Quartette) und aus zwei dreizeiligen Strophen (Terzette) besteht. In der klassischen Form haben die Verse elf Silben. Die ersten Meister des im 13. Jahrhundert erfundenen Sonetts sind Dante und Petrarca.

Was findet der Kunstinteressierte in einer Pinakothek?

Eine Gemäldesammlung. Im antiken Griechenland diente die Pinakothek zur Aufbewahrung von Weihgeschenktafeln. In der Renaissance wurde der Begriff für Gemäldesammlungen verwendet. Bedeutende Pinakotheken befinden sich etwa in München: die Alte und Neue Pinakothek.

Wie entsteht eine Plastik im Unterschied zu einer Skulptur?

Die Plastik entsteht aus formbaren Materialien wie Ton, Gips, Wachs oder Porzellan; das fertige Kunstwerk geht hier durch Anstückung hervor. Die Skulptur dagegen wird aus einem Rohmaterial wie z. B. Marmor durch Behauen von außen nach innen erarbeitet.

Zu welcher Strömung der zeitgenössischen Kunst lieferte v. a. Andy Warhol (1930–87) viele Beiträge?

Zur Pop Art (englisch „populäre Kunst“), die seit den 50er-Jahren, Gegenstände, Werbe-Slogans und Konsumgüter, Comic-Figuren u. a. zum Kunstmotiv erhebt. Mit den Methoden der Fotomontage, Vergrößerung, Reihung u. Ä. erzielt der Künstler Verfremdungseffekte, die der Parodie oder der Verherrlichung des Objekts dienen können.

In welchem Roman beschreibt der Schweizer Schriftsteller Max Frisch (1911–91) einen zufälligen Inzest zwischen Vater und Tochter?

Im „Homo Faber“ (1957); beschrieben wird das tragische Scheitern des Ingenieurs Walter Faber, einem Menschen, der sich als technische Existenz versteht und sich deshalb vor dem Zufall und dem Schicksal sicher glaubt. Frisch zeigt in seinen Romanen („Stiller“, 1954) und Dramen („Herr Biedermann und die Brandstifter“, 1958) den Menschen in seiner Abhängigkeit von Erziehung, Gesellschaft und Weltanschauungen.

Seit wann kennt man in der moderneren Malerei das Porträt?

Seit Ende des 14. Jahrhunderts, als die ersten Brustbilder von Monarchen (etwa König Johann der Gute von Frankreich) entstanden. Vorher dominierte im christlichen Mittelalter die Jenseitserwartung so stark, dass die individuellen Gesichtszüge einer irdischen Person nicht interessierten. Wegweisend war u. a. Jan van Eyck (um 1390–1441).

Welchen künstlerischen Beruf übte Ricarda Huch (1864–1947) aus?

Ricarda Huch

Den einer Schriftstellerin; sie war eine Hauptvertreterin der Neuromantik. Sie begann nach einem Studium der Geschichts- und Literaturwissenschaft – Promotion als eine der ersten Frauen 1892! – mit gefühlsstarken Dichtungen wie in „Das Leben, ein kurzer Traum“ (1903) und wandte sich dann historischen Stoffen und Persönlichkeiten zu: „Der große Krieg in Deutschland“ (1914), eine epische Schilderung des Dreißigjährigen Krieges, „Wallenstein. Eine Charakterstudie“ (1915) u. a.

Wie heißen die Titelhelden der bekanntesten Jugendbücher Mark Twains (1835–1910)?

Tom Sawyer und Huck(leberry) Finn, denen jeweils ein Abenteuerroman gewidmet ist (1876 und 1884). Es sind sozialkritische Romane mit einer Tendenz zur Gesellschaftssatire, über die die Idyllik des Lebens am Mississippi nur scheinbar hinwegtäuscht.

In welcher europäischen Hauptstadt steht der Prado?

In Madrid. Der Prado ist eine der ältesten Gemäldegalerien der Welt (u. a. El Greco, Velázquez, Goya, Rubens, Tizian). 1785 erbaut, seit 1819 Museum, ist das spanische Nationalmuseum nach dem Park („prado“) benannt, der sich ursprünglich an dieser Stelle befand.

Welcher österreichische Dichter trat v. a. mit Prosawerken wie Die Angst des Torwarts beim Elfmeter (1970) hervor?

Peter Handke (*1942), dessen Themen immer wieder um die Darstellung der Entfremdung des Einzelnen und seiner Umwelt kreisen. Bekannt wurde er durch sein „Sprechstück“ „Publikumsbeschimpfung“ (1966), in dem er sich mit der Gattung „Theaterbesucher“ auseinander setzt. 1996 geriet er wegen eines Reiseberichts über Serbien als Verteidiger serbischer Politik in die Kritik.

Mit welchem Roman wurde Victor Hugo (1802–85) berühmt?

Victor Hugo

Mit der romantischen Geschichtserzählung „Der Glöckner von Notre Dame“ (1831). Hugo ist der wichtigste französische Schriftsteller im Übergang von der Romantik zum Realismus. Mit dem Roman „Die Elenden“ (1862), in dem ein ehemaliger Zuchthäusler die Hauptfigur darstellt, machte er die untersten Volksschichten literaturfähig.

Was bezeichnet man in der Literatur als Prosa?

Im weitesten Sinne alle literarischen Texte, die keine Gedichte und keine Dramen sind; im engeren Sinne alle nicht durch

Metrum, Reim u. a. Mittel der gebundenen Sprache hervorgebrachte Literatur, z. B. Romane, Erzählungen, Kurzgeschichten etc. (von lateinisch „prosa oratio“ = die geradeausgerichtete Rede). Prosa kommt außerhalb der Literatur in der Alltagssprache, in wissenschaftlichen Texten u. Ä. vor.

Warum sind Ikonen meist auf Holz gemalt?

Ikone

Weil sie als Kultbilder der Ostkirchen herumgetragen wurden. Auf Ikonen werden v. a. Heilige dargestellt, älteste Exemplare sind aus dem 6. Jahrhundert erhalten. Russland gilt auch heute noch als Zentrum der Ikonenmalerei.

Was ist ein Pseudonym?

Ein Deckname, den v. a. Schriftsteller und Künstler für ihre Veröffentlichungen anstelle ihres wirklichen Namens verwenden (von griechisch „pseudos“ = „falsch“ und „onoma“ = „Name“). Oft spielte dabei in der Vergangenheit die Angst vor persönlichen Angriffen eine Rolle.

Welcher russische Dichter schrieb u. a. Eugen Onegin, Pique Dame und Boris Godunow?

Alexander Puschkin (1799–1837), der als der Begründer der russischen Literatursprache gilt. „Eugen Onegin“ ist ein Versroman (1825–32), der von Tschaikowsky vertont wurde; „Boris Godunow“ (1824–30) ein Drama, das Mussorgskij später vertonte; „Pique Dame“ eine psychologisch-realistische Novelle; auch sie wurde von Tschaikowsky vertont. Puschkin starb im Duell.

Auf welches Gemälde aus dem Jahr 1872 geht der Begriff Impressionismus zurück?

Das Bild heißt „Impression, soleil levant“ („Sonnenaufgang“) und wurde von Claude Monet (1840–1926) gemalt. Monet löste in seiner Malerei das Gegenständliche und seine Konturen fast völlig auf, um das sich verändernde Licht und das Flimmern der Luft darzustellen. Deshalb malte er oft Serienbilder eines einzigen Motivs zu verschiedenen Tageszeiten.

Impressionismus: Claude Monet, „Impression, soleil levant“

Welcher Kunstepoche gehörte Raffael (1483–1520) an?

Der Hochrenaissance, zu deren Vollendung er neben Michelangelo und Leonardo da Vinci entscheidend beitrug. Bedeutende Gemälde Raffaels sind u. a. die „Sixtinische Madonna“ und die „Verklärung Christi“, sein letztes großes Meisterwerk. Nach dem Tode Bramantes wurde er auch zum Bauleiter der Peterskirche berufen.

Wer ist der Titelheld in Mary Shelleys Roman Frankenstein (1818)?

Ein Arzt und Forscher, der zum Schöpfer eines Monsters wird, das er aus Leichenteilen zusammensetzt. Die Vermessenheit Frankensteins, wie Gott einen Menschen schaffen zu wollen, muss er schließlich mit dem Leben bezahlen, weil er Opfer seiner eigenen Kreatur wird.

In welchem Jahrhundert kam der Realismus in der Literatur auf?

Im 19. Jahrhundert, etwa von 1830 bis 1880, in Deutschland bis etwa 1890. Der Realismus löste die Romantik ab und führte zum Naturalismus. Diese Literaturepoche wandte sich von der idealisierten Darstellung ab und erhob die wirklichkeitsgetreue Abbildung der Welt zur ästhetischen Maxime. Bedeutende Vertreter sind u. a. in Frankreich Balzac, in England Dickens und in Deutschland Fontane.

Welcher Literaturkritiker wurde durch das Fernsehgespräch Literarisches Quartett bei einem Millionenpublikum beliebt?

Marcel Reich-Ranicki (*1920), der die Literaturbeilagen der Wochenzeitung „Die Zeit“ und der „Frankfurter Allgemeinen Zeitung“ leitete. Der bei Autoren gefürchtete wortgewaltige Kritiker veröffentlichte selbst Essays und Betrachtungen zum Literaturbetrieb. Der aus Polen stammende Ranicki überlebte die Deportation durch die Nationalsozialisten.

Welcher irische Schriftsteller verfasste den Roman Ulysses?

James Joyce

James Joyce (1882–1941). Aufgrund des beispiellosen literarischen Formenreichtums gehört sein Roman zu den Meilensteinen der Literatur des 20. Jahrhunderts. Joyce arbeitete sieben Jahre lang an seinem Werk, in dem er mit minuziöser Genauigkeit den Ablauf eines einzigen Tages im Leben des irischen Juden Leopold Bloom beschreibt. Dabei werden Träume, Gefühle und Wünsche der Hauptfigur ebenso wiedergegeben wie scheinbar unwichtige Bruchstücke des alltäglichen Lebens.

Mit welcher Kunst erzeugt die Bildhauerkunst Raumtiefe an Flächen?

Durch das Relief (von französisch „das Hervorgehobene“). Die Figuren stehen nicht frei im Raum, sondern heben sich aus der Hintergrundfläche hervor. Reliefs befinden sich etwa auf antiken Altären, Rundbögen u. a.; im Mittelalter und der Neuzeit auf Kirchenportalen, Sarkophagen, Goldschmiedearbeiten.

Was ist eine Retrospektive in der Kunst?

Eine Ausstellung, die das Gesamtwerk eines Künstlers oder die Gesamtproduktion einer bestimmten Schaffensperiode – z. B. das Alterswerk – präsentiert.

Wer schrieb die Erzählung Die Verwandlung (1915), den Roman Der Prozeß (1925) und das Romanfragment Das Schloß (1926)?

Franz Kafka

Der österreichische Schriftsteller Franz Kafka (1883–1924). Kafka, von Beruf Versicherungsangestellter, lebte vorwiegend in Prag. Seine Hauptpersonen haben meist gegen verborgene und unbestimmte, dafür um so bedrohlichere Mächte in einer als absurd und anonym erfahrenen Welt zu kämpfen.

Welcher mittelalterliche Baustil ging der Gotik voraus?

Die Romanik (etwa 950–1240), die sich an die römische Architektur anlehnte (lateinisch „romanus“ = „römisch“). Sie zeichnet sich durch Schlichtheit der Wandgestaltung und durch die gedrungene Wirkung der Sakral- und Palastbauten aus (Dome zu Worms und Speyer); typisch für die Romanik ist auch der Rundbogen.

Wie heißen die bedeutendsten Vertreter der Romantik (ca. 1790–1840) in der bildenden Kunst?

Neben Caspar David Friedrich zählt Philipp Otto Runge zu den wichtigsten Künstlern dieser Kunstströmung in Deutschland. Am Anfang der französischen Romantik steht Théodore Géricault, während Eugène Delacroix als deren Hauptvertreter gilt. In England ragt William Turner heraus, dessen Spätwerk bereits auf den Impressionismus verweist.

Welches wohl berühmteste Liebespaar der Weltliteratur schuf William Shakespeare (1564–1616)?

„Romeo und Julia“ in seiner gleichnamigen Tragödie (um 1595). Die Liebenden gehören den miteinander verfeindeten Veroneser Familien der Montagues und Capulets an. Der Familienzwist treibt sie schließlich in den Tod. Ihr Schicksal hat in der Folge zahlreiche Nachbildungen in den bildenden Künsten und in der Musik gefunden (z. B. in Tschaikowskys Orchestersuite).

Welche Kirchen werden als Kathedrale oder als Dom bezeichnet?

Kathedrale in Reims

Die jeweilige Hauptkirche in einem Ort, der zugleich (meist) Bischofssitz ist (z. B. Kathedrale von Reims, Stefansdom in Wien, Kölner Dom, Notre-Dame von Paris). Eine Kathedrale ist immer Bischofssitz (von „Kathedra“ = „Bischofsstuhl“), ein Dom (auch: Münster) kann auch einfach nur eine Hauptkirche sein.

Welches moderne Mysterienspiel von Hugo von Hofmannsthal (1874–1929) wird alljährlich bei den Salzburger Festspielen aufgeführt?

Der „Jedermann“ (1911), ein „Spiel vom Sterben des reichen Mannes“. Es ist neben dem „Rosenkavalier“ (1911) Hofmannsthals populärstes Werk. Letzteres und „Ariadne auf Naxos“ (1912), „Die

Frau ohne Schatten" (1919) u. a. sind Textbücher zu Opern von Richard Strauss.

Welche deutsche Sagengestalt ist ein Waldbewohner des Riesengebirges?

Rübezahl, dessen Volkssagen im 17. und 18. Jahrhundert gesammelt wurden. Die Sage kennt den Berggeist und Herrn des Riesengebirges nicht nur als Riese, sondern auch als Bergmännlein, Geist, Mönch oder auch in Tiergestalt. Er wird als durchweg gutmütig dargestellt, denn er beschenkt die Armen; allerdings führt er Wanderer in die Irre und schickt auch Gewitter, wenn er verärgert wurde.

Was kennzeichnet die literarische Gattung Drama (griechisch „Handlung")?

Im Gegensatz zur Epik wird eine knappe und in sich geschlossene Handlung unmittelbar vor dem Zuschauer aufgeführt, d. h., das Drama besteht aus Dialogen. Außerdem hat das Drama einen festen Aufbau in drei oder fünf Akten. Zum Drama gehören die klassischen Formen Tragödie und Komödie. Es ist in allen Kulturvölkern vorzufinden. Für die Entwicklung des europäischen Dramas war das attische Theater ausschlaggebend, das in der französischen und deutschen Klassik und bereits zuvor bei Shakespeare eine Wiederbelebung erfuhr

Welche französische Schriftstellerin schrieb u. a. die Romane „Bonjour Tristesse" und „Lieben Sie Brahms?"

Françoise Sagan (*1935). Ihre melancholischen und erotischen Romane kreisen um die Motive Liebe und Einsamkeit. Die Hauptfiguren sind weder des Enthusiasmus noch der Verzweiflung fähig. Das alte literarische Thema des Weltschmerzes wird aufgelöst in Traurigkeit, Niedergeschlagenheit und Langeweile.

Welche Kunstepoche hatte der Klassizismus (ca. 1750–1840) zum Vorbild?

Klassizismus: Denkmal von B. Thorvaldsen

An die Kunst der griechischen und römischen Antike, deren einfache und im Gegensatz zum Rokoko schnörkellose Formen nun das bestimmende Kunstprinzip in den bildenden Künsten und der Architektur wurden. Bedeutende Vertreter sind in der Architektur Friedrich Schinkel und Leo von Klenze, in der Skulptur Antonio Canova und Bertel Thorvaldsen und in der Malerei Jean Auguste Dominique Ingres.

Welcher Dichter machte mit seinem Erstlingsdrama Die Räuber (1781) Furore?

Friedrich Schiller (1759–1805). Seine „Räuber", die den Konflikt zweier ungleicher Brüder – Karl und Franz Moor – zum Thema haben, gehören zusammen mit weiteren zu den bedeutendsten Dramen des Sturm und Drang. Während der Uraufführung in Mannheim, bei der Schiller anwesend war, brach ein Begeisterungssturm unter den Zuschauern aus. Schiller musste seinen unerlaubten Weggang von der herzoglichen Militärakademie mit mehrwöchigem Arrest und Schreibverbot bezahlen.

Welchem Stil wird Gustav Klimt (1862–1918) zugerechnet?

Klimt: Salomé

Er ist der Hauptmeister des Wiener Jugendstils. 1897 gründete er zusammen mit anderen die „Vereinigung bildender Künstler Österreichs", die „Wiener Sezession". Kennzeichnend sind ornamental gestaltete, kostbar ausgeschmückte Flächen, die mit geometrischen und spiraligen Formen hart umgrenzt sind. Die raffinierte Erotik seiner Werke wurde von Zeitgenossen als anstößig und obszön angesehen.

Was prägte die Geschichte Sankt Gallens seit dem frühen Mittelalter?

Die Klosterabtei, die Mitte des 9. Jahrhunderts nach dem Reichenauer Klosterplan erbaut wurde. Die Äbte von Stankt Gallen waren mächtige Reichsfürsten und zugleich Hüter einer von Möchen getragenen Kunst- und Geisteskultur. Heute existiert noch die barocke Klosteranlage.

Von welchem Schriftsteller stammt der Roman Die drei Musketiere (1844)?

Von Alexandre Dumas d. Ä. (1802–70), einem erfolgreichen Unterhaltungsschriftsteller, der auch „Der Graf von Monte Christo" (1845) schrieb. Die drei Musketiere dienen im 17. Jahrhundert der französischen Krone im Kampf gegen den machtlüsternen Kardinal Richelieu, wobei sie viele Kämpfe zu bestehen haben. Beide genannten Titel gehören zu den bekanntesten Unterhaltungsromanen und wurden schon unzählige Male erfolgreich verfilmt.

Welche Folge hatte der Raub der Helena durch den trojanischen Königssohn Paris?

Den Trojanischen Krieg. Der beleidigte Ehemann der Helena, Menelaos, und dessen Bruder Agamemnon riefen die Griechen zu den Waffen und belagerten Troja 10 Jahre lang, bis es durch eine List des Odysseus erobert und zerstört werden konnte. Als Helena wieder in der Gewalt ihres Gatten war, bezähmte dieser wegen ihrer Schönheit seine Rachegefühle und führte sie nach Sparta zurück.

Wer schrieb den Roman Schuld und Sühne (1866)?

Der russische Schriftsteller Fjodor Dostojewski (1821–81). Held des psychologischen Romans ist der mittellose Student Rodion Raskolnikoff, der eine Wucherin ermordet, um mit deren Geld sein Auskommen zu bestreiten. Der Roman schildert die Gewissensqualen des Mörders, der unter der Last der Schuldgefühle zusammenbricht. Im Straflager und durch die Liebe Sonjas erfährt er, dass er durch Sühne von seiner Schuld frei wird.

Welche Thematik hat die Science-Fiction-Literatur?

Zukunfts- und Weltraumutopien, wie sie durch den wissenschaftlichen und technischen Fortschritt denkbar wären. Hierher gehören meist Romane und Erzählungen, die sich mit Reisen in den Weltraum und dem außerirdischen Leben befassen. Jules Verne (1828–1905) gilt als Begründer dieses Genres (u. a. „Reise zum Mittelpunkt der Erde", 1864).

Was sind die sieben Weltwunder?

Sieben monumentale Bau- und Kunstwerke der Antike, die im 3. Jahrhundert v. Chr. diese Bezeichnung erhielten: die Pyramiden von Gizeh (als einziges erhalten), die hängenden Gärten der Semiramis in Babylon, der Artemis-Tempel in Ephesos, das Zeus-Kultbild des Phidias in Olympia, das Mausoleum von Halikarnassos, der Koloss von Rhodos und der Leuchtturm auf der Insel Pharos vor Alexandria.

Welches schrullig-fantastische Mädchen erfand Astrid Lindgren (1907)?

„Pippi Langstrumpf", die Titelheldin einer Reihe von Kinderbüchern; ähnlich große Erfolge hatten auch „Meisterdetektiv Kalle Blomquist" (1946–53), „Karlsson vom Dach" (1955–68) und „Michel aus Lönneberga" (ab 1963). Ihre Bücher wurden in alle wichtigen Sprachen der Welt übersetzt und oftmals verfilmt.

Welche Jungfrau besiegt Siegfried unter einer Tarnkappe im Dreikampf?

Brünhild, um die der Burgunderkönig Gunther wirbt. Dies gelingt erst durch die Mithilfe Siegfrieds, der dafür Gunthers Schwester Kriemhild zur Braut erhält. Als Brünhilde später von der List erfährt, beauftragt sie Hagen Siegfried zu ermorden. Die Rache Kriemhilds lässt nicht lange auf sich warten; am Hof König Etzels werden die Burgunder vernichtet. Die Sage fand ihre schönste Ausgestaltung im „Nibelungenlied" (um 1200).

Welches war das größte Amphitheater der Antike?

Kolosseum in Rom

Das Kolosseum in Rom. Diese Arena, Schauplatz von Gladiatorenkämpfen und Tierhetzen, fasste über 50.000 Zuschauer. Das Kolosseum wurde 80 n. Chr. eingeweiht. Bei Aufführungen in der Hitze konnte es sogar komplett mit Segeltuch abgedeckt werden. Bei den alten Griechen dienten Amphitheater lediglich der Aufführung von Tanz und Theater.

Welcher viel gelesene Romanschriftsteller schrieb Es muss nicht immer Kaviar sein (1960)?

Der Österreicher Johannes Mario Simmel (*1924), der zahlreiche Bestseller verfasste, die in das Genre Unterhaltungs- und Trivialliteratur gehören. Dennoch stellen seine Romane auch historische und zeitkritische Bezüge her. Weitere Werke u. a.: „Hurra wir leben noch" (1978) und „Im Frühling singt zum letzten Mal die Lerche" (1990).

Wodurch erregte der russische Schriftsteller Aleksandr Solschenizyn (*1918) Aufsehen?

Durch seine Berichte aus stalinistischen Arbeitslagern, in denen er von 1945 bis 1953 einsaß. 1962 erhielt er mit Zustimmung Chruschtschows die Erlaubnis der Veröffentlichung seiner Erzählung „Ein Tag aus dem Leben des Iwan Denissowitsch“, die erstmals das Leben in den Zwangsarbeitslagern schilderte. Hauptwerk des Literaturnobelpreisträgers ist der Dokumentarbericht „Archipel Gulag“ (1973–75).

Welche schwedische Schriftstellerin schrieb die „Wunderbare Reise des kleinen Nils Holgersson mit den Wildgänsen“ (1906/07)?

Selma Lagerlöff (Gemälde von C. Larsson)

Selma Lagerlöf (1858–1940), die 1909 als erste Frau den Literaturnobelpreis erhielt. Die Lehrerin schrieb nicht nur Kinderbücher, sondern auch Legenden, Märchen und Erzählungen, die in ihrer värmländischen Heimat spielen.

Welche griechische Göttin war Demeter?

Die Göttin der Fruchtbarkeit und große Erdgöttin – ihr Name bedeutet „Mutter Erde“; bei den Römern hieß sie Ceres, Schutzgottheit des Getreides. Als Demeter erfuhr, dass ihre Tochter Persephone von Hades in die Unterwelt entführt wurde, schickte sie sofort Dürre und Hungersnot über die Erde. Zeus – ihr Bruder und Gatte – konnte sie nur dadurch besänftigen, dass man Persephone gestattete für die Hälfte des Jahres auf die Erde zu kommen, während sie die andere Hälfte in der Unterwelt zu verbringen hatte; die Jahreszeiten Frühjahr und Sommer sowie Herbst und Winter waren damit geboren.

Aus welchem Material ist die berühmte Laokoon-Gruppe gefertigt?

Laokoon-Gruppe, das bekannteste Beispiel naturalistischer Bildhauerkunst der Antike

Aus Marmor. Die Skulptur aus dem 1. Jahrhundert v. Chr. (Laokoon und seine beiden Söhne, die von Schlangen erwürgt werden) wurde 1506 in Rom ausgegraben und übte einen großen Einfluss auf den Manierismus aus (heftige Bewegtheit, emotionale Ausdruckskraft und stark „gedrehte“, gewundene Bewegungen).

Von welchem Meister des Biedermeier stammen u. a. die Bilder „Der arme Poet“ und „Abendständchen“?

Von Carl Spitzweg (1808–85), einem Apotheker, der sich selbst zum Maler ausbildete. Seine kleinformatigen Bilder mit feiner Stimmung stellen liebevoll die Welt der Kleinbürger und Sonderlinge der Biedermeierzeit dar.

Welcher amerikanische Literaturnobelpreisträger verfasste 1952 den Roman Jenseits von Eden?

John Steinbeck (1902–68). Hauptthema seiner sozialkritischen Romane ist die Verelendung der Landarbeiter („Von Mäusen und Menschen“, 1937; „Die Früchte des Zorns“, 1939). In seiner Familiensaga „Jenseits von Eden“ greift der

Dichter das biblische Kain-und-Abel-Motiv auf. Elia Kazan drehte 1955 einen gleichnamigen Streifen mit James Dean, der zum Kultfilm wurde.

Welcher Autor des 19. Jahrhunderts verfasste meisterhafte Naturbeschreibungen, z. B. in Der Hochwald (1842) und Bergkristall (1853)?

Adalbert Stifter (1805–68), der im Böhmerwald geboren und im Benediktinerkloster Kremsmünster erzogen wurde. Stifter verfasste mit „Der Nachsommer" (1857) einen meisterhaften, an Goethes klassisches Formideal ausgerichteten Bildungsroman. Die Werke des Privatlehrers und Volksschulinspektors spiegeln die Merkmale der Romantik, des klassischen Bildungsideals und des poetischen Realismus wider.

Was bezeichnet man als Stillleben?

Die malerische Darstellung der unbelebten oder „toten" Natur, etwa in Form von Früchten, Blumen oder toten Tieren. Je nach Inhalt spricht man von Blumen-, Küchen-, Frühstücks- oder Jagdstücken. Die Stillleben-Malerei begann im 16. Jahrhundert und wurde im 17. Jahrhundert durch Velázquez, Jan Bruegel d. Ä. u. a. zur Meisterschaft gebracht. Die formalen Möglichkeiten wurden u. a. durch Cézanne und Picasso im 20. Jahrhundert erweitert.

Welche Kunstrichtung in der Malerei und Dichtung hält das Visionäre, Irrationale und Unbewusste fest?

Der Surrealismus zu Beginn des 20. Jahrhunderts (von französisch „die Wirklichkeit übersteigend"). Besonders in der Dichtung Frankreichs, Grundzüge sind auch bei Franz Kafka fassbar, bezog der Surrealismus v. a. Anleihen aus Sigmund Freuds Tiefenpsychologie. Hauptvertreter in der Malerei sind u. a. Salvador Dalí und René Magritte.

In welcher Kunstgattung wurde Le Corbusier (1887–1965) zu einer prägenden Gestalt des 20. Jahrhunderts?

In der Architektur. Hier trug er Wesentliches zur Durchsetzung des funktionalen, vom Kubismus ausgehenden sog. „International Style" der 20er- und 30er-Jahre bei. Seinen frühen Wohnbaustil mit kubischer Grundform, Flachdach mit Garten etc. behielt er nicht bei. Ab 1935 setzte er den architektonischen Akzent auf vielstöckige, gleichhohe und gleichgestaltete „Wohneinheiten" aus Stahlbeton. Berühmt, wenngleich nicht typisch, ist die Wallfahrtskapelle Notre-Dame-du-Haut in Ronchamps (1950–54).

Le Corbusier: Kirche Notre-Dame-du-Haut in Ronchamp, Frankreich

Wo gilt die sagenhafte Gestalt Wilhelm Tell als Freiheits- und Nationalheld?

In der Schweiz, woher die Sage von Tells Armbrustschuss kommt, mit dem er seinem Sohn auf Befehl des habsburgischen

Vogtes Gessler einen Apfel vom Kopf schießt. Aus Vergeltung ermordet der Meisterschütze den verhassten Landvogt in der hohlen Gasse, was den Aufstand der Schweizer Urkantone herbeiführte. Die wichtigste dramatische Fassung stammt von Friedrich Schiller.

Wie heißt das wohl bekannteste Frauenbildnis der Kunstgeschichte?

Mona Lisa

Leonardo da Vincis „Mona Lisa“, auch „La Gioconda“ genannt, weil sie die Gattin des florentinischen Adligen Francesco del Giocondo war. Das in den Jahren 1503–06 entstandene Porträt muss Leonardo besonders am Herzen gelegen haben, da er es auf all seinen Reisen, z. B. nach Frankreich, mitnahm.

Welcher Mundartdichter wurde u. a. mit den Filser-Briefen und den Lausbubengeschichten berühmt?

Der bayerische Schriftsteller Ludwig Thoma (1867–1921), der anfänglich Artikel für die satirische Zeitschrift „Simplicissimus“ schrieb. Populär wurde er aber erst durch seine volkstümlichen, humoristischen Erzählungen, Romane und Komödien. Herausragend ist auch sein tragisches Volksstück „Magdalena“ (1912), das den biblischen Stoff um die Sünderin Maria Magdalena behandelt.

Welcher Titan der griechischen Mythologie stützt die Himmelssäulen?

Atlas, der nach dem Sieg der olympischen Götter über die Titanen von Zeus dazu verurteilt wurde. Später soll Atlas von Perseus mit Hilfe des Hauptes der Medusa in das nordwestafrikanische Atlas-Gebirge verwandelt worden sein.

Wer war Käthe Kollwitz (1867–1945)?

Eine deutsche Grafikerin und Bildhauerin, die hauptsächlich durch ihre sozialkritischen Radierungen, Lithografien und Holzschnitte Berühmtheit erlangte. Ihre Themen sind Leid und Elend der Arbeiterschichten („Ein Weberaufstand“, 1894–98) sowie Mutter-Kind-Motive. Sie leitete von 1928 bis 1933 das Meisteratelier für Grafik an der Berliner Kunstakademie.

An welchem Bürgerkrieg in Europa nahm der amerikanische Schriftsteller Ernest Hemingway (1899–1961) teil?

Am spanischen Bürgerkrieg 1936–39 gegen die Faschisten unter Franco. Aus seinen Erlebnissen entstand der Roman „Wem die Stunde schlägt“ (1940), der seinen Weltruhm begründete. Wie viele seiner Romane, deren kämpferische Helden Gefahren und Abenteuer zu bestehen haben, wurde auch dieser Roman verfilmt, mit Ingrid Bergmann und Gary Cooper in den Hauptrollen (1943). Der Literaturnobelpreisträger Hemingway schied freiwillig aus dem Leben. Weitere bekannte Werke sind: „Schnee am Kilimandscharo“ (1936) und „Der alte Mann und das Meer“ (1952).

Welche Stadt in der griechischen Mythologie musste 10 Jahre lang belagert werden, bevor sie erobert werden konnte?

Troja. Den Anlass für den trojanischen Krieg lieferte der Raub der schönen

Helena durch den trojanischen Königssohn Paris. Die Hauptquelle über den trojanischen Krieg lieferte Homers „Ilias“. Der deutsche Hobby-Archäologe Heinrich Schliemann entdeckte 1870 an der in der Sage beschriebenen Stelle Überreste mehrerer übereinander liegender Stadtanlagen, von denen eine wohl dem sagenhaften Troja entspricht.

In welcher südosteuropäischen Gegend treibt nach dem Volksglauben der Vampir Dracula sein Unwesen?

In Transsylvanien (Siebenbürgen). Dieser berühmteste Vampir, der nachts aus seinem Grab steigt und Menschen das Blut aussaugt, geht auf den grausamen Fürsten der Walachei, Vlad Zepeç („der Pfähler“) zurück (†1476/77), der seine Feinde pfählte. Bram Stoker nahm ihn als Vorlage für seinen Roman „Dracula“ (1897).

Wie heißt die römische Göttin der Liebe?

Venus; sie entspricht der griechischen Liebesgöttin Aphrodite (von griechisch „die Schaumgeborene“). Wie Aphrodite, so soll auch Venus dem Schaum des Meeres entstiegen sein. Botticellis „Geburt der Venus“ (1478) stellt dies meisterhaft dar. Andere berühmte Venusdarstellungen sind: Tizian („Venus von Urbino“, 1538) und die Venus von Milo (2. Jahrhundert v. Chr.).

Welcher amerikanische Schriftsteller schrieb den Lederstrumpf?

James Fenimore Cooper (1789–1851), der für seine Lederstrumpfgeschichten eigene Erlebnisse mit dem Leben der Siedler, Trapper sowie der Kultur der Indianer verwob. Es entstanden fünf Romane (u. a. „Der letzte Mohikaner“, 1826), allesamt Bestseller, die in über 30 Sprachen übersetzt und auch mehrmals verfilmt worden sind.

Welche historische Person war Vorbild für Gotthold Ephraim Lessings (1729–1781) Gestalt Nathan der Weise?

Gotthold Ephraim Lessing: Verfechter der Aufklärung

Sultan Saladin (1138– 93), der in Akkon und Jerusalem gegen die Kreuzfahrerheere kämpfte. Das Drama „Nathan der Weise“ spielt zur Zeit der Kreuzzüge in Jerusalem, die Titelfigur des Juden Nathan verkörpert religiöse Toleranz.

Wer schrieb den Zukunftsroman Reise zum Mittelpunkt der Erde (1864)?

Der französische Schriftsteller Jules Verne (1828–1905), der zum Begründer der Science-Fiction-Literatur wurde. Weitere bekannte Werke dieses Genres sind „Von der Erde zum Mond“ (1865) und „20.000 Meilen unter dem Meer“ (1870).

Welche Kunst brachte Walther von der Vogelweide (um 1170– um 1230) zur Meisterschaft?

Den Minnesang bzw. die Minnelyrik in mittelhochdeutscher Sprache; sie gehörte der weltlichen Lyrik des Hochmittelalters an, in deren Mittelpunkt die höfische Verehrung der Dame (hohe Minne) stand. Walther von der Vogelweide führte als fahrender Sänger ein Wanderleben.

Welche Jungfrauen der nordischen Mythologie führen die gefallenen Helden nach Walhall?

Die Walküren. Sie sind Odins Botinnen, die auf der Walstatt (Schlachtfeld) mit ihren schnellen Rossen den Helden vorausjagen und die für den Heldentod bestimmten auswählen („kiesen"); deshalb auch ihr Name „Totenwählerinnen".

Wer schrieb den Roman Der Seewolf (1904)?

Jack London

Der amerikanische Schriftsteller Jack London (1876–1916), dessen Leben als Abenteurer, Landstreicher, Seefahrer und Goldschürfer von einem ähnlichen Existenzkampf wie das seiner Romanhelden gezeichnet war. London, in Armut aufgewachsen, ein Autodidakt, gehört zu den meistübersetzten amerikanischen Autoren. Weitere bekannte Romane sind „Wolfsblut" (1906) und „Lockruf des Goldes" (1910). London nahm sich mit 40 Jahren das Leben.

Was bezeichnet man in der Literatur als Weimarer Klassik?

Die von Goethe und Schiller in Weimar geprägte Literaturepoche, die sich am Humanitäts- und Bildungsideal der Antike ausrichtete. Der Beginn ist etwa mit Goethes erster Italienreise anzusetzen (1786/88); sie endet nach Schillers Tod 1805. Die Weimarer Klassik gilt neben der mittelhochdeutschen Klassik als Blüte in der deutschen Literaturgeschichte.

Wer schrieb den Briefroman Die Leiden des jungen Werthers (1774)?

Johann Wolfgang Goethe (1749–1832), der mit seinem empfindsamen Romanhelden ein Vorbild für eine ganze Generation der Jugend schuf. Werther ist ein Außenseiter der Gesellschaft, der dies durch sein unkonventionelles Äußeres und sein leidenschaftliches Wesen zum Ausdruck bringt. Er begeht aus Liebe Selbstmord – ein ungeheuerlicher Verstoß gegen das Moralverständnis der Zeit.

Welches Gebäude „packte" der Aktionskünstler Christo (Javacheff) 1995 in der BR Dtl. ein?

Das Berliner Reichstagsgebäude. Nach einem 24 Jahre währenden Kampf gegen Behörden kann er sein Traumprojekt endlich verwirklichen. 100.000 m^2 Polypropylen-Tuch lassen in Berlin für 3 Wochen ein Kunstwerk entstehen, das etwa 5 Millionen Menschen anzieht.

Wer verfasste den Roman Das Bildnis des Dorian Gray (1891)?

Der englische Schriftsteller Oscar Wilde (1854–1900), der in seinem einzigen Roman teilweise sein eigenes, genusssüchtiges und dandyhaftes Leben nachzeichnete. Dorian Gray wird als lasterhaft dargestellt, der schließlich sein eigenes Porträt auf dem Dachboden durchbohrt, worauf der Held selbst entseelt zu Boden sinkt. Auch Wildes Homosexualität wurde in der englischen Gesellschaft als Laster betrachtet; er musste dafür zwei Jahre ins Gefängnis.

Auf welchen Gebieten der Kunst betätigte sich Oskar Kokoschka (1886–1980)?

Auf dem Gebiet der Malerei, der Dichtung und der Grafik. Kokoschkas Bilder zeichnen sich durch Farbintensität aus; sie markieren den Übergang vom Jugendstil zum Expressionismus. Sein Liebesverhältnis zu Alma Mahler, der Witwe des Komponisten Gustav Mahler, verarbeitete er in dem Bild „Die Windsbraut" (1914). Kokoschka schrieb auch mehrere expressionistische Dramen und Prosa.

Wo steht der sagenhafte Baum Yggdrasil?

Im Mittelpunkt der Welt. Yggdrasil ist die Weltesche, ein immergrüner Baum, der drei Wurzeln hat: Unter der einen befindet sich Hel (die Unterwelt), unter der zweiten Utgard, das Reich der Riesen, die sich beim Weltuntergang mit den Göttern eine letzte große Schlacht liefern; unter der dritten schließlich befindet sich Midgard, die bewohnte Erde. Wenn ihr Stamm erzittert, ist das Weltende nah.

Welche Gottheit war Helios bei den alten Griechen?

Der Sonnengott, der mit seinem von vier feuerschnaubenden Rossen gezogenen Sonnenwagen auf seinem Weg von Ost nach West das Firmament erleuchtete.

Welche Literaturepoche begründete Émile Zola (1840–1902) in Frankreich?

Den Naturalismus. Epochal ist sein 20bändiger Romanzyklus „Les Rougon-Macquart (1871–93), in dem auch so berühmte Romane wie „Nana" und „Germinal" enthalten sind. Zola zeichnet darin ein Bild der französischen Gesellschaft. Die Handlungsmöglichkeiten seiner Figuren werden durch das Verhältnis von Milieu und Vererbung (Anlage) bestimmt.

Welcher Stilrichtung in der Malerei ebnete Édouard Manet (1832–83) den Weg?

Dem Impressionismus. Manets Hauptthema ist das Figurenbild, das er mit aufgehellten, aufeinander abgestimmten flächenhaften Farben malte. Seine Freilichtmalereien zeigten auch nackte Körper („Olympia", und „Frühstück im Freien", beide 1863), was zu einem Eklat beim Publikum führte. Dennoch wuchs Manets Popularität u. a. mit „Die Erschießung Kaiser Maximilians von Mexiko (1867), „Frühstück im Atelier" (1868) und „Nana" (1878).

Manet: Frühstück im Freien. Die Freizügigkeit der Darstellung führte im Herbstsalon 1863 zum Skandal.

Wer schrieb den Hauptmann von Köpenick (1930)?

Der deutsche Schriftsteller Carl Zuckmayer (1896–1977), der neben Erzählungen und Gedichten v. a. mit zeitkritischen Komödien und ernsten Stücken hervortrat. Zuckmayer entlarvt den deutschen Untertanengeist („Hauptmann von Köpenick“) und schildert in „Des Teufels General“ (1946) den Widerstand eines Fliegeroffiziers im „Dritten Reich“.

Wie bezeichnet man eine Kunstrichtung, die im Vergleich zur Klassik oder Renaissance „gekünstelt“ wirkt?

Manierismus: Gemälde aus der Schule von Fontainebleau

Manierismus; es ist ein Kunststil, der von der Renaissance zum Barock hinüberleitete (etwa von 1520 bis 1600). Die Formen verlassen die Klarheit und Strenge der an der Antike ausgerichteten Renaissance und wenden sich verspielterer Gestaltungsvielfalt und Dekorreichtum zu. Bedeutende Vertreter waren u. a. Michelangelo, Tizian, Tintoretto und El Greco.

Was sind die Kennzeichen des Dadaismus?

Der Dadaismus, der 1916 von Zürich seinen Ausgang nahm und eine internationale Kunstbewegung wurde, die sich nicht auf einen Stil festlegen lässt, wohl aber auf eine grundsätzlich antibürgerlich eingestellte, ironische Grundhaltung. Von kulturellen Normen blockierte schöpferische Kräfte sollten frei werden, als Ausdrucksmittel verwendeten die Dadaisten z. B. Collagen oder Assemblagen aus banalen Gegenständen. Zu den Dadaisten zählten u. a. Hans Arp und Tristan Tzara.

Wo spielen Zyklopen eine mythologische Rolle?

In der griechischen Mythologie. Hier sind es zumeist Riesen, die ihr Vater Uranus in die Unterwelt verbannt. Sie haben ein Auge mitten auf der Stirn. Für Zeus schmieden sie die Donnerkeile. Homer kennt auch den Zyklopen Polyphem, der von Odysseus geblendet wird.

Bei welchen Festspielen wird alljährlich der Jedermann aufgeführt?

Bei den Salzburger Festspielen. Jedermann handelt vom Sterben eines reichen Mannes. In Salzburg kommt Hugo von Hofmannsthals Bearbeitung dieses Stoffs, der seit dem 15. Jahrhundert bekannt ist, zur Aufführung.

An welchem sagenhaften Ort hielt König Artus Hof?

In Camelot. Der König der keltischen Briten zog sich nach seiner Verwundung, die er im Kampf mit seinem Neffen Modred erlitt, auf die Feeninsel Avalon zurück, wo er Heilung suchte.

Was waren die zentralen Themen des Futurismus?

Zentrale Themen waren die Erscheinungen der Massengesellschaft, der Großstadt, das Tempo der Verkehrsmittel, die Bewegung der Maschinen. Diese Dynamik wurde wiedergegeben u. a. durch Simultanansichten, Auflösung eines Gegenstands in Prismen und Facetten, durch vibrierende Konturen und phasenhaft wiederholte Formvariationen.

Zu welcher Zeit enstand der Minnesang?

Minnesang: Herr Alram von Gresten

Im Mittelalter. Inhalt der kunstvollen höfischen Lyrik, die in Liedform vorgetragen wurde, war vordergründig der (Minne-) Dienst an der angebeteten, aber leider unerreichbaren, weil höher gestellten Dame. Die Minnesänger fristeten oft ein Wanderleben und gehörten zum fahrenden Volk, entlohnt wurden sie meist in Naturalien. Nur wenige Melodien sind zu ihren mittelhochdeutschen Texten überliefert.

Zwischen welchen beiden großen europäischen Stilrichtungen steht die Renaissance?

Zwischen Gotik und Barock. Renaissance heißt „Wiedergeburt", gemeint ist mit diesem Begriff die Wiederbelebung und Erneuerung der Kunst (und auch Wissenschaft), inspiriert von der griechischen und römischen Antike: Architekten übernahmen antike Bauformen, Bildhauer schulten sich an alten Skulpturen, und Maler versuchten nach schriftlicher Überlieferung, einen hohen Grad an Realismus zu erreichen.

Was ist das charakteristischste Merkmal der Aquarellmalerei?

Die Wasserfarben sind nicht deckend, sondern transparent, d. h., sie lassen den Malgrund durchschimmern. Bei Aquarellmalerei beginnt man den Farbauftrag immer mit den zartesten, hellsten Farben. Schon die Assyrer, Babylonier und Ägypter fertigten Miniaturen, Reliefs und Wandmalereien in dieser Technik.

Wie heißt der weiße Wal aus dem berühmten Roman von Herman Melville (1819–91)?

Moby Dick; der Titel des Romans ist „Moby Dick oder Der weiße Wal" (1851). Melville, der selbst zur See gefahren ist, schildert darin den Kampf des Kapitäns Ahab gegen das Ungeheuer des Meeres, dem er schließlich unterliegt; es ist eine Parabel auf den Kampf des Menschen gegen die natürlichen und schicksalshaften Mächte.

Moby Dick

Wie hieß die unmittelbar auf den Jugendstil folgende und diesem sehr nahe stehende Kunstrichtung?

Art déco. Beides sind ornamentale Stile, und beide beziehen sich sowohl auf die bildenden Künste als auch das Kunsthandwerk und die Architektur. Die Arts Décoratifs (französisch „dekorative Künste") entwickelten sich aus dem Jugendstil und wurden in den 20er- und 30er-Jahren unseres Jahrhunderts modern. Der Begriff wurde auf der Internationalen Kunstgewerbeausstellung in Paris 1925 geprägt.

Mit welcher Art von Dramen hatte Molière (1622–73) die größten Erfolge?

Jean Baptiste P. Molière

Mit Komödien, in denen er die Schwächen und Laster der Menschen der Lächerlichkeit preis gibt. Molière gilt als der Begründer des modernen französischen Theaters. Viele seiner formvollendeten Sittenkomödien werden bis heute gespielt, u. a. „Der Menschenfeind“ (1667) und „Der Geizhals“ (1668).

Welcher Maler und Schüler Dürers wurde wegen seiner Jugend „der Grüne“ genannt?

Hans Baldung, genannt Grien (1484/85–1545). Sein Hauptwerk ist der (noch spätgotische) Hochaltar des Freiburger Münsters. Baldung gilt als einer der großen Neuerer der deutschen Kunst im 16. Jahrhundert.

Was ist das typische Kennzeichen der Plastiken Ernst Barlachs (1870–1938)?

Seine Figuren (auch Bronzestatuen) weisen alle eine eigenartige Blockform auf, bei der der Körper an Bedeutung verliert, der Gesichtsausdruck aber besonders hervorgehoben wird. Barlach, ein eigener Vertreter des Expressionismus, machte auch großartige Holzschnitte und Lithografien, außerdem war er Dramatiker.

In welcher Stadt wurde 1911 die Gruppe Blauer Reiter gegründet?

In München. Der Name leitet sich von dem Titel eines 1903 von Kandinsky gemalten Bildes her, wurde dann auch als Titel eines Almanachs und einer Ausstellung verwendet. Die Gründer waren Wassily Kandinsky und Franz Marc. Der Gruppe schlossen sich viele hervorragende Künstler an, z. B. August Macke, Alfred Kubin oder Paul Klee. Sie wollten die bisherigen Grenzen des künstlerischen Ausdrucksvermögens erweitern und die Kunst mit neuen Symbolgehalten füllen.

In welcher Gegend Frankreichs lebte Paul Cézanne (1839–1906)?

In Südfrankreich (Aix-en-Provence). Seine Malweise baute auf geometrischen Grundformen auf, weshalb der anfängliche Impressionist als Wegbereiter für den Kubismus gilt.

Was zeichnet die Werke Marc Chagalls (1887–1985) aus?

Sein Werke sind von russischer Volkskunst, aber auch von jüdischer Kultur geprägt. Seine Bilder wirken traumhaft-mystisch, sein Stil ist keiner der Richtungen des 20. Jahrhunderts fest zuzuordnen. Chagall schuf Buchillustrationen, Bühnenbilder, Keramiken und Kirchenfenster (z. B. in Zürich und Reims).

Von welchem deutschen Schriftsteller sind die Romane Das Schwanenhaus (1980) und Die Verteidigung der Kindheit (1991)?

Von Martin Walser (*1927), der in seinen Erzählungen und Romanen mit meisterhafter Sprache den Zustand der Gesellschaft widerspiegelt und sich zur Identität und Geschichte der Deutschen äußert. Daneben behandelte er auch Ehe- und Beziehungsprobleme.

Welcher deutsche Aktionskünstler und Professor an der Düsseldorfer Kunstakademie machte Objekte aus Honig, Fett und Filz?

Joseph Beuys (1921–86). Für ihn war Kunst ein Hilfsmittel für sozialen (und auch politischen) Wandel; durch die ungewöhnlichen Materialien wollte er ein festgeprägtes, rein ästhetisches Kunstverständnis aufbrechen. Beuys trug übrigens fast immer einen Filzhut, und einmal trat er bei einer Demonstration im selbst gefertigten (anschließend oft kopierten) Filzanzug auf.

Welche Gegenstände sind auf dem Bild „Die Beständigkeit der Erinnerung" von Salvador Dalí zu sehen?

Zerfließende Uhren. Der Surrealist Dalí (1904 –89) stellt in seinen Bildern meist fantastische, traumähnliche Visionen dar, das Unbewusste und Irrationale nimmt in seiner Kunst einen großen Raum ein. Gerade durch die „überrealistische" Darstellung seiner (unwirklichen) Gegenstände erreicht Dalí einen starken Entfremdungseffekt.

Zu welchem Zweck wurde ab dem 5. Jahrhundert v. Chr. die Chinesische Mauer erbaut?

Als Befestigungsanlage zum Schutz vor Eindringlingen, nicht jedoch als eigentlicher Grenzwall, denn sie lag ein gutes Stück zurückgezogen hinter den Grenzen. Die insgesamt rund 2500 km lange Mauer ist so breit, dass man sie auch als Verkehrsweg nutzte.

Welcher Kunstrichtung gehört der französische Maler Claude Monet (1840–1926) als Hauptvertreter an?

Monet: Die Seerosen

Dem Impressionismus. Den Namen für die Stilrichtung gab sein Bild „Impression, aufgehende Sonne" (1874) ab, mit dem er dem Typus der Freilichtmalerei zum Durchbruch verhalf. Berühmt sind seine Seerosenbilder (1893 ff.) oder auch „Frauen im Garten" (1867), „Felder im Frühling" (1887) u. a.

Was zeichnet die Werke von Otto Dix (1891–1969) aus?

Ein ungeschminkter Realismus. In seinen fast karikaturhaften Bildern und Porträts zeichnet er ein erschreckendes Bild der sog. „goldenen" zwanziger Jahre.

Welche Eigenschaft zeichnete den griechischen Heros Herakles besonders aus?

Seine Körperkraft, mit der der Sohn des Zeus so manches Abenteuer bestand. Berühmt sind seine zwölf Arbeiten, die für jeden Normalsterblichen undurchführbar gewesen wären: die Reinigung der Augiasställe, die Tötung der vielköpfigen Hydra oder die Überwindung des Höllenhundes Cerberus u. a. Herakles wurde in der römischen Mythologie zu Herkules.

Welche Bilder zeichnen sich durch Einfachheit und Unbefangenheit aus und stammen meist von Laien?

Die naive Malerei, die sich keiner Stilrichtung verpflichtet sieht. Entscheidend ist das persönliche, nichtakademische und untheoretische Vermögen des Künstlers, der die Malerei nur nebenberuflich betreibt. Vertreter sind z. B. die Farmersfrau Grandma Moses und der französische Zöllner Henri Rousseau, dessen Werk allerdings als Beitrag zur modernen Kunst angesehen wird.

Naive Malerei: Gemälde von H. Rousseau

Auf welcher europäischen Insel entstand um 790 das Book of Kells, ein Meisterwerk der Buchmalerei?

Auf Irland, wo sich aufgrund einer bedeutenden Mönchskultur die Buchmalerei erheblich früher als auf dem Kontinent entwickeln konnte. Zunächst herrschte das keltische Spiralmotiv vor wie im Gold- und Bronzeschmuck der Tara-Fibel und im Evangeliar von Darrow. Mit dem sehr reich ornamentierten Evangeliar des „Book of Kells" nahm die Figurendarstellung Züge an, die auf dem Festland übernommen wurden.

Wie kam El Greco zu seinem Namen?

Der Grieche (Domenikos Theotokópulos, um 1541–1614) war auf Kreta geboren, über Venedig und Rom gelangte er um 1575 nach Toledo (damals Spaniens Hauptstadt) an den Hof Philipps II. El Greco ist ein Hauptvertreter des Spätmanierismus, seine Figuren wirken ekstatisch-bewegt und überlängt, die Beleuchtung ist grell und unwirklich, El Grecos Stil wird als „expressiv-visionär" beschrieben.

Wie konnte der „erfolglose" Vincent van Gogh (1853–90) überleben?

Er wurde von Anfang an von seinem Bruder Theo nicht nur finanziell, sondern auch seelisch unterstützt und gefördert. Der Niederländer van Gogh hatte als Autodidakt zu malen begonnen, zunächst in ziemlich düsteren Farben (Beispiel: „Die Kartoffelesser", 1885). Nach einem Besuch bei seinem Bruder in Paris änderte er schlagartig seine Farbgebung: Helle, „explosive" Farben, die nicht die Wirklichkeit naturgetreu abbilden, sondern Gefühle und Energien widerspiegeln, wurden seitdem für van Goghs Werk charakteristisch.

Wodurch unterscheidet sich ein Gobelin von anderen Teppichen?

Ein Gobelin ist ein gewirkter Bildteppich, bei dem die längslaufenden Kettfäden aus einfarbigem Leinengarn bestehen, die querlaufenden Schussfäden aus farbiger Wolle von Hand eingezogen werden und vorgezeichnete Bildmotive füllen. Die farbigen Schussfäden ergeben schließlich ein prächtiges Gemälde. Der Name „Gobelin" geht auf eine flämische Familie zurück, die unter Ludwig XIV.

(17. Jh.) in Paris arbeitete, große Gobelin-Manufakturen bestanden schon früher, z. B. im 13. Jahrhundert.

Welches Märchenschloss bei Füssen im Allgäu ließ sich König Ludwig II. von Bayern erbauen?

Schloss Neuschwanstein

Neuschwanstein, das imposante Märchenschloss, das zwischen 1868 und 1886 im neuromantischen Stil erbaut wurde. Die ersten Pläne stammten von dem Theatermaler Christian Jank. Kapelle und Bergfried blieben nach dem plötzlichen Tod des Königs unausgeführt.

Zur Zeit welches europäischen Herrschers setzte das Empire ein?

Zur Zeit Napoléons I. (Empire heißt auf Französisch Kaiserreich). In Frankreich entwickelte sich eine eigene Spielart des Klassizismus, die sich von der Innenraumdekoration bis zur Mode (hochangesetzte Taille, schmaler Schnitt) auswirkte.

Welches Buch machte Rudyard Kipling (1865–1936) berühmt?

„Das Dschungelbuch“ (1894/95), eine Tiergeschichte für Kinder, über das im 20. Jahrhundert ein sehr populärer Walt-Disney-Zeichentrickfilm gedreht wurde. Kipling entstammte einer anglo-indischen Familie und erhielt 1907 als erster Engländer den Literaturnobelpreis.

In welcher Stadt wurde 1986 das Hundertwasser-Haus erbaut?

In Wien. Der Österreicher Friedrich Stowasser (*1928), der sich Friedensreich Hundertwasser nennt, engagiert sich für eine menschen- und umweltgerechte Architektur. In seinen stark farbigen, oft labyrinthartig angelegten Bildern und Plakaten nimmt er Elemente des Jugenstil auf.

Wo steht die größte Kirche der Christenheit?

In der Vatikanstadt in Rom über dem vermuteten Grab des Apostels Petrus; die Peterskirche ist die Hauptkirche des Papstes. Die Bauzeit währte von 1506 bis 1626; mehrere Baumeister wurden verpflichtet. Die Ausstattung der Kirche übernahmen u. a. Michelangelo, von dem die Kuppel stammt, und Bernini.

Peterskirche mit Petersplatz in Rom

Welche Funktion hatte der Louvre in Paris ursprünglich?

Der Louvre war das königliche Schloss, doch schon seit Ludwig XIV. (17. Jh.) residierten Frankreichs Könige in Versailles. Ab 1793 wurden die Räume des Louvre für Kunstausstellungen genutzt, er ist heute eines der bedeutendsten Museen der Welt.

Wie heißt die berühmte Erzählung Edgar Allan Poes (1809–49), in der die letzten Mitglieder einer Familie auf geheimnisvolle und schreckliche Weise umkommen?

Edgar Allan Poe

„Der Untergang des Hauses Usher“ (1839), die wohl bekannteste Schreckensgeschichte des genialischen Amerikaners, mit der Edgar Allen Poe auch den Typus der „Short Story“ (Kurzgeschichte) entwickelte. Vordem machte Poe schon durch meisterhafte Baudelaire-Übersetzungen von sich reden.

Inwiefern eröffnete der Kubismus der Malerei neue Dimensionen?

Indem er erstmals in der Kunst ein Objekt gleichzeitig aus verschiedenen Blickwinkeln darstellte.

Welches sind die typischen Bildmotive des Franz Marc (1880–1916)?

Tiere. Der Expressionist und Mitbegründer des „Blauen Reiter“ malte in leuchtkräftigen Farben.

Was heißt übersetzt Les Fauves?

Die Wilden. So wurde um 1905 eine Malergruppe genannt, die sich um Henri Matisse (1869– 1954) scharte. Als „wild“ und ungestüm galten sie deshalb, weil sie in ihren Bildern reine, ungemischte Farben verwendeten und dabei durch das unvermittelte und flächige Aneinandersetzen von Komplementärfarben eine grelle, plakative Wirkung erzeugten. Etwa 1908 erreichte der Fauvismus seinen Höhepunkt.

Wer begründete in Deutschland das epische Theater, zu dem auch „Mutter Courage und ihre Kinder“ (1941) zählt?

Bertolt Brecht (1898–1956), der im Bruch mit dem Theater der deutschen Aufklärung und Klassik keine Identifikation des Zuschauers mit den Hauptakteuren, sondern kritisches Nachdenken über die Gesellschaft erreichen wollte. Hierfür sorgten Verfremdungseffekte und v. a. Szenen-Kommentare durch Erzähler, Sänger oder auch Spruchbänder. Brecht gründete 1949 zur Aufführung seiner Stücke das legendäre Berliner Ensemble und wirkte selbst als Regisseur und Dramaturg.

Wie wird eine Radierung hergestellt?

Durch Ätzen. Eine Metallplatte wird mit einer schützenden Schicht bestrichen, dann ritzt der Künstler mit der Radiernadel eine Zeichnung auf die Schicht, so dass dort das Metall blank liegt. Im Säurebad wird die Zeichnung anschließend in das Metall geätzt.

Warum wird bei den Skulpturen Auguste Rodins (1840–1917) auch vom Impressionismus in der Plastik gesprochen?

Weil Rodin die Oberfläche seiner Skulpturen aus Marmor oder Bronze meist unruhig-bewegt gestaltete, so dass Licht und Schatten quasi als mitgestaltende Elemente zur Wirkung kommen. Berühmteste Werke des Begründers der modernen Plastik sind „Der Kuß“, „Der Denker“ und „Die Bürger von Calais“.

Was ist kennzeichnend für das Werk Joan Mirós (1893–1983)?

Kennzeichnend sind eine eigene, poetisch-verspielte und skurrile Bildzeichensprache, Mirós Figuren stehen oft auf einer monochromen Farbfläche. Nach Anfängen im Kubismus und Surrealismus gab er jede Raumdarstellung auf. Er fertigte auch Keramiken und Plastiken.

Welcher französische Schriftsteller schuf mit Auf der Suche nach der verlorenen Zeit einen der hervorragendsten Romanzyklen unseres Jahrhunderts?

Proust: Illustration zu „A là recherche du temps perdu“

Marcel Proust (1871–1922). Nach dem Tod seiner Mutter erlitt Proust, seit der Kindheit durch Asthma geschwächt, eine Nervenkrise. Von Schlaflosigkeit geplagt, schrieb er sein siebenteiliges Werk, das aufgrund der langen, verschachtelten und komplizierten Sätze nicht leicht lesbar ist. Zentrales Thema sind die Erinnerungen eines Ich-Erzählers, die anfangs durch eine spontane Assoziation (Gerüche, Geschmackserlebnisse) ausgelöst werden und die verlorene Zeit wiederbringen sollen.

Was beherbergen die Uffizien in Florenz?

Sie beherbergen heute eine der bedeutendsten Sammlungen italienischer Malerei. Ursprünglich dienten sie der staatlichen Verwaltung (ital. „uffizio“: Amt).

Welcher bedeutende niederländische Maler wurde lange Zeit fälschlich als Schöpfer des „Mannes mit dem Goldhelm“ angesehen?

Rembrandt: Selbstbildnis mit Saskia

Rembrandt (1606–69), der Werkstätten mit einer großen Zahl an Schülern unterhielt, die wohl mehrfach selbst die Meister ursprünglich Rembrandt zugewiesener Werke sind. Rembrandts Barock-Malerei wählte häufig biblische Motive aus; daneben entstanden viele Porträts, Selbstporträts und Gruppenbilder wie die berühmte „Nachtwache“ (1642). Charakteristisch für seine Bilder ist das goldfarbene Leuchten, das sich vor dunklem Hintergrund abhebt.

Was geschah 1933 mit den Büchern von Erich Kästner (1899–1974)?

Sie und die anderer Autoren wurden in einem symbolischen Akt von den Nationalsozialisten öffentlich verbrannt und verboten, weil er darin seine Kritik gegen die spießbürgerliche Moral, den Militarismus und Faschismus äußerte. Kästner war einer der bedeutendsten deutschsprachigen Jugendbuchautoren: „Emil und die Detektive“ (1929), „Das fliegende Klassenzimmer“ (1933) u. a.

In welcher Stadt steht der Zwinger?

In Dresden. Der barocke Bau wurde 1711–28 für die Ausführung höfischer Festlichkeiten dem Dresdner Schloss angegliedert. Gottfried Semper (1803–79) errichtete gleich daneben einen Museumsbau.

Welcher Richtung kann man den amerikanischen Maler Jackson Pollock (1912–56) zuordnen?

Dem abstrakten Expressionismus. Pollock betont im Sinne des Actionpaintings den malerischen Schöpfungsprozess. Er verarbeitete nicht nur Farbe, sondern auch Sandpasten, Glasscherben und Hölzer.

Welcher Künstler schuf die überlebensgroße Statue des David?

Renaissance: Kuppel der Peterskirche

Der Bildhauer, Maler und Architekt Michelangelo Buonarroti (1475–1564), der Hauptmeister der Hochrenaissance. Das berühmteste Wandgemälde von seiner Hand ist „Das jüngste Gericht“ in der Sixtinischen Kapelle; als Baumeister hatte er seit 1547 die Bauleitung an der Peterskirche in Rom inne.

Was wollte Marcel Duchamp (1887–1968) mit seinen „Ready-mades“?

Er wollte den Originalitätsanspruch von Kunst zugunsten der reinen Seherfahrung aufheben und somit das traditionelle Kunstverständnis in Frage stellen. Deshalb stellte Duchamp irgendwelche Serienprodukte des Alltags („Ready-mades“ heißt Fertigprodukte) völlig unbearbeitet in Museen aus, z. B. das „Fahrrad-Rad“, das er 1913 mit der Gabel auf einen Küchenhocker montierte.

Was wurde in der Römerzeit über einen Aquädukt geleitet?

Wasser. Die Römer leiteten das Wasser über Leitungen (mit Gefälle) von den Bergen her bis in ihre Städte. Dabei überbrückten sie große Täler durch die bekannten, manchmal mehrstöckigen Bogenkonstruktionen. Der berühmteste Aquädukt ist der Pont du Gard in Südfrankreich.

Wieso wird Buchmalerei auch als Miniatur bezeichnet?

Weil der mittelalterliche Schreiber (Scriptor) und Maler (Illuminator) in den Handschriften die Linien, Buchstaben u. a. mit Minium (Mennige), einem roten Farbstoff, auszeichnete. Deshalb wurde dieser Künstler/Handwerker auch als Miniator, sein Werk als Miniatur bezeichnet. Zur Buchmalerei gehörten bildliche, aber auch ornamentale, d. h. rein schmückende Darstellungen, wie z. B. hervorgehobene Initialen. Bis ins 13. Jahrhundert wurde sie v. a. in den Schreibstuben der Klöster ausgeübt.

In welcher Stadt findet seit 1955 alle vier Jahre die documenta statt?

In Kassel. Im Friedericianum und in der Neuen Galerie findet je eine umfassende, internationale Informationsschau avantgardistischer Kunstströmungen statt.

Welchem Stil wird die Kathedrale Notre Dame de Paris zugerechnet?

Der Gotik. Der Bau wurde 1163 begonnen und in der 1. Hälfte des 13. Jahrhunderts vollendet. Die ausgewogene Gliederung der Westfassade (mit großer Rosette) wurde beispielgebend für viele andere gotische Kathedralen.

Wo steht der Angkor Wat, die größte Tempelanlage der Welt?

Im Nordwesten Kambodschas. Angkor war zwischen dem 9. und 15. Jahrhundert Hauptstadt des Khmer-Reiches, das von den Thai zerstört wurde. Die hinduistisch-buddhistische Tempelanlage des Angkor Wat gilt als Höhepunkt der Khmer-Architektur, sie wird erst dieser Tage intensiv erforscht und teilweise aufwändig restauriert.

Welcher Kunstrichtung ist Auguste Renoirs (1841-1919) Werk zuzuordnen?

Renoir: Le Moulin de la Galette (1876, Louvre, Paris)

Dem Impressionismus; charakeristisch ist seine Freilichtmalerei; neben Porträts entstanden Landschaftsbilder und v. a. auch weibliche Akte, z. B. „Der Badeplatz. La Granouillière“ (1876) oder „Badende beim Kämmen“ (1885).

Was war das Hauptthema der Künstler der Donauschule?

Die Landschaft als eigenständiges Thema eines Bildes, wobei diese meist romantisch-märchenhaft dargestellt wird. Der hervorragendste Vertreter der Donauschule ist Albrecht Altdorfer (1480–1538).

Wie alt muss ein Gegenstand mindestens sein, um als echte Antiquität anerkannt zu werden?

100 Jahre. Antiquitäten sind Sammelobjekte wie Möbel und Geräte, von denen Einzelstücke Werte von weit über 100.000 DM und mehr erzielen können. Als einfache Antiquitäten werden heute auch schon Objekte aus den fünfziger, sechziger und sogar siebziger Jahren unseres Jahrhunderts gesammelt.

In welchem Jahrhundert wurde die Dresdner Frauenkirche erbaut?

Im 18. Jahrhundert (1726–43), nach Plänen von George Bähr. Mit seiner 6000 Tonnen schweren Kuppel zählte der 1945 von Bomben zerstörte Bau zu den bedeutendsten protestantischen Barockkirchen Deutschlands. Für eine Restaurierung der Ruine (bis zum Jahr 2006) kann nur etwa $^{1}/_{3}$ des Originalmaterials verwendet werden. Dreidimensionale Computersimulation wird bei diesem spektakulären Bauvorhaben als Planungshilfe eingesetzt.

Wer raubte das berühmte Bernsteinzimmer aus dem Katharinen-Palais der russischen Zarin?

Die Nationalsozialisten 1941 nach Eroberung von Zarskoje Selo. 1701 war die bedeutende Arbeit von Friedrich I., dem Großen Kurfürsten von Preußen, für das Berliner Stadtschloss in Auftrag gegeben worden; sein wenig kunstsinniger Sohn Friedrich Wilhelm I., der Soldatenkönig, schenkte es 1716 dem russischen Zaren Peter dem Großen. Nachdem es 1941 in das Königsberger Schloss gebracht worden war, verlor sich die Spur. 1999 wurde beschlossen, das als „achtes Weltwunder“

bezeichnete Bernsteinzimmer mit vom Zoll beschlagnahmten Bernstein zu rekonstruieren.

Für welche Arbeiten ist Tilman Riemenschneider (1468–1531) berühmt?

Für seine spätgotischen Schnitz- und Bildhauerarbeiten, mit denen der gebürtige Thüringer v. a. in Mainfranken und in Würzburg die Innenausstattung von Kirchen bereicherte. Neben Andachtsbildern und Beweinungsgruppen fertigt er v. a. Altäre (z. B. „Heiligblutaltar“ in Rothenburg ob der Tauber). Die geschnitzten Figuren kommen durch ihre unnachahmliche Licht- und Schattenwirkung ganz ohne Farbe aus.

Riemenschneider: Abendmahl (Heiligblutaltar)

Warum wird das römische Stadttor in Trier Porta Nigra (schwarzes Tor) genannt?

Weil es durch Brand schwarz geworden ist. Die Porta Nigra wurde Ende des 2. Jahrhunderts n. Chr. erbaut und gehört zu den eindrucksvollsten Zeugnissen römischer Architektur in Deutschland. Wie der Trierer Dom (Baubeginn 4. Jh.) und die Liebfrauenkirche (13. Jh.) zählt die Porta Nigra zum UNESCO-Weltkulturerbe.

Wann wurde die Aachener Pfalzkapelle erbaut?

789–800 von Odo von Metz. Der achteckige Zentralbau mit zweigeschossigem Umgang des Aachener Doms gilt als bedeutendstes Beispiel karolingischer Baukunst.

Welche architektonische Form hat das Solomon R. Guggenheim-Museum in New York?

Die Form einer Spirale. Sein Architekt Frank Lloyd Wright plante „ein organisches Gebilde mit einem einzigen großen Raum auf einem fortgesetzten Stockwerk“ – er erreichte dies durch eine 800 m lange, sich nach unten verjüngende Spirale. 1959 wurde das Museum eingeweiht.

Welche Abbildungen befinden sich in der Manessischen Handschrift?

Sie enthält 137 farbige Miniaturen (gotische profane Buchmalerei) mit Darstellungen von Minnesängern bei ritterlichem Kampf, Spiel, Minnedienst und Turnier. Die Handschrift mit Minnelyrik von 140 verschiedenen Dichtern entstand um 1320 in der Nähe von Zürich.

Wie versuchte die trojanische Seherin Kassandra die Trojaner vor der Tücke der Griechen zu warnen?

Mit ihren sprichwörtlich gewordenen „Kassandra-Rufen“. Sie war durch Zeus mit einem Fluch beladen worden: Ihre Prophezeiungen sollten zwar immer richtig sein, aber niemand würde ihnen Glauben schenken. Ungehört blieben deshalb ihre Warnungen vor dem trojanischen Pferd, was zum Untergang Trojas führte.

Welches Baumaterial verwendete Ludwig Mies van der Rohe (1886–1969) bevorzugt?

Glas, Beton und Stahl. Van der Rohe schuf klare, streng elegante Bauten und Hochhäuser mit frei gezeigter Stahlskelettbauweise (z. B. Seagram-Building in New York). Er war von 1930–33 Direktor des Bauhauses.

Was ist eine Arkade?

In der Architektur bezeichnet man so eine auf Säulen oder Pfeilern aufruhenden Bogen. Eine Reihe von nebeneinander errichteten Bögen werden Arkaden genannt.

Was wird in einem Gemälde der Gattung Intérieur gezeigt?

Ein Innenraum. Anfangs wurden Innenräume (als Umgebung einer Person, die der eigentliche Gegenstand des Bildes war) als Gemächer gemalt, der Bildbetrachter schaute „von außen“ hinein; in der holländischen Malerei des 17. Jahrhunderts waren Innenräume so dargestellt, als ob sich der Betrachter selbst darin befindet. Erst seit dem 19. Jahrhundert werden auch „unbewohnte“ Intérieurs ohne Staffage gemalt.

Wer gründete 1919 in Weimar das Bauhaus?

Der Architekt Walter Gropius (1883–1969). Das Bauhaus vermittelte in seinen Werkstätten für Handwerk, Architektur und bildende Künste das moderne architektonische Wissen unter besonderer Betonung des handwerklich-technischen Könnens. Grundlegend war die Forderung, dass unter der Führung der Architektur eine Einheit aller bildenden Künste zustande kommen sollte. Weitere Bauhaus-Vertreter waren u. a. Lyonel Feininger (1871–1956) und Ludwig Mies van der Rohe (1886–1969).

Welcher bedeutende Lyriker der Weltliteratur schuf die sog. Dinggedichte und die Duineser Elegien?

Rainer Maria Rilke (Karikatur)

Der Österreicher Rainer Maria Rilke (1875–1926), der mit einem überaus sensiblen Naturell in den Dinggedichten dem Wesen der Dinge nachspürte („Der Panther“, 1907); die „Duineser Elegien“ (1923) besingen die Fragwürdigkeit der menschlichen Existenz. Berühmt ist auch sein autobiografischer Roman „Aufzeichnungen des Malte Laurids Brigge“ (1910).

Welche praktische Bewandnis haben Pfahlbauten?

Sie schützen vor (Hoch-)Wasser, aber auch vor Tieren und Feinden. In Südostasien und Ozeanien sind Pfahlbauten weit verbreitet, man fand aber auch in Mitteleuropa (an den Uferzonen der Schweizer Seen) Überreste von Pfahlbaukulturen aus der Urnenfelderzeit.

Was unterscheidet einen Pfeiler von einer Säule?

Säulen bestehen aus Basis, Schaft und Kapitell. Diese drei Bestandteile sind für einen Pfeiler nicht zwingend. Außerdem haben nur Säulen antropomorphe Proportionen. Säulen haben meist einen runden, Pfeiler einen viereckigen oder polygonalen (vieleckigen) Querschnitt. Wandpfeiler, die nur wenig aus der Wand hervortreten, werden Pilaster genannt.

Was unterscheidet das Rokoko vom Barock?

Rokoko: Dame mit Schleier von Alexander Roslin

Das Rokoko ist wesentlich eleganter und verspielter, was bereits der Name ausdrückt, französisch „rocaille" bezieht sich auf die verschnörkelten Muscheldekorationen in künstlichen Grotten und Brunnen. Das Rokoko war vorwiegend ein Stil der Innendekoration, der auf das Pathos des Barock verzichtete.

Was wird auf einem Genrebild gewöhnlich dargestellt?

Der deutsche Ausdruck für Genrebild heißt Sittenbild – gezeigt werden typische Szenen aus dem Alltagsleben. Besonders in der niederländischen Malerei des 16. und 17. Jahrhunderts erlebte die Genremalerei ihren Höhepunkt, sie wurde im 19. Jahrhundert (z. B. Biedermeier) wieder aufgenommen. Die Genremalerei ist nicht zu verwechseln mit dem Ausdruck „Genre", der für verschiedene Bildgattungen steht.

Wie erreichen die Künstler der Op Art Flimmer- und Bewegungseffekte?

Durch regelmäßige, geometrische Muster und Farbbahnen bei gleichzeitiger Kombination reiner, kontraststarker Farben. Die Op Art (Abkürzung für „Optical Art" = „Optische Kunst") entstand Mitte der 50er-Jahre als internationale Stilrichtung, die die Möglichkeiten optischer Effekte bewusst austestete. Zu den bedeutendsten Vertretern zählt Victor Vasarély.

Wann entwickelte sich in der bildenden Kunst der Symbolismus?

Ab etwa 1885. Die Symbolisten arbeiteten mit vieldeutigen, sehr ausdrucksstarken Symbolen und benutzten diese für eine zeichenhafte Bildsprache. Mit betont flächiger Malweise und leuchtenden, monochromen Farben, die oft mit schwarzen oder tiefblauen Linien deutlich umrissen wurden, reagierten sie auf den „zu realistischen" Impressionismus, den sie ablehnten. Einer der berühmtesten Vertreter des Symbolismus war Paul Gauguin.

Zu welchem Zweck wurde das Tadsch Mahal in Agra (Indien) gebaut?

Der weiße Marmorbau, der an Ausgewogenheit und Schönheit seinesgleichen sucht, wurde 1626–56 von Schah Jahan als Grabmahl für seine Gemahlin Mumtaz Mahal erbaut. Er ist ein Meisterwerk der indo-islamischen Kunst.

Wie heißt der römische Gott des Weines?

Bacchus, der dem griechischen Gott Dionysos entspricht. Bacchus/Dionysos ist aber auch der Gott der Exstase und Fruchtbarkeit. In Begleitung von trunkenen Waldgeistern, den Silenen und Satyrn, veranstaltete er seine Umzüge, denen die rauschhaften Kulte der Bacchanalien nachempfunden wurden, die aus dem Orient kommend sich bei den Griechen und Römern verbreiteten. Diese Feste verliefen mitunter derart ausschweifend und sittenlos, dass sie vorübergehend verboten wurden.

Worauf bringt ein Lüftlmaler seine Kunstwerke an?

Auf Haus- und Kirchenfassaden. Die Lüftlmalerei war v. a. im 18. Jahrhundert im bayerischen Alpenraum (hier v. a. in Oberammergau und Mittenwald) weit verbreitet.

Warum mussten die beiden Ramses-Tempel von Abu Simbel zerschnitten und versetzt werden?

Wegen des Assuan-Staudamms, der dort, wo die Tempel ursprünglich standen, den Nil zum Nasser-See aufstaute. Vier 20 m hohe Sitzfiguren des Pharao Ramses II. (1290–1224 v. Chr.) flankieren den Eingang des Großen Tempels, darüber erscheint der falkenköpfige Sonnengott Horus.

Was wird vornehmlich in der Albertina in Wien gezeigt?

Zeichnungen und Grafiken. Die Staatliche Sammlung, zu der Herzog Albert von Sachsen-Teschen den Grundstock legte, gilt als eine der größten Grafiksammlungen der Welt (u. a. Zeichnungen von Dürer).

Welches ist die größte der drei Pyramiden von Giseh?

Die Cheopspyramide. Sie war ursprünglich 146,6 m hoch, die Seitenlängen ihrer Grundfläche betrugen je 230 m, und für ihren Bau wurden über 2 Millionen Steinblöcke über den Nil herbeigeschafft. Pharao Cheops regierte um 2530 v. Chr.

Welches von einer Wölfin gesäugte Zwillingspaar gründete Rom?

Romulus und Remus, die in der römischen Mythologie Söhne des Mars sind. Remus wird beim Bau der Stadt von Romulus erschlagen, der der Stadt auf Befehl der Götter seinen Namen gibt.

Romulus und Remus

Welche Bauten sind in den Stundenbüchern des Duc du Berry detailgetreu abgebildet?

Die kostbaren Bücher mit einzelnen Monatsblättern enthalten eine authentische Galerie der französischen Schlösser am Ende des Mittelalters, darunter die des Herzogs von Berry. Die Miniaturen der Brüder von Limburg zählen zu Meisterwerken der internationalen Gotik.

In wessen Roman kommt die Titelgestalt Huckleberry Finn vor?

In Mark Twains „Die Abenteuer des Huckleberry Finn“ (1884); der Roman ist die Fortsetzung der „Abenteuer des Tom Sawyer“ (1876), beeinflusste aber noch mehr als dieser die amerikanische Literatur. Es sind einerseits die bekanntesten Jugendbücher der Weltliteratur; andererseits ist v. a. „Huck Finn“ auch eine Gesellschaftssatire, die von zwei Außenseitern der Gesellschaft erzählt.

Welcher flämische Maler schuf u. a. mythologische Bilder wie „Der Raub der Sabinerinnen“?

Rubens: Die drei Grazien

Peter Paul Rubens (1577–1640), der im Stil des Frühbarock malte und neben mythologischen Motiven auch religiöse, historische und allegorische Motive bevorzugte. Seine Bilder präsentieren die flämische frühbarocke Sinnlichkeit, mit der er religiöse wie weltliche Themen behandelte. Sein repräsentativer Barockstil wirkte sich in ganz Europa aus.

Was außer Märchen hat Hans Christian Andersen (1805–75) noch geschrieben?

Romane (er gilt als Mitbegründer des realistischen Romans in Dänemark), Lyrik und Dramen, die jedoch angesichts seiner gefühlvollen Märchen in Vergessenheit gerieten. Der Sohn eines dänischen Schuhmachers war Puppenspieler und Tänzer in Kopenhagen. Sein erster Roman „Der Improvisator“ (1835) bescherte ihm eine kleine Pension des Königs, so dass er sich nun ganz dem Schreiben widmen konnte.

Wer baute die in ihrer phantastischen Formensprache einzigartige Sagrada Familia in Barcelona?

Sagrada Familia in Barcelona

Der Architekt Antonio Gaudí (1852–1926), der 1883 die Bauleitung der im neugotischen Stil begonnenen Votivkirche übernahm. Es entstand einer der interessantesten Sakralbauten der Moderne. Der bis heute unvollendete Templo de la Sagrada Familia („Kirche der Heiligen Familie“) erinnert mit seiner kühnen, bizarren und wuchernden Form an einen monumentalen Termitenhügel; architektonisch ist das Werk einzigartig und keiner Stilrichtung zuzuordnen.

An welchen beiden Auktionshäusern wird gemeinhin der internationale Kunstmarkt gemessen?

An Christie’s und Sotheby’s. Die beiden weltweit größten Auktionshäuser beherrschen zusammen einen Marktanteil von rund 70 Prozent.

In welcher Epoche der deutschen Dichtung hatte die blaue Blume einen besonderen Symbolwert?

In der Romantik. Novalis hatte die „blaue Blume“ als Symbol in seinem Romanfragment „Heinrich von Ofterdingen" eingeführt und signierte auch mit diesem Zeichen; die blaue Blume symbolisierte seitdem die unermessliche Sehnsucht der Romantik nach dem Unendlichen.

Was ist eine Quadriga?

Ein von vier nebeneinander gespannten Pferden gezogener, nach hinten offener Streitwagen der Antike. Seit dem 4. Jahrhundert v. Chr. (Mausoleum von Halikarnassos) werden Quadrigen als Bekrönung auf Bauwerken angebracht, z. B. am Brandenburger Tor in Berlin oder am Siegestor in München (dort mit Löwen statt Pferden).

Wer war der Texter, wer der Zeichner der Comics Asterix und Obelix?

René Goscinny war der Texter, die Zeichnungen stammen von Albert Uderzo, der heute alleine noch sporadisch neue Asterix-Hefte macht. Die lustigen Gallier wurden 1959 zunächst für die Zeitschrift „Pilote" erfunden und traten sofort einen triumphalen Siegeszug durch die ganze Welt an, weil mit Witz und Humor nebenbei beträchtlich viel „Bildungsgut" transportiert wurde. Obendrein ist Asterix auch immer eine Satire auf die heutige Zeit. René Goscinny lieferte übrigens ab 1955 auch die Geschichten und Texte zu Lucky Luke, der Westernparodie des Belgiers Morris (= Maurice de Bevère).

Auf welche griechische Heldensage gründet das geflügelte Wort „Einen Augiasstall ausmisten"?

Auf die 12 Arbeiten des Herakles; die fünfte Arbeit, die Herakles von Eurystheus aufgetragen bekam, galt der Säuberung der Ställe des Augias, der riesige Viehherden besaß. Herakles bewältigte die Aufgabe an einem Tag, indem er den Fluss Alpheios durch die Ställe leitete.

Wer ist neben Goethe der Begründer der Weimarer Klassik?

Friedrich von Schiller

Friedrich Schiller (1759–1805); er war zunächst Universitätsprofessor in Jena und siedelte 1799 nach Weimar über. Schiller schrieb bedeutende Dramen (u. a. „Don Carlos", 1787; „Wallenstein", 1800) und war ein großer Dichter von Balladen („Ring des Polykrates" u. a.) und idealistischer Gedankenlyrik. Daneben schuf er in seinen Schriften zur Ästhetik das Kunst- und Bildungsideal der Weimarer Klassik, das bis weit ins 20. Jahrhundert hinein Gültigkeit hatte.

Welches im 20. Jahrhundert erschienene Stück lehnt sich eng an Goethes Die Leiden des jungen Werthers an?

Das 1973 erschienene Stück „Die neuen Leiden des jungen Werther" des meistgespielten Dramatikers der ehemaligen DDR Ulrich Plenzdorf (*1934). Darin scheitert Plenzdorfs Hauptperson an dem Versuch aus der kleinbürgerlichen Welt des Sozialismus auszubrechen.

Was ist eine Bibliografie?

Die (systematische) Auflistung von (allen verfügbaren) Büchern und Schriften zu einem bestimmten Thema, wobei zum sicheren Auffinden der Titel auch Verfasser, Erscheinungsort und -jahr angegeben sind.

Für welchen seiner Romane erhielt Thomas Mann (1875–1955) den Nobelpreis für Literatur?

Für „Die Buddenbrooks“, die Schilderung des Aufstiegs und Untergangs einer hanseatischen Kaufmannsfamilie.

Wie heißt der Freund von Meisterdetektiv Sherlock Holmes?

Dr. Watson. Beide von Sir Arthur Conan Doyle (1856–1930) geschaffenen Gestalten wurden zu Leitfiguren der Kriminalliteratur.

Welcher Baumeister des Klassizismus schuf u. a. die Neue Wache (1818) in Berlin?

Karl Friedrich von Schinkel (1781–1841), der vor seiner Karriere als Baumeister Bekanntheit als Landschafts- und Bühnenmaler erlangte. Seine architektonischen Werke stellen den Höhepunkt der klassizistischen Baukunst in Preußen dar. Weitere Hauptwerke sind: Schauspielhaus (1818–21) am Gendarmenmarkt, Altes Museum (1822–30), Nikolaikirche in Potsdam (1830–37).

Schinkel: Altes Museum, Berlin

Wer schrieb 1826 die Novelle Aus dem Leben eines Taugenichts?

Joseph von Eichendorff (1788–1857). In dieser Novelle verband der Hauptvertreter der deutschen Spätromantik Prosa und Lyrik zu einer stimmungsvollen Einheit. Eichendorff wurde auch durch seine – oft vertonten – Gedichte bekannt, die zum Volksliedgut geworden sind.

Was haben Äsop und Jean de la Fontaine gemeinsam?

Sie dichteten Fabeln – Erzählungen mit Exempelcharakter, in denen Tiere menschliche Eigenschaften verkörpern, um die Menschen zum Nachdenken über ihre eigenen Schwächen und Laster anzuregen.

Wovon erzählt das Gilgamesch-Epos?

Von dem sumerischen Herrscher Gilgamesch, der etwa 2600 v. Chr. göttlich verehrt wurde. Das Gilgamesch-Epos aus Ninive ist das bedeutendste Werk der babylonischen Literatur, es entstand Ende des 2. Jahrtausends v. Chr. Die 3600 Verszeilen waren auf elf Tafeln geschrieben.

In welcher Stadt wird der Georg-Büchner-Preis verliehen?

In Darmstadt, von der dortigen „Deutschen Akademie für Sprache und Dichtung“. Der wichtigste deutsche Literaturpreis wurde 1923 gestiftet, seit 1951 wird er jährlich vergeben.

Wer malte den Isenheimer Altar?

Matthias Grünewald (um1470/80–um 1529) malte den Altar 1512–16 für das Antoniterkloster in Isenheim (Elsass).

Grünewalds Schöpfungen gehören zu den Hauptwerken der spätgotischen Malerei.

Wodurch wurde Heinrich von Kleist dazu angeregt, den Einakter „Der zerbrochene Krug" zu schreiben?

Durch einen Kupferstich mit dem gleichen Titel. Daraus entspann sich zwischen Kleist und einigen seiner Freunde ein Dichterstreit. Im „Zerbrochenen Krug" verstrickt sich Dorfrichter Adam in der Absicht, den Verdacht von sich zu lenken, immer tiefer in ein Lügengewebe hinein, bis er schließlich selbst als Täter entlarvt wird.

Welcher deutsche Schriftsteller erfand Winnetou?

Karl May (1842–1912), dessen authentisch wirkende Reiseerzählungen lediglich auf einer genauen geographischen wie kulturhistorischen Recherche beruhen; denn der Dichter besuchte keines der von ihm beschriebenen Länder in der Neuen Welt oder im Vorderen Orient selbst. Nichtsdestoweniger erzielte der Dichter mit seinen Romanen, in deren Mittelpunkt u. a. die edlen Gestalten des „Winnetou", „Old Shatterhand" und des „Kara Ben Nemsi Effendi" stehen, große Erfolge bei den Jugendlichen bis in die heutige Zeit.

Wer waren die Argonauten?

Argonauten werden 50 der bedeutendsten Helden der griechischen Mythologie genannt. Der Name leitet sich von ihrem Schiff Argo ab, mit dem sie das Goldene Vlies, das Fell eines goldenen Widders, nach Griechenland zurückbringen sollten. Ihr Anführer war Iason.

Wer ist der Dichter des wohl berühmtesten Bühnenstücks Hamlet (um 1600)?

William Shakespeare

William Shakespeare (ca. 1564–1616), der den Stoff alten Quellen entnahm: Der König von Dänemark wird von seinem Bruder ermordet. Hamlet ist unschlüssig, ob er in das Schicksal eingreifen darf und Rache üben soll, da er die Gefahr der eigenen Schuldverstrickung erkennt. Fragen nach dem Sinn des Lebens und des Todes quälen den Helden, dessen Zweifel in dem berühmten Monolog „Sein oder nicht sein" zum Ausdruck kommen, bevor er sich schließlich doch zur blutigen Vergeltung durchringt. Die Tragödie schildert somit die inneren Konflikte des jugendlichen Prinzen von Dänemark.

Was war das Ziel der Gruppe 47?

Die Nachkriegsliteratur, aber auch die neu erwachende Demokratie in Deutschland zu fördern. Bedeutende Gründungsmitglieder waren Heinrich Böll, Günter Grass, Alfred Andersch, Ingeborg Bachmann und Ilse Aichinger. 30 Jahre lang war diese Gruppe federführend in der neuen deutschen Literatur.

Wer ist der Autor des Abenteuerromans Die Schatzinsel („Treasure Island")?

Robert Louis Stevenson (1850–94). Er starb auf Samoa, wo er wegen seiner Toleranz und seines Verständnisses für die Einwohner bis heute hochverehrt ist. „Die Schatzinsel“ ist einer der berühmtesten Jugendromane.

Mit welchem Theaterstück wurde der irische Schriftsteller George Bernard Shaw (1856–1950) berühmt?

George Bernard Shaw

Mit der Komödie „Pygmalion“ (1913). Der Literaturnobelpreisträger Shaw kritisiert in seinen Dramen die Standesdünkel und Vorurteile in der Gesellschaft. Die humorvolle und ironische Geschichte des Blumenmädchens Eliza Doolittle, die durch den Sprachprofessor Higgins zu einer Dame erzogen wird, wurde durch das Musical „My Fair Lady“ (1956) von Frederik Loewe weltbekannt.

Hat König Artus wirklich gelebt?

Ja, und zwar als Heerführer und Bezwinger der eindringenden Sachsen in Britannien, unter dem Namen Arthur. Er soll 537 gefallen sein. In der Artus-Sage, in der er als idealer ritterlicher König inmitten seiner Tafelrunde geschildert wird, wurde er unsterblich, v. a. durch die großen mittelalterlichen Ritterepen Chrétien de Troyes, Hartmanns von Aue und Wolframs von Eschenbach.

Was ist ein Anagramm?

Ein durch Umstellung der Buchstaben eines Wortes entstandenes neues Wort. Anagramme werden oft verwendet um Wortspiele oder Pseudonyme zu bilden.

Welches ist die Rahmenhandlung der orientalischen Märchensammlung Tausendundeine Nacht?

Scheherazade erzählt dem König von Samarkand spannende Geschichten (z. B. über Sindbad, Ali Baba oder Aladdin) und entgeht damit ihrem Tod.

Wer schrieb mit Berlin Alexanderplatz den bedeutendsten deutschen Großstadtroman?

Alfred Döblin (1878–1957). Vor- und Rückblenden sowie montage- oder collageartige Struktur kennzeichnen diesen Roman. Döblin war Mitbegründer der expressionistischen Zeitschrift „Der Sturm“.

Wie heißt die Hauptgestalt in Patrick Süskinds (*1949) Roman „Das Parfüm“?

Jean-Baptiste Grenouille (französisch „Frosch“). Der hässliche Gnom mit dem überaus empfindlichen Geruchssinn kann zwar jeden nur erdenklichen Duft aufspüren und mit komplizierten Apparaturen selbst herstellen, hat aber selbst keinen Eigengeruch. Deshalb wird sein Genie von seiner Umgebung nicht wahrgenommen, Grenouille wird verspottet und verkannt. Aus Rache und Not gewinnt er aus dem Extrakt ermordeter Jungfrauen ein Parfüm und verschafft sich so einen künstlichen Eigengeruch.

Was bezeichnet der aus dem Griechischen abgeleitete Begriff Anthologie („Blütenlese“)?

Eine Sammlung literarischer Texte wie Gedichte, Kurzprosa und Romanauszüge, die nach bestimmten Aspekten ausgewählt wurden. Die Auswahl kann z. B. eine literarische Epoche veranschaulichen oder einen Querschnitt durch das Schaffen eines Dichters oder Dichterkreises geben.

Was versteht man unter einer Gretchenfrage?

Eine heikle Frage, benannt nach der Frage Gretchens an Faust, wie er's denn mit der Religion halte. Faust hatte sich, wie man weiß, dem Teufel (Mephisto) verschrieben.

Wer schrieb 1932 den utopischen Roman Schöne neue Welt?

Aldous Huxley (1894–1963). Der englische Schriftsteller, Essayist und Kulturkritiker beschreibt hier, wie sich Menschen in einer völlig entseelten Welt, in der jede individuelle Regung unterdrückt bzw. gesteuert wird, gleichschalten und manipulieren lassen.

Mit welchem Werk erregte Bertha von Suttner (1843–1914) großes Aufsehen?

Mit ihrem Roman „Die Waffen nieder!", der 1889 erschien und in dem sie leidenschaftlich für den Frieden plädierte. Die Gräfin wurde 1905 mit dem Friedensnobelpreis geehrt.

Wer schrieb die Schachnovelle?

Stefan Zweig (1881–1942). Der österreichische Schriftsteller emigrierte 1938 nach England, später nach Brasilien. Er wurde durch seine stilistisch brillanten, psychologisch analysierenden Novellen, Romane, Biografien und Essays einer der meistgelesenen Autoren seiner Zeit.

Welche Antwort erwartet man auf eine rhetorische Frage?

Keine. Eine rhetorische Frage ist ein Mittel, mit dem man beim Angesprochenen (Leser, Zuhörer) unausgesprochene Zustimmung erreicht.

Wodurch erlangt die Sixtinische Kapelle ihre kunstgeschichtliche Bedeutung?

Durch die Deckenfresken und die Darstellung des „Jüngsten Gerichts" an der Altarwand der Kapelle. Von 1508 bis 1512 entstanden von der Hand Michelangelos an der Decke in neun Hauptfeldern Szenen aus dem Buch Genesis. 1534–41 erfolgte die Ausmalung der gesamten Altarwand mit dem gewaltigsten „Jüngsten Gericht" in der Kunstgeschichte.

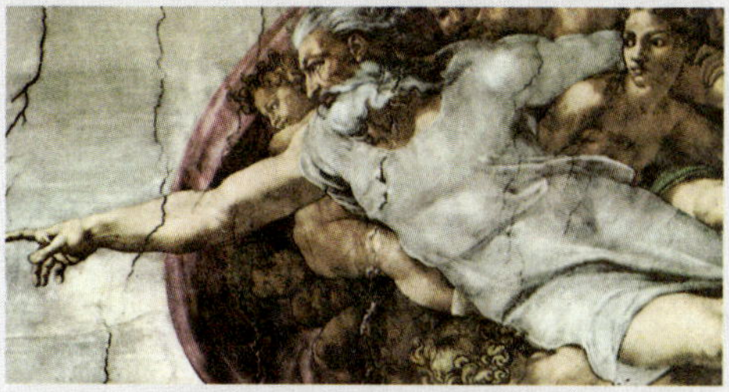

Sixtinische Kapelle: Fresko (Ausschnitt) „Erschaffung Adams" von Michelangelo

In welchem Romanzyklus von J. R. R. Tolkien bevölkern Hobbits eine fantastische Welt?

In der Romantrilogie „Der Herr der Ringe". Tolkien (eigentlich John Ronald Reuel T., 1892–1973) war Professor für germanische Philologie (Oxford) und Mythenforscher. In seinem Dreiteiler erfand er eine eigene, in sich geschlossene keltisch-germanische Märchenwelt, in der Gut und Böse gegeneinander kämpfen.

Was unterscheidet ein Paperback von einem Taschenbuch?

Paperbacks haben, wie Taschenbücher, eine Klebebindung und keinen festen Deckel, sondern einen biegsamen Umschlag aus dünner Pappe. Sie sind aber im Format größer als Taschenbücher. Beide werden vom Hardcover, dem Buch mit hartem Deckel, unterschieden.

Welches Aussehen hat die Sphinx in der griechischen Mythologie?

Sphinx von Giseh, Ägypten

Es ist ein Mischwesen mit einem Mädchenkopf und einem geflügelten Löwenrumpf. Schon bei den alten Ägyptern war sie bekannt, wo ihre Monumentalskulptur an Tempeleingängen Wache hält (z. B. in Giseh). Ödipus löst das Rätsel der Sphinx, das ein Gleichnis auf den Menschen ist, worauf sich das Ungeheuer in die Tiefe stürzt.

Wer war die Lebensgefährtin von Jean-Paul Sartre?

Die französische Schriftstellerin Simone de Beauvoir (1908–86). Ihre Werke kreisen um das Thema der Emanzipation der Frau („Memoiren einer Tochter aus gutem Hause"; „Das andere Geschlecht").

Wer schrieb die Dramen Woyzeck und Dantons Tod?

Georg Büchner (1813–37). Er reihte als einer der Ersten Szenen ohne direkten Handlungszusammenhang aneinander und gilt deshalb als Wegbereiter des modernen Dramas. Nach ihm, der sein herausragendes Werk (auch: Lustspiel „Leonce und Lena", Novellenfragment „Lenz") in nur zwei Jahren schrieb und 24-jährig an Typhus starb, ist seit 1923 ein wichtiger deutscher Literaturpreis benannt.

Was ist ein Monolog?

Ein Selbstgespräch, z. B. in einem Bühnenstück. Monologe sind heute auch Bestandteil moderner Prosa, man nennt sie dann innere Monologe, weil sie die Gedanken und Empfindungen eines Protagonisten stumm (nicht laut gesprochen) wiedergeben.

Wer schrieb den Roman Die Brüder Karamasow?

Fjodor M. Dostojewski (1821–88). Der letzte Roman Dostojewskis gilt zugleich als Höhepunkt seines Schaffens, ebenso berühmt sind aber auch „Schuld und Sühne" (1866), „Der Spieler" (1867) und „Der Idiot" (1874).

Welches ist die berühmteste Figur, die der Schriftsteller Bram Stoker (1847–1912) erschuf?

Der transsylvanische Graf und Vampir Dracula. 1897 erschien der Schauerroman, der seitdem mehrmals verfilmt wurde.

Wie heißt der Mann ohne Eigenschaften in dem berühmten Roman von Robert Musil (1880–1942)?

Ulrich. Weil er die Wirklichkeit als klischeehaft empfindet, „klinkt" er sich aus dieser aus und nimmt eine völlig passive, lediglich beobachtende und analysierende Haltung ein. Musils größter und wichtigster Roman entstand zwischen 1930 und 1943 und ist dennoch unvollendet geblieben. Er spiegelt die geistige Verfassung Österreichs vor Ausbruch des 1. Weltkrieges wider.

Wer ist Scheherazade?

Illustration zu „Tausendundeine Nacht"

Eine Märchenfigur aus der Rahmenerzählung zu der arabischen Märchensammlung „Tausendundeine Nacht". Sie unterhält damit Nacht für Nacht den mit ihr vermählten König von Samarkand, um dem Schicksal ihrer Vorgängerinnen zu entgehen, die jeweils am Morgen nach der Hochzeitsnacht hingerichtet wurden. Nach 1001 Nächten erhält sie ihre Freiheit.

Welcher Künstler führte den Begriff Merz in die Kunst ein?

Kurt Schwitters (1887–1948), einer der bedeutendsten Dadaisten. Er gestaltete seine Werke aus allen ihm zur Verfügung stehenden Materialien. So geht z. B. der Begriff „Merz" auf einen Zeitungsausschnitt mit der Aufschrift „Commerz- und Privatbank" zurück. In der Literatur zählt Schwitters zu den Vorreitern der konkreten Poesie (Anna Blume).

Was ist eine Anekdote?

Eine kurze Erzählung, die meist an eine historische Person geknüpft ist und eine pointenhafte Wendung hat. Sie stellt schlaglichtartig den Charakter der Person, einer historischen Persönlichkeit oder einer Begebenheit dar; sie beansprucht nicht, historisch wahr zu sein. Deutsche Anekdotendichter sind z. B. Johann Peter Hebel und Heinrich von Kleist.

Wann war die Zeit des Sturm und Drang?

Zwischen 1760 und 1780. Es handelte sich um eine literarische Gegenbewegung zur Aufklärung. Ins Zentrum künstlerischer Produktion wurde nicht mehr die Vernunft, sondern das allumfassende Genie gestellt (daher auch: Geniezeit). Lenz und Klinger waren berühmte Vertreter des Sturm und Drang, dem auch Goethe („Götz von Berlichingen") und Schiller („Die Räuber") wichtige Impulse gaben.

Wer erfand Die Abenteuer des Pinocchio?

Der Italiener Carlo Collodi (1826–90). Sein Werk ist bis auf den heutigen Tag eines der berühmtesten Kinderbücher und diente auch als Vorlage für Filme und Zeichentrickserien.

Wie nennt man die Darstellung von nackten Körpern in den bildenden Künsten?

Akt. In der Antike bereits zu einer klassischen Meisterschaft gebracht – etwa durch die Skulpturen des Polyklet und Phidias –, entdeckte man erst seit der italienischen Renaissance die Wirkung wirklichkeitsnaher Abbildungen menschlicher Körper von neuem; z. B. Michelangelos „David". Erst im 19. Jahrhundert lösten die Künstler den Akt aus den religiösen und mythologischen Zusammenhängen und machten den nackten Körper selbst zum Thema.

Wer malte den Kaisersaal und das Treppenhaus der Würzburger Residenz aus?

Giovanni Battista Tiepolo (1696–1770). Die „Dekorationsarbeiten“ (Stuckaturen und Malerei) des gebürtigen Venezianers gehören zu den großartigsten Werken des Barock.

Tiepolo: Fresko in der Würzburger Residenz

Was macht ein Stuckateur?

Er bringt die plastischen Verzierungen (Stuck) an Decken in Innenräumen an. Als Material wurde Gips oder eine Mischung aus Gips, Kalk und Sand verwendet. Ihren Höhepunkt erreichte diese Kunst im Barock und Rokoko, berühmte Stuckateure kamen aus Süddeutschland.

Warum wurde die Oper von Sydney von den Kunsthistorikern anfangs mit gemischten Gefühlen aufgenommen?

Das Opernhaus wurde wegen seiner gewagten Dachkonstruktion heftig kritisiert (dem dänischen Architekten Utzon soll die Idee hierzu beim Orangenschälen gekommen sein), aber auch wegen der Baukosten: Auf 7 Millionen US $ geschätzt, stiegen sie auf 103 Millionen. Der Opernsaal ist für große Aufführungen zu klein.

Welches ist das beliebteste Malwerkzeug der heutigen Graffiti-Künstler?

Die Spraydose. Graffitis sind als geritzte Kritzeleien schon aus dem Alten Rom überliefert, heute bilden sie, an Hausfassaden oder S-Bahnzügen angebracht, oft Ausdruck jugendlichen Protests. Mit dem Schweizer Harald Nägeli und dem Amerikaner Keith Haring wurde das Graffiti mittlerweile zu einer eigenständigen Kunstform.

Welcher amerikanische Künstler porträtierte in seinen Siebdrucken überlebensgroße Campbell-Suppendosen?

Andy Warhol (Andrew Warhola, 1928–87). Der führende Vertreter der Pop Art, schon in den 60er-Jahren schillernde Kultfigur in New York, schuf auch ganze Serien von Siebdruck-Porträts der Marilyn Monroe in immer wieder anderen, grell-kitschigen Farbkombinationen. Nicht anders als eine Suppendose, wird die Schauspielerin so als wohlverpacktes Produkt der amerikanischen Massenkultur dargestellt.

Welcher Bau- und allgemeine Kunststil wurde im Klassizismus als „schwülstig“ und „überladen“ abgewertet?

Der (oder das) Barock (17. und beginnendes 18. Jahrhundert). Die Bildung des Epochenbegriffs wurde aus dem portugiesischen Wort „barroca" („Steinchen", „schiefe, unregelmäßige Perle") abgeleitet. Der Barock löste den Manierismus ab und beeinflusste Baukunst, Bildhauerei, Malerei, Musik und Literatur. Bedeutende Vertreter in den bildenden Künsten waren Bernini und Neumann (Architektur), Rubens und Rembrandt (Malerei); in der Musik: Bach, Vivaldi und Händel und in der Literatur Lope de Vega, Calderón, Gryphius u. a.

Welcher Künstler stellte in seinem Werk die Pariser Nachtwelt in Bordellen und Cabarets dar?

Toulouse-Lautrec: Jane Avril

Henri de Toulouse-Lautrec (1864–1901), der sich als Kind beide Beine brach, weswegen er zeitlebens verkrüppelt blieb. Er fertigte u. a. für das Pariser Nachtlokal Moulin Rouge Plakat-Lithografien an und erhob damit das Plakat als Werbemittel in den Rang der Kunst. Seine Bilder und Drucke zeichnen sich durch karikaturistische Schärfe aus.

Welche moderne Kunstrichtung vertrat Roy Lichtenstein?

Die Pop Art. Auch er übernahm in seinen Bildern geläufige Formen und Slogans aus Comics und Werbung. Charakteristisch ist für ihn die Verwendung der Rastertechnik und die Beschränkung auf die Grundfarben Rot, Blau und Gelb, mit der er der Großstadtzivilisation parodistisch begegnet.

Welcher venezianische Künstler malte Karl V. und mehrere Venusdarstellungen?

Tizian (zwischen 1477 und 1490–1576), dessen Werk von der Spätrenaissance über den Manierismus zum Frühbarock hinüberleitet. Seine „Venus von Urbino" (1538) und andere Venusdarstellungen sind Vorbilder für die spätere Aktmalerei.

Tizian: Konzert auf dem Felde

Welche zu ihrer Zeit größte Kirchenkuppel entwarf Filippo Brunelleschi (1377–1446)?

Die Kuppel für den Dom von Florenz (1418–36). Die gewaltige achtseitige Kuppel entstand in der Zweischalenbauweise; Stabilität verleihen die ins Mauerwerk eingebauten Ketten. Bis heute ist jedoch unerklärbar, wie der Bau der 2500 t schweren Wölbung überhaupt ausgeführt werden konnte.

Was ist mit Design gemeint?

Die Gestaltung eines Gebrauchsgegenstandes unter funktionalen wie ästhetischen Gesichtspunkten. Das Design (von englisch „Zeichnung, Entwurf") der Polstermöbel oder des Kaffee-Service beispielsweise verraten den Geschmack des Besitzers. Schließlich ist das Design auch die Entwurfszeichnung zu einem Gegenstand.

Welcher Maler errang v. a. durch seine Porträts von Mitgliedern des spanischen Königshofes Berühmtheit?

Velàzquez: Las Meninas

Der Spanier Diego Rodríguez de Silva y Velázquez (1599–1660), Hofmaler Philipps IV. von Spanien. Eines seiner Hauptwerke ist „Las Meninas" (1656), das mit impressionistischer Leichtigkeit die spanische Infantin Margarita mit ihrem Gefolge porträtiert. Er malte aber nicht nur die Infantinnen, sondern auch Zwerge und Narren. Andere bedeutende Gemälde haben historische Ereignisse zum Inhalt (z. B. „Die Übergabe von Breda").

Wo entwickelte sich die sog. Backsteingotik?

Im Ostseeraum. Es ist eine Sonderform der Gotik, so genannt wegen des Backsteins als vorherrschendem Baumaterial.

Woher stammt die Idee Wolkenkratzer zu bauen?

Aus den USA, wo man bereits Ende des 19. Jahrhunderts Hochhäuser baute. Eines der höchsten wurde 1908 der Singer-Bau in New York mit 47 Stockwerken. New York und Chicago boten die ersten imposanten Skylines: Mit 419,7 m und 110 Stockwerken war der Zwillingsturm des World Trade Centers (1964–74) in New York lange Zeit das höchste Hochhaus der Welt. Seit den 80er-Jahren dominiert die Hightech-Ästhetik wie etwa in der „Hongkong and Shanghai Bank" in Hongkong (1985).

Wer war Jan Vermeer van Delft (1632–75)?

Vermeer: Ansicht von Delft

Ein niederländischer Maler des bürgerlichen Milieus. Seine mit äußerster Bedachtsamkeit geschaffenen Gemälde wirken wie Fotografien von handarbeitenden, lesenden, musizierenden und malenden Personen. Er hinterließ nur etwa 40 Gemälde, von denen „Das Atelier des Malers" (um 1660) zu den berühmtesten zählt.

In welchem Epos des Hochmittelalters spielt Kriemhild eine wichtige Rolle?

Im Nibelungenlied (um 1200). Sie ist die Schwester des Burgunderkönigs Gunther, für den Siegfried die Jungfrau Brünhild freit. Dafür erhält Siegfried Kriemhild zur Frau. Als Brünhild im Streit mit Kriemhild von dieser Schmach erfährt, lässt sie Siegfried von Hagen ermorden. Kriemhild sinnt daraufhin auf Rache und heiratet den Hunnenkönig Etzel, mit dessen Hilfe sie die Burgunder tötet.

Wie heißt die prächtigste barocke Schlossanlage Europas, etwa 40 km außerhalb von Paris, und wer ließ sie bauen?

Versailles, dessen Gebäudekomplex – ein Zentralbau – und dessen Gartenanlage den König von Frankreich symbolhaft in den Mittelpunkt setzen. Auftraggeber war Ludwig XIV. (1638–1715), der „Sonnenkönig", der seiner absolutistischen Herrschaft hiermit architektonischen Ausdruck verlieh. Versailles wurde Vorbild für die Architektur des Absolutismus.

Schloss Versailles

Welche Bedeutung hatte die 1635 gegründete Académie française?

40 Wissenschaftler und Dichter, die man die „Unsterblichen" nannte, hatten die vorrangige Aufgabe, über die Literatursprache und Literaturregeln zu wachen, die dem Geschmack des französischen Hofes verpflichtet war. Epochal war das 1694 herausgegebene „Wörterbuch der Akademie", das zur Vereinheitlichung der französischen Sprache beitrug.

Auf welchem Gebiet der Literatur errang Botho Strauß (*1944) seine größten Erfolge?

In der Dramatik. Seine Bühnenstücke gehören zu den meistgespielten in Deutschland („Trilogie des Wiedersehens", 1976; „Ithaka", 1996, u. a.). Daneben tritt er auch immer wieder mit Erzählungen und Romanen hervor. Dem Dichter geht es darum, die Oberflächlichkeit der bürgerlichen Gesellschaft zu entlarven und auf die wesentlichen Dinge des Lebens hinzuweisen.

Welcher Gott wurde am häufigsten auf griechischen Vasen abgebildet?

Zeus, der sich mit seinen Brüdern Hades (Unterwelt) und Poseidon (Meer und Ozean) die Herrschaft über die Welt aufteilt. Zeus residiert als Herrscher über Himmel und Erde auf dem Olymp. Seine Frau, die ewig zänkische Hera, ist mit Recht eifersüchtig, denn der Göttervater verwandelt sich häufig in Menschen- oder Tiergestalt um sich mit sterblichen Frauen zu vereinigen. Zeus heißt bei den Römern Jupiter.

Zeus während eines Banketts auf dem Olymp, bemalte Tasse

Nach welchem italienischen Baumeister ist eine ganze Stilrichtung benannt?

Nach Andrea Palladio (1508–80). Der Palladianismus, ein Architekturstil von strenger Gesetzmäßigkeit und klarer Gliederung, beeinflusste über Jahrhunderte die französische, die englische und die niederländische Architektur.

Welcher legendäre Jazztrompeter wurde mit Spitznamen Satchmo genannt?

Louis Armstrong

Louis Armstrong (1900–71). Satchmo („Quadratschnauze") war ebenso weltberühmt wegen seiner tiefen, rauen Stimme (z. B. in dem Musical „Hello Dolly" oder mit dem Titel „Wonderful World") wie als virtuoser Trompeter.

Wie nennt man die Vortragsweise fahrender Schausteller, die mit Drehorgel-Begleitung auf Jahrmärkten Sensationsmeldungen unter das Volk brachten?

Den Bänkelsang (17.–19. Jahrhundert); der Sänger stand zumeist auf einer Holzbank (von daher der Name) und trug seine Schauergeschichten über Verbrechen, besonders Mordtaten (Moritaten), Laster, Kriege und Naturkatastrophen mit monoton-melancholischen Liedern vor. Dabei deutete er mit einem Stab auf primitive Wachstuchbildtafeln, die das Vorgetragene bildlich veranschaulichten.

Wodurch taten sich die Familien Amati, Stradivari und Guarneri hervor?

Durch den Bau weltberühmter Musikinstrumente. Vor allem waren diese in Oberitalien ansässigen Familien des 17. und 18. Jahrhunderts Geigenbauer. Ein 1743 von Guarneri gebautes Instrument namens „Baron Heath" wurde vom Auktionshaus Sotheby's in London für umgerechnet 1,8 Mio. DM versteigert und ist damit die teuerste Geige aller Zeiten. Gleich dahinter wurde eine Stradivari für immerhin noch 1,4 Mio. DM gehandelt.

Auf welcher Bühne werden u. a. die Stücke Jim Knopf und Urmel aus dem Eis gespielt?

Im Marionettentheater der „Augsburger Puppenkiste", die 1948 von dem Staatsschauspieler Walter Oehmichen gegründet wurde. Zur Popularität trugen vor allem die Fernsehaufzeichnungen bei. 733 Produktionen entstanden mit dem Hessischen Rundfunk.

Welcher Ort wird mit backstage beschrieben?

Hinter der Bühne von Theatern und v. a. hinter den Pop-Konzert-Bühnen (englisch „hinter der Bühne"). Die übliche Bezeichnung „hinter den Kulissen" wird damit mehr und mehr von dem Anglizismus verdrängt.

Wie schnitt Deutschland im Ländervergleich bei der Nobelpreisverleihung von 1901 bis 1999 ab?

Es liegt in den naturwissenschaftlichen Fächern Chemie, Physik und Medizin an zweiter bzw. dritter Stelle, hinter den USA bzw. Großbritannien. Im Fach Literatur schob sich Dtl. 1999 mit der Ehrung von Günter Grass auf Platz drei, hinter Frankreich und USA und vor Großbritannien und Schweden.

Auf welchen internationalen Filmfestspielen werden alljährlich Goldene und Silberne Bären verliehen?

Auf der Berlinale in Berlin; sie besteht seit 1951 und gehört seit 1954 zur Kategorie der Erstaufführungsfestivals. Bis 1989 fanden die Aufführungen im West-Berliner Zoo-Palast statt; seit der deutschen Wiedervereinigung auch im Ost-Berliner Kosmos-Kino.

Warum ist das Biathlon ein „Doppelwettkampf"?

Weil die Athleten in der olympischen Disziplin (seit 1960) 20 km im Skilanglauf zurücklegen müssen, die viermal durch Schießübungen unterbrochen ist. Bei der 4 x 7,5-km-Staffel sind je Läufer zwei Schießübungen vorgesehen.

Welcher französische Komponist erlangte durch die Oper Carmen (1872) Berühmtheit?

Georges Bizet (1838–75). Das Libretto zu der Oper geht auf Prosper Mérimées gleichnamige Novelle zurück. Carmen gehört heute zu den meistgespieltesten Opern der Welt. Bizet schrieb auch zwei Suiten, von denen „L'Arlésienne" (Das Mädchen von Arles; 1872) die berühmteste ist.

Was ist ein B-Movie?

Eine Billig-Produktion in der Film-Branche.

Mit welchem Liedtypus erntete Jacques Brel (1929–78) internationale Erfolge?

Mit dem Chanson (von französisch „Lied"), das im Sprechgesang vorgetragen wird; Brel akzentuierte mit einer aggressiven Stakkato-Stimme seine Kritik am Spießertum und an der Kirche. Die meisten seiner Lieder schrieb und komponierte er selbst. 1967 zog sich Brel von der Bühne zurück und begann eine Karriere als Filmschauspieler.

Was besagt die Kennzeichnung von Gebrauchsgütern mit einem Blauen Engel?

Sie weist das Produkt als umweltfreundlich aus. Das Symbol ist ein internationales Umwelt-Gütesiegel, das 1978 in der BR Dtl. ins Leben gerufen wurde. Rund 4500 Produkte von etwa 900 Herstellern tragen es mittlerweile. Lebensmittel finden durch den „Blauen Engel" keine Bewertung.

In welcher Epoche entstand die Musik Johann Sebastian Bachs?

Johann Sebastian Bach

Seine Musik bildet den Höhepunkt des Barock. Dem aus einer thüringischen Musikerfamilie stammenden Bach (1685–1750) gelang mit seinen Werken eine einzigartige Synthese verschiedener musikalischer Erscheinungsformen seiner Zeit. Bach betätigte sich mit Ausnahme der Oper in allen musikalischen Gattungen. Berühmte Werke sind neben dem Weihnachtsoratorium, den verschiedenen Passionen (z. B. Johannes und Matthäus) und Messen v. a. die Brandenburgischen Konzerte sowie die Violinkonzerte.

Was ist eine Boygroup?

Eine „Jungengruppe" (englisch), d. h., eine Pop-Gruppe, die nur aus jungen Männern bzw. männlichen Jugendlichen besteht und sowohl durch ihre Songs wie durch ihre erotische Ausstrahlung v. a.

die Twens und Teenies ansprechen. Eine bekannte Boygroup sind z. B. die Backstreet-Boys.

Von welcher Volksmusik war das Werk Béla Bartóks (1881–1945) beeinflusst?

Béla Bartók

Von der ungarischen Volksmusik. Als Komponist ist Bartók ein führender und wegweisender Vertreter der klassischen Moderne, für Klavierschüler schuf er, selbst Pianist, vielgespielte Übungsstücke.

Welche Aufgabe hat die Bundesprüfstelle für jugendgefährdende Schriften?

Sie prüft Medien aller Art daraufhin, ob sie unsittlich oder gewaltverherrlichend sind oder zu Gewaltätigkeit und Rassenhass anreizen. Die gefährlichen Medien werden in einer Liste (Index) geführt und unterliegen dann Werbe- und Vertriebsbeschränkungen. Das 12-köpfige Prüfgremium, in dem auch die Bundesländer vertreten sind, ist von Weisungen unabhängig.

In welcher Stadt findet alljährlich die Love-Parade statt?

In Berlin. Das von mehreren hunderttausend Techno-Fans besuchte Tanzfestival findet im Sommer statt. Hauptattraktion ist der karnevalsähnliche Umzug mit bunt verzierten Lastwagen, der am Kurfürstendamm startet. Die Veranstaltung, die 1989 aus kleinen Anfängen begann, gilt heute als das Event für Techno-Fans.

Wen bezeichnet neuerdings der englische Begriff Carrier?

Die Giganten der Touristikbranche, insbesondere bei Flugreisen. Ursprünglich bedeutet „Carrier" „Transportunternehmer" bzw. „Transportflugzeug".

Welches Saiteninstrument gehört zur Familie der Viola, ähnelt aber in Klang und Aussehen dem Bass?

Das Violoncello oder nur kurz Cello. Es ist ein Bassinstrument, das beim Spiel mit den Knien gehalten wird. Seine Saiten werden mit einem Bogen gestrichen oder mit dem Finger gezupft. Es entstand Mitte des 16. Jahrhunderts.

Welcher berühmte Klaviervirtuose und Komponist wurde in Warschau geboren und lebte in Paris?

Frédéric Chopin (1810–49), dessen Mutter Polin und dessen Vater Franzose war. Das Neuartige seines Klavierspiels war, dass es an den Virtuosen höchste Ansprüche an poetischem Ausdruck stellte. Chopin schuf zwei Klavierkonzerte und die Grande Polonaise für Klavier und Orchester; ferner zahlreiche kleinere Klavierwerke wie Sonaten, Polonaisen, Mazurken, Nocturnes, Etüden und Impromptus.

Wie nennt man die Regie bei der Gestaltung eines Balletts bzw. Tanzstücks?

Choreographie (von griechisch „choros" = „Tanz"; „graphein" = „schreiben"). Bedeutende Ballett-Tänzer wie Waclav Nijinskij (um 1888–1950) und Rudolf Nurejew (1938–93) waren auch Choreographen. Wegweisend für die Choreographie des 20. Jahrhunderts war George Balanchine (1904–83). Vor der Entwicklung des Balletts im 18. Jahrhundert bezeichnete man mit Choreographie die Aufzeichnung der Tanzschritte.

In welcher Sportart spricht man von Par?

Beim Golf. Par bedeutet, dass ein Spieler mit der für die jeweilige Bahn übliche Anzahl von Schlägen einlocht. Braucht er einen Schlag mehr, wurde die Bahn „eins über Par" gespielt.

Wer führte Regie in dem Anti-Kriegs-Drama Apocalypse now (1976–79)?

Francis Ford Coppola (*1939), dessen Laufbahn als Regisseur kein geradliniger Weg war. Nach Startschwierigkeiten gelang ihm erst 1971 mit Mario Puzos Mafiachronik „Der Pate" der internationale Durchbruch. Der Film mit Marlon Brando in der Hauptrolle brachte ihm einen Oscar ein. „Apocalypse now" stellte die Pervertierung amerikanischer Offiziere im Vietnamkrieg dar (auch hier wieder M. Brando in einer Hauptrolle); ein unbequemer, nicht unumstrittener Film, dessen bildstarke Sequenzen auch als Mystifizierung des Krieges gedeutet werden können.

Zu welcher Musik-Gattung gehört Così fan tutte (1790)?

Zur Oper; genauer zur komischen Oper. Als solche komponierte Mozart sie (zu Deutsch „So machen's alle") nach einem Libretto von Lorenzo da Ponte (1749–1838). Die Oper atmet die leichtlebig-heitere Luft des Rokoko: Zwei Offiziere stellen ihre beiden Verlobten auf die Probe und wollen herausfinden, ob sie ihnen in ihrer Abwesenheit treu bleiben. Als verkleidete Kavaliere kehren sie zurück und versuchen die beiden zu verführen.

Von welchem Komponisten ist das Chorwerk Ein deutsches Requiem (1868)?

Johannes Brahms

Von Johannes Brahms (1833–97), der bereits mit 10 Jahren als pianistisches Wunderkind gefeiert wurde. Seine Kompositionen gehören zu den bedeutendsten musikalischen Schätzen, die in der Tradition der Klassik und Romantik stehen; besonders wichtig sind seine vier Sinfonien, die zwei Klavierkonzerte und sein Violinkonzert. Darüber hinaus schuf Brahms Kammermusik, Klavier- und Chorwerke sowie Lieder.

Was bedeutet die Vortragsanweisung crescendo in der Musik?

Das langsame anwachsen (italienisch „anwachsend") der Tonstärke. Gegensatz ist das decrescendo.

Wer ist in dem Song von Elton John mit England's Rose gemeint?

Lady Diana, Prinzessin von Wales (1961–97), zu deren Beisetzungsfeier der Popsänger das Lied sang und zugunsten einer Lady-Di-Stiftung als CD millionenfach verkaufte. Sie war von 1981 bis 1996 mit dem britischen Thronfolger Prinz Charles verheiratet. Ihre Popularität war auch nach der Scheidung ungebrochen; dies nützte sie für ihre humanitären Tätigkeiten (AIDS, Landminen u. a.). 1997 kam sie bei einem Autounfall ums Leben.

Wie viele Opern hat Ludwig van Beethoven (1770–1827) komponiert?

Ludwig van Beethoven

Eine, nämlich die Oper „Fidelio“, die ursprünglich „Leonore“ heißen sollte. Die Oper liegt in drei Fassungen vor (1804/05, 1806 und 1816). Beethoven knüpft zum Teil an Mozart an und weist auf Ideen der Französischen Revolution hin.

Was ermöglicht eine Adoption?

Die Annahme eines Kindes durch einen Erwachsenen oder ein Ehepaar, so dass es die rechtliche Stellung eines eigenen ehelichen Kindes erhält. Der Annehmende muss mindestens 25 Jahre alt sein. Die Einwilligung des Kindes bzw. seines gesetzlichen Vertreters ist dabei nötig. Ferner sollte das Kind vorher eine angemessene Zeit in Pflege bei dem Annehmenden gewesen sein. Über die Adoption entscheidet das Vormundschaftsgericht.

Welcher spanische Startenor gab auch schon Konzerte als Dirigent?

Plácido Domingo (*1941). 1984 beispielsweise dirigierte er in New York „La Bohème“ von Giacomo Puccini. Domingos Gesangs-Repertoire ist gewaltig: Es reicht von der französischen Grande opéra über Giuseppe Verdi bis Richard Wagner. Daneben wirkte er auch in Opernverfilmungen wie „Othello“ (1986) mit. Weltberühmt ist das Tenor-Terzett Domingo, Carreras und Pavarotti.

Wie nennt man ein Musikstück für zwei Singstimmen?

Duett (von italienisch „duo“ = „zwei“); es wird meist instrumental begleitet. Der Begriff wird aber auch für eine Komposition für zwei Instrumente oder für die Instrumentalisten selbst verwendet. Ein anderes Wort für Duett ist Duo.

Welche Mode-Droge wird v. a. in der Techno-Musik-Szene konsumiert?

Ecstasy (von englisch „Ekstase“) oder auch XTC. Diese ursprünglich von einem deutschen Chemiker erfundene synthetische Droge besteht überwiegend aus dem Wirkstoff MDMA und wirkt euphorisierend („Glücklichmacher“). Die Droge wird als Pille oder Kapsel angeboten.

Nach welchem Modus wird beim Fußball die Entscheidung durch das Elfmeterschießen herbeigeführt?

Nach Ablauf der regulären Spielzeit und der Nachspielzeit treten von jeder Mannschaft jeweils fünf Spieler (auch der Torwart ist zugelassen) als Elfmeterschützen abwechselnd an. Besteht anschließend immer noch Gleichstand, wird abwechselnd von jeder Mannschaft ein Elfmeter bis zur ersten Tordifferenz ausgeführt.

Wie nennt man alkoholfreie Getränke, die laut Werbung Flügel verleihen?

Energydrinks (von englisch „Energiegetränk“). Manche von ihnen haben einen hohen Anteil an Vitaminen und Mineralstoffen, andere wiederum sind nur reich an Koffein und Gummibärchenfärbung.

In welchem Film spielte Humphrey Bogart (1899–1957) einen Barbesitzer und wurde dadurch zu einer Film-Ikone?

In dem Film „Casablanca“ (1942) von Michael Curtiz. Als Rick Blaine begegnet er dabei seiner früheren Geliebten Ilsa (gespielt von Ingrid Bergman) wieder, die aber inzwischen mit dem Widerstandskämpfer Victor Laszlo verheiratet ist. Unvergessen ist er u. a. auch in den Rollen der Privatdetektive Sam Spade in „Der Malteser Falke“ (1941) und Philipp Marlowe in „Tote schlafen fest“ (1946).

Humphrey Bogart im Film „Casablanca“

Wo findet die Weltausstellung Expo 2000 statt?

Auf einer 170 ha großen Fläche in Hannover (Niedersachsen). Sie steht unter dem Motto „Mensch-Natur-Technik“ und will Lösungsansätze für die globalen Probleme von morgen vorstellen. Sie ist die erste Weltausstellung (seit 1851), die in der BR Dtl. stattfindet. Expo ist die Abkürzung für „Exposition“ (Ausstellung).

Welches Musikstück wird Die Unvollendete genannt?

Die 1822 entstandene Sinfonie Nr. 8 h-Moll von Franz Schubert (1797–1828), die nur zwei Sätze hat. Warum das Werk unvollendet geblieben ist oder ob die Zwei-Satz-Form beabsichtigt war, ist ungeklärt.

In welchem Jahrzehnt wurde die britische Rockgruppe The Rolling Stones gegründet?

In den 60er-Jahren, genauer: 1962. Begründer der „Rollenden Steine“ sind der Sänger Mick Jagger (*1943), die Gitarristen Brian Jones (1942–69) und Keith Richards (*1943), der Bassist Bill Wyman (*1936) und der Schlagzeuger Charlie Watts (*1941). 1965 landeten sie mit „I can get no satisfaction“ ihren ersten Hit. Die „Rolling Stones“ gehören neben den Beatles zu den erfolgreichsten Bands der Popmusik-Geschichte; außerdem ist es die älteste aktive Rockgruppe der Welt, die heute noch Stadien füllt.

Wer führte Regie in Katzelmacher (1969) und Angst essen Seele auf (1973)?

Rainer Werner Fassbinder (1946–82). Der Regisseur schuf eine eigene Kino-Welt voller Melancholie und Resignation. „Katzelmacher“ eröffnete eine Serie entlarvender Studien aus dem kleinbürgerlichen Leben. Fassbinders Kameraführung war unspektakulär, die Dialoge karg. Einem breiteren Publikum wurde er durch die Fernsehfolgen „Bolwieser“ (1976/77) und „Berlin Alexanderplatz“ (1979/80) bekannt.

Woher kommt der Begriff Fastnacht?

Von der Nacht vor Aschermittwoch, dem ersten Tag der Fastenzeit. Später wird darunter die Woche vor Aschermittwoch verstanden. Die Fastnacht oder auch ober- und mitteldeutsch Fasenacht mit ihren Bräuchen, die meist heidnischen Ursprungs sind, ist die weltliche Entsprechung zur klösterlichen Feier des Fleischentzuges. Das Wort Karneval (von italienisch „carne le vale" = „Fleischfortnahme") verweist noch darauf.

Auf welchem Rasen spielte der deutsche Tennisstar Boris Becker (*1967) sein bestes Tennis?

Boris Becker

Auf dem Rasen des internationalen Tennisturniers von Wimbledon (London). Der Leimener gehörte von 1985 bis 1999 dem Kreis der besten und markantesten Tennisspieler im internationalen Profitennis an. Er gewann dreimal Wimbledon, wobei er 1985 mit 17 Jahren der jüngste und gleichzeitig erste deutsche Sieger war. Insgesamt gewann Becker von 939 Profi-Matches 715. Es gelangen ihm 49 Turniersiege, davon 6 Grand-Slam-Triumphe.

Wer spielt in dem Science-Fiction-Kultfilm Blade Runner (1982) den ehemaligen Polizisten Rick Deckard?

Harrison Ford (*1942), der sich lange mit Nebenrollen begnügen musste, bevor er in George Lucas' „Star Wars" (1977) als Spacer Han Solo international bekannt wurde. Ford spielte in zahlreichen Action-Filmen mit Eleganz und Komik den guten Helden. Als Detektiv unter Amish-Leuten in Peter Weirs „Der einzige Zeuge" (1985) wurde er für den Oscar nominiert.

Was kürzt man mit UFO ab?

Unbekanntes Flugobjekt. Die Sichtung sog. Fliegender Untertassen nahm v. a. nach dem Zweiten Weltkrieg zu. Bisher konnte in keinem Fall nachgewiesen werden, dass es sich dabei um Flugobjekte außerirdischer Lebensformen handelte. Zumeist lassen sich solche Phänomene als optische Täuschungen erklären oder sie gehen auf Lichterscheinungen der zivilen oder militärischen Luftfahrt zurück.

Was ist ein Gigolo?

Ein junger Mann, der häufig Tanzveranstaltungen besucht bzw. sich von Frauen aushalten lässt.

Für welche Freizeitgestaltung geben die Deutschen das meiste Geld aus?

Für den Urlaub, nämlich rund 203 DM monatlich in den alten und rund 168 DM in den neuen Bundesländern. Es folgt der Sport, dann Ausgaben für das Auto und für elektronische Unterhaltung. Nach einer Meinungsumfrage, was ihre liebste Freizeitbeschäftigung ist, ergab sich 1998 diese Rangliste: 1. Musik hören, 2. Fernsehen, 3. Essen gehen.

Welche Vereine können alljährlich beim Spiel um den DFB-Pokal teilnehmen?

Teilnahmeberechtigt sind nicht nur die großen Bundesligavereine, sondern auch alle Vereine auf örtlicher und regionaler Ebene. Über die Spielpaarungen entscheidet das Los und über das Weiterkommen das K.-o.-System. Amateure werfen hier oft Profis aus dem Rennen. Als Fußball-Trophäe erhält die siegreiche Mannschaft den Vereinspokal des Deutschen Fußball-Bundes (DFB).

Welchen künstlerischen Beruf übte Wilhelm Furtwängler (1886–1954) aus?

Er war einer der bedeutendsten Dirigenten des 20. Jahrhunderts; daneben komponierte er auch. Von 1922 bis 1945 dirigierte er die Berliner Philharmoniker. Nach 1945 erhielt er von den Alliierten zwei Jahre Auftrittsverbot, weil er sich mit den Nazis arrangiert hatte. Bis zu seinem Tod leitete er das Orchester der Wiener Philharmonie.

Wo werden die vier größten Tenniswettbewerbe, der sog. Grand Slam, ausgetragen?

Die Australian Open in Melbourn, die French Open in Paris, das Wimbledon Turnier in London und die US Open in New York.

Welches Musikinstrument gilt als Sopran der Streichinstrumente?

Die Geige (deutsch für Violine); sie ist gleichzeitig der wichtigste Klangträger im großen Orchester. Das viersaitige Instrument besteht aus einem hölzernen Schallkörper und dem Geigenhals. Die Schwingungen werden gewöhnlich durch einen Bogen oder auch durch Zupfen (pizzicato) zum Schwingen gebracht.

Wie heißt das berühmteste Orchesterwerk von Claude Debussy (1862–1918)?

„Prélude à l'après-midi d'un faune" (1892–94); zu Deutsch: „Vorspiel am Nachmittag von einem Faun". Debussy wandte sich damit von der Romantik ab und entwickelte einen musikalischen Impressionismus. Die Musik wirkt aufgrund der Auflösung der traditionellen Harmonik einerseits emotionslos, andererseits aber sinnlich-verspielt.

Wer war der Tennis-Superstar in den 70er-Jahren?

Björn Borg

Der Schwede Björn Borg (*1956). Er siegte fünfmal hintereinander in Wimbledon (1976–80) und sechsmal bei den French Open (1974–76, 1978–80). 48 Monate lang war er die Nr. 1 der Weltrangliste (1977–81), bis er sich 1983 vom aktiven Sport zurückzog, um Unternehmer zu werden.

Wer komponierte die berühmte sinfonische Dichtung Die Moldau?

Bedrich Smetana (1824–84). Das sinfonische Werk beschreibt auf eindrucksvolle Weise den Verlauf der Moldau in Smetanas tschechischer Heimat. Eingebettet ist sie in den sinfonischen Zyklus „Mein Vaterland" (1874–79). Smetana, dessen Musik viele Elemente der tschechischen Volksmusik enthält, schrieb ferner die häufig gespielte heitere Oper „Die verkaufte Braut" (1866).

Für welchen feierlichen Anlass war der gregorianische Gesang bestimmt?

Für den altkatholischen Gottesdienst seit dem 7. Jahrhundert. Er ist einstimmig und wurde im Wechsel von Solostimme und Chor von den Geistlichen und Mönchen ohne Instrumentalbegleitung in lateinischer Sprache gesungen. Seine Benennung nach Papst Gregor I. (um 540–604) ist irreführend. Unter seinem Pontifikat wurden zwar erstmals lateinische Kirchenlieder gesammelt, aber die gregorianischen Gesänge entstanden erst nach seinem Tod.

Welche Sängerin wurde als beste Koloratursopranisten gepriesen?

Maria Callas

Die Griechin Maria Callas (1923-77). Kritiker nannten sie so schon seit ihrem ersten Auftritt 1947 bei den Festspielen von Verona. Callas verfügte über eine brilliante Gesangstechnik und große dramatische Ausdruckskraft. Ihr wurde Launenhaftigkeit und Arroganz nachgesagt. Sie sorgte wegen ihres Verhältnisses mit dem griechischen Reeder Aristoteles Onassis häufig für Schlagzeilen.

Wie nennt man die ländliche Volksmusik in den USA?

Countrymusic, auch „Country and Western". Sie stammt aus dem Südosten und Südwesten. Das Herz der Countrymusic liegt in Nashville (Tennessee). Große Countrymusiker sind u. a. Hank Williams (1923–53) und Johnny Cash (*1932).

Bei welchen Gelegenheiten spielt man in der Bundeswehr den Großen Zapfenstreich?

Bei der Verabschiedung von Drei- und Vier-Sterne-Generalen, von Verteidigungsministern und des Oberkommandierenden der NATO. Andere Anlässe sind ebenfalls möglich. Ursprünglich war der Zapfenstreich ein Signal für die Soldaten in ihre Unterkünfte zurückzukehren. Dabei zog zur Zeit der Landsknechte ein Militärpolizist, von einem Pfeifer und einem Trommler begleitet, durch die Schänken und schlug mit seinem Stock auf den Zapfen des Fasses, zum Zeichen, dass nichts mehr ausgeschenkt werden durfte.

Wo verkehren die Greyhound-Busse?

In den USA, wo sie auf einem Streckennetz von 160.000 Kilometern rund 14.000 Städte anfahren. Sie sind damit für etwa 9000 amerikanische Orte, die über keinen Flughafen oder keine Eisenbahnstation verfügen, das einzige öffentliche Verkehrsmittel. Der Aufstieg der silbergrauen Greyhound-Busse (englisch „grauer Hund") begann als Einmannbetrieb 1913. Heute hat das Unternehmen 10.000 Mitarbeiter und einen Fuhrpark von 4500 Bussen.

Was ist in der Fußballsprache ein Hattrick?

Wenn ein Spieler in einem Fußballspiel drei Tore hintereinander schießt. Auch das dreimalige Erreichen eines Titels bei einer Meisterschaft in Folge wird damit bezeichnet.

Was bedeutet beim Telefonieren die Preselection?

Im Gegensatz zum Call-by-call-Verfahren wählt der Telefonkunde vorher aus (englisch „to preselect" = „vorher auswählen") welcher Telefonanbieter seine Gespräche vermitteln soll; nämlich für

Ortsgespräche, Ferngespräche und Auslandsverbindungen den jeweils günstigeren.

Welcher Ton gibt einer Tonleiter den Namen?

Der Grundton, z. B. der C-Dur-Tonleiter oder e-Moll-Tonleiter. Die europäische Musik kennt fast nur Dur- und Moll-Tonleiter.

Welcher asiatische Kaiser thront angeblich auf dem Chrysanthementhron?

Der japanische Kaiser (auch Tenno). Allerdings ist dies eine westliche Auffassung, weil Kaiser und Könige im alten Europa einen Thron hatten. Die japanische Kultur kennt dagegen keine Stühle oder Sessel. Hier machen andere Vorkehrungen den Standesunterschied deutlich: Anordnung der Sitzplätze, Sitzhaltung, unterschiedliche Ebenen des Bodens u. Ä. Die sechzehnblättrige Chrysantheme ist lediglich das Wappen des Tenno.

Was ist die Kieler Woche?

Ein seit 1887 durchgeführter Segel-Wettbewerb in verschiedenen Bootsklassen und Regatten. Die meisten Teilnehmer (über 4000 Segler aus 43 Nationen auf 1854 Booten) kamen dort 1987 zusammen.

Welcher englische Regisseur inszenierte meisterhafte Psycho-Thriller wie Der unsichtbare Dritte (1959)?

Alfred Hitchcock (1899–1980), der es wie kein Zweiter verstand, die Zuschauer mit einer wohldosierten Spannung („suspense“) zu irritieren und in den Bann zu schlagen. Häufig werden gutbürgerliche Helden aus der Ordnung ihres alltäglichen Lebens gerissen. Bedeutende Filme Hitchcocks, der 1939 nach Hollywood ging, sind u. a.: „Über den Dächern von Nizza“ (1955), „Psycho“ (1960), „Die Vögel“ (1963) und „Marnie“ (1964).

Welcher Filmkomiker spielte die Hauptrolle in den erfolgreichen Stummfilmen Goldrausch (1925) und Lichter der Großstadt (1931)?

Chaplin: Szene aus „Moderne Zeiten“

Der englische Schauspieler Charles Chaplin (1889–1977). Seit 1918 produzierte Chaplin seine Filme in einer eigenen Filmgesellschaft und führte auch Regie. In „Moderne Zeiten“ (1936) wandte sich Chaplin von seiner Paraderolle als Tramp ab; er spielte einen Industriearbeiter, der unter der unmenschlichen Fließbandarbeit leidet. Unverwechselbar ist die Slapstick-Ikone durch ihr Äußeres: schwarzer Anzug, Melone und Spazierstöckchen.

Wer komponierte die bekannte Oper Hoffmanns Erzählungen (1881)?

Der Deutsch-Franzose Jacques Offenbach (1819–80), der die Uraufführung seines Werkes nicht mehr erlebte. Er nahm sich den Dichter E. T. A. Hoffmann zur Vorlage, der als weinseliger „Erzähler“ fungiert und seinen Mitstudenten von seinen Liebesabenteuern erzählt. Die Oper vereinigt ernste, heitere, lyrisch-zarte und dämonische Elemente.

Welcher 1921 verstorbene italienische Startenor wurde als einer der Ersten seines Faches durch Plattenaufnahmen berühmt?

Enrico Caruso

Enrico Caruso (1873–1921), dessen virtuose Gesangstechnik und dramatische Ausdruckskraft ihn in seiner Zeit zum berühmtesten Operntenor der Welt machte. Von dem Neapolitaner sind 266 Plattenaufnahmen erhalten, die sein umfangreiches Repertoire eindrucksvoll belegen.

Wer komponierte die Oper Hänsel und Gretel (1893)?

Engelbert Humperdinck (1854–1921), der von Richard Wagners Musikdramatik ausging; er war auch dessen Assistent bei der Einstudierung des „Parsifal". Humperdinck wurde auch durch die Märchenoper „Die Königskinder" bekannt.

Was sind Inlineskates?

Rollschuhe, die im Gegensatz zu ihren veralteten Vorläufern meist vier Rollen hintereinander angeordnet haben. Das Skaten ermöglicht dadurch eine höhere Geschwindigkeit (englisch „in line" = „in einer Reihe"; „to skate" = „Rollschuh fahren").

Welche Gruppe ist in der Messe und im Requiem, aber auch in Opern wie „Nabucco" nicht wegzudenken?

Der Chor. Unterschieden werden Frauen-, Knaben-, Männer- und gemischte Chöre sowie nach der Anzahl der Stimmen (zwei-, drei-, vier-, fünfstimmige usw.). Die Chöre singen entweder mit Instrumentalbegleitung oder a cappella (ohne Begleitung).

Welchem Zweck dient die 1923 in Wien gegründete Interpol?

Der grenzüberschreitenden Verbrechensbekämpfung. Die „Internationale kriminalpolizeiliche Organisation" wurde 1956 in Paris neu gegründet.

Mit welcher LP gelang Michael Jackson (*1958) 1982 der internationale Durchbruch?

Mit der 40 Mio. mal verkauften LP „Thriller". Der exzentrische Sänger gehört seitdem zu den erfolgreichsten und populärsten Popmusikern aller Zeiten. Seine Markenzeichen sind seine erotische Falsett-Stimme, sein tänzerisches Talent und sein androgynes Äußeres, das er sich durch mehrere Gesichtsoperationen verleihen ließ.

Was sind Hooligans?

Rabiate Fußball-Fans (Schlachtenbummler), die oft unangenehm auffallen (z. B. durch Schlägereien, Alkohol).

Wie nennt man die „kleine Schwester" der Oper?

Operette (italienisch „kleine Oper"), die durch eine komische bzw. leichte Handlung geprägt wird, in der die liedhaften Formen überwiegen. Viele Operetten entstanden in der zweiten Hälfte des 19. und in den ersten Jahrzehnten des 20. Jahrhunderts. Bedeutende Komponisten waren Johann Strauss, Jacques Offenbach („Orpheus in der Unterwelt“, 1858), Emmerich Kálmán („Csárdásfürstin“, 1915) und Franz Lehár („Die lustige Witwe“, 1905).

Welcher Pionier des Turnsports in Deutschland verband das Turnen mit einer partriotischen Botschaft?

Friedrich Ludwig Jahn (1778–1852), auch „Turnvater Jahn“, der 1811 in der Berliner Hasenheide den ersten Turnplatz einrichtete. Das „Turnen“ zu Jahns Zeiten schloss verschiedene Leibesübungen wie Fechten, Schwimmen und Laufen ein. Verbrämt wurde diese Volkssportbewegung mit den Forderungen nach einem freien und geeinten Deutschland.

Welcher Musikstil entstand in den Südstaaten der USA in der schwarzen Bevölkerung?

Der Jazz. Ende des 19. und Anfang des 20. Jahrhunderts entwickelte sich aus den Liedern der aus Afrika in die Sklaverei verschleppten Schwarzen die Form des Blues; das Spiritual entstand aus religiös-kirchlichen Liedern. Zusammen mit dem Ragtime mündeten diese Strömungen in den schwarzen New Orleans-Jazz. Von hier aus ging die Entwicklung weiter zu neuen Stilen wie dem Swing, Cooljazz, Bebop, Freejazz u. a. Bekannte Solisten waren u. a. Louis Armstrong, Benny Goodman und Ella Fitzgerald.

Welcher britische Pop-Star fiel durch seine extravaganten Brillen auf?

Elton John (*1947), der seit den 70er-Jahren zu den Superstars der Rockmusik gehört. Zu den erfolgreichsten Titeln gehörten u. a. „Rocket Man“ (1972) und „Don’t Let the Sun Go Down on Me (1974). Den größten Hit der Pop-Geschichte erzielte er mit dem für die Totenmesse von Lady Diana umgeschriebenen Song „Goodbye England’s Rose“ (1997). Er wurde 1998 geadelt.

Wer komponierte auf der Basis mittelalterlicher Vagantenlieder die Carmina Burana (1937)?

Carl Orff

Carl Orff (1895–1982), der die vor 1250 im Kloster Benediktbeuren aufgeschriebenen Trink-, Liebes-, Vaganten- und Spiellieder „Carmina Burana“ (lat. „Lieder aus Beuren“) zu einem „totalen Theater“ stilisiert, in dem Musik, Wort und Bewegung zu einem Gesamtkunstwerk zusammenwachsen. Bedeutsam ist daneben v. a. Orffs Schulwerk (1930–35), eine elementare Musiklehre, die mit Musik, Tanz und Gymnastik arbeitet und die kreativen Fähigkeiten von Kindern zu wecken versucht.

Inwiefern ist Karoshi gefährlich?

Bei einem Arbeitspensum von bis zu 4000 Arbeitsstunden pro Jahr erlagen in Japan nach offiziellen Angaben 76 Menschen dem Karoshi, d. h. dem Tod durch Überanstrengung (japanisch „Karó“ = Überanstrengung, Strapaze).

Zu welcher Instrumenten-Gattung zählt die Posaune?

Zu den Blechblasinstrumenten. Um 1450 aus der Zugtrompete entwickelt wurde sie anfänglich in der Kirchen- und Kammermusik eingesetzt, später fand sie Eingang in die Militärmusik. Die Tonveränderung wird durch die Verlängerung des Instruments über einen beweglichen Außenzug erreicht. Wichtige Werke für Posaunen schrieben u. a. Beethoven, Bruckner, Hindemith und Milhaud.

Wer ist der Vater von Donald Duck und Mickey Mouse?

Walt Disney

Walt Disney (1901–66). Der linkische Enterich Donald Duck entstand 1934; er hat (als allein erziehender Vater) drei Söhne: Tick, Trick und Track. Das Familienidyll ergänzt die von Donald umworbene, aber sehr spröde Daisy. Älter als Donald Duck ist Mickey Mouse und seine von ihm angebetete Mini.

Welcher deutscher Schauspieler brillierte als Liebhaber Brigitte Bardots genauso wie als draufgängerischer Teufels-General oder Schinderhannes (1958)?

Curd Jürgens (1915–82), der lange Jahre als Theaterschauspieler erfolgreich war, bevor er seine großen Rollen hatte, etwa als eigenwilliger Luftwaffengeneral Harras in „Des Teufels General“ (1954/55), als Filmpartner Brigitte Bardots in „Und immer lockt das Weib“ (1956) oder als Kurier des Zaren in „Michael Strogoff“ (1956).

Welches Mitglied der Strauß-Familie ging als Walzerkönig in die Musikgeschichte ein?

Johann Strauß Sohn (1825–99), dessen Walzer „An der schönen blauen Donau“ oder „G’schichten aus dem Wiener Wald“ zur Zeit der k. u. k.-Monarchie in der ganzen Welt bekannt wurden. Häufig gespielt werden seine Operetten, von denen u. a. „Die Fledermaus“ (1874) und der „Zigeunerbaron“ (1885) herausragen.

Bei welchen US-amerikanischen Veranstaltungen treten Cheerleader auf?

Bei Sportveranstaltungen wie Baseball- und Football-Spielen oder auch bei Straßenumzügen. Musikalisch untermalt bringen sie die Massen durch das rhythmische Schlagen mit großen Pompoms (Quasten) in Stimmung (von englisch „cheer“ = „Beifallsruf“; „leader“ = „Anführer“).

Wie heißt die klassische Instrumentalmusik, die in einem kleinen Rahmen von wenigen Musikern aufgeführt wird?

Kammermusik (von italienisch „musica da camera“ = „Musik für die Kammer“). Diese im 16. Jahrhundert aufkommende Musik für den kleinen Saal ist z. B. für Duos, Trios oder Quartette bestimmt. Berühmte Stücke sind etwa die „Kreuzersonate“ von Beethoven und das „Forellenquintett“ von Schubert.

Was ist das charakteristische Merkmal des Kanons?

Die Mehrstimmigkeit. Zwei, drei oder mehr Stimmen setzen in einem Lied oder auch in einem Instrumentalstück nacheinander in einer festgelegten Folge und meist auf derselben Tonhöhe ein, wobei die Melodie dieselbe bleibt. Der Kanon erreichte um 1500 im kontrapunktischen Satz der Niederländer sowie bei Johann Sebastian Bach seine Höhepunkte.

Wofür steht in der Musik das Kürzel Pop?

Für populäre Musik, d. h. alle durch die Massenmedien verbreiteten Formen der Unterhaltungsmusik wie Schlager, Hits, Filmlieder, Folklore und Tanzmusik. Im engeren Sinne meint man damit die afroamerikanische Musik seit den 60er-Jahren. Die Popmusik hatte ihre Wurzeln in einer globalen Pop-Kultur, in die auch die Pop Art der 60er-Jahre hineingehörte. Rock 'n' Roll, Beat, Blues, Rythm-and-Blues und Folk sind Spielarten der Popmusik.

Wer wurde nach dem Tode Wilhelm Furtwänglers 1954 Chefdirigent der Berliner Philharmoniker?

Herbert von Karajan (1908–89). Der Salzburger gehörte zu den genialsten Dirigenten des 20. Jahrhunderts. Kaum ein anderer hat das Musikgeschehen in Europa stärker beeinflusst als er. Sein Repertoire umfasste die große sinfonische Tradition von Beethoven bis Bruckner und er war auch einer der größten Verdi-Interpreten. Seine zahlreichen Tonaufnahmen beherrschen den Tonträgermarkt.

Durch welches Ereignis gerät das oberfränkische Hof alljährlich ins Rampenlicht der internationalen Filmkunst?

Durch die Internationalen Hofer Filmtage, die 1966 von einer oberfränkischen Jazzband ins Leben gerufen wurden. Mittlerweile rangieren die Hofer Filmtage in Deutschland nach den Berliner Filmfestspielen. Sie waren Tribüne für so namhafte Regisseure wie Wim Wenders, Werner Herzog und Doris Dörrie.

Welche Stahlkonstruktion wurde 1889 anlässlich der Pariser Weltausstellung errichtet?

Eiffelturm

Der Eiffelturm; benannt nach seinem Konstrukteur, den französischen Ingenieur Gustave Eiffel (1832–1923). Der rund 300 m hohe Turm war seiner Hässlichkeit wegen umstritten, wurde aber doch gebaut, weil er den technischen Fortschritt in Frankreich unter Beweis stellen sollte. Eiffels Bau hatte enormen Einfluss auf die Gestaltung und Konstruktion der Architektur des 20. Jahrhunderts.

Was bezeichnen die Amerikaner mit Chewing-gum?

Den Kaugummi (englisch „to chew“ = „kauen“), also die knetbare Masse, deren Hauptbestandteil Chiclegummi, Polyvinylester oder andere Stoffe sind und die noch mit Aromastoffen versetzt werden muss, damit die Konsumenten auf den Geschmack kommen.

Was versteht man unter dem Begriff Kavaliersdelikt?

Eine Straftat, die aber in der Gesellschaft oder innerhalb einer bestimmten Gesellschaftsschicht nicht als solche aufgefasst wird und somit auch nicht als ehrenrührig empfunden wird.

Welches Holzblasinstrument ist mit einem komplizierten Klappensystem versehen, von dem sich auch das Saxophon ableitete?

Die Klarinette, mit der feinste Abwandlungen der Klangfarbe möglich sind. Sie entstand aus dem mittelalterlichen Chalumeau, den Johann Christoph Denner (1655–1707) verbesserte. Die Musikgeschichte wurde u. a. durch Mozarts Klarinettenkonzerte bereichert.

Mit welchem Klassiker des Stummfilms schrieb der sowjetische Regisseur Sergej Eisenstein Filmgeschichte?

Sergej Eisenstein

Mit „Panzerkreuzer Potemkin" (1925). Er schildert das Übergreifen des Aufstandes von Odessa im Jahr 1905 auf den russischen Panzerkreuzer. Eisensteins neue Techniken im Schnitt und in der Montage waren bahnbrechend für die Entwicklung der Filmkunst.

Was bezeichnet man in der Gegenwart als Chanson?

Einen instrumental begleiteten Sprechgesang, dem meist anspruchsvolle Texte zugrunde liegen. Das Chanson (französisch „Lied") kann lyrischen, humoristischen oder auch satirischen Charakter haben. Seine Form bildete sich Ende des 19. Jahrhunderts durch die Chanconiers, die in den Cabarets von Montmartre sangen, aus. Bedeutende Vertreter sind u. a. Gilbert Bécaud, Jacques Brel und Reinhard Mey.

Welcher amerikanische Jungstar verkörperte in Jean-Jacques Annauds „Sieben Jahre Tibet" (1997) den Himalaya-Forscher Heinrich Harrer?

Brad Pitt (*1963), der erstmals 1991 in dem Roadmovie „Thelma & Louise" als Verführer der ehemüden Louise auf sich aufmerksam machte. Hauptrollen folgten dann in Robert Redfords „Aus der Mitte entspringt ein Fluss" (1992) oder in der Familiensaga „Legenden der Leidenschaft" (1994). Einen Golden Globe und eine Oscar-Nominierung brachte ihm die Nebenrolle als hypernervöser Insasse einer Nervenklinik in „Geheimbund der Affen" (1995) ein. 1998 spielte er in „Rendezvous mit Joe Black" den Tod, der die Lust am Leben lernt.

Welche Modeschöpferin kreierte das kurze Kleid der Charleston-Zeit, das man seines frivolen Schnittes wegen kleines Schwarzes nannte?

Coco Chanel (1883–1971), die bereits während des ersten Weltkrieges ihre typische einfache Linie entwickelte: Matrosenjacke, Faltenrock, gerade Kittel- und Hemdblusenkleider. Weltberühmt wurde ihr Parfüm „Chanel No 5". 1954 folgte das Chanel-Kostüm aus melierten Tweeds, die Jacke kragenlos und bordiert, der Rock leicht ausgestellt.

Wer verfasste die in Deutschland bekanntesten Benimm-Regeln?

Adolf Freiherr von Knigge (1751–96), dessen zweibändiges Werk „Über den Umgang mit Menschen" (1788) bündig mit „Knigge" abgekürzt wird. Weniger bekannt ist, dass Knigge selbst ein recht revolutionärer Geist war, der u. a. für die Einführung des Parlamentarismus in

Deutschland eintrat. Mit seinen Romanen, Adelssatiren, Dramen und seiner Autobiografie zählte er zu den meistgelesenen Autoren Deutschlands im ausgehenden 18. Jahrhundert.

Welcher Titel Bill Haleys (1927– 81) wurde zur Hymne des Rock 'n' Roll?

„Rock around the clock“. Das Lied war Titelsong des Films „Saat der Gewalt“ (1955) und wurde zum Ventil einer ganzen Generation. Mit Bill Haley begann der Rock seinen Siegeszug um die ganze Welt.

Wie bezeichnet man das Anbringen von Körperschmuck an Körperteilen?

Piercing (von englisch „to pierce“ = „durchstechen“). Das Piercing diente ähnlich wie das Tatoo in alten Kulturen (wie etwa in der polynesischen Inselwelt) zur Hervorhebung der sozialen Position, der Clanzugehörigkeit oder war Bestandteil eines religiösen Einführungskultes. In Europa war das Piercing lange Zeit ein Unterschichtenphänomen (Seeleute, Rocker etc.). Schließlich wurde es von der Rave-Kultur entdeckt und zum Mittelpunkt eines neuen Körperkultes stilisiert.

Was ist in einem Libretto niedergeschrieben?

Der Text (von italienisch „kleines Buch“) zu musikalisch-dramatischen Werken wie Opern, Operetten und Musicals.

Sieht das deutsche Recht für Brautleute eine Heiratsausstattung vor?

Nein. Das Heiratsgut oder die Mitgift, die die Braut oder der Bräutigam seitens der Eltern in die Ehe mitbekommen, ist jedem freiwillig anheim gestellt. In Österreich ist dies anders. Hier sind die Eltern per Gesetz verpflichtet zwischen 25 und 30% ihres Jahreseinkommens für das heiratswillige Kind aufzuwenden.

Welcher italienische Regisseur errang mit La strada (1954) den ersten internationalen Erfolg?

Federico Fellini (1920–93), der für seine traurige Geschichte der reisenden Jahrmarkt-Artisten Zampanó und Gelsomina den Oscar für den besten ausländischen Film erhielt. Fellinis Filme üben Sozialkritik und verarbeiten mythische und religiöse Elemente. Weitere Erfolge waren „La dolce vita“ (1960), „Fellini: Roma“ (1971), „Il Casanova di Fellini“ (1974/75) u. a.

Federico Fellini

Welches größere Saiteninstrument blickt bereits auf eine rund 4000-jährige Geschichte zurück?

Die Harfe, die schon 2000 v. Chr. in Mesopotamien und Ägypten bekannt war. Ihre 47 Saiten werden mit den Fingerkuppen gezupft. Die heute übliche Form wurde 1811 in Paris gebaut.

Um welches Massenmedium streiten sich öffentlich-rechtliche und private Anbieter?

Um das Fernsehen; genauer: um die Einschaltquoten. Dabei setzen die Konkurrenten v. a. auf Eigenproduktionen, um nicht auf überteuerte US-Spielfilme und Serien angewiesen zu sein. Bei den Werbeeinnahmen lag das Fernsehen 1998 hinter den Zeitungen auf Platz zwei. In den 90er-Jahren beinhaltete jede dritte Sendeminute eine Wiederholung.

Das Fernsehen nahm seinen Anfang in sog. Fernsehstuben

Was versteht man unter Kommunikation zwischen Menschen?

Den Austausch von Informationen (von lateinisch „Mitteilung, Unterredung") durch Zeichen wie z. B. Schriftzeichen, Worte, Mimik und Symbole.

Warum ist für die Fernsehbranche die Primetime so interessant?

Weil hier, in der Hauptsendezeit nach den abendlichen Nachrichten, die ganze Familie vor dem Fernseher sitzt und so für eine hohe Einschaltquote sorgt. Auch für die Werbung ist das die beste Werbezeit.

Was bedeutet in Notenheften das Wort Largo?

Die musikalische Tempoanweisung „breit, langsam"; ein Largo ist im Allgemeinen langsamer als das Adagio. „Largo" kann ebenso eine Satzüberschrift in einem Musikstück sein.

Was ist das Besondere am Carving-Ski?

Der Ski ist rund 10 cm kürzer als das Standardmaß; er läuft an den Enden schaufelartig breit aus und der Ski-Schuh steht leicht erhöht. Damit ermöglicht er es dem guten Skifahrer extreme Kurven zu fahren (von englisch „to carve" = „schneiden, schnitzen").

Worum handelt es sich bei Linux?

Um ein Betriebssystem, das der Finne Linus Torvalds entwickelt hat. Es ist über das Internet frei erhältlich und ein ständig wachsender Konkurrent zum Produkt des US-Konzerns Microsoft. Mittlerweile nutzen 7 bis 10 Mio. PC-Anwender das System; der Anteil am Weltmarkt liegt bei etwa 6,8%.

Wer komponierte die romantische Oper Lohengrin (1850)?

Richard Wagner (1813–83). Im Mittelpunkt steht der Ritter des heiligen Grals aus der Artus-Sage, der Elsa, der Herzogin von Brabant, zur Hilfe eilt, die des Brudermordes bezichtigt wird. Die in Liebe zu Lohengrin entflammte Elsa bricht ihr Versprechen, niemals nach seinem Namen und seiner Herkunft zu fragen, worauf Lohengrin wieder in dem von einem Schwan (Bruder Elsas) gezogenen Boot entschwindet. Elsa stirbt und ihr Bruder wird aus seiner Verwandlung erlöst.

Welcher Italiener zählt neben Placido Domingo und José Carreras zu den besten Tenören der Gegenwart?

Luciano Pavarotti (*1935) aus Modena. Ihm gelang 1963 der internationale Durchbruch als Edgardo in Donizettis „Lucia di Lammermoor" und als Rodolfo in Puccinis „La Bohème". Der Heldentenor begeistert auf den bedeutendsten Opernbühnen der Welt v. a. in den italienischen Opern (in den Werken Donizettis, Puccinis und Verdis).

Was ist eine Longneck-Flasche?

Eine Bierflasche mit langem Hals (englisch „long neck") und einem Drehverschluss. Diesen „Plopp"-Verschluss entdecken immer mehr Brauerein, die damit v. a. das junge Puplikum erreichen und an die nostalgischen Zeiten vor der Einführung des Kronverschlusses erinnern wollen.

Welches Hauptziel verfolgt die internationale Organisation Greenpeace?

Den Schutz von Natur und Umwelt. Mit spektakulären Aktionen – etwa gegen die Versenkung der Ölbohrinsel Brent Spar auf offener See – gewann die Umweltschutzorganisation großes Ansehen in der Weltöffentlichkeit und einen steigenden Zustrom von Mitgliedern.

Wo spielt Giacomo Puccinis Oper Madame Butterfly (1904)?

In Japan. Hier kommt es zur Heirat des amerikanischen Offiziers Linkerton und der Geisha Cho-Cho-San, genannt Butterfly. Während Linkerton, der nach Amerika zurückgekehrt ist, längst ein zweites Mal verheiratet ist, glaubt Butterfly, die unterdessen ein Kind geboren hat, an seine Treue. Beim Wiedersehen erzählt ihr der Amerikaner von seiner Heirat, worauf sie sich ersticht.

Welcher Staat schenkte 1886 den USA die Freiheitsstatue?

Freiheitsstatue

Frankreich, das damit an die 100 Jahre zuvor erfolgte amerikanische Unabhängigkeitserklärung erinnerte, die nicht wenig auch den Weg der Französischen Revolution beeinflusste. Die 46 m hohe Kupfer-Plastik im Hafen von New York wurde von dem Elsässer Bildhauer Frédéric Auguste Bartholdi (1834– 1904) geschaffen. Sie ist bis heute ein Symbol für Freiheit und eine bessere Zukunft.

Wann wurde die Marseillaise zur französischen Nationalhymne?

Während der Französischen Revolution 1795. Das martialische Marschlied wurde 1792 von einem Bataillon aus Marseille beim Einzug in Paris gesungen. Text und Melodie waren von C. J. Rouget de Lisle (1760–1836).

Wo ist der Gospel entstanden?

In den Gottesdiensten der Schwarzen in den USA. Während der Auslegung des Evangeliums (englisch „gospel") durch den Priester kommt es zu spontanen Zurufen der Gemeindemitglieder. Er besteht aus Solo- und Chorteilen nach dem typischen Ruf-Antwort-Muster (Vorsänger und Chor).

In welcher Oper kommt das Lied Summertime vor?

George Gershwin

In „Porgy and Bess“ von George Gershwin (1898–1937). Die Oper, die Stilelemente des Jazz, der Unterhaltungs- und der klassischen Musik verbindet, wurde 1935 uraufgeführt. George Gershwin wurde außerdem durch die „Rhapsody in Blue“ und „Ein Amerikaner in Paris“ berühmt.

Neben welchen Tenören ist José Carreras (*1946) nur wegen seiner Körpergröße der kleinste?

Neben Placido Domingo und Luciano Pavarotti. Alle drei Startenöre treten immer wieder gemeinsam auf oder machen Schallplattenaufnahmen; gelegentlich auch für Wohltätigkeitszwecke. Der Spanier Carreras feierte v. a. in italienischen Opern (wie z. B. „Don Carlos“ und „Die Macht des Schicksals“ von Verdi) Erfolge auf allen berühmten Opernbühnen der Welt.

Wer komponierte die Ouvertüre zu Shakespeares Sommernachtstraum (1826)?

Felix Mendelssohn-Bartholdy (1809–47), ein Enkel des Philosophen Moses Mendelssohn. Er gehört zu den bedeutendsten Vertretern der Romantik. Seine berühmtesten Werke sind Konzertouvertüren, sein Violinkonzert in e-Moll und seine Sinfonien, von denen u. a. die „Schottische“ (1842) und die „Italienische“ (1833) häufig gespielt werden.

Was ist eine Ratatouille?

Ein Gemüsegericht, das nicht nur als Beilage, sondern auch als Vorspeise oder, etwa unter gekochte Nudeln gemixt, als ganzes Gericht gereicht werden kann. Es besteht in der klassischen Form aus gemischten Paprikaschoten, einer Aubergine, ein bis zwei Zucchini, Zwiebeln, Knoblauch, südländischen Kräutern und Gewürzen. Übrigens: Das Wort heißt im Französischen ursprünglich „Fraß“!

Wie nennt man die Frauenstimme zwischen Sopran und Alt?

Mezzosopran. Der Charakter der Stimmlage wurde erst Mitte des 18. Jahrhunderts festgelegt. Eine bedeutende Mezzosopranistin der Gegenwart ist die schwarze Sängerin Grace Bumbry (*1937), die 1961 als erste farbige Sängerin in Bayreuth auftrat.

Welche bundesdeutsche Stadt verdankte Willy Millowitsch (1909–99) die Bereicherung um eine populäre Volksbühne?

Köln. Hier – im Kreis der Familie – wuchs das Kind bereits in der Welt des Theaters auf. Der Urgroßvater war Moritatensänger, der Vater Volksschauspieler. 1940 übernahm der Sohn die Leitung des Millowitsch-Theaters (bis 1996). Von 1953 an wurden seine Lustspiele wie „Tante Jutta aus Kalkutta“ oder „Drei kölsche Jungen“ auch im Fernsehen übertragen. Ab da wurde die Kölner

Kleinbühne in ganz Deutschland bekannt.

In welchem Jahr begann die sagenhafte Siegesserie von Steffi Graf (*1969)?

1987. Sie gewann 45 Matches in Folge und siegte in 11 von 13 Turnieren. Ende des Jahres errang sie den 1. Platz der Weltrangliste, den sie bis zum März 1991 insgesamt 189 Wochen lang innehatte. Ein bisher unerreichter Rekord. Als erste Tennisspielerin gewann sie auch alle vier Grand-Slam-Turniere viermal.

Welche Sendungen schickt MTV über den Äther?

Musikvideos, Lifestyle-Einsichten und Small-Talk mit Prominenten aus der internationalen Rock- und Pop-Szene. Der britische Musikkanal MusicTeleVision gehört längst zum Hauptversorger bundesdeutscher Twens und Teens mit brandaktuellen Nummern.

Welche Sinfonie Beethovens endet mit dem Schlusschor von Schillers Ode an die Freude?

Die Sinfonie Nr. 9 d-Moll, Opus 125; verkürzt auch die „Neunte“ genannt.

Was ist die Carnegie Hall und wo steht sie?

Eine Konzerthalle, nicht nur für klassische, sondern auch für Jazz- und Pop-Konzerte. Sie wurde in New York durch eine Stiftung des amerikanischen Stahlindustriellen Andrew Carnegie erbaut. 1891 fand unter der Leitung von Peter Iljitsch Tschaikowsky das Eröffnungskonzert statt. Seitdem schrieb die Konzerthalle, der 1960 schon einmal der Abriss drohte, Konzert- und Musikgeschichte: Arturo Toscanini und Wladimir Horowitz; Leonard Bernstein; Maria Callas, Luciano Pavarotti, Count Basie, Frank Sinatra u. a. traten hier auf.

Was versteht man in der computergesteuerten Filmtechnik unter Morphing?

Die übergangslose Verwandlung einer Gestalt in eine neue Figur; so können sich beispielsweise Tiere in Autos und umgekehrt verwandeln. Videoclips oder Werbespots profitieren von den Verwandlungskünsten. Der Begriff leitet sich von griechisch „morphe“ (Form, Gestalt) ab.

Welcher weiße Jazzmusiker gilt als King of Swing?

Benny Goodman

Der Klarinettist Benny Goodman (1909–86). Seine Big Band, in der große Musiker wie Count Basie, Lionel Hampton und Stan Getz spielten, war die erfolgreichste Band der USA. 1938 spielte Goodman als erster Jazzmusiker in der ausverkauften New Yorker Carnegie Hall.

Welcher russische Komponist schuf das berühmte Klavierwerk Bilder einer Ausstellung (1874), dem Maurice Ravel 1922 eine Orchesterfassung gab?

Modest Mussorgski (1838–81), dessen übermäßiger Alkoholgenuss zu seinem frühen Tod führte. Ebenso berühmt sind die sinfonische Dichtung „Eine Nacht auf dem kahlen Berge“ (1867) und seine Oper über den russischen Zaren „Boris Godunow“ (1874). Von Mussorgskis Werk „Bilder einer Ausstellung“ haben 1971 Emerson, Lake & Palmer eine Rockversion geschaffen.

Wer komponierte im Zeitalter des Barock die Oper Orfeo ed Euridice (1762)?

Christoph W. Gluck

Christoph Willibald Gluck (1714–87), der mit seinem Werk die starren Formen der Barock-Oper sprengte und durch dramatische und psychologische Natürlichkeit neue Wege zum späteren Mozart wies. Großes Aufsehen erregte er auch 1774 mit seiner Oper „Iphigénie en Aulide“.

Welcher Modeschöpfer kreierte 1947 den New Look?

Der Franzose Christian Dior (1905–57), der die Haute Couture von Paris mitbestimmte. „New Look“ betonte die Figur: runde Schultern, der Rock weit ausschwingend und wadenlang; die Haare wurden in einer leichten Welle zum Nackenknoten geformt. Hierauf folgten sich ändernde Linien wie die „Tulpenlinie“, die „Kuppellinie“ u. a.

Wie viele Saiten hat eine Gitarre?

Seit dem 18. Jahrhundert sind sechs Draht- oder Darmsaiten üblich. Sie ist aus der Form der „guitarra latina“ hervorgegangen und seit dem 15. Jahrhundert nachweisbar. Die Gitarre ist auch in der Popmusik ein beliebtes Instrument, allerdings wird dort meist nicht gezupft, sondern geschlagen.

Welcher Film wurde zum erfolgreichsten Streifen aller Zeiten?

„Titanic“ (1998) von James Cameron. Die dramatische Geschichte der letzten Minuten auf der Titanic, bevor sie im eiskalten Gewässer vor Neufundland sinkt, wurden davor mehrfach verfilmt. Doch Cameron gelang durch die Einflechtung einer rührseligen Liebesgeschichte und mit einem gigantischen Aufwand an Technik ein großer Wurf.

Aus wie vielen Teilen besteht Richard Wagners Bühnenfestspiel Der Ring des Nibelungen?

Aus vier: „Das Rheingold“, „Die Walküre“, „Siegfried“ und „Götterdämmerung“. Die Entstehungszeit des Gesamtwerks betrug – beginnend mit dem Entwurf der Ring-Fabel 1848 bis zur letzten Seite der Götterdämmerung-Partitur 1874 – insgesamt 26 Jahre und 2 Monate. Die erste Gesamtaufführung erfolgte 1876 bei den ersten Bayreuther Festspielen. Wagner verknüpfte verschiedene nordischen Sagenkreise miteinander und gestaltete sie oftmals um. Das Ergebnis ist eine monumentale Welten-Parabel über Macht, Liebe und das Allzumenschliche.

Welcher Schauspieler trat erstmals in dem Film Taxi Driver (1975) mit der jugendlichen Jodie Foster ins Rampenlicht der Kinowelt?

Robert De Niro (*1943), dessen Zusammenarbeit mit dem Regisseur Martin

Scorsese sich als sehr erfolgreich erwies. Er drehte mit ihm u. a. „Hexenkessel“ (1973), „Taxi Driver“, der ihm eine Oscar-Nominierung einbrachte; „Wie ein wilder Stier“ (1980) und „Good Fellas“ (1989). Häufig verkörperte De Niro den Kleinganoven oder den gefährlichen Mafioso. 1993 führte er in dem Film „In den Straßen der Bronx“ erstmals Regie.

Welchen Musikstil der 50er-Jahre begründeten Buddy Holly, Bill Haley, Chuck Berry u. a.?

Den Rock ‘n’ Roll (englisch etwa „wiegen und schaukeln“), der aus der Verschmelzung des schwarzen Rhythm-and-Blues mit Elementen der weißen Countrymusic entstand. Revolutionär war, dass junge Musiker die Rassenschranken in der populären Musik überschritten; in den USA empfand man es als anstößig, wenn Musiker wie Elvis Presley ursprünglich schwarze Titel sangen. Der Rock ‘n’ Roll begründete eine gegen die Erwachsenenwelt rebellierende Jugendkultur. Twist und Beat lösten den Rock ‘n’ Roll Anfang der 60er-Jahre ab.

Was gibt der Notenschlüssel am Anfang der Notenzeile an?

Die Tonhöhe, die die einzelnen Linien haben. Man unterscheidet drei Arten von Notenschlüsseln: G-Schlüssel („Violinschlüssel“), den F-Schlüssel („Bassschlüssel“) und den C-Schlüssel.

Welche „neuartigen Lebensmittel“ werden englisch mit Novel Food bezeichnet?

Gentechnisch veränderte Nahrungsmittel und deren Folgeprodukte. Weltweit wurden in der sog. Grünen Gentechnik die Eigenschaften von rund 40 Nutzpflanzen verändert, so dass sich der Anbau, der Ertrag und die Haltbarkeit verbessern ließen. Anders als in den USA ist die Akzeptanz gentechnisch veränderter Lebensmittel in der BR Dtl. gering.

Was ist eine Nocturne bzw. ein Notturno?

Ein sog. „Nachtstück“; entweder ein mehrsätziges Instrumentalstück, das der Serenade ähnlich ist; oder ein einsätziges Klavierstück mit träumerischem Ausdruck, wie es etwa von Chopin komponiert und später noch von Skrjabin wieder aufgenommen wurde. Das Notturno kommt übrigens auch als Gesangsstück in nächtlichen Opernszenen vor.

Wer komponierte die Feuerwerksmusik und die Wassermusik?

Georg F. Händel

Der deutsche Komponist Georg Friedrich Händel (1685–1759), der 40 Jahre seines Lebens überwiegend als Hofkomponist in London lebte. Neben seinen berühmten Orchesterwerken war Händel v. a. als Opern- und Oratorienkomponist erfolgreich; z. B. mit „Acis und Galatea“ (1720) und dem Oratorium „Messias“ (1742).

Welche Kosten kann man durch Call by Call senken?

Die Telefonkosten. Das Call-by-Call-Verfahren (englisch „Anruf für Anruf“) ermöglicht durch die Vorwahl einer Erkennungsnummer das Einwählen in ein preisgünstigeres Telefonnetz. Dies ist mit der Abschaffung des Telekom-Monopols in Deutschland im Dezember 1999 möglich geworden.

Welcher Komponist der Wiener Klassik schrieb über 100 Sinfonien?

Joseph Haydn

Joseph Haydn (1732–1809), zu dessen bekanntesten Werken die „Sinfonie mit dem Paukenschlag“, die Sinfonie „Die Uhr“ und die „Abschiedssinfonie“ gehören. Das „Kaiserquartett“ lieferte in seinem langsamen Satz das Grundthema für das „Deutschlandlied“. Nicht weniger berühmt sind Haydns Oratorien „Die Schöpfung“ und „Die Jahreszeiten“.

Wie hieß der finnische Wunderläufer, der Leichtathletikgeschichte schrieb?

Paavo Nurmi (1897–1973), der auf den Strecken von 1500 m bis 20 km 22 Weltrekorde lief. Bei den olympischen Spielen von 1920, 1924, und 1928 gewann er neun Gold- und drei Silbermedaillen.

Wofür steht eigentlich das, eine Zustimmung signalisierende Kürzel O. k.?

Allem Anschein nach geht es auf zwei, heute kaum mehr bekannte amerikanische Präsidenten zurück. Andrew Jackson (1829–37) soll in Ermangelung sicherer Rechtschreibkenntnisse damit „oll korrect“ abgekürzt haben (statt „all correct“), was 1839 irgendwie in die Presse gelangte. Sein Nachfolger Martin van Buren wurde nach seinem Geburtsort Old Kinderhook genannt. Seine Anhänger gründeten 1840 zur Unterstützung seiner Wiederwahl den „Democratic O. K. Club“.

Welcher bedeutende russische Tänzer setzte für das Ballett im 20. Jahrhundert neue ästhetische Maßstäbe?

Rudolf Nurejew (1938–93), der 1961 nach einem Gastspiel in Paris das Leningrader Ballett-Ensemble verließ und im Westen blieb. Bedeutsam sind v. a. auch seine choreographischen Arbeiten, etwa am Pariser Opernballett.

Wie heißt die einzige Oper von Jacques Offenbach (1819–80), die ihn berühmt machte?

„Hoffmanns Erzählungen“ (1881), deren Uraufführung der Komponist nicht mehr erlebte. Erfolgreich war er aber zu seiner Zeit mit seinen Operetten, von denen er mehr als 100 komponierte, z. B. „Orpheus in der Unterwelt“ (1858) und „Pariser Leben“ (1866). Mit Witz und satirischer Schärfe parodierte er einfallsreich die französische Gesellschaft der „Belle Époque“.

Welcher bedeutende deutsche Schauspieler der Gegenwart macht nicht nur als „Tatort“-Kommissar Furore?

Götz George (*1938), der Sohn des berühmten Schauspieler-Ehepaares Heinrich George und Berta Drews. In der Rolle als spießig-brutaler Auschwitz-Kommandant in „Aus einem deutschen Leben“ (1978) zeigte er sein Talent bei der differenzierten Charakterdarstellung. Ab 1981 spielte er den Kommissar „Schimanski“; unvergleichlich auch als Sensationsreporter in „Schtonk“ (1991) und besonders als Serienmörder in „Der Totmacher“ (1995), der ihm in Venedig den Preis für den besten Hauptdarsteller einbrachte.

Was bezeichnet man in der Musik als Oktave?

Den achten Ton im Notenintervall oder auch die Gesamtheit der acht Notenstufen (lateinisch „die Achte“).

Welche Bedeutung haben die fünf Ringe in der Olympischen Flagge?

Die fünf Ringe symbolisieren die fünf Kontinente: Blau steht für Ozeanien und Australien, Gelb für Asien, Schwarz für Afrika, Grün für Europa und Rot für Amerika.

In welcher Stimmlage singt Montserrat Caballé ihre Arien?

Im Sopran. Sie ist eine der bedeutendsten Operndiven der Welt. Vorzugsweise singt sie italienische Opern von Bellini, Donizetti und Verdi. Wegen ihrer souveränen Gesangstechnik und ihrer dramatischen Vortragskunst wird sie mit der „Primadonna assoluta“, Maria Callas, verglichen.

Wie nennt man in der Musik ein Schauspiel, in dem gesungen wird?

Oper (von italienisch „opera (in musica)“ = „(Musik-)Werk“). Als erste Oper in der Musikgeschichte gilt Claudio Monteverdis (1567–1643) „L'Orfeo“ (1607). 1637 eröffnete in Venedig das erste Opernhaus. In Frankreich entwickelte sich etwas später v. a. durch Jean-Baptiste Lully (1632–87) eine eigene Operntradition. Erst im 18. Jahrhundert kam zur ernsten Oper (italienisch „Opera seria“) noch die komische Oper (italienisch „Opera buffa“) hinzu. Maßgeblich bestimmten im 18. Jahrhundert Gluck und Mozart die Oper; im 19. und 20. Jahrhundert waren es Wagner, Verdi, Puccini und Richard Strauss.

Wieso geriet das Heidelberger Schloss zur „malerischsten Ruine Deutschlands“?

Weil es Ende des 17. Jahrhunderts durch französische Truppen gesprengt werden sollte, die Sprengung aber misslang. Das Heidelberger Schloss ist eines der Hauptdenkmäler der deutschen Renaissance.

Heidelberger Schloss

Welches Musikinstrument ist Blas- und Tasteninstrument zugleich, wobei der Luftstrom von einer Gebläseanlage erzeugt werden muss?

Die Orgel (griechisch „Mittel, Werkzeug“), die aus Metall- und Holzpfeifen (Pfeifenwerk), Tastatur (Spielwerk), und einer Gebläseanlage (Windwerk) besteht. Eine mechanische Vorrichtung (Regierwerk) stellt die Verbindung zwischen Tastatur, Pfeifen und Gebläseanlage her. Je nach Größe der Orgel sind bis über 100 im Klang verschiedene Pfeifenreihen (sog. Register) möglich. Die Orgel hielt spätestens im 8. Jahrhundert Einzug in die abendländische Lithurgie.

Welcher Basketballstar erhielt den Beinamen „Magic"?

„Magic" Johnson

Earvin Johnson (*1959), einer der Großen der Basketball-Geschichte. Er spielte bei den Los Angeles Lakers. 1991 verabschiedete er sich aus dem aktiven Sport wegen seiner Infektion mit dem HIV-Virus. Amerika war geschockt, realisierte aber, dass AIDS jeden treffen kann und nicht auf Risikogruppen beschränkt bleibt.

Was versteht man unter Selbstverwirklichung?

Die Entfaltung der eigenen Persönlichkeit, die der Mensch als natürliches Bestreben empfindet und die er mit seinen charakterlichen, intellektuellen und künstlerischen Anlagen zu verwirklichen sucht.

Was speichert die Gen-Datei beim Bundeskriminalamt?

Die genetischen Daten von Wiederholungstätern, die sich eine Kapital- oder Sexualstraftat zu Schulden kommen ließen. Wenn der registrierte Täter am Tatort Gen-Daten durch Speichel-, Sperma- oder Blutreste hinterlässt, kann er eindeutig überführt werden. Die Verbrechensbekämpfung wurde somit durch den genetischen Fingerabdruck revolutioniert.

Welche Bedeutung hat das Wort outen?

Es liegt das englische Grundwort (Adverb) „to be out" zugrunde: „hinaus, heraus; draußen, nicht zu Hause; aus der Mode etc." Im Deutschen wird daraus ein Verb, und zwar in der Form „sich outen", was soviel heißt wie „etwas (Intimes) über sich preisgeben". Menschen outen sich etwa, wenn sie zugeben, dass sie homosexuell sind.

Wie heißt in der Musik der Begriff für Vorspiel oder Eingangsmusik, z. B. für eine Oper?

Ouvertüre (von französisch „Eröffnung"). Vor allem musikalische Dramen wie Oper, Operette und Musical haben Ouvertüren; daneben existieren auch zu Schauspielen Ouvertüren, z. B. die „Egmont"-Ouvertüre von Ludwig van Beethoven zu Goethes gleichnamiger Tragödie; oder die Ouvertüre zu „Candide" – einem Roman von Voltaire – von Leonard Bernstein. Diese Eingangsmusiken werden auch Konzertouvertüren oder verschiedentlich Fantasieouvertüren genannt.

Wie heißt der Brokkoli im Volksmund?

„Spargel des armen Mannes". Den grünen Verwandten des Blumenkohls kannten vermutlich schon die Römer; angebaut wird er vorwiegend in Südeuropa und in den USA. Häufig ist er Bestandteil bei Schlankheitsdiäten, weil er sehr kohlehydrat- und kalorienarm ist und dabei aber sehr viel Vitamin C, Karotin u. a. wichtige Mineralstoffe enthält.

Welchen Violin-Virtuosen des 19. Jahrhunderts nannte man den Teufelsgeiger?

Den Italiener Niccolò Paganini (1782–1840), der seine Virtuosität auf seinen Konzertreisen durch Europa einem staunenden Publikum darbot. Seine eigenen Kompositionen stellen an die Technik des Violin-Virtuosen fast unlösbare Anforderungen; dies gilt insbesondere für seine beinahe unspielbaren 24 Capricen (französisch „Launen“) sowie für seine drei Violinkonzerte.

Was ist ein Patienten-Testament?

Der testamentarisch festgehaltene letzte Wille eines Menschen, der sich im Fall schwerer gesundheitlicher Schädigung für die Sterbehilfe entscheidet. Sie schließt ausdrücklich den Verzicht auf lebensverlängernde Maßnahmen wie Beatmung, Bluttransfusion oder künstliche Ernährung ein, etwa wenn kein Bewusstsein mehr erlangt werden kann oder das Gehirn dauerhaft geschädigt ist oder auch beim dauerhaften Ausfall lebenswichtiger Funktionen. Die Sterbehilfe muss jedoch von einem Angehörigen beim Familiengericht unter Vorlage des Patienten-Testaments beantragt werden.

Auf welchem Kontinent hatte das Wort Palavern keine negative Bedeutung?

Auf dem afrikanischen. Mit Palaver bzw. palavern bezeichneten die ehemaligen portugiesischen Kolonialherren des 19. Jahrhunderts das stunden- und tagelange Gespräch der Eingeborenen in Versammlungen, wenn beispielsweise wichtige Gerichtsentscheidungen zu treffen waren (portugiesisch „palavra“ = „Wort, Erzählung“).

Wer drehte den Science-Fiction-Film 2001: Odyssee im Weltraum (1968)?

Stanley Kubrick (1928–99), der das Publikum mit der künstlerischen Verbindung von klassischer Musik, brillianten Spezialeffekten und einer philosophischen Story beeindruckte. Kubrick war ein Meister der Provokation; seine Bilder zeigen, wie die Welt völlig aus den Fugen geraten ist: Mit der 9. Sinfonie von Beethoven werden in „Uhrwerk Orange“ (1971) Bilder aus dem KZ untermalt. Bis kurz vor seinem Tod arbeitete er noch an seinem letzten Meisterwerk „Eyes wide shut“.

Stanley Kubrick: Szene aus „2001: Odyssee im Weltraum“

Welches Künstlerpaar vollführt den Pas de deux?

Die Ballerina und ihr Partner im Ballett. Dies ist der Tanz zu zweit (von französisch „Schritt von Zweien“).

Wie nennt man die geplante Weiterentwicklung der Kreditkarte?

Geldkarte. Mit ihr soll man künftig in Geschäften bargeldlos zahlen können. Der Preis wird dabei auf der Karte abgebucht, die einen Chip eingebaut hat. Der Nachteil besteht darin, dass sie bei Verlust von jedem Finder wie Bargeld weiterverwendet werden kann.

Wo befindet sich die Alhambra und wem diente sie als Residenz?

Alhambra: Innenhof mit Löwenbrunnen

Sie thront auf einem Berg im spanischen Granada und wurde um 1377 als Festung der letzten maurischen Herrscher in Spanien fertig gestellt. Sie war bis 1492 die letzte Bastion der Nasriden-Dynastie. Ein ungewöhnlich hoher Mauerring mit 23 Wehrtürmen umgibt die bedeutende islamische Palastanlage.

Wie heißt die Aufzeichnung der Noten, die alle Instrumental- und Singstimmen eines Orchesterwerkes oder Musiktheaters beinhaltet?

Partitur (von italienisch „Einteilung"). Dabei werden die einzelnen Stimmen derart in übereinander liegenden Notenlinien notiert, dass die gleichzeitig erklingenden Noten untereinander stehen. Von oben nach unten sind angeordnet: Holzbläser, Blechbläser, Pauken (u. a. Schlagzeug) sowie Harfe, Klavier u. a.; sodann die Streicher.

Warum finden Brieftauben auch über sehr weite Strecken zu ihrem Schlag zurück?

Weil sie zum einen exakt den heimatlichen Sonnenstand kennen und weil sie bei bedecktem Himmel nach ihrem inneren „Magnetkompass" fliegen können; denn auch die Stärke des Magnetfeldes ihres Heimatortes ist genau gespeichert. Brieftauben können praktisch nur dann fehlgeleitet werden, wenn das Magnetfeld gestört wird – etwa bei starken Sonneneruptionen.

Welche Jugendbewegung verfolgt die Ideen gemeinsamen Naturerlebens, Kameradschaft, Wanderfahrten und jeden Tag eine gute Tat?

Die Pfadfinder. Zu den traditionellen Grundsätzen der Weltpfadfinderbewegung, die in 129 Organisationen untergliedert ist und über 26 Millionen Mitglieder hat, zählen auch Solidarität und Toleranz. Die ursprünglich aus einer militärischen Grundidee hervorgegangene Bewegung – ihr Gründer Robert Baden-Powell war britischer General im Burenkrieg – hat sich längst in den Dienst der Friedenserziehung gestellt und ist dafür 1981 von der UNESCO ausgezeichnet worden.

Welche amerikanische Pop-Sängerin italienischer Herkunft wurde zum Superstar der Pop-Szene?

Madonna (*1958), eigentlich Madonna Louise Ciccone. 1983 stieg sie mit ihrem Hit „Holiday" zum ersten weiblichen Weltstar des Pop auf. Seitdem erklettern die Songs der sich betont lasziv gebenden Blondine immer wieder die internationalen Charts.

Worauf geht der Pillenknick zurück?

Auf die Einführung und wachsende Verwendung von „Antibabypillen" seit Beginn der 60er-Jahre, der ein sichtlicher Geburtenrückgang folgte.

Was heißt Pay-per-View bzw. Pay-TV?

In Amerika kann man mit Pay-per-View (englisch „Zahlen pro Blick“) einzelne Fernsehbeiträge (meist Spielfilme) ordern, die dann auch einzeln vom Anbieter abgerechnet werden. In Deutschland ist vorerst nur das Pay-TV möglich; d. h., der Abnehmer muss eine monatliche Gebühr bezahlen und einen Decoder kaufen, um je nach Belieben das Programm des Anbieters empfangen zu können (DF1 und Premiere).

Was leisteten in Deutschland die Trümmerfrauen?

Sie beseitigten nach dem Zweiten Weltkrieg die Schuttberge, die besonders in den deutschen Städten durch die alliierten Bombardements entstanden waren. Allein die Berlinerinnen bewältigten bis 1949 mit bloßen Händen und mit Werkzeugen rund fünf Millionen Tonnen Schutt. Pro Stunde erhielten die Frauen 72 Pfennige und Lebensmittelmarken. Frauen, die bei Kriegsende mindestens 24 Jahre alt waren, erhalten deshalb seit 1987 eine bescheidene finanzielle Sonderleistung, sofern sie Kinder erzogen haben.

Wer ist der Zeichentrickfilmstar Pocahontas in der gleichnamigen Produktion von Walt Disney (1995)?

Ein Indianermädchen, das Anfang des 17. Jahrhunderts tatsächlich gelebt haben soll. Ihre Gestalt ist jedoch nur legendenhaft umrissen. Sie soll einem amerikanischen Soldaten das Leben gerettet haben; ihr Vater sei ein Häuptling gewesen und Pocahontas soll als Erste ihres Stammes Christin geworden sein.

Welches berühmte Opernhaus wird häufig nur kurz als die Met bezeichnet?

Metropolitan Opera in New York

Die Metropolitan Opera in New York (seit 1966 im Lincoln Center), die 1883 eröffnet wurde. Hier treten die bedeutendsten Gesangssolisten der Welt auf.

Wer schaffte im Breitling Orbiter 3 die Umrundung der Erde in 19 Tagen, 21 Stunden und 25 Minuten?

Der Schweizer Bertrand Piccard und der Brite Brian Jones. Sie starteten am 1. März 1999 mit ihrem Ballon in den Schweizer Alpen; ihre Reise führte sie über Nordafrika, die arabische Halbinsel, Indien, den Pazifik (in 6 Tagen), Mexiko, den Atlantik und wieder nach Nordafrika, wo sie in der ägyptischen Wüste landeten.

Was ist eine Premiere?

Die erste Aufführung eines bekannten Musik- oder Bühnenstückes an einer Bühne oder an einem Opernhaus. Das Stück ist neu einstudiert oder auch neu inszeniert, meist jedoch keine Erst- oder Uraufführung.

Wo befindet sich in Berlin die größte innerstädtische Baustelle der Jahrtausendwende?

Auf dem Potsdamerplatz, der seit der Wiedervereinigung Deutschlands wieder ein urbanes Zentrum werden soll, was er ehedem in den 20er- und 30er-Jahren gewesen war. Allerdings wird es kein Verkehrsknotenpunkt mehr sein, sondern ein gigantisches Freizeit- und Kulturgelände. Mittlerweile entstanden bereits zehn Straßen, 19 Häuserblocks, eine Musical-Spielstätte, ein Spielkasino, zwei Kinopaläste, ein Hotel und 620 Wohnungen; ferner Büros, Restaurants, Cafés und Läden.

Wie heißt die offizielle Bezeichnung des Filmpreises Oscar?

Filmpreis Oscar

„Award of Merit for Distinctive Achievements" (Verdienstauszeichnung für herausragende Leistungen). Verkürzt wird die Auszeichnung „Academy Award" genannt. Der Oscar wird seit 1929 in Hollywood für die besten künstlerischen Einzelleistungen (Schauspieler, Regie u. a.) des amerikanischen Films verliehen.

Für wie viele Instrumente bzw. Singstimmen ist ein Quartett komponiert?

Für vier; daneben bezeichnet man auch eine Gruppe von vier Instrumentalisten oder Sängern als Quartett (von lateinisch „der Vierte"). Berühmt sind etwa die 14 Streichquartette von Franz Schubert.

Wie heißt Loriot mit bürgerlichem Namen?

Vicco von Bülow (*1923). Der populäre Cartoonist, Satiriker und Filmschauspieler wurde zunächst durch seine Karikaturen berühmt, in denen er liebenswerte Durchschnittsbürger und Tiere (Wum und Wendelin) mit Knollennase zeichnete. Seine satirischen Fernsehsendungen haben Kultstatus; nicht weniger gilt das für seine Filme „Ödipussi" (1988) oder „Papa ante portas" (1991).

Welcher deutsche Schauspieler spielte den Kommissar in Dr. Mabuse (1960/62)?

Gert Fröbe (1913–88). Das Multitalent Fröbe war Theaterschauspieler, Pantomime, Kabarettist und auch Jongleur und Parodist in Zirkus und Varieté. Berühmt wurde er u. a. als Kindermörder in „Es geschah am helllichten Tag" (1958) und als liebenswerter Gauner in „Der Gauner und der liebe Gott" (1960). Aber auch in dem Kinderfilm „Räuber Hotzenplotz" (1973/74) spielte er die Hauptrolle.

Wo entstand der Blues?

In der schwarzen Bevölkerung Nordamerikas um 1900. Im Gegensatz zum religiösen Spiritual der Schwarzen erzählt der Blues von ihrem Leben und ihren Problemen im Zeichen der Rassentrennung. Aus dem improvisierten Lied entwickelte sich später der instrumentale Blues, der wiederum einen Impuls für den Jazz abgab. 1923 entstand ferner noch ein langsamer Gesellschaftstanz mit diesem Namen.

Wer komponierte die romantische Oper Der Freischütz (1821)?

Carl Maria von Weber (1786–1826). Um bei einem Wettschießen Agathe, die Tochter des Försters, und das Forstrevier zu gewinnen, lässt sich der Jägerbursche Max von dem zwielichtigen Kaspar zum Teufelsbündnis überreden. In der Wolfsschlucht schmiedet er die sieben Freikugeln, die nie ihr Ziel verfehlen. Kaspar fällt mit dem siebten Schuss tödlich getroffen; Max bekommt seine Agathe.

Für wie viele Instrumente bzw. Singstimmen ist ein Quintett komponiert?

Für fünf (von lateinisch „der Fünfte"); auch eine Gruppe von fünf Instrumentalisten oder Sänger wird als Quintett bezeichnet. Berühmt ist z. B. das „Forellen-Quintett" von Franz Schubert.

Auf welchem Musikinstrument wurde der Ragtime populär?

Auf dem Klavier. Grundlage war wohl das Banjo-Spiel in der afroamerikanischen Folklore des Mittelwestens der USA, das 1870 bis 1920 auf das Klavier übertragen wurde. Begründer des klassischen „Piano-Ragtime" ist Scott Joplin (1868–1917). Ragtime und Instrumentalformen aus dem Süden der USA verschmolzen zum New Orleans-Jazz.

Was bezeichnet man als Rave?

Eine Musikrichtung der 90er-Jahre, die Elemente der Rockmusik und tanzbare Beats miteinander verbindet. Rave (von englisch „to rave" = „ fantasieren, toben, brausen") hat aber auch die ältere Bedeutung von „großer Tanzveranstaltung" in Discos oder Hallen. Stil und Namen des Rave übernahm die Techno-Szene.

Wer komponierte das berühmte Orchesterwerk Boléro (1928)?

Der Franzose Maurice Ravel (1875–1937), der neben Claude Debussy zu den Hauptvertretern impressionistischer Musik in Frankreich gehört. Der ausgezeichnete Klavier-Virtuose und Dirigent schuf bedeutende Ballettmusik („Daphnis und Chloé", 1912), zu der übrigens auch der „Boléro" gehört; häufig gespielt werden seine Orchesterstücke „Rhapsodie espagnole" (1907) und „La Valse" (1920) sowie seine Orchestrierungen, etwa die „Bilder einer Ausstellung" von Modest Mussorgski.

Warum ist der Schiefe Turm von Pisa schief?

Infolge einer Bodensenkung, die sich schon während des 1173 begonnenen Baues abzeichnete. Der Campanile, ein für die mittelalterliche Baukunst Italiens typischer Glockenturm mit sechs Säulengalerien, neigte sich nach Südosten. Über 400 Jahre später untersuchte der italienische Mathematiker und Philosoph Galileo Galilei (1564–1642) am Schiefen Turm experimentell die Fallgesetze.

Pisa: Schiefer Turm mit Baptisterium und Dom

Was nennt man in der modernen Musikszene ein Remix?

Die Auffrischung alter Songs am Mischpult, die auf diese Weise Ende der 1990er-Jahre wieder ein Comeback in den Charts feiern. Der Remixer (von englisch „wieder mischen“) kann so natürlich auch aktuellen Aufnahmen im Studio den letzten Schliff geben.

Welcher amerikanische Rocksänger gilt als King of Rock 'n' Roll?

Elvis Presley und sein berühmter Hüftschwung

Elvis Presley (1935–77), dessen Titel „That's all right, mama“ ihn 1954 über Nacht zum Star machte. 1956 folgte der Nr.-1-Hit „Heartbreak Hotel“. Elvis' Ruhm ebbte in den 60er-Jahren ab, bevor er dann 1969 mit „In the ghetto“ einen erneuten Hit landete. Mit seinen über 500 Mio. verkauften LPs und Singles war er bislang der erfolgreichste Musiker.

Wo begann der Siegeszug der Blue Jeans?

In den Goldgräberlagern des amerikanischen Westens. Hier fand Levi Strauss 1850 heraus, dass die Hosen der Goldgräber viel zu schnell durchgescheuert waren; deshalb nähte er die Hosen künftig aus Segeltuch, die er dann noch entsprechend einfärbte, um sie weniger schmutzempfindlich zu machen. „Jean“ ist dabei lediglich der englische Fachausdruck für „geköperter Baumwollstoff“; weil Baumwolle oft über den Ausfuhrhafen Genua kam, ist denkbar, dass sich das englische „Jeans“ davon ableitete.

Was ist ein Requiem?

Eine Totenmesse, die ursprünglich in der katholischen Kirche am Begräbnistag abgehalten wird. Ihr Name leitet sich von dem lateinischen Eingangsvers her: „Requiem aeternam dona eis, Domine“ („Herr, gib ihnen die ewige Ruhe“). Bedeutende Requien für Soli, Chor und Orchester schufen u. a. Wolfgang Amadeus Mozart und Giuseppe Verdi; den deutschen Bibeltext vertonte Johannes Brahms in seinem „Deutschen Requiem“.

Welches simple Werbemittel ist ein Flyer?

Ein Handzettel (englisch „Flugblatt“), der Passanten in die Hände gedrückt wird. Mittlerweile hat die Techno-Szene die Vorteile des Flyers entdeckt und mit aufwändigen, collagenhaften Computergrafiken zu einem eigenständigen, künstlerischem Medium entwickelt.

Wer war Adam Riese (ca. 1492–1559)?

Ein Rechenmeister aus dem Erzgebirge, der bei seinem Tod mehrere Lehrbücher über das praktische Rechnen und eine Einführung in die Algebra hinterließ. Auch heute noch ist sein Name sprichwörtlich, wenn es heißt, dass sich „nach Adam Riese“ ein bestimmtes Rechenergebnis einstellen muss.

Welche Traum-Karriere ist mit dem Namen César Ritz (1850–1918) verbunden?

Dem Schweizer César Ritz gelang es, sich in der Hotelbranche hochzuarbeiten. Er begann als Weinkellner und wurde dann in Monte Carlo Geschäftsführer eines noblen Hotels. 1898 gründete er unter seinem Namen ein eigenes Hotel in Paris, dem weitere in anderen europäischen Ländern folgten. Der Name „Ritz“ bürgte fortan für Eleganz und Luxus in der Hotelbranche.

Unter welchem Namen ist der französische Arzt und Astrologe Michel de Notre-Dame besser bekannt?

Unter dem Namen Nostradamus (1503–66), der u. a. in König Heinrich II. und v. a. dessen Frau, Katharina von Medici, bedeutende Gönner hatte. Nostradamus' Berühmtheit ging schon zu Lebzeiten auf seine „Prophezeiungen" zurück; das sind knapp 1000 gereimte Vierzeiler, an deren dunkler Sprache sich mittlerweile unzählige von Deutern abgemüht haben.

Welche Leistungen bietet ein Hotel garni?

In diesem Hotel bekommen die Gäste nur die Übernachtung und ein Frühstück.

Was machte den Broadway berühmt?

Die in Nord-Süd-Richtung verlaufende Straße in New York ist besonders durch seine zahlreichen Theater zwischen der 42. und 50. Straße weltberühmt geworden. Eine Theater- oder Musicalaufführung am Broadway ist ein Ereignis.

Bei welchem Glücksspiel ertönt bei Spielbeginn der Ruf des Croupiers Rien ne va plus?

Beim Roulett. Die Kugel rollt dann auf dem äußeren Rand der sich drehenden Scheibe, deren abwechselnd rote und schwarze Fächer von 0 bis 36 nummeriert sind. Ein Spieler kann z. B. auf eine Zahl setzen oder darauf, dass die Kugel entweder auf einem roten oder einem schwarzen Feld liegen bleibt oder auf verschiedene andere Möglichkeiten, auch auf mehrere Felder und Kombinationen gleichzeitig. Das französische „Rien ne va plus" bedeutet „Nichts geht mehr".

Welche Schrift erfand Louis Braille (1809–52)?

Er erfand die heute gebräuchliche Blindenschrift: erhöhte Zeichen, die mit den Fingerkuppen abgetastet werden.

Brailleschrift

Was ist ein Blockbuster?

Ein Film, der zu einem Kassenschlager im Kino wird. Bestes Beispiel hierfür ist der Film-Hit „Titanic" (1998) von James Cameron. Der Begriff kommt aus der Militärsprache: englisch „buster" ist ein „Kerl, Bursche, Alles-Zerstörer"; „block" ist ein „Klotz, Block" oder auch eine Bombe, die von einem Flugzeug abgeworfen wird.

Welcher bedeutende deutsche Volksschauspieler begann seine Filmkarriere mit der Tonfilm-Operette „Die Drei von der Tankstelle" (1930)?

Heinz Rühmann (1902–94), der von 1930 bis 1980 Haupt- und Nebendarsteller in zahlreichen Kinofilmen und Fernsehproduktionen war. Unvergessen ist Rühmann als Dr. Pfeiffer in „Die Feuerzangenbowle“ (1943) oder als detektivisch gewitzter Pater Brown in „Das schwarze Schaf“ (1960). Auch seine Rollen in „Der Hauptmann von Köpenick“ (1956) und „Der brave Soldat Schwejk“ (1960) sind Meilensteine deutscher Filmkunst.

Woher kommt ursprünglich der Flamenco?

Aus Spanien (Andalusien). Der Flamenco ist ein Tanzlied mit schnell wechselndem Rhythmus, das mit Gitarren- und Kastagnettenbegleitung zu Solo- und Paartänzen gesungen wird.

Flamencotänzer

Was bezeichnet der Name Salsa?

Einen lateinamerikanischen Tanz, dessen Musik Elemente der Rockmusik aufgreift. Die Salsa-Tanzschritte (von spanisch „salsa picante“ = „scharfe, würzige Soße“) gehen aus dem Mambo hervor, sind aber durch die expressiveren Armbewegungen und Hüftdrehungen weitaus erotischer. Die Musik ähnelt dem Samba.

Welches Holzblasinstrument von Antoine-Joseph Sax (1814–94) ist aus dem Jazz nicht mehr wegzudenken?

Das Saxophon, das zwar überwiegend aus Metall besteht, aber wegen seines Rohrblatts zu den Holzbläsern gezählt wird. Es wird in acht verschiedenen Größen und Stimmlagen gebaut.

Welche Form des Musiktheaters ist eine amerikanische Erfindung?

Das Musical, das um 1900 am New Yorker Broadway entstand und Elemente aus der Operette, der Revue, des Varietés und des Balletts miteinander verknüpft. Berühmte und häufig gespielte Musical-Klassiker sind u. a.: „Porgy and Bess“ (1935) von George Gershwin, „Kiss me Kate“ (1948) von Cole Porter, „My fair Lady“ (1956) von Frederick Loewe, „West Side Story“ (1957) von Leonard Bernstein.

Welcher Komponist der Wiener Klassik hinterließ ein bedeutendes kammermusikalisches Werk und große Kunstlieder?

Franz Schubert (1797–1828), der mehr als 600 Lieder komponierte, von denen viele Gedichte, Liedtexte und Balladen aus der klassischen und romantischen deutschen Literatur vertont wurden, z. B. von Goethe „Wanderers Nachtlied“, „Heidenröslein“ und „Erlkönig“ (1815). Seine Kammermusik beinhaltet u. a. sein berühmtes „Forellenquintett“ (1819) und 14 Streichquartette. Von seinen Sinfonien sind seine „Unvollendete“ (Nr. 8) und die große C-Dur-Sinfonie (Nr. 9) die bekanntesten.

Wieso werden von manchen Sportlern regelwidrig Anabolika als Dopingmittel eingenommen?

Anabolika fördern die Bildung der Muskulatur, weil sie den Aufbau von Eiweißen bewirken.

Welcher Superstar des Fußballs ist deutscher Rekordnationalspieler?

Lothar Matthäus (*1961), dessen größter Erfolg der Weltmeistertitel von 1990 war, zu dem er als Spielmacher maßgeblich beigetragen hatte. Matthäus kam 1984 von Borussia Mönchengladbach zum FC Bayern München; hier holte er dreimal den Deutschen Meistertitel. 1990 wechselte er für die gigantische Ablösesumme von 7,5 Mio. DM zu Inter Mailand (UEFA-Cup-Sieg 1991). Seit 1992 war er wieder beim FC Bayern. Seit 1999 ist er auch Rekordhalter bei Länderspieleinsätzen.

Welche alte chinesische Lehre will durch eine harmonische Landschafts- und Wohnraumgestaltung die Lebensqualität verbessern?

Das Feng-Shui (chinesisch „Wind und Wasser"), das etwa 4000 v. Chr. entwickelt wurde. Die Harmonie der allgegenwärtigen kosmischen Energie Chi soll durch entsprechende Wohnraumkonzepte (achteckige Räume usw.) langsam durch den Raum gleiten und für einen umfassenden Wohnkomfort sorgen.

Welches gefährliche Gut transportieren die vier Glücksritter in Clouzots Film Lohn der Angst (1952)?

Nitroglyzerin, das der Korse Mario (Yves Montand), der Ex-Gangster Jo, der Italiener Luigi und der Deutsche Bimba (Peter van Eyck) für viel Geld zu einer 500 Kilometer entfernten Ölquelle bringen sollen. Das Himmelfahrtskommando überlebt allein Mario, doch auf dem Rückweg verunglückt auch er tödlich. Meisterhaft inszeniert Henri-Georges Clouzot (1907–77) die gefährliche Fahrt der vier Männer, die mit psychologischem Feingefühl beobachtet werden.

Welche Beat-Gruppe der 60er-Jahre machte Musikgeschichte?

Beatles: Paul McCartney, George Harrison, John Lennon und Ringo Starr (von links)

Die Beatles (nach dem rhythmischen Grundschlag „beat"), eine britische Gruppe, bestehend aus George Harrison, John Lennon, Paul McCartney und Ringo Starr. 1963 erreichten sie mit „Please, please me" erstmals die Nummer 1 der Hitliste. Es folgten zahlreiche Songs, Platten und Alben, die durchschlagende Erfolge verzeichneten, z. B. „Help", „All You Need is Love", „Yesterday". Die „Pilzköpfe" traten 1966 letztmalig öffentlich auf und trennten sich 1970 aufgrund von Meinungsverschiedenheiten.

Was versteht man beim Golf unter einem Birdie?

Beim Golf ist für jede Bahn eine bestimmte Anzahl von Schlägen angegeben, mit denen der Ball normalerweise eingelocht werden soll. Spielt man eine Bahn mit einem Schlag weniger als üblich, wird dies Birdie genannt.

Welcher österreichische Bodybuilder machte auch eine bedeutende Hollywood-Karriere?

Arnold Schwarzenegger (*1947), der als Bodybuilder nicht nur dreimal Mr. Universum und siebenmal Mr. Olympia wurde, sondern dann auch seinen Körper mit Schauspieltalent und Charme in Hollywood verkaufte. Mit seinen Conan-Rollen (1982 und 1984) erspielte er sich internationale Aufmerksamkeit als Superstar des Actionfilms. Auch das komödiantische Fach behagte ihm, etwa in den Filmkomödien „Twins“ (1988) und „Junior“ (1994).

Welcher Schwede gilt als einer der bedeutendsten Filmemacher nach dem Zweiten Weltkrieg?

Ingmar Bergman (*1918), der sich in seinen Filmen stets mit den Themen Gott, Religion und dem Sinn des Lebens auseinander setzte. Der Film ist für Bergman nur Mittel zum Zweck, die Wahrheit über die menschliche Situation zu erzählen. Bedeutende Filme sind u. a. „Das siebente Siegel“ (1956) und „Fanny und Alexander“ (1981/82).

Ingmar Bergman: Szene aus dem Film „Licht im Winter“ mit Ingrid Thulin und Gunnar Björnstrand

Wer oder was ist Waltzing Mathilda?

Eine fiktive Figur aus Andrew Patersons (1864–1941) gleichnamigen Gedicht, das vielfach vertont wurde. Die Verse des australischen Lyrikers haben oft ihren Niederschlag in der Volksmusik gefunden, kein anderes Lied ist aber so populär und über die Grenzen Australiens hinaus so bekannt geworden wie „Waltzing Mathilda“ (englisch „die Walzer tanzende Mathilda“).

Welcher Komponist gilt als Schöpfer der Symphonischen Dichtung (u. a. „Les Préludes“)?

Franz Liszt (1811–86), der auch ein ausgezeichneter Klavier-Virtuose war, hinterließ ein umfangreiches musikalisches Werk, aus dem v. a. seine Orchesterwerke herausragen; u. a. seine 19 „Ungarischen Rhapsodien“ (1847–53; 1882–86), seine Symphonischen Dichtungen, Klavierwerke und Sinfonien.

Durch welche soziale Stiftung in Afrika errang Albert Schweitzer (1875–1965) internationale Anerkennung?

Mit der Gründung des Tropen-Hospitals in Lambaréné (Gabun), wo er selbst als Missionsarzt tätig war. Schweitzer war daneben auch Theologe, Philosoph und ein bedeutender Organist. Sein Hospital finanzierte er u. a. auch durch seine Orgelkonzerte, Vortragsreisen und schriftstellerische Arbeiten. 1952 erhielt der Philanthrop für seine aufopferungsvolle Tätigkeit den Friedensnobelpreis.

Welcher finnische Komponist errang mit seinen Sinfonien und sinfonischen Dichtungen wie Finlandia (1899) Weltgeltung?

Jean Sibelius (1865–1957), der insgesamt sieben Sinfonien komponierte (1899–1924) und ein bedeutendes Violinkonzert in d-moll (1903); daneben schuf der große skandinavische Komponist u. a. auch Kammermusik und Lieder. Sibelius' Musik ist durch melodisches Pathos und herbe Harmonik gekennzeichnet.

Wen bezeichnet man als Single?

Eine Person, die ohne feste bzw. dauerhafte Partnerschaft in einem Einpersonenhaushalt lebt. Der Begriff kommt aus den USA, wo man in den 70er-Jahren damit junge Menschen bezeichnete, die um ihrer beruflichen Karriere willen keine feste Partnerbindung eingehen wollten. Mittlerweile versteht man darunter auch allein stehende ältere Menschen sowie allein erziehende Mütter und Väter.

Was ist ein Skateboard?

Ursprünglich ein kurzes Surfbrett auf Rollschuhen. Der Sport entstand um 1960 in Kalifornien als Ersatz zum Wellenreiten. Ende der 70er-Jahre war das etwa 50 bis 80 cm lange Brett weltbekannt. Seit etwa 1990 ging die Skateboard-Begeisterung weltweit zurück.

Wofür steht die Abkürzung FSK?

Für die Organisation „Freiwillige Selbstkontrolle der Filmwirtschaft", die 1949 gegründet wurde.

In welcher Schweizer Stadt wird der Morgestraich, die einzige protestantische Fastnacht gefeiert?

In Basel. In der Nacht zum Rosenmontag, um vier Uhr früh, setzt sich bei völliger Dunkelheit der Umzug mit tausendfachem Trommelwirbel und dem Flötenspiel der Piccolo-Pfeifer in Bewegung. Mit dem Morgestraich beginnt die dreitägige Basler Fasnacht, die in den Anfängen eine Art antikatholische Provokation war und wohl aus diesem Grund in die erste christliche Fastenwoche gelegt wurde.

Wer komponierte die Ballettmusik Schwanensee (1877)?

Peter Iljitsch Tschaikowsky (1840–93). Es handelt sich dabei um eine der bezauberndsten Ballettmusiken mit dem berühmten Valse im 2. Satz, dem Schwanentanz (ein Allegro moderato) im 3. und dem ungarischen Tanz nach Art des Csardas im 5. Satz.

Ballett: Aufführung von „Schwanensee"

Was macht einen Star aus?

Ein Star (von englisch „Stern") leuchtet durch seinen hinreißenden Erfolg als Schauspieler, Opernsänger, Instrumentalist und Pop-Sänger oder als Sportler am Ruhmes-Himmel der Berühmtheiten. Somit haftet ihm die Aura der Unvergänglichkeit an. Positive und negative Eigenschaften wie Star-Allüren (Launen), Affären und Skandale mischen sich meist bei einer solchen Persönlichkeit.

Wie kam der Bikini zu seinem Namen?

Durch den amerikanischen Atomversuch vom 1. Juli 1946, bei dem über dem Bikini-Atoll der Nördlichen Marshallinseln eine Atombombe gezündet wurde. Als nur fünf Tage später der Pariser Modeschöpfer Louis Réard den ersten zweiteiligen Damenbadeanzug präsentierte, in dem nicht weniger Sprengkraft steckte, taufte er ihn nach dem Atoll in Mikronesien.

In welchem Filmgenre stieg John Wayne (1907–79) zu einem unsterblichen Kinostar auf?

Im Western, in dem er den draufgängerischen und edelmütigen Helden und Abenteurer spielt. Klassiker des Westerns, in denen er als Hauptdarsteller mitwirkte, sind „Red River" (1948), „Rio Bravo" (1959) und „El Dorado" (1967).

John Wayne: Szene aus dem Film „Der Mann, der Liberty Valance erschoß" mit John Wayne (ganz rechts) und Lee van Cleef (ganz links)

Welches klassische Instrumentalstück ist nur für ein oder zwei Instrumente komponiert?

Die Sonate (von italienisch „Klingstück"). Die klassische Sonate, wie sie sich im 18. Jahrhundert herausbildete, umfasst drei oder vier Sätze. Einen Höhepunkt der Sonaten-Komposition stellen Beethovens 32 Sonaten dar, u. a. die „Waldsteinsonate" und die „Appassionata".

Was ist die höchste Tonlage, die eine menschliche Stimme erzeugen kann?

Der Sopran; heute wird er entweder von Frauen oder Knaben gesungen. Zwischen Sopran und Alt liegt der Mezzosopran. Dem Sopran versuchte die Barockmusik des 17. und 18. Jahrhunderts durch die Kastratenstimme nahe zu kommen; dabei wurden Knaben vor ihrem Stimmbruch kastriert.

Was ist ein Spartenkanal?

Ein Fernsehsender, der sich auf ein bestimmtes Interessengebiet konzentriert: z. B. ein Sportsender, ein Nachrichtensender oder auch ein Kinderkanal.

Wann beginnt üblicherweise die Sperrstunde?

Um ein Uhr. Dies legt das Gaststättengesetz von 1970 fest, das die Länder dazu verpflichtet, allgemeine Sperrzeiten für Schank- und Speisewirtschaften festzusetzen. Abweichungen von der Ein-Uhr-Regelung sind möglich; in Baden-Württemberg z. B. ist bereits um 12 Uhr Polizeistunde, während in Berlin die Lokale bis 5 Uhr früh geöffnet haben dürfen.

Welchem amerikanischen Filmregisseur gelang 1974 mit dem Thriller „Der weiße Hai" der erste internationale Erfolg?

Steven Spielberg (*1947), der mit seinen fantastischen und Science-Fiction-Stoffen, die durch ihre aufwändige Tricktechnik brillieren, zum finanziell erfolgreichsten Regisseur aller Zeiten wurde. Spielberg wandte sich mit „Die Farbe Lila“ (1986), dem KZ-Drama „Schindlers Liste“ (1993; 2 Oscars) sowie dem Antikriegsfilm „Der Soldat James Ryan“ (1998) überzeugend ernsten Themen zu.

Wodurch wurde die italienische Stadt Verona berühmt?

Vor allem durch das römische Amphitheater, die Arena di Verona. Der hervorragend erhaltene Bau ist besonders gut für Musikveranstaltungen geeignet. Hier finden alljährlich die Opernfestspiele von Verona statt. Besonders beliebt sind die Aufführungen von Verdis „Aida“.

Was bezeichnet man als Sponsoring?

Die Förderung von Personen oder Organisationen im sportlichen, kulturellen und sozialen Bereich. 1998 wurde der Aufwand von Spendengeldern deutscher Unternehmen auf rund 4 Mrd. DM geschätzt, wobei der größte Anteil (ca. 2,5 Mrd. DM) in den Sport floss. Beispielsweise werben sämtliche Vereine der Fußballbundesliga auf ihren Trikots für ihre finanzkräftigen Sponsoren aus unterschiedlichen Wirtschaftszweigen, wofür als Gegenleistung Millionenbeträge in die Vereine fließen.

Was ist das größte Holzblasinstrument?

Das Fagott, der „Bass“ in der Familie der Oboen. Die etwa 2,45 m lange Schallröhre ist geteilt; beide Teile verlaufen eng nebeneinander und sind durch ein Übergangsstück, den „Stiefel“ verbunden. Das kürzere Stück, der Flügel, läuft in ein s-förmiges Metallmundrohr aus. Das in der Tiefe volle, in der Höhe näselnde Fagott ist eine Erfindung des 16. Jahrhunderts.

In welcher Stadt hat das Bolschoi-Theater seinen Sitz?

Bolschoi-Theater: Blick auf das Theatergebäude von 1856

In Moskau. Das Große Akademische Theater besteht seit 1776, internationalen Ruhm erzielte v. a. das Bolschoi-Ballett. Ende der 90er-Jahre stand das Theater vor der Schließung. Nach einem Spendenaufruf der UNESCO kann der Bau allerdings ab 2000 renoviert werden.

Welcher französische Komponist komponierte die „Symphonie fantastique“ (1830)?

Hector Berlioz (1803–69), der Schöpfer der modernen, romantischen Orchester- und Programm-Musik; hierher gehören u. a. „Harold in Italien“ (1834) und „Romeo und Julia“ (1839). Berühmt sind auch seine Oper „Benvenuto Cellini (1838) und seine Kantate „Fausts Verdammnis“ (1846).

Welche Sterbehilfe ist nach dem Gesetz zulässig?

Zunächst die psychologisch-seelsorgerische Begleitung des Sterbenden bzw. todkranken Menschen; dann die passive Sterbehilfe, d. h. die Unterlassung lebenserhaltender bzw. –verlängernder medizinischer Maßnahmen auf Wunsch des unheilbar Kranken oder – falls der Patient nicht mehr selbst entscheiden kann – dessen Angehörigen. Häufig verfügen Menschen testamentarisch, dass ihnen im Falle einer unheilbaren Krankheit lebensverlängernde Maßnahmen entzogen werden. Aktive Sterbehilfe – z. B. das Zur-Verfügung-Stellen von tödlichen Giften – wird nach wie vor unter Strafe gestellt.

An welchem europäischen Fluss liegen u. a. die Schlösser Chambord, Blois und Amboise?

An der Loire, wo bereits im Mittelalter Burgen und Schlösser lagen; auf manchen dieser Burganlagen entstanden v. a. im 16. Jahrhundert die berühmten Renaissance-Schlösser, die dem französischen Königshaus sowie dem französischen Hochadel als Aufenthalt dienten. Chaumont-sur-Loire diente zum Beispiel der französischen Königin Katharina von Medici als Bleibe.

Loireschlösser: Chambord ist das größte der Renaissanceschlösser an der Loire

Welcher amerikanische Filmstar wurde als Westernheld und als Hauptdarsteller in den Hitchcock-Filmen wie „Fenster zum Hof" (1954) unsterblich?

James Stewart (1908–97), der auch komische Rollen durch seine etwas linkische Art glänzend spielte wie etwa in der Komödie „Mr. Hobbs macht Ferien" (1962), die ihm den Darstellerpreis in Berlin einbrachte. Produktiv war die Zusammenarbeit mit Alfred Hitchcock, mit dem er vier Filme drehte; u. a. auch „Der Mann, der zuviel wusste" (1956) oder „Vertigo" (1956). Große Erfolge erzielte er in den Western „Winchester 73" (1950), „Der Mann, der Liberty Valance erschoss" (1961) u. a.

Welcher deutsche Komponist wurde durch symphonische Dichtungen wie Also sprach Zarathustra (1896) und Opern wie Der Rosenkavalier (1911) berühmt?

Richard Strauss (1864–1949), dessen spätromantisches Œuvre v. a. durch Franz Liszt und Richard Wagner beeinflusst war. Ein Glücksfall für die Musikgeschichte ist Strauss' Zusammenarbeit mit Hugo von Hofmannsthal, der die Texte zu einigen Opern des Komponisten verfasste (u. a. auch für den „Rosenkavalier" und „Ariadne auf Naxos", 1912).

Welcher österreichische Popmusiker errang mit seinen Hits wie Der Kommissar (1982) auch Erfolge in den US-Charts?

Falco, mit bürgerlichem Namen Johann Hölzel (1957–98). Mit diesem Song wurde er 1982 schlagartig berühmt. Der größte Hit seiner Karriere gelang ihm jedoch mit „Rock Me Amadeus", der in den USA drei Wochen lang auf Platz eins der Hitlisten stand, was vor ihm noch kein deutscher Musiker erreicht hatte. Falcos Songs waren vom „Wiener Schmäh" in Verbindung mit Elementen des Hip Hop, Disco, Soul und Heavy Metal geprägt. Wenige Wochen nach seinem Tod bei einem Autounfall erschien seine CD „Out of the Dark".

Was entsteht, wenn Zement mit Wasser und Kies oder ähnlichen Zusätzen gemischt wird?

Beton, einer der wichtigsten Baustoffe des 20. Jahrhunderts; manche sprechen sogar vom „fünften Element“ dieses Säkulums. Erfunden haben es jedoch bereits die alten Römer, die die Kuppel des Pantheons in Rom mit einer Beton- und Füllstofftechnik erbauten. Wieder entdeckt wurde der Baustoff im 19. Jahrhundert. Besonders belastbare Betonvarianten wurden im 20. Jahrhundert entwickelt: der Stahl- und Spannbeton.

Was versteht man beim Eishockey unter Suddendeath (englisch „plötzlicher Tod“)?

Ein Match, das in der regulären Spielzeit nicht entschieden werden konnte, wird nach den internationalen Regeln um zehn Minuten verlängert. Dabei ist das Spiel nach dem ersten erzielten Tor sofort beendet (Suddendeath).

Wo und in welcher Sportart heißt das Finale Super Bowl?

In den USA, wo alljährlich das Endspiel im American Football ausgetragen wird. Die Amerikaner nennen ihre riesigen Footballstadien „bowls“ (englisch „Schalen“). Es ist das größte Einzelsportereignis in den USA und demgemäß ein gigantisches Medienspektakel.

Was bezeichnet die japanische Küche mit Sushi?

Ein Gericht aus rohem Fisch und Reis. Man verwendet u. a. Filets von Tunfisch, Makrelen und Lachs. Die Fischfilets werden in dünne Streifen geschnitten und mit grünem Meerrettich (Wasabi) bestrichen. Dann rollt man den Fisch zusammen mit gekochtem Reis in Rotalgenblätter (Noriblätter) ein und schneidet diese Rolle vor dem Verzehr in Scheiben.

Welcher Sportler nannte sich in seiner Autobiografie von 1976 selbst der Größte?

Der Boxer Muhammad Ali (Cassius Clay; *1942). Tatsächlich war er der erfolgreichste Schwergewichtskämpfer in der Geschichte des Profi-Boxsports. Den Weltmeistertitel, der ihm wegen seiner Weigerung, im Vietnamkrieg zu kämpfen, entzogen wurde, holte er sich 1974 zurück. Nach zweimaligem Comeback und 81 Profikämpfen trat er 1981 ab.

Muhammad Ali verteidigt seinen WM-Titel gegen Karl Mildenberger in Frankfurt 1966

Welche Aufgabe hat der Libero im Fußball?

Er ist in erster Linie Abwehrspieler ohne direkten Gegenspieler (von italienisch „freier (Mann)“), aber auch ein beweglicher Feldspieler, der sich auch im Mittelfeld und im Sturm einschaltet.

Wo trifft man auf das Mitropa-Team?

In der Personenbeförderung der Deutschen Bahn AG, wo es für den Schlaf-

und Speisewagenbetrieb zuständig ist. Mitropa ist die geläufige Abkürzung für Mitteleuropäische Schlaf- und Speisewagen AG, die 1916 gegründet wurde. Nach 1945 behielt man in der DDR diesen Namen bei, während in Westdeutschland eine Umbenennung in DSG (Deutsche Schlafwagen- und Speisewagen GmbH) erfolgte.

In welchem Film der 30er-Jahre trat Marlene Dietrich (1901–92) als verführerische Varieté-Sängerin auf?

Marlene Dietrich in „Der blaue Engel“

In „Der blaue Engel“ (1930) von Josef von Sternberg, nach dem Roman „Professor Unrat“ von Heinrich Mann. Die Dietrich wurde in der Rolle der Varieté-Sängerin Lola mit dem Lied „Ich bin von Kopf bis Fuß auf Liebe eingestellt“ weltberühmt. Die von den Nationalsozialisten vergeblich umworbene Schauspielerin drehte ab 1937 in den USA.

Welcher amerikanischen Pop-Sängerin gelang Anfang der 80er-Jahre ein gradioses Comeback?

Tina Turner (*1939), die mittlerweile auf eine über 40-jährige Bühnenkarriere zurückblicken kann. Anfangs ganz unter dem Einfluss ihres Ehemanns Ike stehend, stieg sie nach Ihrer Scheidung zu einer der großen Ikonen der Pop-Szene auf.

Was ist Teleshopping?

Das Einkaufen über den Fernsehschirm (von englisch „Fernsehen“ und „Einkaufen“). In TV-Werbesendungen wird eine Telefon- oder Faxnummer einer Bestell-Hotline eingeblendet, über die die Ware bestellt werden kann. Fortschrittlicher ist inzwischen das Einkaufen im Internet, das sog. „Home-shopping“ oder „Electronic Shopping“.

Was ist mit Telelearning gemeint?

Eine Form der PC-gestützten Aus- und Weiterbildung an Fernuniversitäten (von englisch „Fernlernen“). Im weitesten Sinn bezeichnet man damit multimediale Lernmöglichkeiten und Wissensvermittlungen durch das Internet oder auch durch Multimedia-Enzyklopädien, die als CD-ROMs erhältlich sind.

Wie nennt man die höchste männliche Singstimme?

Tenor. In der Oper unterscheidet man den helleren und weicheren lyrischen Tenor, den Heldentenor, den ein dunklerer und männlicherer Ton auszeichnet, sowie den dazwischen stehenden französischen oder jugendlich-dramatischen Tenor und den Tenorbuffo aus der heiteren Oper.

Welche legendäre Rockgruppe der 60er-Jahre wurde von Jim Morrison (1943–71) geleitet?

„The Doors“ (englisch „Die Türen“). Morrison, der Sänger der Gruppe, schrieb auch die Texte für die Songs, die zu den Klassikern des Rock gehören; u. a. „Light my fire“ (1967) und „Hard Rock Café“ (1970). Ihre Bühnenshows schockierten und begeisterten die Zuschauer gleichermaßen durch obszöne Gesten und harten Sound. Das Ende der „Doors“ kam, als sich Morrison 1971 von der Gruppe trennte und kurz darauf vermutlich durch überhöhten Drogenkonsum verstarb.

Welche Abfallarten werden durch welche Methoden der Entsorgung beseitigt?

Im Wesentlichen Restmüll, Bioabfall, Sperrmüll, Schrott, Batterien, Altpapier, Glas und Abwässer. Die Entsorgung erfolgt über kommunale Mülldeponien und Kläranlagen, Verbrennungsanlagen und Recycling-Unternehmen.

In welcher ostdeutschen Stadt ist der Thomaner-Chor zu Hause?

In Leipzig, wo seit dem 13. Jahrhundert die Thomasschule existiert, aus der sich der weltberühmte Chor seit der Reformation mit Männer- und Knabenstimmen bestückt. Der bedeutendste Thomas-Kantor war Johann Sebastian Bach. Zur traditionellen Aufgabe des Chores gehört die regelmäßige Ausgestaltung des Sonntagsgottesdienstes sowie einer Vesper am Vorabend, der „Motette“, in der Thomaskirche.

Was ist Karaoke?

Eine aus Japan stammende Disco-Vergnügung, bei der man zu originaler Instrumentalbegleitung (von CDs oder MCs) Popmusik ins Mikrofon singt.

Welcher als unsinkbar geltende Luxusdampfer riss 1912 bei seinem Untergang 1503 Menschen in den Tod?

Die Titanic. Sie kollidierte in den frühen Morgenstunden des 15. April bei einer Atlantik-Überquerung vor Neufundland mit einem Eisberg und sank innerhalb von drei Stunden. Die Schutzmaßnahmen haben sich nach dem Unglück als mangelhaft erwiesen, zumal nur 703 Menschen gerettet werden konnten.

Welcher amerikanische Film gilt als der Western schlechthin?

Gary Cooper in dem Film „Zwölf Uhr Mittags“

„Zwölf Uhr Mittags“ von Fred Zinnemann. Der 1952 entstandene Klassiker rechnet in seinem Genre mit dem McCarthyismus ab. Der Drehbuchautor Carl Foreman wurde von dem House of Un-American Activities Committe verhört und schrieb danach sein Werk um. Die Hauptdarsteller waren Gary Cooper und Grace Kelly.

Welche schwedische Schauspielerin errang durch den Kultfilm „Casablanca“ (1942) Weltruhm?

Ingrid Bergman (1915–82). Einen Oscar erhielt sie für die Hauptrolle in George Cukors „Das Haus der Lady Alquist“ (1944). Mehrfach arbeitete sie mit Alfred Hitchcock zusammen (z. B. „Berüchtigt“, 1946). 1949 ging sie nach Italien und heiratete den Regisseur Roberto Rossellini. Mit ihm drehte sie u. a. „Stromboli“ (1950). Aus dieser Ehe ging die Tochter Isabella Rossellini hervor, die ebenfalls eine erfolgreiche Schauspielerin wurde.

Was ist eine Trompete?

Das Sopraninstrument der Blechblasinstrumente, das wie das Horn ein Kesselmundstück hat. Die gewundene Form der Trompete entwickelte sich im 15. Jahrhundert aus der lang gestreckten mittelalterlichen Herolds- und Fanfarentrompete. Die modernen Trompetenformen entstanden Ende des 18. Jahrhunderts.

Welche Musikrichtungen machte Duke Ellington (1899–1974) populär?

Duke Ellington

Den Jazz und den Swing. 1933 machte er auf einer Tournee Europa mit dem Swing bekannt. Der Jazzpianist und -komponist war Mitbegründer des modernen Orchesterjazz. Berühmt wurden v. a. Lieder wie „Mood Indigo“, „Satin Doll“ und „Sophisticated Lady“.

Was löste die weltweite Twist-Euphorie der 60er-Jahre aus?

Der amerikanische Hit „The Twist“ (englisch „to twist“ = „drehen“) des afroamerikanischen Rock ’n’ Roll-Musikers Chubby Checker. Ein Modetanz war geboren, bei dem die Tänzer ihre Glieder in gekrümmter Haltung kunstvoll verrenken und bei dem sich die Paare erstmals nicht mehr berührten. Der Song gab dem Tanz im 4/4-Takt den Namen.

Welcher Münchner Volkskomiker entwickelte in Szenen wie Der Firmling oder Im Photoatelier aus Alltagssituationen und sprachlichen Verrenkungen eine absurde Logik?

Karl Valentin (1882–1948), bürgerlich eigentlich Valentin Ludwig Fey. Bis heute üben seine selbst verfassten Szenen und kleinen Komödien, die er häufig mit seiner Partnerin Lisl Karlstadt spielte, einen atemberaubenden Reiz auf die Lachmuskeln aus, wenn er die Hilflosigkeit des Menschen in banalen Alltagssituationen thematisiert.

Wer schrieb mit dem Streifen Spiel mir das Lied vom Tod (1968) Filmgeschichte?

Sergio Leone (1929–89). Seine Wild-West-Saga gehört zu den Klassikern des Italo-Westerns. Unter anderem verlieh die berühmte Filmmusik von Ennio Morricone (*1928) dem Film die Aura einer Legende. Leone, den die amerikanische Geschichte nicht mehr losließ, gelang mit dem Epos „Es war einmal in Amerika“ (1984) noch einmal ein Riesenerfolg.

Welcher PKW hielt dem Elchtest nicht stand?

Die A-Klasse von Mercedes. Beim Elchtest wird das schnelle Ausweichen vor Hindernissen simuliert. Der Mercedes-Kleinwagen kippte dabei 1997 unvorschriftsmäßig zur Seite weg. Der Autohersteller musste den Wagen daraufhin nachbessern.

Welcher deutsche Dichterkomponist des 19. Jahrhunderts gilt als Revolutionär des Musikdramas?

Richard Wagner (1813–83), der sowohl die Musik wie auch die Texte zu seinen Opern schuf. Er verarbeitete in seinen Opern fast durchweg Historisches aus dem deutschen Mittelalter oder nordische Sagenstoffe. Berühmt sind seine romantischen Opern „Tannhäuser“ (1845), „Lohengrin“ (1848) u. a. Die Höhepunkte seines Schaffens bilden „Tristan und Isolde“ (1865), „Die Meistersinger von Nürnberg“ (1868), der „Parsifal“ (1882) und schließlich sein vierteiliges Hauptwerk „Der Ring des Nibelungen“, das ihn von 1848 bis 1874 beschäftigt hatte. Die erste Gesamtaufführung des „Ring“ erfolgte 1876 bei den ersten Bayreuther Festspielen.

Was kann durch Einnahme des Medikaments Viagra erzielt werden?

Erektionsstörungen beim Mann können damit behoben werden. Viagra ist nur der Handelsname des seit 1998 in Europa zugelassenen Wirkstoffes Sildenafil.

Wer führte in dem Film-Klassiker Citizen Kane (1940) Regie?

Der junge Regisseur und Autor Orson Welles (1915–85). Der Film beleuchtete kritisch die Karriere des Medienmoguls W. R. Hearst. 1938 hatte Welles mit seiner realistischen Hörspielfassung von H. G. Wells’ „Krieg der Welten“ in den USA eine Massenhysterie ausgelöst, was ihn für Hollywoods Produzenten empfahl. Bedeutsam sind seine Verfilmungen nach literarischen Vorlagen, etwa „Macbeth“ (1947) oder „Der Prozess“ (1962). Häufig spielte Welles in seinen Filmen auch die Hauptrolle.

Welchen heute weltberühmten österreichischen Knabenchor gründete 1498 der römisch-deutsche Kaiser Maximilian I. (1459–1519)?

Die Wiener Sängerknaben. Hervorgegangen ist der Chor aus der Hofmusikkappelle des kunstsinnigen Königs und Kaisers. Bedeutende Komponisten waren auch unter den Chorknaben, wie der Flame Heinrich Issac (um 1450–1517), von dem das Volkslied „Innsbruck, ich muss dich lassen“ stammt.

In welchen Filmgenres fand Clint Eastwood (*1930) seine Paraderollen?

Clint Eastwood

In Italo-Western und Action-Krimis. Er spielte den skrupellosen Revolverhelden und den gegen Verbrechern kaltschnäuzigen Polizisten Dirty Harry. In „Erbarmungslos“ (1992) u . a. führte er auch Regie.

Welcher amerikanische Regisseur machte mit seinen Komödien Schauspieler wie Marylin Monroe und Jack Lemmon weltberühmt?

Billy Wilder (*1906), der 1933 Deutschland verließ und in die USA emigrierte. Seine spritzigen, humorvollen Komödien sind unerreicht in der Filmgeschichte. Hierher gehören etwa „Sabrina“ (1954) mit Audrey Hepburn und Humphrey Bogart in den Hauptrollen, dann die Filme „Das verflixte siebte Jahr“ (1955) und „Manche mögen’s heiß“ (1959), mit denen er Marylin Monroe zur Filmlegende machte; schließlich auch „Das Appartment“ (1959/60) und „Der Glückspilz“ (1965/66), jeweils mit Jack Lemmon in der Hauptrolle.

Welche Reize spielt die Frau mit einem Wonderbra aus?

Die Vergrößerung und damit erotische Wirkung ihrer Oberweite durch einen BH, in den Polster eingelassen sind. Der Wonderbra (von englisch „Wunder-

BH“) wird auch als „Push-up-BH“ (von englisch „to push up“ = „hinaufschieben“) bezeichnet.

In welchem Filmgenre schrieb John Ford (1895–1973) Filmgeschichte?

John Ford

Im Western, wo er die meisten seiner sechs Oscars erhielt. Fords Lieblingsthema ist die Beobachtung einer Gruppe in einer Ausnahmesituation. Meisterhaft analysiert er dabei die Gruppendynamik. Berühmt sind u. a. „Früchte des Zorns“ (1940) und „Der Mann, der Liberty Valance erschoss“ (1961).

Wo ist Yakuza eine vergleichbare Organisation wie die Mafia in Italien?

In Japan. Hier gehören rund 90.000 Personen dem organisierten Verbrechen an, das sich in Japan nach der Zahlenkombination 8-9-3 („Ya-ku-za“) benennt; in einem japanischen Kartenspiel ist diese Zahlenreihe nämlich nutzlos und so nannten die Japaner auch den Taugenichts.

In welcher Oper Mozarts sind Pamina, Tamino und Papageno die Hauptpersonen?

In der „Zauberflöte“ (1791), der ein Libretto von Emanuel Schickaneder (1751–1812) zugrunde liegt. Tamino soll – begleitet von der lustigen Gestalt im Federkleid Papageno – die Tochter der Königin der Nacht, Pamina, befreien, was ihm letztlich auch mit Hilfe seiner Zauberflöte und Papagenos Glöckchenspiel gelingt.

Welches Rock-Event fand 1969 in Woodstock statt?

Ein dreitägiges Festival mit den größten Rockbands der 60er-Jahre. Es markierte den Höhepunkt der Hippiebewegung, einer Jugendkultur, die sich von der angepassten Welt der Eltern durch ihre Betonung von Liebe und Frieden unter dem Pseudonym „Flower-Power“ („Blumenkraft“) abgrenzte. Das Festival stimulierte die Zehntausende von Teilnehmern nicht zuletzt auch durch den Konsum illegaler Drogen.

In welchem Land hatte die Commedia dell´Arte ihren Ursprung?

Im Italien des 16. Jahrhunderts. Die Stegreifkomödie mit feststehenden Figuren wie z. B. dem Harlekin erlebte im 20. Jahrhundert unter anderem durch Jean-Louis Barrault eine Renaissance.

Wie werden Zeitlupenaufnahmen gemacht?

Durch erhöhte Bandgeschwindigkeit bei der Aufnahme. Später wird der Film verlangsamt abgespielt. Den gegenteiligen Effekt (Zeitraffer) erreicht man, indem man Einzelbilder verlangsamt aufnimmt und schnell abspielt.

Was ist eine Vignette, wenn sie nicht zur Begleichung der Mautgebühr auf Österreichs Autobahnen dient?

Ein Ornament in Form einer Weinranke (von französisch „Weinranke“). In den Anfängen des Buchdrucks – Ende des 15. Jahrhunderts – kamen Vignetten als Zier- und Titelbildchen oder als Randzeichnungen in Mode. Vignetten standen vom 17. bis ins 19. Jahrhundert auch häufig am

Anfang und am Ende eines Buches oder leiteten die Kapitel ein.

Was ist ein Bariton?

In der Musik eine Stimmlage; und zwar die mittlere Männerstimme, die zwischen dem Tenor und dem Bass liegt.

Woraus wird ein Gamsbart gemacht?

Nicht aus dem „Bart", sondern aus den Rückenhaaren der Gämsen.

Zu welcher Jahreszeit wird Curry geerntet?

Zu keiner. Curry wächst nicht an einer Pflanze, sondern es ist eine Mischung aus vielen verschiedenen Gewürzen.

Wie bezeichnet man die aus den USA kommende Fernseh-Talkshow für Nachtschwärmer?

Late Night Show (von englisch „später Abend"). Die anspruchsvollere Late Night Show präsentierten u. a. Joachim Fuchsberger und Alfred Biolek. Thomas Gottschalk, Harald Schmidt u. a. überzeugen durch sprachliche Schlagfertigkeit und Humor. Die Dialoge mit Prominenten sind dagegen auf seichtem Smalltalk-Niveau.

Welcher schwarze Leichtathlet stellte 1935 innerhalb von 45 Minuten sechs Weltrekorde auf?

Der Amerikaner Jesse Owens (1913–80), beim Big Ten Meeting der besten Universitäten des Mittleren Westens in Ann Arbor. Owens konnte seine Erfolge schon 1936 bei den Olympischen Spielen von Berlin durch vier Goldmedaillen bestätigen (100 m, 200 m, 4 x 100 m, Weitsprung). Dies gelang erst 1984 seinem Landsmann Carl Lewis bei den Olympischen Spielen in Los Angeles wieder, der in denselben Disziplinen vier Goldmedaillen holte.

Wohin genau wollte man früher jemanden sinnbildlich verjagen, wenn man sagte: Geh dorthin, wo der Pfeffer wächst?

Auf die Teufelsinsel, eine berüchtigte französische Strafkolonie vor Cayenne in Südamerika. Der von dort importierte Cayennepfeffer ist aber gar kein echter Pfeffer, sondern eine Frucht der Art Capsicum frutescens, einer sehr scharfen Paprika (Chili).

Welche schwedische Film-Diva erhielt den Beinamen Die Göttliche?

Greta Garbo als Kameliendame

Greta Garbo (1905–90), die mit leidenden, geheimnisvollen Frauenrollen ihre größten Erfolge erzielte: „Mata Hari" (1931), „Königin Christine" (1933), „Anna Karenina" (1935). Nach einem filmischen Misserfolg zog sie sich 1941 aus dem Filmgeschäft zurück.

Wann entwickelte sich das Ballett zu einer selbstständigen Kunstgattung?

Mitte des 18. Jahrhunderts, als man an den Höfen von Paris und Wien Geschmack am stilisierten Theatertanz gefunden hatte. Paris hatte bei der Entwicklung des Balletts (von italienisch „ballo" = „Tanz") die Vorreiterrolle, weil schon Ludwig XIV. 1661 die Königliche Tanzakademie gründete. Erst Ende des 19. Jahrhunderts zog St. Petersburg nach, und gerade die russischen Tänzer und Choreographen wie Waclav Nijinskij (um 1888–1950) und Rudolf Nurejew (1938–93) waren es, die sich mit dieser Kunstform einen Namen machten.

Wer komponierte die Operette Die lustige Witwe (1905)?

Lehár: Plakat zur Operette „Der Graf von Luxemburg“

Der österreichische Komponist Franz Lehár (1870–1948), dessen Lieder „Heut geh ich ins Maxim“ (aus: „Die lustige Witwe“) oder „Dein ist mein ganzes Herz“ (aus: „Das Land des Lächelns“, 1929) bis heute einen weltweit ungebrochenen Erfolg haben.

Durch welche Tat gelangte der amerikanische Pilot Charles August Lindbergh (1902–74) zu Berühmtheit?

Ihm gelang am 20./21. Mai 1927 der erste Nonstop-Alleinflug von New York nach Paris über den Atlantik. Er benötigte dafür 33,5 Stunden. Diese Pionierleistung machte den ehemaligen Postflieger in Amerika zum Nationalhelden.

Wie hieß Fürstin Gracia Patricia von Monaco, als sie noch mit Alfred Hitchcock Filme drehte?

Grace Kelly (1929–82). U. a. spielte die kühl wirkende Schauspielerin in Hitchcocks Thriller „Bei Anruf Mord“ die weibliche Hauptrolle.

Welchen deutschen Titel bekam der Film Rebel without a cause?

Dieser Film lief in Deutschland unter dem Titel „...denn sie wissen nicht, was sie tun“. Nicholas Ray drehte ihn 1955. James Dean verkörpert darin einen Jungen aus gutem Hause, der trotz seiner Herkunft auf die schiefe Bahn gerät.

Was ist ein Talon?

Beim Kartenspiel der Kartenstapel, der beim Austeilen übrig geblieben ist und verdeckt zum Gebrauch in der Mitte des Tisches liegt.

Was versteht man unter Yoga?

Yoga ist die altindische Lehre von einem gesunden und erfüllten Leben, die z. B. von Gurus vermittelt wird. Das Wort kommt aus dem Sanskrit und bedeutet „vereinen, verbinden, zusammenfügen“ (deutsch „Joch“, englisch „to join“, französisch „joindre“). Gemeint ist die Verbindung von Körper, Geist und Seele, wobei die Verbundenheit mit dem Kosmos, der Erde bzw. der Natur angestrebt wird.

Wer war der Schwimmstar der Olympischen Spiele von 1972 in München?

Der Amerikaner Mark Spitz (*1950), der in München sieben Goldmedaillen holte und noch dazu bei jedem Sieg einen Weltrekord brach.

Für welche Sinfonie ist Antonín Dvořák (1841–04) berühmt?

Für seine Sinfonie Nr. 9 e-Moll, besser bekannt unter dem Titel „Aus der Neuen Welt“ (1893). Der Böhme Dvořák ist neben Smetana der Hauptvertreter der tschechischen Kunstmusik. Er schrieb neben seinen 9 Sinfonien auch sinfonische Dichtungen, Opern, ein Oratorium, ein Violin- und ein Cello-Konzert, ferner Kirchen- und Kammermusik und Lieder.

Woher kommt der Ausdruck Zugzwang?

Vom Schachspiel, wo er eine Situation bezeichnet, in der ein Spieler ziehen muss und ihm daraus Nachteile erwachsen.

Wie heißt das Schweizer Gegenstück zur Tour de France?

Im August 1933 führte man die Tour de Suisse ein. Damit hat auch die Schweiz eine eigene Radrundfahrt, nach Frankreich (Tour de France), Italien (Giro d' Italia) und Deutschland (Deutschlandrundfahrt). Auf der 1253 km langen Strecke gilt es, zahlreiche Gebirgsstrecken zu überwinden. Erster Sieger wurde der Österreicher Max Bulla.

In welcher südamerikanischen Stadt entstand der Tango?

In Buenos Aires (Argentinien), und zwar zwischen 1850 und 1880. Der gleichermaßen Sehnsucht wie aggressiven Stolz ausdrückende Tanz entstand in niedrigeren Gesellschaftsschichten und gelangte 1907 nach Paris.

Was sind die Paralympics?

Die Olympischen Spiele für körperlich behinderte Menschen. Seit 1984 werden sie jeweils im Anschluss an die Olympischen Sommer- und Winterspiele ausgetragen (seit 1992 auch für geistig Behinderte). 1994 fand die erste Leichtathletik-WM für Behinderte in Berlin statt.

In welcher sportlichen Disziplin war Carl Lewis (*1961) einer der erfolgreichsten Sportler?

Carl Lewis

In der Leichtathletik. Hier gewann er 1984 bei den Olympischen Spielen in Los Angeles vier Goldmedaillen (100 m; 200 m; 4 x 100 m; Weitsprung). 1988 errang er in Seoul erneut Gold im Weitsprung und über 100 m; 1992 in Barcelona wiederum im Weitsprung und über 4 x 100 m. Schließlich gewann er 1996 in Atlanta im Weitsprung seine neunte Goldmedaille.

Was meint die Bezeichnung Centre-Court?

So bezeichnen Tennisspieler den Platz einer Tennisanlage mit der besten Lage und der größten Zuschauerkapazität.

Welche Bar ist in dem Film Casablanca (1942) der Hauptschauplatz des Geschehens?

Rick's Bar. Rick Blaine (Humphrey Bogart) und Ilsa (Ingrid Bergman), die sich in Paris ineinander verliebt haben, begegnen sich hier durch Zufall wieder. Casablanca ist für viele NS-Verfolgte ein Anlaufhafen. So auch für den Widerstandskämpfer Victor Laszlo und dessen Frau Ilsa. Der aus enttäuschter Liebe zynisch gewordene Rick ermöglicht schließlich dem Ehepaar die Flucht vor dem Zugriff der Nazis.

Welche italienische Schauspielerin verkörperte in vielen Filmen den Typus der temperamentvollen, schönen und leichtfertigen Frau aus dem Volk?

Sophia Loren

Sophia Loren (*1934), die 1953 von dem Produzenten Carlo Ponti entdeckt wurde, der sie später heiratete. Mit „Und dennoch leben sie“ (1960) wurde sie zum Star; sie erhielt einen Oscar und den Darstellerpreis von Cannes. 1964 kann sie ihren großen Erfolg mit „Scheidung auf italienisch“ (zusammen mit Marcello Mastroianni) wiederholen. Als gealterte Diva trat sie in Robert Altmans „Prêt-à-Porter“ 1994 noch einmal auf, wo es ein Wiedersehen mit Mastroianni gab.

Welcher deutscher Fußballer wurde Uns Uwe genannt?

Der Hamburger Uwe Seeler (*1936). Er war das Fußball-Idol der 60er-Jahre. Berühmt war der eher kleine Sportler auch für seine Kopfballstärke. Er nahm an vier Weltmeisterschaften teil (1958–70) und war dreimal Fußballer des Jahres (1960, 1964, 1970).

In welchem Monat beginnt das Münchner Oktoberfest?

Immer im September, weil es jeweils am ersten Sonntag im Oktober endet und 14 Tage dauert. Das Oktoberfest geht auf ein Pferderennen zurück, das am 17. Oktober 1810 anlässlich der Vermählung des bayerischen Kronprinzen, des späteren Königs Ludwig I., mit Prinzessin Therese von Sachsen-Hildburghausen stattfand. Zu Ehren der Braut wurde die Festwiese auch Theresienwiese genannt.

Wie viele Achttausender bestieg Reinhold Messner (*1944) ohne Sauerstoffgerät?

Alle 14 Achttausender der Welt (zwischen 1970 und 1986). Außerdem durchquerte er zusammen mit Arved Fuchs die Antarktis zu Fuß über eine Strecke von 2740 km. Reinhold Messner stammt aus Südtirol/Italien, seine einsamen Erlebnisse in der Natur schilderte er in mehreren Büchern.

Um welche wissenschaftliche Disziplin handelt es sich bei Ayurveda (um 500 n. Chr.)?

Um die altindische Medizinlehre; Ayurveda (Sanskrit „Wissenschaft des Lebens“) besteht aus drei großen Sammelwerken der drei sagenhaften altindischen Ärzte Charaka, Susruta und Vagbhata. Ein Teil der Behandlungsmethoden gründet sich auf pflanzliche Arzneien. Das Werk wurde im Laufe der Jahrhunderte ergänzt, z. B. um alchemistische Präparate.

Welcher Fußballer wird als der Kaiser bezeichnet?

Franz Beckenbauer (*1945). Er wurde als Spieler (1974) und als Trainer (1990) Weltmeister, was außer ihm nur dem Brasilianer Mario Zagalo gelang. Bekannt geworden ist der elegante Fußballer als offensiv ausgerichteter Libero beim FC Bayern München, mit dem er mehrmals Deutscher Meister und Europacupsieger wurde. Heute ist Beckenbauer Präsidiumsmitglied des Münchner Vereins.

In welcher berühmten Reitschule werden Lipizzanerhengste seit 1735 geprüft?

In der Spanischen Reitschule in Wien. Lipizzaner (meist Schimmel) sind sehr gelehrige Warmblutpferde.

Für was ist Hip-Hop ein Sammelbegriff?

Für Musikrichtungen und andere Aktivitäten, die seit Ende der 70er-Jahre von Jugendlichen ethnischer Minderheiten in den USA entwickelt wurden.

Welchem Müll will das Duale System zu Leibe rücken?

Dem Verpackungsmüll, der in der BR Dtl. im Gelben Sack oder in der Gelben Tonne gesammelt wird. Diese Mülltrennung ermöglicht das Recycling (Wiederverwertung) und senkt auch generell den Verbrauch von Verkaufsverpackungen.

Welcher Nation gehören die Nobelpreisträger Henri Dunant (1828–1910) und Hermann Hesse (1877–1962) an?

Der Schweiz. Dunant erhielt 1901 den Friedensnobelpreis (zusammen mit Frédéric Passy) für seine Arbeit um die Gründung des Roten Kreuzes 1863; Hesse erhielt 1946 den Literaturnobelpreis. Insgesamt stellte die Schweiz 19 Nobelpreisträger (6 x Chemie; 3 x Frieden; 2 x Literatur; 6 x Medizin und Physiologie; 2 x Physik).

Was ist in der BR Dtl. die Droge Nr. 1?

Der Alkohol. In der Alkoholstatistik liegt die BR Dtl. in Europa hinter Portugal und Frankreich auf dem dritten Platz. Von den sichergestellten Drogen (Rauschmittel) in der BR Dtl. liegt die bei Jugendlichen beliebte Mode-Droge Ecstasy an der Spitze, gefolgt von LSD, Cannabis, Marihuana und Haschisch.

Welcher Regisseur schuf mit Dr. Mabuse (1922) und Metropolis (1925/26) Meisterwerke des Stummfilms?

Lang: Kinoplakat „Metropolis“

Fritz Lang (1890–1976), der 1933 trotz verlockender Angebote der Nazis in die USA emigrierte. In Hollywood setzte er u. a. mit „Rache für Jesse James“ (1940) neue Glanzpunkte seines Könnens. Insgesamt vier Mal beschäftigte ihn das bösartige Genie „Mabuse“, der die Weltherrschaft anstrebt; zum letzten Mal 1960 mit dem Film: „Die tausend Augen des Dr. Mabuse“.

Welche chinesische Sportart wird als Tai Chi Chuan bezeichnet?

Das Schattenboxen, das in China von Millionen Menschen jeden Morgen betrieben wird. Es handelt sich dabei um gymnastische Übungen für jede Altersstufe, die der Gesunderhaltung, Selbstverteidigung und Meditation dienen.

Was bezeichnet beim Tennisspiel ein Ass?

Der durch einen Aufschlag erzielte direkte Punkt. Reine Asse werden so platziert bzw. hart geschlagen, dass der Gegner den vom Boden wegspringenden Ball mit seinem Schläger nicht mehr berührt;

bei sog. halben Assen erreicht der Gegner zwar noch den Ball, kann ihn jedoch nicht mehr regelgerecht retournieren (zurückschlagen).

Wer komponierte u. a. 12 Lieder aus Des Knaben Wunderhorn (1892–95) und die Kindertotenlieder (1901–04)?

Gustav Mahler

Der österreichische Dirigent und Komponist Gustav Mahler (1860–1911), dessen Hauptwerk in der Sinfonik liegt. Er komponierte 10 Sinfonien von denen u. a. „Der Titan“ und „Die Auferstehungssinfonie“ besonders berühmt sind. Mahlers Werk steht in der Tradition Anton Bruckners sowie der Klassik und Romantik. Besonderen Einfluss hatte sein Werk auf die Zweite Wiener Schule um Arnold Schönberg.

Wie heißt der begehrte internationale Filmpreis von Cannes?

Goldene Palme. In der Werbewirtschaft und v. a. unter den Kreativen findet auch die sog. Cannes-Rolle mit jährlich prämierten Werbespots weltweit Beachtung.

Woher hat die AVUS ihren Namen?

Es ist eine Abkürzung für Automobil-, Verkehrs- und Übungsstraße. So wurde die 1921 fertig gestellte Schnellstraße im Grunewald in Berlin genannt. Bis 1938 wurde sie für Autorennen genutzt.

Was ist Black Jack?

Black Jack ist die amerikanische Spielbank-Version des alten Kartenspiels Siebzehn und Vier. Jeder Spieler spielt gegen die Bank. Ziel ist es, mit seinen Karten möglichst nahe an 21 Punkte ranzukommen, ohne jedoch über 21 Augen zu haben. Jeder, der besser ist als die Bank, gewinnt. Black Jack hat man, wenn man mit zwei Karten 21 Augen erreicht.

Was bedeutet der Begriff Sitcom?

„Sitcom“ ist eine Zusammenziehung aus „situation comedy“ und bezeichnet eine humorvolle Fernsehserie mit stets wiederkehrenden Akteuren, Situationen und Orten. Bekannte Beispiele sind „Roseanne“, die „Bill Cosby Show“ oder „Eine schrecklich nette Familie“.

Wie nennt man den harmonischen Zusammenklang von drei Tönen verschiedener Tonhöhe?

Dreiklang. Der aus drei Tönen bestehende Akkord bildet seit etwa 1600 in der polyphonen (mehrstimmigen) Musik Europas die Grundlage der Harmonik.

Was versteht man unter Doping?

Das im Amateur- und Leistungssport unzulässige Verbessern sportlicher Leistungen durch Medikamente oder andere künstliche Wirkstoffe. Mit zunehmend verfeinerten Methoden kann Doping auch nachträglich nachgewiesen werden und zur Disqualifikation führen.

In welchen Musikwerken kommen Arien vor?

In Opern, Oratorien und Kantaten. Die Arie ist ein Sologesangsstück, das instrumental begleitet wird. Von der melodischen Arie unterscheidet sich der Sprechgesang (Rezitativ). Besonders virtuose Arien heißen Koloratur-Arien (von italienisch „coloratura“ = „Ausmalung, Schmückung“).

Wann wurden die ersten Olympischen Spiele der Antike ausgetragen?

Im Jahre 776 v. Chr. fanden die ersten historisch nachweisbaren Spiele zu Ehren des Zeus in Olympia statt. Vermutlich gab es aber bereits hunderte von Jahren zuvor an diesem Ort Festspiele. Seit 776 v. Chr. fanden diese bedeutendsten Festspiele bis 394 n. Chr. alle vier Jahre statt.

Wer gilt als Traumpaar des deutschen Eiskunstlaufs nach dem Zweiten Weltkrieg?

Marika Kilius und Hans-Jürgen Bäumler. Sie wurden sechsmal Europa- und zweimal Weltmeister. Kilius gewann ihre erste Deutsche Meisterschaft als Zwölfjährige mit ihrem damaligen Partner Franz Ningel. Bäumler startete seine Karriere als Einzelläufer. 1964 wechselte das Paar ins Profilager und nahm von da an auch mehrere Filme auf.

Wofür steht die Abkürzung UEFA?

Sie steht für „Union Européenne de Football Association“. Dieser europäische Fußballverband wurde im März 1955 gegründet.

Welcher bosnische Filmregisseur gilt mit Arizona Dream (1992) u. a. als Senkrechtstarter des internationalen Filmgeschäfts der 80er und 90er-Jahre?

Emir Kusturica (1955), der bereits 1981 für „Erinnerst du dich an Dolly Bell?“, sein erster Spielfilm, mit einem Goldenen Löwen in Venedig ausgezeichnet wurde. Der internationale Durchbruch gelang ihm mit der Satire auf die Ära des Stalinismus im Jugoslawien der 50er-Jahre, „Papa ist auf Dienstreise“ (1984). Kusturicas Filmkunst arbeitet mit der Verknüpfung von Traum und Realität sowie mit surreal-fantastischen Elementen; sein Stil wird daher meist mit „magischer Realismus“ umschrieben. Internationale Auszeichnungen bekam er auch für seine Filme „Time of the Gypsies“ (1989) und das Drei-Stunden-Opus „Underground“ (1995).

Wie heißt das international gültige Verzeichnis der Musikwerke Mozarts (1719–87)?

Köchelverzeichnis (KV), benannt nach seinem Schöpfer, dem österreichischen Juristen und Musikgelehrten Ludwig Ritter von Köchel (1800–77). Der vollständige Titel lautet „Chronologisch-thematisches Verzeichnis sämtlicher Tonwerke Wolfgang Amadeus Mozarts“ (1862).

Mozart: Figaros Hochzeit (Szenenbild)

Was wird beim Canyoning gemacht?

Bei dieser Extremsportart wird versucht, sich im Wildwasser gegen die starke Strömung schwimmend, tauchend oder kletternd voranzubewegen.

Welcher jamaikanische Musiker ging mit Songs wie No woman no cry in die Musikgeschichte ein?

Bob Marley

Bob Marley (1945–81), der sich in seinen Liedern immer wieder gegen soziale Ungerechtigkeit und Rassendiskriminierung wandte. Er vertrat die Lebensphilosophie der Rastafari, die die westliche Zivilisation ablehnt. In den 60er-Jahren machte er mit seiner Reggae-Band „The Wailers“ weltweit Furore.

In wie vielen Filmen spielte James Dean (1931–55)?

In nur drei Filmen. Dennoch wurde er zum Idol einer ganzen Generation. Die Filme hießen „Jenseits von Eden“, „… denn sie wissen nicht, was sie tun“ und „Giganten“. Zur Legende wurde James Dean in der Rolle des Jim als unverstandener, ungezähmter Jugendlicher.

Was versteht man unter einer Blue Box?

Um einen anderen Hintergrund als den wirklichen zu bekommen, agieren beim Film Schauspieler vor einer blauen Leinwand, an deren Stelle dann durch verschiedene Kopierschritte ein neuer Hintergrund gezeigt wird.

Was zeichnet die Lindenstraße aus?

Die Lindenstraße ist die erste deutsche Endlosserie mit Kultcharakter. Sie läuft seit 1985 und hat zahlreiche Fans, die sich jeden Sonntag einfinden, um die Serie zu sehen. Der Lindenstraßenkult geht von Partys bis hin zum mehrtägigen Dauerschauen aller bisherigen Sendungen. Ein Ende der erfolgreichen Serie ist bislang noch nicht abzusehen.

Welcher Nationalität gehören die Nobelpreisträger Bertha von Suttner (1843–1914) und Konrad Lorenz (1903–89) an?

Österreich. Suttner erhielt 1905 den Friedensnobelpreis für ihre engagierte Arbeit in der modernen Friedensbewegung. Lorenz erhielt für seine Leistungen in der Verhaltensforschung 1973 den Nobelpreis für Physiologie und Medizin. Darüber hinaus bekamen weitere 11 Österreicher den Nobelpreis.

Was ist der Anchorman bzw. die Anchorwoman in einer Nachrichtensendung?

In den Abendmagazinen der öffentlichen und privaten Sender hat der Anchorman (von englisch „anchor“ = „Anker“ und „man/woman“ = „Mann/Frau“) die Aufgabe den seriösen und kompetenten Fixpunkt der Sendung darzustellen. Er dirigiert gewissermaßen mit der Regie im Hintergrund den Verlauf der Film- und Nachrichtenbeiträge und führt die Live-Interviews.

Wer erhielt 1901 zusammen mit Frédéric Passy den ersten Friedensnobelpreis?

Henry Dunant (1828–1910). Unter dem Eindruck der Schlacht von Solferino (hier kämpften 1859 Frankreich und Italien mit den Österreichern um den Besitz der Lombardei) regte er die Gründung des Internationalen Roten Kreuzes an.

Passy war Mitbegründer der Internationalen Friedensliga von 1887.

Woher kommt der Ausdruck Brot und Spiele?

Aus dem alten Rom. Der Schriftsteller Juvenal († 130 n. Chr.) warf seinen Zeitgenossen vor, dass sie vom Staat nicht mehr forderten, als dass dieser ihnen die Bäuche fülle und sie mit „circenses“ (Gladiatoren- und anderen Kämpfen in der Arena) von wichtigeren Dingen ablenke.

Was versteht man unter einem salomonischen Urteil?

Ein salomonisches Urteil ist ein weiser Richterspruch. König Salomo soll den Befehl gegeben haben, ein Kind, um das sich zwei Mütter stritten, zu zerteilen. So entlarvte er die falsche Mutter, die zu der Tat bereit gewesen wäre.

Seit wann wird jährlich eine Kulturhauptstadt Europas benannt?

Seit 1985. Die Benennung einer Kulturhauptstadt Europas beruht auf einer Initiative der EU-Kultusminister. Unterstützt durch die Gewährung eines Etats, sollen Kunstausstellungen, Konzerte, Theateraufführungen usw. in jeweils wechselnden Großstädten gefördert werden. Für das Jahr 1999 wurde Weimar als Kulturhauptstadt Europas erkoren.

Welche Einstellung haben die Video-Künstler zum Fernsehen?

Eine meist skeptische. Häufig reflektieren sie es kritisch in ihren Arbeiten. Videokunst nutzt neueste elektronisch-optische Technik als Medium für die künstlerische Aussage. Als Vorreiter dieser Kunst machte sich der Koreaner Nam June Paik 1963 einen Namen, heute wird dank erweiterter Möglichkeiten mitunter auch der Betrachter in das Werk miteinbezogen, oder er kann aktiv mitgestalten.

Welche amerikanische Schauspielerin wurde in den 50er-Jahren zum Sexsymbol Hollywoods?

Marilyn Monroe

Marilyn Monroe (1926–62), die in ärmlichen Verhältnissen aufwuchs und ihre Karriere als Aktmodell begann. Berühmt sind ihre Rollen als unbedarftes Mädchen mit übermäßigem Sexappeal in den Komödien „Wie angelt man sich einen Millionär“ (1952), „Das verflixte 7. Jahr“ (1955) und besonders in „Manche mögen's heiß“ (1959) von Billy Wilder. Die Monroe, der ein Verhältnis mit dem US-Präsidenten Kennedy nachgesagt wird, starb unter nicht ganz geklärten Umständen an einer Überdosis Schlaftabletten.

Unter welchem Namen ist Beethovens 3. Sinfonie bekannt?

Unter dem Namen Eroica. Beethoven hatte sie Napoléon I. gewidmet, zerriss jedoch seine Widmung eigenhändig, als er erfuhr, dass dieser sich zum Kaiser gekrönt hatte.

Welcher Stilrichtung des Jazz wird Count Basie (1904–84) zugeordnet?

Dem amerikanischen Swing. Der Jazzpianist gründete 1935 seine berühmte Big Band, die einen ganz eigenen, sehr rhythmischen Stil herausbildete und auch Elemente des neueren Jazz übernahm.

Bei welcher olympischen Disziplin verwendeten bereits die alten Griechen scheibenförmige Wurfgeräte?

Diskuswerfen war in der Antike eine olympische Disziplin

Beim Diskuswerfen (griechische „diskos" = „Scheibe"). Die bei Ausgrabungen gefundenen antiken Scheiben hatten vermutlich ein Gewicht von bis zu 7 kg. Der seit 1912 gültige Diskus besteht überwiegend aus Holz, hat aber einen Metallkern und einen Metallring; er wiegt bei den Herren 2 kg, bei Frauen 1 kg. Den Weltrekord hält seit 1986 Jürgen Schult mit 74,08 m.

Was bezeichnet man mit Image?

Die Vorstellung bzw. das Bild (von lat. „imago" = „Bild"), das jemand oder eine ganze Gruppe von jemand anderem oder einer anderen Gruppe oder Sache gewinnt. „Image-Pflege" ist v. a. für Personen des öffentlichen Lebens wichtig.

Auf welche Schrift führt sich unser heute gültiges Alphabet zurück?

Auf die lateinischen Schriftzeichen; von diesen weicht in der Form der Buchstaben das griechische („Alphabet" von den griechischen Buchstaben „alpha" und „beta") und kyrillische Alphabet ab. Die Anordnung der europäischen Alphabete geht auf das älteste semitische Alphabet zurück, bei dem die Bildähnlichkeit der Zeichen das Ordnungskriterium war.

Welches ist das erfolgreichste Musical Leonard Bernsteins (1918–90)?

Die „West Side Story", eine moderne Fassung des Romeo-und-Julia-Themas vor den Kulissen Manhattans. Als Komponist gelang es Bernstein, Unterhaltungsmusik salonfähig zu machen und die Grenzen zur ernsten Musik aufzuweichen. Als Dirigent gewann er größte internationale Anerkennung.

In welcher Stadt war Anton Bruckner (1834–96) Hoforganist?

In Wien. Tiefe Religiosität und ein starkes Naturgefühl prägen das Werk des österreichischen Komponisten (z. B. „Requiem" und „Te Deum").

Warum wurde der bekannte weiße Jazzstil der Südstaaten in den USA Dixieland genannt?

Im Südstaat Louisiana war der Wert der Zehn-Dollar-Banknote auf der Rückseite mit französisch „dix" (zehn) angegeben. Louisiana wurde deshalb auch das Land der Dixes oder Dixies genannt. Den Ausdruck Dixieland übertrug man dann generell auf die Südstaaten – der so benannte Jazzstil kam erst 100 Jahre später auf.

Was ist eine Fuge?

Ein Musikkomposition, die nach bestimmten, festgelegten Gesetzen eine Melodie wiederholt. Die verschiedenen Instrumente setzen nacheinander mit der gleichen Melodie ein, aber auf einer anderen Tonstufe der Grundtonart, so dass sich der Eindruck einer „Flucht" voreinander ergibt (Fuge von lateinisch „fuga" = „Flucht"). Besonders Johann Sebastian

Bach perfektionierte die Kunst der Fuge, die Ende des 16. Jahrhunderts aus dem Kanon entstand.

Wer komponierte das Forellenquintett?

Franz Schubert (1797–1828). Es ist nach seinem Lied „Die Forelle“ benannt und für folgende fünf Instrumente geschrieben: Klavier, Violine, Viola, Violoncello und Kontrabass.

Mit welcher Zeichentrickfigur wurde Walt Disney (1901–66) berühmt?

Mit der 1928 entstandenen „Mickey-Mouse“. Ihr folgten Serien über „Donald Duck“, „Bambi“, „Pluto“ u. a. Schon seit 1934 drehte Walt Disney auch Farbfilme; ein großer Erfolg wurde aber erst der Dokumentarfilm „Die Wüste lebt“ (1953). 1955 gründete er den Vergnügungspark „Disneyland“ bei Los Angeles, dem weitere folgten.

Mit welcher Single wurde Jimi Hendrix (1942–70) über Nacht berühmt?

Mit „Hey Joe“ (1967). Mit seinem Gitarrespiel wurde Hendrix zur Legende. Technische Entwicklungen wie Wah-Wah oder Verzerrer nutzte er exzessiv aus, er zupfte die Saiten sogar mit der Zunge, und nach seinen Auftritten pflegte er sein Instrument zu zerschmettern oder in Brand zu setzen. Jimi Hendrix hatte seinen letzten Auftritt auf der Insel Fehmarn.

Wer komponierte 1787 die Oper Don Giovanni?

Wolfgang Amadeus Mozart. Die Oper handelt vom ausschweifenden Leben des gottlosen Verführers Don Giovanni (= Don Juan), der schließlich in den Höllenschlund geworfen wird. Die Handlung spielt im Spanien des 17. Jahrhunderts.

Was verspricht das Zauberwort all-inclusive?

Der aus dem Englischen stammende Begriff bedeutet, dass bei Pauschalreise-Angeboten „alles inbegriffen“ ist; d. h., sämtliche Kosten von der Übernachtung bis zu den Getränken sind im Preis enthalten.

Was ist mit dem Begriff Olympiade gemeint?

In der Antike bezeichneten die Griechen den Vierjahreszeitraum zwischen zwei Olympischen Spielen als Olympiade. Heute wird der Begriff fälschlicherweise als Synonym für die Olympischen Spiele gebraucht.

Diskuswerfender Olympionike auf einer antiken griechischen Vase

Was wird mit Millennium bezeichnet?

Ein Jahrtausend (von lat. „mille“ = „tausend“), entsprechend zu Dezennium für Jahrzehnt und Säkulum für Jahrhundert.

Wie wird Beethovens Fünfte noch genannt?

„Schicksalssinfonie“ – sie ist neben der dritten, sechsten und neunten eine der bekanntesten Sinfonien Beethovens. Ihren Namen hat sie von dem bekannten musikalischen Motiv, in dem die Schläge des Schicksals an die Türe des Komponisten nachgeahmt werden.

Wo fanden die Olympischen Sommerspiele 1972 statt?

In München. Seit 1936 wurde erstmals wieder eine Olympiade in Deutschland ausgetragen. Hierzu ließ die Stadt München unter dem Oberbürgermeister Joachim Vogel auf dem Oberwiesenfeld ein riesiges Olympiagelände mit U-Bahn-Anschluss in die Innenstadt entstehen. Die anfänglich großartige Atmosphäre wurde durch den von Palästinensern verübten Terrorakt gegen die Mannschaft aus Israel schwer gestört.

Olympiagelände in München

Wer komponierte das Tanzstück Le sacre du printemps (1913)?

Igor Stravinsky (1882–1971), der durch die Ballettmusiken „Der Feuervogel“ (1910) und „Petruschka“ (1911) bereits internationalen Weltruhm erlangt hatte. Die Aufführung seines „Sacre“ (von Französisch „Die Frühlingsweihe“) mit dem Untertitel „Bilder aus dem heidnischen Russland“ geriet jedoch bei der Uraufführung in Paris zu einem der größten Skandale der Musikgeschichte. Das Publikum war schockiert durch die Dominanz der rhythmisch-schlagenden Elemente, die von Streichern, Bläsern und Schlagzeug gleichermaßen übernommen werden.

Wer entwickelte Anfang des 20. Jahrhunderts die Zwölftonmusik?

Arnold Schönberg (1874–1951). Die Zwölftonmusik ist atonal, d. h., bei ihr spielen die Tonarten (Dur, Moll) keine Rolle. Alle zwölf Töne der temperierten Skala sind nur auf sich selbst bezogen und bilden eine Reihe.

Welches sind die drei berühmtesten, abendfüllenden Ballette von Peter Tschaikowsky (1840–93)?

„Schwanensee„, „Dornröschen„ und „Der Nussknacker„. Sie bildeten Höhepunkte des klassisch-akademischen Tanzes.

Wer war 1966 in England der Gründer der Gruppe Cream?

Eric Clapton (*1945). Clapton ist einer der einflussreichsten und besten Rockbluesgitarristen, die Gruppe Cream gelangte mit ihrem stark bluesgefärbten Rock zu Weltruhm. Auch in seiner Solokarriere ist Clapton heute noch äußerst erfolgreich.

Wer ist seit den 70er-Jahren der erfolgreichste Musicalkomponist der Gegenwart?

Andrew Lloyd Webber (*1948). Internationale Triumphe feierte er weltweit u. a. mit „Jesus Christ Superstar“, „Cats“ oder „Das Phantom der Oper“. Durch Webber erlangte das Musical auch in

Deutschland und Österreich einen beachtlichen Zuwachs an Popularität.

Welche Musikrichtung des Jazz brachte Glenn Miller (1904–44) in den 30er-Jahren zur Blüte?

Den Swing. Glenn Miller war Bandleader und Posaunist. Mit seiner 1938 gegründeten Big Band entwickelte er den typischen Glenn-Miller-Sound, der eine Besetzung von vier Saxophonen und einer führenden Klarinette zur Grundlage hatte.

Womit glaubt der Astrologe Prognosen für die Zukunft eines Menschen abgeben zu können?

Mit dem Horoskop (griechisch „Stundenseher"), das eine schematische Darstellung der Planetenkonstellation zu den 12 Tierkreiszeichen zum Zeitpunkt der Geburt ist. Das individuelle Horoskop kann auch zur Charakterdeutung verwendet werden.

Wie heißt der inzwischen über 50-jährige Millionär Bruce Wayne, wenn er sich nächtens in den Fledermausmenschen verwandelt?

Batman. Der Comic-Held, inzwischen ein Klassiker der Comic-Literatur, wurde 1939 von dem Amerikaner Bob Kane erfunden. Das Besondere an Batman: Der „Rächer der Nacht" bekämpft das Verbrechen ganz ohne Waffen.

Mit welchem Instrument wurde Chuck Berry (*1931) berühmt?

Mit der Gitarre. Chuck Berry war wesentlich an der Entwicklung der Rockmusik zu Beginn der 50er-Jahre beteiligt. Berühmte Titel sind „Roll over Beethoven", „Sweet little Sixteen" oder „Johnny B. Goode".

Welche schwedische Pop-Gruppe machte in den 70er-Jahren Furore?

Abba. Sie gewann 1974 mit „Waterloo" den Grand Prix d'Eurovision und startete eine Weltkarriere. Ende der 90er-Jahre erfreuen sich manche ihrer Titel einer Renaissance in Wiederaufnahmen.1999 wurde in Stockholm die weltweit erste-Abba-Ausstellung eröffnet.

Wer vertonte Brechts Dreigroschenoper?

Kurt Weill. Sie war der größte Theatererfolg auf deutschen Bühnen während der Weimarer Republik. Brecht und Weill arbeiteten viele Jahre zusammen (z. B. bei Aufstieg und Fall der Stadt Mahagonny, 1930 uraufgeführt) – mit internationalem Erfolg.

Mit welchem Instrument wurde Miles Davis (1926–91) berühmt?

Er war einer der führenden und stilbildenden Trompeter, v. a. des Modern Jazz.

In welcher Kunstgattung schuf Edvard Grieg Meisterwerke?

In der Musikkomposition. Der Norweger Grieg stand unter dem Einfluss der romantischen Musik Robert Schumanns. Später fand er auch zu nordischen Motiven, etwa in der Musik zu Henrik Ibsens „Peer Gynt" (1876), in seinen Orchestersuiten (1888, 1891) und seinen Liedern. Berühmt ist auch sein Klavierkonzert a-Moll (1868).

Wer wurde der Spatz von Paris genannt?

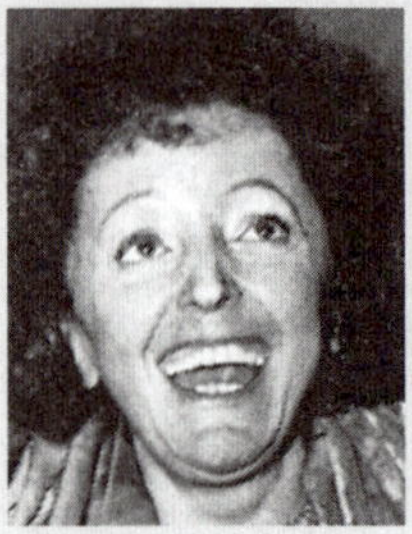
Edith Piaf

Edith Piaf (Edith Giovanna Gassion, 1915–63). Mit Titeln wie „Milord“ oder „Non, je ne regrette rien“ setzte sie Maßstäbe und prägte das Genre des Chansons wie kein Künstler vor oder nach ihr.

Durch welches Melodram Hollywoods von 1939 wurde Clark Gable (1901-60) zum unsterblichen Kinostar?

Mit der Verfilmung von Margaret Mitchells Roman „Vom Winde verweht“ (1936), der das Schicksal einer Südstaaten-Familie vor dem Hintergrund des amerikanischen Bürgerkrieges schildert.

Was sind Werwölfe?

Im Volksglauben sind dies Menschen, die sich nachts in Wölfe verwandeln und dann Menschen und Tiere töten.

Zu welcher Instrumentengattung gehört das Klavier?

Zu den Saiteninstrumenten, da die Klaviatur über eine komplizierte Mechanik, an deren Ende mit filzummantelten Holzhämmerchen Stahlsaiten angeschlagen werden. Die weißen Tasten erzeugen die C-Dur- und a-Moll-Tonleiter; die kürzeren schwarzen Tasten die Halbtöne. Durch Pedale können Unterschiede in der Lautstärke erzielt werden. Das Klavier (seit 1710) ist eine Weiterentwicklung des mittelalterlichen Klavichord und der Cymbala (geschlagenes Hackbrett); die äußere Form erhielt es vom Cembalo.

Wo tagte 1919 die Verfassungsgebende Nationalversammlung der neuen Republik?

Im Deutschen Nationaltheater in Weimar. Die Stadt, nach der sich die von Goethe und Schiller begründete deutsche Klassik benannte, hatte seit 1779 ein Liebhabertheater, für das Goethe Pate stand. 1825 wurde der klassizistische Neubau eröffnet, der bis 1907 stand und dann nach dem Abriss 1908 wieder eröffnet wurde.

Welcher amerikanische Sänger wurde mit New York, New York und My Way zur Legende?

Frank Sinatra (1915–98), der nach 50 Jahren zu einer Institution im Showgeschäft geworden war und den man deshalb auch respektvoll „The voice“ (englisch „Die Stimme“) nannte. Sinatras größter Erfolg als Schauspieler war seine Rolle als Maggio in dem kritischen Militärfilm „Verdammt in alle Ewigkeit“ (1953), die ihm einen Oscar einbrachte.

In welche Musiksparte gehört Kraftwerk?

Zur Popmusik. Die Popgruppe Kraftwerk wurde 1968 von Rolf Hütter und Florian Schneider-Esleben gegründet; später kamen noch Andreas Hofmann und Klaus Dinger hinzu. Charakteristisch für die Gruppe ist die Konfrontation von Rockmusik und elektronischen Klängen. International bekannt wurde sie durch die LP „Autobahn“ (1974). Thematisch anspruchsvoll sind die Inhalte ihrer Songs, z. B. in „Computerwelt“ (1981) das Thema „Mensch und Computer“.

Was ist im nordischen Volksglauben ein Troll?

Ein Dämon oder Kobold, der seine Gestalt verändern kann, meist jedoch als Riese oder Zwerg beschrieben wird. Trolle haben die Fähigkeit den Menschen Krankheiten anzuhexen; um nicht ihre geheimen Kräfte zu verlieren, müssen sie sich im Dunklen aufhalten.

In welchem Jahrhundert war die Gründerzeit, und wie kam sie zu ihrem Namen?

Die Gründerzeit war im 19. Jahrhundert. Infolge der Aufhebung der Zünfte gab es zahlreiche Firmengründungen in Industrie und Handel, in Deutschland besonders nach dem Sieg von 1871 (gegen Frankreich). In der Kunst tendierte der „Gründerstil“, z. B. bei Möbeln, aber auch im Baustil, zu massivem, neobarockem Pomp, durch den sich der Neureichtum, aber auch eine Ablehnung alles Klassizistischen ausdrückte.

Welcher deutsche Schauspieler und Entertainer wurde u. a. durch die Fersehserie „Ein verrücktes Paar“ berühmt?

Harald Juhnke (*1929), der in dieser Sendung zusammen mit Grit Böttcher die Zuschauer durch kurze Sketche begeisterte. Juhnke kommt ursprünglich von der Theaterbühne, der er niemals ganz untreu wurde. U. a. trat er in Berlin (Freie Volksbühne) und in München („Kleine Komödie“) auf. Seit den 50er-Jahren wirkte er in mehr als 70 Kinofilmen mit (u. a. 1992 in „Schtonk“ und 1997 in „Der Hauptmann von Köpenick“). Juhnke, der seit den 80er-Jahren auch durch Alkohol-Exzesse von sich Reden machte, erhielt 1992 den „Bambi“ und 1993 den „Ernst-Lubitsch-Preis“.

Welches Königsgeschlecht hat Windsor Castle als Stammschloss?

Das englische Königshaus, das hier in Berkshire, etwa 35 km westlich von London, eine Sommerresidenz hat. Schon Wilhelm der Eroberer (um 1027–87), genannt „der Bastard“, errichtete auf dem angelsächsischen Vorgängerbau einen Königshof. Der heutige Bau ging aus zahlreichen Veränderungen hervor, die alle auf die Burg König Eduard III. (1312–77), des Gründers des Hosenbandordens, zurückgehen.

Wer komponierte die Melodie für die Eurovisionssendungen der europäischen Fernsehanstalten?

Der Franzose Marc-Antoine Charpentier (1634/36-1704), der vor allem sakrale Musik für den französischen Hof komponierte. Neben Jean-Baptist Lully war er einer der gefragtesten Barock-Komponisten. Die Melodie der Eurovisionssendungen ist dem Prélude (Vorspiel) zu seinem „Te Deum“ für Soli, Chor und Orchester entnommen.

Welcher deutsche Fußballer ging als Bomber der Nation in die internationale Fußballgeschichte ein?

Gerd Müller (*1945), der von 1966 bis 1974 in der deutschen Nationalmannschaft spielte und dabei in 62 Länderspielen 68 Tore erzielte; damit führt er bis heute die Bestenliste an. 1974 schoss

Müller im Endspiel der Fußballweltmeisterschaft das entscheidende Tor zum 2:1 gegen die Niederlande. Er wurde darüber hinaus 1972 Europameister und mit dem FC Bayern München u. a. vierfacher Europapokalsieger sowie vierfacher Deutscher Meister. Der vielfache Torschützenkönig, der aus allen Positionen Tore schießen konnte, gehört zu den erfolgreichsten Stürmern aller Zeiten.

Wer komponierte die Opern La Bohème (1896), Tosca (1900) und Madame Butterfly (1904)?

Giacomo Puccini

Der italienische Komponist Giacomo Puccini (1858–1924). Seine Opern gehören neben denen Verdis zu den meistgespieltesten Opern der Welt. Sein Œuvre ist stark geprägt von der naturalistischen Opernkunst des „Verismo" (italienisch „das Wahrhaftige"). Beliebt sind seine Opern durch ihre Gefühlsbetonung, ihren sinnlichen Klang und ihre dramatische Wirkung.

Welcher amerikanische Schauspieler lehnte einen Oscar ab?

Der 1942 in Omaha geborene Marlon Brando. Er verweigerte 1972 für den Mafiafilm „Der Pate" den Oscar für den besten Hauptdarsteller. Er protestierte damit gegen die Diskriminierung der Indianer.

Wer war der wohl berühmteste amerikanische Tänzer?

Fred Astaire (1899–1987). Der in Ohama geborene Astaire betrat mit sieben Jahren zum erstenmal die Bühne und wurde vor allem durch seine eigenwilligen Tanzstil bekannt. Er drückte in seinem Tanz eine große Lebensfreude und hervorragendes technisches Können aus. 1949 erhielt Astaire einen Ehrenoscar.

Wer brachte Ben Hur zu Weltruhm?

Der amerikanische Filmregisseur William Wyler (1902-81). Wyler begann seine Karriere mit Stummfilm-Western bevor er sein Talent für die Verfilmung literarischer Vorlagen entdeckte. 1959 setzte der Regisseur das Historienepos Ben Hur in Szene. Dazu waren über 50.000 Komparsen notwendig. Als eindrucksvollste Szene gilt das berühmte Wagenrennen.

Durch welchen Song wurde Bob Dylan (*1941) v. a. bekannt?

Der Musiker, der eigentlich Robert Zimmermann heißt, wurde in den 60er-Jahren insbesondere durch das Lied „Blowin' in the Wind" international berühmt. Dylan setzte sich zu dieser Zeit für die amerikanische Bürgerrechtsbewegung ein.

Welcher amerikanische Schauspieler erhielt zweimal nacheinander den begehrten Oscar?

Tom Hanks (*1956) bekam die Trophäe 1994 für „Philadelphia" und 1995 für „Forrest Gump". Der überaus vielseitige Schauspieler arbeitet mittlerweile auch als Regisseur.

Welche Schauspielerin hält den Oscar-Rekord?

Es ist die 1909 geborene Katherine Hepburn. Sie wurde insgesamt zwölfmal für den Oscar nominiert und konnte ihn viermal gewinnen (1933, 1967, 1968 und 1981).

Welche weltbekannte deutsche Show moderiert Thomas Gottschalk (*1950)?

Die Sendung „Wetten, dass ...?". Der deutsche Entertainer ist besonders durch seine Schlagfertigkeit und seine kessen Sprüche berühmt geworden. Der ausgebildete Lehrer betätigt sich neben seiner Moderation auch als Schauspieler. Neben zahlreichen anderen Preisen erhielt Gottschalk zweimal den Bambi.

Wer war einer größten Pianisten des 20. Jahrhunderts?

Vladimir Samojlwitsch Horowitz (1904-89). Er wurde u.a. durch die Interpretation von Schumann, Chopin, Liszt und Tschaikowsky berühmt. Die Kritiker und Musikliebhaber waren von seinen technischen Fähigkeiten und der einzigartigen Musikalität begeistert.

Wer bildete seit den 1920er-Jahren das Komikerduo schlechthin?

Stan Laurel (1890–1965) und Oliver Hardy (1892–1957). Besser bekannt als „Dick und Doof". Der Erfolg des Duos begann Mitte der 20er-Jahre und hielt über 10 Jahre an. 1951 drehten die beiden ihren letzten gemeinsamen Film, der aber nicht mehr die Qualität der früheren Filme erreichte.

Wer war der bedeutenste japanische Filmregisseur?

Es ist Akira Kurosawa (1910–98). Mitte der 40er-Jahre drehte er seinen ersten Film mit dem Titel „Judo-Saga". International bekannt wurde Kurosawa mit dem Film „Rashomon" und vor allem mit „Die sieben Samurai". Aus diesem Werk enstand die Western-Adaption „Die Glorreichen Sieben" von John Sturges.

Wer gilt auch heute noch als bester Fußballer aller Zeiten?

Pelé

Edson Arantes do Nascimento, genannt Pelé. Der Brasilianer (*1940) führte die brasilianische Nationalmannschaft 1958, 1962 und 1970 zur Weltmeisterschaft. Seit 1995 ist er Sportminister.

Welcher französische Regisseur war der Sohn eines berühmten Malers?

Jean Renoir (1894–1979), Sohn von Auguste Renoir, der als Vorreiter des französischen Films seiner Zeit gilt. Renoirs unverwechselbarer Stil und seine Vielschichtigkeit fanden in dem Gesellschaftsdrama „Die Spielregel" (1939) ihren Höhepunkt.

Wer verwandelt einen Matchball?

Tennis- und Tischtennisspieler. Der Matchball ist der Spiel entscheidende letzte Ball einer Partie.

Wie heißt der wohl bekannteste Tarzan-Darsteller?

Johnny Weissmuller (1904-84). Der überaus erfolgreiche Schwimmer und Wasserballer mimte nach seiner Sportler-Karriere in 19 Spielfilmen und einer Fernsehserie die Figur des Affenmenschen

Welcher deutsche Komponist der Romantik ist für seine Klavierwerke wie „Kinderszenen“ (1838) und seine Liederzyklen (z. B. „Frauenliebe und -leben“) berühmt?

Robert und Clara Schumann

Robert Schumann (1810–56), der über seinen Klavierlehrer seine spätere Frau, die bedeutende Pianistin Clara Schumann, kennen lernte. Robert Schumann war auch ein einflussreicher Musikjournalist, der sich für Felix Mendelssohn-Bartholdy, Frédéric Chopin und Johannes Brahms einsetzte. Aufgrund eines Gehirnleidens brachte er seine letzten beiden Lebensjahre in einer Heilanstalt zu.

Wer ist einer der bestbezahlten Hollywoodschauspieler?

Jack Nicholson (*1937). Bekannt wurde der Schauspieler 1969 mit seiner Nebenrolle in „Easy Rider“. Weitere berühmte Filme mit Jack Nicholson sind „Wenn der Postmann zweimal klingelt“ und „Einer flog über's Kuckucksnest“. 1997 gewann Nicholson seinen dritten Oscar.

Mit welchem Song wurde Ella Fitzgerald (1918-96) berühmt?

Mit der verjazzten Form des Kinderreimes „A Tisket, a tasket“. Die Sängerin avancierte in den 40er-Jahren zu einer Ausnahmeerscheinung und spielte mit nahezu allen Größen des Jazz (wie z. B. L. Armstrong, D. Ellington und B. Goodmann) zusammen.

Wer wurde durch Federico Fellinis Film La Dolce Vita weltberühmt?

Der Schauspieler Marcello Mastroianni (1924–96), der in dem Film einen römischen Journalisten verkörperte. Mastroianni arbeitete häufig mit Fellini zusammen und wirkte in mehr als 150 Filmen mit.

Von welchem russischen Komponisten stammt das sinfonische Märchen Peter und der Wolf?

Von Sergej Sergejewitsch Prokofjew (1891–1953). Der Musiker war noch in der Zarenzeit bekannt geworden, schuf hauptsächlich neoklassizistische Werke und wurde zum Hauptvertreter eines sowjetisch-russischen Nationalstils.

Wie erreichte Arturo Toscanini (1867-1957) den Titel Maestro?

Durch seine absolute Werktreue, seinen Einsatz für die italienische Oper (Verdi, Puccini) und die Moderne (Wagner) sowie durch seinen perfektionistischen und emotionalen Umgang mit Musikern. Der gelernte Violoncellist spielte das gesamte Repertoire auswendig und trat in allen bekannten Häusern auf.

Wer war neben Horowitz der bedeutenste Pianist des 20. Jahrhunderts?

Arthur Rubinstein (1887–1982). Rubinsteins neuer Klavierstil war durch Farbigkeit und Deutlichkeit gekennzeichnet. Der Pianist gilt v. a. als begnadeter Chopin-Interpret.

Wer fälschte 1983 die Hitler-Tagebücher?

Konrad Kujau. In einer kreativen Phase verfasste er mehrere „Hitler-Tagebücher" und verkaufte sie an die Illustrierte „Stern". Die Zeitschrift veröffentlichte sie als echt und war blamiert als der Schwindel aufflog.

Was versteht man unter Bonvivant?

Bonvivant kommt aus dem französischen und spielt im Theater eine wichtige Rolle. Dort ist es das Fach des galanten Gesellschaftshelden.

Bei welcher Sportart wird der Begriff Break verwendet?

Beim Tennis. Break bedeutet, dass ein Spieler einen Spielgewinn beim gegnerischen Aufschlag erzielt. Gelingt keinem der Spieler bis zum Ende des Satzes ein Break, kommt es zum Tiebreak. Dort werden alle Punkte einzeln gezählt.

Was ist ein Bully?

Beim Hockey, Eis- und Rollhockey ist es die Aufnahme oder der Wiederbeginn eines Spiels. Dabei müssen sich je ein Spieler der beiden Mannschaften den Ball bzw. Puk für sein Team erkämpfen.

Was ist eine Regatta?

Eine sportliche Veranstaltung auf dem Wasser. Regatten betreiben vorwiegend Ruderer und Segler.

Was müssen Sportler beim Triathlon leisten?

Der Ende der 70er-Jahre in den USA entstandenen Sport besteht aus Langstreckenlauf, -schwimmen sowie -radfahren. Dabei ist die Radfahrstrecke um das 30–50fache länger als beim Schwimmen und um das 3–3,5fache länger als der Lauf. Der bekanntste Wettkampf ist der „Iron Man", der auf Hawaii ausgetragen wird.

Wo befindet sich das „Teatro alla Scala"?

In Mailand, wo es 1778 mit einer Oper von Antonio Salieri (1750–1825) eröffnet wurde. In Auftrag gegeben wurde das Opernhaus von der österreichischen Kaiserin Maria Theresia, nachdem der Vorgängerbau abgebrannt war. Die Mailänder Scala zählt seitdem zu den berühmtesten Opernhäusern der Welt. Sie verfügt heute über 3600 Sitzplätze und ist damit auch eines der größten Opernhäuser.

Mailänder Scala: Innenansicht

Welches Musical wurde mit dem Motto Erlaubt ist, was Spaß macht weltbekannt?

Die Rocky Horror Picture Show. Sie gilt als das Musical überhaupt. In dem Stück geht es um Transvestiten, Sex, Drugs und Rock 'n' Roll. Das Musical mit der Musik von Richard O'Brian erschien 1973 und wurde später mit Susan Sarandon verfilmt.

Welcher italienische Opernkomponist wurde mit Nabucco (1842) schlagartig berühmt?

Guiseppe Verdi

Giuseppe Verdi (1813–1901), dessen Freiheitsoper der italienischen Einheitsbewegung einen starken Impuls gab. Verdi führte das italienische Musikdrama zu seinem Höhepunkt. Seine Opern gehören zu den meistgespieltesten und immer noch beeindruckendsten durch ihre dramatische Überzeugungskraft, ihre rhythmische Prägnanz und ihre melodische Emotionalität: u. a. „Rigoletto" (1851), „La Traviata" (1853), „Ein Maskenball" (1859) und „Aida" (1870).

Wo wohnt die englische Königsfamilie?

Im Buckingham Palace. Das Schloss, das sich mitten in London befindet, wurde 1705 erbaut und mehrmals erweitert. Es dient seit 1837 als Residenz der englischen Königsfamilie.

Was genau bedeutet Fin de siècle?

Es ist zum einen die französische Bezeichnung für „Ende des Jahrhunderts" und deutet die Endzeitstimmung von 1880 bis zum Beginn des Ersten Weltkriegs an. Zum anderen ist es ein Lustspiel aus dem Jahr 1888 von F. de Jouvenot und H. Micard.

Was versteht man unter Reggae?

Der Reggae ist die Musik der schwarzen und mullatischen Einwohner der Insel Jamaika. Er verbindet verschiedene ethnische Elemente mit afrikanischer Folklore und dem amerikanischen Rhythm-and-Blues und drückt in dieser Musik den Protest gegen die Diskriminierung durch die Weißen aus.

Woher kommt die Redewendung etwas auf dem Kerbholz haben?

Im Mittelalter war das Kerbholz ein Instrument zur Überprüfung von Lieferungen und Arbeitsleistungen. Es bestand meist aus zwei Teilen, einem für die Schuldner und einem für die Gläubiger. Die Kerben in beiden Teilen mussten bei der Abrechnung dann genau aufeinander passen. Heute wird mit der Redewendung umschrieben, dass jemand etwas ausgefressen hat.

Gegen wen protestieren Punks mit ihrer äußeren Erscheinung und ihrer Musik?

Sie wenden sich mit ihren aggressiven Songs und ihren zynischen Texten gegen die bestehende Gesellschaftsordnung. Die Punkbewegung entstand in den 70er-Jahren in England und galt als Ausdrucksform des wirtschaftlichen Niedergangs und der Entfremdung.

Was ist der Unterschied zwischen einem Französichen und einem Englischen Garten?

Der „Französische Garten" wird von einer strengen Regelmäßigkeit durchzogen. Bedeutenstes Beispiel ist der Garten von Schloss Versailles. Der „Französische Garten" wurde seit dem Ende des 18. Jahrhunderts durch den „Englischen" ersetzt. Dieser besticht durch seine Unregelmäßigkeit und wird mit Ruinen, Tempeln, Einsiedeleien u. Ä. geschmückt. Ein berühmtes Beispiel ist der Englische Garten in München.

Wie heißen die verschiedenen Frauen- bzw. Männerstimmen?

Frauenstimmen sind: Alt, Mezzosopran und Sopran. Die Männer bewegen sich mit der Tenor-, der Bassstimme und dem Bariton meist in tieferen Tonlagen. Es gibt allerdings auch einen männlichen Sopran (sog. Kastraten).

Wer war der beste Autorennfahrer zu Beginn der 90er-Jahre?

Der Brasilianer Ayrton Senna (1960-94). Er war der überragende Formel-1-Fahrer in dieser Zeit und gewann einen Titel nach dem Anderen. Senna verunglückte 1994 auf der Rennstrecke in Imola tödlich, als er mit mehr als 300 km/h in eine Leitplanke fuhr.

Welche deutsche Schauspielerin wurde v. a. durch ihre Rolle als Sisi berühmt?

Romy Schneider (1938-82) verkörperte in drei Filmen die Figur der östereichischen Prinzessin. Sie wurde auch Jahre später noch daran gemessen, obwohl sie sich längst zur Charakterdarstellerin gewandelt hatte. In Deutschland wurde dies Entwicklung aber nie anerkannt.

Worin besteht der Unterschied zwischen Matinee und Soiree?

Die Matinee zeigt verschiedene Veranstaltungen (Lesungen, Vorträge, Theateraufführungen) meist am Vormittag und häufig Sonntags. Soireen sind festliche Abendveranstaltungen.

Wer komponierte die Vier Jahreszeiten (um 1725)?

Antonio Vivaldi

Der italienische Priester, Violinist und Komponist Antonio Vivaldi (1678–1741), der ein gewaltiges Œuvre von rund 770 Kompositionen hinterließ. Programmatischen Charakter haben die „Vier Jahreszeiten", deren Grundthemen sich in vielen seiner Orchesterwerke, die auch über 200 Violinkonzerte umfassen, wieder finden. Daneben war Vivaldi auch ein großer Opernkomponist; 21 Opern sind von 46 vollständig erhalten.

Womit glänzte Juan Manuel Fangio (1911–95)?

Mit seinen Leistungen als Formel-1-Fahrer. Er war der überragende Fahrer während der Nachkriegszeit. Fangio fuhr für Alfa Romeo, Mercedes, Ferrari, Cooper und Maserati. Er gewann 24 von 51 Grand-Prix-Rennen und war fünfmal Weltmeister – ein bis heute unerreichter Rekord.

Welcher Boxkampf ging als Rumble in the Jungle in die Geschichte ein?

Der Kampf Muhammed Ali gegen George Foreman am 30.10.1974 in Kinshasa. Ali durchbrach das ungeschriebene Gesetz „They never come back" und erboxte sich zum zweiten Mal den Weltmeistertitel. Der Kampf wurde von Leon Gast unter dem Titel „When we were Kings" verfilmt und bekam 1997 einen Oscar als bester Dokumentarfilm.

Wie heißt das Gebirge, dessen höchster Berg der Aconcagua ist?

Es sind die Anden. Sie durchziehen in drei bis vier Gebirgszügen, sog. Kordilleren, Südamerika am westlichen Rand von Norden bis Süden. Der 6960 m hohe Aconcagua liegt an der argentinisch-chilenischen Grenze.

Anden: Der Aconcagua ist mit 6959 m der höchste Berg Amerikas

In welchem Land entstand 1967 der erste atheistische Staat der Welt?

In Albanien. Alle Kirchen und Moscheen wurden damals zerstört oder zweckentfremdet, die meisten Geistlichen verhaftet. Seit der Demokratisierung 1991 ist auch die Religionsausübung wieder gestattet. Heute sind etwa 70% der albanischen Bevölkerung Moslems, 20% orthodoxe Christen und 10% Katholiken.

Was ist der Apennin?

Als Apennin bezeichnet man das Gebirge, das Italien von Genua im Norden bis in den äußersten Süden, zur Straße von Messina, durchzieht. Seine Zentralkette wird Abruzzen genannt, der höchste Gipfel ist der Gran Sasso (2912 m). Dass es sich um ein noch junges Faltengebirge handelt, erkennt man an den noch tätigen Vulkanen im Rücken der Auffaltung: z. B. den Vesuv.

Die Region rund um den Nordpol wird Arktis genannt. Wie heißt das Gebiet um den Südpol?

Antarktis. Im Gegensatz zur Arktis, wo nur Grönland und die Inseln der kanadischen Arktis aus Land bestehen, verbirgt sich unter den Eismassen am Südpol ein ganzer Kontinent.

Zu welcher europäischen Hauptstadt gehört der Hafen Piräus?

Zu Athen. Von einem kleinen Nachbarort entwickelte sich Piräus zu einem Teil des städtischen Ballungsraumes rund um Athen, in dem ein Drittel der griechischen Bevölkerung lebt. Luftverschmutzung und Verkehrschaos gehören heute zum Alltag der bereits seit der Antike bestehenden Metropole.

Gibt es am Nordpol Berge?

Nein, denn unter dem Nordpol befindet sich das Nordpolarmeer. Die Eisdecke liegt also auf dem Meer. Diese Eisdecke wird, zusammen mit den umliegenden Inseln im Norden Kanadas, mit Grönland, Teilen von Alaska und Skandinavien als Arktis bezeichnet. Die Antarktis rund um den Südpol ist dagegen ein eigener Kontinent.

Womit muss man rechnen, wenn die Werte sinken, die ein Barometer anzeigt?

Mit schlechtem Wetter. Ein Barometer zeigt den Luftdruck in Millibar an. Der Luftdruck entsteht, wie der Name schon sagt, durch die Luft. Die etwa 1000 km dicke Luftschale um unsere Erde übt wegen der Schwerkraft durchschnittlich etwas über 1 kg (1013,4 Millibar) Druck pro cm² auf die Erde aus. Nähert sich uns ein Tiefdruckgebiet, ist mit schlechtem Wetter zu rechnen, bei einem Hochdruckgebiet dagegen mit gutem Wetter.

Nach welcher Stadt wurde das bekannte Weinanbaugebiet im Südwesten Frankreichs benannt?

Nach Bordeaux, der Hauptstadt des Départements Gironde. Mit etwas über 200.000 Einwohnern ist die Stadt das geistige und wirtschaftliche Zentrum des französischen Südwestens. Obwohl die Region Bordeaux vor allem für ihre Rotweine bekannt ist, werden hier auch gute Weißweine hergestellt.

In welchem Teil Frankreichs leben die Bretonen?

In der Bretagne, einer Halbinsel im Nordwesten des Landes. Bretonen gehören zur Volksgruppe der Kelten, deren Nachfahren heute außer in der Bretagne noch in Wales und Irland anzutreffen sind. Eine letzte kulturelle Blüte erlebte die bretonische Kultur um 1400, bevor die Bretagne immer mehr unter französischen Einfluss geriet und 1532 endgültig ein Teil Frankreichs wurde.

Welches Produkt aus der französischen Stadt Épernay wurde nach der umliegenden Region benannt?

Der Champagner, benannt nach der Champagne, in der auch Épernay liegt. Im 17. Jahrhundert erfand ein Mönch die „Méthode champennoise". Obwohl sich auch heute nur der Schaumwein aus einem streng festgelegten Gebiet als Champagner bezeichnen darf, werden ähnliche Produkte auch in anderen Ländern hergestellt.

Für welche besondere Leistung ging Neil Armstrong in die Geschichte ein?

Neil Armstrong

Er war der erste Mensch, der am 21.7.1969 den Mond betrat. Sein Begleiter in der Mondfähre „Eagle" Edwin Aldrin war der Zweite. Das vom Fernsehen übertragene Ereignis zeigte aller Welt, dass die Amerikaner den „Sputnik-Schock" (als es der Sowjetunion 1957 zuerst gelang, einen Satelliten in eine Erdumlaufbahn zu befördern) überwunden hatte.

Wodurch sind die beiden mittelenglischen Städte Oxford und Cambridge bekannt geworden?

Durch die dort entstandenen beiden ersten englischen Universitäten. Das King's College der Universität Cambridge wurde 1284 gegründet, die Universität Oxford bereits im 12. Jahrhundert. Der alljährliche Ruderwettbewerb der beiden Universitäten ist eine außerordentliche beliebte und bekannte Veranstaltung.

Wie heißt die Wüstenregion im Norden von Chile, und wofür ist sie bekannt?

Die Atacamawüste soll die trockenste Wüste der Erde sein. Anfang der 70er-Jahre soll es dort seit Beginn der Wetterbeobachtungen das erste Mal geregnet haben. Schuld daran ist der von der Antarktis entlang der chilenischen Küste nach Norden verlaufende Humboldt-Strom, eine kalte Meeresströmung. In der Atacamawüste sind wirtschaftlich vor allem die Salpeter- und Kupfervorkommen interessant. Chile verfügt schätzungsweise über 40% der weltweiten Kupferreserven.

Wie heißen die Ureinwohner Australiens, die seit Anfang der 90er-Jahre verstärkt auf ihre Landrechte pochen?

Aboriginies auf der Treibjagd

Es sind die Aboriginies. Sie stellen heute nur noch etwa 1,5% der Bevölkerung. Nach dem Eintreffen der ersten Siedler aus Großbritannien 1788 wurden sie allmählich in Reservate zurückgedrängt. Obwohl sie 1967 den weißen Australiern rechtlich gleichgestellt wurden, sind sie in Wirtschaft und Gesellschaft immer noch eine Randgruppe.

In welchem deutschen See findet man eine Herreninsel und eine Fraueninsel?

Im etwa 80 km^2 großen Chiemsee in Oberbayern. Auf der Herreninsel befindet sich das von Ludwig II. erbaute Schloss Herrenchiemsee, auf der Fraueninsel ein Kloster.

Unter welchem Namen ist die beliebte Ferienregion an der spanischen Küste zwischen Gibraltar und Almeria bekannt?

Als Costa del Sol (Sonnenküste). Hier findet man bekannte Ferienorte wie Marbella und Malaga. Im Hinterland sind die Stadt Granada und die Berge der Sierra Nevada vielbesuchte Touristenziele.

Welche herausragende Bedeutung haben die Dardanellen und wo liegen sie?

Als Dardanellen bezeichnet man die Meerenge zwischen der Ägäis und dem Marmarameer, von wo aus Schiffe durch den Bosporus ins Schwarze Meer gelangen können. Da es der einzige Zugang zum Schwarzen Meer ist, waren die Dardanellen jahrtausendelang zwischen rivalisierenden Mächten umstritten. Von Historikern wird der Krieg um Troja teilweise als Kampf um die Beherrschung dieser Meerenge gesehen. Während des Ersten Weltkrieges scheiterte ein Versuch englischer, australischer und neuseeländischer Truppen die Halbinsel Gallipoli (das nördliche Ufer der Dardanellen) zu besetzen.

Wie heißt der Endpunkt der bekannten Rallye durch die Sahara?

Die Rallye Paris–Dakar endet, wie der Name schon sagt, jedes Jahr in Dakar, der Hauptstadt des westafrikanischen Landes Senegal. Ganz in der Nähe von Dakar liegt übrigens das Kap Verde, der westlichste Punkt Afrikas.

Welches Land wird durch den Öresund von Schweden getrennt?

Dänemark. Die ab 1. Juli 2000 befahrbare, aus Tunnel und Brücke kombinierte Verbindung über den Öresund verbindet die schwedischen Stadt Malmö mit der dänischen Insel Seeland, auf der auch Kopenhagen liegt. Von dort kann man über die bereits 1998 fertig gestellte zweitlängste Hängebrücke der Welt und die Insel Fünen das Festland erreichen.

Unter welchem Namen ist die Straßenverbindung zwischen den Hamburger Ortsteilen Othmarschen und Waltershof in ganz Deutschland bekannt geworden?

Als Elbtunnel. Über 100.000 Fahrzeuge zwängen sich täglich etwa 30 m unter der Elbe durch den 2653 m langen Tunnel. Der Elbtunnel ist damit die wichtigste Straßenverbindung zwischen Schleswig-Holstein und der Bundesrepublik südlich der Elbe.

Wie erklärt man sich die Entstehung von Erdöl?

In ehemaligen und heute noch vorhandenen Meeren können sich gelegentlich verhältnismäßig rasch dicke Schichten mit abgestorbenen Pflanzenteilen und Kleinstlebewesen, dem sog. Plankton ansammeln. Unter Sauerstoffabschluss kann sich daraus Erdöl bilden. Der Prozess kann aus geologischer Sicht relativ schnell ablaufen. So wurden im Golf von Mexiko Erdölspuren gefunden, die weniger als 10.000 Jahre alt sind.

Was genau ist ein Wadi?

Als Wadi (abgeleitet vom arabischen Oued) werden Trockentäler in der Wüste bezeichnet. Sie führen nur sehr selten Wasser, dann aber oft für kurze Zeit große Mengen, da die fehlende Vegetationsdecke zu einem raschen Abfluss der Regenfälle führt. Daher hat das Wasser auch eine große Kraft und trägt zur schnellen Eintiefung der Wadis bei. Immer wieder ertrinken unvorsichtige Wüstenbesucher, die von den plötzlichen Wassermassen überrascht werden, in solchen Wadis.

Welcher Teil der USA gehörte einmal zu Russland?

1867 verkaufte Russland Alaska für 7,2 Mio. Dollar an die USA. Die reichen Erdgas- und Erdölvorkommen im Norden Alaskas waren damals noch nicht bekannt.

Alaska

Auf der Karibikinsel Hispaniola liegen zwei Länder. Wie heißen sie?

Haiti und Dominikanische Republik. Die Dominikanische Republik (48.422 km^2) im Ostteil der Insel ist fast doppelt so groß wie Haiti (27.750 km^2). Die Dominikanische Republik löste sich 1844 das erste Mal von der spanischen Kolonialherrschaft und wurde 1863 endgültig unabhängig.

Welches Gebirge trennt das deutsche Bundesland Sachsen von der Tschechischen Republik?

Das Erzgebirge. Sein Name geht auf die reichen Erzvorkommen zurück, die dort schon seit dem frühen Mittelalter bekannt sind. Nach dem Rückgang der Erzproduktion bildete sich im 19. Jahrhundert die Herstellung von Holzspielzeug als neuer Erwerbszweig aus. Besonders an Weihnachten sind Holzfiguren aus dem Erzgebirge inzwischen in ganz Deutschland beliebt.

Welches afrikanische Land ist stolz darauf, nie unter europäischer Kolonialherrschaft gestanden zu haben?

Frau aus Äthiopien

Äthiopien. Es konnte auch italienische Eroberungsversuche im Vorfeld des Zweiten Weltkrieges abwehren und stand so nie vollständig unter der Herrschaft einer europäischen Kolonialmacht.

Wofür ist der an der Grenze zwischen Tibet und Nepal im Himalaja gelegene Berg Chomolungma bekannt?

Dafür, dass er mit 8848 m der höchste Berg der Welt ist. Die Briten benannten den von den Einheimischen „Sitz der Götter" genannten Berg allerdings nach einem Landvermesser, der im 19. Jahrhundert in der Gegend tätig war – Mount Everest – und unter diesem Namen wurde er wesentlich bekannter.

Gibt es einen Unterschied zwischen Ammoniten und Fossilien?

Ja. Bei Ammoniten handelt es sich um Versteinerungen einer bestimmten Art von schneckenartigen Tintenfischen, die vor etwa 570 Mio. Jahren, im sog. Jura lebten. Als Fossilien bezeichnet man dagegen alle Überreste vorzeitlicher Lebewesen, die unter besonderen Ablagerungsbedingungen (meist Luftabschluss) in die in der jeweiligen Zeit gerade entstehenden Gesteine eingelagert wurden und von denen dann Teile „versteinert" sind.

In welchem der drei baltischen Länder Litauen, Lettland und Estland wird eine dem Finnischen verwandte Sprache gesprochen?

In Estland. Gemeinsam mit dem Finnischen, dem Ungarischen und einigen selten gesprochenen Sprachen in der Russischen Föderation bildet Estnisch die Finno-Ugrische Sprachgruppe.

Welche Amtssprachen gibt es in Kanada?

Seit 1969 sind Englisch und Französisch die offiziellen kanadischen Amtssprachen. Zwar sprechen nur etwa 24% der Kanadier französisch als Muttersprache, aber in der Provinz Québec sind 80% französischsprachig (Franko-Kanadier). So erklären sich auch die Autonomiebestrebungen dieser Provinz.

Was strebt der als Frankophonie bezeichnete Zusammenschluss von weltweit über 40 Staaten an?

Die Förderung der französischen Sprache in der Welt. Mitglieder sind viele ehemalige französische Kolonien, in denen Französisch noch Amts- oder Umgangssprache ist, aber auch Länder wie Bulgarien und Rumänien.

Belgien ist seit einer Verfassungsreform 1993 ein in drei Regionen gegliederter Bundesstaat. Wie heißen die beiden größten?

Flandern (Vlaanderen) und Wallonien (Wallonie). Die Grenzziehung erfolgte entsprechend der Muttersprache der Mehrheit der Bewohner: im Norden wird überwiegend flämisch (dem niederländischen sehr ähnlich) gesprochen, im Süden dagegen französisch. Die Hauptstadt Brüssel bildet die dritte Region. Sie ist offiziell zweisprachig.

Nach wie vielen Jahren hätte jemand, der mit seinem Auto im Jahr etwa 15.000 km fährt, einmal die Erde umrundet?

Schon nach zwei Jahren und 8 Monaten. Der Erdumfang am Äquator beträgt nämlich 40.076,59 km. Dass die Erde keine vollkommene Kugel ist zeigt sich, wenn man den Erdumfang an einer Linie misst, auf der auch die beiden Pole liegen, den sog. Meridianumfang: Hier erhält man nur 40.009,14 km.

Wie heißen die an Frankreich angrenzenden Staaten?

Spanien, Andorra, Monaco, Italien, Schweiz, Bundesrepublik Deutschland, Großherzogtum Luxemburg und Belgien. Da das in Südamerika liegende Französisch-Guayana als sog. Überseeterritorium (Départements d'outre-mer) streng genommen ebenfalls ein Teil des französischen Mutterlandes ist, wären so eigentlich auch Suriname und Brasilien Nachbarn Frankreichs.

Warum entwickelte sich Suva, die Hauptstadt der Fidschi-Inseln zu einem bedeutenden Knotenpunkt des internationalen Luftverkehrs?

Wegen seiner günstigen Lage. Als Zwischenstation für Flüge zwischen Australien oder Neuseeland und dem amerikanischen Kontinent sowie für Flüge innerhalb der Inselwelt des Pazifik bildet es die ideale Drehscheibe.

In welchem amerikanischen Bundesstaat liegt der Everglades Nationalpark?

In Florida. Neben dem Everglades Nationalpark sind Miami, die Raumfahrtstation Cape Canaveral, Daytona Beach und Disneyworld vielbesuchte Touristenziele in Florida. Wegen des milden Klimas ist Florida auch bei amerikanischen Rentnern als Wohnsitz äußerst beliebt.

In welcher Stadt stoßen die Grenzen Frankreichs, Deutschlands und der Schweiz zusammen?

Basel

In Basel. Es ist mit etwas über 200.000 Einwohnern nach Zürich die größte Stadt der Schweiz. Bedeutende Unternehmen der Chemie- und Pharmaindustrie haben ihren Sitz in Basel. Alljährlich zur Faschingszeit rückt die Stadt, durch den sog. Basler Morgestraich und die besondere, traditionelle Art der alemannischen Fastnacht ins Blickfeld der Medien.

In welchen Ländern leben Eskimos?

In den USA (Alaska), in Kanada und in Grönland. Während sie in Kanada und den USA eine Minderheit bilden, konnten sie in dem zu Dänemark gehörenden Grönland eine weitgehende Selbstverwaltung erreichen. Kalaalit Nunaat (Land der Menschen), wie die Grönländer ihr Land nennen, ist aber immer noch auf Finanzhilfe aus Dänemark angewiesen.

Welcher Fluss fließt durch den Grand Canyon in Arizona/USA?

Grand Canyon

Der Colorado River. Der 350 km lange Grand Canyon ist die berühmteste von vielen Schluchten, die das Colorado Plateau, ein 1800 bis 3000 m hohes Tafelland, durchziehen; er zieht jedes Jahr viele Touristen an.

Was gibt es Besonderes in der Schwäbischen Alb?

Dort verläuft ein Stück der europäischen Wasserscheide. Sie trennt die Gewässer, die dem Rhein und damit letztlich der Nordsee zufließen von den Gewässer, in die Donau, und damit letztlich ins Schwarzen Meer fließen.

Warum kommt es am italienischen Fluss Po immer wieder zu Überschwemmungen?

Der Po fließt in Italien südlich der Alpen fast genau von Westen nach Osten. Bevor er zwischen Venedig und Ravenna in die Adria mündet, sammelt auch er die von den Bergen kommenden Flüsse. Zusätzlich strömen ihm von Süden die aus dem Apenningebirge kommenden Flüsse zu. Bei Schneeschmelze im Frühjahr oder bei starken Regenfällen sammelt sich daher oft so viel Wasser an, dass der sonst friedlich dahinziehende Fluss schnell über die flachen Ufer tritt.

Zu welchem Land gehören die Galapagos-Inseln heute und warum sind sie so bedeutend?

Die westlich von Südamerika am Äquator liegenden Galapagos-Inseln gehören heute zu Ecuador. Sie wurden von der UNESCO zum Welterbe der Natur erklärt. Neben seltenen Echsen und Schildkröten-Arten sind hier auch zahlreiche Vogelarten und Seelöwen zu Hause. Auf seiner Weltreise wurde Charles Darwin durch die von ihm hier beobachteten Finkenarten zu seiner Theorie von der Entstehung der Arten angeregt.

Gibt es Wüsten, in denen es schneit?

Ja. Zum Beispiel die Wüste Gobi, an der Grenze zwischen der Mongolei und China. Die Wüste entstand hier nicht so sehr wegen der hohen Temperaturen als vielmehr durch die Tatsache, dass die umliegenden Gebirge, wie etwa der Himalaja, es weitgehend verhindern, dass feuchte Meeresluft Niederschläge bringen kann. Im Winter dringen jedoch Schneestürme von Sibirien aus ein.

Welche Annahmen versuchte der Norweger Thor Heyerdahl (*1914) mit seinen abenteuerlichen Bootsfahrten zu untermauern?

Mit der 8000 km langen Fahrt auf dem aus Balsa-Holz gebauten Floß Kon-Tiki von Peru nach Tahiti wollte er die These beweisen, die Südseeinseln seien von Südamerika aus besiedelt worden. Eine Fahrt mit einem Papyrusboot von Afrika in die Karibik sollte zeigen, dass die Ägypter schon lange vor Kolumbus in Amerika hätten sein können.

Welchen Rekord hält der Großglockner?

Er ist mit 3797 m der höchste Berg Österreichs. Knapp gefolgt allerdings von der Wildspitze in den Ötztaler Alpen, die nur etwa 20 m niedriger ist.

Durch welche deutsche Großstadt fließt die Isar?

Durch München. Der Fluss entspringt im österreichischen Karwendelgebirge, fließt durch Bad Tölz, München und Landshut und mündet schließlich nach 263 km bei Deggenau in die Donau.

Was haben St. Moritz, Innsbruck, Kufstein und Rosenheim gemeinsam?

Sie liegen am Inn. Der Inn ist mit 510 km Länge der längste und wasserreichste Nebenfluss der Donau in Deutschland.

In welche Staaten löste sich während der 90er-Jahre Jugoslawien auf?

In Slowenien, Kroatien, Bosnien-Herzegowina, Makedonien und die Bundesrepublik Jugoslawien, die häufig auch als Serbien bezeichnet wird. Streng genommen hat sich Jugoslawien also nicht aufgelöst, es haben sich jedoch einige Landesteile vom Mutterland abgespalten.

Als Wahrzeichen welcher Stadt ist der Tafelberg bekannt?

Der Tafelberg erhebt sich in der Nähe von Kapstadt (engl. Capetown). Die Stadt ist Sitz des südafrikanischen Parlaments und verfügt über einen natürlichen Hafen, der von der weit ins Meer hinausragenden Landzunge, an deren Spitze das Kap der Guten Hoffnung liegt, gebildet wird. Von ihm hat Kapstadt seinen Namen erhalten.

Wie weit liegen Delhi und Neu-Delhi auseinander?

Delhi: Grab von Khan Khanan

Sie sind benachbart. Delhi war bereits im 16. und 17. Jahrhundert Hauptstadt der Mogulreiche in Indien, und 1912–31 Hauptstadt von Britisch-Indien. Dann wurde Neu-Delhi offiziell Landeshauptstadt. In Delhi zeugen heute noch die Freitagsmoschee, die rote Burg von 1648, das Qutub-du-din-Minar (ein 70 m hoher Turm aus dem 12. Jahrhundert) und das Grabmal des Mogulherrschers Humayun von der glanzvollen Vergangenheit.

Welchen See nennen die Ungarn Balaton?

Sie meinen damit den mit 592 km^2 größten See Mitteleuropas, den Plattensee. Neben der ungarischen Hauptstadt Budapest ist er das beliebteste Touristenziel des Landes.

In welches Meer mündet der längste europäische Fluss, die Wolga?

Nach 3700 km fließt die Wolga südlich der Stadt Astrachan in das Kaspische Meer. Der Name ist jedoch irreführend, denn eigentlich handelt es sich beim Kaspischen Meer um gar kein Meer, sondern um den größten Binnensee der Welt. Nachdem der abflusslose See in den 70- und 80er-Jahren unaufhaltsam zu schrumpfen schien, steig der Wasserspiegel Mitte der 90er-Jahre erstmals wieder an.

Wie heißt Baile Atha Cliath, die Hauptstadt eines europäischen Landes, mit ihrem englischen Namen, unter dem sie wesentlich bekannter ist?

Baile Atha Cliath ist der gälische Name für Dublin, der Hauptstadt der Republik Irland. Trotz der Unterstützung der irischen Sprache, die zur gälischen Sprachfamilie gehört, durch die Regierung ist englisch in der nach dem Ersten Weltkrieg unabhängig gewordenen Republik Irland immer noch die hauptsächlich verwendete Sprache.

Dublin: St. Patricks Kathedrale

Welche beliebte Ferieninsel erhielt Deutschland im Tausch für die ostafrikanische Insel Sansibar von England?

Helgoland. Der Tausch fand 1890 anlässlich eines Ausgleichs der deutschen und englischen Interessen in Afrika statt. Nach dem Zweiten Weltkrieg wurde die Insel wieder von den Briten besetzt. Erst 1952 zogen sie ab, sodass die Helgoländer auf ihre Insel zurückkehren konnten.

Zu welcher Inselgruppe gehören Teneriffa, Fuerteventura, Lanzarote und Gran Canaria?

Zusammen mit den kleineren Inseln Hierro, La Palma und Gomera bilden sie die Kanarischen Inseln, kurz auch Kanaren genannt. Wegen ihre milden Klimas sind die vor der Westküste Marokkos liegenden, jedoch zu Spanien gehörenden Inseln auch im Winter ein beliebtes Reiseziel.

In welches Meer mündet der Jordan?

Der Jordan ist der Hauptzufluss des Toten Meeres. Da es 400 m unter dem Meeresspiegel liegt, hat es selbst keinen Abfluss. Wegen der hohen Verdunstung bleibt der Seespiegel aber stets auf demselben Niveau. Der sehr hohe Anteil an Salz (sechsmal mehr als im Ozeanwasser) und anderen Feststoffen bewirkt, dass Menschen im Wasser des Toten Meeres nicht untergehen können. Der hohe Salzgehalt verhindert aber auch die Besiedlung des Sees durch Tiere und Pflanzen: Bis auf einige Mikroorganismen ist das Tote Meer wirklich tot.

Ist der Vesuv heute noch aktiv?

Ja. Man erkennt dies z. B. am schwachen Ausströmen von giftigen Gasen. Der 1277 m hohe Vulkan am Golf von Neapel hat einen 400 bis 600 m breiten Krater, sein Magmaherd liegt in 4 bis 5 km Tiefe. Im Jahr 79 n. Chr. war sein bislang schwerster Ausbruch (Pompeji und Herculaneum zerstört).

In welches Land erstreckt sich der Serengeti-Wildpark über die Grenze Tansanias hinaus nach Norden?

Nach Kenia. Das an Wild- und Nationalparken reiche ostafrikanische Land erlitt in den vergangenen Jahren durch eskalierende Stammeskonflikte und steigende Kriminalität erhebliche Einbußen in der für die Wirtschaft des Landes wichtigen Tourismusbranche.

Welche Insel ist als Heimat der Makis und Lemuren bekannt?

Die Lemuren, tag- und nachtaktive Halbaffen, und die nachtaktiven Makis sind auf Madagaskar der viert größten Insel der Welt, Zuhause. Die Menschen, die auf Madagaskar wohnen, heißen Madegassen.

Warum heißt Makedonien offiziell „Former Yugoslavien Republic Macedonia" (FYRM)?

Als das Land 1991 bei der Aufspaltung Jugoslawiens gegründet wurde, hatte Griechenland Bedenken gegen den Namen "Makedonien", da so bereits die nordöstliche Region Griechenlands heißt. Griechenland befürchtete, die Anerkennung einer makedonischen Nation könnte zu Gebietsforderungen führen, weil ein Teil des historischen Makedoniens heute auf griechischem Gebiet liegt.

Bei welcher Wetterlage ist im Winter im Gebirge die Gefahr von Lawinen besonders groß?

Große Schneefälle und Stürme, die den Schnee umlagern, sind wichtige Voraussetzungen. Eine bei Tauwetter einsetzende Erwärmung der oberen Schneedecke führt dann oft zur Lösung einer Lawine, die dann mit 40 bis 70 km/h zu Tal rast.

Welches Volk, das sich selbst als Inuit bezeichnet, wurde von seinen Nachbarn als Rohfleischesser beschimpft?

Eskimo: Inuit-Mädchen

Die Eskimos. Da in ihrem Lebensraum, den Küsten Alaskas, des nördlichen Kanadas und Grönlands teilweise gar keine Bäume mehr wachsen, blieb den hauptsächlich von Jagd und Fischfang lebenden Inuit wohl oft nichts anderes übrig. Ihre indianischen Nachbarn belegten sie deshalb mit dem Schimpfwort Eskimos.

In der Flagge welchen Landes ist eine Zeder abgebildet?

Die Flagge des Libanon zeigt zwischen zwei roten in einem weißen Querbalken eine Zeder. Der Baum ist typisch für das von Norden nach Süden durch das Land verlaufende, bis über 3000 m hohe Libanon-Gebirge.

Was versteht man unter Maghreb?

Das Wort stammt aus dem arabischen und wird für Westen verwendet, wörtlich bedeutet es Sonnenuntergang. Im übertragenen Sinne wird damit auch der Westen der arabischen Welt, also die drei Staaten Marokko, Algerien und Tunesien bezeichnet. Das Königreich Marokko heißt übrigens in der abgekürzten Form seines offiziellen Namens (al-Mamlaka al Magibiyya) auch al Maghreb.

Welches Alter nimmt man für die Erde an?

Das Alter der Erde wird, wenn man den Beginn der Bildung der Erdkruste als Geburt der Erde ansieht, auf etwa 4 bis 4,5 Mrd. Jahre geschätzt. Erste Spuren von Leben auf der Erde wurden 1998 in Indien gefunden: Es handelt sich um fossile Spuren wurmartiger Lebewesen, die vor etwas mehr als 1 Mrd. Jahren gelebt haben sollen. Die Alpen sind noch ganz jung: Sie entstanden erst vor etwas mehr als 180 Mio. Jahren.

Erde

Auf welchem Fluss kann man mit dem Boot von Würzburg nach Mainz fahren?

Auf dem Main. Der 524 km lange rechte Nebenfluss des Rheins entsteht bei Kulmbach durch den Zusammenfluss des aus der Fränkischen Alb kommenden Roten Mains und des aus dem Fichtelgebirge kommenden Weißen Mains. In mehreren großen Bögen fließt er als einziger deutscher Fluss direkt von Osten nach Westen und mündet bei Mainz in den Rhein.

Welcher Fluss mündet bei Koblenz, am Deutschen Eck in den Rhein?

Die Mosel. Sie entspringt in den Vogesen, macht einen weiten Bogen nach Nordwesten und biegt nördlich von Metz wieder nach Osten ab. Zwischen Trier und Koblenz schlängelt sie sich in zahlreichen kleinen Windungen zwischen den Mittelgebirgen Eifel und Hunsrück hindurch. Hier werden auch bekannte Weine angebaut. Nach 545 km endet sie dann in Koblenz im Rhein.

Aus welchen Teilrepubliken bestand die 1992 mit einer neuen Verfassung versehene Bundesrepublik Jugoslawien?

Aus Montenegro und Serbien. Nachdem die Montenegriner im 18. und 19. Jahrhundert immer wieder gegen das Osmanische Reich für ihre Freiheit hatten kämpfen müssen, beschloss 1918 eine Volksversammlung sich Serbien anzuschließen. Am Zerfall Jugoslawiens nahm Montenegro kaum Anteil. Erst Ende 1993 begannen mit der Loslösung der montenegrinischen von der serbischen Kirche Bestrebungen nach mehr Autonomie sichtbar zu werden.

Bringen Monsunwinde immer Regen mit sich?

Nein, nicht immer. Monsun wird ein halbjährlich wechselnder Wind in den äußeren Tropen genannt, der seine charakteristische Ausbildung in Indien und Südasien erfährt. Wenn der Monsun im

Sommerhalbjahr vom Meer landeinwärts weht, bringt er eigentlich immer Regen mit, weht er im Winterhalbjahr aber vom Kontinent aufs Meer hinaus, sind Regenfälle nur zu erwarten, wenn er unterwegs das Meer überquert (z. B. auf Inseln).

Wie heißt die meistbefahrene künstliche Schifffahrtsstraße der Welt, der ehemalige Kaiser-Wilhelm-Kanal, heute?

Nord-Ostsee-Kanal. Er wurde 1895 von dem namengebenden Kaiser Wilhelm II. eingeweiht. Heute fahren auf dem 100 km langen Kanal zwischen Hamburg nach Kiel jährlich etwa 40.000 Schiffe.

Welchem Fluss verdankt es Stuttgart, dass es einen Hafen hat?

Dem Neckar. Binnenschiffe bis zu 1350 t können von Mannheim, wo der Neckar in den Rhein mündet, bis nach Stuttgart hinauffahren. Der Fluss entspringt bei Schwenningen im Schwarzwald und fließt durch die bedeutenden Universitätsstädte Tübingen und Heidelberg, bevor er nach 372 km in den Rhein mündet.

In welchem Land leben die Antipoden?

Antipoden (griech.) wird mit Gegenfüßlern übersetzt. So werden Menschen genannt, die vom Betrachter aus auf der entgegengesetzten Seite der Erdkugel wohnen. Würde man von Mitteleuropa durch den Mittelpunkt der Erde auf die andere Seite bohren, käme man südöstlich von Neuseeland im Meer heraus. Nicht weit davon liegen die Antipoden-Inseln.

Woher hat Ecuador seinen Namen?

Ecuadorianer in typischer Landestracht

Vom Äquator, der im Norden des Landes verläuft. Laut Definition ist der Äquator der Großkreis (d. h. die längste Umfanglinie) der Erdkugel, der senkrecht auf der Erdachse steht. Anders gesagt: Er ist eine gedachte Linie an der umfangreichsten Stelle des Bauches der Erdkugel, wobei die Pole Kopf und Füße der Erde sind.

Was ist das Besondere am Neusiedler See?

Er ist außergewöhnlich flach. Der an der Grenze zwischen Österreich und Ungarn liegende See ist kaum tiefer als 2 m. Da die verschilften Ufer einen einmaligen Lebensraum für zahlreiche Vogelarten darstellen, sind große Teile des Sees heute als Vogelschutzgebiet ausgewiesen.

Unter welchem Sammelbegriff werden Völker zusammengefasst, die hauptsächlich von der Viehzucht leben?

Unter dem Begriff „Hirtenvölker". Sie sind darüber hinaus meistens auch Nomaden, d. h. Völker ohne festen Wohnsitz, aber mit einem mehr oder weniger fest umrissenen Territorium, in dem sie mit ihren Herden die Weideplätze wechseln. Gründe dafür können die im Lebensraum nur spärliche Vegetation, Wassermangel oder auch jahreszeitliche Klimaschwankungen sein.

Finnland wird auch das Land der 1000 Seen genannt, wie sind diese Seen entstanden?

Durch die Gletscher der Eiszeiten. Während den Eiszeiten lagen über Skandinavien teilweise mehrere hundert Meter dicke Gletscher. Ihre Vorwärtsbewegung hinterließ in der Landschaft zahlreiche Mulden, die heute oft von Seen gefüllt sind. Die Mecklenburgische Seenplatte und die Buchten an der schleswigholsteinischen Ostseeküste entstanden übrigens genauso.

Finnland: Fjord

Warum nahmen die antiken Griechen an, der Olymp sei der Sitz der Götter?

Näher am Himmel als auf dem 2911 m hohen Berg kann man in Griechenland nämlich nicht sein. Der Berg wirkt noch beeindruckender, da er sich nicht im Pindos-Gebirge an der griechischen Westküste, sondern an der weniger gebirgigen Ostküste des Landes unweit des Meeres erhebt.

Wo liegt Ostpreußen und welche Bedeutung hat es heute?

Die ehemalige preußische Provinz Ostpreußen, mit der Hauptstadt Königsberg wurde nach dem Zweiten Weltkrieg in einen südlichen, polnisch verwalteten, und einen nördlichen, sowjetisch verwalteten Teil getrennt. Dieser bildet heute die zur Russischen Föderation gehörige Exklave Kaliningrad, eine wirtschaftlich schwach entwickelte, vom Militär dominierte Region. Um die Entwicklung anzukurbeln, wurde sie zur Sonderwirtschaftszone erklärt, was bereits die Ansiedlung einer Fabrik eines deutschen Automobilkonzerns im Oktober 1999 zur Folge hatte.

Ist der Salzgehalt des Meeres überall gleich hoch?

Nein. Er schwankt im offenen Weltmeer zwischen 32 und 38 Promille, in Nebenmeeren mit hoher Verdunstung, wie dem Roten Meer, kann er auch 40 Promille erreichen. In anderen Nebenmeeren, wie z. B. der Ostsee, wo die Verdunstung weniger stark ist, liegt er deutlich darunter. Hier vermischt sich Salzwasser aus dem Weltmeer ständig mit Süßwasser das durch große Flüsse wie Memel, Oder und Weichsel zugeführt wird. Die Werte in der Ostsee reichen dadurch von etwa 27 bis nur 3 Promille Salzgehalt.

Welches chemische Element ist in der Erdatmosphäre in großen Höhen unverzichtbar und in Bodennähe schädlich?

Das Ozon, eine Form des Sauerstoffs. In der sog. Ozonsphäre, zwischen 20 und 50 km über der Erdoberfläche, wo es natürlicherweise vorkommt, schützt es die Erde vor starker ultravioletter Strahlung, die u. a. für Hautkrebs verantwortlich gemacht wird. Wird es eingeatmet, greift es jedoch die Schleimhäute an. Hauptsächlich die durch die Industrie produzierten Gase, wie FCKW, zerstören jedoch die

Ozonsphäre und regen die Bildung von Ozon aus Sauerstoff in Erdnähe an.

Was versteht man unter Palästina?

Palästina war ursprünglich eine römische Provinz zwischen Mittelmeer und Totem Meer. Nach dem Ersten Weltkrieg wurde Palästina ein britisches Mandatsgebiet und 1948 wurde in Palästina der israelische Staat gegründet. Da in diesem Gebiet auch die Palästinenser, ein arabischer Volksstamm lebten, führte dies zu mehreren Kriegen zwischen Israel und arabischen Nachbarstaaten. 1993 wurde in einem Friedensschluss zwischen Israel und Palästinensern letzteren im Gazastreifen und im Westjordanland Selbstverwaltung zugestanden.

Wo leben die als besonders kleinwüchsig bekannten Pygmäen?

Der Begriff Pygmäen ist eine Sammelbezeichnung für verschiedene kleinwüchsige Völker (Männer bis 1,50 m). Völker, die dazu gezählt werden, sind in Afrika die Khoisan (Buschmänner) in Namibia und einige Völker in Zentralafrika (Kongo und Kamerun). In Indien und auf den östlich von Indien gelegenen Andamanen-Inseln leben zu den Pygmäen gezählte Weddide und Andamanide Völker, und auch im Norden Japans und auf den Philippinen leben Pygmäenvölker.

In welchem Land liegt die Algarve?

Algarve wird die südlichste Provinz und zugleich die Südküste Portugals genannt. Zwischen den Bergen der Sierra de Monchique und dem Atlantik befindet sich eine beliebte Ferienregion, die vor allem für die malerische Steilküste mit Buchten und Klippen bekannt ist.

Was änderte sich 1997 für die Stadt Hongkong?

Bis dahin war die Stadt britische Kronkolonie, doch in diesem Jahr lief der Pachtvertrag aus, und die Stadt mit ihrem Umland wurde an China zurückgegeben. Trotz der veränderten politischen Gegebenheiten behielt Hongkong weitestgehende Handlungsfreiheit im wirtschaftlichen Bereich, was die Stadt noch mehr als früher zu einem wichtigen Mittler zwischen China und der Welt macht.

Hongkong

Wie heißt der aus Deutschland kommende niederländische Fluss Waal in Deutschland?

Der von den Niederländern Waal genannte Fluss ist der Hauptarm des Rheins. In den Niederlanden trennt sich der Rhein in mehrere Mündungsarme, die auf verschiedenen Wegen dem Meer zufließen.

Welches Gebirge wird von der Schneekoppe überragt?

Die 1603 m hohe Schneekoppe überragt das Riesengebirge, das heute im Grenzbereich zwischen Polen und der Tschechischen Republik liegt. Rund um den Hauptort Hirschberg (Jelenia Góra) in Polen befindet sich ein beliebtes Wintersportgebiet, das sich besonders für Gäste aus Brandenburg und Sachsen zum beliebten Ferienziel entwickelt. Sie lassen sich auch von dem sagenhaften Berggeist Rübezahl, der hier hausen soll, nicht abschrecken.

Welche Stadt liegt teilweise in Europa, teilweise in Asien?

Istanbul. Mit 5,5 Mio. Einwohnern ist es die größte Stadt der Türkei. Die Stadt, bzw. ihre Vorgänger Konstantinopel und Byzanz blicken auf eine bewegte Vergangenheit zurück, von der auch heute noch zahlreiche historische Gebäude aus allen Epochen Zeugnis ablegen. Eines der beeindruckendsten dürfte die Hagia Sophia sein, eine Kirche aus dem 6. Jahrhundert, die im 15. Jahrhundert zu einer Moschee wurde.

Istanbul: Hagia Sophia

Wie heißt der Bereich des Mittelmeeres, der durch die Inselgruppen der Kykladen und des Dodekanes abgetrennt wird?

Es ist die Ägäis, die Inselwelt zwischen dem griechischen und dem türkischen Festland. Die größten Inseln, Lesbos, Chios, Samos und Rhodos liegen nahe an der Türkei. Wegen vermuteter Erdölvorräte in der Ägäis kam es zwischen den beiden Anrainerstaaten in den letzten Jahren wiederholt zu heftigen politischen Auseinandersetzungen.

Welche Länder trennt der Rio Grande?

Der 3034 km lange Fluss bildet von El Paso bis zum Golf von Mexiko etwa die Hälfte der gesamten Grenze zwischen Mexiko und den USA, bzw. dem Bundesstaat Texas. Rio Grande wird er allerdings nur von den US-Amerikanern genannt, in Mexiko heißt er Rio Bravo del Norte. Grenzorte wie Laredo und El Paso wurden durch zahlreiche Wildwestfilme bekannt. Jedes Jahr ertrinken mehrere Mexikaner bei dem Versuch den Fluss zu überqueren und so illegal die hermetisch abgeschottete Grenze zu überschreiten.

Woher hat das Ruhrgebiet seinen Namen?

Vom Fluss Ruhr, der im Süden der Industrieregion von Osten nach Westen fließt und bei Duisburg in den Rhein mündet. Der aus den Wäldern und Bergen des Hochsauerlandkreises kommende Fluss ist heute das wichtigste Wasserreservoir für die Großstädte an seinem Unterlauf.

Zu welcher deutschen Insel gehören Kap Arkona und berühmte Kreidefelsen?

Zur größten deutschen Insel Rügen. Kap Arkona bildet den nördlichsten Punkt der Insel, die als Stubbenkammer bekannt gewordene Steilküste mit den weithin sichtbaren Kreidefelsen liegt im Nordosten der Insel.

Wie heißt Königsberg in Ostpreußen heute?

Nach der Besetzung durch sowjetische Truppen am Ende des Zweiten Weltkrieges wurde der nördliche Teil Ostpreußens unter sowjetische Verwaltung gestellt, Königsberg wurde in Kaliningrad umbenannt. Damit sollte der soeben verstorbene Michail Iwanowitsch Kalinin geehrt werden, der von 1937 bis zu seinem Tode 1946 das Amt des Vorsitzenden des Obersten Sowjets inne hatte. Seit der Auflösung der Sowjetunion ist die Region um Kaliningrad durch Litauen und Weißrussland von Russland getrennt.

Wem verdankt Leningrad seine Gründung, und wie heißt es heute?

Die von Zar Peter I, dem Großen (1672–1725) im Jahre 1703 an der Mündung der Newa in die Ostsee gegründete Stadt hieß zunächst Sankt-Petersburg. Von 1914–24 wurde sie dann Petrograd genannt, bevor sie nach dem Tode Lenins 1924 in Leningrad umbenannt wurde. Seit 1991 heißt die Stadt wieder Sankt Petersburg. Die rund 4,5 Mio. Einwohner sind auf bedeutende Kunstmuseen (Eremitage) und die verhältnismäßig starke Wirtschaft der Stadt stolz.

Welchen bedeutenden Alpenpass musste man früher überqueren, wenn man vom Vierwaldstätter See zum Lago Maggiore wollte?

Den über 2100 m hohen St. Gotthard-Pass. Seit 1980 erleichtert der längste Straßentunnel der Welt (16,32 km) die Reise. Der 16 km lange Eisenbahntunnel unter dem St. Gotthard verbindet die Kantone Uri und Tessin schon seit 1882.

Neben Deutschland und Korea war während des kalten Krieges auch ein Land auf der arabischen Halbinsel zweigeteilt. Welches?

Der Jemen. In einem Vereinigungsabkommen 1990 beschlossen die von konservativen Islamisten geführte Arabische Republik (Hauptstadt Sana) und die kommunistisch geführte Demokratische Volksrepublik Jemen (Hauptstadt Aden) die Überwindung der Trennung. 1994 kam es jedoch erneut zu bürgerkriegsähnlichen Auseinandersetzungen.

Jemen: Dorf Kuhlan

Von welchen Staaten ist das Schwarze Meer umgeben?

Im Süden beginnend und im Uhrzeigersinn sind das: Türkei, Bulgarien, Rumänien, Ukraine, Russische Föderation und Georgien.

Welche Länder grenzen an Serbien an?

An Serbien, den größeren Teil der Bundesrepublik Jugoslawien, grenzt im Westen Montenegro, der kleinere Teil Jugoslawiens, an. Im Uhrzeigersinn sind die anderen Nachbarn: Bosnien und Herzegowina, Kroatien, Ungarn, Rumänien, Bulgarien und Makedonien. Der Kosovo trennt Serbien von Albanien.

In welchem asiatischen Land kam es von 1950–53 zu einem Krieg zwischen dem Norden und dem Süden?

Koreanische Bronzefigur

In Korea. Das in einen kommunistischen, von China unterstützten Norden und einen hauptsächlich von den USA unterstützten Süden geteilte Land hatte in den 50er-Jahren unter dem sog. Koreakrieg zu leiden, der ersten großen Auseinandersetzung des Kalten Krieges. Nach drei Jahren wurde die Waffenstillstandslinie in der Nähe des 38ten Breitengrades quer über die koreanische Halbinsel festgelegt, die nur wenig von der Vorkriegsgrenze abwich.

Welcher Alpenpass verbindet zwischen Montblanc und Matterhorn die Schweiz mit Italien?

Der Große St. Bernhard, oder Gran San Bernardo, wie die Italiener ihn nennen. Ein 2,5 km langer Straßentunnel erleichtert die Verbindung zwischen dem Rhône-Tal und dem Aosta-Tal.

Welche neuen Nachbarn bekam Österreich seit 1990?

Im Norden Österreichs entstanden 1993 aus der ehemaligen Tschechoslowakei die beiden neuen Staaten Tschechische Republik und Slowakei. Die nördlichste Teilrepublik des ehemaligen Jugoslawien, Slowenien, erklärte sich 1991 für unabhängig und wurde 1992 offiziell als souveräner Staat anerkannt.

Auf welche Vorgänge in der Erdkruste sind Erdbeben zurückzuführen?

90% aller Erdbeben entstehen durch tektonische Vorgänge in der Erdkruste. Spannungen im Gestein, die infolge der langsamen Verschiebung der Kontinentalplatten auftreten, lösen sich plötzlich. Dadurch kommt es im Jahr zu etwa 10.000 Beben weltweit, von denen jedoch nur wenige ohne Messinstrumente registrierbar sind. Besonders von Erdbeben gefährdet sind die Region rund um den Pazifischen Ozean und das Mittelmeergebiet.

Wieso sind im Bernstein manchmal Insekten eingeschlossen?

Bernstein ist nichts anderes als fossiles Harz. Im Tertiär tropfte es zähflüssig von den Bäumen. Traf ein Tropfen ein zufällig vorbeifliegendes oder herumkrabbelndes Insekt, so wurde das Tier davon umschlossen und – unter völligem Luftabschluss – konserviert.

Durch die Untersuchung welches Planeten gerieten die amerikanische Raumsonde Pathfinder und das Roboterauto Sojourner in die Schlagzeilen?

Im Sommer 1997 erreichte die amerikanische Sonde Pathfinder eine Umlaufbahn um den Mars. Am 4. Juli (dem amerikanischen Nationalfeiertag) schickte sie eine Landefähre mit dem solarbetriebenen Roboterauto Sojourner auf die Oberfläche des Roten Planeten. Bis zum März 1998 hat Sojourner Gesteinsproben aufgenommen und analysiert sowie das Vorhandensein von Elementen wie Kohlenstoff, Stickstoff und Sauerstoff auf dem Mars nachgewiesen.

Wo befinden sich auf der Erde die großen zusammenhängenden Steppengebiete?

Die als Steppe bezeichnete baumlose, offene Graslandschaft hat regional unterschiedliche Namen: In Nordamerika erstreckt sich die als Prärie bezeichnete Steppe von der mittelkanadischen Provinz Saskatchewan im Norden bis nach Texas im Süden. In Europa und Asien zieht sich ein breiter Steppengürtel in den Ländern südlich Russlands (Ukraine, Kasachstan, Mongolei) von Osten nach Westen. Auf der Südhalbkugel findet man Steppen vor allem in Argentinien und Uruguay (dort Pampa genannt), sowie in der Republik Südafrika.

Welcher Abschnitt der spanischen Mittelmeerküste ist als Costa Brava bekannt?

Die Costa Brava (span. = wilde Küste) bildet den nördlichsten Teil der spanischen Mittelmeerküste, von Barcelona bis Kap Creus, nahe der französischen Grenze. Er ist sehr felsig und zerklüftet und durch zahlreiche malerische Buchten besonders reizvoll.

Mit welchem Fachbegriff wird Bodenabtragung durch Wasser bezeichnet?

Als Erosion. Die sog. fluviale Erosion (Entstehung und Erweiterung von Tälern durch Flüsse) ist die bedeutsamste Form der Abtragung. Sie ist nahezu allgegenwärtig und meist nicht als gefährlich einzustufen. Sog. Spülprozesse, die rasche Abtragung von Boden und Gesteinsmaterial an Berghängen, werden dagegen oft durch menschliches Handeln ausgelöst (Abholzung, Überweidung, unsachgemäße Anlage von Skipisten) und stellen durch Bergrutsche etc. oft eine ernst zu nehmende Gefahr für Mensch und Natur dar.

In welcher skandinavischen Hauptstadt steht die Statue einer kleinen Meerjungfrau, die inzwischen zu einem der bekanntesten Wahrzeichen der Stadt wurde?

Kleine Meerjungfrau von Kopenhagen

In der dänischen Hauptstadt Kopenhagen. Mit der Statue ehrten die Dänen ihren besonders durch seine Märchen bekannt gewordenen Dichter Hans Christian Andersen, der mit „der kleinen Meerjungfrau“ Weltruhm erlangte.

Welche der sog. Gesellschaftsinseln wurde in Europa besonders durch den Maler Paul Gauguin (1848–1903) bekannt?

Tahiti wurde durch die Bilder des französischen Malers Gauguin, der hier in den 90er-Jahren des 19. Jahrhunderts lebte, in Europa als Beispiel für eine paradiesische Südseeinsel bekannt. Heute ist die Stadt Papeete auf Tahiti mit etwa 24.000 Einwohner der politische und wirtschaftliche Mittelpunkt von Französisch-Polynesien, zu dem neben den Gesellschaftsinseln auch die Tuamotu-Inseln und die Marquesas gehören.

In welchem Gebirge liegt der K2, der zweithöchste Berg der Welt?

Der 8611 m hohe K2, auch Mount Godwin Austen genannt, befindet sich im Karakorum. Das stark vergletscherte Hochgebirge trennt die zwischen Indien und Pakistan umstrittene Provinz Kaschmir von China. An der Südflanke des Karakorum erstreckt sich der Oberlauf des Indus, des wichtigsten Flusses für Pakistan.

Karakorum

Was zeichnet die Nova oder Supernova genannten Himmelskörper aus?

Ihre ungewöhnliche Helligkeit. Früher wurde ein Stern, der plötzlich dort erschien, wo zuvor keiner zu sehen war, als Nova (neuer Stern) bezeichnet. Der Ausdruck ist jedoch irreführend, denn der Stern existierte schon vorher. Er wurde nur durch eine Art Ausbruch plötzlich viel heller und dadurch sichtbar. Das Sichtbarwerden einer Nova ist ein Zeichen von Vorgängen die den Stern zerstören oder verändern. Nach einer Weile verblassen die so sichtbar gewordenen Himmelskörper wieder. Eine Supernova, bei der ähnliche Vorgänge nur extremer ablaufen, ist viel seltener als eine Nova.

So wie man während des „Kalten Krieges" von zwei deutschen Staaten sprach, könnte man auch heute noch von zwei chinesischen Staaten sprechen. Wie heißen sie?

Zum einen ist das die Volksrepublik China, zum anderen die im Wesentlichen aus der Insel Taiwan bestehende Republik China, mit dem amtlichen Namen Ta Chung-Hua Min-Kuo. Zwischen beiden Staaten herrschen enorme Spannungen, da die im Bürgerkrieg der kommunistischen Armee Mao Tse-tung unterlegenen Kuomintang (sozialliberale Partei) hierher flüchteten und lange das Recht für sich in Anspruch nahmen, ganz China zu vertreten.

Wie heißt der vom Fluss Ticino durchflossene südlichste Schweizer Kanton, dessen Bevölkerungsmehrheit italienisch spricht?

Es ist das Tessin, italienisch Ticino. Der Kanton ist wegen seines angenehmen Klimas und seiner reizvollen Landschaft ein beliebter Wohnsitz von Künstlern und Intellektuellen aus aller Welt: ein Drittel der Bewohner sind Ausländer. Sie leben vor allem in den Städten Bellinzona, Lugano, Locarno und Chiasso.

Wie heißt die Hochgebirgsregion im Südwesten Chinas, deren Hauptstadt Lhasa ist, und deren weltlicher Herrscher, der Dalai-Lama, seit 1959 im Exil lebt?

Tibet. Nach mehreren Eroberungversuchen gelang es den kommunistischen Truppen Mao Tse-tung 1959 einen Aufstand in der bereits unter starkem chinesischen Einfluss stehenden Provinz niederzuschlagen und den Dalai-Lama zu vertreiben, der seitdem in Indien im Exil lebt. Tibet ist reich an Bodenschätzen, die bisher jedoch kaum genutzt werden, und außerdem das Quellgebiet zahlreicher asiatischer Flüsse, wie des Brahmaputra, des Indus, des Mekong und des Jangtsekiang.

Wie heißt die Zugstrecke, die Moskau und Wladiwostok im äußersten Osten der Russischen Föderation verbindet?

Die Transsibirische Eisenbahn ist mit 9289 km die längste Zugstrecke der Welt. Ende des 19. Jahrhunderts erbaut, sollte sie die wirtschaftliche Entwicklung anschieben und den entlegenen Osten des Zarenreiches erschließen. Die von der Sowjetunion erbaute Baikal-Amur-Magistrale, die zwischen Baikalsee und dem Fluss Amur parallel verläuft, diente ähnlichen Zielen.

Im Dom welcher norditalienischen Stadt wird ein Leichentuch aufbewahrt, das der Überlieferung nach das Grabtuch Jesu sein soll?

Das sog. Grabtuch Christi wird in der Cappella della Santa Sindone des Domes in Turin aufbewahrt. Mit Ausnahme des Domes sind die meisten anderen öffentlichen Gebäude Turins eindrucksvolle Zeugen der Barockarchitektur. Die Stadt mit fast 1 Mio. Einwohnern ist heute ein bedeutendes Wirtschaftszentrum.

In welchem Land liegen die Städte Charkow, Dnjepropetrowsk, Donezk, Odessa und Lwow (Lemberg)?

In der Ukraine. Die ehemaligeTeilrepublik der UdSSR ist seit der Unabhängigkeit 1991 das größte Land Europas (wenn man von Russland und der Türkei absieht, die aber nicht vollständig in Europa liegen). Es leidet jedoch an der politischen Instabilität, die durch die starke russische Minderheit im Osten, die separatistischen Bestrebungen der Krimhalbinsel und der schwachen Wirtschaft bedingt sind.

Wie heißt die Südspitze Afrikas?

Kap der Guten Hoffnung

Kap Agulhas. Das wesentlich bekanntere Kap der Guten Hoffnung wurde von den ersten europäischen Seefahrern, die sich auf den Weg nach Indien gemacht hatten, lediglich dafür gehalten. Tatsächlich liegt aber Kap Agulhas über 150 km südöstlich des Kaps der Guten Hoffnung.

Wie heißt der nach Alaska größte Bundesstaat der USA?

Nach Alaska, das fast ein Fünftel so groß ist wie der gesamte Rest der USA, ist Texas der größte Bundesstaat der zusammenhängenden USA. Es ist fast doppelt so groß wie die Bundesrepublik Deutschland und reich an Erdöl und Erdgas. Trotzdem spielt Viehzucht und Landwirtschaft heute immer noch eine bedeutende Rolle. Bekannte Städte sind Dallas, Houston mit dem Raumfahrtkontrollzentrum, der Ferienort Corpus Christi und die Hauptstadt Austin.

Wo liegt Mesopotamien?

Das sog. Zweistromland liegt im Gebiet des heutigen Irak, zwischen den Flüssen

Euphrat und Tigris. Hier entstanden dank der günstigen klimatischen und landschaftlichen Voraussetzungen bereits vor 6000 Jahren die ersten Hochkulturen von Völkern wie Sumerern, Babyloniern und Assyrern und wahrscheinlich wurde dort der Ackerbau entwickelt. Auch heute noch spielt die Landwirtschaft in Mesopotamien eine bedeutende Rolle, denn Erdöl und Erdgas wird nur nördlich und südlich davon gefördert.

Welche von Kanälen durchzogene Stadt in den Niederlanden wird oft als Venedig des Nordens bezeichnet?

Amsterdam

Amsterdam. Die Kanäle, die dort Grachten heißen, verleihen der Stadt Charme und Charakter. Mit über 720.000 Einwohnern ist sie die bevölkerungsreichste Stadt der Niederlande und gleichzeitig die Hauptstadt. Die Regierung hat ihren Sitz jedoch im 50 km weiter südlich am Meer gelegenen Den Haag, wo auch die Königsfamilie ihren Wohnsitz hat.

Warum ist das Uralgebirge so bedeutend für die russische Wirtschaft?

Dort gibt es umfangreiche Vorkommen von Eisenerz und Kohle sowie bedeutende Lagerstätten von Chrom, Kupfer, Mangan, Zink, Platin, Silber und Gold. Außerdem kommt hier Bauxit vor, der Grundstoff zur Aluminiumherstellung. Die Industrialisierung setzte im Ural v. a. während des Zweiten Weltkrieges ein, als Nachschub für die Rote Armee produziert wurde.

Welches österreichische Bundesland hat Anteil am Bodensee?

Das kleinste österreichische Bundesland Vorarlberg, dessen Hauptstadt Bregenz direkt am See liegt. Die seit 1946 jährlich stattfindenden Seefestspiele ziehen stets zahlreiche Besucher aus aller Welt an. In Vorarlberg liegt auch das Kleinwalsertal. Obwohl es zu Österreich gehört, ist es mit dem Auto nur aus Deutschland erreichbar.

Wie heißt der berühmte Geograph, nach dem eine Berliner Universität benannt wurde?

Alexander Freiherr von Humboldt (1769–1859). Seine Arbeiten auf den Gebieten der Vulkanforschung, der Erforschung des Erdmagnetismus und der Klimakunde waren wegweisend für die zukünftige Wissenschaft. Seine ausgedehnten Reisen führten ihn u. a. in unerforschte Gebiete in Südamerika, worüber er ein 30-bändiges Werk verfasste, und in den asiatischen Teil Russlands.

Welches Gebirge bestimmt die Landschaft des Elsass?

Die Vogesen. Sie entstanden gleichzeitig mit dem Schwarzwald. Der Oberrheingraben, der die beiden trennt, entstand erst später. Die höchsten Berge findet man im Südteil der Vogesen, während sie nach Norden hin langsam in einer Hügellandschaft auslaufen. Am Westhang fallen durch die vom Atlantik herangebrachten Wolken jährlich 1900 mm Niederschlag, während es an den Osthängen nur ca. 500 mm sind. Hier wachsen auch hervorragende Weine, die weit über das Elsass hinaus geschätzt sind.

Was trennt eine Wasserscheide?

Das Einzugsgebiet von zwei Flüssen. So verläuft etwa auf der Schwäbischen Alb eine Linie, die darüber entscheidet, ob ein Bächlein letztendlich dem Rhein oder der Donau zufließt. Die geschieht über sog. Vorfluter, also Wasserläufe, die das durch Gerinne, an Hängen oder im Grundwasser abfließende Wasser aufnehmen und größeren Gewässern zuführen.

Wie heißt ein bei Flut unter Wasser stehender und bei Ebbe trockenfallender Küstenstreifen?

Wattenmeer. Entscheidend für seine Entstehung ist ein starker Gezeitenwechsel, der an der Nordseeküste von der niederländischen Stadt Den Helder bis nach Esbjerg in Dänemark erstreckt. Auf der Karte ist dieser Bereich durch die hier der Küste vorgelagerten Inseln gut zu erkennen. Das Wattenmeer ist nicht nur ein beliebtes Ausflugs- und Urlaubsziel, es ist auch ein wichtiger Lebensraum für Vögel und Brutplatz für Fische.

Gibt es die sog. Schwarzen Löcher tatsächlich oder existieren sie nur in der Phantasie von Science-Fiction-Autoren?

Als Schwarze Löcher werden Himmelskörper mit einer Anziehungskraft bezeichnet, die so stark ist, dass von ihnen weder Licht noch elektromagnetische Strahlung ausgehen. Sie lassen sich daher nur durch die Effekte feststellen, die sie auf ihre Umgebung haben. Vermutete Schwarze Löcher sind eine Röntgenquelle in unserer Nachbargalaxie, der Großen Magellan'schen Wolke und ein als „QZ Vul" benanntes Objekt in unserer Milchstraße das 1995 im Sternbild Vulpecula entdeckt wurde. Ein Hinweis auf das Vorhandensein eines Schwarzen Loches ist z. B. die hohe Beschleunigung von Gasen in einer Region.

Welches ist der längste der drei Flüsse: Donau, Elbe oder Wolga?

Die Wolga ist mit 3531 km der längste Fluss Europas, und damit natürlich auch länger als Donau (mit 2850 km zweitlängster Fluss Europas) und Elbe (1165 km). Die Wolga ist nicht nur eine bedeutende Wasserstraße Russlands, sondern spielt durch acht große Wasserkraftwerke und einige enorme Stauseen auch bei der Energiegewinnung und der Wasserversorgung eine wichtige Rolle.

Welche Insel ist in einen griechischen und einen türkischen Teil gespalten?

Die Insel Zypern im östlichen Mittelmeer ist seit einer türkischen Invasion 1974 in einen international anerkannten griechischen Teil – die Republik Zypern mit der Hauptstadt Nikosia – und einen nur von der Türkei anerkannten türkischen Teil (Türkische Republik Nordzypern) geteilt. Die friedliche Lösung des Konflikts gilt als Bedingung für die seit einigen Jahren angestrebte und wirtschaftlich durchaus mögliche Aufnahme Zyperns in die EU.

Wo entspringt die Weser?

Die 440 km lange Weser, die bei Bremerhaven in die Nordsee mündet, hat keine eigene Quelle; sie entsteht aus dem Zusammenfluss von Fulda und Werra bei Münden, in der Nähe von Kassel. Bis Porta Westfalica, wo sie das Wiehengebirge durchbricht, schlängelt sie sich dann durch das landschaftlich reizvolle Weserbergland. Aus der Zeit der sog. Weserrenaissance sind bis heute in dieser Region zahlreiche architektonisch hochrangige Bauwerke erhalten.

In welchem Land liegt die sagenumwobene Inkastadt Machu Picchú?

In Peru. Die wahrscheinlich um 1450 erbaute Stadt im Süden des Landes wurde von den Inkas wegen ihrer äußerst schwer zugänglichen Lage in 2450 m Höhe, zusätzlich geschützt durch steile Felsabhänge, noch eine Zeit lang nach der Eroberung Perus durch die Spanier (1532) genutzt. Entdeckt wurde sie erst wieder 1911 durch den Amerikaner H. A. Bingham. Die Entdeckung war damals eine wissenschaftliche Sensation.

Ruinen der Inkastadt Machu Picchù

Welche Stadt profitierte vom Brand Krakaus im Jahre 1596, indem sie Residenz des polnischen Königreiches wurde?

Warschau, das von da an – mit Unterbrechung durch die polnischen Teilungen – Hauptstadt Polens war. Im Zweiten Weltkrieg wurden der Stadt durch die Kämpfe zwischen deutschen Besatzungstruppen und der polnischen Untergrundbewegung (1944), sowie durch den Aufstand der Warschauer Juden (1943) gegen ihre Unterdrückung, schwere Schäden zugefügt. Nach dem Krieg konnte die Stadt mit internationaler Hilfe wieder aufgebaut werden und stieg schnell wieder zum wirtschaftlichen, kulturellen und politischen Zentrum Polens auf.

In welchem Schweizer Kanton findet man den größten Teil der Walliser Alpen?

Im Kanton Wallis, französisch Valais. Hier befindet sich auch die mit 4634 m höchste Erhebung der Schweiz: die Dufourspitze des Monte Rosa. Die Einwohner des Kantons, der den Lauf der Rhône bis zur Einmündung in den Genfer See umfasst, sind zu 60% französischsprachig, die Hauptstadt ist Sitten (franz. Sion).

Wie sind Fossilien entstanden?

Die harten Überreste von vorzeitlichen Tieren und Pflanzen wurden bei geeigneten Bedingungen (z. B. Luftabschluss im Uferschlamm von Seen, an seichten Meeresküsten) erhalten und später in das aus den abgelagerten Sedimenten entstehende Gestein integriert. Deshalb findet man sie auch häufig in bestimmten Schichten des Kalksteins, der aus Meeresablagerungen hervorging, während Gesteine wie Granit, die in der Tiefe der Erde entstanden sind, keine Fossilien aufweisen.

Was untersucht die Wissenschaft der Paläontologie?

Die Paläontologie beschäftigt sich mit den Fossilien, versteinerten Teilen vorzeitlicher Tiere und Pflanzen und versucht, aus ihnen die Entwicklung des Lebens abzuleiten. Da nur die festen Bestandteile versteinern konnten, sind fossile Tiere wesentlich häufiger als Pflanzen. Von besonderem Interesse sind die sog. Leitfossilien, Versteinerungen die sehr häufig vorkommen, aber nur in einer kurzen Zeitspanne entstanden sind. Anhand der Leitfossilien lassen sich Gesteinsschichten in die Erdgeschichte einordnen und somit andere Funde datieren.

Warum ist auf dem Staatswappen Armeniens der in der Türkei liegende Berg Ararat abgebildet?

1920–21 besetzte die Türkei den westlichen Teil Armeniens, in dem auch der 5197 m hohe Ararat (türk. Agri Dagi) liegt. In der Folge kam es zu Pogromen und Vertreibungen gegen die christlichen Armenier. Die Ereignisse belasten auch heute noch das Verhältnis zwischen der Türkei und dem seit 1991 unabhängigen Armenien.

In welchem Schweizer Kanton wird Rätoromanisch gesprochen?

Im größten Schweizer Kanton Graubünden spricht etwa ein Viertel der Bevölkerung diese dem Lateinischen ähnelnde Sprache. Sie wird sonst nur noch von den Ladinern in Südtirol und im Friaul gesprochen.

Wie bezeichnet man die Gashülle eines Planeten?

Als Atmosphäre. Besonders die Lufthülle der Erde wird so genannt. Ihre wichtigsten Bestandteile sind Stickstoff (77%), Sauerstoff (20,7%) Wasserdampf (1,3%) und das Edelgas Argon (0,9%). Die restlichen 0,1% werden von Kohlendioxid, den Edelgasen Neon, Helium, Krypton und Radon sowie einigen anderen Gasen gebildet. Der Wasserdampfgehalt schwankt stark von fast 0 bis hin zu 4% und ist von großer Bedeutung für das Klima.

Welche herausragende Bedeutung hat der in Sibirien gelegene Baikalsee?

Es ist der tiefste See der Welt (1620 m) und auch ein außerordentlich bedeutsames Süßwassereservoir: 20% der nicht im Eis der Polkappen gebundenen Süßwasservorräte sollen in ihm enthalten sein. In letzter Zeit ist der See von zunehmender Umweltverschmutzung bedroht, die besonders von der in Irkutsk angesiedelten Industrie ausgeht.

Wie heißt die Hauptstadt der nordspanischen Region Katalonien?

Barcelona. Die Stadt ist ein bedeutendes Handels- und Industriezentrum und zugleich das Zentrum der katalanischen Kultur. Da die Katalanen eine eigene Sprache haben, und über eine eigene kulturelle Tradition verfügen, ertrotzten sie sich von der spanischen Regierung Selbstverwaltungsrechte, die dazu beitragen sollen Sprache und Kultur zu bewahren. Die Zugehörigkeit zu Spanien wird heute jedoch nicht mehr ernsthaft infrage gestellt.

In welchem Land leben die Magyaren?

Die Ungarn bezeichnen sich selbst so, ihr Land nennen sie Magyarorszag. In Budapest leben über 2 der insgesamt etwas mehr als 10 Mio. Einwohner Ungarns. Da durch die Grenzziehungen nach dem Ersten Weltkrieg besonders in Rumänien und der Slowakei starke ungarische Minderheiten leben, die in diesen Ländern ihre Kultur und Sprache nur bedingt pflegen können, bestehen zwischen Ungarn und seinen Nachbarländern zum Teil erhebliche Spannungen.

Was bezeichnen die Astronomen als Galaxie?

Spiralförmige, meist elliptische Gebilde im Universum die aus etwa 1 Billionen Sternen bestehen. Unsere Milchstraße ist eine davon. Das Alter der ältesten Galaxien wird auf über 13 Mrd. Jahre geschätzt. Wie viele Galaxien es im Universum gibt ist noch unklar.

Galaxie: Der Andromeda-Nebel

Wie heißt der einzige Fluss, an dessen Ufern gleich vier europäische Hauptstädte liegen?

Es ist die Donau, die mit 2850 km den zweit längsten Fluss Europas darstellt. Aus dem Schwarzwald kommend fließt sie im großen Bogen östlich um die Alpen herum und kommt dabei durch die österreichische Hauptstadt Wien, durch Preßburg (Bratislava), die Hauptstadt der Slowakei, und trennt die ungarische Hauptstadt in die beiden namengebenden Stadtteile Buda und Pest. An der Mündung der Save in die Donau liegt schließlich Belgrad, die Hauptstadt der Bundesrepublik Jugoslawien.

In welcher Stadt steht der 234 m hohe Rheinturm?

In Düsseldorf, der Landeshauptstadt von Nordrhein-Westfalen. Er wurde 1982 fertig gestellt. Von seinem Standort am Rheinufer hat man aus dem Aussichtsrestaurant einen guten Blick über die ganze Stadt, außerdem dient er als Sendeturm. Die Stadt hat dem Besucher neben dem Sendeturm und der bekannten Einkaufsstrasse („Kö“) noch mehrere hochrangige Museen und einen hervorragenden Aqua-Zoo zu bieten.

In welchem Teil des Mittelmeeres liegt die Insel Elba?

Im Tyrrhenischen Meer, vor der Westküste Italiens. Das Tyrrhenische Meer umfasst den Teil des Mittelmeeres zwischen der Westküste Italiens, der Nordküste Siziliens und der Ostküste der Inseln Korsika und Sardinien. Mit 223 km² ist Elba die größte der sog. Toskanischen Inseln, zu der auch noch Giglio, Montecristo und Capraia gehören. Napoléon wurde 1914/15 auf die Insel Elba verbannt.

Wie heißt das Mittelgebirge in Oberfranken, dessen höchste Erhebung der Schneeberg ist?

Es ist das Fichtelgebirge. Das stark bewaldete Gebirge ist eines der ältesten in Deutschland und erreicht im Schneeberg 1051 m Höhe. Nachdem zwischen dem 14. und 17. Jahrhundert im Fichtelgebirge verschiedene Erze abgebaut wurden, wird heute nur noch Uran gefördert. Außerdem sind die dort ansässigen Glas- und Porzellanhersteller weltweit bekannt.

In welcher Region liegt Würzburg?

In Franken, genauer gesagt im sog. Mainfranken. Die historische Landschaft Franken erstreckte sich vom Fichtelgebirge im Osten bis zum Rhein im Westen. Schon im 10. Jahrhundert zersplitterte sich Franken jedoch in zahlreiche kleinere Territorien, und erst 1837 griff König Ludwig I. von Bayern wieder auf die alte Bezeichnung Franken zurück, indem er im Norden seines Königreiches die Regierungsbezirke Ober-, Mittel- und Unterfranken bilden ließ.

Wie heißt der größte See Italiens?

Es ist der im Norden des Landes gelegene Gardasee. Der See ist Dank seiner ausgezeichneten Wassersportmöglichkeiten und der grandiosen Landschaft ein beliebtes Ferienziel. Dass die Entstehung auf einen eiszeitlichen Gletscher zurückgeht, erkennt man heute noch an der lang gezogenen Form des Sees: während seine Länge 51 km beträgt ist er nur zwischen 5 und 16 km breit.

Welche deutsche Stadt hieß von 1953–90 Karl-Marx-Stadt?

Chemnitz in Sachsen. Während des Bestehens der DDR wurde der alte Name Chemnitz aus ideologischen Gründen in Karl-Marx-Stadt geändert, obwohl Marx nie eine besondere Beziehung zu der Stadt aufgebaut hatte. Wegen der traditionellen Textilindustrie und Metall verarbeitenden Industrie war die Chemnitz schon früh eine Hochburg der Arbeiterbewegung. Heute leben rund 300.000 Einwohner in Chemnitz.

In welchem Land lebt das Volk der Zulus?

Es ist die größte der schwarzen Volksgruppen der Republik Südafrika. Die Zulus lebten ursprünglich im Osten des Landes von Viehzucht und Ackerbau (v. a. Hirse). In der Geschichte des Volkes ragt der König Shaka Zulu, der sich zu Beginn des 19. Jahrhunderts energisch der britischen Kolonialmacht widersetzte, heraus. Kwazulu, das Homeland der Zulus, wurde nach dem Ende der Apartheid 1994 aufgelöst.

Tanzende Zulus

In welches Land muss man reisen, um Patagonien besuchen zu können?

Der südliche Landesteil Argentiniens wird so genannt. Die Ureinwohner, die sog. Patagonier, sind heute fast vollständig von den eingewanderten europäischen Siedlern verdrängt worden. Patagonien ist ein trockenes Steppenland am Fuße der südlichen Anden.

Warum versetzte der spanische Name für das Christkind (El Niño) im Winter 1997/98 viele Menschen in Angst?

Weil damit nicht nur das Christkind, sondern ein etwa alle vier Jahre auftretendes Klimaphänomen im südlichen Pazifischen Ozean bezeichnet wird. Dabei kehrt sich eine Meeresströmung um. Als

Folge davon kommt es in Süd- und Mittelamerika sowie in Ostasien zu heftigen Regengüssen, Unwettern und Stürmen, oder aber zu langanhaltenden Dürreperioden. Das schon lange bekannte Phänomen fiel im Winter 1997/98 wesentlich heftiger aus als bisher bekannt.

In der Nähe welcher griechischen Stadt verbindet eine schmale Landbrücke den Peloponnes mit dem Festland?

Kanal von Korinth

Bei Korinth verbindet der sog. Isthmus von Korinth den Peloponnes mit der Halbinsel Attika, auf der auch Athen liegt. Ein Kanal erleichtert und verkürzt den Seeweg von der griechischen Ostküste an die Westküste.

Was bezweckten die Wissenschaftler mit der sog. Kontinentalen Tiefbohrung in der Oberpfalz?

Das 9101 m tiefe Bohrloch der Kontinentalen Tiefbohrung (KTB) in Windischeschenbach in der Oberpfalz lieferte Erkenntnisse über die Zusammensetzung der Erdkruste, die Entstehung von Gebirgen und die Erdwärme. Außerdem konnten Versuche zum besseren Verständnis von Erdbeben durchgeführt werden. Die ursprünglich bis 10.000 m Tiefe geplante KTB wurden eingestellt, da die Temperaturen zu hoch wurden. Sie lagen bereits bei 280 °C.

Unterscheidet sich ein Hurrikan von einem Taifun?

Von ihrer Entstehung und ihrer Wirkung her nicht: beides sind tropische Wirbelstürme, oder Zyklone, wie die Meteorologen sagen. Sie entstehen bei hohen Temperaturen über dem Meer durch aufsteigenden Wasserdampf. Ihre Entstehung kann anhand von Satellitenbildern inzwischen gut verfolgt werden. Etwa 36 Stunden vorher können Gebiete, die der Zyklon betreffen wird, bereits gewarnt werden.

Was bezeichnet man als Weltraummüll?

Durch die zahlreichen bisher gestarteten Raketen und Raumfähren wurden auch zwischen 50.000 und 110.000 jetzt unerwünschte Objekte in erdnahe Umlaufbahnen befördert. Dabei handelt es sich um ausgediente Satelliten, Reste abgebrannter und abgesprengter Raketenstufen oder auch Abfälle früherer Unternehmungen. Sie stellen inzwischen eine ernst zu nehmende Gefahr für Satelliten, Raumstationen oder auch das Hubble-Weltraumteleskop dar, denn bereits kleine Teile können durch ihre hohe Geschwindigkeit erhebliche Schäden verursachen.

Was versteht man unter der Sonnenkorona?

Die normalerweise von der Sonne überstrahlte Sonnenkorona wird bei einer totalen Sonnenfinsternis, wie sie im August 1999 auch über Mitteleuropa zu beobachten war, sichtbar. Vereinfacht kann man sich die Korona als Flammenkranz vorstellen, der aus der Sonne schlägt. Die Stärke der Korona schwankt, die Temperaturen in ihren Teilen bleiben jedoch gleich: sie liegen bei unvorstellbaren 1 Mio. °C, die Sonne selbst ist dagegen „nur" rund 5000 °C heiß.

Unterscheiden sich Springflut und Sturmflut oder handelt es sich dabei um das Gleiche?

Zu einer Springflut kommt es jeweils an mehreren Tagen eines Monats, wenn sich bei Vollmond die Anziehungskräfte von Sonne und Mond addieren. Zu einer Sturmflut kommt es dagegen, wenn besonders im Winter starke Winde auf die Küste zuwehen. Tritt beides gleichzeitig ein, und staut sich dadurch ein Fluss, der nicht in das Meer abfließen kann, dann kann es zu schweren Hochwasserkatastrophen kommen. Die Elbemündung ist für diese Art von Überschwemmungen anfällig.

Wie heißt das häufigste auf der Erde vorkommende Mineral?

Quarz. Es kommt in vielen Formen vor, und ist u. a. als Bergkristall, Achat oder Feuerstein bekannt. Quarzsand wird als Hauptbestandteil bei der Glasherstellung verwendet. In Quarzuhren werden die elektrischen Schwingungen von Quarzkristallen zur Zeitmessung verwendet.

Welche natürliche Ursache haben Polarlichter, oder handelt es sich dabei um optische Täuschungen?

Polarlichter sind keine optische Täuschung, wie etwa eine Fata Morgana. Sie entstehen durch den sog. Sonnenwind, der mit bis zu 500 km/h auf das Magnetfeld der Erde trifft und dessen Teilchen mit Stickstoff und Sauerstoff der Atmosphäre reagieren. Der Sonnenwind entsteht durch noch ungeklärte Störungen des Magnetfelds der Sonne und besteht größtenteils aus Wasserstoff und Heliumteilchen die bei explosionsartigen Ausbrüchen der Sonne fortgeschleudert werden. Im Jahr 2002 ist wieder mit besonders starken Sonnenwinden zu rechnen.

Wie heißen die ehemals von deutschsprachiger Bevölkerung besiedelten Randgebiete der Tschechischen Republik?

Sudetenland. Als aus Teilen der österreichisch-ungarischen Doppelmonarchie nach dem Ersten Weltkrieg die Tschechoslowakei gebildet wurde, entstand ein neuer Vielvölkerstaat. Die deutschsprachigen Gebiete – eben das Sudetenland – wurden 1938 durch das Münchener Abkommen dem Deutschen Reich zugeschlagen, nach dem Zweiten Weltkrieg wurde die deutsche Bevölkerung vertrieben. Die Weigerung der tschechischen Regierung damals geschehenes Unrecht anzuerkennen, behinderte lange die Beziehungen zwischen Deutschland und der Tschechischen Republik.

Wo findet man sog. Rote Riesen?

Im Weltall. Wenn bei Sternen wie unserer Sonne der Vorrat an Wasserstoff verbraucht ist, fallen diese in sich zusammen, wobei es zu Kernfusionen kommt, die den Stern aufblähen. In der Folge bildet sich eine vom Kern entfernte Hülle, die bis zu 100.000 Jahre nachleuchtet, während der Kern immer mehr schrumpft. Da Astronomen die Lebensdauer unserer Sonne auf 10 Mrd. Jahre schätzen, von denen etwa 4,6 Mrd. vorbei sind, besteht zurzeit noch kein Anlass, sich wirklich Sorgen zu machen.

Wie nutzten die Menschen die Passatwinde schon vor Jahrhunderten?

Für die Seefahrt. Bei den Passatwinden handelt es sich um stetige Winde, die südlich des Äquators von Südosten her zum Äquator wehen und nördlich des Äquators von Nordosten zum Äquator hinwehen. Bereits im 14. Jahrhundert benutzten die Araber die Passatwinde für einen regen Handelsverkehr zwischen Indien und Ostafrika.

Welche ist die größte der griechischen Inseln?

Das 8336 km² große Kreta. Die rund 500.000 Einwohner der gebirgigen Insel (höchster Berg: Ida, 2498 m) leben hauptsächlich von der Landwirtschaft (Wein, Weizen und Oliven) sowie dem Fremdenverkehr. Im Altertum war Kreta der Mittelpunkt der minoischen Kultur, die in den Palastruinen von Knossos bis heute eindrucksvolle Zeugnisse hinterlassen hat.

Kreta: Die Levkaberge im Westen der Insel sind bis zu 2000 m hoch

Welches ist die drittgrößte deutsche Stadt?

Nach Berlin (ca. 3,5 Mio. Einwohner), Hamburg (1,7 Mio.) ist München mit rund 1,25 Mio. Einwohnern die drittgrößte deutsche Großstadt. Die 1158 an der Isar gegründete Stadt wurde 1508 bayerische Landeshauptstadt. Der Englische Garten, der größte innerstädtische Park der Welt, das Oktoberfest, das größte Volksfest der Welt, die Olympischen Sommerspiele 1972 und die bedeutenden Museen tragen zur weltweiten Bekanntheit der Stadt bei.

Durch welche Länder fließt der Mekong?

Wie andere große asiatische Flüsse auch (etwa der Jangtsekiang), entspringt der 4180 km lange Mekong im Westen des Hochlandes von Tibet und durchquert die chinesische Provinz Yun-nan in tiefen Schluchten. Danach bildet er die Grenze zwischen Laos und Myanmar (früher Burma) und fließt ein Stück durch Laos, bevor er die Grenze zwischen Thailand und Laos bildet. Nachdem er Kampuchea von Norden nach Süden durchflossen hat, ergießt er sich im äußersten Süden Vietnams in einem breiten Delta in das zum Pazifik gehörende Südchinesische Meer.

Was ist der bekanntere Ausdruck für Schweifsterne?

Kometen. Bei Kometen handelt es sich um kleine Himmelskörper, die in langen elliptischen Bahnen um die Sonne kreisen. In der Nähe der Sonne verdampfen die äußeren Schichten und es bildet sich der charakteristische leuchtende Schweif. Zu Beginn des neuen Jahrtausends werden zwei Sonden auf Kometen landen, um nähere Erkenntnisse über ihre Zusammensetzung zu gewinnen: Die amerikanische Sonde „Stardust“ 2004 auf dem Komet „Wild 2“ und die europäische Doppelraumsonde Rosetta/Roland im Jahr 2011 auf dem Komet „Wirtanen".

Welches Meer liegt zwischen Ägypten und Saudi-Arabien?

Das Rote Meer. Es ist mit 440.000 km^2 ungefähr so groß wie Deutschland und Österreich zusammen. Hier verläuft ein sog. Grabenbruch, eine Linie an der zwei Teile eines Kontinents auseinander driften. Er setzt sich übrigens in Afrika als Ostafrikanischer Graben (oder Rift Valley) fort, und ist dort an der Kette von großen Seen im Osten des Erdteils zu erkennen (Tanganyjka-See, Malawi-See).

Nach welchem mittelafrikanischen Fluss wurden gleich zwei Länder benannt?

Nach dem Kongo. Die Republik Kongo mit der Hauptstadt Brazzaville liegt westlich des 4374 km langen, wasserreichsten Flusses Afrikas. Die wesentlich größere Demokratische Republik Kongo (bis 1997: Zaire) ging aus der ehemaligen Kolonie Belgisch-Kongo hervor. Im Süden des Landes, in der rohstoffreichen Provinz Katanga, kam es von 1960–62 zu heftigen Kämpfen, da sich die Provinz vom Rest des Landes abspalten wollte. Nach friedlichen Jahren kam es Mitte der 90er-Jahre erneut zu gewaltsamen Auseinandersetzungen, die diesmal vom Nordosten des Landes ausgingen.

In welchem Land liegen die Ardennen?

Zum größten Teil im Südosten Belgiens, Teile davon reichen aber auch über die Grenze nach Frankreich und Luxemburg hinein. Durch die Steinkohlevorkommen wurde die Region durch die Industrielle Revolution in ein wirtschaftlich aufblühendes Gebiet verwandelt. Die Ansiedlung moderner Industriezweige seit dem Zweiten Weltkrieg vollzieht sich jedoch schleppend. Im Dezember 1944 waren die Ardennen Schauplatz der letzten Gegenoffensive der Wehrmacht, um die anstürmenden amerikanischen und britischen Truppen aufzuhalten.

Am Fuße welchen bis zu 5600 m hohen Gebirges liegen die Republiken Dagestan, Nordossetien, und Tschetschenien?

Am Nordrand des Kaukasus. Durch blutige Kämpfe um weitergehende Selbstverwaltung oder durch Grenzstreitigkeiten ist der zur Russischen Föderation gehörende Teil des Kaukasus Ende der 90er-Jahre immer wieder in den Blickpunkt der Weltöffentlichkeit geraten.

Kaukasus

Welche Stadt war einst als Paris des Nahen Ostens bekannt?

Beirut. Als Exil der Palästinensischen Befreiungsbewegung PLO war der Süden des Libanon, aber auch die Hauptstadt Beirut immer wieder in die Auseinandersetzungen zwischen PLO und Israel verwickelt. Zusätzlich traf der Bürgerkrieg zwischen christlichen und moslemischen Bevölkerungsteilen die Stadt, die dadurch viel von ihrer Attraktivität als Drehscheibe des Handels und ihrer Bedeutung als Kulturstadt verlor. Seit dem Ende der kriegerischen Auseinandersetzungen Mitte der 90er-Jahre gewinnt sie langsam ihre alte Bedeutung zurück.

Welcher Fluss trennt die Ukraine in einen östlichen und einen westlichen Teil?

Der Dnjepr, an dem auch die ukrainische Hauptstadt Kiew liegt. Fünf außerordentlich große Stauseen wurden im Lauf des rund 2300 km langen Dnjepr angelegt, die sowohl zur Energieerzeugung als auch zur Wasserversorgung dienen. Der deutlich kürzere Dniestr, der wegen des ähnlich klingenden Namens leicht mit dem Dnjepr verwechselt werden könnte, fließt in der Hauptsache durch die westlich der Ukraine gelegene Republik Moldawien.

Kiew: Sofienkathedrale

Welche Bedeutung hatte der Erdapfel, eine Erfindung des Nürnbergers Martin Behaim?

Der sog. „Erdapfel“ war der erste Globus der Welt. Er wurde 1492 fertig gestellt. Die Ergebnisse der Entdeckung Amerikas durch Kolumbus im selben Jahr sind auf dem im Germanischen Nationalmuseum in Nürnberg noch heute zu bewundernden Globus noch nicht zu sehen. Die Kenntnisse zum Bau des Globus erwarb Martin Behaim (1459–1507) durch seine Reisen an der westafrikanischen Küste und Studien in Portugal, damals der führenden Seefahrernation.

Womit beschäftigt sich die Ethnologie?

Die Wissenschaft Ethnologie kann mit dem deutschen Wort Völkerkunde übersetzt werden. Durch vergleichende Studien an verschiedenen Völkern versucht sie über die Entwicklung der menschlichen Kultur Auskunft zu geben. Besonders gerne werden dabei Völker studiert, die der modernen westlichen Lebensweise möglichst fern stehen, da man hier ursprüngliche Verhaltensweisen und Sozialordnungen, Riten und Gebräuche festzustellen hofft.

Wie bezeichnet man einen langsam zu Tal fließenden Strom aus Eis und Schnee?

Als Gletscher. Er entsteht durch die Ansammlung von Schneemassen in einem im Idealfall muldenförmig ausgeprägten Firnfeld zwischen zwei Graten. Allmählich schieben sich die angesammelten Schneemassen unter dem Druck des neu hinzukommenden Schnees ins Tal. Irgendwann erreicht der Gletscher eine Linie, an der er weniger Nachschub erhält als durch Auftauen verloren geht. Der größte Gletscher in den Alpen ist der Große Aletschgletscher, am Aletschhorn in den Berner Alpen (Schweiz).

Womit beschäftigt sich die Geologie?

Sie versucht die Zusammensetzung, den Aufbau und die Geschichte der Erdkruste zu erklären. Die Erkenntnisse werden in der Ingenieurgeologie etwa bei Baugrunduntersuchungen praktisch verwertet, in der Montangeologie zur Auffindung und Nutzbarmachung von Rohstofflagerstätten und in der Hydrogeologie zur Erschließung, Nutzung und dem Schutz der Trinkwasserreserven.

Wo liegen die Inseln über dem Winde?

In der Karibik. Zusammen mit den Inseln unter dem Winde, die sich vor der Küste Venezuelas entlangziehen, bilden sie die sog. Kleinen Antillen, einen Bogen kleiner Inseln, der die Karibik im Osten vom Atlantischen Ozean trennt. Zu den Inseln unter dem Winde gehören beispielsweise Martinique, bekannt durch den in letzter Zeit wieder aktiven Vulkan Mont Pelée, und Grenada, bekannt durch die Invasion amerikanischer Streitkräfte 1986. Von Grenada stammt übrigens ein Viertel der Weltproduktion an Muskatnüssen und sogar in der Flagge ist eine dieser Nüsse abgebildet.

In welchem deutschen Mittelgebirge ist der Brocken die höchste Erhebung?

Im Harz. Der 1142 m hohe Berg, ist Teil eines Nationalparks im nordöstlichsten der deutschen Mittelgebirge. Osterode und Wernigerrode sind beliebte Ferienorte am Rande des Harzes, Clausthal-Zellerfeld im Harz ist für die Technische Universität und die Brauereiindustrie bekannt. Die aus dem Harz kommenden Flüsse (Oker, Oder, Söse, Bode) werden alle gestaut und zur Trinkwasserversorgung genutzt.

Wie heißt die norditalienische Region, deren Namen sich von einem ehemals dort lebenden germanischen Volksstamm ableitet?

Lombardei. Der Name ist auf die Langobarden zurückzuführen, einen westgermanischen Volksstamm, der im Zuge der Völkerwanderung von der Unterelbe über Österreich und Westungarn bis nach Oberitalien zog. 774 gliederte Karl der Große den letzten Langobardenkönig und die inzwischen in Norditalien ansässig gewordenen Langobarden seinem Reich ein.

Auf welcher Insel liegt die Stadt Havanna?

Auf Kuba, der größten Insel der sog. Großen Antillen. Dazu gehören neben Kuba noch Jamaika, Hispaniola und Puerto Rico. In Havanna lebt rund ein Fünftel der gesamten Bevölkerung Kubas. Die Insel wird seit 1959 vom Führer der kommunistischen Partei Kubas, Fidel Castro Ruz regiert. Seit dem Zusammenbruch der Sowjetunion hat sich jedoch auch das kubanische Regime langsam der Marktwirtschaft zugewandt.

Bedeutet ein Hochdruckgebiet automatisch schönes Wetter?

Nein, denn man unterscheidet zwei Arten von Hochs: Sog. Thermische oder Kältehochs, sie sind nicht besonders stark ausgeprägt, unbeständig und wegen des Einflusses der über ihnen ablaufenden Wettervorgänge nicht unbedingt ein Garant für schönes Wetter. Sog. Dynamische Hochs dagegen sind langanhaltend wetterwirksam. Bei ihnen handelt es sich um subtropische Luftmassen, die polwärts gewandert sind. Mit ihrer Mächtigkeit von mehreren tausend m bringen sie – meist als sog. Azorenhoch – schönes Wetter nach Mitteleuropa.

Wie wird der Name des chinesischen Flusses Hwangho ins Deutsche übersetzt?

Hwangho heißt zu Deutsch „Gelber Fluss“. Damit ist eine hervorstechende Eigenschaft des zweitlängsten chinesischen Flusses schon beschrieben: Die gelbe Farbe des Wassers, das der Fluss mit sich führt, ist auf die hohe Lehm- und Schlammfracht zurückzuführen. Daher rührt übrigens auch der Name des sog. Gelben Meeres, dem Pazifik zwischen Korea und der chinesischen Küste.

An welchem Fluss liegt die ägyptische Hauptstadt Kairo?

Am Nil. Der längste Fluss der Erde (6671 km) entspringt in Ruanda, durchfließt den Victoria-See und nimmt bei Khartum im Sudan den aus dem äthiopischen Hochland kommenden Blauen Nil auf. Der Nil ist das Paradebeispiel für einen sog. Fremdlingsfluss, d. h. ein Gewässer, dass aus regenreichen Gegenden kommt und durch regenarme Regionen fließt, für die er dann die wesentliche Lebensader darstellt. Nördlich von Kairo verzweigt sich der Nil in ein weitläufiges Delta.

Was entsteht unter hohem, langanhaltenden Druck aus Kalkstein?

Der als Bau- und Nutzstein begehrte Marmor kann durch geologische Prozesse unter günstigen Voraussetzungen aus Kalkstein entstehen. Kalkstein wiederum ist ein sog. marines Sediment, d. h. er besteht aus Meeresablagerungen. Dies ist heute noch daran zu erkennen, dass er verhältnismäßig viele Versteinerungen enthält und dass ehemalige Korallenriffe in Kalksteinwänden erkennbar sind. Die Farbe des Marmors entsteht durch Beimengungen im Kalkstein: Eisenoxide färben ihn gelb bis rot, Kohle schwarz und Serpentin grünlich.

In welchem österreichischen Bundesland liegt der Wörther See?

In Kärnten. Im Osten des Sees liegt Klagenfurt, die Hauptstadt des Bundeslandes Kärnten. Im Süden des Sees erstreckt sich der Gebirgszug der Karawanken, die Österreich von Slowenien trennen.

Was meinen Geologen, wenn sie von Jura sprechen?

Den Zeitraum der Erdgeschichte zwischen 180 und 140 Mio. Jahren vor unserer Zeit. Der Name leitet sich vom in der Westschweiz gelegenen Juragebirge ab. West- und Südwestdeutschland war in dieser Zeit vom sog. Tethysmeer bedeckt. Zahlreiche Fossilienfunde, wie z. B. des Urvogels Archaeopterix in Solnhofen, geben den Wissenschaftlern einen guten Einblick in diese Zeit.

Was bedeutet der Begriff Karst?

Ursprünglich war Karst der Name einer Landschaft im westlichen Slowenien, nördlich von Triest. Die hier intensiv untersuchten landschaftsprägenden Vorgänge wurden später auch anderswo festgestellt, und allmählich wurde Karst zu einem Begriff, der eine bestimmte Landschaftsart bezeichnet: Sie ist durch lösliche Gesteine und Lösungsverwitterung durch Wasser, sowie die daraus entstehenden Formen (Höhlen, Dolinen, Wasserarmut an der Oberfläche, etc.) geprägt. Karstlandschaften findet man in vielen Teilen der Alpen und in Deutschland etwa auf der Schwäbischen und der Fränkischen Alb.

Der aktivste Vulkan Europas befindet sich auf Sizilien. Wie heißt er?

Es ist der Ätna. Zusammen mit den etwas nördlich von Sizilien gelegenen Liparischen Inseln und dem Vesuv bei Neapel ist der Ätna ein Zeuge der sich dort abspielenden geologischen Vorgänge: Die Auffaltung des Apenningebirges ließ diese Vulkane entstehen.

Wie heißt der nach Russland zweitgrößte aus der ehemaligen Sowjetunion hervorgegangene Staat?

Es ist mit einer Fläche von 2.717.300 km^2 die zentralasiatische Republik Kasachstan. Sie ist etwa siebeneinhalbmal so groß wie Deutschland und erstreckt sich vom Kaspischen Meer im Westen bis zum Altaigebirge im Osten. Das Land ist geprägt von weiten Steppen im Westen und vom Rand der Hochgebirge im Osten. Die Hauptstadt Alma-Ata liegt im äußersten Südosten des Landes, nahe der Grenze zu China.

Welche Bedeutung hat Kaschmir für die beiden verfeindeten Staaten Pakistan und Indien?

Um Felder bewässern und Strom erzeugen zu können ist Pakistan auf die aus Kaschmir kommenden Flüsse (Dschelam, Tschneab und v. a. Indus) abhängig. Zudem fühlen sich die muslimischen Kaschmiris von der überwiegend hinduistischen Zentralgewalt in Indien nicht korrekt regiert, und streben daher eher eine Anlehnung an das ebenfalls muslimische Pakistan an. Seit dem Ende der britischen Kolonialherrschaft kam es deshalb bisher dreimal zu kriegerischen Auseinandersetzungen, zuletzt im Sommer 1999.

Zu welcher Inselgruppe gehört die beliebte Ferieninsel Mallorca?

Mallorca: Kathedrale in der Hauptstadt Palma

Zusammen mit Ibiza, Formentera und Menorca bildet es die Inselgruppe der Balearen. Sie gehören zu Spanien und liegen östlich davon im Mittelmeer. Mallorca mit der Hauptstadt Palma de Mallorca ist die größte der vier Inseln.

In welches Meer ragt die Halbinsel Krim hinein?

Im Süden der Ukraine gelegen ragt sie in der Form einer Raute weit in das Schwarze Meer, und trennt dieses vom Asowschen Meer. Wegen ihres angenehmen Klimas und der landschaftlichen Reize war sie schon in der Sowjetunion ein beliebtes Ferienziel. Als Anbaugebiet des Krimsektes (Krimskoye) erlangte sie dagegen auch in Westeuropa einen gewissen Bekannheitsgrad.

Welches ist der größte Planet unseres Sonnensystems?

Der Jupiter. Mit einem Durchmesser von 142.870 km ist er 317-mal so groß wie unsere Erde. Da er wesentlich weiter von der Sonne entfernt ist, braucht er etwa 12 Jahre um die Sonne zu umrunden. Aus dem selben Grund beträgt die Temperatur an seiner Oberfläche auch nur etwa –130 °C. Er wurde bereits von den Römern nach dem Schutzgott des römischen Staates (der dem Zeus der griechischen Mythologie entsprach) Jupiter benannt.

In welcher norddeutschen Stadt zeugt das Holstentor von der glanzvollen Geschichte?

In Lübeck. Die Stadt war neben Hamburg im Mittelalter die bedeutendste Hansestadt. Heute ist sie vor allem für Marzipanherstellung und die vom Stadtteil Travemünde nach Skandinavien abfahrenden Fähren bekannt.

Das Holstentor in Lübeck

Welches Land liegt an der Memel?

Litauen. Es ist das südlichste der drei baltischen Länder: Estland, Lettland, Litauen. Die Memel, die in Weißrussland entspringt, und dort Njemen genannt wird, fließt durch den Süden des Landes. An dem Fluss, den die Litauer Nemunas nennen, liegt auch Kaunas, die nach der Hauptstadt Wilna zweitgrößte Stadt des Landes. Bevor die Memel in der Ostsee mündet durchfließt sie das Kurische Haff, eine durch eine rund 100 km lange Landzunge vom offenen Meer abgeschnittene Lagune, die eine bedeutende Zwischenstation für Zugvögel darstellt und deshalb ein Nationalpark ist.

Wo liegt das Marmarameer, an dessen Südküste es 1999 zu mehreren schweren Erdbeben kam?

Das Marmarameer liegt zwischen Dardanellen und Bosporus, westlich von Istanbul und ist gänzlich von der Türkei umschlossen. Die schweren Erdbeben des Jahres 1999 sind darauf zurückzuführen, dass hier die sog. Ägäisch-adriatische Platte, die sich von Norditalien über die Adria, Griechenland und die Ägais bis in die östlich Türkei erstreckt, durch die südlicher liegende Afrikanische Platte gegen die Eurasische Platte im Norden geschoben wird.

In welcher Stadt findet man den Kudamm?

Die Berliner nennen so scherzhaft den Kurfürstendamm, die wichtigste Einkaufs- und Flaniermeile der Stadt. An ihm liegt auch die Ruine der Kaiser-Wilhelm-Gedächtniskirche mit dem nach dem Zweiten Weltkrieg im modernen Stil neuerbauten Turm, der von den Berlinern wegen seines Aussehens scherzhaft als Zuckerdose bezeichnet wird.

Wie heißt der längste Fluss Frankreichs?

Es ist die 1020 km lange Loire. Sie entspringt im Zentralmassiv im Süden des Landes, fließt von da aus zunächst nach

Norden und schwenkt schließlich nach Westen, um bei Nantes in den Atlantik zu münden. An ihrem Mittellauf, südlich von Paris, liegen die berühmten Loireschlösser, die zwischen dem 15. und dem 18. Jahrhundert erbaut wurden. Die bedeutendsten von ihnen sind: Amboise, Chenonceaux, Chaumont, Blois, Chambord und Valencay.

Welches Land hat den größten Anteil an der Sahara?

Algerien. Trotzdem besteht nicht das ganze Land aus Sandwüste. Im Norden, an der Mittelmeerküste erstreckt sich das Tell-Atlas-Gebirge. Dort existieren größere Waldgebiete und es wird Wein- und Olivenanbau betrieben. Südlich des Gebirges, in der Geröllwüste, befindet sich eine der größten Erdgaslagerstätten der Welt. Noch weiter im Süden, im sandigen Teil der Sahara, leben verschiedene Berbervölker, zu denen etwa 17% der Bevölkerung gehören.

Welches Land wird wegen seiner Form oft mit einem Stiefel verglichen?

Italien. Mit dem Vergleich lassen sich auch einige italienische Regionen leicht merken: So bildet Kalabrien die Stiefelspitze, Apulien den Absatz, Lazio (die Region um Rom) und Toskana die vordere Seite des Stiefelschaftes und Emilia Romagna befindet sich dort, wo der Stiefel beginnt, sich nach oben zu erweitern.

Zu welcher Stadt gehört der Flughafen Orly?

Zur französischen Hauptstadt Paris. Heute wird der modernere Flughafen Charles de Gaulle immer bedeutender als der traditionelle Flughafen Orly. Paris ist nicht nur das kulturelle, politische und wirtschaftliche Zentrum Frankreichs, sondern durch seine bedeutenden Museen, wie etwa den Louvre, oder als Sitz internationaler Organisationen (UNESCO) eine der bedeutendsten europäischen Städte.

In welchem Land liegt Monte Carlo?

Zusammen mit dem zweiten sog. Munizipium La Condamine bildet Monte Carlo das nur knapp 2 km^2 große Fürstentum Monaco. Es wurde bereits 1489 durch seinen Nachbarn Frankreich offiziell anerkannt und ist seit Mai 1993 auch Mitglied der UNO. Mit Frankreich besteht seit 1865 eine Zoll- und seit 1925 eine Währungsunion. Von den 34.000 Einwohnern sind nur 15% Monegassen, der überwiegende Teil, nämlich fast 50% sind Franzosen. Jährlich besuchen etwa 4 Mio. Touristen das vom Hause Grimaldi beherrschte Fürstentum.

Monte Carlo

Gibt es einen Unterschied zwischen Lava und Magma?

Ja, als Lava wird entgastes Magma bezeichnet. Wenn Magma, das im Erdinneren vorkommt, durch Risse unter Druck an die Erdoberfläche steigt, beginnen sich die Gase, die vorher im über 1100 °C Magma gelöst waren, auszuperlen. Der Vorgang ist mit dem Aufsteigen der Gasblasen in einer geöffneten Mineralwasserflasche vergleichbar. Tritt das Magma dann aus der Erde aus, ist es weitgehend entgast, und fließt als zähflüssige Lava aus dem Vulkan.

Welches ist der höchste Berg der Alpen?

Der in Frankreich nahe der italienischen Grenze gelegene Montblanc. Das Massiv des Berges erhebt sich 4807 m hoch etwas abgesetzt von anderen hohen Gipfeln und wirkt dadurch noch beeindruckender. Ein 11,6 km langer Straßentunnel verbindet die beiden am Fuß des Bergmassivs gelegenen Orte Chamonix in Frankreich mit Courmayeur in Italien. Die Erstbesteigung des Montblanc erfolgte bereits 1786 durch Paccard und Balmat.

Montblanc

Was versteht man unter der Klimakatastrophe?

Die durch den Menschen verursachten Veränderungen des Klimas und der Atmosphäre (Treibhauseffekt, Ozonloch), die man als die größte Bedrohung der Natur auf der Erde ansieht. Sie geht v. a. von den sog. Treibhausgasen deren wichtigstes Kohlendioxid ist, aus. Seit 1992 versuchen daher nahezu alle Staaten der Erde auf Klimakonferenzen, zuletzt in Bonn 1999, Vereinbarungen zur Verminderung der Produktion von Treibhausgasen zu erzielen. Da dies wirtschaftliche Nachteile mit sich bringen könnte, bremsen v. a. die USA, aber auch die Erdöl exportierenden Staaten die Verhandlungen.

Welche französische Stadt, in der bereits seit 1179 die französischen Könige gekrönt wurden, ist besonders für ihre Kathedrale bekannt?

Reims. Die Stadt in der Champagne hat heute viel von ihrer einstigen Bedeutung verloren. Die gotische Kathedrale aus dem 13. Jahrhundert und die hier ansässigen Champagnerfirmen ziehen dennoch jedes Jahr zahlreiche Besucher an.

Gibt es in Deutschland Schlangen?

Obwohl alle in Deutschland natürlicherweise vorkommenden Kriechtiere auf der Roten Liste der vom Aussterben bedrohten Tierarten stehen, sind sie noch nicht völlig aus unserer Natur verschwunden. Um auf ihre Bedrohung aufmerksam zu machen, wurde die ungiftige Äskulap-Natter zum Tier des Jahres 2000 gewählt.

Gibt es Lagunen nur in tropischen Ländern?

Nein, sie kommen an vielen Küsten vor, doch werden sie in verschiedenen Gegenden unterschiedlich bezeichnet. Lagunen an der Nordküste des Schwarzen Meers werden Limane genannt, in der Adria, bei Venedig vorkommende Lagunen werden dort als Lido bezeichnet, und in der Ostsee werden die beiden großen dort vorkommenden Lagunen, das Oderhaff und das Kurische Haff, eben als Haff bezeichnet.

Welcher Planet wird auch als Roter Planet bezeichnet?

Der Mars. Er ist der der Erde am nächsten gelegene Planet unseres Sonnensystems. Da er weiter von der Sonne entfernt ist als die Erde, und über eine weniger ausgebildete Atmosphäre verfügt schwanken die Temperaturen auf seiner Oberfläche zwischen –100 und +30 °C. Das als Eis auf dem Mars vorhandene Wasser – der Grundstoff allen Lebens – lässt immer wieder Spekulationen über die Möglichkeit von Leben auf dem Mars zu. In den letzten Jahren wurde unser Wissen durch verschiedene zum Mars gesandte Raumsonden erheblich erweitert.

In welchem österreichischen Bundesland liegt Linz?

Die Stadt an der Donau ist die Hauptstadt des Bundeslandes Oberösterreich. Die Stadt ist mit 190.000 Einwohnern hinter Wien und Graz die drittgrößte Stadt Österreichs und ein bedeutsamer Industriestandort, bekannt v. a. für die chemische Industrie, die Eisen- und Stahlerzeugung sowie die Metall verarbeitende Industrie.

Wodurch wurde der Londoner Stadtteil Greenwich für die ganze Welt wichtig?

Hier verläuft der Nullmeridian. Von ihm ausgehend werden die von Pol zu Pol verlaufenden gedachten 180 Halbkreise als östliche oder westliche Längenkreise gezählt. Nachdem viele Nationen zunächst eigene Nullmeridiane festgelegt hatten (so etwa Spanier, Portugiesen und Franzosen, Amerikaner) einigte man sich schließlich auf den von Greenwich, um eine einheitliche Bezifferung zu erreichen. 10 Grad östlicher Länge geht etwa durch Hamburg, Göttingen, Würzburg, Ulm, Bludenz und das Ober-Engadin.

An welchem Datum feiert man die Sommersonnenwende?

Am 21./22. Juni. An diesem Tag erreicht die Sonne während ihres jährlichen Laufs den nördlichen Wendekreis (Wendekreis des Krebses: 23 Grad 27 Minuten auf der nördlichen Halbkugel) und steht über diesem senkrecht im Zenit.

Feiern zur Sommersonnenwende in Skansen, Schweden

Welches Land ist nach Brasilien der zweitwichtigste Kaffeeproduzent der Welt?

Kolumbien. Der Kaffeeanbau stellt dort nach dem Erdöl den zweitwichtigsten – offiziellen – Wirtschaftszweig dar. Die günstigen natürlichen Voraussetzungen des Landes, die durch die drei steil aufragenden von Norden nach Süden verlaufenden Gebirgsketten der Anden geschaffen werden, ermöglichen es den Kolumbianern nahezu das ganze Jahr über frischen Kaffee zu ernten und so auf dem Weltmarkt anbieten zu können.

In welcher Stadt führt die Karlsbrücke über die Moldau?

In Prag, der Hauptstadt der Tschechischen Republik. Als Zentrum des zum Heiligen Römischen Reiche deutscher Nation gehörenden Königreiches Böhmen blickt die Stadt auf eine glanzvolle Geschichte zurück, von der noch heute viele Baudenkmäler erhalten sind. Dazu gehört auch die Karlsbrücke und der als Hradschin bezeichnete Burgberg, mit Festung und Handwerkersiedlung.

Prag: Die Karlsbrücke über die Moldau

Welche Stadt hat mehr Einwohner, Dresden oder Leipzig?

Da die Einwohnerzahl beider Städte bei rund 470.000 liegt und nur um wenige hundert Personen schwankt, lässt sich diese Frage nicht allgemein gültig beantworten, man müsste schon fast den aktuellen Tagesstand bei den Einwohnermeldeämtern erfragen. In der Liste der deutschen Städte mit den meisten Einwohnern liegen sie zwischen Nürnberg und Bochum auf Platz 14 und 15.

Wie heißt der größte See Europas?

Es ist der nördlich von St. Petersburg in Russland nahe der Grenze zu Finnland gelegene Ladoga-See (17.703 km², zum Vergleich: Bodensee 539 km²) und einer Tiefe von bis zu 225 m. Im Winter friert der See völlig zu. Das auf einer Insel im See gelegene orthodoxe Kloster Kishi ist ein bedeutendes Zentrum der orthodoxen Religiosität. Durch den von Zwangsarbeitern unter unmenschlichen Bedingungen erbauten Weißmeerkanal (früher Stalin-Kanal) ist der See mit der Ostsee und dem Eismeer verbunden.

Nach welcher Stadt ist die Landschaft im Städtedreieck Hamburg–Hannover–Bremen benannt?

Es ist die nach dem am Nordrand des Gebietes liegenden Städtchen Lüneburg benannte Lüneburger Heide. Die bis vor 100 Jahren das Gesicht des gesamten Norddeutschen Tieflandes prägende Heidelandschaft wird im Naturschutzpark Lüneburger Heide, der bereits seit 1910 besteht, bewahrt. Der zurzeit 230 km² große Naturschutzpark wird durch einen gemeinnützigen Verein, der Heideflächen ankauft und unter Schutz stellt, betrieben und ständig erweitert.

Wie erzeugt die Sonne die Wärme, die über 149,6 Mio. km bis zur Erde ausstrahlt?

Vereinfacht gesagt ist die Sonne ein riesiges Kraftwerk, in dessen Innerem ständig Kernverschmelzungen ablaufen. Dabei werden Wasserstoffatomkerne in Heliumkerne umgewandelt. So entstehen Temperaturen, die bei etwa 15 Mio. °C liegen. Daher strahlt die Sonne nicht nur Hitze und Licht ab, sondern auch radioaktive Strahlen, Röntgen- und Gammastrahlung.

Dieses Land hat nicht nur die höchstgelegene Hauptstadt der Welt, es hat auch Anteil am höchstgelegenen See der Welt. Wie heißt das Land?

Bolivien. Der Regierungssitz La Paz, am Rande der Altiplano genannten Hochfläche in den Anden, befindet sich in etwa 6000 m über Normalnull, und auch der Titicacasee, der höchstgelegene See der Welt, den sich Bolivien und Peru teilen, liegt noch auf einer Höhe von etwas über 3800 m.

Welches zwischen Saudi-Arabien und dem Irak gelegene Land spielte eine zentrale Rolle im Golfkrieg?

Kuwait. Nach Streitigkeiten zwischen dem Irak und Kuwait über Ölfelder an der Grenze der beiden Staaten, besetzte der Irak den kleineren Nachbarn Ende 1989 kurzerhand. Eine internationale Streitmacht unter Führung der USA vertrieb die irakischen Truppen im Frühjahr 1990 aus Kuwait. Die von der in Kuwait regierenden Oberschicht im Vorfeld der Befreiung des Landes versprochenen Demokratisierungsmaßnahmen haben bis heute jedoch nur wenige Fortschritte gemacht.

Unter welchem Namen sind die Koniferen bei uns bekannter?

Als Nadelbäume. Die Blätter der Nadelbäume sind weniger breit ausgebildet als die der Laubbäume und werden als Nadeln bezeichnet. Außer der Lärche sind die Nadelbäume alle immergrün. Da Nadelbäume bei günstigen natürlichen Bedingungen schneller wachsen als Laubbäume wurden sie als Nutzhölzer in vielen Regionen Mitteleuropas eingeführt, in denen sie von Natur aus nicht vorkommen.

Wie heißt die Brücke, die San Francisco mit dem Ort Sausalito verbindet?

Es ist die berühmte Golden Gate Brücke. Das Goldene Tor (Golden Gate) verbindet die Bucht von San Francisco mit dem Pazifischen Ozean. San Francisco ist die Metropole der zwischen der Küstenkette und der Sierra Nevada liegenden fruchtbaren Ebenen der Täler der beiden Flüsse Sacramento und San Joaquin.

San Francisco: Blick auf die Stadt über die Oakland Bay Bridge

An welchem Meer liegt Pommern, und zu welchen Ländern gehört es heute?

Pommern ist die Bezeichnung für die ehemalige preußische Provinz, die sich rechts und links der Odermündung an der Ostseeküste erstreckte. Die bedeutendste Stadt war das heute zu Polen gehörende Stettin (Szczecin). Der rechts der Odermündung gelegene Teil Pommern bildet heute einen Teil des Bundeslandes Mecklenburg-Vorpommern, der links gelegene Teil ist die polnische Region Pomorze.

Welche brasilianische Stadt ist größer, Rio de Janeiro oder São Paulo?

Da São Paulo mit rund 10 Mio. Einwohnern die größte Stadt Südamerikas ist, muss sich Rio de Janeiro, dass etwas weniger als 6 Mio. Einwohner hat, mit dem zweiten Platz begnügen. Dafür kann es für sich in Anspruch nehmen, einmal Hauptstadt von Brasilien gewesen zu sein, bevor die neugegründete Hauptstadt Brasilia 1960 eingeweiht wurde.

São Paulo ist mit etwa 10 Mio. Einwohnern die größte Stadt Südamerikas

Was sind die Hauptbestandteile der Sonne?

Neben Wasserstoff (ca. 75%) ist Helium (ca. 25%) der Hauptbestandteil der Sonne. Andere chemische Elemente wie Sauerstoff (0,8%) und Kohlenstoff (0,3%) spielen eine untergeordnete Rolle.

Wie heißt die Hauptstadt des Vereinigten Königreiches?

London ist die Hauptstadt des Vereinigten Königreiches von Großbritannien und Nordirland (United Kingdom = UK). Das bei uns oft auch einfach als England bezeichnete UK besteht eigentlich aus England, Schottland, Wales und Nordirland. Besonders in Nordirland, in gemäßigterem Umfang auch in Schottland, drängen politische Gruppierungen auf eine weitergehende Selbstständigkeit.

Zu welcher Stadt gehört der Stadtteil Hollywood?

Zur kalifornischen Großstadt Los Angeles, oft auch einfach als L. A. bezeichnet. Die Stadt mit über 2 Mio. Einwohnern (Großraum L. A. über 7 Mio.) ist ein bedeutendes Industriezentrum an der Westküste der USA. Bekannt wurde sie jedoch durch die in Hollywood angesiedelte Filmindustrie und die Hollywood benachbarte Ortschaft Beverly Hills, in der zahlreiche prominente Filmschauspieler ihren Wohnsitz haben.

Sowohl Kroaten als auch Serben wurden früher als Jugoslawen (= Südslawen) bezeichnet. Wie unterscheiden sie sich?

Während sich die Sprache sehr ähnelt, benutzen die Kroaten die lateinische Schrift, Serben dagegen kyrillische Buchstaben. Bedeutsamer ist jedoch die Tatsache, dass die Mehrzahl der Serben sich zur orthodoxen Kirche bekennt, während Kroaten traditionell katholisch sind. Seit 1991 ist Kroatien eine von Jugoslawien unabhängige Republik.

Für welche Exportprodukte ist Kuba besonders bekannt?

Für die feinen Zigarren, oft noch in alter Tradition von Hand gedreht und nach der kubanischen Hauptstadt Havannas genannt. Tabak und Zigarren spielen heute jedoch eine untergeordnete Rolle in der kubanischen Wirtschaft, die sich langsam marktwirtschaftlichen Strukturen zu öffnen beginnt. Zucker mit 40% und Nickel mit 10% Wertanteil an der Ausfuhr des Landes sind heute die Motoren der Wirtschaft.

Wie heißt die nach Rügen und Usedom drittgrößte deutsche Insel?

Fehmarn. Sie ist 185 km² groß (Rügen 946, Usedom 445), liegt ebenfalls in der Ostsee und ist durch die Fehmarnbrücke mit dem Festland verbunden. Die Brücke und der Fährhafen Puttgarden im Norden der Insel bilden einen Teil der „Vogelfluglinie“, einem wichtigen Verkehrsweg nach Skandinavien.

Wie heißt die von König Christian VII. von Dänemark als Christiania erbaute Stadt in Norwegen heute?

Oslo. Nach einem Stadtbrand ließ der dänische König die Stadt in dem damals zu Dänemark gehörenden Norwegen im 17. Jahrhundert wieder aufbauen, dafür erhielt sie den neuen Namen Christiania. 1905 wurde die Stadt anlässlich der Unabhängigkeit von Schweden, zu dem es seit 1814 gehörte, wieder umbenannt: Sie erhielt den alten norwegischen Namen Oslo zurück.

Wie heißt die Abkürzung für die amerikanische Weltraumfahrtbehörde?

NASA (National Aeronautic Space Administration). Sie wurde 1958 unter dem Eindruck des sog. „Sputnik-Schocks”, der die Amerikaner ereilte, als die Sowjetunion am 4.10.1957 den ersten künstlichen Satelliten, Sputnik I, in eine Erdumlaufbahn beförderte, gegründet. Ziel war es, die zivilen Anstrengungen im Bereich der Luft- und Raumfahrt in den USA zu leiten und zu koordinieren. Bereits 11 Jahre später konnte die NASA mit der Landung von Menschen auf dem Mond einen großen Triumph feiern.

Welche zusätzliche Möglichkeit gibt es seit 1994 von Frankreich nach England zu reisen?

Eurotunnel: Jubelnde französische und englische Arbeiter nach dem die Hauptröhre erstmals die beiden Länder verbindet

Den Eurotunnel. Seit 1994 kann der Ärmelkanal zwischen den beiden Ländern an seiner schmalsten Stelle, zwischen Dover und Calais, nicht nur mit Fähren überquert, sondern auch mit dem Zug unterquert werden. Auch Autos können hier unter dem Meer reisen. Aus Sicherheitsgründen allerdings erst, nachdem sie auf einen Zug verladen wurden.

Wieso ist der lettische Hafen Ventspils ein bedeutender Erdölexporthafen, obwohl in Lettland kein Erdöl gefördert wird?

In Ventspils, dem zwölftgrößten Hafen Europas und bedeutendsten Hafen an der östlichen Ostseeküste endet eine wichtige Ölpipeline aus Russland. Da nach dem Zusammenbruch der Sowjetunion Russland fast alle Exporthäfen an der Ostseeküste verlor, spielt Ventspils nicht nur eine bedeutende wirtschaftliche Rolle, sondern ist ebenso wie die große russische Minderheit in Lettland (etwa 34%) ein Objekt politischen Kräftemessens.

In Belgien tobt seit Jahren ein Sprachenstreit zwischen Flamen und Wallonen. Welche Sprache wird in der Hauptstadt Brüssel gesprochen?

Die im Norden Belgiens lebenden niederländisch sprechenden Flamen und die im Süden des Landes lebenden französisch sprechenden Wallonen haben sich 1993 darauf geeinigt, dass in der Region Brüssel, die eigentlich im flämischen Landesteil liegt, beide Sprachen verwendet werden. Dritte Amtssprache Belgiens ist übrigens deutsch, das im äußersten Osten des Landes gesprochen wird.

Brüssel: Blick über den Grand Place auf die mittelalterlichen Gildehäuser

Was wird als Fixstern bezeichnet?

Fixsterne sind alle scheinbar feststehenden Sterne außerhalb unseres Sonnensystems. Die Planeten, die wie die Erde die Sonne umkreisen, gehören nicht dazu. Unsere Sonne ist eigentlich auch als Fixstern zu betrachten. Neben den Fixsternen gibt es noch die sog. Wandelsterne. Sie verändern ihre Position von der Erde aus gesehen scheinbar (z. B. wenn sie von Begleitsternen verdeckt werden) oder tatsächlich.

Wie nannten die ersten europäischen Seefahrer den westafrikanischen Staat Ghana?

Goldküste. So hieß die britische Kolonie, aus der 1957 Ghana hervorging, auch später noch. Die Seefahrer hatten den westafrikanischen Küstenabschnitten je nach dem, was sie von dort in die Heimat mitbrachten als Pfefferküste (heutiges Liberia), Elfenbeinküste (heißt auch heute noch so), Goldküste (Ghana) und Sklavenküste (heute Benin und Teile Nigerias) bezeichnet.

Durch welche Länder fließt der Euphrat, bevor er mit dem Tigris zusammenfließt und als Schatt el Arab in den Persischen Golf mündet?

Der Euphrat beginnt seinen Lauf in der östlichen Türkei und fließt dann quer durch Syrien in den Irak. Da sowohl für Syrien als auch den Irak das Wasser des Euphrat sehr wichtig ist, verfolgen beide Länder die Staudammprojekte der Türkei am Oberlauf des Flusses sehr kritisch.

In welchen mittelamerikanischen Ländern sind heute noch Bauwerke der Maya-Kultur zu bewundern?

Im Süden Mexikos, vor allem auf der Halbinsel Yucatán (bekannt v. a. Chichén Itzá) in Guatemala (Tikal) und in Honduras, an der Grenze zu Guatemala (Copán). Die Mayas wurden im 13. Jahrhundert von den Tolteken, Vorläufern der Azteken, unterjocht. Im 15. Jahrhundert konnten sie sich jedoch wieder befreien, und ihre Kultur kam nochmals zu einer Blüte, bevor sie von dem spanischen Eroberer Pedro de Alvarado vernichtet wurde.

Welche deutsche Stadt ist auf die Bürohochhäuser in ihrer Silhouette stolz?

Frankfurt am Main. In der Funktion als bedeutendes Bankenzentrum und Börsenplatz, führte die Ansiedlung immer neuer Banken und der Wettbewerb um das pretigeträchtigste höchste Gebäude zur Entstehung einer beeindruckenden Häuserlandschaft. Besonders reizvoll ist der Kontrast zwischen historischen Gebäuden und moderner Architektur vom Marktplatz aus. Hier befindet sich auch die Paulskirche, in der 1848 die Nationalversammlung zusammentrat.

In welcher deutschen Großstadt findet im Jahr 2000 die EXPO statt?

In der niedersächsischen Landeshauptstadt Hannover. Das Prestigeobjekt konnte nach einer kontroversen Diskussion über den Sinn der immensen Kosten doch noch verwirklicht werden. Auch wenn das Herz der Weltausstellung in Hannover schlägt, so strahlt das Ereignis doch auch auf den Rest Deutschlands aus, denn auch in anderen Städten werden Aktionen und Veranstaltungen mit EXPO-Bezug durchgeführt.

Wie heißt das westlichste Land der EU?

Zwar liegt der am weitesten westlich befindliche Punkt des europäischen Kontinents im Norden Spaniens (das Kap Finisterre), die Inselrepublik Irland ragt jedoch im westlichen Landesteil noch etwas darüber hinaus. Der internationale Flughafen Shannon, in der Nähe der westirischen Stadt Limerick, profitiert von dieser Lage. Immer mehr Transatlantikflüge legen hier einen letzten Zwischenstopp ein.

Unter welchem Namen ist die heute Mumbai genannte Stadt an der indischen Westküste bekannt geworden?

Mumbai hieß früher Bombay. Es ist heute nicht nur ein bedeutender Industriestandort, sondern auch die bevölkerungsreichste Stadt Indiens. Bei der Volkszählung 1991 lebten dort knapp 10 Mio. Menschen, im Großraum Mumbai dürften es heute schon über 16 Mio. sein. Hier und nicht in Hollywood befindet sich übrigens die produktivste Filmindustrie der Welt.

Bombay: Die mehrfache Millionenstadt an Indiens Westküste ist Drehscheibe für Im- und Export des Landes

Kommt Kaviar nur aus Russland?

Kaviar wird bekanntlich aus dem Rogen (den Eiern) der Störe gewonnen. Diese Fische waren früher weit verbreitet, z. B.

wanderten sie um 1880 vom Meer den Rhein und den Main noch bis Würzburg hinauf. Heute liegt ihr Hauptverbreitungsgebiet im Kaspischen Meer und im Schwarzen Meer. Der Iran, der im Süden an das Kaspische Meer grenzt, ist neben Russland der bedeutendste Kaviarproduzent. Wegen geringerer Umweltverschmutzung und strengerer Kontrollen bescheinigt man dem iranischen Kaviar heute sogar eine überlegene Qualität.

Welchem europäischen Staat entspricht die früher als Böhmen bezeichnete Region heute?

Böhmen: Burg Karlstein

In etwa der Tschechischen Republik. Es handelt sich dabei um ein fruchtbares Gebiet, das im Norden durch das Erzgebirge, im Westen durch den Oberpfälzer Wald und das Fichtelgebirge und im Süden durch den Böhmerwald eingerahmt wird. Einst ein eigenes Königreich, war es bis zum Ende des Ersten Weltkrieges ein Teil der österreichisch-ungarischen Doppelmonarchie.

Welchen Seeweg ersparte der Panamakanal der Schifffahrt?

Der 1914 eingeweihte Kanal ersparte den Kapitänen den Weg um die sturmumtosten Inseln vor der Südspitze Südamerikas, das sog. Kap Hoorn. Da dic USA besonders daran interessiert waren, eine günstige und sichere Verbindung von ihrer Ostküste an die Westküste zu haben, unterstützte sie 1903 die Abspaltung Panamas von Kolumbien und die Fertigstellung des 1881 von dem Franzosen Lesseps begonnenen Kanals.

Wo liegt das Ijsselmeer?

In den Niederlanden, nördlich von Amsterdam. Es entstand aus der Zuidersee, die durch einen 30 km langen Damm vom offenen Meer abgetrennt wurde. Die Baumaßnahme stand im Zusammenhang mit den Bemühungen des Küstenlandes Überschwemmungen und das Einfluten von Salzwasser in die Flüsse und das Grundwasser zu verhindern. Das Ijsselmeer ist inzwischen ein Süßwassersee.

Wie kamen die Indianer nach Amerika?

Nach allem was man heute weiß, stammen sie von Völkern ab, die vor etwa 20.000 Jahren während einer Eiszeit über die Beringstraße, die Alaska und Asien trennt, in das von Menschen unbewohnte Amerika einwanderten. Sie lebten dort bis zur Ankunft der ersten Europäer im 15. Jahrhundert an die natürlichen Voraussetzungen angepasst, entweder als nomadische Jäger oder als Ackerbauern.

Wie heißt die am weitesten nördlich gelegene Hauptstadt in Europa?

Es ist die finnische Hauptstadt Helsinki. Die Stadt wurde Anfang des 19. Jahrhunderts durch die russischen Zaren neu errichtet und anstatt der zu nahe an Schweden gelegenen Stadt Turku zur Hauptstadt dcs Landcs crnannt, nachdcm Finnland 1806 von schwedischen in russischen Besitz kam. Die damals errichteten öffentlichen Gebäude prägen auch heute noch den Senatsplatz, auf dem ein Standbild an den Gründer Zar Alexander II. erinnert.

Welcher bedeutende Rohstoff wird zwischen Aachen und Köln im Tagebau gewonnen?

Zwischen den beiden Städten liegt die Ville. Hier wird Braunkohle im Tagebau gefördert. Im Gegensatz zum personalintensiven Steinkohlebergbau im Ruhrgebiet ist der Braunkohletagebau durch den Einsatz riesiger Maschinen immer noch wirtschaftlich. Bedenken bestehen jedoch wegen den Auswirkungen auf den Grundwasserspiegel, der erheblich abgesenkt werden muss und der Umsiedlung ganzer Ortschaften. Die Braunkohle dient hauptsächlich der Stromerzeugung.

Zu welchem Land gehört die Mittelmeerinsel Korsika?

Seit 1768 zu Frankreich. Seit Mitte der 70er-Jahre kommt es jedoch immer wieder zu Bombenanschlägen, zu denen sich sog. korsische Untergrundbewegungen bekennen. Seitdem 1991 von der französischen Zentralregierung die Forderungen nach mehr regionaler Eigenständigkeit und Förderung der korsischen Kultur weitgehend erfüllt wurden, handelt es sich dabei meist um Streitigkeiten verfeindeter Klans, die auf der Insel immer noch eine wichtige Rolle spielen. Touristen kommen so gut wie nie zu Schaden.

Welche Länder grenzen an das Kosovo an?

Im Westen Albanien, im Norden und Osten der serbische Teil der Bundesrepublik Jugoslawien und im Süden schließlich Makedonien. Dadurch dass in dem von den Serben als Herzstück ihres Landes betrachteten Kosovo die albanische Bevölkerungsmehrheit unterdrückt wurde, kam es in den 90er-Jahren zu immer gewaltsameren Übergriffen, die schließlich im Krieg Serbiens gegen den Kosovo mündeten.

Mit welchem Namen bezeichnet man die Gegend an der Mündung der Rhône?

Camargue: Die südfranzösische Landschaft ist für ihre Pferde bekannt, die in halbwilden Herden leben

Als Camargue. Die Rhône, die sich bei Arles in Grande Rhône und Petite Rhône (große und kleine Rhône) teilt, umschließt eine einzigartige etwa 26.000 Hektar große Sumpflandschaft, die nicht zuletzt für die dort fast wild lebenden Pferdeherden bekannt ist. Der Naturpark Camargue umfasst zusätzlich noch etwa 24.000 Hektar einer einmaligen Seen- und Küstenlandschaft.

Welche beiden Länder trennen die Pyrenäen?

Frankreich und Spanien. Der bis zu über 3400 m hohe Gebirgszug ist genauso wie die Alpen dadurch entstanden, dass sich die sog. Afrikanische Platte (Afrika und das umliegende Meer) nach Norden geschoben hat. Ähnlich wie beim Schieben eines Tellers auf einem Tischtuch wurden so die Alpen und die Pyrenäen aufgefaltet.

In der Nähe welcher italienischen Großstadt liegt die Insel Capri?

Bei Neapel. Die Insel ist besonders durch die „Blaue Grotte", eine durch das Meer aus dem Fels gewaschene Brandungshöhle, bekannt geworden.

Capri: Blick von San Michele über Marina Grande auf das Mittelmeer

Eritrea ist das jüngste afrikanische Land. Von wem wurde es 1993 unabhängig?

Nach einem fast dreißig Jahre andauernden Unabhängigkeitskampf bestätigte eine Volksabstimmung schließlich die Unabhängigkeit Eritreas von Äthiopien. Die ehemalige britische Kolonie Eritrea bildete 1952 auf Beschluss der UNO eine Föderation mit Äthiopien und wurde 1962 von dem größeren Nachbarn annektiert.

An welchem See liegt Lausanne?

Am Nordufer des Genfer Sees. Die Stadt ist politisches Zentrum des im Westen der Schweiz gelegenen Kantons Waadt (franz.: Vaud) und gehört zur französischsprachigen Schweiz.

Was ist der Brahmaputra?

Asiens wasserreichster Fluss. Er entspringt im Westen Tibets und fließt als Tsangpo in einem langen Quertal des Himalaja nach Osten. Schließlich schwenkt er nach Süden, in die indische Region Assam, bevor er mit dem Ganges zusammenfließt und in einem breiten Delta in Bangladesh in den Indischen Ozean mündet. Durch die beiden Flüsse kommt es in den Tiefebenen in Bangladesh bei extremen Wetterlagen (starke Niederschläge, Schneeschmelze) oft zu Überschwemmungen.

An welchem Fluss liegt Bagdad?

Die Stadt, die früher Sitz der Kalifen – der Nachfolger Mohammeds – war, und heute als Hauptstadt des Irak immer noch Bedeutung besitzt, liegt am Tigris. Zusammen mit dem Euphrat durchfließt der Tigris das als Zweistromland (Mesopotamien) bekannte Gebiet, in dem sich schon früh bedeutende Hochkulturen (Ur, Sumer, Babylon) entwickelten.

Wie unterscheiden sich Astrologie und Astronomie?

Astrologie (Sternendeutung) geht davon aus, dass der Charakter und das Schicksal eines Menschen eng mit der Stellung der Gestirne verknüpft sind, wobei vor allem die Sternenkonstellation bei der Geburt des Menschen von Bedeutung sein soll. Die Astronomie (Himmelskunde) untersucht dagegen mit wissenschaftlichen Methoden die chemischen und physikalischen Eigenschaften der Himmelskörper.

Welcher Planet ist am hellsten?

Die Venus. Nach dem Merkur ist sie der sonnennächste Planet unseres Sonnensystems. Sie leuchtet nicht aus sich selbst heraus, sondern wird wie alle anderen Planeten auch von der Sonne angestrahlt und reflektiert das Licht nur. Auf der Erde ist sie wegen ihrer Helligkeit auch als Morgen- und Abendstern zu sehen, d. h. als erster bzw. als letzter Stern am Himmel mit bloßem Auge deutlich erkennbar.

Was ist das Engadin?

So wird der 96 km lange obere Teil des Inntals genannt, der sich im schweizerischen Kanton Graubünden befindet. Bekannte Orte wie St. Moritz oder imposante Bergmassive wie Silvretta und Bernina haben das Engadin zu einer beliebten Ferienregion gemacht, in der sowohl im Sommer als auch im Winter reger Betrieb herrscht.

Wie bezeichnen die Franzosen den zu Frankreich gehörenden Teil der Riviera?

Als Côte d'Azur. Hier treffen die Ausläufer der Seealpen auf das Mittelmeer, wodurch eine reizvolle Felsenküste entsteht. Ferienorte wie St. Tropez, Cannes und Nizza sind weltbekannt.

Wie heißt der größte deutsche Hafen?

Hamburg. Die Stadt ist dank des Hafens Sitz von zahlreichen Hüttenwerken und Industrie im sog. Freihafen, in dem Güter ohne zollpflichtig zu werden umgeladen und weiterverarbeitet werden können. Kaffeeröstereien z. B. profitieren von dieser Regelung. Daneben ist der Hamburger Hafen Ausgangspunkt der Hochseefischerei und der Binnenschifffahrt, die die Elbe stromaufwärts bis in die Tschechische Republik möglich ist.

Der größte Flughafen der Welt liegt in den USA. Zu welcher Stadt gehört er?

Zu Chicago. Neben dem Flughafen befindet sich hier auch der größte Eisenbahnknotenpunkt der Welt und ein bedeutender Hafen. Die Schiffe gelangen über die Großen Seen und den St. Lorenz-Strom in den Atlantik.

Chicago: Luftaufnahme, im Vordergrund der Michigansee

In welchem Land lebt das als Khmer bezeichnete Volk?

In Kamputschea, dem früheren Kambodscha. Die Bevölkerung des Landes litt von 1970 bis 1991 unter einem mörderischen Bürgerkrieg, in dem die kommunistischen Roten Khmer unter der Führung des ehemaligen Diktators Pol Pot, der 1975–79 durch den Versuch das Land gewaltsam in einen vorkapitalistischen Staat zu verwandeln ("Steinzeitkommunismus"), den Tod von wahrscheinlich rund 1 Mio. Landsleuten verursachte.

Welche beiden Kontinente verbindet die Europabrücke über den Bosporus in Istanbul?

Europa und Asien. Die Brücke über den Bosporus wurde 1973 eingeweiht. Sie ist 1560 km lang und war mit einer Spannweite von 1074 m bis 1998 die größte Hängebrücke Europas.

Bosporus: Blick über die Meerenge von Europa nach Asien

Welche Staaten gingen aus der Kolonie Deutsch-Ostafrika hervor?

Deutsch-Ostafrika wurde in Folge des Ersten Weltkriegs nach 33 Jahren als deutsche Kolonie zum einen Teil britisches Mandatsgebiet (vom Völkerbund, dem Vorläufer der UNO unter britische Verwaltung gestellt), zum anderen Teil wurde es der belgischen Kolonie Belgisch-Kongo einverleibt. Das britische Mandatsgebiet wurde 1961 in die Unabhängigkeit entlassen und bildet seit 1965 mit der Insel Sansibar den Staat Tansania. Aus dem belgisch gewordenen Gebiet gingen später Ruanda und Burundi hervor.

Welche Eigenschaften hat das Wasser aus Thermalquellen?

Mineralquellen (mindestens 1000 mg gelöster Stoff pro Liter) werden, wenn sie Temperaturen über 20 °C haben auch als Thermalquellen bezeichnet. Aus ihnen tritt Wasser aus, das in größerer Tiefe oder in der Nähe von vulkanischen Erscheinungen erwärmt wurde. Thermalquellen werden schon seit den Zeiten der Römer zu Heil- und Badezwecken herangezogen.

Welches Tiefdruckgebiet greift immer wieder in unser mitteleuropäisches Wetter ein?

Das sog. Islandtief, auch Isländische Zyklone genannt. Die ständig über dem Nordpol vorhandene Kaltluft wird durch die Drehung der Erde in kalte Nordostwinde verwandelt. Beim Zusammentreffen mit wärmeren Luftmassen, die aus dem Süden vorstoßen, entsteht der als Islandtief bekannte Luftwirbel, der uns kühle und regenreiche Atlantikluft bringt. Das Islandtief ist also nicht immer da. Es entsteht vielmehr immer wieder neu.

Was wollten viele Städte mit den unter der Agenda 2000 zusammengefassten Projekten erreichen?

Die Umsetzung der auf der UNO-Konferenz in Rio de Janeiro beschlossenen Grundsätze für eine nachhaltige Entwicklung unter dem Leitsatz „Global denken – lokal handeln“. Durch Beteiligung von Bürgern, Organisationen und Wirtschaft sollte versucht werden Möglichkeiten aufzuzeigen, wie durch einen Klima- und Umweltschutz, mehr soziale Gerechtigkeit und verantwortungsvolle Wirtschaftsweisen die begrenzten Reserven der Erde geschont werden können um zukünftigen Generationen in allen Ländern der Erde Lebensmöglichkeiten zu bieten.

Worauf führt man heute die Entstehung von Gebirgen wie Alpen und Himalaja zurück?

Alpen und Himalaja gehören zu den sog. Faltengebirgen. Ihre Entstehung wird nach der Kontinentalverschiebungstheorie, die Alfred Wegener bereits 1929 aufstellte, aus der Bewegung großer Platten, die auf dem zähflüssigen Erdinneren schwimmen, erklärt. Die Alpen entstanden so aus dem „Zusammenprall" von Afrika und Europa, der Himalaja, als sich Indien gegen Asien schob.

Wie heißt der Teil Italiens in dem es eine deutschsprachige Bevölkerungsgruppe gibt?

Südtirol. Es wurde nach dem Ersten Weltkrieg 1919 von Österreich abgetrennt und umfasst den Teil Tirols südlich des Brenners. Nach langen Auseinandersetzungen um das Recht auf ihre Sprache, leben die Südtiroler und die zugewanderten Italiener in der italienischen Provinz Bolzano (Bozen) heute friedlich zusammen. Meran, Bozen und Bruneck sind wegen des angenehmen Klimas und der imposanten Berglandschaft (Ortlergruppe, Dolomiten) schon seit langem beliebte Ferienorte.

Die Hauptstadt welchen österreichischen Bundeslandes ist Graz?

Graz ist Hauptstadt der Steiermark. Mit 16.388 km^2 ist die Steiermark hinter Niederösterreich das zweitgrößte Bundesland Österreichs. Es reicht vom fast 3000 m hohen Dachstein im Westen bis an die Ausläufer der ungarischen Tiefebene im Osten. Die Hauptstadt Graz liegt am Fuße der östlichen Ausläufer der Alpen, wo der Fluss Mur die Berge verlässt.

In welchem südamerikanischen Land ist Portugiesisch die Amtssprache?

In Brasilien. Zu Beginn der kolonialen Expansion Portugals und Spaniens nach Südamerika im 16. Jahrhundert hatten die beiden Länder zunächst durch den Vertrag von Tordesillas und später durch den Vertrag von San Ildefonso (1777) die Grenzen der jeweiligen Interessengebiete festgelegt. Da Brasilien zu Portugal gehörte, setzte sich dort Portugiesisch als Amtssprache durch.

Brasilien: Indianer im Amazonasgebiet

In der Nähe welcher schweizerischen Stadt liegt das Emmental?

Das Tal, nach dem der berühmte Käse benannt wurde, liegt nur wenige km östlich der schweizerischen Hauptstadt Bern. Die malerische Altstadt, die Universität und die südlich der Stadt aufsteigenden Berner Alpen mit bekannten Gipfeln wie Eiger, Mönch und Jungfrau sowie dem größten Alpengletscher (Großer Aletschgletscher) am Aletschhorn geben der Stadt ihren besonderen Charme.

Wie entsteht Smog?

Der Name deutet schon darauf hin, er wurde nämlich aus den englischen Wörtern für Rauch (smoke) und Nebel (fog) zusammengesetzt. Besonders bei sog. austauscharmen Wetterlagen, wenn warme Luft über kalter liegt und kaum Wind weht, können Abgase und Rauch von Industrieanlagen, Fahrzeugen und Haushalten sich nicht in der Atmosphäre verteilen und sammeln sich über Städten an. Viele Menschen leiden dann unter Atem- und Kreislaufbeschwerden.

Welche US-amerikanische Stadt wird wegen der zahlreichen Automobilfabriken auch Motor City genannt?

Detroit: Blick über das Zentrum der Autostadt

Detroit. Die im Bundesstaat Michigan im Gebiet der Großen Seen (zwischen Huron- und Erisee) gelegene Stadt hat deutlich über 4 Mio. Einwohner und ist durch Fabriken der Firmen Ford, Chrysler und General Motors Schwerpunkt der amerikanischen Automobilindustrie.

Welche Länder trennt die Donau, bevor sie in das Schwarze Meer mündet?

Ein Stück flussabwärts nach dem Durchbruch durch die Südkarpaten am sog. „Eisernen Tor“ bildet die Donau fast 500 km lang die Grenze zwischen Rumänien und Bulgarien. Etwa 100 km vor der Küste schwenkt der Fluss dann in weitem Bogen nach Norden, bevor er schließlich doch dem Meer zufließt. In dem Bogen liegt die schon in der Antike mit Städten besiedelte sog. Dobrudscha.

An welchem See liegen die drei Kantone Uri, Schwyz und Unterwalden, aus denen die heutige Schweiz hervorging?

Am Vierwaldstätter See. Die bereits seit 1291 bestehenden Urkantone und die ihnen inzwischen angeschlossenen Städte und Kantone errangen nach den Schlachten von Morgarten (1315) und Sempach (1386) ihre Freiheit.

In der Nähe welcher Großstadt liegen Sindelfingen, Böblingen und Zuffenhausen?

Sie liegen bei Stuttgart. Die drei Orte sind, ebenso wie Stuttgart selbst, bedeutende Industriestandorte. Bekannt sind v. a. die Automobilindustrie, daneben spielen aber auch Elektrotechnik, Metallverarbeitung und Maschinenbau eine wichtige Rolle.

In welche Stadt gelangt man, wenn man von Kehl aus über den Rhein fährt?

Nach Straßburg. Die Stadt ist Hauptstadt der Region Alsace (Elsass) und des Départements Bas-Rhin (Unterer Rhein). Hier haben der Europarat und das Europäische Parlament ihren Sitz. Neben der vom 12. bis 15. Jahrhundert erbauten Kathedrale mit einer beeindruckenden astronomischen Uhr ist auch die Altstadt sehenswert.

Was bedeutet der Begriff Sonnenwende?

Jedes Jahr findet zweimal eine Sonnenwende statt: einmal am 21. Juni und einmal am 21. Dezember. An diesen Tagen ist dann jeweils der längste (21. Juni) oder kürzeste (21. Dezember) Tag des Jahres, wobei unter „Tag“ die Zeit zwischen Sonnenauf- und -untergang verstanden wird. Bereits früh war den Menschen diese regelmäßig wiederkehrende Erscheinung aufgefallen. In vielen Kulturen wurden diese Tage daher als Sonnenwende gefeiert.

Zu welcher Klimazone gehört der Mittelmeerraum?

Die Küsten gehören alle zu den Subtropen, während es im Landesinneren teilweise Bereiche gibt, die der gemäßigten Zone angehören, wie Mitteleuropa auch. Das Klima der Subtropen ist schwer zu beschreiben, da es Gebiete wie den Mittelmeerraum gibt, die regenarm sind, mit den meisten Niederschlägen im Winter, aber auch subtropische Gebiete in den USA und China existieren, die dagegen fast ganzjährig reichlich Niederschläge aufweisen. Es ist eben ein Übergangsklima: von der gemäßigten Zone zu den Tropen.

Unter welchem deutschen Namen ist die Stadt Wroclaw bekannt?

Als Breslau. Bis 1945 war die Stadt an der Oder die Hauptstadt von Schlesien. Heute liegt Oberschlesien mit Kohle- und Erzbergwerken sowie der größte Teil Niederschlesiens in Polen. Ein kleiner Teil (um Görlitz) gehört zum deutschen Bundesland Sachsen. Universität und Altstadt von Breslau sind eindrucksvolle Architekturdenkmäler.

Wie unterscheidet man die Steppe von der Savanne?

Während die Steppe von Natur aus ein reines Grasland ist, wird die Savanne gerade durch den ständigen Wechsel von Grasflächen und Strauch- bzw. Baumgruppen oder einzeln stehenden Bäumen gekennzeichnet. Savannen sind v. a. in den Subtropen anzutreffen und von Tieren wie Antilopen und kleinen Nagetieren, die im Boden wühlen, besiedelt.

Wie heißt der südlichste Punkt Südamerikas?

Auf dem Festland ist es die zu Chile gehörende Peninsula de Brunswick (Halbinsel Brunswick). Nur durch einen schmalen Meeresarm, die Magalhães-Straße (Magellanstraße), davon getrennt liegt etwas weiter südlich die Insel Feuerland, die sich Chile und Argentinien teilen. An der Südspitze von Feuerland findet sich eine Gruppe kleiner Inseln. Hier liegt auch das berühmte Kap Hoorn.

Feuerland: Die stürmische Südspitze Amerikas ist die Heimat der Seelöwen

Zu welchem Mittelgebirge gehört der 1493 m hohe Feldberg?

Der Feldberg ist die höchste Erhebung des Schwarzwaldes. Er besteht im südlichen, höheren Teil aus sog. Urgestein (z. B. Granit) und flacht sich nach Norden hin ab, wo er aus Buntsandstein besteht. Er wird gerne zum Bauen verwendet, und prägt teilweise sogar die traditionelle Hausbauweise. Weiter im Süden herrscht dagegen das „typische" Schwarzwaldhaus vor.

Welcher südostasiatische Inselstaat wurde nach einem spanischen König benannt?

Die Philippinen verdanken ihren Namen König Philipp II., der Spanien von 1555 bis 1598 regierte. In seine Regierungszeit fällt der Sieg der Engländer über die spanische Armada 1588, aber ab 1565 auch die Kolonialisierung der über 7000 Inseln, die später seinen Namen tragen sollten. 1898 gelangten die Inseln in den Besitz der USA, die sie erst 1946 in die Unabhängigkeit entließen.

Philippinen: Reisanbau am Fuße des Vulkans Mayon auf der Hauptinsel Luzon

Canterbury hat nur rund 35.000 Einwohner. Warum ist die Stadt für die Engländer trotzdem so bedeutend?

In Canterbury befindet sich der Sitz des obersten Bischofs der anglikanischen Kirche. Er ist nach dem König bzw. der Königin die höchste Instanz der anglikanischen Kirche, die sich unter Heinrich dem VIII. 1533 von der katholischen Kirche gelöst hatte.

Ist saurer Regen heute noch ein Problem?

Trotz der bereits erfolgreich durchgeführten Maßnahmen (Rauchgasentschwefelungsanlagen, Katalysatoren) gegen die Ursachen des sauren Regens, den hohen Schwefel- und Salpetersäuregehalt im Niederschlag, liegt der Säuregehalt des Regens noch über dem normalen Maß. Schäden an historischen Gebäuden, wo das säurehaltige Regenwasser den Stein angreift, sind ein deutlicher Beleg dafür.

Warum bleibt ein Satellit auf seiner Erdumlaufbahn?

Ein Satellit, also ein künstlicher Flugkörper, wird mithilfe einer Rakete oder einer Raumfähre mit einer vorher exakt berechneten Geschwindigkeit auf eine Umlaufbahn gebracht, die gewährleistet, dass die Erdanziehungskraft, die auf den Satelliten wirkt, und die Fliehkraft des Satelliten genau im Gleichgewicht sind.

Welches Hauptproblem haben die Menschen in der Sahelzone?

In diesem Savannengürtel im Süden der Sahara ist Wassermangel das größte Problem. Wassermangel verursacht schlechte Ernten und langsames Wachstum der Pflanzen, dies führt zu einem Mangel an Nahrung für Mensch und Tier. Da dann auch noch die letzten Pflanzen von den hungrigen Tieren abgeweidet werden, hat die Wüste Gelegenheit sich auszubreiten.

Wo leben die Tuareg?

In der westlichen Sahara. Mit ihrer Lebensweise haben sie sich an das harte Leben in der größten Wüste der Welt angepasst. Diese Wüste darf man sich übrigens nicht als riesige Sanddünenfläche vorstellen: Der größte Teil ist Geröll- und Kieswüste, an anderen Stellen ragen bis über 3000 m hohe Gebirge empor (Ahaggar und Tibesti).

Woher hat der Sandstein seine Farbe?

Sandstein wurde in verschiedenen Abschnitten der Erdgeschichte ursprünglich als Quarzsand vom Meer angelagert, er gehört also zu den sog. Sedimetiten. Unter dem Druck des später darüber abgelagerten Materials wurde er zusammengepresst und je nachdem welche Beimengungen er enthielt durch diese dann verkittet. Diese Beimengungen bestimmen auch die Farbe: Enthält er viel Eisen ist er rötlich, enthält er viel Ton eher bräunlich etc.

Der Polarkreis verläuft auf 66,5° nördlicher und südlicher Breite. Warum?

Der Teil der Erde zwischen Polarkreis und Pol wird Polkalotte genannt. Hier geht die Sonne im Sommer nicht unter, im Winter geht sie nicht auf. Während am Polarkreis einmal im Jahr 24 Stunden die Sonne nicht unter geht, ist dies polwärts immer länger der Fall, am Pol selbst dann schließlich 6 Monate. Ebenso geht am Polarkreis im Winter einmal die Sonne nicht auf, während dies näher am Pol viel länger der Fall ist.

Wie viele Planeten sind in unserem Sonnensystem anzutreffen?

Um unsere Sonne kreisen 9 Planeten und über 3000 bekannte Planetoiden. Planetoiden sind kleinere natürliche Objekte in einer Sonnenumlaufbahn. Als Planeten werden (in zunehmender Entfernung von der Sonne) Merkur, Venus, Erde, Mars, Jupiter, Saturn, Uranus, Neptun und Pluto bezeichnet. Der Pluto wurde übrigens erst 1930 entdeckt.

Wie werden die während der Eiszeit von Gletschern an der norwegischen Küste geformten Buchten genannt?

Fjorde. Diese engen Meeresarme mit trogförmigem Profil erstrecken sich zwischen steilen Felswänden weit ins Innere des Landes. Der längste Fjord, erreicht so eine Länge von über 200 km. In anderen Ländern sind ebenfalls Fjorde entstanden. So etwa an der Ost- und Westküste Kanadas, wo sie als Inlet bezeichnet werden, sowie an den Küsten Grönlands und Neuseelands.

Fjord: Der innerste Teil des Geirangerfjords in Norwegen

Sind alle Sterne Planeten?

Nein, nur die Planeten unseres Sonnensystems, also Merkur, Venus, Erde, Mars, Jupiter, Saturn, Uranus, Neptun und Pluto erscheinen uns als Sterne. Als Planet wird ein Himmelskörper bezeichnet, der einen Fixstern umkreist. Fixsterne leuchten aus sich selbst heraus, wie unsere Sonne. Planeten reflektieren nur das empfangene Licht. Planeten aus anderen

Sonnensystemen sind daher nicht hell genug um mit bloßem Auge von der Erde aus gesehen werden zu können.

Welche Stadt ist das wirtschaftliche und politische Zentrum der Toskana?

Florenz (ital. = Firenze). Die Hauptstadt der Toskana hat heute etwa 400.000 Einwohner und beherbergt zahlreiche bedeutende Museen und Architekturdenkmäler. In wirtschaftlicher Hinsicht hat Florenz andere historisch bedeutende Städte der Toskana wie Pisa, Siena oder Lucca heute überflügelt.

Florenz: Die Kuppel des Domes und der Turm des Rathauses überragen die Dächer der Stadt

Durch welches Land fließt der Indus?

Der Indus entspringt in Tibet und sammelt in Kaschmir das vom Karakorumgebirge kommende Wasser ein, als großer Fluss zieht er sich jedoch durch Pakistan. Seit der frühen Hochkultur von Mohendscharo nutzten die Menschen dort den Indus als Wasserreservoir und Verkehrsader. Mit 2897 km ist er nur ein wenig länger als die Donau (2850 km).

Woher hat die französische Region Normandie ihren Namen?

Im Jahre 911 erhielt der Wikinger Rollo vom französischen König Charles III. die Normandie zugesprochen, um so die ständigen kriegerischen Einfälle der Wikinger zu beenden. Da die Franzosen die Wikinger als „normands" bezeichneten, wurde der Name bald von den Eroberern auf die Landschaft übertragen. Im regionalen Dialekt der Fischer sind lange Zeit nachdem die Normandie wieder zu Frankreich gehörte (1468) noch normannische Wörter benutzt worden.

Wovon spricht man eigentlich wenn man Balkan sagt?

Meistens ist damit die sog. Balkanhalbinsel im Südosten Europas gemeint. Sie umfasst die Länder südlich von Slowenien, Ungarn und Rumänien, wobei der Unterlauf der Donau über weite Strecken die Nordgrenze der Halbinsel bildet. Der Name leitet sich aber ursprünglich von dem in Bulgarien von Westen nach Osten verlaufenden ebenfalls Balkan genannten Gebirgszug ab.

An der Mündung welchen Flusses liegt New Orleans?

An der Mündung des Mississippi. Mit 3778 km ist er der längste Strom Nordamerikas. Durch sein enormes Einzugsgebiet (fast 40% der USA), zu dem auch der Missouri, der Ohio und der Arkansas gehören bringt er so viel Schlamm mit, dass er seine Mündung langsam immer weiter ins Meer hinaus verlegt.

Welche Länder gehören zum Nahen Osten?

Die Länder Asiens und Afrikas, die an das östliche Mittelmeer grenzen. Das sind Ägypten, Israel, Libanon, Syrien und Türkei. Oft werden jedoch auch noch Staaten der arabischen Halbinsel

(v. a. Jordanien, Kuwait und Saudi-Arabien) sowie die Länder am Persischen Golf (Irak, Iran, Bahrein, Vereinigte Arabische Emirate und Oman) dazugezählt.

Welchen heute unabhängigen Staat bilden die beiden Landesteile Republik Srpska und die bosniakisch-kroatische Föderation?

Bosnien-Herzegowina. Nach der Auflösung Jugoslawiens war es Anfang der 90er-Jahre zu heftigen Kämpfen zwischen Serben, Kroaten und Moslems in Bosnien gekommen. Nach mehreren gescheiterten Vermittlungsversuchen gelang es 1996 im Frieden von Dayton die verfeindeten Parteien in dem seit 1991 bestehenden Staat zu einer gemeinsamen Lösung der Probleme zu bewegen.

Wie heißen die Nordfriesischen Inseln?

Die größeren der Nordfriesieschen Inseln, die sich vor der Westküste Schleswig-Holsteins erstrecken sind, von Norden nach Süden: Sylt, Föhr, Amrun, Pellworm und Nordstrand. Die größte, Sylt, ist durch den Hindenburgdamm, mit dem Festland verbunden. Auf ihm bringt die Eisenbahn Erholungssuchende in die Inselhauptstadt Westerland.

Welche Inseln bilden die Ostfriesischen Inseln?

Angefangen mit Borkum ganz im Westen, über Juist, Norderney und Baltrum bis nach Langeoog, Spiekeroog und Wangerooge im Osten ziehen sich die Ostfriesischen Inseln von der Mündung der Ems bis zur Mündung der Weser in die Nordsee vor der Küste Ostfrieslands entlang. Wegen des aus medizinischer Sicht günstigen Seeklimas befinden sich eigentlich auf allen Inseln Kurorte, in denen v. a. Erkrankungen der Atemwege, Hautreizungen und Kreislaufbeschwerden gelindert oder auskuriert werden sollen.

Wie heißt der den Hindus heilige Fluss in Nordinden?

Es ist der 3090 km lange Ganges. Besonders die am Fluss gelegenen Städte Benares und Patna ziehen zahlreiche Pilger an, die sich dann in den Fluten des Stromes von ihren Sünden reinigen. Das breite Gangestal ist eine fruchtbare Region, in der intensiv Landwirtschaft betrieben wird. Zusammen mit dem Brahmaputra mündet der Ganges in einem breiten Delta in Bangladesh in den Indischen Ozean.

Ganges: An den Ufern des Flusses liegen zahlreiche Wallfahrtsorte. Im Bild die Treppe für rituelle Waschungen in Benares

Was hat es mit dem im Westerwald gelegenen „Kannenbäckerland“ auf sich?

Der südwestliche Teil des zwischen Rhein und Lahn, östlich von Koblenz gelegenen Westerwaldes wird auch als Kannenbäckerland bezeichnet. Der Name bezieht sich auf das wegen der dort zu findenden reichhaltigen Tonlager, die die ideale Voraussetzung für keramisches Gewerbe und Tonwarenindustrie darstellten. Heute ist der Fremdenverkehr der wichtigste Wirtschaftsfaktor für den an Kur- und Erholungsorten wie Bad Ems reichen südlichen Westerwald.

Welchen Himmelskörper umkreist der Halley'sche Komet?

Halley'scher Komet: Aufnahme von seiner letzten Vorbeikunft an der Erde 1986

Wie alle Kometen umkreist er nicht die Erde, sondern die Sonne. In Sonnennähe erreichen Kometen Geschwindigkeiten von 2 Mio. km/h, woraus der sichtbare Schweif resultiert. Kometen bestehen aus einem festen Kern und einer gasförmigen Hülle. Edmund Halley (1656–1742) hatte die Wiederkehr seines Kometen exakt vorausgesagt, er erschien 16 Jahre nach seinem Tod.

Was ist das Skagerrak?

Das Skagerrak ist der zwischen der norwegischen und der dänischen Küste befindliche Teil der Nordsee, der die Ostsee mit dem Weltmeer verbindet. Die hier herrschenden tückischen Meeresströmungen machten es seit alters her zu einem von den Seeleuten gefürchteten Teil des Weltmeeres. Von den Wikingern und im Mittelalter wurde es sogar bevorzugt, die Waren über Land von der West- an die Ostküste Dänemarks zu transportieren. Das Meer zwischen Dänemark und Schweden mutet dagegen harmlos an, es wurde daher als Kattegatt (= Katzengatt) bezeichnet, hier hatten die Seeleute nichts zu befürchten.

Im westafrikanischen Land Sierra Leone endete im Sommer 1999 ein achtjähriger Bürgerkrieg? Was waren seine Ursachen?

Misswirtschaft und Diktatur hatten das fruchtbare und mit Bodenschätzen wie Gold und Metallerzen reich ausgestattete Land in den Bürgerkrieg getrieben. Als zündender Funke diente jedoch die Frage nach dem Besitz der Diamantenfelder im Südosten des Landes.

Welche ökologische Katastrophe vollzieht sich am Aral-See, im Süden Kasachstans?

Der See wird immer kleiner. In den letzten 30 Jahren verlor er rund 60% seines Volumens, d. h. er schrumpfte von 66.900 km^2 auf zwei Seen zusammen, die insgesamt nur noch eine Fläche von etwas über 35.000 km^2 haben. Die starke Wasserentnahme der Anrainerstaaten Kasachstan, Usbekistan und Tadschikistan führt zudem zu einem ständig steigenden Salzgehalt, so das die Gefahr besteht, dass sich in einigen Jahren an Stelle des Aral-Sees eine Salzwüste erstreckt.

Wie heißen die einzigen flugfähigen Säugetiere?

Es sind die Fledermäuse. Die überwiegend dämmerungsaktiven Tiere sehen nur sehr schlecht und orientieren sich v. a. durch ein Ultraschall-Ortungssystem. Durch die Vertilgung von schädlichen Insekten spielen sie eine wichtige Rolle in der Natur. Da sie immer weniger

Plätze finden, an denen sie vom Menschen ungestört ihren Winterschlaf verbringen können, sind die 21 in Deutschland vorkommenden Arten alle akut vom Aussterben bedroht und stehen auf der „Roten Liste“.

Was bezweckt eine Schummerung in einer Landkarte?

Die Schummerung ist eine zusätzliche grafische Gestaltungsmöglichkeit des Kartographen. Mit ihr soll es dem Laien erleichtert werden, die Lage und das Aussehen von Bergen und Gebirgen von der Karte abzulesen, denn durch die Schummerung wird ein Schatteneffekt erzeugt, die die Erhebungen fast plastisch hervortreten lässt.

Umgangssprachlich sagt man manchmal das liegt in der Pampa, um damit die Abgeschiedenheit eines Ortes auszudrücken. Wo liegt denn die Pampa eigentlich?

Pampa ist der in Südamerika gebräuchliche Name für die besonders in Argentinien weit verbreitete Steppe. Das aus der indianischen Ketschua-Sprache stammende Wort Pampa erklärt schon was für die Landschaft charakteristisch ist, übersetzt heißt es nämlich „baumlose Ebene“.

Was ist das sog. Eiserne Tor?

Der Durchbruch der Donau durch die südlichen Karpaten, an der Grenze zwischen Jugoslawien und Rumänien. Die bereits seit langer Zeit hier fließende Donau grub sich immer tiefer in das sich bildende Gebirge ein, so dass es heute so aussieht, als ob sich der Fluss einen Weg durch die Felsen gebrochen habe.

Mit welchem ursprünglich isländischen Wort wird eine heiße Springquelle üblicherweise bezeichnet?

Der Geysir „Old Faithful“ im Yellowstone Nationalpark, USA

Von dem isländischen Wort Geiser wurde das allgemein gebräuchliche Geysir abgeleitet. Solche Wasserfontänen, die zum Teil sehr regelmäßig ausbrechen, kommen v. a. in Island, Neuseeland und im Westen der USA (Yellowstone-Nationalpark) vor. Sie entstehen durch Erhitzung von unterirdischen Wasservorräten in der Nähe von noch jungen vulkanischen Erscheinungen.

Wie ist der Oberrheingraben entstanden?

An dieser Linie hat sich die Erdkruste durch im Inneren der Erde wirkende Kräfte herausgehoben. Schließlich ließ die entstandene Spannung die Erdoberfläche einreißen und in sich zusammenfallen. Stark vereinfacht lässt sich dies vielleicht mit dem Aufplatzen eines Würstchens im kochenden Wasser vergleichen. Die beiden sich längs des Grabens erstreckenden Gebirge, der Schwarzwald und die Vogesen, sind Reste dieses Hebungsvorgangs.

In Hamburg wollen die Menschen gerne an der Alster wohnen. Warum?

Bevor das Flüsschen Alster in die Elbe mündet, bildet es zwei seenähnliche Erweiterungen, die sog. Binnen- und die

Außenalster. Wegen der landschaftlich schönen Lage befinden sich dort die Nobelvororte. Die Alster ist übrigens nicht der einzige Fluss, der in Hamburg in die Elbe mündet, die Bille, die von Osten her kommt, fließt ebenfalls hier in die Elbe.

Welcher Fluss fließt durch den Genfer See?

Die Rhône. Beginnend am Rhônegletscher zieht sich der Fluss zwischen den Berner und den Walliser Alpen von Osten nach Westen durch den Kanton Wallis, bevor er sich zum Genfer See erweitert. Die Stadt Genf liegt an der Stelle, wo die Rhône den See wieder verlässt. Der 581 km² große See wird von den dort wohnenden französischsprachigen Schweizern Lac Léman genannt.

Genf: Blick auf die Stadt vom Genfer See aus. Im Vordergrund die 120 m hohe Wasserfontäne.

Wie entstehen Muren?

An Berghängen mit spärlicher Pflanzendecke geraten im Hochgebirge bei starken Niederschlägen Teile des feinen Schutts, aus dem die Berghänge bestehen, in Bewegung. Aus mehreren kleinen Seitenarmen bildet sich schließlich ein starker und breiter Schuttbreistrom, der in der Lage ist Bäume und Häuser mit sich hinwegzureißen. Durch die intensive Nutzung der Bergwelt durch den Menschen (Skilifte, Mountain-Bike fahren etc.) und die damit verbundene Beanspruchung der Pflanzenwelt, haben sich in den letzten Jahren immer wieder Muren gebildet, die zum Teil beträchtlichen Schaden anrichteten. Muren bilden sich auch in den Bachbetten von Wildbächen, sind dort aber weniger gefährlich.

Was wird als Permafrostboden bezeichnet?

Permafrost- oder Dauerfrostbodengebiete erstrecken sich rund um die Arktis in einem breiten Streifen in Kanada, Alaska, Skandinavien und Russland. Seit der letzten Eiszeit ist der Boden dort bis zu mehreren hundert Metern tief gefroren und taut im Sommer nur oberflächlich auf. Schmelzwasser und Niederschläge können dort oft nicht vollständig versickern, was häufig zu starker Sumpfbildung führt. Daher sind weite Teile Sibiriens im Sommer mit Fahrzeugen nicht zugänglich.

In welchen Tälern findet man eine Talue?

Wenn ein Fluss in einem breiten Tal die Talsohle in Hochwasserzeiten ganz oder teilweise regelmäßig überschwemmt, dann wird die Talsohle als Talaue bezeichnet. Oft ist die Talaue in das gesamte Tal etwas tiefer eingebettet. Baumaßnahmen in diesem Bereich führen zu Veränderungen des Flussbettes und unkontrollierten Überschwemmungen an anderen Stellen des Flusses.

Wie wird der Schnee zu Firn?

Bei anhaltenden Schneefällen im Gebirge wird der bereits früher gefallene Schnee durch den Druck des auf ihm lastenden Materials zu Firn verdichtet. Sollte es noch weiter schneien, so verwandelt sich der Firn allmählich in Eis. Dies ist z. B. bei Gletschern zu beobachten.

In Norddeutschland spricht man oft von Urstromtälern, was ist damit gemeint?

Die Flüsse im Norden Mitteleuropas benutzen oft die selben Wege wie dies bereits die Flüsse taten, die durch das Schmelzwasser der während der Eiszeit über Skandinavien und den Ostseeküsten lagernden Gletschern gebildet wurden. Elbe, Oder und Weichsel etwa kommen aus dem Süden und schwenken dann in die bereits von den Urströmen geformten weiten Täler ein.

Welchem Geschehen verdanken die Kieler Förde und die Eckernförder Bucht ihre Entstehung?

Sie wurden während der Eiszeit durch Ausläufer der großen Inlandeismassen geschaffen. Damals schoben sich aus dem Ostseebecken Gletscher heran, die von ihnen herausgearbeiteten Täler wurden mit dem Wiederanstieg des Meeresspiegels zu Buchten.

Was versteht man unter einem Binnenhafen?

Als Binnengewässer werden Flüsse und Seen des Festlandes bezeichnet. Die Schifffahrt auf ihnen wird demzufolge als Binnenschifffahrt bezeichnet und Häfen im Landesinneren als Binnenhäfen. Der bedeutendste Binnenhafen Mitteleuropas ist Duisburg. Hier mündet nicht nur die Ruhr in den Rhein, auch ist es von hier aus möglich über den Rhein-Herne-Kanal mit dem Schiff das Ruhrgebiet zu erreichen. Durch den Bau des Rhein-Main-Donau-Kanals wurde beispielsweise auch Nürnberg „Hafenstadt“.

Was verstanden die Griechen der Antike unter den Säulen des Herakles?

Die Straße von Gibraltar, d. h. die Meerenge zwischen Spanien und Marokko, die das Mittelmeer vom Atlantik trennt. Bis in die Neuzeit war die Meerenge bei Seeleuten gefürchtet: Da sich durch diese Engstelle jährlich über 45.000 Kubikkilometer Atlantikwasser ins Mittelmeer pressen, und fast ebenso viel Wasser aus dem Mittelmeer in den Atlantik gepresst wird, herrschen dort unberechenbare Strömungen und Wirbel.

Gibraltar: Der stark befestigte 425 m hohe Felsen bewacht seit Jahrhunderten die Einfahrt zum Mittelmeer.

Was haben die Azoren mit unserem Wetter zu tun?

Bei den Azoren liegt fast immer ein bedeutendes Hochdruckgebiet, das Azorenhoch. Von ihm wird warme Meeresluft nach Mitteleuropa gebracht. Daher befindet sich auf den zu Portugal gehörenden Inseln im Atlantischen Ozean auch eine wichtige Wetterstation.

Für welche drei Weltreligionen ist Jerusalem eine heilige Stadt?

Für das Christentum (Grabeskirche), für das Judentum (Klagemauer) und für den Islam (El Aksa-Moschee). Wegen der hohen Symbolkraft, die der Besitz der Stadt hatte und immer noch hat, war sie, angefangen von den Kreuzzügen bis zu den Nahostkriegen des 20. Jahrhunderts, ein ständiger Anlass zu gewalttätigen Auseinandersetzungen.

Jerusalem: Blick auf den Felsendom, eine arabische Moschee

Auf welches Ereignis wird die Entstehung des Weltalls zurückgeführt?

Auf den sog. Urknall. Vor etwa 15 Mrd. Jahren soll die gesamte Materie des Universums in einer gigantischen Explosion freigesetzt worden sein, und sich anschließend verteilt haben.

Was bezeichnet die Datumsgrenze?

Reist man in östlicher Richtung um die Welt muss wegen der Erdumdrehung die Uhr immer wieder vorgestellt werden, damit sie mit der Ortszeit übereinstimmt. Ist man einmal um die Erde gereist, und hat seine Uhr regelmäßig der Ortszeit angepasst, sind so insgesamt 24 Stunden vorgestellt worden. Obwohl man natürlich keine Zeit verloren hat, ist man der Datierung dann einen Tag voraus. Um dies auszugleichen wurde nahe beim 180 Längengrad eine Linie vereinbart, bei deren Überschreiten ein Datumswechsel vorgenommen wird.

Was ist der Jetstream?

Als Jetstream werden verhältnismäßig gleichmäßig wehende Winde bezeichnet, die als sog. Hauptstrahlstrom in großen Höhen von Westen nach Osten rund um den Erdball wehen, und dabei zickzackförmig den Nordpol umkreisen. Diese Winde mit Geschwindigkeiten von 150–400 km/h sind Ergebnis der Drehung der Erde um sich selbst. Ihren Namen verdanken sie der Luftfahrt: Jets, die von Nordamerika nach Europa fliegen, nutzen diese Winde aus, um schneller voranzukommen.

Welches südamerikanische Land wurde als Heimat der Gauchos und des Tangos bekannt?

Argentinien. Auf den weiten Pampas, endlosen Weiden im Landesinneren, spielt auch heute noch die Viehzucht eine bedeutende Rolle. Die Gauchos, die südamerikanischen Cowboys, hüten zwar auch die Viehherden in den Nachbarländern Uruguay, Brasilien und Paraguay, aber weltbekannt wurden sie als Symbol für Argentinien.

Welche wichtige Rolle spielen Moose und Flechten in der Natur?

Sie waren wahrscheinlich die ersten Pflanzen, die sich vor 400 Mio. Jahren auf dem Festland ausbreiteten und als Pioniere die Erde für andere Pflanzen vorbereiteten. Flechten sind die Grundlagen des Lebens. Sie sind aus Algen und Pilzen zusammengesetzt und unterstützen sich gegenseitig (Symbiose). In polaren Regionen überstehen sie selbst tiefste Minustemperaturen ohne Schaden. In Wüstenregionen kommen sie mit äußerst geringen Niederschlägen und hoher Hitze zurecht.

Was verbirgt sich hinter dem Namen ISS Alpha?

Die International Space Station (= Internationale Weltraumstation), die sich augenblicklich im Bau befindet. Wissenschaftler aus 15 Ländern (darunter neben Russland und den USA auch Deutschland) arbeiten noch an der Station, die nach ihrer Fertigstellung im Jahr 2004 einem Dutzend Experten gleichzeitig die Möglichkeit geben wird, in der Schwerelosigkeit Experimente durchzuführen. NASA-Experten erwarten sich unter diesen Bedingungen neue Lösungen für Fahrzeugmotoren, Medikamente, Virenbekämpfung usw.

Wo gibt es in Deutschland Vulkane?

Aktive Vulkane gibt es in Deutschland keine. Zeugen vulkanischer Tätigkeit finden sich jedoch an mehreren Stellen: Die Maare in der Eifel sind etwa die Kraterlöcher ehemaliger Vulkane, der Kaiserstuhl in Baden ist als ehemaliger Vulkankegel heute ein hervorragendes Weinanbaugebiet und auch der Vogelsberg im Hessischen Bergland ist ein Gebirgsstock vulkanischen Ursprungs.

Hat nur der Planet Saturn die sog. Ringe?

Nein, auch beim Jupiter wurde ein Ring aus Gesteinstrümmern beobachtet und der Uranus weist ebenfalls einen solchen Ring auf. Uranus wurde zwar schon 1781 von dem Astronom Wilhelm Herschel entdeckt, da er aber sehr weit von der Erde entfernt ist, lieferten erstmals 1985/86 die Voyager-Sonden nach acht Jahren Flug durch das All genauere Bilder der Uranusoberfläche.

Der östliche Teil welchen Mittelmeerlandes ist bereits seit der Antike als Cyrenaika bekannt?

Libyen: Minarett am Hafen von Tripolis

Das von Moammar al Gaddhafi geführte Libyen wurde 1912 italienische Kolonie und war im Zweiten Weltkrieg Schauplatz heftiger Kämpfe zwischen Deutschen und Briten. Die Kolonie setzte sich aus Tripolitanien (Hauptstadt Tripolis) und dem Cyrenaika genannten Küstenstrich östlich davon zusammen. 1951 wurde das seit dem Krieg britisch (Küste) und französisch (Landesinnere) verwaltete Libyen unabhängiges Königreich unter Idris I., 1969 durch Staatsstreich Gaddafis Republik.

Funkeln die Sterne tatsächlich, oder handelt es sich dabei um eine optische Täuschung?

Das nächtliche Funkeln der Sterne hat seine Ursache nicht in den Sternen selbst, es wird vielmehr durch die Erdatmosphäre verursacht. Gerade nach sonnigen Tagen ist der Temperaturunterschied zur Nacht recht hoch, die Erdoberfläche strahlt aber noch Wärme ab.

Diese Wärme verursacht Turbulenzen in der Luft. Die von den Sternen kommenden Lichtstrahlen werden in diesen Turbulenzen abgelenkt. Diese Ablenkung wird dann von uns als Funkeln der Sterne wahrgenommen.

An der Mündung welchen Flusses liegt die portugiesische Hauptstadt Lissabon?

Die rund 820.000 Einwohner zählende portugiesische Metropole befindet sich an der Mündung des Tejo in den Atlantik. Die weite, jedoch gegen das Meer hin geschützte Bucht bildete im 15. und 16. Jahrhundert den idealen Ausgangspunkt vieler Entdeckungsfahrten an die Westküste Afrikas oder nach Amerika. Heute überspannt die größte Hängebrücke Europas (17,2 km) die Bucht.

Lissabon: Kloster Belen

Was ist eigentlich ein Ökosystem?

Unter einem Ökosystem versteht man die Gesamtheit aller in einem festgelegten Raum vorhandenen Teile des Biosystems (Pflanzen, Tiere) und des Geosystems (Böden, Wasser, Klima, etc.). Greift der Mensch nicht ein, entwickelt sich im Allgemeinen ein ökologisches Gleichgewicht, d. h. die Pflanzen und Tiere können sich nur so weit ausbreiten wie es die natürlichen Gegebenheiten und die natürlichen Feinde zulassen. Ist die Balance einmal gestört, ist sie nur unter großen Schwierigkeiten wieder herzustellen.

Was ist ein Flöz?

So wird von den Bergleuten eine Kohle enthaltende Schicht unter der Erde genannt. Der nordwesteuropäische Kohlegürtel – nördlich der Ruhr über Belgien und Nordfrankreich bis England – war vor etwa 350 Mio. Jahren eine bewachsene Küstenregion, die sich langsam absenkte und versumpfte. Dieser Vorgang wiederholte sich im Lauf der Jahrmillionen mehrmals, so dass nach der Überlagerung dieser Schichten unter gewaltigem Druck die Inkohlung, also die Umwandlung des organischen Materials in Kohle einsetzte.

Welche Länder verband die Seidenstraße?

Bereits seit dem 2. Jahrhundert vor Christus wurde Seide aus China über den Landweg nach Syrien transportiert. Neben Seide spielten auch Jadeschnitzereien und Porzellan als begehrte chinesische Exportprodukte eine gewichtige Rolle. Auf mehreren Routen machten sich die Karawanen von Xi'an aus auf den Weg in den Westen. Die zentralasiatischen Städte entlang des Weges waren über Jahrhunderte hinweg machtvolle und prächtige Zentren der Kulur, der Wissenschaft und der Politik.

Wie heißt die bevölkerungsreichste Stadt Chinas?

Obwohl die Schätzungen für die Einwohnerzahl Shanghais stark schwanken, dürfte die Stadt mit fast 8 Mio. Einwohnern unbestritten Chinas bevölkerungsreichste Stadt sein. Hongkong und Peking mit jeweils rund 6 Mio. folgen jedoch dicht dahinter. In den letzten Jahren hat Shanghai begonnen die Position als Wirtschafts- und Handelszentrum, die es vor der kommunistischen Herrschaft in China inne hatte, wieder zurückzugewinnen.

Wo liegen die magnetischen Pole der Erde?

Das Magnetfeld der Erde befindet sich eigentlich ständig in Bewegung. Im Lauf eines Menschenlebens sind diese Bewegungen aber kaum feststellbar. Aus alten Gesteinen, in denen teilweise magnetische Elemente in Richtung auf die damaligen Magnetpole der Erde angeordnet waren, sind jedoch die verschiedenen urgeschichtlichen Stellungen der Magnetpole zu erkennen. Der Geomagnetische Nordpol liegt heute im äußersten Westen Grönlands, nahe der Stadt Thule.

Wie lautet der Name des Sternensystems, das unserer Milchstraße am nächsten liegt?

Es ist der Andromedanebel, der wie unsere Galaxis einen Spiralnebel bildet (mit einem zentralen Kern und spiralförmig angeordneten Armen). Er kann gerade noch mit bloßem Auge beobachtet werden.

Die Stärke welches Naturereignisses wird mit Werten der Richter-Skala angegeben?

Die Stärke von Erdbeben. Die stärksten bekannten Beben hatten Werte von 8,5 bis 9. Seismologen (Erdbebenforscher) benannten die Skala nach ihrem amerikanischen Kollegen Charles Francis Richter. Da es sich um eine logarithmische Skala handelt, ist ein Beben der Stärke 4 zehnmal stärker als ein Beben der Stärke 2 und hundertmal stärker als ein Beben der Stärke 1.

Mit welcher Währung bezahlt man in Liechtenstein?

Liechtenstein: Kastell in Vaduz

Die 28.000 Einwohner des nur 160 km² großen Fürstentums am Oberrheintal bezahlen mit Schweizer Franken. Auch sonst ist Liechtenstein wirtschaftlich, gesellschaftlich und politisch wesentlich mehr auf die Schweiz als auf seinen zweiten Nachbarn, Österreich ausgerichtet.

Welche amerikanische Raumfähre explodierte 1986 kurz nach dem Start?

Die Raumfähre Challenger explodierte am 28.1.1986 nur 73 Sekunden nach dem Start wegen einer schon länger bekannten Schwachstelle an den Feststoffraketen. Bei der Explosion starben alle sieben Besatzungsmitglieder, fünf Männer und zwei Frauen. Damit handelte es sich um den schwersten Unfall in der Geschichte der bemannten Raumfahrt.

Was versteht man unter dem Drei-Schluchten-Staudamm?

Am 22. November 1997 wurde in China am Jangtsekiang mit dem Bau des größten Staudamms der Welt begonnen. Der

Fluss soll auf einer Länge von 660 km gestaut werden. Die geplante Staumauer soll 185 m hoch und 2335 m lang sein. Wichtigstes Ziel ist es, den ständig steigenden Energiebedarf Chinas zu decken. Aber auch die Nutzungsmöglichkeiten für den Jangtsekiang als Wasserweg und die Eindämmung der häufigen Hochwasser des Flusses. Kritische Stimmen befürchten, dass die geologischen Voraussetzungen ungünstig sind, und der gigantische Damm einmal brechen könnte.

Wie heißt die größte in Europa vorkommende Raubkatze?

Luchs

Es ist der Luchs. Nachdem er in Mitteleuropa schon ausgerottet war, wurden die Luchse durch erfolgreiche Wiederansiedlungsprojekte in der Schweiz (1971), später auch in Slowenien, Frankreich und im Bayerischen Wald wieder ein Teil der heimischen Tierwelt. Wegen des großen Reviers (etwa 100 km^2), das die Tiere benötigen, wird ihr Bestand jedoch auch in Zukunft auf große zusammenhängende Waldgebiete beschränkt bleiben. Typisch für den Luchs sind seine „Pinselohren".

Wie viele Menschen bevölkern zurzeit die Erde?

Im Oktober 1999 wurde in Sarajevo symbolisch die Geburt des sechs-milliardsten Menschen gefeiert. Er heißt Adnan Mevic und ist ein bosnischer Moslem. Seine Mutter Fatima wurde nach der Geburt vom UN Generalsekretär Kofi Annan besucht. Selbstverständlich handelte es sich nur um eine symbolische Aktion, denn bei der Zahl von 6 Mrd. Menschen ist auch die UNO auf Schätzungen angewiesen und hat nicht mehr genau den Überblick, wie viele Menschen auf der Erde wohnen.

Welches ist der längste Fluss Asiens?

Längster Fluss Asiens ist der von Westen nach Osten durch China fließende Jangtsekiang. Er ist rund 6300 km lang. Seine Quelle befindet sich im Kunlun Shan-Gebirge im südwestlichen Teil des Hochlands von Tibet. Überschwemmungen durch den Fluss verursachen immer wieder große Zerstörungen und fordern Menschenleben, zuletzt ereigneten sich 1980 und 1981 schlimme Flutkatastrophen. Der in Bau befindliche Drei-Schluchten-Staudamm wird im Lauf des Jangtsekiang errichtet.

Andalusien und Anatolien werden wegen ihres ähnlich klingenden Namens oft verwechselt. Welcher Name bezeichnet welche Region?

Andalusien ist der südlichste Teil Spaniens. Es reicht von der Grenze zu Portugal über die bis zu 3481 m hohe Sierra Nevada bis zur Costa del Sol im Osten. Anatolien ist dagegen der kleinasiatische Teil der Türkei, der zwischen Mittelmeer und Schwarzem Meer liegt.

Welcher Unterschied besteht zwischen Meteor und Meteorit?

Ein Meteorit ist ein Gesteinsbrocken aus dem All, der, wenn er in den Bereich der Erdanziehung gelangt, entweder in der Erdatmosphäre verglüht oder auch auf der Erde einschlägt. Er kann dann riesige

Einschlagskrater hinterlassen, wie etwa das „Nördlinger Ries“ in Deutschland. Verglüht der Meteorit in der Erdatmosphäre, dann sieht man ihn am Himmel als Meteor. Dieses Phänomen ist auch unter dem Namen Sternschnuppe bekannt.

Was strebten die Amerikaner mit ihrem Apollo-Raumfahrtprogramm an?

Die Landung auf dem Mond. Die Mission „Apollo 11“ erreichte dieses Ziel am 21.7.1969, als Neil Alden Armstrong aus der Mondfähre „Eagle“ ausstieg und als erster Mensch den Mond betrat.

Womit beschäftigt sich die Kosmologie?

Kosmologie setzt sich aus den griechischen Wörtern Kosmos = Weltall und logos = Lehre zusammen, ist also die Lehre vom Weltall. Sie beschäftigt sich mit den großen Strukturen, der Entstehung und Entwicklung des Weltalls.

Was ist eine Fata Morgana?

Ein optisches Trugbild, das durch Luftspiegelung entsteht. Diese Spiegelung kann über stark erhitzten Flächen entstehen, z. B. über Wüstensand oder Asphalt. Man sieht dann unter Umständen sehr weit entfernte Gegenstände (Gebäude, Berge, Oasen, Wasser) greifbar nah, selbst wenn diese hinter dem Horizont liegen.

Wodurch rückte die Oder nach dem Zweiten Weltkrieg ins Interesse der Politiker?

Durch die Oder-Neiße-Linie. Die beiden Flüsse Oder und Neiße bildeten zunächst die Trennungslinie zwischen der Sowjetischen Besatzungszone und dem von Polen verwalteten Teil Ostdeutschlands (Schlesien, Westpreußen, Pommern). Nach der Vereinigung der BR Dtl. und der DDR 1990 wurde die Oder-Neiße-Linie die Grenze zwischen Deutschland und Polen.

Wie wird die italienische Stadt Milano auf Deutsch genannt?

Mailand: Dom

Sie wird als Mailand bezeichnet. Die Stadt ist nicht nur die Hauptstadt der norditalienischen Region Lombardei, sondern zugleich auch ein Handels-, Wissenschafts-, Kultur- und Wirtschaftszentrum von außerordentlicher Bedeutung für ganz Italien. Der bekannte Dom und der Erzbischofssitz machen die Stadt auch zu einem religiösen Zentrum.

Wieso erlitten die Amerikaner im Jahr 1957 den sog. Sputnik-Schock?

Weil es nicht ihnen, sondern den Russen gelungen war, am 4. Oktober 1957 mit Sputnik I den ersten künstlichen Satelliten ins Weltall zu entsenden.

In welche zwei Gruppen unterteilt man die neun Planeten unseres Sonnensystems – und aufgrund welches wesentlichen Unterschieds?

Man unterteilt sie in die vier inneren, erdähnlichen Planeten (Merkur, Venus, Erde, Mars) und die fünf äußeren, jupiterähnlichen (Jupiter, Saturn, Uranus, Neptun und Pluto); die inneren Planeten haben alle eine feste Oberfläche, die äußeren bilden jedoch riesige Gaskugeln ohne feste Oberfläche, sie besitzen außerdem fast alle sehr viele Monde.

Der Mont-Saint-Michel an der französischen Küste wurde nicht durch seine Höhe berühmt. Wodurch dann?

Auf diesem Felseninselchen vor der Küste der Normandie steht seit 966 eine Abtei. Die gut 100 Einwohner des Inselchens leben rund um die Abtei in auf den Felsen gebauten Häuschen. Bei Ebbe kann die Insel zu Fuß erreicht werden, bei Flut ist sie jedoch völlig vom Meer umschlossen.

Mont-Saint-Michel vor der Küste der Normandie ist ein bedeutendes Kulturdenkmal und ein beliebtes Ausflugsziel

Warum interessiert sich die Weltöffentlichkeit immer wieder für Aserbaidschan?

Ein wichtiger Grund sind die bedeutenden Ölfelder rund um die Hauptstadt Baku, an deren Nutzung seit 1993 auch westliche Firmen beteiligt sind. Aber auch die gewaltsamen Auseinandersetzungen zwischen moslemischen Aserbaidschanern und christlichen Armeniern in der zu drei Vierteln von Armeniern besiedelten Enklave Nagorny-Karabach sind ein ständiger Unruheherd.

Warum entweicht die Luft nicht ins Weltall?

Weil sie durch die Erdanziehungskraft daran gehindert wird.

Welche Geschwindigkeit muss eine Rakete ungefähr haben, um die Anziehungskraft der Erde zu überwinden?

Die Rakete muss ca. 40.000 km/h bzw. 11,2 km/s schnell sein. Sie sollte mindestens Flucht- oder Entweichgeschwindigkeit besitzen. Dies ist die Anfangsgeschwindigkeit, die ein Raumkörper haben muss, um ohne weiteren Antrieb den Anziehungsbereich eines Planeten verlassen zu können.

Warum werden die Ariane-Raketen des europäischen Raumfahrtprogramms von Kourou in Südamerika aus gestartet?

Nicht alle Orte auf der Erde sind als Raumfahrtstationen gleich gut geeignet. Von Orten, die näher am Äquator liegen, ist es unkomplizierter, Raketen in eine Erdumlaufbahn zu befördern. Da Französisch Guayana seit 1947 ein Teil Frankreichs ist und sehr nahe am Äquator liegt, fiel die Wahl auf Kourou.

Wodurch gelangte die Hündin Leika zu Berühmtheit?

Sie war der erste Hund im All. Am 3. November 1957 wurde Leika mit dem russischen Satelliten Sputnik II in den Weltraum befördert, um die Bedingungen für lebende Organismen auf längeren Raumflügen zu testen.

Wodurch entstehen Irrlichter über Sümpfen und Mooren?

Durch Selbstentzündung von Phosphorverbindungen, die sich bei der Zersetzung organischer Stoffe bilden.

Warum klappern Klapperstörche?

Ganz einfach: Weil sie nicht singen können. Weißstörche haben keine Stimme und machen dies durch Schnabelklappern wett. Nach der Rückkehr aus Afrika umwerben sie so ihr etwas später eintreffendes Weibchen bei einer Art Grußzeremonie. Durch Kultivierung, z. B. das Trockenlegen von Feuchtwiesen, wird es für die großen Schreitvögel immer schwieriger, bei uns genügend Nahrung (z. B. Frösche) und auch Ruhe zu finden.

Warum sind Auwälder besonders schützenswerte Biotope?

Weil die zeitweise unter Wasser stehenden Wälder entlang Flussläufen und Bächen für viele seltene Pflanzen und Tiere eine letzte Zufluchtstätte darstellen. Sie sind außerdem ein wichtiges Trinkwasserreservoir. In Auwäldern wachsen vor allem Eschen, Weiden aber auch Ulmen und Eichen.

Warum werden manche Wälder als Bannwald ausgewiesen?

Um sie wegen ihrer Bedeutung für Klima, Wasserhaushalt oder Luftreinigung zu erhalten. Ein Bannwald – z. B. in der Nähe von Großstädten als Grüne Lunge unersetzlich – steht deshalb unter besonderem Schutz.

Wodurch wurde das in den USA gelegene Monument Valley weltweit bekannt?

Durch Westernfilme. Die roten, hoch in den Himmel aufragenden Felstürme und Felsklötze des Colorado-Plateaus im Südwesten der USA wurden von zahlreichen Regisseuren als imposante Filmkulisse genutzt. Geologen führen die Entstehung der Felsformationen auf die Abtragung des umliegenden Gesteins zurück. Was wir heute sehen sind lediglich die Reste einer ehemaligen Ebene, und eines Tages werden sie wohl auch verschwunden sein.

Monument Valley im Südwesten der USA

Wer fertigte den ersten Atlas an?

Gerhard Mercator (Kremer, 1512–94). Sein Sammelwerk aus dem Jahr 1595 enthielt 107 Karten. Nach dem Geographen wurde die von ihm entwickelte Mercator-Projektion benannt.

Was versteht man unter einem ökologischen Gleichgewicht?

Einen idealen Zustand in der Natur bzw. in einem bestimmten Stück Natur, in dem alle Kreisläufe des Lebens perfekt aufeinander eingespielt sind. Keine Tier- oder Pflanzenart vermehrt sich unnatürlich stark, so dass sie zum vernichtenden Feind einer anderen werden könnte. In einem unberührten Stück Natur wirken selbstregulierende Kräfte so, dass sie sich immer wieder in dieses Gleichgewicht einpegeln; greift man aber von außen ein, wird das Gleichgewicht gestört.

In welcher russischen Stadt steht der Kreml?

Basiliuskathedrale

Kreml nannte man in Russland ursprünglich die meist auf einer Anhöhe gelegenen burgartigen Stadtteile, in die sich die Bevölkerung bei Gefahr zurückziehen konnte. Der Burgberg in der russischen Hauptstadt Moskau ist heute der bekannteste. Früher Sitz des Zaren regiert heute aus dem Kreml der russische Präsident.

Was bedeutet die Angabe NN bzw. Normalnull?

Normalnull (NN) bezeichnet den mittleren Wasserstand der Meere. Dieser rechnerisch ermittelte Wert ist die Grundlage für alle Höhenangaben über bzw. unter dem Meeresspiegel.

Welchen Namen hat der Teil des Mittelmeeres zwischen Italien und Kroatien?

Adria oder auch Adriatisches Meer. Die Küste der Adria ist im Sommer ein beliebtes Ferienziel, im Frühjahr entstehen hier jedoch die sog. Adriatiefs. Sie bringen feuchte und warme Mittelmeerluft nach Mitteleuropa und verursachen häufig ergiebige Regenfälle.

Wodurch unterscheidet sich Braunkohle von Steinkohle?

Durch ihre unterschiedliche Festigkeit und den Gehalt an Kohlenstoff. Beide Kohlen entstanden in früheren Erdzeitaltern aus Sumpfmoorwäldern, die unter anderen Gesteinsschichten luftdicht abgedeckt und dann durch großen Druck verfestigt wurden. Braunkohle ist weniger fest, also quasi ein Vorstadium von Steinkohle, die einen höheren Kohlenstoffgehalt hat.

In welcher südostasiatischen Hauptstadt kann man auf schwimmenden Märkten einkaufen?

In Bangkok, der Hauptstadt von Thailand. Der Stadtkern der Hafenstadt am Menam wurde auf Schwemmland erbaut und wird von drei Flüssen sowie einem großen Kanal umschlossen. Früher war das Venedig des Ostens von unzähligen Kanälen (Klongs) durchzogen, und auch heute noch wird hier (eher als touristische Attraktion) Gemüse von Boot zu Boot verkauft.

Zwischen welchen beiden der 5 Großen Seen liegt der Niagarafall?

Der nur 56 km lange Niagara-River fließt vom Eriesee zum Ontariosee. Er verbindet also die beiden westlichsten der Großen Seen (von Westen nach Osten: Oberer See, Michigansee, Huronsee, Eriesee und Ontariosee). Dass die Seen im Grenzgebiet zwischen Kanada und den USA liegen, merkt man auch beim Besuch der 50 m hohen Niagarafälle: Von den insgesamt 850 m breiten Wasserfällen gehören 350 m zum US-Bundesstaat New York und 500 m zur kanadischen Provinz Ontario.

Wie kommt das Salz ins Meer?

Über die Bäche und Flüsse. Sie schwemmen im Laufe der Zeit stetig Minerale aus dem Gestein aus, so auch Salz. Auch Süßwasserseen enthalten Salze, jedoch in ganz geringer Konzentration, weil sie permanent aufgefüllt werden. Wenn sie jedoch schneller ausdunsten, als sie nachgefüllt werden (z. B. durch Niederschläge), dann werden sie mit der Zeit zu Salzseen.

Welcher See wird auch Schwäbisches Meer genannt?

Der Bodensee. Dieser 252 m tiefe und 538 km^2 große Alpenvorlandsee ist ein wichtiges Trinkwasserreservoir. Auch die Schweiz und Österreich haben einen Anteil am Bodensee, seine Inseln heißen Reichenau, Lindau und Mainau. Der See wird vom Rhein durchflossen.

Aus wie vielen Gewässern bestehen die Großen Seen?

Aus fünf Seen: Eriesee, Oberer See, Michigan-, Huron- und Ontariosee. Sie liegen im Grenzbereich zwischen Kanada und USA.

Welche großen Staaten liegen auf der Iberischen Halbinsel?

Spanien und Portugal. Die Halbinsel im Südwesten Europas wurde nach ihren ehemaligen Bewohnern, den Iberern benannt, einem vorindogermanischen Volksstamm, der sich mit den um 500 v. Chr. dort eindringenden Kelten vermischte.

Wo liegt Myanmar?

Myanmar, bis 1989 als Birma (auch Burma) bekannt, liegt am Indischen Ozean, östlich von Indien und nordwestlich von Thailand. Seit 1974 herrschen Militärdiktaturen über das Land. Zu bewaffneten Auseinandersetzungen kam es in den 90er-Jahren v. a. mit den an der Grenze zu Thailand lebendem Volk der Karen. Die Oppositionsführerin Aung San Suu Kyi erhielt 1991 für ihren Einsatz für die Menschenrechte den Friedensnobelpreis.

Myanmar: Der Garten Gottes Indra (Miniatur)

Wo liegt die Insel Java?

In Indonesien. Java gehört zu den vier Großen Sundainseln, hier lebt der größte Teil der Bevölkerung Indonesiens. Auch die Hauptstadt Jakarta (früherer Name: Batavia) befindet sich an der westlichen Nordküste Javas.

Welche Ozeane verbindet der Panamakanal?

Den Pazifischen mit dem Atlantischen Ozean. Der Panamakanal ist 81 km lang und überwindet mittels Schleusen einen

Höhenunterschied von 26 m. Eine 8 km breite Zone an beiden Ufern des Kanals war bis 1977 Hoheitsgebiet der USA, heute wird sie von Panama und den USA gemeinsam verwaltet.

Wie heißen die Ureinwohner Neuseelands?

Maoris. Sie gehören zu den polynesischen Völkern. Durch die Einwanderung hauptsächlich englischer Siedler im 19. Jahrhundert wurden sie zurückgedrängt und ihr Land wurde beschlagnahmt. Heute stellen sie nur noch etwa 10% der Bevölkerung. In den letzten Jahren konnten sie jedoch vor Gericht Erfolge bei der Wiedererlangung ihrer Rechte erzielen. Eine Wahlreform sichert ihnen seit 1996 zudem eine feste Mindestanzahl von Sitzen im Parlament zu.

Neuseeland

Wohin gelangt man, wenn man vom Mittelmeer aus den Suezkanal durchfährt?

Ins Rote Meer und von dort aus in den Indischen Ozean. Durch den 195 km langen Kanal wurde der Schifffahrtsweg nach Asien erheblich verkürzt – vorher musste man ganz Afrika umfahren, um beispielsweise von Portugal oder Spanien nach Indien zu gelangen.

Warum ist für Astronomen eine Mondfinsternis keine echte Finsternis?

Weil im Gegensatz zur Sonnenfinsternis der Himmelskörper nicht bedeckt, sondern lediglich beschattet wird (durch den Erdschatten, und zwar dann, wenn unser Planet genau zwischen Sonne und Mond steht).

Wodurch entsteht eine Sonnenfinsternis?

Durch die Stellung des Mondes zwischen Sonne und Erde. Von einem bestimmten Beobachtungsort aus gesehen verdeckt der Mond die Sonne teilweise oder ganz. Bei einer kompletten Sonnenfinsternis kann man nur noch den Strahlenkranz der Sonne wahrnehmen.

Was misst ein Seismograph?

Die Stärke von Erdbeben auf der Richter-Skala, welche die bei einem Erdbeben freigesetzten Energien objektiv misst (im Gegensatz etwa zur zwölfteiligen Mercalli-Skala, die auf sichtbaren und fühlbaren Wirkungen beruht). Erderschütterungen der Magnitude 2,5 sind fühlbar, solche von 4,5 verursachen meist nur leichte Schäden, ab Stärke 7 sind Erdbebenkathastrophen zu erwarten.

Was ist ein Pulsar?

Ein sich schnell drehender Neutronenstern, der Radiowellen abstrahlt.

Wer war der erste Mensch im All?

Der russische Kosmonaut Juri Alexejewitsch Gagarin (1934–68). Er startete seinen Raumflug am 12. April 1961 mit einer Wostok.

Wo liegt bei einem Erdbeben das Epizentrum?

Das Epizentrum, die Stelle eines Erdbebengebietes, an der meist die größten Schäden auftreten, liegt direkt über dem Erdbebenherd, der bis zu 700 km tief sitzen kann.

Warum gibt es alle vier Jahre ein Schaltjahr?

Weil die Erde nicht genau ein Jahr (365 Tage) braucht, um die Sonne zu umrunden, sondern genauer 365,2422 Tage. Um dies im Kalender auszugleichen, wird im Schaltjahr an den Monat Februar ein Extratag angehängt.

Wie heißt der gemeinsame Ausdruck für die auch als Bruch, Fehn, Moos oder Ried bezeichnete Landschaftsart?

Moor. Man unterscheidet dabei noch Hochmoore und Niedermoore. Das hat jedoch nichts mit der Höhenlage zu tun, sondern beschreibt vielmehr ob das Moor Verbindung mit dem Grundwasser hat (Niedermoor) oder ob es vom Grundwasser abgeschnitten ist (Hochmoor). Notwendige Voraussetzung der Moorentstehung ist jedoch auf jeden Fall, dass ständig mehr Wasser auftritt als abfließt.

Was ist ein Findling?

Ein Felsblock, der durch die Gletschermassen der Eiszeiten oft über hunderte von km transportiert wurde. Daher besitzen Findlinge stets ganz abgeschliffene Kanten und Ecken. Durch die Bestimmung des Gesteins eines Findlings und der Suche nach einer natürlichen Fundstelle dieses Gesteins lassen sich auch die Wege der Gletscher in den Eiszeiten rekonstruieren. So wurden etwa zahlreiche Findlinge von Schweden bis nach Niedersachsen transportiert.

Fressen Eisbären Pinguine?

Felsenpinguine

Da Eisbären nur in der Arktis vorkommen und Pinguine in den Meeren und an den Küsten rund um die Antarktis leben, ist es einfach unmöglich, dass ein Pinguin von einem Eisbär gefressen werden kann: Sie begegnen sich nie. Einen interessanten Fund machten 1992 französische Forscher in der bei Marseille gelegenen Cosquer-Höhle: Auf etwa 19.000 Jahre alten Höhlenzeichnungen waren auch Pinguine abgebildet, die damals also wohl auch noch im Mittelmeer vorgekommen sind.

Was versteht man unter den Benelux-Staaten?

Die drei kleinen Staaten Belgien, Niederlande und Luxemburg, aus deren Anfangsbuchstaben in der jeweiligen Landessprache die Abkürzung zusammengesetzt ist.

Was wird als das Dach der Welt bezeichnet?

Das in Mittelasien liegende Hochland des Pamir-Gebirges. Hier treffen die drei Hochgebirge Hindukusch, Karakorum und Himalaya aufeinander. Der größte

Teil des Pamir liegt in Tadschikistan, ein Teil auch in Afghanistan und China. Es gibt auch einen Fluss Pamir, der die Grenzlinie zwischen Afghanistan und Tadschikistan bildet.

Die Halbinsel des Peloponnes kann wegen ihrer Form mit einer Hand verglichen werden, wo liegt sie?

Peloponnes (Satellitenaufnahme)

Die Halbinsel Peloponnes liegt im Süden Griechenlands. Auf Karten ist sie wegen ihrer einer Hand ähnelnden Form stets gut zu erkennen. Die einzelnen „Finger" heißen von Westen nach Osten: Messenien, Taygetos, Parnon, Argolis und Isthmus von Korinth, durch den die Halbinsel auch mit dem griechischen Festland verbunden ist.

Was ist der Treibhauseffekt?

Der Treibhauseffekt tritt ein, weil Gase in der Atmosphäre die von der Erde reflektierte Wärmestrahlung blockieren. Dadurch steigt die weltweite Durchschnittstemperatur.

Wie nennen sich die Bewohner Lapplands?

Die Menschen, die in Lappland wohnen, und von uns häufig Lappen genannt werden, bezeichnen sich selbst als Samí. Lappland ist kein souveräner Staat sondern die Bezeichnung für das Gebiet nördlich des Polarkreises, das sich die Länder Norwegen, Schweden, Finnland und die Russische Föderation teilen. Die Samí besitzen ein eigenes Parlament und begrenzte Autonomie in ihren Ländern. Sie leben in den Sommermonaten mit ihren Rentierherden teilweise noch nomadisch, auch wenn sie sonst über alle Annehmlichkeiten der westlichen Gesellschaft verfügen.

Was ist das Äquinoktium?

Die Tagundnachtgleiche. Der 21. März und der 23. September zeichnen sich dadurch aus, dass an diesen beiden Tagen Tag und Nacht exakt gleich lang sind, weil dann die Sonne mittags genau über dem Äquator steht. Die beiden Tage bezeichnen auch den Frühlings- bzw. den Herbstanfang.

Welcher Stadtstaat liegt am südlichen Ende der Malaiischen Halbinsel?

Singapur. Hier leben auf nur 641 km² rund 2,8 Mio. Menschen. Zum Vergleich: In Hamburg leben auf 755 km² etwa 1,8 Mio. Einwohner. Die Stadt konnte sich wegen der politischen Stabilität zu dem herausragenden Bankenzentrum Südostasiens entwickeln. Zusätzlich ist sie eine Drehscheibe des Flugverkehrs und besitzt einen der größten Häfen der Welt. Die Bedeutung der Hightechindustrie für die Wirtschaft des Landes hat in den letzten Jahren stark zugenommen.

Wer gewann 1911 den Wettlauf zum Südpol?

Roald Amundsen (1872–1928). Der norwegische Polarforscher und der Brite Robert Falcon Scott (1868–1912) hatten sich mit wenigen Schlittenhunden und Begleitern von entgegengesetzten Richtungen auf den Weg zur südlichsten Stelle der Erde gemacht. Scott erreichte den Südpol fünf Wochen nach Amundsen, er erfror auf dem Rückweg zum Expeditionsschiff „Terra Nova“. Die Spuren Roald Amundsens verloren sich während einer Rettungsaktion 1928 für immer im ewigen Eis.

Warum wird Südamerika auch als Lateinamerika bezeichnet?

Weil weite Teile Südamerikas von Spaniern und Portugiesen kolonialisiert worden waren und damit die „lateinischen“ (= romanischen) Sprachen Spanisch und Portugisisch eingeführt wurden. In Brasilien spricht man heute noch Portugiesisch in den Andenländer wie Peru, Kolumbien, Bolivien und Chile Spanisch.

Wann und von wem wurde das Matterhorn zum ersten Mal bestiegen?

Am 14. Juli 1865 erreicht eine Gruppe von sieben Männern unter der Führung des Briten Edward Whymper den Gipfel nach einem dramatischen Wettlauf mit dem Italiener Carrel, der sich mit Whymper nicht über eine gemeinsame Route hatte einigen können. Auf dem Rückweg stürzen vier von Whympers Männern in den Tod.

Warum beeinflusst der Golfstrom das Klima in Europa?

Weil diese warme Meeresströmung aus dem Golf von Mexiko den Atlantik auf einer Breite von 100 bis 150 km durchfließt. Er gelangt dabei bis an die Küsten Nordeuropas. Das Wasser im gesamten Golfstromgebiet ist wärmer als die umgebende Luft und gibt deshalb ständig Wärme an die Umgebung ab.

Gehören alle Südseeinseln zu Polynesien?

Strand mit Palmen

Der als Polynesien bezeichnete Teil des Pazifiks umfasst ein Dreieck, dessen Eckpunkte Neuseeland, die Hawaii-Inseln und die Osterinsel bilden. In diesem Dreieck liegen z. B. die Fidschi-Inseln und Tahiti. Melanesien, nordwestlich von Polynesien, werden die Inselgruppen nördlich von Papua-Neuguinea genannt. Noch etwas weiter nördlich liegt Mikronesien, es besteht aus zahlreichen winzigen Inseln. Die bekanntesten sind noch der amerikanische Militärstützpunkt Guam, das aus mehreren Inseln gebildete Bikini-Atoll und das Eniwetok-Atoll, wo die USA lange Zeit Atombombenversuche durchführten.

Welche Ziele verfolgt die mit WWF abgekürzte Organisation?

Der WWF, World Wildlife Fund, hat sich den Schutz von gefährdeten Tierarten, Pflanzen, und Landschaften zum Ziel gesetzt. Das Symbol der Organisation ist der Panda-Bär.

Gibt es einen Nachweis über Leben auf dem Mars?

Nein, bisher nicht. Nachdem bereits 1975 die beiden Sonden Viking 1 und 2 erfolglos nach einfachem Leben auf dem Mars suchten, gelang es auch der amerikanischen Pathfinder-Mission 1997 nicht. Allerdings konnte das Roboterfahrzeug Sojourner beeindruckende Bilder der Marsoberfläche auf die Erde senden.

Welche französische Region ist wegen den lila blühenden Lavendelfeldern bekannt?

Die Provence im Südwesten Frankreichs. Die heute in die Départements Vaucluse, Var und Bouches-du-Rhône (Mündungen der Rhône) geteilte Provence bietet sowohl mit den Städten Marseille, Avignon und Nizza als auch mit dem ländlichen Hinterland zwischen Rhône und Alpen ein beliebtes Feriengebiet, das weitaus mehr als nur die bekannten Lavendelfelder zu bieten hat.

Provence: Saint-Michel-l'Observatoire

Welche Insel im Pazifik wurde durch ihre riesigen, geheimnisvollen Steinstatuen bekannt?

Die Osterinsel, oder Rapa Nui, wie die dort lebenden Menschen ihre Insel nennen. Die heute zu Chile gehörende Insel hat trotz genauer archäologischer Untersuchungen durch den Norweger Thor Heyerdahl bis heute noch nicht alle Geheimnisse ihrer Geschichte preisgegeben.

Welche Stadt wird vom Zuckerhut dominiert?

Rio de Janeiro. Der Name geht auf das Wort paundaçuquá zurück – eine Bezeichnung der Indianer für die durch spitze Inseln zerklüftete Landschaft. Die Portugiesen verstanden jedoch pao de açúcar – Zuckerhut –, was von der Form her ja auch sehr gut passt.

Zuckerhut in Rio de Janeiro

In welchen beiden afrikanischen Ländern liefern sich die beiden Völker der Hutu und der Tutsi seit Jahren blutige Kämpfe?

In Ruanda und Burundi. Obwohl die Hutu in beiden Ländern etwa 85% der Bevölkerung stellen, wurden sie lange Zeit im politischen und gesellschaftlichen Leben durch die Tutsi, die die Oberschicht stellten, ins Abseits gedrängt.

Wie heißt die größte Stadt der Schweiz?

Es ist das an der Mündung der Limmat in den Zürichsee gelegene Zürich. Als Sitz der schweizerischen Effektenbörse und von zahlreichen Großbanken und Kreditanstalten ist es eine der führenden Finanz- und Handelsmetropolen Europas. Trotzdem ist es nicht die Hauptstadt der Schweiz: Das bleibt immer noch Bern.

Register

A

B

C

D

E

F

H

I

J

K

L

M

N

O

P

S

T

U

V

W

X

Y

Z